U0518386

陕西师范大学人文社会科学高等研究院资助出版（项目编号2018GY006）

"中国文学人类学原创书系"编委会

主　编

叶舒宪

副主编

李永平

编　委

冯晓立　刘东风　徐新建
彭兆荣　程金城

陕西师范大学人文社会科学高等研究院资助出版（项目编号2018GY006）

中国文学人类学原创书系
叶舒宪　主编

魏晋风度
与中国文化基因

胡建升　著

陕西师范大学出版总社

图书代号：SK19N0775

图书在版编目（CIP）数据

魏晋风度与中国文化基因／胡建升著. —西安：
陕西师范大学出版总社有限公司，2019.8
（中国文学人类学原创书系／叶舒宪主编）
ISBN 978 - 7 - 5695 - 0861 - 1

Ⅰ. ①魏… Ⅱ. ①胡… Ⅲ. ①文化史—研究—
中国—魏晋南北朝时代 Ⅳ. ①K235.03

中国版本图书馆 CIP 数据核字（2019）第 112876 号

魏晋风度与中国文化基因
WEIJIN FENGDU YU ZHONGGUO WENHUA JIYIN
胡建升 著

责任编辑	雷亚妮	王红凯
责任校对	梁 菲	
装帧设计	锦 册	
出版发行	陕西师范大学出版总社	
	（西安市长安南路 199 号 邮编 710062）	
网 址	http://www.snupg.com	
印 刷	西安牟井印务有限公司	
开 本	720mm×1020mm 1/16	
印 张	28	
插 页	2	
字 数	485 千	
版 次	2019 年 8 月第 1 版	
印 次	2019 年 8 月第 1 次印刷	
书 号	ISBN 978 - 7 - 5695 - 0861 - 1	
定 价	128.00 元	

读者购书、书店添货或发现印刷装订问题，影响阅读，请与营销部联系、调换。
电话：(029)85307864 85303635 传真：(029)85303879

总 序

2018 年，正值中国改革开放 40 周年纪念之际，陕西师范大学出版总社推出"中国文学人类学原创书系"，对改革开放的时代大潮在人文学界催生的这个新兴学科，给出一个较全面的回顾与总结，以便继往开来，积极拓展人文学科的教学与研究新局面，可谓恰逢其时。

50 后这代人的青春岁月，激荡在汹涌澎湃的"文革"浪潮之中。"文革"后的改革开放，相当于天赐给这一代知识人第二次青春。1977 年恢复高考，我们在 1978 年春天步入大学校园，那种只争朝夕、如饥似渴的求学景象，至今仍历历在目。改革开放带来"科学的春天"，也第一次带来人文科学方面的世界景观。正如改革的基本方向是向发达国家学习市场经济模式一样，人文学者们也投入全副精力，虚心学习借鉴国际上先进的理论与研究方法。"神话－原型批评"就是当时的新方法论讨论热潮中，最早进入我们视野的一个理论流派。1986 年我编成译文集《神话－原型批评》时，先将长序刊发在《陕西师大学报》上，文中介绍原型理论的宗师弗莱的观点时讲道：

物理学和天文学形成于文艺复兴时期，化学形成于 18 世纪，生物学形成于 19 世纪，而社会科学则形成于 20 世纪。系统的文学批评学只是到了今天才得以发展。……正像自然科学体系的建立有赖于把握自然界本身的规律。一部文学作品，它所体现的规律性因素不是作家个人天才创造发明的，而是在文学的历史发展中，在文化传统中所形成的，这种规律性的因素就是"原型"。……从文学史的考察中可以看到，文学作为一个有机整体，植根于原始文化，最初的文学模式必然要追溯到远古的宗教仪式、神话和民间传说中去。"这样说来，探求原型实际上就是一种文学上的人类学"。

当时无论如何也不曾想到，这样一段话，居然能够准确地预示这一批学人后来几十年学术探索的方向。"文学人类学"这个名称，也就由此在汉语学术界里发端。10 年之后的 1996 年，在长春召开的中国比较文学学会第五届学术年会上，中国文学人类学研究会宣告成立（首任会长为萧兵先生），如今简称"文学人类学研究会"。从研究文学的神话原型，到探索华夏文明的思想、信仰和想象的原型，这一派学者如今正式提出的大小传统理论和文化文本符号编码理论，可以说早已全面超越了当年所借鉴学习的原型批评理论，走出文学本位的限制，走向融通文史哲、宗教、艺术、心理学的广阔领域。

从 1986 年到 2018 年，整整 32 年过去了，我们也经历了自己人生从而立到花甲的过程。如今我们要解读的是 5000 多年前的先于华夏文明国家的"文化文本"，阐发的是河南灵宝西坡仰韶文化大墓的神话学内涵。这是当年完全没有预料到的。是问题意识，先把我们引入文化人类学的宽广领域，再度引入中国考古学的全新知识世界，这样的跨越幅度，的确是当初摸索文学人类学研究范式时所始料未及的。

从原型批评倡导的文学有机整体论，拓展到文化符号的有机整体论、史前与文明贯通的文化文本论，这就是我们努力探索近 40 年的基本方向。西周青铜器上出现"中国"这个词语，至今不过 3000 年时间。2018 年 2 月 4 日，我第二次给国家图书馆"文津讲坛"开设讲座，题目是"九千年玉文化传承"。今日的学者能够在 9000 年延续不断的文化大背景中研究"中国"

和"中国文学",就是从先于文字的文化大传统,重新审视文字书写小传统的一套完整思路。相信这样一种前无古人的理论思路和研究范式,是学者们对西方原型批评方法的全面超越和深化,这将会引向未来的知识更新格局。

本丛书要展示这40年的探索历程,以萧兵先生为首的这一批兴趣广泛的学人是如何一路走来,并逐渐成长壮大的。本丛书将给这个新兴学科留下它及时的也最有说服力的存照。希望后来者能够继往开来,特别注重不断发展和完善中国版的文化理论和文学理论,包括作为文史研究当代新方法论的三重证据法和四重证据法。

是为丛书总序。

叶舒宪

2018 年 2 月 7 日于北京太阳宫

自序
归玄神话

它在气息中，而有别于气息。气息不知道它。气息是它的身体。它就是你的自我，内在控制者，永生者。

它在语言中，而有别于语言。语言不知道它。语言是它的身体。它就是你的自我，内在控制者，永生者。

它在眼睛中，而有别于眼睛。眼睛不知道它。眼睛是它的身体。它就是你的自我，内在控制者，永生者。

它在耳朵中，而有别于耳朵。耳朵不知道它。耳朵是它的身体。它就是你的自我，内在控制者，永生者。

它在思想中，而有别于思想。思想不知道它。思想是它的身体。它就是你的自我，内在控制者，永生者。

——《大森林奥义书·第七梵书》

一个没有神话的国家，就像一盘散沙，将不成为一个国家。一个没有神话的身体，感官百骸空洞零散，就会趋于病态衰亡。一群没有神话的士人，也是一盘散沙，很难凝聚人心。从正始名士、竹林七贤，到中朝名士、江左名士，再到陶渊明，人心归玄成为魏晋士人的性情追求与群体神话，形成了冠绝千古、精彩绝伦的魏晋风度。

玄是什么？《大森林奥义书·第七梵书》认为，它是如风一般的自我神话，无所不在，散成世间千百纷繁的现象，但寄存自我的众象又会忘记它。它生众象,又不是众象,极为神奇玄奥。依据众象来把握它,就犹如捕风捉影,难得其要。老子云:玄之又玄,众妙之门。玄为玄心本性,实为人之初为人时所具有的玄古之心,是人心的虚无本初。归玄,就是回归玄心的神话世界,重新去体悟生命之初的杳冥状态,让人心由在世的污浊、浮沉状态,返回人心之初的玄冥混沌与梦中神话。魏晋人的归玄神话,是道体心性的本源回归,也是华夏士人为天地立心的文化使命。

魏晋风度是由有返无的归玄神话。人是什么?人从哪里来?人是存有,还是存无?人是身体存在,还是虚心空灵?魏晋人执着地认为,人作为一种灵性的有形存在,是在有中存无,是在形中寓神,是在身中怀玄。正因为人以存无作为生命的本源,所以,一切外在的有形存在,都需要以玄心力量作为生命根基。可见,有形的人是神无本源的在场居所。正因为人属神无本性,人的各种符号行为也都成了神无力量的外在显现。真意存无,言象为有。魏晋人对人心的沉思玄想,需要玄心洞见,需要心领神会,玄胜世界成为魏晋人心中的永恒本源。

魏晋风度是在世虚心的归玄神话。人都是社会的人,是身处红尘世界的存在者。人在社会中的各种因缘关联,是人无以摆脱的。环境干扰、情欲牵缠,世俗价值成为人生在世一切痛苦的牢笼、根源。魏晋人强调归玄的心性活动,提倡收敛尘心,归位玄心,遐思并展示人在世间具有的超越世界的可能性。在人间的尘网中,在凡俗的欲念里,人却可以在玄心至理中,无限地接近"心不为形役"的道体根性。一念不生,心如止水。玄心是内在心性的原初动力,酒水是治疗外在人情的有效药物。追求率性真情,还我本来面目,成为魏晋人在世的美好夙愿。

魏晋风度是以性化物的归玄神话。人因为有身体,就要吃饭穿衣,就要吃喝拉撒,物质成为人存活的必要条件,器官欲望是人难以自控的后天本性。正因为如此,世人对物质名利的诱惑无以抵抗,总是容易随物沉迷,物来则人化,人心被物质奴役。魏晋人的归玄神话,是想通过对人心本源力量的发现,来抗拒世俗人心的物质拘囿,来探寻有形身体对物质的节欲限度。由此,人可以因本性而化外物,让物质成为随心可控的本来物象。当物质进入玄心世界,物质便沐浴在人性的澄明之光中,获得了物作为物的灵性存在。物质的有形之物逐渐隐退,人心的玄心洞见却日渐明朗。物性不仅帮助人摆脱了人情的困惑,也帮助人心找到本来的真性冥境,真性与物性获得了共存赏誉,魏晋人由此而获得了性情为一的自由灵光。

魏晋风度是诗性栖居的归玄神话。魏晋人想摆脱身体器官的各种欲念,破除人间的巨型尘网。无论是隐居山林,还是在朝为官,他们都向往着清新透脱、爽气宜人的诗性存在。他们或在山水中会心,或在艺术中徜徉,或临竹而有悟,或清谈而得理,这些充满诗性的文化活动成为其生活的常态。棋琴书画,诗酒风流,吟咏性情,文心雕龙,是他们演绎生命质感的重要方式。可以说,艺术生命才是他们展示本性力量、无为而为的唯一场域。

魏晋时代,玄心归性成为士人群体价值的文化认同,归玄真趣成为士人的共同追求。一个士人越玄心洞彻,接近归真,其文化资本就越雄厚,其在社会文化空间、政治空间的地位就越高。相反,一个士人俗心未改,未能洞察玄心,劳形伤神,就会受人讥笑,得不到士人的群体认同。可见,魏晋风度是魏晋士人集体归玄的梦想神话。魏晋人宅兹乐兹,允执厥中,自在自得。

目 录

2

第一章　风流秀出：士人存在与文化传统

西方世界的危机也是人类的危机，它不仅限于社会的、经济的和技术的问题。它关涉到我们对人的定义和真正的理解。我们生活在一个我们自豪地称为"文明"的社会中，但是我们的法律和机器却都享有了它们自己的生命，它们同我们的精神的和生理的生存相对立。用来解放我们的科学，把我们关进了抽象的牢房。职业学者之手把概念变成了痴迷的对象，消磨掉了激情。

——吴尔福:《寻找原始人·序言》

孝武问王爽：卿何如卿兄？王答曰：风流秀出，臣不如恭，忠孝亦何可以假人？

——（南朝宋）刘义庆:《世说新语·方正第五》

海西时，诸公每朝，朝堂犹暗。唯会稽王来，轩轩如朝霞举。

——《世说新语·容止第十四》

简单说来，这就是人的觉醒。它恰好成为从两汉时代逐渐脱身出来的一种历史前进的音响。

——李泽厚:《魏晋风度》

我们这些文明人一出生就开始熟悉、熟知这个现代性世界，并接受与认可这个世界的文化逻辑，但我们又深深地感觉到，人心越是接受现实世界的物质异化，人就越发感到沦陷、迷惑，由此也逐渐忘记了生命的本初存在。

我们身处的现代世界，是一个充满诱惑、随时令人沉沦的世界。这个世界物欲横流、金钱至上，这个世界熙熙攘攘、浑浑噩噩，这个世界大多数人、大多数土地都以形论价、屈为商品。这是一个根性不深的浮华世界，缺乏栖身之地，缺乏温情真纯，欲望肆意膨胀，计算理性日渐嚣张，人情淡漠，激情消磨，形神分裂，生命孤寂。士人（此处的士人，不是世俗意义的知识分子，而是能持道守中的学人）不禁叩问：我们真的在物质世界中无以栖身了吗？我们真的成了世界中多余的人吗？我们渴望新世界。

我们身处的时代，是一个人心不古、惶惑难安的时代。这是一个没有圣人和贤者的时代，这是一个话语鼓噪的时代，这是一个技术至上、人文颓废的时代，这是一个资本扩张、商人逐利的时代，这是一个西方价值横行、东方价值失落的时代。这个时代的一切，看起来都有着充分的文化逻辑，但这一切又是值得怀疑的。作为士人，我们是否还存有怀疑的勇气？是否还具有反思的能力？是否还持有不被"乡愿化"的定力？是否还拥有不被"知识化"的智慧？我们呼唤新时代。

我们扪心自问：士人是不是完全世俗化了？士人如何才能保持自身的独立与自由？士人如何才能成为一个有真正意义、本真存在的人？士人的存在到底是如何的呢？这些追问和质疑，都使我们对现代世界之中的士人身份产生怀疑与警惕，也对自身所以安身立命的世俗世界产生怀疑与警惕。士人曾经的存在历史、独立与风流都一去不复还了吗？今天的士人如何才能在迷茫的物质世界中找回自己的真身存在？士人难道真的变成孔子所愤的"乡愿""忘身"之人了吗？魏晋士人是历代士人敬仰、追慕的文化原型。身处工业时代的士人，必须探究魏晋士人的存在状态是什么样子，必须重新领会魏晋士人关于人的文化遐思与本来追求。我们尤其要重视，魏晋士人如何摆脱社会流俗的文化困境，最终实现人在文化上、在世界中的自由自得。

寄身于工业文明时代，我们怀念并钦慕魏晋时代那种不以物喜、不以己悲、超凡脱俗的士人风度。何为"风度"？"风度"就是中国传统士人儒雅优美的精神气韵，不拘一格的在世气场，风流蕴藉的真己存在。"风"为中国传统文化中五运六气之"风"，是天之生气，与日俱新。曾点在描绘自己的志向时云："莫春者，春服既成，冠者五六人，童子六七人，浴乎沂，风乎舞雩，咏而归。"（《论语·

先进篇第十一》)①这里的"风",就是春天的生气,"风乎舞雩"就是在舞雩台上,接受春天生气的沐浴,使自身生气与自然生气内外贯通,获得一种天然的默契,自身顺应并接受自然生气的洪荒之力,没有一丝的世俗气息。孔子曰:"君子之德风,小人之德草。草上之风,必偃。"(《论语·颜渊篇第十二》)②孔子将君子之德比喻为"风",认为君子之德具有春风化生万物的神圣力量,"风"成为感化人心的力量象征。所谓"度",通常是指周天之度数。古人将天比成一个圆环,天上星宿因位置不同而形成不同的度数,即宿度。因天之度数的变化,天之正气也会同步发生一些变化。那么,"风"与"度"合起来,就可以表示古代士人对天之生气的文化想象与时空变化,这种天之生气的恒常想象与时空位置关系也成为士人自身之气的恒常变态与力量源泉,只要保持自身之气与天之生气的同时与同位关系,士人就达到了天人合一的生命存在与健康状态。可见,"风度"首先是一种天之生气的自然存在与时空位置,其次是士人以这种天之生气作为自身存在的恒常追求与生命认同。中国传统士人身上所具有的风度,就是追求自身人气与自然天气相合、相交、相汇的同位关系与认同想象。

所谓"魏晋风度",就是魏晋时期的士人对自身之气的文化追求与玄同状态,是中国士人道体存在的文化选择与群体价值,也是士人在世俗世界之中为人处世的一种特殊行为方式。探究魏晋名士的这种玄同存在的文化方式与价值取向,可以让我们得到一面历史的镜子,照见我们在当前现实世界中的困境与疑惑、沦陷与沉溺、失落与焦虑。同时,也可以帮助我们思考,如何改造现世流俗的文化逻辑和情感价值,帮助众多被世俗化了的读书人,乃至人世间的俗人,重新思考自身所处文化的弊端与颓废;如何摆脱这种以工业计算理性为中心价值的现代性、后现代性,以及诸多无根他性的文化引诱与遮蔽,重新建构新时代文化的心性存在与文化自由。

魏晋风度是当今中国士人梦的一部分,也是士人心存念之的重要价值和文化传统。工业化时代的士人,大多都是心为世俗所累的知识分子,他们因为世俗生活、文化、政治、经济等诸多外在因素的严重干扰而劳形伤神,长期忘记了自身的文化之根与心性之源,甚至任意破坏文化根性,丢失了做人、做事、做学问的应有节度和风度。假士人、假士风盛行,士人日渐俗化了,士人身份逐渐丧失。我

---

① 杨伯峻译注:《论语译注》,中华书局 1980 年版,第 119 页。
② 杨伯峻译注:《论语译注》,中华书局 1980 年版,第 129 页。

们渴望能够重拾魏晋士人曾有的做人、做事、做学问的文化传统与风度,为士人正名,为天地立心,为生民立命,逐步做到由"俗"返"士"。

一、何谓士人:天地与世界之间的文化异者

中国传统的士人文化就是神道文化。"道"成为士人身份与文化存在的核心价值。老子依据对待道的不同态度,将士人分为三大类,其云:"上士闻道,勤而行之;中士闻道,若存若亡;下士闻道,大笑之。不笑不足以为道。"(《老子·第四十一章》)①上士领会了道,就会勤加修炼,提升自身境界,将道的文化价值贯穿于自身的现世行为。中士学了道,但在现实的生活中,依旧对道持半信半疑的态度,在言行中,他们对道犹豫不决,摇摆不定。下士听到道,觉得道是极为虚无缥缈、荒唐可笑的东西,对之持有一种不屑一顾的讥笑态度。在道家的文化建构中,道是士人,尤其是上士的核心价值和生存理念。上士依据大道、神道的存在状态在现世之中实践现身,为人处世,就达到了"道成肉身"的圣人境界。士人的文化理想就是通达圣人原型有所的存在状态。中士对自然之道持怀疑和犹豫态度,这种怀疑态度本身就是对道的合法性和权威性的挑战。下士不仅不相信自然之道的存在价值,而且对之讥笑、鄙弃、贬值,这是流俗士人、无道之人对待道的轻视态度。道家圣人所建构的士人文化存在是圣者原型,他们把圣者状态作为自身在世操心、操持的基本原则和价值规定。

孔子身处乱世之中,一方面感叹这个世界已经没有了圣人和君子,另一方面又想通过文化重建的方式,建构对士人文化的新价值与新界定,他的文化理想就是将士人培养成具有仁德的君子原型(即君子存在)。何为"仁"?"仁"就是春天来临,万物生发的天命力量,士人依据"人从天命所生之中所获得的人类群体状态"(即常身状态)来领会自身,来规定自身的价值取向和情感追求,士人的群体常身就成了士人自身的文化他者,即仁者原型。子曰:"志于道,据于德,依于仁,游于艺。"(《论语·述而篇第七》)②在孔子的士人理想建构中,道仍然是天命的至高理想,德是道在人身之中的同步状态,仁是士人所具有的生气状态,即仁者常身,孔子将仁者原型作为士人应该依据的文化原则。可见,孔子的士人文

---

① (魏)王弼注、楼宇烈校释:《老子道德经注校释》,中华书局 2008 年版,第 111 页。
② 杨伯峻译注:《论语译注》,中华书局 1980 年版,第 67 页。

化建构是有深意的。一方面他很清楚，道才是士人的真身存在，仁不过是道在人身上的天命力量，仁质力量发源于道，而又次于道。仁德不等于大传统之自然神道，而是属于更次一级质性的文化。另一方面他认为，士人只有先通达了仁质，获得了仁者常身，感受到了自身所具有的君子状态，才有可能进一步通达最高理想之神道。仁质成为通达神道的必由之路，是一架具有过渡意义的文化阶梯。孔子提倡"仁德"，是要摆脱士人在世的流俗状态。俗士在世，完全沉沦在物质世界之中，迷失了集体表象与原型存在。子曰："士志于道，而耻恶衣恶食者，未足与议也。"(《论语·里仁篇第四》)①孔子认为，作为一个真正的士人，一方面要有志于道，不断提升自己的人格境界和存在状态；另一方面还要与世俗之人决裂，要以"恶衣恶食者"为耻。所谓"恶衣恶食者"，就是对衣食住行等现世物质特别注重、百般挑剔的俗人。孔子认为，一个真正的士人，不能与这种拘泥衣食等现世物质的小人交往，表现出了仁者与俗人之间的文化决裂和价值异趣。

春秋末年，儒道两家圣人在建构士人理想时，尽管存在着人格境界、价值取向的不同，但他们都坚守了神道的文化原则与核心价值，都针砭现实世界中无道的流俗弊端，以神道的文化规定性来期待与塑造士人自身的文化形象和文化身份。但是，无论是道者本身，还是仁者常身，都是人在现世之中的文化存在与整体认同。只要是一种现世的有形存在，士人就永远存在于方内世界之中，也就必须为自身存在而有所操心、有所操持。儒道两家的文化建制，都在警示读书人应该如何在世界之中选择自身的文化存在与价值方向。《庄子·人间世》云："绝迹易，无行地难。"②庄子这句话很玄奥，充满哲理。"绝迹"指人与现实世界的关系问题，是说一个人想斩断与世间的一切社会关系，远离方内世界，做到"绝迹"于世，或者说做一个方外世界的人，是很容易做到的。但是要做到"无行地"，却是不可能的。"无行地"，指一个人不在天地之间行走，暗喻不在天地宇宙之间存活，这是不可能的。就是在科技发达的今天，一个人厌弃了在地球上的生活，可以选择移民火星，但是火星依旧是一个方内世界啊，更何况移民火星计划在今天依旧是一个难以实现的科技之梦。庄子很明智，他认为，天地是人类存在的自然时空，人与自然时空的关系，与社会生活中的人际关系不同，我们可以摆脱人间的各种社会关系，但无法切断人在天地宇宙之间的自然关系。一个真人可以

---

① 杨伯峻译注：《论语译注》，中华书局 1980 年版，第 37 页。
② (清)郭庆藩辑、王孝鱼整理：《庄子集释》，中华书局 1961 年版，第 150 页。

不参与纷乱的人间世界,做到彻底或半彻底的"绝迹",做到有意远离这个流俗世界,但也不可能彻底摆脱与天地之间的时空关系,天地环境,天命赐礼,成为人类存在的优先关系与最后底线。

如果将庄子的天地的自然存在与世界的方内存在,看成神道存在与世界存在之间的关系,那么,我们就会发现,儒道两家都是在寻找人在天地存在与世界存在之间的时空平衡。因为世界存在优先,就可能排斥、肆虐天地存在的可能,以至于天地存在被人遗忘与遮蔽起来。但"天尊地卑""天地定位"乃是人类不可摆脱的宿命存在,它优先于世界存在,承载着世界存在,却又不被世人重视,甚至被人遗忘。儒道两家文化的核心精神都是在唤醒身处现实世界的士人,不要一味沉迷于物质世界,而忘记自己首先是立身于天地之间,天地的大道存在才是我们存在的终极状态。尽管儒道两家的文化理想存在一定的价值差异,或逍遥于世(道家),或济济于世(儒家),但立身天地之间,即立身于道,却是两家文化共同的价值取向,也成为早期中国士人所坚守的文化精神和传统。士人立身天地、立身神道,才能既在世界之中存活,又能抵抗物质世界的无尽诱惑。俗人却与之相反,他们为了存活于世,尽情迎合世俗的无尽欲望,全身心投入没完没了的物质追逐中,完全抛弃了自己的道体根基,在不知不觉的世俗浸染中,变成了根基肤浅的墙头之草,风吹草动,忙碌一世,最终被秋风扫落,遗恨终生。

真正的道者、儒者善于在道体存在的文化想象中,通达并依据于道体原型而有所然、有所是,让天地的自然存在和仁者的常身存在成为他们在世界之中的立身根基。世俗之人,依据的是现世世界的各种社会利益关系,在五花八门的人情圈中,兜来兜去,机关算尽,以获取最大的现世利益。在这个世界的世俗人的眼中,那些持守神道、仁道的士人,永远是不合时宜的文化异者。然而,这些士人却是能够坚守天地神命的根基、根性,成为引领人类走向神道存在与共存同在的文化精英或圣贤志士。

二、士人与神道心性传统

春秋末年出现的儒道文化传统不是华夏文化的最初源头。近年来,文学人类学通过对中华文明起源的文化研究,认为儒道文化传承了三代的王道文化,而在三代文化传统之前,还存在一个极为久远的文化大传统,这个神圣久远的文化大传统才是中华文明的最初源头。文化大传统的核心价值就是神道存在。到了春秋时期，"道术为天下裂"，这种神道分裂为儒、道两家的文化传统，成为中华民族的核心价值与精神追求。可见，在中华民族文化的发展过程中，早期口传文化才是中华文明的原初文化，口传文化的创造者——圣人，如伏羲、神农、黄帝等华夏始祖，才是华夏神道文化价值的真正创造者。这就是刘勰所说的"道沿圣以垂文，圣因文而明道"（《文心雕龙·原道》）。早期部落的口传传统，到三代的王道文化、礼乐文化，到了老子、孔子等士人精英手中，开始逐渐过渡到书写文化小传统。从大传统到小传统，从口传文化到书写文化，华夏本土的神道价值却没有改变，而且获得了积极的传承与发展。春秋时期的士人，尽管不是早期神道文化的缔造者和发明者，但却是大传统文化的传承者与守望者，尤其在大传统文化失落之时，他们运用"稽古"的文化方式，拯救、保留了大传统文化的神道价值，使得大传统的神道文化价值延绵不绝，泽及后人，滋养华夏。

身处工业文明的现代人，经历了百年工业文明和西方文化的洗礼，一方面深深体验了"人定胜天"的物质疯狂与满足幸福——具体表现为物质生活的极大丰富与生活水平的明显改善；另一方面也经历了"人心不古""邪气猖獗"的文化苦旅与心灵痉挛，同时，也目睹了青山绿水的日渐恶化、自然物种的急剧衰减，甚至空城、雾霾等社会困境与世间怪象。开始，人们对工业文明和理性文化喜中兼惧、信而见疑，但随着社会异象越来越多、越来越明显，执政党、有识之士越来越感觉到，中华优秀传统文化在现代社会的缺失，会极大地阻碍中国现代化的发展进程。民族血脉、人民灵魂的文化传统的传承与发展问题，又一次摆在了中国人的面前。如何在工业文明时代，既提高科学技术水平，以满足人民的物质需求，又保持善良淳朴的民心、民风、民俗，力挽人心彻底地金钱化、世俗化、权谋化的趋势，是新时代中国特色社会主义建设最迫切、最重要的历史使命与艰巨任务。

面对当前社会文化的焦虑困境，国家已经开始出现了新的文化革新主张，重视文化建设，强调文化自信，开始了一场由外转内、由西转东、由今转古的文化革新运动。但是在这场文化转型的过程中，我们面临着五千年来无数个文化传统。从今向古代追溯，有当代工业文化传统，现代革命文化传统，清代乾嘉文化传统，宋明理学传统，汉唐章句传统，魏晋风度传统，春秋战国百家争鸣传统，三代礼乐传统，以及原初文化大传统等。也正是这无数个文化传统的兴衰更替，使我们对华夏文化的原初状态和道体价值越来越模糊了，越来越偏离了华夏文明的核心价值，即神道的文化意义与核心理念。

当前工业文化的特征是过分强调利润化、数字化、技术化、产业化,过分膨胀人在世俗世界之中的算计能力和权力欲望,人已经完全被世俗世界异化了,已经被金钱、权势、地位等欲望机器控制了,出现了金钱至上、享乐至上、权力至上、形式至上的畸形价值观与文化空心现象。各种流俗文化弊端集中体现了西方理性主义、科技中心主义、认知理性主义的文化价值与缺陷。与此同时,也彰显了华夏优秀传统文化的可贵价值与当代意义,尤其凸显了早期神道文化大传统的强大文化优势。可以说,当前文化的弊端和人心的丑陋,恰恰是大传统文化、礼乐文化、儒道文化等中华优秀文化所坚决批判的"无道"世俗文化。换句话说,当今文化不仅彰显了人性迷失的可怕与丑陋,也体现了华夏优秀传统文化的崇高和优美。

面对当前的文化困境,如何才能回归华夏优秀文化传统,使社会流俗文化走向有道文化呢? 这是摆在当今士人面前的重要课题,也是一个持久的文化难题。

一方面,对当前文化存在的弊端要有清醒的理性认识,警惕和反思工业文化唯科学论、唯技术论、唯西方论等极端认知中心主义;另一方面,要在华夏文化发展传承的过程中,找到中华文化的文明起源和核心价值。这样才能正本清源,才能方向守正,才能真正彰显华夏优秀传统文化的历史力量与时代价值。当前士人的文化焦虑,不在于对工业文化弊端的理性认识,而在于如何发掘华夏文化的核心价值,如何弘扬中华优秀传统文化的精神。

针对这一重大文化转型问题,学术界提出了国学文化传统、经学文化传统等诸多方案,但是国学文化传统过于宽泛,良莠难分,精神驳杂;经学传统过于拘囿于历史上的国家意识形态,遮蔽了中华传统文化的核心价值,如道家文化被弃而不顾。大传统文化的发明,既揭示了早期神道文化的文明根源与神圣存在,又彰显了早期圣人追求"天人合一""神道设教"的神话想象和原初生命,是华夏文明的文化之根,是中华民族的精神之魂。只有站在华夏文化的源头,我们才能跳出各种文化传统的阐释遮蔽,才能获得华夏文化最原初、最核心的文化价值与心性观念。大传统文化的核心理念就是通达原初的神道状态。如何通达原初之神道存在? 神道是原初人凭借各种外在的音乐声音、乐器声音、口传声音、物质图像、群体舞蹈等手段,获得的共同综合精神体验与文化整体意义,摆脱自身在现实世界之中的各种利害关系,彰显天地运化的根基命理。神道价值可以帮助我们这些文明人,主动摆脱物质客体的有形存在,也不拘囿于自身主体的主观私欲,而将自身的神道存在与天地根基结合起来。这种结合既依据神道德性,又强调世界存在,使自身的天地存在与世界存在达到和谐共存,从而淡化各种所谓的指标、"进步"的观念,以及各种变相的"统治"权力,使人趋于自然存在,达到"齐物"状态。强调大传统文化的根性原则,是对现行文学、文化、哲学、历史等传统学科研究的反思和质疑,是天地神道根性在工业文明时代的精神复活与心性领会,"天地玄黄,宇宙洪荒",这种神道的文化能量是宇宙间最不可估量的"暗物质"能量。"人能弘道,道不能弘人",这种人体内、宇宙间的"洪荒之力",需要更多有道之士来研究和弘扬。

魏晋风度是神道、玄道文化在魏晋时期的时代复活与人学发展,这种玄学文化与天道复活,对于我们今天的文化转向,具有较好的示范作用;对于我们理解和领会神道文化精神,具有一定的现实意义。魏晋时期的文人在反思两汉章句之学的基础上,力求在儒道文化之间,寻找到神道存在与世界存在之间的融合途径。他们不仅找到了这条心性途径,而且在为人、文学、书法、绘画、政治、人伦等诸多方面,取得了令后来者仰慕不已的伟大成就。这也表明,在两汉文字盛行的文化传统中,在神道传统文化价值迷失的历史时期,魏晋士人依旧有能力将支离破碎的神道传统与艺术精神重新修复,并将其发扬光大,使神道的传统之光,重新赐予向道的士人以澄明的精神体验与艺术存在。从这个意义来看,魏晋风度是神道传统文化在魏晋时期的文化复活与时代现身,魏晋贤士与先秦儒道圣人一样,实践了贯通神道存在与有形身体的文化智慧与精神追求,表现出对华夏神道文化大传统的不懈探索。

三、士人的心性回归之梦

实现中国梦是当前主流文化。但是学术界对于中国梦的诠释,局限于将一切物质存在加以计算量化、科学化、对象化。如果中国梦缺失了中国心,就会偏离士人的神圣之梦。历代圣贤、士人都有美梦,有美梦的民族才有希望,有美梦的士人才有未来。孔子曾经做过美梦,他梦到了制礼作乐的圣人周公,用周公在梦中现身方式来托寓自己的礼乐价值与文化建构。庄子也曾做过美梦,他梦见了在万花丛中纷飞的蝴蝶,还梦见自己化成了一只自由自在的蝴蝶。这是庄子的士人之梦,人与蝴蝶同源,可以互化,人能够依据自身的自然天性,犹如花丛中的蝴蝶一样自由存在,逍遥而游。孔子之梦,庄子之梦,分别代表了儒家圣人与道家圣人对梦的向往与诠释。他们在自己的梦中,分别寄寓了儒道两家的文化理想与人性自由。

那么，中国当代士人的梦是什么呢？我们认为，第一，不是意识主体之梦。因为意识主体是要将人客观化、物化、对象化，这种主体异化会扼杀人作为万物之灵的灵魂与灵性，人与客观有形植物、动物之间存在很大的差异，每一个人都是一个心灵世界的特殊存在，将一个有丰富心灵世界的人，当成一个内在世界缺失的有形之物，就是将人非人化。西方人的主体之梦是虚假的、人为的"断魂之梦"。第二，不是主体性之梦。现在西方一些学者提倡主体性，不仅将人主体化了，而且要在主体化的人身上，寻找真理性、普世性，依旧是科学主义、理性主义的文化产物。第三，不是主体间性之梦。主体间性在主体性的基础上，强调主体之间的相互交流和平等关系，但依旧是主体个体规律的理性解释，体现的依旧是人为智慧、人间智慧的小智慧。第四，不是主观之梦。主观是相对于客观而言的，主观性强调了人在世界之中的纯粹想象和内在表象，这种个体精神表象的人为建构，充满私己的欲望本能，具有一定的虚无性和个体性。

中国士人的文化之梦到底是什么呢？我们认为，乃是士人对生命存在、天命赐礼的领会与回归之梦，无论是老子的"涤除玄览"，庄子的"心斋""坐忘"，还是孔子的"思无邪"，孟子的"养吾浩然之气"，无不是将人从世界的沉沦、忘身状态重新招回，利用文化的智慧，召回自身的根性灵魂，让人类命运的神道存在显现出来。回归人类本性，就是让人类自身之神、自身之气、自身之精齐全地、完整地、真正地在身体中在场，获得形神相亲。那么，人类自身的精、气、神是否等于主体呢？毫无疑问，两者存在天上人间的文化区别。第一，自身之精、气、神是有形身体的主宰真君，是有形身体的力量源泉。有形身体是由自身之精、气、神变化生成的，也就是说，这个神性存在就是我们自己的原初状态，每个人都是由自身的原初真精、真元生成的。第二，自身在物质世界的迷失，导致自身的原初精神被遮蔽起来了，因此，自身的原初精神就需要自身重新在自身的存在之中，展开对自身真在状态的召唤，再次进行文化的领会，从而再次获得自身真精的自然规定。第三，士人通达神道存在，就是在自身的意识领会中，打开了自身之神升降、回归的文化通道，同时，这个重拾的原初灵魂又能够指导和决定自身的现世状态。在早期大传统文化中，圣人力求让自身的原初精神在身体世界中显现出来，让神道力量成为支撑有形身体的主导力量，这才是神道的核心价值。

当然，到了春秋时期，士人精神的回归之梦出现了分裂，儒道两家在继承大传统的神性之梦的时候，对所要回归的原初状态的理解出现了分歧。孔子依据世界整体存在来领会自身的有道存在,将士人自身的仁者状态作为自身回归的文化可能,认为君子要依据仁者原型在世界中现身。老子依据天地自然根性来领会自身的有道存在,将回归本身状态(自然原型)作为自身的文化可能,认为圣人要依据自然原型在世界中现身。《老子·第十三章》曰:"宠辱若惊,贵大患若身。何谓宠辱若惊? 宠,为下得之若惊,失之若惊,是谓宠辱若惊。何谓贵大患若身? 吾所以有大患者,为吾有身,及吾无身,吾有何患! 故贵以身为天下,若可寄天下;爱以身为天下,若可托天下。"①这段话中,"身"这个术语是士人自身文化的集中体现,同时,也是士人文化分歧的知识话语。我们将这段话注译为:常人在世,常常是他人宠爱自己,自己就会感到十分惊喜,他人辱没自己,自己就会感到惊恐万状,这种以他者所贵而为贵的自身存在,就好比是,以大患为贵啊。什么是"宠辱若惊"呢? 常人受到他者的宠爱,就会感到惊喜;失去他者的宠爱,就会感到惊恐,这就是"宠辱若惊"。为什么说这是"贵大患若身"呢? "我"之所以患有"重病",那是因为"我"将他者的态度当成了自身存在的依据。如果我们没有这样一个以他者态度作为自身的常身存在,那么,我又怎么会身患"重病"呢? 如果能重视"本身所是的可能性"(即无身之身,不以他者作为自身的自身)来治理天下,这样就可以寄存于天下了;如果喜欢以"本身所是的可能性"(即无身之身)来治理国家,这样就可以将天下托付给他了。因为在这段话中,身是一体二元的,既可以指在世界之中的仁者常身,又可以指天地根性的自然本身,如果不能理解身的二元性,就很难理解老子的言外之意。其实,老子一方面批评了儒家提倡的世界中的仁者原型,另一方面认为,士人应该以天地根性的本身作为自身的存在状态,只有这样,才能治愈自身偏离真身的文化重病。

老子、孔子对士人自身的理解尽管存在很大的文化差异,但是回归神道之梦,却是他们共同的文化理想。"反身""守身"是孟子文化理论的核心观念,体现了士人文化的回归精神。孟子曰:"事,孰为大? 事亲为大;守,孰为大? 守身为大。不失其身而能事其亲者,吾闻之矣;失其身而能事其亲者,吾未之闻也。孰不为事? 事亲,事之本也;孰不为守? 守身,守之本也。"(《孟子·离娄上第十九章》)②孟子将人的存在分为两种,一种是"不失其身",另一种是"失其身"。前者是能"守身"之人,就是能依据人性而有所是的人。这种人能够守住自身的

---

① (魏)王弼注、楼宇烈校释:《老子道德经注校释》,中华书局 2008 年版,第 28—29 页。
② 杨伯峻:《孟子译注》,中华书局 1996 年版,第 179 页。

原初常身,是懂得人生大体的人,因此,他们能够侍奉双亲,这是真孝。后者是不能"守身"之人,也就是忘身沉迷之人。如果一个人连自身都遗忘了,那么,这个人就是无本无根之人,就是一个完全依据现世物质世界的变化而沉浮、变化的人,就是一个犹如浮云般漂游不定、无所事事的小人。孟子曰:"悦亲有道,反身不诚,不悦于亲矣。诚身有道,不明乎善,不诚其身矣。是故诚者,天之道也;思诚者,人之道也。至诚而不动者,未之不也;不诚,未有能动者也。"(《孟子·离娄上第十二章》)①儒家将自身之"思诚"作为修身最为重要的功夫。因为只有人心完全诚服、信服自己的仁者常身,才能回归人性之初的本善状态,这才是真正的"反身"。"守身",就是持守自身的本初状态;"反身",就是回归自身的人性状态。持守人性的存在状态,就是自身人性在有形身体中的出场,神性出场是从神道大传统到儒道文化传统的核心价值,也是早期士人的文化之梦。

魏晋风度是魏晋名士的文化回归之梦,换句话说,魏晋名士依据自身的神性根性,在社会世界中,获得了心性回归与文化认同。魏晋人将儒道神性合二为一,让身体在思想上统一到生命根性的文化想象中,这种文化回归与根性认同是文化大传统神圣之梦的文化表现与历史传承。魏晋人的自由率真、纵情山水、艺术人生,都是士人神性存在在世界之中的文化现身与具体表现,展示了与世俗文化相背离的审美趣味和文化逻辑。通过研究和探讨魏晋风度,我们可以领会魏晋士人的回归神话与文化共鸣,由此,也可以从魏晋文化传统,上溯到早期大传统的原初圣人之梦。这样,才能建构华夏民族士人的文化回归之路。

当代中国士人如何实现自身的回归之梦呢?当代士人的回归之梦,不是现世物质存在的对象化之梦,不是文化、文学的唯科学主义之梦,更不是被客观化的自身毁灭之梦。中国士人的文化回归之梦,是由意识主体误区向神道根性的回归之梦,是由世界漂游状态向天地生气秩序的回归之梦,是由诸神流放向神性在场的文化之梦。穿越多个令人眼花缭乱的文化小传统,我们来到魏晋时代。在魏晋风度之中徜徉遨游,可以真切感受华夏文化的人性之美和自由存在。由此而上溯到原初的文化大传统,去追寻"神人相和"的原初自由与根性存在,这才是当今士人的文化责任,也是华夏民族本土文化的必然归途。当然,要实现当代中国士人的文化回归与根性认同,任重而道远。

①　杨伯峻:《孟子译注》,中华书局 1996 年版,第 173 页。

四、归去来兮：士人要善养真气

人生在世，犹如一幅画，人气犹如画气。人气精致，则为画精致；人气粗俗，则为画低劣。清代邹一桂在《小山画谱·画忌六气》中云："一曰俗气，如村女涂脂。二曰匠气，工而无韵。三曰火气，有笔仗而锋芒太露。四曰草气，粗率过甚，绝少文雅。五曰闺阁气，苗条软弱，全无骨力。六曰蹴黑气，无知妄作，恶不可耐。"①凡有此六种俗气之画，皆画之下品；凡有此六种俗气之身，皆身之下品；凡有此六种俗气之士，皆士之下品。

吾云：魏晋士人乃画之上品，身之上品，士之上品。魏晋士人，传六真气。一曰清气，涵泳太清，白玉无瑕。二曰逸气，归去来兮，吾庐天地。三曰神气，心游万仞，无有挂碍。四曰妙气，妙门常开，气韵超凡。五曰儒雅气，诗书棋琴，修身齐家，治国平天下，书生意气，至刚至大，充塞天地。六曰情深气，一往情深，真情在世，无妄无伪，桃李烂漫。魏晋人如画般的真性存在，其根底就在这六种真气，这六种真气既是天地之生气存在，亦是来自神道根性之气，是天地生气与神道精气的完美融合。胸有文墨怀若谷，腹存诗书气自华。魏晋名士之气，源自自身神道，来自天地之间，乃是神道之精气、真气的个体化、现世化。

中国士人认为，士人身上所存、所养之气不同，那么，其人在社会空间之中所占的位置就迥异，即气不同，则位不同。《太平经·行道有优劣法》云："春王当温，夏王当暑，秋王当凉，冬王当寒，是王德也。夫王气与帝王气相通，相气与宰辅相应，微气与小吏相应，休气与后宫相同，废气与民相应，刑死囚气与狱罪人相应，以类遥相感动。其道也王气不来，王恩不得施也。古者圣王以是思道，故得失之象，详察其意。王者行道，天地喜悦；失道，天地为灾异。夫王者静思道德，行道安身，求长生自养。和合夫妇之道，阴阳俱得其所，天地为安。天与帝王相去万万余里，反与道相应，岂不神哉？"②《太平经》以为：第一，人之气随着四时而变化。春天的王气应该是温和的，夏天的王气应该是暑热的，秋天的王气应该是清凉的，冬天的王气应该是寒冷的。王气善于随着四时而有所变动，这才是王者之德。可见，一个人身上的神气，必须要顺应天地、阴阳、四时、五行的玄机变化，做到自然运化。第二，人所持有的气不同，对应的社会空间位置也不同。"王

---

① （清）邹一桂：《小山画谱》，中华书局1985年版，第32页。
② 王明编：《太平经合校》，中华书局2014年版，第17页。

气"与"帝王气"是相通的,"王气"是人之气,"帝王气"是帝王空间位置之气,两气相合,意味着"王气"之人,可以通达"帝王气"。也就是说,具有"王气"的人,才能胜任人间的帝王。如果人气与位气两气相逆,就意味着某人与位置、职业是不合的,一个人处在与自己气味不相合的位置上,是不吉利的事情。同样的道理,人之"相气"与社会空间的"宰辅"位置相应,人之"微气"与官场"小吏"相应,人之"休气"与帝王"后宫"相同,人之"废气"与社会空间的"民"相应,人之"刑死囚气"与人间的"狱罪人"相应。可见,人之气场是不同的,则人在社会的空间位置也是各不相同的。第三,人需要重视养气。那么,如何养气?人要"思道""行道"。只有人心打开了通往根性存在的神道通途与心性存在,在神道之中,加强自养,才能提升、储蓄天赋的真元之气,才能真正提升自身的人格境界。

当今,读书人的知识分子身份,已经取代了传统读书人的士人身份与文化追求。读书人尽染了世俗社会的六种俗气,犹如染了俗气的画作,真是俗不可耐。读书人身上的六种俗气,也令现在的知识分子与传统士人相形见绌。气太实则要化,气太俗则要散,气太匠则要死,气太火则要亡,气太草则要弃,气太闺阁则要治,气太黑则要涤。如何祛除当今知识分子身上的俗气?唯一的办法,就是要学会养气,尤其要学会善养浩然之气。

魏晋士人是善于养气的。他们所养之气,是道中真气,是读书人在老庄、孔孟的天道、人道文化的长期浸染中,涵养体悟,转化为自身之根性精气,是道体现身、与世相悖的士人"真气""神气"。千百年来,魏晋人的"真气",成为历代士人心中遵从的价值典范,也将成为祛除当今学术界、教育界、政治界各种歪风邪气的正心剂、醒世针。

五 、 结 论

当代中国,西方文化逻辑被机械移植、肆意生产。具备反思、批判流俗文化的能力,是对当代读书人、文化人提出的重要挑战。

魏晋士人在流俗价值横行的时代,拒绝与世俗同流合污,利用华夏文化的根性价值,维护了士人文化的纯洁与独立,展示了传统士人身上最为美好的文人风度。

早期文化中,士人始终是处于天地存在与世界存在之间的文化异者,始终对物质世界的诱惑保持警惕。中国的士人文化上承大传统的古道文化,用神道的根性存在作为自身存在的文化规定与价值认同。自身存在的道体状态及其合法性，成为士人身份与文化存在的共同价值。

今天，中国人既体验了西方工业文明带来的物质享受，同时，也经历着各种社会困境。面对社会的文化危机和价值混乱，学术界提出了各种文化建构的方案，但都不是对神道传统的文化回归，反而使华夏文化的根性价值更加模糊。我们要摆脱各种文化小传统的束缚，彰显华夏文明的原初价值与根性认同，用原初鲜活的神道价值，帮助现代文明人摆脱各种物质欲望与科学主义的文化困境。魏晋风度就是大传统文化的根性价值在魏晋时期的复活，赋予了魏晋人以鲜活、自由的个性。

当代中国士人的梦，不应是西方价值在中国机械移植的梦，而是具有中华本土文化特质的梦。这个梦，既要在科学技术方面有所发明，又要在自身心性方面有所回归。只有这样，科学技术才不会变成一匹没有缰绳的野马，而是受到华夏天地根性与文化思境的规定约束。当代知识分子要善于持守自身的根性神道，回归天地自然本性，让自身的精气神在有形身体中出场，这样才符合文化大传统的道体精神，也符合魏晋风度的核心价值。

物质文明发展了，现代人更要加强养气，既要善养天地之间的浩然正气，还要善养生生不息的宇宙生气。流俗文化积蓄人的邪气，道体文化培养人的善气。士人如果邪气入身，就会俗不可耐。魏晋人善于养气，他们善于涤除浑浊之气、粗俗之气、邪恶之气，全身上下，真气混元，散发出飘逸真清之气，汇聚着天然本真之元气。今天的读书人，养气依旧是第一要务，只有持养道中真气，才能凝聚浩然之气，才能治疗自身的虚邪贼风，才能引导社会摆脱污浊、流俗的邪气，重新回归自身的真气、正气。从这个角度来看，魏晋风流，既是治疗自己，也是治疗社会。

第二章　风流宝鉴：《世说新语》及其与魏晋风度之关系

> 王子猷居山阴，夜大雪。眠觉，开室命酌酒。四望皎然，因起彷徨，咏左思《招隐诗》。忽忆戴安道。时戴在剡，即便夜乘小船就之。经宿方至，造门不前而返。人问其故，王曰："吾本乘兴而行，兴尽而返，何必见戴？"
>
> ——《世说新语·任诞第二十三》

> 读其语言，晋人面目气韵，恍然生动，而简约玄澹，真致不穷，古今绝唱也。
>
> ——（明）胡应麟：《少室山房笔丛·九流绪论下》

> 艺术作品以自己的方式敞开了存在者之存在。这种敞开就是去蔽，就是存在者的真理，这敞开是在作品中发生的。
>
> ——（德）海德格尔：《艺术作品的本源》

《世说新语》是一部具有特殊时代意义的艺术作品。第一，尽管这部书成书于刘宋时期，但是刘义庆等人只是将魏晋人所讲的魏晋故事加以汇集，并按照相关门类进行分类编排，其性质是魏晋人讲述魏晋人的故事。换句话说，此书是当代人讲当代史，具有较强的实录性。第二，这部书没有长篇叙事，也没有大论，都是一些历史事件的简短叙事，或日常小事，或轶闻趣事，但叙事精当，画龙点睛，人物形象跃然纸上，极为生动活泼，所以有人将其当成志人小说。志人是实，小说则虚。第三,作品所述的人物皆是魏晋时期才华出众、风流倜傥的名士,这些名士共同展示了魏晋时代的士人群像及精神面貌。可以说,作品表现了魏晋名士的集体趣味和士人品格,体现了魏晋名士的核心价值和文化存在。他们有着开阔独立的精神,自由深邃的思想,高贵雅致的风姿,闲适自然的情怀,任性风趣的人格,清峻洒脱的气度,可谓风流无尽,千古绝唱。宗白华在《美学与意境》一书中描述了魏晋名士群体的时代意义和文化特征,其云:"旧礼教的总崩溃、思想和信仰的自由、艺术创造精神的勃发,使我们联想到西欧十六世纪的文艺复兴。这是强烈、矛盾、热情、浓于生命彩色的一个时代。""只有这几百年间是精神上的大解放,人格上思想上的大自由。人心里面的美与丑、高贵与残忍、圣洁与恶魔,同样发挥到了极致。"①可以说,《世说新语》这部作品的特殊性就在于:它与一个时代紧密联系在一起,它与一个时代的士人精神息息相通,它记录了魏晋名士群体的文化价值与精神世界,是我们探究魏晋风度的最佳名士"教科书"。

这部作品的价值就在于它真实地展示了魏晋名士在社会世界中的现身状态,尤其展示了名士自身与天地根性之间的存在关系。《世说新语》既保留了一个时代的文化风貌,又展示了魏晋名士的精神存在与文化追求,使我们这些后来的文明人,能够深入魏晋人的灵魂深处,感悟魏晋士人如何领会自身的精神存在,并领悟他们如何随心如意、一往情深地在这个世界中自得存在。

一、清影眷顾:关于《世说新语》的编撰文化

一部优秀艺术作品的诞生,是极具深意的,尤其是像《世说新语》这样能够展示一个时代士人群体精神风度与生活风貌的艺术作品。不过,由于欣赏者和研究者过于追求作品本身的文字内容,编撰者的世界及编撰意图也就被逐渐遗忘了。

编撰者刘义庆(403—444),出身刘宋皇室,原本为长沙景王刘道怜之子,后来过继给临川王刘道规为嗣。刘义庆年幼之时,聪慧过人,"好文义,才词虽不多,然足为宗室之表",刘裕曾经多次夸赞刘义庆为"此吾家之丰城也"。刘裕称帝以后,年仅十三岁的刘义庆就袭封为南郡公。永初元年(420),刘义庆十八

---

① 宗白华:《美学与意境》,人民出版社 1987 年版,第 184 页。

岁,袭封为临川王,并征为侍中。宋文帝刘义隆元嘉元年(424),刘义庆二十二岁,转散骑常侍、秘书监,徙度支尚书,迁丹阳尹,加辅国将军、常侍并如故。元嘉六年(429),二十七岁,加尚书左仆射。元嘉八年(431),二十九岁,加中书令。元嘉九年(432),三十岁,出为使持节,都督荆、雍、益、宁、梁、南北秦七州诸军事,平西将军,荆州刺史。元嘉十六年(439),三十七岁,改授散骑常侍,都督江州豫州之西阳、晋熙、新蔡三郡诸军事,卫将军,江州刺史。元嘉十七年(440),三十八岁,即本号,都督南兖、徐、兖、青、冀、幽六州诸军事,南兖州刺史。寻加开府仪同三司。元嘉二十一年(444),四十二岁,薨于京邑。[①] 通过考察刘义庆的生平,我们知道了这位皇室贵族的显赫人生。可以说,刘义庆的人生虽然短暂,但他在政治场域中,却是风光一世,可谓春风得意。这也很容易让我们产生误解,以为刘义庆肯定是一个混迹官场、熟谙世道的贵族俗士。

事实上,刘义庆身处政治场域之中,却并没有完全忘记自身的士族身份和文化存在。据有关史料记载,刘义庆编撰之书,除《世说新语》之外,还有《徐州先贤传》十卷、《集林》二百卷、《宣验记》十三卷、《幽明录》三十卷、《江左名士录》一卷、《文集》八卷。其《文集》八卷,今已散佚,仅存《全宋文》辑佚文章数篇,而且残缺不全。

刘义庆编撰《世说新语》表明,他极为倾慕魏晋名士的艺术人生与优美风姿。这一方面展示了魏晋名士的文化魅力和精神影响,另一方面体现了皇室出身的刘义庆在骨子里还存有魏晋士族"文章乃经国之大业,不朽之盛事"的责任意识。这也说明,刘义庆等人希冀通过编辑魏晋名士的历史清影和文人华姿,来展示自身存在的文化价值和审美意趣。

关于《世说新语》的编撰时间,《世说新语·言语第二》第一百零八条云:"谢灵运好戴曲柄笠,孔隐士谓曰:'卿欲希心高远,何不能遗曲盖之貌?'谢答曰:'将不畏影者未能忘怀?'"[②]按照编撰体例,《世说新语》所叙之人,皆是已故名士。谢灵运卒于元嘉十年(433),孔淳之卒于元嘉七年(430),可以推知,《世说新语》应该成书于元嘉十年之后。

《世说新语》的编撰方式属于纂辑旧文,即将魏晋人所记述的魏晋故事汇集一编。鲁迅在《中国小说史略》一书中云:"然《世说》文字,间或与裴郭二家书所

---

① （梁）沈约:《宋书》,中华书局 1974 年版,第 1475—1477 页。
② 徐震堮:《世说新语校笺》,中华书局 1999 年版,第 89 页。

记相同,殆亦犹《幽明录》《宣验记》然,乃纂缉(辑)旧文,非由自造;《宋书》言义庆才词不多,而招聚文学之士,远近必至,则诸书或成于众手,未可知也。"①据研究,《世说新语》所辑之文,主要来源于志人类书籍,如西晋郭颁的《魏晋世语》,东晋裴启的《语林》(此书现存一百八十五条,其中六十四条与《世说新语》是相同的),郭澄之的《郭子》(此书现存八十四条,其中七十四条与《世说新语》是相同的),袁宏的《名士传》,等等。另外,《世说新语》中的人物称谓极为繁杂,表述不一,常常出现一人多称的表述,如:王导的异称有茂弘、阿龙、丞相、王公、丞相王公、司空等,简文帝司马昱的称谓有会稽王、相王、抚军、抚军大将军、太宗、简文帝等,桓温的称谓有桓元子、桓宣城、桓宣武、宣武公、宣武侯、桓荆州、桓征西、桓大司马、大将军、桓公等十余种。综合这些方面,我们基本可以肯定,此书是纂辑旧文编成的。当然,刘义庆等人编撰《世说新语》,有没有自造的成分呢?张叔宁在《"纂缉旧文"与"自造新文"——试论〈世说新语〉的编撰方式》一文中认为:以上所引的《世说新语·言语第二》之第一百零八条即是自造新文。② 但是该文仅举一例,是否还有其他例子,有待新证。

　　刘义庆为什么要编撰《世说新语》呢? 主要存在两种观点。第一种观点认为:刘义庆等人编撰《世说新语》纯粹是为艺术而艺术的行为,将这种文艺行为看成诗酒风流、崇文风尚。古代帝王将相,尤其是王室成员,都欢喜招揽文士,著书立说,编撰书籍。如吕不韦编《吕氏春秋》,淮南王刘安编《淮南子》,梁孝王刘武结交梁园宾客,汉武帝豢养文学侍从,汉宣帝命令文臣整理古籍,汉章帝组织儒生在白虎观讨论经学,汉灵帝组建鸿都门学,曹氏父子广揽建安文士,萧氏父子提倡东宫文学,等等。皇室贵族与士人标榜文人风雅,博取美誉,追求不朽。这些帝王将相著书立说,利用文化、文学符号,粉饰、润色社会政治、经济关系。在文化符号的秩序建构中,社会秩序、政治秩序因此也获得巩固,社会关系得以再生产。第二种观点认为,刘义庆著书纯粹是为了"全身保命"。通过著书,向中央政治权力表白个人的心迹与兴趣,以保全个人性命。周一良在《〈世说新语〉和作者刘义庆身世的考察》一文中,从《宋史》刘义庆本传中的"世路艰难"四个字入手,详细分析了刘义庆主持编撰《世说新语》的政治原因。元嘉期间,宋

① 鲁迅:《中国小说史略》,上海古籍出版社1998年版,第38—39页。
② 张叔宁:《"纂缉旧文"与"自造新文"——试论〈世说新语〉的编撰方式》,载《明清小说研究》2003年第4期。

文帝由于政治神经"过敏",对大臣多有猜忌,横加杀戮,如开国元勋、顾命大臣、司徒录尚书事扬州刺史徐羡之,尚书令傅亮,荆州刺史谢晦,兖州刺史灵秀,司空、江州刺史檀道济等都被杀,现实政治可以说风雨如晦、阴霾不散。① 关于刘宋皇室兄弟为政治权力而自相残杀,史学家多有记载,后晋刘昫等在《旧唐书》卷二十九中记载:"《乌夜啼》,宋临川王义庆所作也。元嘉十七年,徙彭城王义康于豫章。义庆时为江州,至镇,相见而哭,为帝所怪,征还宅,大惧。妓妾夜闻乌啼声,扣斋阁云:'明日应有赦。'其年更为南兖州刺史,作此歌。"②周一良认为:刘义庆因宋文帝刘义隆对宗室诸王怀疑猜忌,为了全身远祸,于是招聚文学之士,寄情文史,编撰了《世说新语》这样一部清谈之书。③

但从刘义庆的生平事迹——幼年开始进入政治权力场域,在这个世俗的权力场域中混迹一生并能够全身而死——来看,不能简单地认为,刘义庆编辑《世说新语》这一展现魏晋风流的图书是纯粹为了艺术,也不能简单将其看成纯粹为了政治避祸。

我们认为,刘义庆及其门下文士编辑此书,一方面是为了建造关于魏晋士人的"文化博物馆",代表刘宋皇室贵族表达对魏晋文化的认同态度,安置了魏晋人的文化遗产,表明刘宋代替东晋,只是政治权力由司马氏转到刘氏而已,士族文人的文化传统与价值观念在刘宋一朝依旧具有合法性和正当性。因此,《世说新语》的编撰,其实质是表达对魏晋士人文化遗产的认同,昭示了魏晋士人的文化传统依旧是刘宋士人的文化身份与精神追求。另一方面,刘义庆通过编撰事件,表明了自身对待魏晋风度的价值认同,展示了自身的文化趣味和价值追求。刘义庆正是将魏晋风度当成应传承的文化追求和人生趣味,这才避免了自身在现实世界的政治权力纷争之中越陷越深,避免了自身在世的彻底沉沦。魏晋文化让刘义庆在世俗权力场域中节节高升、获益终生,当其他的皇室子弟纷纷惨遭政治权力的清除杀戮时,他却能够游刃有余,远祸避害,存活于世。从这个意义上来看,刘义庆不是因为编书而"全身远祸",而是因为他认可了魏晋名士的士人存在与儒雅清影,并依据这种文化存在来安顿自身,所以才能在险象环生的政治场域中周旋。他编撰《世说新语》,熟谙魏晋文化,并以魏晋风流的文化

---

① 周一良:《〈世说新语〉和作者刘义庆身世的考察》,载《中国哲学史研究》1981年第1期。

② (后晋)刘昫等:《旧唐书》,中华书局1975年版,第1065页。

③ 周一良:《〈世说新语〉和作者刘义庆身世的考察》,载《中国哲学史研究》1981年第1期。

姿态现身于政治社会场域，使得自己的编书意趣与政治上的周旋态度在魏晋风度方面达成了一致。这样，他的编书活动与政治态度就都不过是魏晋名士文化的具体表现而已。

《宋书·刘义庆传》云："（刘义庆）受任历藩，无浮淫之过，唯晚节奉养沙门，颇致费损。少善骑乘，及长以世路艰难，不复跨马。招聚文学之士，近远必至。太尉袁淑，文冠当时，义庆在江州，请为卫军咨议参军。其余吴郡陆展、东海何长瑜、鲍照等，并为辞章之美，引为佐史国臣。"①这段话尽管内容很驳杂，但也充分展示了刘义庆的文化倾向与趣味追求。第一，刘义庆晚年"奉养沙门"，这与东晋名士崇尚佛教、以佛理阐释老庄的文化风气是一致的。"沙门"文化是清幽恬静的，表明刘义庆厌弃人间纷争的流俗文化。第二，少年时刘义庆善于"骑乘"，四处征战，后来"不复跨马"。"跨马"是兵家争强好胜、征战沙场的文化与价值，刘氏出身寒门，但是随着政治地位的攀升，逐渐抛弃了寒门文化，开始学习并认同魏晋名士的士人文化。这种由兵家文化向名士文化的转型，体现了刘义庆的士族文化倾向与人生价值转向。第三，我们仔细核查刘义庆门下的文士群体就会发现，这些文士的出身与文化取向也是比较复杂的。一方面，大部分文士都出自魏晋大族世家，袁淑出自陈郡袁氏，陆展出自吴郡陆氏，何长瑜出自东海郡何氏；另一方面，还有寒门出身的鲍照。从刘义庆文学僚佐的文化身份来看，他的文化取向兼具了士族与寒门的文化特征，这与魏晋时期士族与寒门疆界分明、绝不能同处一室是截然不同的。同时，当其他士族出身的同僚，侮辱与自己文化趣味相投的文学之士时，刘义庆感到极为愤怒。这也表明，刘义庆想极力维护皇室新型文化的文化趣味与价值取向。对于这种新型文化，士族内部出现了分裂，一部分士人表示认同，另一部分士人则对此嘲讽揶揄。《宋书·谢灵运传》："临川王义庆招集文士，长瑜自国侍郎至平西记室参军。尝于江陵寄书与宗人何勖，以韵语序义庆州府僚佐云：'陆展染鬓发，欲以媚侧室。青青不解久，星星行复出。'如此者五六句，而轻薄少年遂演而广之，凡厥人士，并为题目，皆加剧言苦句，其文流行。义庆大怒，白太祖除为广州所统曾城令。"②这段话表明：第一，刘义庆与何长瑜、陆展等人的编书活动，可能是从元嘉九年任荆州刺史时开始的。第二，何长瑜及"轻薄少年"嘲讽刘义庆与其僚佐关系，认为陆展等文士为了满

---

① （梁）沈约：《宋书》，中华书局 1974 年版，第 1477 页。
② （梁）沈约：《宋书》，中华书局 1974 年版，第 1775 页。

足政治需要，不惜粉面登场，充当优伶角色，这令刘义庆极为愤怒。他立即贬谪了何长瑜，体现出他对同僚文士（包括士族与寒门）的坚决保护，也表明士族文化内部开始出现分裂。

综合来看，刘义庆与文士一起编撰《世说新语》，最重要的是出于对魏晋名士文化的部分认同。与此同时，他们开始对魏晋文化进行改造，并以此作为刘宋士人的价值规定与精神寄托。可以说，《世说新语》是刘宋士人对魏晋文化的清影眷顾，同时，也是对士人文化的价值新造。

二、标新立异：关于《世说新语》的书名寓意

《世说新语》的书名有三种，即《世说》《世说新书》《世说新语》。第一，《隋书·经籍志》《旧唐书·经籍志》《新唐书·艺文志》《崇文总目》《通志》皆题为《世说》。第二，《史通·杂述》《郡斋读书志》《直斋书录解题》《宋史·艺文志》《文献通考》《百川书志》《孙氏祠堂书目》《四库全书总目提要》均作《世说新语》。第三，唐写本《世说新书》卷末标"《世说新书》卷第六"。而在宋初编撰的《太平广记》中，《世说》《世说新书》《世说新语》三名并见。

关于《世说新语》的书名演变，存有三种意见。第一，宋黄伯思（1079—1118）认为，《世说新语》书名是效仿刘向的《世说》，其原名为《世说新书》，后人将其改为《世说新语》。清纪昀等在《四库全书总目提要·世说新语提要》中云："黄伯思《东观余论》谓：'《世说》之名，肇于刘向。其书已亡。故义庆所集，名《世说新书》。段成式《酉阳杂俎》引王敦澡豆事，尚作《世说新书》可证。不知何人改为《新语》，盖近世所传。然相沿已久，不能复正矣。'"①第二，鲁迅在《中国小说史略》中云："宋临川王刘义庆有《世说》八卷，梁刘孝标注之为十卷，见《隋志》。今存者三卷曰《世说新语》，为宋人晏殊所删并，于注亦小有剪裁，然不知何人又加新语二字，唐时则曰新书，殆以《汉志》儒家类录刘向所序六十七篇中，已有《世说》，因增字以别之也。"②鲁迅考证，《隋书·经籍志》中称《世说》，唐时称为《世说新书》，后人将其改为《世说新语》。第三，余嘉锡在《四库提要辨证·世说新语》中云："沈涛《铜熨斗斋随笔》卷七云：'涛案《太平广记》引王导、桓

① （清）永瑢、纪昀主编：《四库全书总目提要》，海南出版社 1999 年版，第 714 页。

② 鲁迅：《中国小说史略》，上海古籍出版社 1998 年版，第 38 页。

温、谢鲲诸条,皆云出《世说新书》,则宋初本尚作《新书》,不作《新语》。然刘义庆书本但作《世说》,见《隋书·经籍志》。《艺文类聚》、《北堂书钞》诸类书所引,亦但作《世说》。《新书》、《新语》皆后起之名。'余案沈氏引《太平广记》,可为黄氏说添一证佐。至其谓义庆书本名《世说》,其《新书》之名亦后起,则非也。刘向校书之时,凡古书经向别加编次者,皆名新书,以别于旧本。故有《孙卿新书》、《晁氏新书》、《贾谊新书》之名。……刘向《世说》虽亡,疑其体例亦如《新序》、《说苑》,上述春秋,下纪秦、汉。义庆即用此体,托始汉初,以与向书相续,故即用向之例,名曰《世说新书》,以别于向之《世说》。其《隋志》以下但题《世说》者,省文耳。"①余嘉锡认为,刘义庆以自己所编之书为刘向《世说》的续书,并模仿刘向校书时常冠以"新书"的定名方法,将其书题名为《世说新书》,并一直沿用到北宋初年。《隋书·经籍志》等书引作《世说》,不过是《世说新书》的省略称谓,后人或才将其改为《世说新语》。

不管《世说新语》的书名称谓如何变迁,但有一点是明确的——刘义庆等人是在刘向《世说》的基础之上,添加了"新书"或"新语"的字样,突出了一个"新"字。也就是说,刘义庆利用魏晋人留下来的历史资料,编撰这本关于魏晋名士的图书,最大的特征就在于这个"新"字。刘义庆等人的编书行为,只是将魏晋人记述魏晋人言行的文字加以编辑,并没有增添什么新内容。那么,这个"新"具体表现在什么地方呢? 难道真的如黄伯思、余嘉锡等人所说的那样,仅仅是为了避免与刘向的《世说》相混淆吗?

我们认为,《世说新语》之"新",不在文字书写上的"新",而在于编者对待魏晋名士及其文化价值的新态度上,这种新态度与魏晋名士对待自身文化的旧态度存在一些差异。魏晋名士编辑魏晋人的言行,没有分类条目,而是将魏晋人的逸闻趣事罗列在一起,具有集腋成裘的文化意味。刘义庆与士族名士所编的《世说新语》,在魏晋人编撰的基础上分门别类,将自身的文化态度和编书意图展示出来。我们可以看出,刘宋时期对待魏晋名士的文化遗产,并非完全是按照魏晋文化的标准来展示,而是采用了刘宋时期的文化准则来改造魏晋文化,也显示出出身寒门的刘宋政权,一方面崇拜认可魏晋士人的文化价值,另一方面按照儒家的价值标准对魏晋文化进行评价,充分显示了刘宋皇室贵族的文化意义和价值倾向。从这个"新"字,能感受到刘宋文化既承续魏晋文化,又有所改造。

---

① 余嘉锡:《四库提要辨证》,中华书局 1980 年版,第 1018—1019 页。

阅读《世说新语》，讨论魏晋风度，要尽量避免因刘义庆等人通过分类和命名等方式部分地遮蔽、偏离甚至扭曲魏晋文化的原初价值，也要尽量避免因"新"而求义，这样反而远离了魏晋风度的真实趣味和核心价值。

三、分类命名：《世说新语》对魏晋价值的文化改造

《世说新语》的"新"在于：编撰者在汇编关于魏晋人的逸闻趣事时，对单篇的文字条目做了分类，使这些作品能够以类相从。这种类聚的方式，似乎彰显了魏晋风度的群体性和时代性。与此同时，他们还给每一门类予以命名。在分类与命名之中，他们将刘宋士人对待魏晋风度的新态度、新评价也融入《世说新语》。

阅读《世说新语》，首先跃入眼帘的并不是魏晋人所记录的叙事篇章，而是刘义庆等人的编序、分类与类名。这些先行跃入读者视野的文化符号，一方面能帮助我们了解魏晋文化，以及他们对待魏晋人的文化态度；另一方面误导读者，认为魏晋风度就是这些类别与类名，将这些先行存在的文字符号与价值判断当成魏晋风度的文化特性。所以，我们对这些类别及类名，要有清醒的认识，不要简单地将其等同于魏晋风度。

在《世说新语》中，刘义庆等人将一千一百三十则短文分别编入了德行、言语、政事、文学、方正、雅量、识鉴、赏誉、品藻、规箴、捷悟、夙惠、豪爽、容止、自新、企羡、伤逝、栖逸、贤媛、术解、巧艺、宠礼、任诞、简傲、排调、轻诋、假谲、黜免、俭啬、汰侈、忿狷、谗险、尤悔、纰漏、惑溺、仇隙等三十六个门类之中。

《世说新语》的序列、类目及条数表

序号	类目	类目含义	条数	序号	类目	类目含义	条数
1	德行	道德品行	47	2	言语	言谈应对	108
3	政事	行政事务	26	4	文学	文章博学	104
5	方正	正直品质	66	6	雅量	宽宏气量	42
7	识鉴	赏识鉴别	28	8	赏誉	赞赏美誉	156
9	品藻	品评高下	88	10	规箴	规劝告诫	27
11	捷悟	敏捷会悟	7	12	夙惠	幼年聪慧	7
13	豪爽	豪放直爽	13	14	容止	仪容举止	39

序号	类目	类目含义	条数	序号	类目	类目含义	条数
15	自新	改过自新	2	16	企羡	企仰羡慕	6
17	伤逝	伤悼哀思	19	18	栖逸	隐逸栖息	17
19	贤媛	贤惠丽媛	32	20	术解	方术异能	11
21	巧艺	精巧技艺	14	22	宠礼	受宠礼遇	6
23	任诞	任性怪诞	54	24	简傲	傲慢失礼	17
25	排调	俳优戏弄	65	26	轻诋	轻视诋毁	33
27	假谲	虚假谲诡	14	28	黜免	罢黜免职	9
29	俭啬	守财吝啬	9	30	汰侈	纵欲奢侈	12
31	忿狷	愤怒狂狷	8	32	谗险	谗佞阴险	4
33	尤悔	过失懊悔	17	34	纰漏	错谬疏漏	8
35	惑溺	迷惑沉溺	7	36	仇隙	仇怨构隙	8

注:从条数的次序与数目可以看出,编撰者在选取材料时,突出时代特征,再现时代风尚是其总体思路和编辑方向。魏晋风度主要表现在言语、文学、赏誉、品藻、任诞、排调、方正等条目之中。

先看《世说新语》的类目来源。第一,德行、言语、政事、文学是从孔门四科来的。第二,方正、雅量、识鉴、赏誉、品藻等都出自魏晋的人物品评。第三,规箴、自新、栖逸、贤媛、术解、巧艺、宠礼、排调、轻诋、假谲、黜免、俭啬、汰侈、忿狷、谗险、尤悔、纰漏、惑溺、仇隙、捷悟、夙惠、容止、企羡、伤逝、任诞、简傲等大都来自儒家道德伦理,是刘义庆等人根据儒家价值准则对魏晋士人的价值判断。

再看《世说新语》类目的安排次序。第一,褒贬有序原则。以孔门四科为核心价值,从褒到贬,依次排列。第二,先儒后玄原则。儒学与玄学出现了文化价值的先后落差,这与魏晋玄儒一体的价值观念有分歧。第三,被贬的条目数量很多,如任诞、排调等。这说明,这些被刘义庆等人批评的门类恰恰是魏晋风度的核心价值与士族趣味。

《南齐书》卷三十九《陆澄传》记载了陆澄与王俭的一封书信,他们讨论了秦汉以来易学的文化变迁,对于我们了解刘宋时期学术价值变迁有一定的帮助。书信曰:"《易》近取诸身,远取诸物,弥天地之道,通万物之情。自商瞿至田何,其间五传。年未为远,无讹杂之失;秦所不焚,无崩坏之弊。虽有异家之学,同以象数为宗。数百年后,乃有王弼。王济云弼所悟者多,何必能顿废前儒。若谓《易》道尽于王弼,方须大论,意者无乃仁智殊见。且《易》道无体不可以一体求,屡迁不可以一迁执也。晋太兴四年,太常荀崧请置《周易》郑玄注博士,行乎前代,于时政由王、庾,皆俊神清识,能言玄远,舍辅嗣而用康成,岂其妄然。太元立王肃《易》,当以在玄、弼之间。元嘉建学之始,玄、弼两立。逮颜延之为祭酒,黜郑置王,意在贵玄,事成败儒。今若不大弘儒风,则无所立学。众经皆儒,惟《易》独玄,玄不可弃,儒不可缺。谓宜并存,所以合无体之义。”①陆澄与王俭都出身魏晋士族,他们对魏晋以来易学思想的讨论,正好体现了从汉末、魏晋至刘宋期间士族士风与易学的演变。汉末以郑玄的象数易学为代表。三国魏晋时期,王弼、王济等玄学家一改汉代章句之学,转向玄理之学。到了刘宋元嘉时期,郑玄与王弼并立,体现了刘宋儒学与玄学并重的学风,打破了玄学独尊的局面,开创了儒学与玄学并存的新价值和新士风。刘宋时期,颜延之提倡“贵玄”。皇齐时期,陆澄提倡“弘儒”。在士族文化之中,儒学与玄学出现了分化。魏晋玄学,儒玄合一,义理与象数贵在贯通;刘宋以后,儒学与玄学分离,重视两者之间的差异。这种文化价值上的差异,也直接体现在魏晋风度与《世说新语》的分类命名之间的差异上。

刘义庆出身寒门,但又是皇室贵族,这种社会身份决定了他玄儒并重的学术态度。刘义庆手下的文学之士,兼有门阀士族和寒门士人,出身门阀的贵族士人有袁淑、陆展、何长瑜等,出身寒门的士人有鲍照等。《世说新语》的编撰,一方面重视魏晋贵族的文化传统和人性存在,意在使魏晋风度能流芳百世;另一方面则将儒家的礼法观念和价值体系强加在每一个小故事之上,这样就异化、遮蔽了魏晋文化的部分特性,使得《世说新语》中的魏晋士人形象受到一定程度的扭曲。

《世说新语》的新,就体现在这种排列次序、条目分类与类目命名之中。《世说新语》中序列、分类和类目命名,是以儒家文化价值为核心价值,同时,兼顾了魏晋的玄学文化。这种儒高于玄、玄儒并存的文化改造,已经远离了魏晋名士独尊玄术、追求玄胜的真实形象,也部分地歪曲了魏晋风度的真实存在,是对魏晋文化的一种误读。

---

① (梁)萧子显:《南齐书》,中华书局1972年版,第683—684页。

如何才能通过《世说新语》这部作品来理解魏晋士人的风流存在呢？第一，必须清醒地认识刘义庆等人在编辑中对魏晋风度的文化改造，尽量避免这种"新"价值的遮蔽与误导。第二，要善于抛开刘义庆等人的序列、分类和命名，亲身与魏晋的士人文化相遇，通过体察魏晋名士的言行举止，体会魏晋风流的高标特征与文化追求。第三，通过体悟魏晋名士的风流存在，最终体悟自己具有士人风度、文化神韵的可能，这才是我们阅读《世说新语》的真意所在。

四、神话历史：《世说新语》与魏晋风度之关系

《世说新语》的条目一般都很简短，长者不过二百言，短者只有寥寥十余字。孤立地看每一条目，就是尺寸短书。正是这种零散的历史叙事，使历史学者认为，《世说新语》可以"补正史之缺"，是"史余"之作。唐代史学家房玄龄、褚遂良等人在编《晋书》时，就将《世说新语》中的大部分故事，当成史料编入了正史。可见，在唐初史学家眼中，《世说新语》是一部很好的魏晋史料汇编。

唐代刘知几将《世说新语》归入史书之"杂书"一类。刘知几在《史通·采撰》中云："晋世杂书，谅非一族，若《语林》、《世说》、《幽明录》、《搜神记》之徒，其所载或恢谐小辩，或神鬼怪物。其事非圣，扬雄所不观；其言乱神，宣尼所不语。皇朝新撰《晋史》，多采以为书。"①刘知几将《语林》《世说》《幽明录》《搜神记》等书称为"杂书"，认为这些书的内容是一些"恢谐小辩""神鬼怪物"，不符合圣贤之道，是史学中的旁门左道。其在《史通·杂说》中云："近者，宋临川王义庆著《世说新语》，上叙两汉、三国及晋中朝、江左事。刘峻注释，摘其瑕疵，伪迹昭然，理难文饰。而皇家撰《晋史》，多取此书。"②刘知几更加重视刘孝标的"注"，认为《世说》一书"伪迹昭然"，虚构成分很多。刘知几尤其讥讽唐代史学家在修《晋书》时，过于信任此书，并"多取此书"。刘知几将《世说新语》归入史部，但又对其持不信任的态度，论其缘由，在于刘知几论史强调"实录"，《世说新语》的叙事兼具虚构的文学叙事，这就不能入其法眼了；而像刘孝标那样，考以史事，表现出史学家的严谨态度，他就喜欢了。

传统学人还将《世说新语》列入"小说"之部。如《隋书·经籍志》《旧唐

---

① （唐）刘知几撰、（清）浦起龙通释：《史通》，上海古籍出版社 2008 年版，第 85 页。

② （唐）刘知几撰、（清）浦起龙通释：《史通》，上海古籍出版社 2008 年版，第 354 页。

书·经籍志》《崇文总目》《郡斋读书志》《遂初堂书目》《直斋书录解题》等书中，《世说》被著录为"小说家类"或"小说类"。《新唐书·艺文志》将其著录为"杂家类"。清纪昀在《四库全书总目提要·世说新语提要》云："自明以来,世俗所行凡二本,一为王世贞所刊,注文多所删节,殊乖其旧;一为袁褧所刊,盖即从陆本翻雕者,虽板已刓敝,然犹属完书。义庆所述,刘知几《史通》深以为讥,然义庆本小说家言,而知几绳之以史法,拟不于伦,未为通论。"①纪昀认为,刘知几以"史法"评价《世说新语》,并因之而讥讽《世说新语》所叙之事不可信,这种史家论断是一种苛求,是不对的。同时,纪昀直接将刘义庆的《世说新语》定为"小说家言",上承《隋书·经籍志》等史籍著录的观点,也存有片面之处。

现代以来,随着西方小说文类观念的东输,《世说新语》被划定为"志人小说"。鲁迅在《中国小说史略》中云:"《世说新语》今本凡三十八篇,自《德行》至《仇隙》,以类相从,事起后汉,止于东晋,记言则玄远冷俊,记行则高简瑰奇,下至缪惑,亦资一笑。"②他还称《世说新语》为"遂脱志怪之牢笼也"③。宁稼雨也将《世说新语》看成"志人小说观念成熟的标志"④。

历史注重事实,小说强调情节虚构,而《世说新语》一书,却兼具了历史与小说的双重特点。说它是历史,因为它生动有趣地展现了一个时代士人群体的精神面貌;说它是小说,因为它叙事极富时代气息,气韵生动,下笔有神,人物形象极富个性。宋刘应登《世说新语序》云:"虽典雅不如左氏、《国语》,驰骛不如诸《国策》,而清微简远,居然玄胜。概举如卫虎渡江、安石教儿,机锋似沈滑稽,又冷类人人梦思,有味有情,咽之愈多,嚼之不见……临川善述,更自高简有法,反正之评,庋实之载,岂不或有,亦当颂之,使与诸书并行也。"⑤刘应登尽管误将《世说新语》看成是刘义庆等人所述,但是他将《世说新语》与《左传》《国语》《国策》等史学著作相提并论,足见其极为重视《世说新语》叙事的历史真实性。与此同时,他也认为,《世说新语》的叙事"清微简远,居然玄胜",与魏晋名士的人

---

① （清）永瑢、纪昀主编:《四库全书总目提要》,海南出版社 1999 年版,第 714 页。
② 鲁迅:《中国小说史略》,上海古籍出版社 1998 年版,第 38 页。
③ 鲁迅:《中国小说史略》,上海古籍出版社 1998 年版,第 37 页。
④ 宁稼雨:《传神阿堵,游心太玄——六朝小说的文体及文化研究》,百花文艺出版社 2002 年版,第 123 页。
⑤ （南朝宋）刘义庆撰、（南朝梁）刘孝标注、刘强会评辑校:《世说新语会评》,凤凰出版社 2007 年版,第 525 页。

物性格和魏晋风度相得益彰。《世说新语》不仅使读者看到了魏晋人的言行风姿，而且在阅读之中获得了超越凡俗的身心愉悦，并在对魏晋风度的梦思遐想之中，获得心领神会与文化认同。这与一般历史著作严谨呆板的书写风格是不同的。明袁褧在《世说新语序》中云："晋人话言，简约玄澹，尔雅有韵。世言江左善清谈，今阅《新语》，信乎其言之也。……竹林之俦，希慕沂乐；兰亭之集，咏歌尧风；陶荆州之勤敏，谢东山之恬镇；解《庄》《易》，则辅嗣、平叔擅其宗，析梵言，则道林、法深领其乘；或词冷而趣远，或事琐而意奥，风旨各殊，人有兴托。王茂弘、祖士稚之流，才通气峻，心翼王室，又斑斑载诸册简，是可非之者哉？……夫诸晤言，率遇藻裁，遂为终身品目，故类以标格相高，玄虚成习，一时雅尚，有东京厨俊之流风焉。然旷达拓落，滥觞莫拯，取讥世教，抚卷惜之，此于诸贤，不无遗憾焉耳矣。"①袁褧认为，第一，《世说新语》一书充分展示了魏晋风度的时代特征，并列举了魏晋士人群体的玄远哲思、艺术情怀、心志雅量、才通气峻，这些都是魏晋士人的真实写照。"信乎其言之"，表达了对《世说新语》所叙之事、所述之人的高度信任，似乎不这样叙述魏晋故事，就不足以表现他们的风流人生与真实存在。"是可非之者哉？"这种反问与质疑表达了对魏晋士人的高度认同。魏晋风度是魏晋士人的存在典范，魏晋风度是士人风范和风流存在的精神表现，是极为宝贵的文化遗产。第二，他还表达了自己阅读《世说新语》的心得和体验。他说自己通过阅读《世说新语》，体验了"标格相高"的士人风流。这种风流是"东京厨俊之流风"，是士人文化的优秀传统。由《世说新语》文字而通达士人形象，由士人形象而通达士人风流，由士人风流而通达自身存在的士人之梦。《世说新语》的文字不仅具有强大的叙事功能，而且还具有沁入人心的文化力量。第三，他认为，尽管世教之人，对《世说新语》及魏晋名士批评很多，但自己还是对之"抚卷惜之"，矢志不改，深感"遗憾"。可见，《世说新语》的文化力量不仅能够抵制世俗文化，而且能够成为后来者永恒的精神追求。宗白华在《论〈世说新语〉和晋人的美》一文中云："这晋人的美，是这全时代的最高峰。《世说新语》一书记述得挺生动，能以简劲的笔墨画出它的精神面貌、若干人物的性格、时代的色彩和空气。文笔的简约玄澹尤能传神……当时晋人的流风余韵犹未泯灭，所

① （南朝宋）刘义庆撰、（南朝梁）刘孝标注、刘强会评辑校：《世说新语会评》，凤凰出版社2007 年版，第 525—526 页。

述的内容,至少在精神的传模方面,离真相不远(唐修晋书也多取材于它)。"①宗白华认为,《世说新语》将这个时代士人的美充分地、真实地记录了下来,时代精神、人物性格、流风余韵,都可以说"离真相不远",最能表现魏晋风度的文字书写。

我们认为,《世说新语》不是一部纯粹虚构的小说,而是一部生动有趣、极富史料价值的神话历史。但这种神话历史叙事不是一般的历史叙事,而是历史真实与叙事情感的神奇统一。《世说新语》以魏晋名士为叙事中心,以上层社会的风流名士、王公贵族为叙事对象,展示了魏晋名士的风流偶傥和艺术哲思,是一部名士的"教科书",也展现了那个时代知识分子的文学美与存在美。《世说新语》的叙事情感生动丰富,富有灵性,与魏晋名士的玄言逸行、生活情趣极为贴近;其简淡灵动、玄远冷峻的叙事艺术,使所记人物形象可爱传神,与魏晋名士的精神世界、文化趣味和价值取向也是一致的。所以《世说新语》的叙事风格,真实地再现了魏晋人的精神面貌和文化特性。通过《世说新语》的神话历史叙事,我们不仅能通达魏晋名士的风流存在与人物史实,而且能在心中触及自身的文化情愫和文人温情。因此,阅读《世说新语》,不仅是阅读魏晋名士的生活世界、文化世界和精神世界,而且是在体验魏晋名士的群体玄思和超然意趣,亦是在心中追寻和建构士人文化的早期传统和当下价值。

五、结 论

《世说新语》是一部魏晋名士的教科书。魏晋人的风神气度,在这些只言片语、日常逸事中展示了出来。阅读此书,是进入魏晋人精神世界与飘逸存在的最佳文化途径。

刘义庆与刘宋士人编辑此书,为我们建构了一个陈列魏晋名士言行的文化博物馆。这个魏晋文化博物馆的建立,本身就表达了刘宋贵族对魏晋文化的认同态度。同时,由于刘义庆倾慕魏晋士人的文化清影,因此将其当成自身存在的精神追求,来安顿自身在社会世俗旋涡中的迷茫与困惑,获益不浅。

《世说新语》的新,并不在文字之新,而在于编撰者对魏晋名士及其文化的新态度、新价值上。刘义庆在对魏晋逸事进行次序排列、分门别类、依类命名时,

---

① 宗白华:《美学散步》,上海人民出版社 1981 年版,第 209 页。

依据儒家的价值标准，体现了刘宋士人对魏晋风度的新理解。我们阅读此书，一定要警惕将刘义庆等人在分门别类、价值命名中所寄寓的文化价值，简单地当成魏晋风度的核心价值。

在《世说新语》的传播过程中，史学家将其归入野史之类，小说家将其纳入小说范畴，他们只是抓住了此书的一个方面。历史过分强调事实，小说过分强调情节虚构，都不符合此书兼具了历史叙事与形象叙事的双重特点。《世说新语》是一部生动有趣、极富史料价值的神话历史，这种神话历史叙事是历史叙事与精神风貌的有机结合。正因为如此，《世说新语》才成为后人进入魏晋士人精神世界的通途。《世说新语》不仅能让我们真实感受到魏晋名士的文化趣味，他们在现实世界之中的超然现身，而且能更好地帮助我们领会魏晋文化的精神价值，帮助现代读书人重新领悟被流俗社会封存起来的人性意趣与自由追求。对当下日趋僵化的士人士风，《世说新语》依旧具有开卷有益、祛除俗气、清新宜人的文化功效。

第三章　从文化资本看魏晋风度：魏晋名士的文化传承和神道回归

子曰："吾十有五而志于学，三十而立，四十而不惑，五十而知天命，六十而耳顺，七十而从心所欲，不逾矩。"

——《论语·为政篇第二》

藐姑射之山，有神人居焉，肌肤若冰雪，绰约若处子。不食五谷，吸风饮露。乘云气，御飞龙，而游乎四海之外。其神凝，使物不疵疠而年谷熟。

——《庄子·逍遥游》

王丞相云：顷下论以我比安期、千里。亦推此二人。唯共推太尉，此君特秀。

——《世说新语·品藻第九》

片帆呼度西山曲，忽忽载将春去。路入翠寒，浪翻红暖，一枕欹眠烟雨。酒朋诗侣。尽醉舞狂歌，气吞吴楚。一样风流，依然犹是晋风度。

——（元）滕宾：《齐天乐·华光阁志别，分韵得"与"字》

余英时在《汉代循吏与文化传播》一文中，接受了美国人类学家罗伯特·雷德菲尔德在《乡村社会和文化：走进文明的人类学方法》一书中提出的文化大小传统，其云："在五十年代以后，人类学家雷德斐（Robert Redfield）的大传统

（Great Tradition）与小传统（Little Tradition）之说曾经风行一时，至今尚未完全消失。不过在最近的西方史学界，精英文化（Elite Culture）与通俗文化（Popular Culture）观念已大有取而代之的趋势。名词尽管不同，实质的分别却不甚大。大体来说，大传统或精英文化是属于上层知识阶级的，而小传统或通俗文化则属于没有受过正式教育的一般人民。……中国文化很早出现了'雅'和'俗'的两个层次，恰好相当于上述的大、小传统或两种文化的分野。"①雷德菲尔德的大传统指哲学家、神学家、文学家的文字书写传统，属于精英文化；他的小传统指在乡村流行的口头文化传统，属于通俗文化。新世纪以来，中国文学人类学结合中国早期文化的本土特质，提出了全新的文化大小传统。叶舒宪在《中国文化的大传统和小传统》等文章中，对欧美人类学的大小传统做了文化意义上的改造和发明，认为汉字编码的文化传统是小传统，前文字时代的文化传统是大传统。② 跳出西方文字中心主义的大小传统，我们就可以充分利用中国文化的"大传统"，从华夏文明的起源出发，追溯其发展流变，从兴隆洼文化、仰韶文化、良渚文化，到三皇五帝夏商周三代，一直延续到春秋战国时期（尽管甲骨文在殷商中期已经出现，但文字书写还没有完全成为主流形式，还没有给文化大传统带来巨大的冲击）。到了春秋末年，孔子、老子等文化圣人，感受到了流俗的书写文化对早期神道文化的巨大冲击与遮蔽，依据早期文化原初之古道，分别提出了"仁道"和"自然之道"的文化主张，将文化大传统的文化价值保留了下来。余英时用雷德菲尔德的大传统来指代儒家礼乐文化传统，恰恰违背了华夏文明源远流长的文化起源与传承关联，儒家的礼乐文化传承了三代礼乐文明，更传承了华夏早期文化大传统。我们认为，大传统原初神道的文化价值传承为礼乐文明的核心价值，从文化大传统到儒家、道家文化小传统，其价值核心是一脉相承的。这并非如欧美人类学家所提倡的大、小传统关系，是精英文化与乡村文化的二元对立关系。

　　结合中国文化精神的本土特质，中国士人的精英文化与流俗文化的区分标准与西方人的区分标准也是不同的。从孔子、老子、孟子、庄子等人对流俗文化的批判中可以看出，这些早期文化圣人认为，士人文化应该是道体文化，而流俗文化是无道文化，"道体"与"无道"才是判断精英文化与流俗文化的分界点，并

---

① 　余英时：《士与中国文化》，上海人民出版社 2003 年版，第 117—118 页。

② 　叶舒宪：《中国文化的大传统和小传统》，载《党建》2010 年第 7 期。

非从城市与乡村、文字与口传、雅与俗的视角来区分。早期大传统文化是古道、神道文化之根性所在,而在小传统文化中出现了文化之道的分途,如儒家、道家追求的是古道价值,而墨家、法家等学派探究的是人在世的法术状态,是属于神道之中的道术文化。到了两汉时期,经学开始将文字章句、典章制度作为学术研究的对象,学术与人的生命存在开始出现分裂。经学知识走向了专门化、知识化、名利化,也违背了神道的神性体验与精神价值。在魏晋名士眼中,这种钻在故纸堆里皓首穷经的文本中心主义传统,属于流俗文化,是他们要革新的文化对象。

魏晋风度是魏晋名士对两汉士人以文字文本为中心的经学传统与学风士风(流俗文化)的批判和革新,也是士人在魏晋时期对神道核心价值的回归,他们充分利用文化原初之道来重新建构士人群体的原型存在和价值追求,体现了中国神道传统的强大生命力。

一、早期圣人:文化资本与神道确立

中国士人的本质特征是什么?魏晋风度与士人存在的本质追求有什么关系?为了回答这些问题,在此我们借鉴了法国社会人类学家布迪厄的学术术语——文化资本。布迪厄认为,资本是积累的劳动,经济资本仅仅是资本的一种形式,读书人通过家庭教育和学校教育等方式获得的各种知识与教育资格,就形成了知识分子的文化资本。如果我们追问,中国士人以什么在社会上安身立命呢?毫无疑问,就是他们身上具有的中国传统士人的文化资本。那么,中国传统士人的文化资本的核心价值是什么?与西方人类学家所理解的文化资本又有什么差别?我们认为,中国士人身上的文化资本的核心价值就是神道价值,离开了道,中国士人就失去了士人群体的文化认同和核心价值。余英时在《士与中国文化》中认为:"春秋战国是一个'礼坏乐崩'的时代;礼乐已不再出自天子,而出自诸侯,故孔子斥之为'天下无道'。统治阶级既不能承担'道','道'的担子便落到了真正了解'礼义'的'士'身上。在这个意义上,孔子可以说是中国史上最先出现的第一位知识分子。"①余英时认为中国士人最本质的文化特征,就在于他们承担了道,是道文化的传承者和发扬者,道才是中国传统士人唯一具有合法

① 余英时:《士与中国文化》,上海人民出版社 2003 年版,第 106 页。

性和正当性的文化资本。

　　道是什么？道的原初状态又是如何的？学术界大多依照西方学术逻辑来阐释道，不仅未能解开道的神圣价值与根性意义，反而遮蔽了"道"的文化编码与神性存在。21世纪之初，中国文学人类学学者结合中国本土的文明特征和文化起源，对美国人类学家雷德菲尔德的大、小传统重新改造，将文字书写的文化传统称为小传统，将无文字时代的文化传统称为大传统。文化大传统的提出，为解开原初之道的文化意义和神话编码提供了新的文化视野。在大传统文化中，原初之道不是现世之中的流俗之道，而是本真生命的神显之道。换句话说，道是人类生命之本源，人通过通达自身的生命神道状态，让自身之"神"回到自身，"元神"出场，意味着人找到了原初的自己。在神道之中升降、出入的"元神"，是内部世界与外部世界的同一同位，这个"元神"即是那个被遮蔽起来的原初本身，只有当这个天地神性的原初本身（自然人性），在自身的呼唤与自责之中被重新揭示出来，自身才得以通达原初本身的解蔽状态。

　　从大传统的原初古道，到三代王道，再到春秋战国时期的儒家仁道与道家自然之道，神道的文化生命和核心价值延绵不绝，尤其在孔子、老子等中国第一代士人那里，获得了价值建构的文化认同，体现了华夏文化生生不息、以道为本的价值体系。子曰："志于道，据于德，依于仁，游于艺。"（《论语·述而篇第七》）①子曰："朝闻道，夕死可矣。"（《论语·里仁篇第四》）②子曰："人能弘道，非道弘人。"（《论语·卫灵公篇第十五》）③子曰："笃信好学，守死善道。"（《论语·泰伯篇第八》）④作为中国士人第一人，孔子将自己的文化理想寄寓在原初之道上。他认为：士人就要有志于道，道成为儒家士人孜孜以求的文化使命和存在价值。"依于仁"，仁不过是孔子在神道文化价值的基础上，对士人自身文化规定的新发明，离开了神道的自身存在来讨论仁，是没有意义的。仁是依附在神道之上的质形存在，只有神道敞开了，仁的质性价值才能真实展现出来。"闻道""弘道""守道"是孔子对中国儒家士人文化资本的新规定，如果这种仁质规定离开了神道基础，儒家士人的文化资本就成了无本之源。

---

① 杨伯峻译注：《论语译注》，中华书局1980年版，第67页。
② 杨伯峻译注：《论语译注》，中华书局1980年版，第37页。
③ 杨伯峻译注：《论语译注》，中华书局1980年版，第168页。
④ 杨伯峻译注：《论语译注》，中华书局1980年版，第82页。

与孔子同时代的士人老子与孔子一样,对早期文化之道有着深厚的守望之情。道家士人与儒家士人一样,都是以继承大传统神道作为自身存在的文化责任和历史使命。《老子·第十四章》云:"执古之道,以御今之有,能知古始,是谓道纪。"①"今之有"指代世人的有形身体,有形身体往往追求现世的有形物质,如何才能纠正这种文化沉沦和道体沦丧呢?老子认为,要"执古之道"。与孔子一样,面对现世流俗文化对身体之有的困惑,老子也将文化重构的眼光和策略转向了"古之道"。只有通达了"古之道",自身才能知晓身体之有的最原初的"古始"状态,即人之道体状态,也就是大传统之道的原初状态。"道纪"是指古始之道的运化规律,人懂得了人的古始状态,就能够按照古道的运化来生存,古道与道纪才是神道的原初状态与生命传统。可见,老子认为,必须要利用原初之道与古道运化,即利用早期文化的神道传统,来重整士人的文化资本,使士人由流俗文化状态回归神道的初始状态。《老子·第四十六章》云:"天下有道,却走马以粪;天下无道,戎马生于郊。"②在一个"有道"的社会中,一切权力都依据道体的价值体系和文化准则来运转,如此,这个社会就会太平无事,政治清明,百姓安康。如果天下的人都抛弃神道价值,都不依据道的文化规定性来为人处事,那么,这个社会就无所约束,就会人人欲望膨胀,以至于为了蝇头小利而兵戎相见,战争不断。

　　可见,在由大传统文化转向小传统文化的过渡时期,两位文化圣人孔子与老子对社会流俗文化有着极为清醒的认识。他们都意识到,古道、神道的价值规定和运化约束,才是社会安定团结的基本保障,离开了神道的文化价值,人类社会就很容易步入野蛮征战、肆意纷争。坚守原初之道的精神价值和文化规定,是士人群体与文化资本的核心价值和永恒使命。士与道相互依存、休戚与共,道是士的神性规定和价值所在,士是道的文化资本和群体认同。失去了道,士人就失去了自身神圣的文化资本,也就失去了士人身份的文化认同。离开了士,道就无处寄寓,就会被遮蔽起来。"人能弘道",只有真正的士人才能将遮蔽的道重新激活,重新唤醒。"非道弘人",道作为神圣力量源泉,原本就存在于人的身体,它无时无刻不在等待士人去发现它、驱动它、解蔽它,否则,道的神圣力量就被人为地遮蔽起来了。

---

① (魏)王弼注、楼宇烈校释:《老子道德经注校释》,中华书局2008年版,第32页。

② (魏)王弼注、楼宇烈校释:《老子道德经注校释》,中华书局2008年版,第125页。

在孔子、老子时代,中国士人的文化资本就被设定为大传统的原初之道,这种神圣之道与西方的理性知识不同。西方的理性知识,从古希腊开始,就在追寻着客观之物的有形存在,将真理设定在客观之物之上,而忽视了客观之物需要人来认知,忽视了物是以物之物性存在而显现的。由于过分强调了物的实存状态,而将人也变成了可以计量的主体,主体就成了一个迷失自身、遗忘自身的人了。中国传统士人的文化资本是神道体验与神圣知识,就是自身要对天地神性有所认识,有所领会,并要善于将神性本身从自身的遮蔽状态之中召唤出来,使神性本身能够有所是,使本身根性在身体之有中发出最优美的澄明之光。

中国传统士人将原初道体设定为士人群体的文化资本,那么,这是不是一种极端主观主义呢?原初之道召唤的是天地之间气韵变化的原初力量,是具有一定神圣性的永恒力量。它不是一种主观的私己欲望,而是通过各种文化仪式活动,或自身的心性领会,摆脱了现实世界的沉沦状态,领会了天地神性的整体意义和神圣规定,从而依据神性本身有所是的状态为人处世。这种天地根性的本身状态,不是个体主观的私己意愿,而是具有神圣原型的文化意味与整体价值。可见,个体的天地神性存在不是个体肉体欲望的存在,而是原型本身、神性运化的个体存在,或者说是个体原初的元身存在,是人自身的整体状态(或太一状态)和原初状态(存无状态)。

中国传统士人的文化资本有什么用?无论是儒家圣人孔子、孟子,还是道家圣人老子、庄子,他们都用古道来拯救时弊,道济天下,是中国士人文化身份的天下意识与民本思想。《孟子·离娄上第十七章》记载:"(淳于髡)曰:'今天下溺矣,夫子之不援,何也?'曰:'天下溺,援之以道;嫂溺,援之以手——子欲手援天下乎?'"①如果嫂子一个人掉到河里去了,可以用手来救,但是天下所有的人都掉到河里去了,怎么救?用手救有用吗?孟子认为,如果天下人都沉迷于现实世界,都成了沉沦世界的人,都成了欲望膨胀的人,就必须用古道来拯救他们。古道就成为各个历史阶段士人拯救民族存亡、发扬民族精神的唯一文化策略。

神道文化资本除了能拯救社会,还能力挽狂澜,使放纵不羁、纵欲无度的流俗文化,重新回归天地神道的文化规定。因此,神道也成为士人自身栖身的"居舍"与"安宅",成为士人孜孜以求的精神家园和生命居所。士人如何在社会上安身立命?如何在世界之中现身?神道给士人的生命存在带来什么?《孟子·

---

① 杨伯峻:《孟子译注》,中华书局1996年版,第178页。

滕文公下第四章》记载:"彭更问曰:'后车数十乘,从者数百人,以传食于诸侯,不以泰乎?'孟子曰:'非其道,则一箪食不可受于人;如其道,则舜受尧之天下,不以为泰,子以为泰乎?'曰:'否。士无事而食,不可也。'曰:'子不通功易事,以羡补不足,则农有余粟,女有余布;子如通之,则梓匠轮舆皆得食于子。于此有人焉,入则孝,出则悌,守先王之道,以待后之学者,而不得食于子;子何尊梓匠轮舆而轻为仁义者哉?'曰:'梓匠轮舆,其志将以求食也;君子之为道也,其志亦将以求食与?'曰:'子何以其志为哉?其有功于子,可食而食之矣。且子食志乎?食功乎?'曰:'食志。'曰:'有人于此,毁瓦画墁,其志将以求食也,则子食之乎?'曰:'否。'曰:'然则子非食志也,食功也。'"①孟子是儒家圣人的代表人物,他对士人身上文化资本的理解,代表中国士人对待士人神道文化资本的态度。学生彭更是一个世俗之人,他对自己老师的一些文化行为极不理解。他提出了三个问题。第一个问题是关于士人凭什么获得生存资料的问题。孟子认为,必须依据文化之道,离开了文化之道,士人在世界之中,就不可能获得生存资料,文化资本是士人立身世界的唯一合法资本。第二个问题是关于士人为什么可以不做事就获得俸禄的问题。在彭更看来,士人所通达的文化资本,并不是在做事,因为在常人看来,只有现世劳动(体力劳动)才算劳动,殊不知士人的文化劳动,也是一种极为艰深、有用的劳动。孟子认为,士人通过自身的文化劳动,获得了文化之道,就可以"通功易事"。所谓"通功",就是不同性质的劳动,包括体力劳动、文化劳动,都具有一定的功用价值。所谓"易事",就是这些不同形式的劳动之间,可以在"通功"的基础上进行交换。士人所通达的仁义之道,就是士人的文化资本,农夫所种之粮食,女子所织之布,木匠所造之工具,车匠所造之车子,是农工劳动的经济资本。士人的文化资本与农工的经济资本之间各有所用,而且可以进行劳动交换。第三个问题是士人文化资本凭什么可以换取生存资料。工匠、车匠制造车子,其目的就是获取食物,那么,君子的文化资本是不是与工匠、车匠一样,也纯粹为了谋取衣食呢?孟子认为,普通民众之所以愿意以物质资本来换取士人的文化资本,不仅仅是因为士人有物质需求,更重要的是因为那些拥有物质资本、经济资本的人,在满足了自身的物质需求之后,还具有强烈的文化需求,他们愿意用自身多余的物质资本,来换取士人富有的文化资本,以满足自身的文化需求。也就是说,士人的文化资本之所以能够换取其他阶层的物质资

---

① 杨伯峻:《孟子译注》,中华书局 1996 年版,第 145—146 页。

本,最主要的原因在于士人的文化资本,即神道价值,对社会稳定、家庭团结、人心困顿、生命健康等诸多方面,都具有强大的社会功用,士人是因文化资本的社会功用与其他阶层进行等价物质交换的。

可见,在中国传统士人文化中,士人与神道是相互依存的。一方面,神性之道是士人社会身份和文化存在的核心价值和唯一标准,也是士人拥有的唯一合法的资本形式。另一方面,士人就是依据自身之道,来维护社会的人伦秩序、政治秩序和文化秩序,建构人与人之间的平等空间和社会关系,具有重要的社会功用性。神性古道成为士人的神圣存在、社会存在和文化身份的核心价值与唯一标志。

二、汉代经学家:文化资本的小传统迷失

秦汉时期是文字书写的文化小传统占据绝对优势的关键时期,文字是士人文化资本的重要载体,士人已经逐步摆脱了口耳相传的文化传承方式,读书讲学成为士人的重要活动。东汉许慎《说文解字序》云:"盖文字者,经艺之本,王政之始,前人所以垂后,后人所以识古,故曰'本立而道生',知天下之至啧(赜)而不可乱也。"①许慎认为,文字是本,道可因文字而生,将文字的重要性摆在了道之前,完全颠倒了道与文字工具之间的轻重关系。汉代,文字成了士人身份的首要符号,也是最先跃入士人眼帘的外在之物,只有通过这个优先的存在物,才能通达经艺之本,才能理解王政之始。也就是说,在文化之道与士人之间,阻隔着一个具有绝对优先的存在物——文字。只有先识字,然后才能识大义,不存在不识字的经师和学子,文字成了所有士人关注的核心与焦点,文字书写成了士人身份的象征,也成了士人文化权力的标志。与文字打交道,传经解字,使汉代形成了文字文本中心主义的士人价值和学术特征。

汉代士人沉迷于文字章句,现世的文字存在和经学文本成了经学家痴迷陶醉的乐园。这个时代的经学家重视章句之学,对经学文本不厌其烦地考据训诂,烦琐求解,妄作不断。他们注重师承,讲究师法。他们依经行事,通经致用,将文字书写与社会人生的世界存在紧密地结合起来,用经学文字指导社会人生,以至于整个社会的一切秩序,都是依据文字书写的有形秩序来决断的。两汉士人的

---

① (清)严可均辑:《全后汉文》,商务印书馆1999年版,第497页。

文化资本沉沦于文字的奇幻之中，就忘记了文字不过是早期文化之道与士人文化资本的表述工具和载体而已。《后汉书》卷三十五《郑玄传》云："自秦焚六经，圣文埃灭。汉兴，诸儒颇修艺文；及东京，学者亦各名家。而守文之徒，滞固所禀（受），异端纷纭，互相诡激，遂令经有数家，家有数说，章句多者或乃百余万言，学徒劳而少功，后生疑而莫正。郑玄括囊大典，网罗众家，删裁繁诬，刊改漏失，自是学者略知所归。"①从西汉到东汉，一切流俗经学家（守文之徒）沉迷于各种经典文本之中，对文字书写展开了聚讼纷纭的学术阐释，章句训诂成了士人文化资本的学术重心，士人文化资本不再以神性之道作为核心价值，而是在文字之间，依据各自家法，互相攻击，互相诡激。因而，作为存在之物的文字书写，成为流俗士人争权夺利的现世依据，也在士人世俗文化行为之中占据了独尊的文化特权。曾经敞开神性之道的大传统价值与文化资本，就与汉代士人渐行渐远了，士人也开始依据有形的文字书写，来确立其社会身份和文化价值。

汉代士人不再以神性之道作为自身的文化存在和社会身份，而是以文字书写来衡量一个士人的文化身份与文化资本。这种士人文化资本的流俗化转向，导致士人文化空间发生了巨大变化。在老子的文化秩序之中，他依据神道文化资本的深浅，将士人分为上士、中士、下士和俗人。在孔子的文化体系之中，他将士人分为圣人、君子、士人、小人。到了汉代，士人的文化价值与空间位置，不是依据神道价值，而是依据文字著述来排序。王充在《论衡·超奇》中云："通书千篇以上，万卷以下，弘畅雅闲，审定文读，而以教授为人师者，通人也。杼其义旨，损益其文句，而以上书奏记，或兴论立说、结连篇章者，文人鸿儒。好学勤力，博闻强识，世间多有；著书表文，论说古今，万不耐一。然则著书表文，博通所能用之者也。入山见木，长短无所不知；入野见草，大小无所不识。然而不能伐木以作室屋，采草以和方药，此知草木所不能用也。夫通人览见广博，不能掇以论说，此为匮生书主人，孔子所谓'诵《诗》三百，授之以政不达'者也，与彼草木不能伐采，一实也。孔子得《史记》以作《春秋》，及其立义创意，褒贬赏诛，不复因《史记》者，眇思自出于胸中也。凡贵通者，贵其能用之也，即徒诵读，读诗讽术，虽千篇以上，鹦鹉能言之类也。衍传书之意，出膏腴之辞，非俶傥之才，不能任也。夫通览者，世间比有；著文者，历世希然。近世刘子政父子、杨子云、桓君山，其犹文、武、周公并出一时也；其余直有，往往而然，譬珠玉不可多得，以其珍也。

① （南朝宋）范晔撰、（唐）李贤等注：《后汉书》，中华书局1965年版，第1212—1213页。

故夫能说一经者为儒生,博览古今者为通人,采掇传书以上书奏记者为文人,能精思著文连结篇章者为鸿儒。故儒生过俗人,通人胜儒生,文人逾通人,鸿儒超文人。故夫鸿儒,所谓超而又超者也。以超之奇,退与儒生相料,文轩之比于敝车,锦绣之方于缊袍也,其相过,远矣。如与俗人相料,太山之巅墆,长狄之项跖,不足以喻。故夫丘山以土石为体,其有铜铁,山之奇也。铜铁既奇,或出金玉。然鸿儒,世之金玉也,奇而又奇矣。奇而又奇,才相超乘,皆有品差。"①依据是否著述的文化标准,王充拟定的文化空间秩序为:鸿儒、文人、通人、儒生、俗人。俗人就是不读书之人,这种人连字都不认识,俗不可耐。儒生就是能识字的读书人,但他们是只能通晓一经的书生。通人就是读了很多书的士人,他们对经学句读极为熟练,能够疏通经义,并可以教书育人。文人不仅能读书,疏通经义,而且能够有所发明,能用文字进行写作,如"上书奏记""兴论立说""结连篇章"等。鸿儒是士人中的最高层次,是汉代士人心中文化资本最为雄厚的贤士。他们不仅能综述经义,表达对社会人生的意见,而且能将具有创新性的意见和体会写成优美的文字,他们是"世之金玉",能够以文章而传后世,至为尊贵。王充对汉代士人空间秩序的议论,代表了汉代士人心中的士人空间,但这种士人空间完全依据书写传统来判断士人文化资本的高低贵贱,真实反映了两汉期间,读书、写书的文化行为开始成为士人存在的核心价值和身份标志。

随着文字成为士人关注的重心,曾经作为士人文化资本的文化之道逐渐失落了。文字书写原本是用来表述文化之道的,不过是早期圣人用来解释和记录根性存在的文化器具,但由于这种文字器具与其他的存在之物不一样,文字书写作为一种特殊的符号形式,不仅可以真实地将神性之道寄寓在有形符号之中,同时,又总是站在它所要表述的神道之前,以文字自身的方式呈现在士人面前,并向士人展示文字作为存在者所具有的文字意义。文字图像与文字意义逐渐取代和遮蔽了圣人在文字之外所寄寓的文化深意,文字书写的知识化和物质化,极大地转换了士人的文化资本,并将原初神道意义深深地遮掩起来。那些一头扎进文字海洋的汉代士人,自鸣得意地沉沦在繁复的文字章句之中难以自拔,以致作为士人核心价值的文化之道被遮蔽。美国学者史密斯在《人的宗教》中云:"因为当读写出现时,领袖们通常把他们部族神圣的知识隐藏起来,以免受到侵犯。他们认为,把活的神话和传说变成无生命的书写文件,就是把它封闭起来,并为

---

① 黄晖:《论衡校释》,中华书局 1990 年版,第 606—607 页。

它响起了死亡的丧钟。"①在经典定型之时，早期文化圣人一方面将神圣知识寄寓在经典文本之中，另一方面又用文字书写不可避免地将这些神圣知识封闭起来。汉代士人就在经典文本的文字阐释和制度考据上做文章，使不经意被封藏起来的神圣知识被阐释文字再封闭，再遮蔽，以致经过无数次的文字封存之后，神圣知识已经湮没不见，文字阐释变成一种文字游戏，原初神道与文字无关了，甚至被遮蔽得无影无踪。徐幹在《中论·治学》中云："凡学者，大义为先，物名为后，大义举而物名从之。然鄙儒之博学也，务于物名，详于器械，矜于诂训，摘其章句，而不能统其大义之所极，以获先王之心，此无异乎女史诵诗、内竖传令也。故使学者劳思虑而不知道，费日月而无成功，故君子必择师焉。"②徐幹认为，士人过分追求物名考据，为器械辨正，拘囿于诂训解释，争执于章句含义，都是受到文字本身的有形牵制和字义局限，忘记了经典乃是记载"先王之心"，是原初之道的文字形式。阅读经典，"大义""知道"才是首要的、根本的文化意义，而物名等文字都不过是神圣知识借以栖居的文化载体罢了。

当汉代士人的文化资本完全拘囿于现世的文字时，原初的文化之道就开始抛弃两汉士人。士人离开了原初之道的文化规定与核心价值，就无法摆脱现实世界的物质诱惑，容易沉沦于现世之中。两汉士人出现了流俗化的文化怪象，一方面，士人的文化资本流俗化了，忘却了传统士人的身份与文化资本；另一方面，失去了神道规定的士人就与俗人差不多，开始在现存的有形物质中，舞文弄墨，"一本正经"地考据经典，而自身却处于一种放纵不羁、无所规定的流俗状态之中。王充在《论衡·正说》中云："儒者说五经，多失其实。前儒不见本末，空生虚说；后儒信前师之言，随旧述故，滑习辞语，苟名一师之学，趋为师教授，及时蚤仕，汲汲竞进，不暇留精用心，考实根核。故虚说传而不绝，实事没而不见，五经并失其实。"③王充所谓的"实"，就是圣人在经典之中蕴藏的原初神圣知识，即原初之道。那么，经典为何在两汉儒者的手中会"失实"呢？因为两汉经学家受到文字书写的有形蒙蔽，过分专注于文字章句的考释，以致早期经典变成了他们"汲汲竞进"、相互竞逐的文化场域。他们生产了很多"不见本末"的虚说，这些虚说遮蔽了真正的实事。士人们就在这些虚说中，绞尽脑汁，耗尽才情、语词，掩

① （美）休斯顿·史密斯：《人的宗教》，刘安云译，海南出版社2001年版，第396页。
② （魏）徐幹撰、孙启治解诂：《中论解诂》，中华书局2014年版，第14—15页。
③ 黄晖：《论衡校释》，中华书局1990年版，第1123页。

埋了神圣真理。

当学术停留在虚说之中时,一个历史上士人的虚妄时代就出现了。王符在《潜夫论·务本》中云:"夫教训者,所以遂道术而崇德义也。今学问之士,好语虚无之事,争著雕丽之文,以求见异于世,品人鲜识,从而高之,此伤道德之实,而或矇夫之大者也。诗赋者,所以颂善丑之德,泄哀乐之情也,故温雅以广文,兴喻以尽意。今赋颂之徒,苟为饶辩屈蹇之辞,竞陈诬罔无然之事,以索见怪于世,愚夫戆士,从而奇之,此悖孩童之思,而长不诚之言者也。尽孝悌于父母,正操行于闺门,所以为列士也。今多务交游以结党助,偷世窃名以取济渡,夸末之徒,从而尚之,此逼贞士之节,而眩世俗之心者也。养生顺志,所以为孝也。今多违志俭养,约生以待终,终没之后,乃崇饬丧纪以言孝,盛飨宾旅以求名,诬善之徒,从而称之,此乱孝悌之真行,而误后生之痛者也。忠正以事君,信法以理下,所以居官也。今多奸谀以取媚,挠法以便佞,苟得之徒,从而贤之,此灭贞良之行,而开乱危之原者也:五者,外虽有振贤才之虚誉,内有伤道德之至实。"①流俗士人放弃了神道有所是的文化规定,离士人正统的文化之道和文化认同越来越远了,一个时代的学风、士风被世俗化、物质化、浇薄化了,就会导致社会风气、道德伦理的分崩离析,日趋败坏。

汉代士人普遍的现世沉沦,使士人深陷名利熏心的欲望膨胀之中。赵翼《廿二史劄记》"东汉尚名节"条云:"驯至东汉,其风益盛。盖当时荐举征辟,必采名誉,故凡可以得名者,必全力赴之,好为苟难,遂成风俗。"②汉代士人迷失于文字书写之中,开始不清楚自身该如何在现世之中现身了,士人文化彻底被物质、名利等世俗的欲望吞噬了。范晔在《后汉书》卷八十二上《方术列传》论曰:"汉世之所谓名士者,其风流可知矣。虽弛张趣舍,时有未纯,于刻情修容,依倚道艺,以就其声价,非所能通物方,弘时务也。及征樊英、杨厚,朝廷若待神明,至竟无它异。英名最高,毁最甚。李固、朱穆等以为处士纯盗虚名,无益于用,故其所以然也。然而后进希之以成名,世主礼之以得众,原其无用亦所以为用,则其有用或归于无用矣。何以言之?夫焕乎文章,时或乖用;本乎礼乐,适末或疏。及其陶搢绅,藻心性,使由之而不知者,岂非道邈用表,乖之数迹乎?而或者忽不

① (汉)王符撰、(清)汪继培笺、彭铎校正:《潜夫论笺校正》,中华书局1985年版,第19—20页。
② (清)赵翼著、王树民校证:《廿二史劄记校证》,中华书局2013年版,第102页。

践之地,赊无用之功,至乃诮噪远术,贱斥国华,以为力诈可以救沦敝,文律足以致宁平,智尽于猜察,道足于法令,虽济万世,其将与夷狄同也。"①因为神道价值的缺失,汉代流俗名士的一切文化行为,都成为欺世盗名的文化工具,士人"英名"越高大,表明他们离士人文化之道越遥远,对士人正统的文化资本毁坏越厉害,抛弃越彻底。"道邈用表"四个字,极为精深地概括了汉代名士的虚伪肤浅,他们越来越远离士人正统的文化之道,愈发显得世俗不堪了。"与夷狄同"是对两汉士人文化的鄙夷之情。在中原文化中,"夷狄"是野蛮的代名词,是无道文化的表现。范晔认为,汉代名士的虚妄文化与夷狄文化在本质上是一样的。可见,他对后汉名士脱离士人的正统文化之道,完全沉沦于现世名利之中,深恶痛绝。

三、魏晋名士:文化资本的根性回归

在文化小传统占据了绝对的文化霸权时,两汉士人出现了偏离文化资本和沉迷现世的文化现象,士人的文化价值与身份认同都出现了世俗化、名利化的倾向,两汉士风、学风乃至社会风气,都出现了令人厌弃的虚妄流弊。曹魏代汉后,这种拘囿于文字之物的学风和士风,依旧风行一时,甚至比两汉更甚。《三国志》卷十三裴松之注引《魏略·序》云:"从初平之元,至建安之末,天下分崩,人怀苟且,纲纪既衰,儒道尤甚。至黄初元年之后,新主乃复,始扫除太学之灰炭,补旧石碑之缺坏,备博士之员录,依汉甲乙以考课。申告州郡,有欲学者,皆遣诣太学。太学始开,有弟子数百人。至太和、青龙中,中外多事,人怀避就。虽性非解学,多求诣太学。太学诸生有千数,而诸博士率皆粗疏,无以教弟子。弟子本亦避役,竟无能习学,冬来春去,岁岁如是。又虽有精者,而台阁举格太高,加不念统其大义,而问字指墨法点注之间,百人同试,度者未十。是以志学之士,遂复陵迟,而末求浮虚者各竞逐也。正始中,有诏议圜丘,普延学士。是时郎官及司徒领吏二万余人,虽复分布,见在京师者尚且万人,而应书与议者略无几人。又是时朝堂公卿以下四百余人,其能操笔者未有十人,多皆相从饱食而退。嗟夫!学业沉陨,乃至于此。是以私心常区区贵乎数公者,各处荒乱之际,而能守志弥

---

① (南朝宋)范晔撰、(唐)李贤等注:《后汉书》,中华书局1965年版,第2724—2725页。

敦者也。"①如果说两汉经学家过分钻到文字堆中,沉迷于文字章句、名物制度,远离了文化之道,那么,曹魏的士人就更糟糕了。他们文字功底很差,只能在"墨法点注之间"一较高低,而且凭借这一点句读的本领,就肆意竞逐名利,士人风气更为虚妄,更为肤浅。"学业沉陨"是一个时代流俗士人的悲哀。可见,曹魏士人在两汉士人世俗文化的基础之上,世俗风气愈演愈烈,士人不仅失却文化之道的文化资本,连文字书写的文化资本也极为浅薄。无论是按照大传统的文化价值观,还是按照两汉流俗的经学传统价值,曹魏士人都已经到了士人耻为的极致状态。物极必反,士人到了该对自己的文化身份进行反思和正名的时候了。

两汉初期,也就是文字小传统刚刚占据文化霸权的时候,有些开明有识之士就对文字书写的文化传统提出了质疑。《淮南子·本经训》云:"苍颉作书而天雨粟,鬼夜哭。"汉高诱注云:"苍颉始视鸟迹之文造书契则诈伪萌生,诈伪萌生则去本趋末,弃耕作之业而务锥刀之利,天知其将饿,故为雨粟。鬼恐为书文所劾,故夜哭也。"②无论是淮南王刘安的门客,还是东汉的高诱,都表达了作为一个士人对文字发明的怀疑态度。现代人经常用苍颉造字这一惊天动地的故事,来彰显文字发明对于华夏文明的重要性,但是却忽略了文字书写的文化负面影响。从《淮南子》及其注解中可以发现,士人已经感受到了文字发明具有双重性。一方面,汉字可以帮助我们保留文化传统,不使传统流失;另一方面,当我们用汉字来记录自身的文化传统时,自身诸神却在文字书写中逃离了。"天雨粟"表明天神(天)面对文字书写表露出来的悲痛之情,"鬼夜哭"表明鬼灵(地)面对文字书写表露出来的忧虑之情。也就是说,文字书写既可以记载文化大义,将文化传统定型、定格,但也可能会妨碍文化大义,因为文字书写会将文化大义引向文字的有形存在,而不是诸神存在,神道文化很容易被文字表象遮蔽。诸神逃离,人文物化,这些文化现象都意味着文字书写对神道大义的拒斥与否定。

曹魏时期,一些士人对现实流弊士风极为不满,提出了尖锐的批判,开始对士人身份和文化资本进行反思。《三国志》卷十四《魏书·董昭传》记载,太和六年(232)董昭上疏批评士人的"末流之弊",云:"凡有天下者,莫不贵尚敦朴忠信之士,深疾虚伪不真之人者,以其毁教乱治,败俗伤化也。近魏讽则伏诛建安之末,曹伟则斩戮黄初之始。伏惟前后圣诏,深疾浮伪,欲以破散邪党,常用切齿;

---

① (晋)陈寿撰、(南朝宋)裴松之注:《三国志》,中华书局1959年版,第420—421页。
② 何宁:《淮南子集释》,中华书局1998年版,第571页。

而执法之吏皆畏其权势，莫能纠摘，毁坏风俗，侵欲滋甚。窃见当今年少，不复以学问为本，专更以交游为业；国士不以孝悌清修为首，乃以趋势游利为先。合党连群，互相褒叹，以毁訾为罚戮，用党誉为爵赏，附己者则叹之盈言，不附者则为作瑕衅。"①同时，一些清流士人还开始对流俗士人的歪风邪气提出了批判。他们认为，这些流俗士人不仅自身沉迷，而且提倡和鼓吹一些流俗的现世治术，将士人学风引向彻底流俗的治世理论，这些流俗理论又为士人的流俗文化提供理论依据。《三国志》卷十六《魏书·杜恕传》杜恕上疏："今之学者，师商、韩而上法术，竞以儒家为迂阔，不周世用，此最风俗之流弊，创业者之所致慎也。"②

正是在两汉及曹魏流俗文化愈演愈烈、愈变愈俗的背景下，一场彻底的文化变革"山雨欲来风满楼"，开始涌向时代文化的历史舞台。何晏、王弼等人提倡贵无（本身的自然状态或本身状态），裴頠等人提出崇有（常身的仁者原型或仁身状态），郭象等人调和有无，提出崇有自化。无论是贵无，还是崇有，都强调要放弃自身的沉迷状态，让士人回归神道有所是的规定状态，使逃离了的诸神重新回归自身，使大传统的神圣之道再现光辉，启迪士人重新敞开无蔽的神性状态，让澄明之光再次成为士人身份的正统文化和合法原则。日本学者本田成之在《中国经学史》中云："倘若一言一句尽守师法的话，则是死法，而成为无生命的学问。"③本田成之认为，两汉经学最大的问题就是"死法"，两汉经学落入文字书写的文化陷阱，在文字迷阵之中，沉沦自身，吞噬生命，纯属"无生命的学问"。其又云："皮锡瑞：'王学（王肃之学）出而郑学（郑玄之学）衰。'然假令王肃祖述郑玄，恰如元明诸儒为宋儒之作纂疏，愈加是没有生命的东西。同样，郑学反而更衰是无疑的。王肃所以出诡曲的异说，是由于易代革命不得已的事情，亦是个性敏锐的人物不堪立于人下所致。由此对于说经启示自由讨论的余地，实后来经学上伟大的功绩。"④本田成之认为，王肃顺应了时代潮流，抛弃了郑玄的经学模式，开创了一种不依文字的"诡曲的异说"，乃是"易代革命不得已的事情"，也是"不堪立于人下所致"，他肯定了王肃对救弊汉代流俗学统是有"伟大的功绩"。王肃所开之新风，不仅是个人的学术追求，而且是新时代士人群体文化资

① （晋）陈寿撰、（南朝宋）裴松之注：《三国志》，中华书局 1959 年版，第 442 页。
② （晋）陈寿撰、（南朝宋）裴松之注：《三国志》，中华书局 1959 年版，第 502 页。
③ （日）本田成之：《中国经学史》，孙俍工译，上海书店出版社 2001 年版，第 135 页。
④ （日）本田成之：《中国经学史》，孙俍工译，上海书店出版社 2001 年版，第 174—175 页。

本正名与回归的文化需要,体现了中国士人敢于剖析士人文化的流俗问题,勇于革新求变,探寻神性文化之道的回归之路。魏晋风度和魏晋学风就是士人在魏晋时代的自我剖析和文化解构。梁皇侃在《论语义疏自序》中云:"魏末吏部尚书南阳何晏字平叔,因《鲁论》,集季长等七家,又采《古论》孔注,又自下己意,即世所重者。"①皇侃认为,何晏注疏《论语》,一方面采用《古论》孔注,体现了其重视古本古注,跳出了汉代儒者的经学阐释藩篱;另一方面又注重"自下己意",重视士人对经典文字的神性领会。这种文字的神性领会与文字章句不同,文字章句追求的是文字本身的表层意义,而文字的神性领会注重的是潜藏在文字之下的无蔽状态,这种无蔽不在文字之中,需要士人自身善于从文字之中获得神性体悟,从而在文字之外心领神会。不过,皇侃认为,何晏注解《论语》乃是"己意",似乎有些误解。当文字之物进入神性世界时,就不再是以文字意义现身了,而是在一个澄明的有道世界中,获得澄明的神圣之光,这种神圣之光由士人神性和文化之道交媾而成,不能简单地将这种神性领会当成私己之意。《三国志》卷二十八《钟会传》注引东晋孙盛曰:"易之为书,穷神知化,非天下之至精,其孰能与于此?世之注解,殆皆妄也。况弼以傅会之辨而欲笼统玄旨者乎?故其叙浮义则丽辞溢目,造阴阳则妙颐无闻,至于六爻变化,群象所效,日时岁月,五气相推,弼皆摈落,多所不关。虽有可观者焉,恐将泥夫大道。"②王弼是魏晋文化革新的急先锋,他解构和抛弃了两汉《易》学的象数传统,注重从"无"与"情"的义理角度来剖析《易》象与系辞之外所寄寓的神道传统,开启了魏晋学术的新价值与新风尚。东晋名士孙盛认为,王弼注《易》,尽管注重大义,但是依旧存在"叙浮义则丽辞溢目,造阴阳则妙颐无闻"的不足,尤其是对《易》中各种存在物象的意义,王弼多不太关注。孙盛是东晋名士的代表,他对王弼易学的评价,一方面肯定了王弼以无释《易》,是"有可观者",也就是具有较大的文化革新意义;另一方面他认为,王弼注《易》,"恐将泥夫大道",即过于拘囿于纯粹的大道,而忽略了士人自身乃是天地与世界之间的存在,如果只重视天地根性存在,而忽略世界的有形存在,这依旧是不够完满的。可见,孙盛认为,士人神性之道和文化资本固然是士人存在的根本价值,但是士人不仅要善于领会文化之道的精义所在,而且要善于依据它在现世之中养身安命,为人处世,让现世万物与文化他者都能得到神性

---

①　(南朝梁)皇侃:《论语义疏》,中华书局 2013 年版,第 5 页。
②　(晋)陈寿撰、(南朝宋)裴松之注:《三国志》,中华书局 1959 年版,第 784 页。

的澄明之光,并在澄明之光之中获得神性的保护。这是王弼的理论缺陷,也是孙盛对神性之道的玄深之思与兼修补充。

魏晋风度首先是魏晋士人神性之道和文化资本的正统回归,是士人对自身文化资本的正名革新,这种革新既要革除文字小传统给两汉以来的士人所带来的文字局限和神性隐退,又让自身诸神重新回归原初的栖居之处,强调对文字经典的神性领会,使魏晋士人再一次发现并回到了士人的早期文化传统,士人的正统文化资本再一次激活了士人生命深处的激情。

四、魏晋士人文化资本与政治权力、经济资本之关系

魏晋风度的第一个特征,就是回归文化大传统的神性大道,即回归士人正统的文化资本。魏晋风度的第二个特征,就是魏晋名士依据自身正统的文化资本,在社会生活中践行大道,为人处世。这样,士人的文化资本就与自身的生命行为、现实生活融为一体了。在《美的历程》中,李泽厚对魏晋风度的社会现身状态做过精辟概述,云:"(士族)畏惧早死,追求长生,服药炼丹,饮酒任气,高谈老庄,双修玄礼,既纵情享乐,又满怀哲意……这就构成似乎是那么潇洒不群、那么超然自得、无为而无不为的所谓魏晋风度;药、酒、姿容,论道谈玄,山水景色……成了衬托这种风度的必要的衣袖和光环。"①李泽厚的概括,依旧是一种现象描述,只是将魏晋名士在社会现实中的现身状态清楚地描述出来了。但是我们依旧要追问,这样的士人现身和社会存在为什么会让人感到很美呢?士人的文化资本又是如何在世俗社会中真实地展示自身神性有所是、有所然呢?为什么士人在社会现身时总是那样与众不同、超凡脱俗呢?

为了更好地理解魏晋风度在世界中的现身状态,我们首先必须弄明白中国士人文化资本与布迪厄文化资本的文化差异。第一,在内容上,两者存在巨大不同。中国士人的文化资本指代早期大传统的神性之道,而布迪厄的文化资本指代现代教育体系中的知识真理和文化积累等。前者是人对天地神性的生命领会,是士人文化存在的无蔽状态。后者是主体对客体的理性认识,是客体之物的无蔽状态。第二,中国士人的文化资本对其他资本形式具有一定的拒斥性。士人以文化之道来确立群体身份和社会存在,对其他资本形式,诸如政治资本、经

---

① 李泽厚:《美的历程》,文物出版社 1981 年版,第 93 页。

济资本和社会资本等,都有一定的排斥性。布迪厄的文化资本与政治资本、经济资本等具有兼容性,文化资本可以转换为其他资本形式。第三,中国士人的文化资本具有自身的独立性。它不以人在社会世界中的其他条件而有所改变,而布迪厄的文化资本总是强调获取文化资本的社会条件,离开了一定的经济资本和家庭条件,文化资本也就无法获得。了解了中国士人文化资本的典型特征之后,我们将详细考察中国士人携带着独有的文化资本,是如何在社会世界中现身的,如何处理好士人文化资本与社会政治权力、经济资本之间的关系,如何依据士人独有的文化资本来建构社会空间的新秩序。

士人文化资本与政治权力之关系,也就是通常所说的道与势之间的关系。孟子曰:"古之贤王好善而忘势;古之贤士何独不然? 乐其道而忘人之势,故王公不致敬尽礼,则不得亟见之。见且由不得亟,而况得而臣之乎!"(《孟子·尽心上第八章》)①这段话充分体现了中国圣人对士人文化资本(道)与政治权力(势)之间关系的文化理解。孟子认为:作为士人,在与政治权力打交道的时候,就应该做到"乐其道而忘人之势",也就是完全依据士人的神性之道而有所是,善于忘记交往对象(王者)身上所拥有的政治权力,甚至要蔑视它。也就是说,在孟子看来,士人在世界中现身时,并不会受到外在社会对象的社会身份与政治权力的影响,要按照自己独有的文化资本,来建构自身与他者之间的社会关系和权力关系。如果士人自身的文化资本极端雄厚和极为高贵,那么,自身的社会权力就更具合法性。第一,士人以文化资本和文化权力作为自身社会存在的唯一价值和唯一秩序。第二,士人的文化权力高于社会对象的政治权力。第三,政治权力对士人的文化资本和文化权力具有一定的依附性和世俗性。

但是到了两汉时期,随着政治权力的大一统和中国士人文化资本的转型及官吏化,士人的文化权力开始失去独立性,士人逐渐成为政治权力的附属之物。司马迁在《报任安书》中云:"仆之先人非有剖符丹书之功,文史星历近乎卜祝之间,固主上所戏弄,倡优畜之,流俗之所轻也。假令仆伏法受诛,若九牛亡一毛,与蝼蚁何异?"②在这段话中,司马迁真实地表白了汉代士人在政治权力面前是多么渺小,他们已经失去了士人的文化认同和文化独立,成为政治权力的倡优和可有可无的附属之物,甚至流俗的社会也极其轻视这种失去文化独立性的士人。

---

① 杨伯峻:《孟子译注》,中华书局1996年版,第303页。
② (汉)班固撰、(唐)颜师古注:《汉书》,中华书局1962年版,第2732页。

就是士人本身也会认为,如果伏法受诛,就好比是九牛亡一毛,与死一只蝼蚁差不多。这些话语都表明,汉代士人完全被政治权力官吏化以后,已经失去了士人文化资本的独立性和自信心。余英时《汉代循吏与文化传播》云:"循吏首先是'吏',自然也和一般的吏一样,必须遵守汉廷的法令以保证地方行政的正常运作。"①

魏晋时期,士人对自身的文化资本有了全新的理解,重新找回了自身的文化存在和神性价值,士人用自己的文化资本和文化权力重新界定了自身在社会中的存在,并以之确立自身与政治权力之间的关系。《世说新语·方正第五》第五十八条云:"王文度为桓公长史时,桓为儿求王女,王许咨蓝田。既还,蓝田爱念文度,虽长大,犹抱着膝上。文度因言桓求己女婚。蓝田大怒,排文度下膝,曰:'恶见文度已复痴,畏桓温面。兵,那可嫁女与之。'文度还报云:'下官家中先得婚处。'桓公曰:'吾知矣,此尊府君不肯耳。后桓女遂嫁文度儿。'"②桓温权倾朝野,是政治权力的典型代表。王述是魏晋风流名士的代表。桓温希望与王结为亲家,巩固桓氏与太原王氏之间的政治关系。但是王述断然拒绝说:"兵,那可嫁女与之。""兵"是王述对桓温的鄙视称谓,说明在王述看来,尽管桓温政治权力很大,但是出身兵家,在文化资本方面,极为浅薄鄙陋,与出身文化世家的太原王氏比较起来,门不当户不对,文化贵族不能将女儿下嫁给桓氏。可见,王述在看待士族联姻问题的时候,并不是从政治权力方面来衡量,而是从文化权力的角度来审视,表达了魏晋名士以文化资本作为唯一的资本形式来处理社会关系、衡量自身在社会中的空间秩序。《世说新语·方正第五》第六十五条:"王爽与司马太傅饮酒。太傅醉,呼王为'小子'。王曰:'亡祖长史,与简文皇帝为布衣之交。亡姑、亡姊,伉俪二宫。何小子之有?'"③王爽的祖父是东晋风流名士濛;司马道子是简文帝司马昱的儿子,是皇室贵族,而且位居太傅,政治权力极为显赫。两个人在一块饮酒,司马道子直呼王爽为"小子"。也就是说,司马道子站在政治权力的立场来权衡两人之间的关系,"小子"一词无疑具有贬谪王爽的意味。王爽听了,立即回答道:我的祖父是长史王濛,与你的父亲简文帝关系很亲密,犹如布衣之交。我的姑姑王穆之是哀帝的皇后,姐姐王法惠是孝武帝的皇后。你

① 余英时:《士与中国文化》,上海人民出版社 2003 年版,第 139 页。
② 徐震堮:《世说新语校笺》,中华书局 1999 年版,第 189 页。
③ 徐震堮:《世说新语校笺》,中华书局 1999 年版,第 192 页。

怎么能称我"小子"呢？首先，作为臣子的王濛与作为皇帝的司马昱怎么会是不分贵贱、亲密无间的布衣之交呢？依据政治权力，司马昱是皇帝，王濛不过是一个五品长史，政治身份实在是相差太远了。可见，王爽依据的是士人的文化资本。王濛尽管位居长史之职，但是其文化资本和魏晋风流却名倾朝野，是魏晋名士的文化领袖。一个是当朝皇帝，一个是文化领袖，政治元权力与文化元权力之间是旗鼓相当的，没有高低之分。其次，"何小子之有"的质疑，也是值得玩味的。王爽是东晋末年太原王氏的代表人物，风流俊秀不减其祖父王濛，所以他对司马道子称自己"小子"极为不满。《世说新语·方正第五》第二十条："王太尉不与庾子嵩交，庾卿之不置。王曰：'君不得为尔'。庾曰：'卿自君我，我自卿卿；我自用我法，卿自用卿法。'"①王衍位居一品太尉，而庾敳却用了一个极为不恭的词"卿"来称呼他。王衍对庾敳说："你不要这样称呼我。庾敳说：你可以以我为君，我就可以以你为卿。我自会用我的方法来称呼你，你自会用你的方法来称呼我。"可见，在庾敳眼中，这位王太尉并不是一位权高位重的政治权力拥有者，而是一位在文化资本方面比自己还要差一点的士人，所以自己就可以大胆依据自身的文化资本在王太尉面前放肆一下，出言也就丝毫没有畏惧了。

051

在魏晋名士眼中，政治权力与文化资本、文化权力之间的关系，不是一种流俗的社会关系，而是以文化资本为权力核心的新型文化秩序和政治秩序，这种政治秩序打破了秦汉以来政治权力的绝对性，重新书写了社会文化资本的核心地位和社会秩序，也重新将世俗的政治权力放置到社会边缘地位。文化资本和文化权力中心成为魏晋风度的文化常态，极大地彰显了文化资本的文化自信和文化秉性。

关于士人文化资本与经济资本之关系，早期圣人认为，一个士人应当以文化神道作为资本，经济资本并非自身应贪念的外在东西。子曰："士而怀居，不足以为士矣。"（《论语·宪问篇第十四》）②孔子认为，一个士人要是贪念安居稳定，这样的士人就算不上真正的士人。子曰："君子怀德，小人怀土；君子怀刑，小人怀惠。"（《论语·里仁篇第四》）③土地和恩惠都是现世之物，都属于经济资本的范围。君子以文化资本（德性与范型）作为士人存在和社会身份的主要标志,而经济资本乃是小人在社会中所沉迷的东西。在士人身上,这两者是不可兼得的,要做一个真正的士人,就不能过于追求金钱富贵等经济享乐,因为金钱等经济资本会将士人引向小人的流俗存在。孟子曰:"诸侯之宝三:土地,人民,政事。宝珠玉者,殃必及身。"(《孟子·尽心下第二十八章》)①在拥有政治权力和经济特权的诸侯三宝中,土地、人民与政事都与经济资本紧密相连。如果诸侯过于沉迷珠宝玉器这些现世之物,就会殃及性命,极为危险。可见,在早期士人看来,文化资本是为了让自身在社会中获得自由,而经济资本是限制甚至殃害自身的罪魁祸首,因此,文化资本对经济资本总是具有强烈的排斥性。

魏晋时期,士人文化资本的回归,使士人更为重视其文化存在,而轻视外在的经济资本。《世说新语·俭啬第二十九》第一条:"和峤性至俭。家有好李,王武子求之,与不过数十。王武子因其上直,率将少年能食之者,持斧诣园。饱共啖毕,伐之,送一车枝与和公,问曰:'何如君李?'和既得,唯笑而已。"②和峤家种有一些李树,王济向他求取,和峤就送给王济几十个李子。王济觉得和氏所送的李子很好吃,心想这种李子的价格肯定很贵重,因此,他就带了一帮少年,手持斧头,来到和峤的花园,先饱食了一顿,然后将所有的李树都砍倒,砍完了,他还派人用车子将李树枝叶运到和峤那里去,并问和峤,这李子怎么样?和峤看到李树枝叶,立即就明白了是怎么回事,但是和峤对此,只是笑笑而已。和峤是那个时候的著名士人,他对经济资本方面的损失,并非特别在意。更有甚者,士人以文化资本而持守自身,就是家贫如洗,也不为物动,依旧能保持神性有所是的矜持状态,对于他者所送的经济物质断然拒斥。《世说新语·方正第五》第五十二条:"王修龄尝在东山,甚贫乏。陶胡奴为乌程令,送一船米遗之。却不肯取,直答语:'王修龄若饥,自当就谢仁祖索食,不须陶胡奴米。'"③王胡之出身琅琊王氏,在东山隐居时,家中很穷,物质极为贫乏。陶侃之子陶范时任乌程县令,主动向王胡之送了一船米。王胡之却直接拒绝了陶范的赠礼,他说:"我王胡之要是饿得没有办法,就应该向谢尚要饭吃,决不需要你陶范的米。"陶侃尽管身居太尉,但是出身寒门,陶范以赠米的方式想与出身文化世家的王氏结交,但是王胡之并不因为一船大米而动心,坚决拒绝了陶范的赠礼,表现了在经济物质的诱惑

① 杨伯峻:《孟子译注》,中华书局1996年版,第335页。
② 徐震堮:《世说新语校笺》,中华书局1999年版,第465页。
③ 徐震堮:《世说新语校笺》,中华书局1999年版,第187页。

下，士人依旧能不为所动，依旧能持守文化资本在世俗社会中的文化独立和文化秩序。魏晋名士崇尚节俭，表现出有所节制、不沉迷外物的文化规定与自身约束。《世说新语·俭啬第二十九》第八条："苏峻之乱，庾太尉南奔见陶公。陶公雅相赏重。陶性俭吝，及食，啖薤，庾因留白。陶问：'用此何为？'庾云：'故可种。'于是大叹庾非唯风流，兼有治实。"[1]苏峻之乱，庾亮逃到陶侃那里，陶侃为庾亮的风流所动，对之极为赏重。陶侃用薤头（薤）来招待庾亮，庾亮吃了薤头，而留下薤白。陶侃就问：你留薤白有什么用呢？庾亮说：可以用来种啊。可见，出身士族的庾亮，尽管位居宰执，自身风流可鉴，但是日常生活极为节俭，即便在落难之时，也依旧保持自身种菜而食的本性。这个细节，充分展示了魏晋士人文化资本独有的文化魅力，尤其是在经济资本面前，能保持独立的文化存在和清逸的高士状态。

五、士人文化资本与异托邦社会空间

布迪厄的文化资本属于个人资本的一种形式，他认为，人在社会空间中的位置，并非完全取决于个人的文化资本，而是由人所具有的各种资本总和决定的。如 A 的文化资本 C 很多，其政治资本 P、经济资本 E、社会资本 S 很少，而 B 的文化资本 C 很少，其政治资本 P、经济资本 E、社会资本 S 很多，如何确定 A 与 B 在社会空间的位置关系呢？就必须分别将 A 与 B 的文化资本 C、政治资本 P、经济资本 E、社会资本 S 等加起来，看谁的资本总和多。这样，就会出现以下三种情况：A 高于 B，A 低于 B，A 等于 B，也就会形成不同的社会空间关系。由此可见，在布迪厄的资本理论中，文化资本并不起决定作用。西方文化资本的获得，必须有一定的经济资本作为基础。也就是说，文化资本只不过是经济资本的一种转换形式，最终起决定作用的还是经济资本。

中国传统士人的文化资本是以神性之道与文化资本作为核心的资本形式。第一，这种文化资本不需要其他资本作为基础，因为它可以在自身之中尽情发掘。第二，文化资本具有绝对的独立性和拒斥性。也就是说，文化资本就是士人资本的总和，至于其他资本形式，如政治资本 P、经济资本 E、社会资本 S 都不过是文化资本 C 的社会功用和附属形式。第三，人的社会空间关系并非依据各种

---

[1]　徐震堮：《世说新语校笺》，中华书局 1999 年版，第 467 页。

资本形式的总和来决定,而是依据文化资本 C 与神性之道来决定。可以看出,传统士人用文化资本的单一形式为士人存在建构了社会空间位置的新秩序,这种空间秩序不是流俗社会世俗的社会空间关系,而是士人用神圣的文化资本和神性之道建构起来的具有异托邦性质的文化空间。在这种文化空间中,世俗的社会关系发生了巨大的变化。

魏晋时期,士人依据士人文化资本和神性之道对社会空间做了神圣化的改造,形成了士人全新的文化秩序。神圣文化空间最突出的文化现象就是:隐士成为士人心中文化地位最高的士人,成为士人文化资本最丰厚的代表者,也成为士人群体争相模仿的士人典范。《世说新语·栖逸第十八》第十五条:"郗超每闻欲高尚隐退者,辄为办百万资,并为造立居宇。在剡,为戴公起宅,甚精整。戴始往旧居,与所亲书曰:'近至剡,如官舍。'郗为傅约亦办百万资,傅隐事差互,故不果遗。"①郗超是东晋郗氏著名的风流名士,他最为崇拜的对象就是高尚隐退者。戴逵、傅约都是隐士,郗超为他们筹资百万,建造房宅。他赠给戴逵的房子,极为"精整",就如官邸一样。郗超为傅约亦准备了百万房宅,但傅约由于隐居之事错过了,以至郗超这份厚礼没有送出去。《世说新语·任诞第二十三》第三十八条:"桓车骑在荆州,张玄为侍中,使至江陵。路经阳岐村,俄见一人,持半小笼生鱼,径来造船云:'有鱼欲寄作脍。'张乃维舟而纳之。问其姓字,称是刘遗民。张素闻其名,大相忻待,刘既知张衔命,问:'谢安、王文度并佳不?'张甚欲话言,刘了无停意。既进脍便去,云:'向得此鱼,观君船上当有脍具,是故来耳。'于是便去。张乃追至刘家,为设酒,殊不清旨。张高其人,不得已而饮之。方共对饮,刘便先起,云:'今正伐荻,不宜久废。'张亦无以留之。"②张玄与刘遗民邂逅,张玄是名士,著名的玄学家,位居侍中高官,又是钦差大臣,而刘遗民不过是一个隐士、村夫而已。张玄对刘遗民敬重有加,为刘遗民切鱼片,将刘遗民送回家,还忍气吞声地将那碗混浊的酒喝完了。可是,当张玄想开口与刘遗民讨论玄理时,刘遗民直接拒绝了,表现出一种不愿意与之交往深谈的冷淡态度。可见,名士对隐士的文化资本和神性存在极为推崇,态度也极为虔诚;隐士对身居高官的名士却心不在焉,不是很在意,并没有将他们当成可以与自己平等开展文化交流的士人。

---

① 徐震堮:《世说新语校笺》,中华书局 1999 年版,第 361 页。
② 徐震堮:《世说新语校笺》,中华书局 1999 年版,第 403 页。

如果隐士不能忍受隐居生活的清贫和甘苦，入世为官，成为一个仕士，那么，这就意味着这个士人的文化资本和文化之道出现了问题，就会身价大减，在隐士眼中，不值得与这种人交流。《世说新语·栖逸第十八》第九条："南阳翟道渊与汝南周子南少相友，共隐于寻阳。庾太尉说周以当世之务。周遂仕，翟秉志弥固。其后周诣翟，翟不与语。"[①]翟道渊与周子南都是隐士。庾亮请他们两个人出来做官，周子南出来做官了，而翟道渊"秉志弥固"，断然拒绝了庾亮，后来周子南来拜访少年好友翟道渊，翟道渊竟然不愿意与之交流。翟道渊为何不愿意与之交流呢？因为周子南已经由一个隐士变成一个流俗为官的仕士，其文化身份和神性之道都已经变质了，也贬值了。士人由隐士成为仕士，意味着自身的文化资本发生了质变，不仅隐士们看不起，就连俗士们也讥笑他们。《世说新语·排调第二十五》第三十二条："谢公始有东山之志，后严命屡臻，势不获已，始就桓公司马。于时人有饷桓公药草，中有远志。公取以问谢：'此药又名小草，何一物而有二称？'谢未即答。时郝隆在坐，应声答曰：'此甚易解。处则为远志，出则为小草。'谢甚有愧色。桓公目谢而笑曰：'郝参军此过乃不恶，亦极有会。'"[②]谢安起初隐居东山，后来朝廷屡次征召，不得已而就任了桓温的司马。这时，正好有人送给桓温草药，其中有一种草药叫远志。桓温就拿着这种草药问谢安：这种草药又叫小草，怎么一种东西却有两个名字呢？谢安立即明白了桓温是借题发挥，在讥讽自己，所以没有立即回答。当时郝隆在旁边，随声说：这个很容易解释，不出来做官，就是远志；出来做官，就是小草。谢安听了，甚感惭愧。桓温、郝隆都是名士，就谢安由隐入仕这件事，借用草药的一物二名——小草与远志，表达了士人对待文化变节之人的讥讽态度。桓温、郝隆对谢安变节一事，极尽戏弄，而谢安也对自身变节从仕有愧疚之心。由此可见，在那个时代，士人依据文化资本和神性之道来划分文化空间，隐士是高于仕士的，士人由隐入仕，文化资本就会贬值，不仅受到隐士的鄙弃，而且会受到俗士的讥讽。

　　在士人群体之中，俗士是最低层次的。俗士们身处红尘，心为社会俗事所累，劳形伤神，因此倍受诟病。《世说新语·排调第二十五》第五十三条："范荣期见郝超俗情不淡，戏之曰：'夷、齐、巢、许，一诣垂名，何必劳神苦形，支策据梧

① 徐震堮：《世说新语校笺》，中华书局 1999 年版，第 359 页。
② 徐震堮：《世说新语校笺》，中华书局 1999 年版，第 430—431 页。

邪？'郗未答，韩康伯曰：'何不使游刃皆虚？'"①范荣期看到郗超世俗之情很浓，就戏弄他说：伯夷、叔齐、巢父、许由等人，一举就垂名后世，而你为什么一定要像师旷（擅长音乐）、惠子（擅长辩论）那样，劳神苦形呢？郗超还没有回答，韩康伯就接着说：为什么不让自己游刃有余呢？在范荣期、韩康伯等人眼中，郗超就是一个为世俗之事而劳心费神的俗人，所以他们以古代圣贤之人为榜样，劝慰他要善于摆脱世俗，做到游刃有余。殷浩是东晋清谈的名士代表，永和五年（349）任中军将军，永和八年（352）奉命北伐，永和九年（353），兵败许昌，桓温趁机弹劾殷浩，将其贬为庶人。《世说新语·黜免第二十八》第三条："殷中军被废，在信安。终日恒书空作字。扬州吏民寻义逐之，窃视，唯作'咄咄怪事'四字而已。"②被贬之后的殷浩，孤身住在信安，整天用手指在空中比画。大家都感到奇怪，就偷偷地观察殷浩到底在写些什么，原来，他整天在空中比画的是"咄咄怪事"这四个字。《世说新语·黜免第二十八》第五条："殷中军废后，恨简文曰：'上人著百尺楼上，儋梯将去。'"③殷浩被废以后，对简文帝恨之入骨，常常自言自语地说：这个人把别人扶上百尺高楼之后，就将梯子搬走了。我们从殷浩空中手书与对简文帝的怨恨中，可以看出他一生都未能忘怀世俗之事，最终因俗事抑郁而死，为士人所讥笑。殷浩作为名士，忘记士人的神性之道和文化资本，陷入了世俗的权力角逐，至死未醒。

魏晋士人以文化资本作为士人存在的唯一标准，来衡量和规定自身的存在价值，来判断士人在社会空间之中的现身情态与社会秩序，建构了与世俗社会迥然不同的空间秩序。世俗之人，沉迷于现世权力和纷纭之物，为现世名利和物质利益而蝇营狗苟，忙碌一世。而士人的文化资本就是要通过文化神性的澄明之光，将自身从现世之中拯救出来，从而使自己疏远物质迷离的世界，进入神道文化规定的存在，并以此建构士人存在的社会空间和文化秩序。魏晋人通过这种文化资本的神圣力量，将士人抛入一个纯粹的、理想化的乌托邦空间。士人的文化空间与世俗的社会空间相比，具有神圣性、独立性与脱俗性，是士人文化资本与神性之道的澄明之影，也是魏晋士人孜孜以求的文化认同。魏晋风度的美，就在这种文化资本和神性之道的奇幻之中，定格定性；就在士人神圣的文化空间

---

① 徐震堮：《世说新语校笺》，中华书局 1999 年版，第 437 页。
② 徐震堮：《世说新语校笺》，中华书局 1999 年版，第 462 页。
③ 徐震堮：《世说新语校笺》，中华书局 1999 年版，第 462 页。

中,散发不拘一格的人性幽香与文化魅力。

六、结论

中国文化大传统是早期无文字时代的圣人文化。春秋时期,儒、道两家文化传承了原初古道的文化精神,在仁道与自然之道的文化建构中,将文化大传统的神圣价值传承了下来。魏晋名士对两汉经学家的书写流俗文化提出了批判,并开始了对神性之道的文化回归。

中国传统士人的文化资本与核心价值就是神道根性与古道文化。原初之道是生命本源,是本真世界的天地之道,是原初神灵升降出入的气运之道,是天命赐礼的文化之道。孔子、老子等早期士人,对文化之道有着深厚的守望之情,他们依据神道价值批判流俗文化,拯救时弊,将古道视为士人精神栖居的安居宅所。神道的文化资本成为士人的本质所在,也是士人安身立命、立身社会的文化依据。

两汉士人过于强调文字之物的重要性,将识字作为士人存在的核心价值,甚至依据文字书写阅读能力判断士人在社会上的文化身份与空间地位。文字之物成为两汉士人与神圣古道之间不可逾越的物化鸿沟,也严重遮蔽了大传统文化的神道文化与神圣价值。两汉士人崇尚文字知识,各种虚说甚嚣直上,士人放弃了文化传统的真道存在,沉迷于外在有形的文字之物,士风、学风都陷入流俗化状态,士人的名利欲望不断膨胀。

面对两汉士人的虚妄士风,魏晋名士提出了尖锐的批判,王肃、何晏、王弼等人建构了魏晋文化的贵无存在,向秀、郭象、裴頠等人提出了崇有理论,他们都反对士人沉沦世界之中,开启了重新追寻自身诸神力量的文化运动,使被遮蔽已深的神圣大道,再一次被重新激活,魏晋士人再一次获得了神性世界敞开之后的澄明状态。魏晋风度就是神性澄明之光的文化显现,是士人神性之道的正统回归。

魏晋士人不仅内心回归文化大道,而且依据自身的有道资本,在世俗的社会中为人处世。在士人文化资本与政治权力之间,神道是士人存在的根本所在,俗势依附于神道,这与流俗世人以俗势为中心的权力观念截然不同。魏晋士人的政治空间,不是流俗的权力关系,而是以文化资本与神道权力为中心的新型政治秩序。同时,士人对经济资本也抱有警惕之心,更为重视士人独立的文化存在、轻视经济物质的存在、不因外在的流俗之物而有所动心。

　　魏晋士人依据神性之道与文化资本,对社会权力空间做了神圣化的改造,形成了以文化资本为唯一衡量标准的新型社会空间。在这个异托邦的社会空间中,隐士成为文化地位最高的士人存在。隐士出仕为官,就会身价大减。在士人群体中,如果沉沦于世,为俗事所累,也会为人所讥笑。神性之道与文化资本成为魏晋士人在社会空间中的唯一依托与价值认同,成为一代士人极为神奇、纯粹、可爱的文化存在,也为魏晋士人留下了永恒的文化幽香,令后代文人都以魏晋人的美作为士人存在的理想状态。

第四章　圣俗之间：魏晋风度的历史演变和文化调整

假作真时真亦假，无为有处有还无。

——（清）曹雪芹：《红楼梦》

众人熙熙，如享太牢，如春登台。我独泊兮，其未兆；沌沌兮，如婴儿之未孩；儽儽兮，若无所归。众人皆有余，而我独若遗。我愚人之心也哉！俗人昭昭，我独昏昏。俗人察察，我独闷闷。澹兮其若海，飂兮若无止。众人皆有以，而我独顽且鄙。我独异于人，而贵食母。

——《老子》

由于受到当时极为流行的文字书写小传统的影响，两汉及曹魏初期的士人，将学术视野、学术价值、文化认同都集中在文字训诂、名物考据、制度考辨之上，以至于士人自身完全沉迷于有形之物，士人正统文化资本和文化神道完全沦丧。到了正始时期，何晏、王弼等人抛弃了这种固陋的、陈腐的经学风气，用鲜活的文化之道对那个时代的学术流弊进行全面的改造。汤用彤在《王弼之〈周易〉、〈论语〉新义》中云："大凡世界圣教演进，如至于繁琐失真，则常生复古之要求。耶稣新教，倡言反求圣经（return to the Bible）。佛教经量部称以庆喜（阿难）为师，均斥后世经师失教祖之原旨，而重寻求其最初之根据也。夫不囿于成说，自由之解释乃可以兴。思想自由，则离拘守经师而进入启明时代矣。……而王弼新

《易》之一特点,则在以传证经。盖皆自由精神之表现也。"①汤用彤联系世界范围内的宗教改革,如新教、佛教等,认为两汉经学过于"拘守经师",已经失去了"教祖之原旨",这意味着,具有文化革新意味的"启明时代"的到来。何晏、王弼等人的文化革新和玄学风气,是那个时代学术流弊、士风僵化的必然产物。余英时在《汉晋之际士之新自觉与新思潮》中云:"盖随士大夫内心自觉而来者为思想之解放与精神之自由,如是则自不能满足于章句之支离破碎,而必求于义理之本有统一性之了解。"②余英时从士大夫的个体自觉角度,亦认为两汉章句之学使文化之道支离破碎,士人对之难以忍受,士人必须要对自身的文化身份和存在价值开展必要反思和创新。

何晏、王弼等人开创的玄学新风和文化新资本,重新打开了士人群体的文化认识和身份认同,开启了魏晋风度的新时代。魏晋时期是这种新文化和新精神的主要时期,到了刘宋以后,名士文化发生了一些变化,出现了玄学与儒学、史学、文学并重的局面,名士文化价值逐渐由玄学转向了儒学、佛学。

在长达二百余年的魏晋玄学文化的存在过程中,魏晋风度也出现了一些本体价值的阶段性变化。《世说新语·文学第四》第九十四条刘孝标注云:"宏以夏侯太初、何平叔、王辅嗣为正始名士,阮嗣宗、嵇叔夜、山巨源、向子期、刘伯伦、阮仲容、王浚仲为竹林名士,裴叔则、乐彦辅、王夷甫、庾子嵩、王安期、阮千里、卫叔宝、谢幼舆为中朝名士。"③东晋时期的名士袁宏认为:魏晋以来,名士主要有正始名士、竹林名士和中朝名士。又如苏轼《和饮酒二十首》之三云:"道丧士失己,出语辄不情。江左风流人,醉中亦求名。渊明独清真,谈笑得此生。身如受风竹,掩冉众叶惊。俯仰各有态,得酒诗自成。"④苏轼认为,如果士人失去了文化之道,就等于失去了士人的真实存在(真己),那么,他们的语言就会变得虚妄不堪,不合人情。江左的那些风流名士,在醉酒之中,风流偶傥,但他们还是不能忘怀人间的世俗之名,而陶渊明身居名士之中,却能够独自保持"清真"的士人品格,将自身栖居在诗酒风流之中,是魏晋名士中的真名士,成为魏晋文化中真身显现、独具一格的文化典范。

① 汤用彤:《魏晋玄学论稿》,上海古籍出版社 2001 年版,第 79 页。
② 余英时:《士与中国文化》,上海人民出版社 2003 年版,第 312 页。
③ 徐震堮:《世说新语校笺》,中华书局 1999 年版,第 146 页。
④ (清)冯应榴辑注:《苏轼诗集》(第 8 册),中华书局 1982 年版,第 1884 页。

结合袁宏和苏轼等人的意见，我们认为，魏晋风度可以分为正始名士、竹林名士、中朝名士、江左名士、陶氏风度等几个历史阶段。由于每个历史阶段的文化之道和士人世界存在一些差异，所以士族文化的社会秩序、政治秩序、经济秩序都有所不同，这也展现出魏晋风度的多样性和多元性。

魏晋士人回归古道传统的文化原旨，狂挽在世士人的沉迷状态，从而重新彰显了自身天地存在的文化规定和神道价值。同时，他们大都是士族出身，身居高位，又与社会世界联系紧密，不可分割。学术界关于魏晋风度的历史演变和价值变化，大多是从外部政治权力、阶级关系和个体自觉等方面来探讨，关注士人文化价值和士人心态变化。我们认为，从大传统的文化开始，中国士人就特别关注自身道心的文化存在和心性规定。到了春秋战国时期，儒、道两家都将文化之道设定为士人正统的文化存在和身份认同。他们认为，一个离开了文化之道的士人，就意味着其士人文化的正统性和正当性都将受到极大的挑战，自身的士人身份也将会随之丧失。由此可见，士人的存在永远是天地根性与世界常性之间的文化之争。在这场永无休止的文化价值斗争中，士人在天地存在与世界存在之间求得和谐，重新找回人类自身有无兼得、性命双修的文化之道，以获得士人群体的文化认同和正统资本。在此，我们主要从士人自身的天地根性与世界状态之间的文化冲突，来讨论士人在神圣文化之道与流俗社会世界之间，如何游移争战，如何获得调停熄火，以期能够展示魏晋士人如何在天地存在（无形）与世界存在（有形）之间，建构士人文化的存在规定和文化认同，如何找到士人的天地根性与世界存在之间的最佳和谐状态。

一、正始名士与竹林名士：道体根性对世界之有的拒斥

从时间与空间的统一体来看，士人是道体存在（神性）与世界存在（形命）的统一体。世界之有是纷繁复杂的，对士人充满了各种诱惑。道体之无是幽静潜藏的，对士人总是耳提面命。两汉士人沉迷于有形世界，在文字之物、现世名利中，士人的道体存在逐渐消失，诸神逃离，呈现在士人面前的是一个极为艰深、极富神奇的文字世界，他们扎进这个文字世界之中，皓首穷经，产生了一种幻觉，认为只有学习"六经"，就能把握大道，似乎在他们眼里，"六经"就是大道，离开了"六经"，大道就不复存在了。他们忽略了"六经"只是大道的文字载体，"六经"不等于大道，大道不过是借用"六经"的物质载体，将自己寄存在文字之外，以保

持文化神道的鲜活真理。如果过分强调"六经"有形文字等于大道,大道不过是借用"六经"的物质载体,将自己寄存于文字的物质存在,那么,神圣的大道就会隐匿。

后汉末年,辽东太守张邈(字辽叔)写了一篇《自然好学论》,认为"六经"之礼学,才是汉代士人的正统文化资本,才是学习的正道。这体现了两汉士人崇尚经学、礼学的士风学风,也是士人沉迷于文字有形世界的典型表现。嵇康在《难张辽叔自然好学论》一文中,对这种完全沉迷文字世界的两汉士风提出了尖锐批判,表明魏晋士人对沉迷于流俗形式汉代士人文化的抛弃和反思。其云:"夫民之性,好安而恶危,好逸而恶劳,故不扰而其愿得,不逼则其志从。洪荒之世,大朴未亏。君无文于上,民无竞于下。物全理顺,莫不自得。饱则安寝,饥则求食。怡然鼓腹,不知为至德之世也。若此,则安知仁义之端,礼律之文?及至人不存,大道陵迟,乃始作文墨,以传其意;区别群物,使有类族;造立仁义,以婴其心;制为名分,以检其外;勤学讲文,以神其教。故六经纷错,百家繁炽,开荣利之途,故奔骛而不觉。是以贪生之禽,食园池之粱菽;求安之士,乃诡志以从俗。操笔执觚,足容苏息;积学明经,以代稼穑。是以困而后学,学以致荣;计而后习,好而习成。有似自然,故令吾子谓之自然耳。推其原也,六经以抑引为主,人性以从容为欢。抑引则违其愿,从欲则得自然。然则自然之得,不由抑引之六经;全性之本,不须犯情之礼律。故知仁义务于理伪,非养真之要术;廉让生于争夺,非自然之所出也。由是言之:则鸟不毁以求驯,兽不群而求畜。则人之真性无为,正当自然耽此礼学矣。"[1]嵇康认为:第一,世俗之人的特点是,安于现世,随波逐流,世界的常性存在会吞噬人的自然本真。换句话说,人在世,通常人性是好邪的。第二,在早期文化传统之中,人人都处于文化古道(大朴)之中,他们没有文字知识,世界秩序都依据自然神道而有所是,是自然的文化秩序,是自得文化的流露,人的道体根性和文化古道成为不言而明的世界规定。第三,文字出现以后,至人消失,古道开始"陵迟",日渐衰退,仁义受到重视,名分受人追逐,古道根性被"六经"取代,"六经"开始成为士人夸耀逞能、获取荣利的世俗场域。第四,学习"六经"开始成为士人获取外在之物的文化途径,而且这种可以获利的文化途径也取得了一定的合法性。只有学习"六经",才能获取荣利;经学很好的士人,才是真正的士人。因此,在世人眼中,这种小传统的士人认识与价值,已

---

① (清)严可均辑:《全三国文》,商务印书馆1999年版,第523页。

经成为习以为常的事情。如果不依照经学的途径来求学问道,就违反了大家认可的学习之道,就不可能获得社会士人群体认可的文化资本。"六经"的文字知识,改变了士人的群体价值和社会身份,学习"六经"和追逐荣利,成为士人眼中很自然的社会流俗现象。士人曾经唾弃的世俗之风,成为现世士人不言而明的合法逻辑和文化价值。第五,嵇康认为,文化古道已经完全被世俗世界、文字书写替代了,士人的道体根性与古道传统失去了应有的文化合法性,士人以俗为士,误将外在的礼学知识作为大道传统。当世界之有成了士人文化的绝对价值与合法存在时,道体根性就隐藏起来了。为道体根性作战,为文化古道正名,成了魏晋士人在新时期的文化重任和身份认同。

魏晋士人开始了对世界之有的文化抛弃及对道体根性的文化回归。这场文化反思革新是从以何晏、王弼为代表的正始名士及以阮籍、嵇康等为代表的竹林名士开始的。尽管在社会世界之中,这两个名士群体存在着一些文化差异,但是他们却代表道体根性发出了文化的怒吼。在道体根性长期被遮蔽和流放之后,名士表现出了对诈伪、虚妄世界的愤怒和厌弃。正始名士和竹林名士在社会空间的位置不同,却发出了士人世俗化后的群体不满,他们高呼要回归根性,要在道体存在之中,重返士人文化资本的澄明古道和神性之光。《世说新语·品藻第九》第三十一条:"简文云:'何平叔巧累于理,嵇叔夜俊伤其道。'"①简文帝对魏晋时期的文化革新者何晏、嵇康做了评价,认为何晏因为辞巧而使大道有所牵累,嵇康因为奇才而损伤了真道。但是简文帝在批评之中,却彰显了何晏、嵇康等人在进行文化革新时的共同之处,即用大道来解除士人在文字世界、物质世界的文化沦陷和价值迷失。

正始名士提出"贵无"论,以无的道体根性来彰显大道原旨。学术界很多人在讨论何晏、王弼的"贵无"论时,认为他们是以道家之无,来对抗儒家之有,殊不知老子在《道德经》中,无与有都是道的不同形式,无是道的原初虚无状态,有是道的始有状态与世俗状态,两者之间既可以通融(如无可以贯通在有中),也可以相互抵触(有有时会排斥与遮蔽无)。正始名士的无是古道的本初状态,是无名无形的太虚存在。何晏在《无为论》中云:"天地万物,皆以无为本。无也者,开物成务,无往不存者也。阴阳恃以化生,万物恃以成形,贤者恃以成德,不

---

① 徐震堮:《世说新语校笺》,中华书局 1999 年版,第 283 页。

肖恃以免身。故无之为用，无爵而贵矣。"①何晏认为，无是世界万物的生命本源，道生万物，道恒有为虚无，然后由无入有，开始出现阴阳之气，阴阳气化，才生成宇宙万物。"太虚之无"是士人文化的真道状态，也是世界生命力量的本源，即无极，这种虚无状态或心性结构是人的道体根性或自然心性，由无极生太极，太极生阴阳，世界任何有形存在，如"万物""贤者""不肖"，都是从道体根性之中繁衍生息的，当阴阳之气运化生物的时候，作为世界之物，就是有了。可见，何晏所提倡的无，是太极之本，是早期圣人所立的道体之心，是作为世界本源的原初古道，到了春秋末年，"道术为天下裂"，才有了儒家之道与道家之道的文化差异。古道心性传统是属于无气无形无质的大道传统，是道的太初状态。

何晏在《无名论》中云："'为民所誉，则有名者也；无誉，无名者也。若夫圣人，名无名，誉无誉，谓无名为道，无誉为大。则夫无名者，可以言有名矣；无誉者，可以言有誉矣。然与夫可誉可名者岂同用哉？此比于无所有，故皆有所有矣。而于有所有之中，当与无所有相从，而与夫有所有者不同。同类无远而相应，异类无近而不相违。譬如阴中之阳，阳中之阴，各以物类自相求从。夏日为阳，而夕夜远与冬日共为阴；冬日为阴，而朝昼远与夏日同为阳。皆异于近而同于远也。详此异同，而后无名之论可知矣。凡所以至于此者何哉？夫道者，惟无所有者也。自天地已来皆有所有矣；然犹谓之道者，以其能复用无所有也。故虽处有名之域，而没其无名之象；由以在阳之远体，而忘其自有阴之远类也。'夏侯玄曰：'天地以自然运，圣人以自然用。自然者，道也。道本无名，故老氏曰强为之名。仲尼称尧荡荡无能名焉，下云巍巍成功，则强为之名，取世所知而称耳。岂有名而更当云无能名焉者邪？夫唯无名，故可得遍以天下之名名之；然岂其名也哉？惟此足喻而终莫悟，是观泰山崇崛而谓元气不浩芒者也。'"②这段话比较玄奥，也是我们解开魏晋名士如何以原初之道来挽救时弊的重要材料。第一，何晏认为，圣人是"无名为道，无誉为大"。也就是说，圣人之心是天地道心，是虚无之心，圣人"名无名"，就是给无名之道以名，圣人所给的名，乃是无名之有名。圣人"誉无誉"，就是给无誉之道以赞誉，圣人所做的赞誉，属于无誉之有誉。何晏与老子、孔子一样，认为原初之道是无名的，何晏甚至直接用"无名"来命名原初之道。这样，圣人的无名之名，以"无心－无名"来表示，即"无无"，直接彰显

① （清）严可均辑：《全三国文》，商务印书馆1999年版，第410页。
② 杨伯峻：《列子集释》，中华书局1979年版，第121页。

了古道的虚无状态。第二，圣人的"无名之名"与"无誉之誉"，与社会上流俗的"可誉""可名"是不同的。圣人是先无名，而后才给无名以名，属于"无名－有名"。圣人是先无誉，而后才给无誉以有誉，属于无誉－有誉。圣人的有名与有誉的文化结构为"无名－有名"（无有）。流俗的可誉可名，是心中先有誉有名，然后言说有誉有名，其文化结构为"有名－有名"（有有）。可见，圣人与俗人的文化结构存在"无有"与"有有"的差别。圣人的心性是"无名无誉"的，是道心虚无的存在；俗人的心性是"有名有誉"的，是汲汲名利的流俗存在。第三，同样是"有所有"，但是圣人的"有所有"与俗人的"有所有"也是不同的。圣人的"有所有"是依附于"无所有"，是以"无所有"为根性，以"有所有"为枝叶。因此，圣人的"有所有"的文化结构为"无所有－有所有"（无有）。而俗人的"有所有"是以"有所有"为目的，忽视了"无所有"的根性存在，因此俗人的"有所有"的文化结构为"有所有－有所有"（有有）。第四，何为同类相应。所谓同类，是指心性相同的物类。所谓相应，是指心性结构相同，物类就会有着相同的文化认同。如果心性价值相同，无论距离多远，都能产生感应作用；如果心性结构不同，无论相隔距离多近，都是相违逆的。何晏举了阴中之阳"坎"（☵）与阳中之阴"离"（☲）为例。坎中阳爻身处上、下二阴之中，但不与两阴同类，因为两阴为后天之气，而阳爻为先天元精。离中阴爻身处上、下二阳之中，但不与两阳同类，因为两阳为后天之气，而阴爻为先天元气。先天元精与先天元气，尽管分别寄存在坎、离两卦，但却能相互感应，互相吸引。在坎中，先天元精与后天阴精，同处一室，却丝毫没有反应，因为先天之精与后天之气是异类，不会产生互相吸引的力量。第五，天地是有，但天地之有却与人不同，因为天地能持守虚无的道心状态，是以"无所有"为天地之心的；人作为"有所有"的存在，却是以"有所有"为自己之心的。在"有所有"的存在之物中，天地是道心齐全的自然存在者。自然之道，才是天地的本质所在，天地是无名无形之道的至德表现。第六，道是以无名为本，虽然获得了道之名，但依旧是无名之有名（无有），不能因为道的有名，而忽略其无名的虚无本性。但是有人始终不明白，道是有名的，为什么又是无名的，这就好比看到泰山极高，就认为元气不存在了，是不知道体元气生泰山，泰山的巨形，与元气浑然无边比较起来，实在是太渺小了。

何晏在《无名论》中重新确认了道的自然本性是无名，道的有名不过是无名之有名而已。无名为心，有名为用，"无名－有名"才构成了道的一体关系。

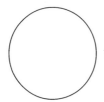 古道、自然、无名、无所有（无心–无名无誉）

 无名–有名、无所有–有所有（无心无名–有名有誉）

 有名、有所有（有心–有名）

何晏《无名论》示意图

何晏关于有、无的讨论，可以总结为：虚无是道无名无形的太初状态，属于"无心–无名"（无无）的原初状态。从无生有，就出现了文化分裂的现象，一种有是"无心–有名有誉"，即无有；另一种有是"有心–有名有誉"，即有有。"无心–有名有誉"与"无心–无名无誉"之间，尽管存在着"有名有誉""无名无誉"的形式差异，但是它们在心性结构，即无心价值上却是一致的。也就是说，无无与无有在心性价值方面（无心）是一致的，只在"有名有形""无名无形"方面，出现了形、名的有无差异，但这种形、名上的有无差异，并不会影响天地心性（无心）的自然价值。而"有心–有名有誉"是一种世俗化的存在状态，这种文化结构不仅外在形态被有形化了，而且内在结构也被彻底世界化了。

何晏在《道论》中云："有之为有，恃无以生；事而为事，由无以成。夫道之而无语，名之而无名，视之而无形，听之而无声，则道之全焉。故能昭音响而出气物，包形神而彰光影；玄以之黑，素以之白，矩以之方，规以之圆。圆方得形而此无形,白黑得名而此无名也。"①何晏认为,第一,无生有。无是有的生命本源,有是无的生成之物,可见,无与有的文化关系,是道体根性(无心－无形)与世界形式(有形)之关系。第二,虚无是真正的大道,是"道之全"的圆满状态。原初之道的状态就是无名、无形、无声的。正是因原初之道的存在没有固定的有形物态,它才能使自身圆满无损。我们将原初之道概括为"无心－无名无形无声",即"无无"。第三,当无生成有时,虚无依旧是有的文化规定和价值依据。只有依据无,有才是有价值的,有才获得文化认同。人的道体存在才是世界有形之物的根性存在。我们将这种有的存在状态概括为"无心－有名有形有声",即"无有"。"无无"与"无有"属于无的两种存在形态,"无无"是道体的本真状态,"无有"是道体的有形状态,尽管两者在形体、名声方面存在一些差异,但是它们的心性价值却是一样的,即都属于"无心"的自然状态。正始名士何晏、王弼等人在文化理论上尽管存在一些分歧,但是在对"无心"古道的文化回归和人文追寻方面,却是一致的。

竹林名士与正始名士一样,对士人在世的沉沦和流俗痛心疾首,他们同样采取了以道体存在(无心)的文化价值,来圣化士人在世界物质中的沉迷状态,使自身的文化之道重新散发出澄明之光。阮籍在《大人先生传》中借用"大人先生"之口,描绘了"太初真人"的道体状态,以及真人与世决裂的文化决心。其云:"太初真人,惟天之根。专气一志,万物以存。退不见后,进不睹先。发西北而造制,启东南以为门。微道而以德久娱乐,跨天地而处尊。夫然成吾体也。是以不避物而处,所睹则宁;不以物为累,所逌则成。彷徉足以舒其意,浮腾足以逞其情。故至人无宅,天地为客;至人无主,天地为所;至人无事,天地为故。无是非之别,无善恶之异,故天下被其泽而万物所以炽也。若夫恶彼而好我,自是而非人,忿激以争求,贵志而贱身,伊禽生而兽死,尚何显而获荣?悲夫!子之用心也!薄安利以狃生,要求名以丧体,诚与彼其无诡,何枯槁而逌死?子之所好何足言哉?吾将去子矣。"②"太初真人"就是古道原初状态的齐全现身,在真人心中,只存有"天之根"。何谓"天之根"?是指客观的天吗?当然不是的,是指天心的虚无状态,即天的道体心性状态。道生天地,"天之根"就是齐全的无名之道,即无的原初状态。正是因为"太初真人"能够持守自身圆满的原初之道,以

① 杨伯峻:《列子集释》,中华书局1979年版,第10—11页。
② (清)严可均辑:《全三国文》,商务印书馆1999年版,第489页。

道心为本,所以能够使万物得到保护。"真人"依据天地道心的运化而有所运化,并以之在世界之中为人处世。同时,他生在斯世,却能够做到不以物为累,既生活在这个世界中,又不沉迷于世界之物。他不因在世界之中而忘却了自身的原初根性。无心、古道成为真人、至人在现世之中现身的文化依据和自身价值。现世俗人依据现世利益的关系,四处奔走,是非纷起,争强好胜,追逐名利,最终殃及自家性命。面对流俗的世界,"大人先生"发出了"吾将去子矣"的决断,表明竹林名士与正始名士一样,他们用文化之道(无心)来审视混浊不堪的流俗世界,并对之表达了坚决的拒斥与厌弃之情。"大人先生"又云:"呜呼!时不若岁,岁不若天,天不若道,道不若神。神者,自然之根也。彼勾勾者自以为贵夫世矣,而恶知夫世之贱乎兹哉!故与世争贵,贵不足尊;与世争富,富不足先。必超世而绝群,遗俗而独往。登乎太姑之前,览乎忽漠之初。虑周流于无外,志浩荡而遂舒。飘飘于四运,翻翱翔乎八隅。欲从肆而仿佛,浣漾而靡拘。细行不足以为毁,圣贤不足以为誉。变化移易,与神明扶。廓无外以为宅,周宇宙以为庐。强八维而处安,据制物以永居。夫如是则可谓富贵矣。是故不与尧舜齐德,不与汤武并功。王许不足以为匹,阳丘岂能与比纵?天地且不能越其寿,广成子曾何足与并容!激八风以扬声,蹑元吉之高踪。被九天以开除兮,来云气以驭飞龙。专上下以制统兮,殊古今而靡同。夫世之名利胡足以累之哉!"①人心之神,就是自然之根与原初之道,神、道、天是融为一体的,都体现了"无心"的文化之道和士人价值。文中的"勾勾者",是指沉迷于世的俗人。在俗人眼中,世界是可贵的,而"大人先生"却是要超越世俗,要以道体根性为贵,以世界之乐为贱。阮籍借用"大人先生"之口,指出了士人文化之道与流俗世界之间的对立关系,坚守原初之道,就是抛弃流俗文化。只有摆脱了人的世界状态,才能敞开那个被世界遮蔽起来的道体存在(无心根性),才能重新获得道心的文化规定。"超世而绝群,遗俗而独往",是竹林名士针对流俗文化而开出的文化新途。士人只有"超世""绝群""遗世",才能摆脱流俗,复归原初之道与天地根性,在天地道心中徜徉独往,获得本心自在的文化自由与清新飘逸。

在士人学风、士风都趋于世俗化、世界化、物质化、文字化的流俗时代,正始名士与竹林名士以原初之道的"无心""神在"来革新流俗士人的沉迷现世的文化流弊。他们不仅仅要回归儒家和道家道术分裂的时代,而且要回归文化大传

---

① (清)严可均辑:《全三国文》,商务印书馆 1999 年版,第 491 页。

统的虚无之道,用原初的天地之心(无心、自然)来拒斥现实的尘世污染,来解构世人的文字沉迷和物质沉沦,这表现出了士人对文化资本和文化之道的清醒认识与历史使命。他们拒斥流俗世界,呼唤自然根性存在,以极为鲜明的文化态度,展示了虚无古道、天地根性的生命力与创造力。

二、中朝名士：世界之有对道体存在的优先性

正始名士与竹林名士通过建构道体存在和虚无之道,来拒斥流俗世界,表达了士人对流俗世界的厌恶之情,彰显了文化存在的独立性和高远性,对于解构士人对文字小传统的沉迷具有振聋发聩的文化启示作用。他们直接超越了两汉经学家,将道理解为太初的虚无本性,凸显了文化大传统中神道的神无想象。同时,用道之无心来生成和理解道之有形,有心之"妄道",在无心之道的照临下,显露出世俗的猥琐,并被边缘化。当世界之有被根性存在文化否定时,士人自身就成了与世界决裂的封闭孤立的存在,这也导致了士人的文化存在与世界之有的剧烈冲突。《世说新语·德行第一》第十五条:"晋文王称阮嗣宗至慎,每与之言,言皆玄远,未尝臧否人物。"①阮籍在现实世界之中,为何"至慎"呢? 因为他一方面坚守了"无心"的文化价值,拒斥与世界的各种关联;另一方面他又要在世界之中与他者展开交流对话。由于"无心"的文化价值与"有心"的世界存在是冲突、对立的,这种对话就势必导致世界的对立纷争,从而为士人招来祸害。阮籍在世界中的"至慎"心态与行为,表明了过分强调道体存在而忽略世界的有形存在,不能做到和光同尘,是不行的。与此同时,何晏、嵇康等人在世界之中的悲惨遭遇也表明,如果士人以道心存在的绝对封闭状态,与流俗的世界权力进行对抗,不仅不能保全生命,而且会招来祸害。这也意味着,魏晋士人调整天地根性(性)与世界有形(命)之间的文化关系,势在必行。

只要是人,他的有形存在就是属于世界的,世界存有始终对士人的道体存在构成一定的挑战性。曾经拒绝世界的竹林名士,如山涛、向秀、王戎等人,首先在世界之有方面做出了新的转变,他们开始由虚无道体向世界之有游移。这也表明,竹林名士开始出现分裂:阮籍、嵇康依旧坚持天地的根性存在,以之拒斥世界的流俗存在;而山涛、向秀等人,一方面坚守道心本性,另一方面开始放弃对世界

---

① 徐震堮:《世说新语校笺》,中华书局 1999 年版,第 10 页。

的拒斥态度,甚至开始接受并顺应世界的尘俗存在。《世说新语·栖逸第十八》第三条:"山公将去选曹,欲举嵇康。康与书告绝。"①山涛接受、顺应了世界权力的尘俗关系,成为国家政治场域中的高级官吏,而嵇康却拒绝这种对世界权力的妥协行为,依旧保持天地道心的文化价值与独立存在。竹林名士的文化分裂,意味着士人在道体存在与世界有形之间,开始寻找士人文化的新可能。《世说新语·言语第二》第十八条:"嵇中散既被诛,向子期举郡计入洛。文王引进,问曰:'闻君有箕山之志,何以在此?'对曰:'巢、许狷介之士,不足多慕。'王大咨嗟。"②嵇康去世以后,向秀告别了隐士般的竹林生活,开始在世界的权力场域中周旋。司马昭曾问向秀:听说你向来具有"箕山之志",怎么还会站在朝廷之上呢?"箕山之志",是指与世俗权力的决裂生活;而站在朝廷之上,又意味着要融入这个世俗世界。面对这种既要与世决裂又要融入世界的矛盾之间,向秀应对道:巢父、许由等隐士,都是一些狷介之士,不值得我学习。在刘孝标注引的《向秀别传》中,向秀云:"常谓彼人不达尧意,本非所慕也。一坐皆说。"向秀认为,巢父、许由等人都没有真正通达圣人尧的文化本意,所以不是应该学习的对象。这表明,向秀已经放弃了绝对的、封闭的道体存在,开始以在世圣人唐尧作为士人存在的价值依据。"一坐皆说",所有在座的名士听了以后,都感受到了心灵上的共鸣。这也意味着,向秀对士人圣俗之间的文化新建构,得到了众多名士的文化认可。魏晋文化开始由天地根性与世界之有的绝对冲突,转向了世界之有的优先存在。但这是不是意味着士人完全变为世界的俗人呢?如果士人还没有完全成为流俗世界的牺牲品,那么,士人如何在文化建构中做出新的文化阐释呢?

在中朝名士中,裴颜作了《崇有论》,反对何晏、王弼等人的崇无论。他认为,第一,"贵无"论会直接导致社会礼制的分崩离析,会直接影响社会政治的稳定发展,不利于社会和谐。其云:"若乃淫抗陵肆,则危害萌矣。故欲衍则速患,情佚则怨博,擅恣则兴攻,专利则延寇,可谓以厚生而失生者也。悠悠之徒,骇乎若兹之衅,而寻艰争所缘。察夫偏质有弊,而睹简损之善,遂阐贵无之议,而建贱有之论。贱有则必外形,外形则必遗制,遗制则必忽防,忽防则必忘礼。礼制弗

---

① 徐震堮:《世说新语校笺》,中华书局 1999 年版,第 356 页。
② 徐震堮:《世说新语校笺》,中华书局 1999 年版,第 43 页。

存,则无以为政矣。"①第二,"贵无"论经常沦为文辞上的虚无之谈。士人利用虚无之文,来谋求功名利禄,菲薄"综世之务",卑贱"功烈之用"。以"浮游之业"为高,以"经实之贤"为低,这种虚无不实的言谈对社会产生了极大的负面影响。其云:"夫盈欲可损而未可绝有也,过用可节而未可谓无贵也。盖有讲言之具者,深列有形之故,盛称空无之美。形器之故有征,空无之义难检,辩巧之文可悦,似象之言足惑,众听眩焉,溺其成说。虽颇有异此心者,辞不获济,屈于所狃,因谓虚无之理,诚不可盖。唱而有和,多往弗反,遂薄综世之务,贱功烈之用,高浮游之业,埤经实之贤。人情所殉,笃夫名利。于是文者衍其辞,讷者赞其旨,染其众也。是以立言籍于虚无,谓之玄妙;处官不亲所司,谓之雅远;奉身散其廉操,谓之旷达。故砥砺之风,弥以陵迟。放者因斯,或悖吉凶之礼,而忽容止之表,渎弃长幼之序,混漫贵贱之级。其甚者,至于裸裎,言笑亡宜,以不惜为弘,士行又亏矣。"②这种"贵无"的新流俗,将虚无存在推向了极致,极大地挑战了社会世界的基本价值。他们提倡玄妙、雅远、旷达的士风,各种社会礼法、秩序混乱颠倒,甚至出现了裸体、狂妄、无所节制的无道行为。这样,反而使士风出现亏欠与不足。可见,裴頠提倡"崇有"论,反对的不是真"贵无"的道体状态,而是一些士人因为"贵无"而出现的新流弊,即在士人中出现了一种"有心－无名"(有无)的流俗状态。这种"有无"的文化流弊,一方面提倡肤浅的"贵无"之文,另一方面却遗失了"贵无"之本,其实质是"贵无"名义之下的"有心"流俗,与圣人所提倡的道体"无心"价值是相违逆的。其云:"夫有非有,于无非无;于无非无,于有非有。是以申纵播之累,而著贵无之文。"③这种虚假的"贵无"文化产生的结果是:"有"成为"非有","无"成为"非无",原本是"无无"或"无有"的文化结构,却成了"有无",成了"有心""有为"而言"无"的新弊端。第三,裴頠的"贵有",不是完全的流俗之"有",也不是完全抛弃"无心"的神圣价值。一方面他利用有形之"有"来抛弃虚假的"言无"之文;另一方面他利用"自生"的文化建构,来抛弃虚妄的"有心"状态。其云:"夫至无者无以能生,故始生者自生也。自生而必体有,则有遗而生亏矣。生以有为已分,则虚无是有之所谓遗者也。故养既化之有,非无用之所能全也;理既有之众,非无为之所能循也。心非事也,而制事必由

---

① (清)严可均辑:《全晋文》,商务印书馆1999年版,第328页。

② (清)严可均辑:《全晋文》,商务印书馆1999年版,第329页。

③ (清)严可均辑:《全晋文》,商务印书馆1999年版,第329页。

于心,然不可以制事以非事,谓心为无也。匠非器也,而制器必须于匠,然不可以制器以非器,谓匠非有也。是以欲收重泉之鳞,非偃息之所能获也;隰高墉之禽,非静拱之所能捷也;审投弦饵之用,非无知之所能览也。由此而观,济有者皆有也,虚无奚益于已有之群生哉!"①人从无化有,但有可以自生有,"自生"文化强调"体有",如果用"体无"来否定"体有",就会导致有形生命的亏欠不足。裴颁的"自生"论,纠偏了"体无"唯一本源,认为"体有"也是生命的本源之一,彰显了"体有"的重要性和优先性。裴颁批判"体无"的虚无性,同时肯定"体有"的有形优先性,对"贵无"的流俗倾向具有一定的纠弊作用,其有体"自生"论,也开启了中朝名士重视世界有形逻辑的文化新建构。裴颁还著有《贵无论》,对"无"进行了新的建构,可惜此文已经遗失了,我们无法知晓裴颁是如何在重视"体有"的同时,又对"体有"进行文化价值的改造,使之远离流俗之"有有"。不过,按照裴颁的文化逻辑,他是要用"无心－有体"方式来改造社会上流俗的"有心－无体"之论。当然,从《崇有论》中我们看到,他用"有体"来否定虚无之"无体",用"自生""无心"的新无价值,来否定"有心"的人为之论。

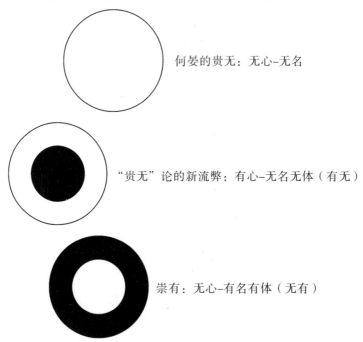

裴颁《崇有论》示意图

---

① (清)严可均辑:《全晋文》,商务印书馆1999年版,第330页。

"有"是世界之物的有质、有形存在，强调人首先是世界之中的有形存在，不是远离世界的"无心""无体"存在。那么，这种"体有论"是否意味着中朝士人的"体有"完全世俗化了呢？向秀、郭象都作有《庄子注》，《庄子注》展现了中朝名士对士人"体有"文化的新建构。

关于《庄子注》的著作权应该属于向秀还是郭象，学术界讨论很多。我们认为，在《庄子注》中，郭象吸收了向秀的注解成果，并融合了中朝名士对士人存在的文化新建构，展示了中朝名士群体思考士人道体存在与世界之有纷争关系的新态度与新价值。郭象《庄子注·齐物论》对"夫吹万不同，而使其自己也"注云："无既无矣，则不能生有；有之未生，又不能为生。然则生生者谁哉？块然而自生耳。自生耳，非我生也。我既不能生物，物亦不能生我，则我自然矣。自己而然，则谓之天然。天然耳，非为也，故以天言之……故物各自生而无所出焉，此天道也。"[1]第一，郭象首先批判了崇无论，他认为，"无"既然是"无"，那么，就不可能由"无"生出"有"。也就是说，"无"不可能是"有"的本源，解构了"无"与"有"之间的生成关系。第二，郭象提出了一个尖锐的问题：既然"无"不能生成"有"，"有"作为世界的存在之物，不是被"无"生成的东西，那么，"生生者"是谁呢？他在追问，有形存在是从哪里来的？在提出这个问题的同时，郭象已经有了一个文化预设，即在世界之中的"有"是具有文化优先性的。这个文化改造很是微妙，他首先破除了"无"的优先性，同时，又巧妙地在提问中将世界之"有"凸显出来。实际上，他已经站在了裴頠崇有论的立场，摆出了世界之"有"的优先地位。第三，郭象在提问中，不仅预设了"有"的世界优先，同时，他阐明了世界之"有"的生成本源，这个本源不是"体无"，而是"自生"。"自生"论表明："有"是世界之物，"有"是可以自己产生自己的特殊之物。换句话说，"有"具有阴阳同体的文化结构，可以自我生成。既然"有"可以"自生"，"有"就不再依附世界之中的他者，"有"就不是世界之中受他者引诱的流俗之物。可见，"有"既在世界之中，又孤立独存。郭象尤其强调，"自生"不是"我生"。"我生"即从"我"（后天之气质）生发出来，后天之"我"是不能生"物"的，"物"也不能生"我"，"我"是身体有形之"我"。"有"是"自生"，自身作为一个存在者，可以通过先天之气的交合，生成新的有体，属于自然而生的生命状态。自然而生的状态依据神显之天，是天然而生的。可见，"自生"彰显了人在世界之中具有一种自然的内在新

① （清）郭庆藩辑、王孝鱼整理：《庄子集释》，中华书局1961年版，第50页。

生能力,但自生的内在生命价值与世界是无关的。"有"的价值,不在世界之中,而在自然生命(先天之气)的内部融合新生,在天道运化。士人自身之"有体",一方面比"无"具有优先性;另一方面"无""道"(先天自然生命)的文化价值又成了这个"有"自然繁衍的文化基础。可见,"有体"自生,依旧是以自然生命自得的文化价值为本。郭象所否定的"无",不是"无心"本根,而是无形、无名、无声等虚无形体,凸显了有形生命的优先特性,"性自命出",命具有一定的优先性。郭象追求的文化形式可以概括为"无心 – 有形",或"自然 – 有形",其文化结构亦是"无有"状态。

总之,中朝名士的"有",并非世俗化的"有有",而是将流俗的"有无"状态改造为"无有"状态,这种"无有"状态处于"无无"与"有有"之间。中朝名士的"无有"状态,既纠偏了正始名士、竹林名士的"无无"的绝对价值,又继承了何晏、裴頠所提倡的"无有"价值。

流俗有无相生论:有心–无形–有体(有无有)

有有自生:无心–有形–有体(无有有)

郭象有无关系示意图

郭象注《庄子注·齐物论》"是故滑疑之耀,圣人之所鄙也"云:"夫圣人无我者也。故滑疑之耀,则图而域之;恢诡憰怪,则通而一之;使群异各安其所安,众人不失其所是,则己不用于物,而万物之用用矣。物皆自用,则孰是孰非哉!故虽放荡之变,屈奇之异,曲而从之,寄之自用,则用虽万殊,历然自明。"[1]圣人也是世界之有的存在,但在世界之中,他却是一个无我者。作为"有体"存在的圣人,为何又是无我者呢?圣人处于世界之中,但他对于世界上的各种迷乱世人的

① (清)郭庆藩辑、王孝鱼整理:《庄子集释》,中华书局 1961 年版,第 78 页。

炫耀，会在无我意愿之中将其隔离起来。他对于世界上各种离奇古怪、蛊惑人心的东西，会在无我的存在中依据大道来贯通。在圣人的道心世界之中，世界有形之物，按照自然虚无的价值，在内心世界中显现出来，而不会依据人为"我有"的意图来戕害物。万物依据"自用"（本来之有用性）而被使用，这样人就不会以我执物了。圣人虽处于世界转瞬即逝的变迁之中，处于世界追奇逐异的流俗之中，但始终依据"无我"有所是的神道状态，寄存在世界之中。尽管世界是变化万千的，是遭遇万殊的，但圣人却永恒地立身于澄明的道心之中。圣人是世界之中的有形存在（有体），但是圣人不会沉迷于世界（心无），他们始终能保持"道体无心"，将自身寄寓在这个世界之中，又按照文化之道和文化资本来为人处世。所以，圣人的存在模式为"无心－有形有名有声"的自然存在，即"无有"的文化存在。

在《庄子注》中，郭象一方面强调了士人是世界之"有"，将"有体"看成是士人的优先性存在，告别了正始名士和竹林名士对世界有形生命的拒斥态度，为中朝名士在世界之中的尘俗存在，提供了文化依据。另一方面他又不愿意看到士人自身完全沉沦于世，完全沦为流俗逻辑的臣民。他提出，"有"既在世界之中，又是"自生"的，是"自化"的，是"天然"的。他在《庄子注》中，提出了一系列的士人文化新价值，如自得、自胜、自贵、自然、自尽、自是、自能、自张、自任、自高、自忘、自取、自噫、自有、自至、自存、自尔、自为、自安、自若、自反、自师等，彰显了士人的文化价值和自性之道，将正始名士、竹林名士的"无心"文化价值，融入"体有"的有形存在。郭象在《庄子序》中云："至（人）〔仁〕极乎无亲，孝慈终于兼忘，礼乐复乎已能，忠信发乎天光。用其光则其朴自成，是以神器独化于玄冥之境而源流深长也。……虽复贪婪之人，进躁之士，暂而揽其余芳，味其溢流，仿佛其音影，犹足旷然有忘形自得之怀，况探其远情而玩永年者乎！遂绵邈清遐，去离尘埃而返冥极者也。"①至人或至仁之人，立身于世界之中，各种世界的关系，如亲亲、孝慈、礼乐、忠信等，就不再是无光之物，而是在自身"无心"澄明之光的解蔽下，表现出一种发自神道无心的文化认同和"玄冥之境"，士人不是被这些世界关系所束缚的存在，而是在这些世界关系之中，依然持守自身文化的"玄冥之境"，即"无心"的道体超越状态。郭象认为，士人在世界之中，不是要成为一个贪婪、进躁的流俗之人，而是要在世界之中忘怀世界，在世界之中超越世

---

① （清）郭庆藩辑、王孝鱼整理：《庄子集释》，中华书局版1961年版，前言第27页。

界,最终在世界之中回归道心的文化状态。

三、江左名士:在世界之中寻求解脱

中朝士人将世界之有作为士人的优先存在,而世界又是迁流转变、纷繁复杂的,士人随时可能会掉进世界之有的旋涡之中无法自拔。与此同时,当人身之有成为世界之物的时候,自身之无就很可能成为被有掩盖和遮蔽的对象,无在有之中,但又是不可见的虚无存在,虚无就可能在有体中消失;彰显有体,虚无本体存在就开始隐匿,士人又将面临现世之中最大的身份危机和价值危机。士人活在世界之中,如何才能将虚无本体的神圣价值凸显出来呢? 如何才能抵制物质存有世界对道体虚无的无情遮蔽呢? 如何才能让人在这个开放多变的世界中获得文化自由呢? 这些问题都是摆在江左士人面前的文化困境。

江左士人活在世界之中,而又不愿沉迷于世界,不愿世界成为自身心性的有形枷锁,让神性的光环指引有体,成为生命存在的核心价值。《世说新语·品藻第九》第三十六条:"抚军问孙兴公:'刘真长何如?'曰:'清蔚简令。''王仲祖何如?'曰:'温润恬和。''桓温何如?'曰:'高爽迈出。''谢仁祖何如?'曰:'清易令达。''阮思旷何如?'曰:'弘润通长。''袁羊何如?'曰:'洮洮清便。''殷弘远何如?'曰:'远有致思。''卿自谓何如?'曰:'下官才能所经,悉不如诸贤。至于斟酌时宜,笼罩当世,亦多所不及。然以不才,时复托怀玄胜,远咏老、庄,萧条高寄,不与时务经怀,自谓此心无所与让也。'"①在这个小故事中,司马昱与孙绰对江左名士做了一一点评。如刘惔是清新华美,简约美好,王濛是温和柔润,恬淡和美,桓温是高迈爽朗,出类拔萃,谢尚是清流平易,美好通达,阮裕是宽宏温润,精神广阔,袁羊是滔滔不绝,行云流水,殷融是目光长远,思想新颖。这些点评对江左名士的精神风度和才学气质概括精当,彰显了江左名士在世界之中所具有的清新飘逸和不为世累的群体品格。当司马昱让孙绰自评之时,他是这样评价自己的:"我所擅长的事情,可能都比不上这些名士。尤其在考虑时势、把握当前局势方面,不如这些名士。但是我这个人能够时常将自己寄寓在玄胜之处(摆脱世俗),吟咏《老子》《庄子》,逍遥处世,寄情高远,不沉迷于现世之中,自己认为,在心志高远方面,与众人相比,还是远胜他们的。"孙绰这段自评有点自

① 徐震堮:《世说新语校笺》,中华书局 1999 年版,第 284—285 页。

负,但却很好地揭示了江左名士的文化价值。他认为,自己在世界之中运筹计谋、建功立业都不如他人,但自己能在世界之中,做到心志坚定,不为世扰,这就是自己最大的特长,也是自己文化价值的集中体现。可见,在江左名士眼中,作为世界之有的人,很容易失去自然无心的存在智慧,使"无心"的文化价值常常被"体有"的有形存在遗忘,即自然的"无有"存在,常常因为世界的有形存在而变为"有有"的虚妄存在,使士人彻底庸俗化。只有摆脱了世俗的有形存在(有心),才能在世界有体的有形中,贯穿生命的自然之道(无心)。这才是江左士人在世界之中的心灵挣扎与文化追求。

士人生于斯世,但又能从尘世之中解脱出来,这才是江左名士在体玄归玄方面的重要贡献。《世说新语·言语第二》第六十一条:"简文入华林园,顾谓左右曰:'会心处不必在远,翳然林水,便自有濠、濮间想也,觉鸟兽禽鱼自来亲人。'"①"会心处"就是人在世界中获得超然的心悟,就是对士人文化之道的亲身顿悟与心性解蔽。简文帝来到园林之中,并没有拘囿于山水园林的花草树木,而是在林木掩映之中,在山水徜徉之间,获得了对超越有形草木的本源之道的心领神会,从而使心性澄明的状态显现出来,由此获得了庄子在濠水与鱼同乐的天真性情,也获得了庄子在濮水垂钓的闲情逸致,体悟到了自然界中的鸟兽禽鱼与人极为亲近,天真可爱。江左名士身处世界之中,却不满足于停留在有形世界的万物之中,而是善于借助现世的有形之物,来解开人心被遮蔽的自有、自化、自生、自得、自然的文化存在,体验"无心"道体的天然美好与清新存在。

江左名士从污浊世界中解脱,尤其表现在名士对佛教义理的追求和体认上。佛教认为,世界是流转不定的,让世人产生了各种烦恼、欲望和幻觉,只有摆脱这种世俗的痛苦存在,获得般若大智慧,才能了解真如的实相存在,才能彻悟并否定人的流俗之心(有心),从而获得出世的涅槃空性(空)。佛教教会世人如何摆脱世界苦难的心性智慧,对于积极追求解脱的江左名士来说,这无疑可以帮助他们忘怀现世之有,让自身不沉沦时务,获得"无心"的文化解蔽之光。江左名士从佛教中看到了士人从现世解脱的理想之光。《世说新语·文学第四》第四十四条:"佛经以为祛练神明,则圣人可致。简文云:'不知便可登峰造极不? 然陶练之功,尚不可诬。'"②江左名士认为,佛经可以帮助士人摆脱世间的各种烦恼,

---

①　徐震堮:《世说新语校笺》,中华书局 1999 年版,第 67 页。
②　徐震堮:《世说新语校笺》,中华书局 1999 年版,第 125 页。

修炼自身的智慧,甚至可以通达圣人的存在状态。也就是说,佛教的智慧,与《周易》《论语》《庄子》等经典一样,可以帮助士人找到道心存在的文化价值和道性体验。简文帝认为,不懂得佛经,也可以通达文化之道的最高境界,但是懂得了佛经,就更有陶冶性情、锻炼心智的特殊功效。江左名士与简文帝对待佛经的态度,体现了他们急切地寻找新的文化智慧,帮助士人摆脱世界诱惑与心灵苦难,从而维护士人的文化存在,将被"有体"遮蔽的"无心"价值发掘出来。

佛教开始成为江左名士摆脱士人现世沉沦的重要武器。《世说新语·言语第二》第四十八条:"竺法深在简文坐,刘君问:'道人何以游朱门?'答曰:'君自见其朱门,贫道如游蓬户。'"①阅读这段文字,我们想起了当年司马昭对向秀的质问,向秀认为,巢父、许由等没有真正通达尧的真意,为中朝名士回到世界之中找到了合理的文化借口,也为士人摆脱虚无的天地道体,确立"有体"的世界存在,提供了新的依据。而此时此刻,和尚竺法深受到江左名士代表刘惔的质问:你是一个出家人,出家人怎么会出现在官宦之家呢?竺法深回答道:在你们眼中,那是官宦之家;在我看来,不过是"贫苦"之家罢了。刘惔是江左名士,从他的问话之中可以看出,无论是士人还是道人,在世界之中,都会受到流俗的污染,从而失去洁净的文化身份和文化之道。但是竺法深的回答令江左名士极为震撼,他认为,在名士眼中钟鸣鼎食的官宦之家,在佛教道人的眼中,却是使人以"苦"(心苦)为乐、以"贫"(心贫)为富、以"贱"(心贱)为贵的地方。佛教通过这种颠倒常人的价值观,给名士以豁然开朗的证悟功效,启迪名士摆脱世界的文化困境,激发士人重返虚无的文化之道。

与此同时,佛教本土化给江左名士带来了寻找被遮蔽的"无心"文化的可能性。《世说新语·赏誉第八》第一百一十条:"王、刘听林公讲,王语刘曰:'向高坐者,故是凶物。'复更听,王又曰:'自是钵釪后王、何人也。'"刘孝标注引《高逸沙门传》曰:"王濛恒寻遁,遇祇洹寺中讲,正在高坐上,每举麈尾,常领数百言,而精理俱畅。预坐百余人,皆结舌注耳。濛云:'听讲众僧,向高坐者,是钵釪后王、何人也。'"②江左名士刘惔、王濛与支道林交游甚密,支道林谈论佛理时,善于将王弼、何晏等人"贵无"的思想融会贯通其中,使得佛教义理玄学化,这也极大促进了江左名士以佛教义理中来证悟本土玄学文化的道体存在。《世说新

---

①　徐震堮:《世说新语校笺》,中华书局 1999 年版,第 60 页。
②　徐震堮:《世说新语校笺》,中华书局 1999 年版,第 262 页。

语·文学第四》第三十六条："王逸少作会稽,初至,支道林在焉。孙兴公谓王曰:'支道林拔新领异,胸怀所及,乃自佳,卿欲见不?'王本自有一往隽气,殊自轻之。后孙与支共载往王许,王都领域,不与交言。须臾支退,后正值王当行,车已在门。支语王曰:'君未可去,贫道与君小语。'因论《庄子逍遥游》。支作数千言,才藻新奇,花烂映发。王遂披襟解带,留连不能已。"①王羲之刚刚到任会稽内史,会稽郡内名士济济,支道林也在会稽。孙绰对王羲之说:支道林的见解很新颖,对各种问题都有独到的体会,心中的奇思妙想也极多,你想不想认识一下他呢?王羲之是一个气质超人、极为自负的名士,很轻视支道林。后来孙绰与支道林一起坐车到王羲之家去,王羲之总是有意矜持,不与支道林交谈。不一会儿,支道林就识趣而退。后来有一次,正碰上王羲之要出门,车子就停在门边,支道林对王羲之说:你别走,我有话对你说。于是就谈论到了庄子的《逍遥游》,支道林谈论起来,洋洋数千言,才气出众,辞藻新奇,就像春花开放,绚烂争秀,交相生辉。王羲之听得入了迷,就脱下外套,不再出门,对支道林的义理留恋不已。前两次,支道林没有表现的机会,最后一次,可谓一语惊人,令有点傲慢的王羲之也大开眼界,真正地领略了佛教义理的博大精深,以及佛教义理给《庄子·逍遥游》带来的玄理新义。从这个小故事我们可以看出,佛教对世界的超脱,对真空智慧的领会,给江左名士摆脱文化困境带来了新希望。

《世说新语·文学第四》第三十二条:"《庄子·逍遥》篇,旧是难处,诸名贤所可钻味,而不能拔理于郭、向之外。支道林在白马寺中,将冯太常共语,因及《逍遥》。支卓然标新理于二家之表,立异义于众贤之外,皆是诸名贤寻味之所不得。后遂用支理。"②对于《庄子·逍遥游》,诸多名士勤奋钻研,细加玩味,但是总不能超越郭象与向秀的义理阐述。有一次,支道林与太常冯怀在一起清谈,就谈到了《逍遥游》。支道林在郭象与向秀之外,非常成功地揭示出新颖别致的义理,在众名士之外提出了个人的独特见解,这些见解都是大家之前无法领会的东西。后来,名士们讨论《逍遥游》,就流行使用支道林的新颖理论。在刘孝标的注中,保留了向秀、郭象的注与支道林的《逍遥论》。向秀、郭象《逍遥义》曰:"夫大鹏之上九万,尺鷃之起榆枋,小大虽差,各任其性。苟当其分,逍遥一也。然物之芸芸,同资有待,得其所待,然后逍遥耳。唯圣人与物冥而循大变,为能无

---

① 徐震堮:《世说新语校笺》,中华书局 1999 年版,第 121 页。
② 徐震堮:《世说新语校笺》,中华书局 1999 年版,第 119—120 页。

待而常通,岂独自通而已。又从有待者不失其所待,不失则同于大通矣。"①向秀和郭象的阐释,注重世界之有的存在状态,大鹏、尺鷃是世界之物,都处于世界之"有待"的关联之中,但它们能利用这种有待的关系,获得自身的逍遥存在。圣人与物都是世界的存在,都能够在玄冥之中依循世界之有的变化,并能够在世界的"无待"之中使自身之有也随之获得变通,这种变通难道仅仅只是自身之有获得了通变吗?他们与有待者一样,在世界之中没有失去自身的"所待",只有不失去自身所待的东西,这才是真正的通变。向秀、郭象对逍遥的阐释,首先注重世界之有的优先状态,其次才肯定圣人"无-有"的无待状态。支道林《逍遥论》云:"夫逍遥者,明至人之心也。庄生建言大道,而寄指鹏、鷃。鹏以营生之路旷,故失适于体外;鷃以在近而笑远,有矜伐于心内。至人乘天正而高兴,游无穷于放浪,物物而不物于物,则遥然不我得,玄感不为,不疾而速,则逍然靡不适。此所以为逍遥也。若夫有欲,当其所足,足于所足,快然有似天真,犹饥者一饱,渴者一盈,岂忘烝尝于糗粮,绝觞爵于醪醴哉?苟非至足,岂所以逍遥乎?"②支道林直接揭示出"逍遥"乃是"至人之心"的存在状态,是一种摆脱了世俗的澄明存在。他批评了大鹏、尺鷃的世界存在,大鹏之失,在于以体外之大而炫耀于他者;尺鷃之失,在于以心内之足而自满。它们或不能与外物相一致,或矜持自我,而讥笑他者。世界之中的至人,却能够"乘天正""游无穷",摆脱世界的各种关联和牵制,所以能够真正达到"高兴",能够尽情"放浪"。圣人以物为物,同时,又不仅仅将物当成纯粹之物,他们远离世界的样子,又从不以自我为得。他们体验玄远,而无所作为。他们不快不慢,逍遥自适,而无所不适。同时,支道林运用了佛教之中世人常常以假为真的逆向思维方式,对"有欲"的暂时满足展开批判。他认为,一个有欲望的人,当自身的欲望得到满足的时候,就会对自身欲望的暂时满足表现出快乐的样子,以这种暂时的快乐为快乐,这也太天真了吧。这就好比一个饥饿之人,获得了可吃的食物,一个饥渴的人,获得了解渴的水,这种暂时的机体欲望满足,就好比在祭祀时,摆上了祭祀之器却忘记了在祭器之中放上各种供品,原本是想得到神灵的护佑,但由于自身的疏漏遗忘,反而得罪了神灵,以致灾难降临。支道林认为,这种有形的满足不是最圆满的满足,又怎么能说是真正的逍遥呢?支道林否认了单一的有形欲望满足,提倡超越形体的神性逍遥。

---

① 徐震堮:《世说新语校笺》,中华书局1999年版,第120页。
② 徐震堮:《世说新语校笺》,中华书局1999年版,第120页。

向秀、郭象关注世界之有的重要性,支道林却深入批判了士人在世界中的沉迷欲望,认为这只是以苦为乐的虚假满足,只有彻底摆脱了世界之物的有形拘囿,才能通达自身之道的解蔽状态(无心),这才是真正的逍遥满足。支道林对《逍遥游》的理论阐述倾向于不要将世界之物当成纯粹之物,也不要以有我为自得,他的理论重心是至人之心的澄明状态。至人是善于在有体中回归道体心性的人。他尤其反对极为流行的、虚假的、暂时的世间逍遥,对之做了尖锐的批判。这些都无疑给江左名士带来了全新的理论视界和文化价值,也为江左名士摆脱世界拘囿的文化困境提供了耳目一新的理论新证。

四、陶渊明:世界之有与道体根性的和谐共存

世界是以天地根性为基础的,挣脱了天地道体的世界,就是疯狂无根的世界,天地根性才是世界永恒存在的自然准则。世界对天地存在充满诱惑,总是采用各种戏法,让有体摆脱道体根性的存在。世界之有既立身于天地根性,又试图摆脱天地根性。江左名士尝试通过佛教义理从世界之有的苦难状态解脱,表达在世界之中对世界的虚妄幻想,这就如佛教中所言,是以假为真,将世界之有待看成是道体无待的存在,但这不过是有待的虚幻罢了。

陶渊明熟谙江左名士的文化理由。他身体力行,力求回归道体根性与自然文化,让自身栖息于天地之心中,恒守道心,不脱离它,不欺罔它,依据天地道心在世界之中活活;既托寓于世界之中,又在世界之中遗世独存,使人心处于天地根性与世界之有的和谐共存之中。陶渊明似乎真正回到了"羲皇上人"(《与子俨等书》)的大道存在,自身之神(无)与世界之形(有)不再分离,性命兼得,有无不再争吵,两者获得了和谐合一,为士人的存在开辟了一条回归神人以和的可能之路。这种神人以和的和谐存在指的是,既要栖居于天地道心中,又要忘情于现实世界,获得诸神与世界(即天、地、人、神)之间的恬淡宁静。这与正始名士、竹林名士的诸神俯视世界(重性而轻命)不同,也与中朝名士重视世界之有(重命而轻性)不同,更与江左名士的超越世界苦难(重命而轻性)不同。因为这些名士的文化建构,都有所偏极,或偏向于自身之神(无),或偏向于自身之形(有),形神分裂,这样都会让人陷入人心困惑与形体躁动。

陶渊明在世界中重寻道体心性的永恒回归之路。天地根性是自身真理之所在,回归天地道体,坚定地栖居其中,成为陶渊明在纷繁世界中的不懈探寻和

文化追求。其《归鸟》云："翼翼归鸟,晨去于林。远之八表,近憩云岑。和风不洽,翻翮求心。顾俦相鸣,景庇清阴。翼翼归鸟,载翔载飞。虽不怀游,见林情依。遇云颉颃,相鸣而归。遐路诚悠,性爱无遗。翼翼归鸟,驯林徘徊。岂思天路,欣反旧栖。虽无昔侣,众声每谐。日夕气清,悠然其怀。翼翼归鸟,戢羽寒条。游不旷林,宿则森标。晨风清兴,好音时交。矰缴奚施,已卷安劳?"①鸟儿清晨离开栖居之林,飞到遥远的八荒之外,开始探寻遥远的世界之路。"近憩云岑",暗喻鸟儿在世界之中获得了高位。但是世界是流迁不定的,乃是人生苦难的源头。鸟儿经历了世界的风波,开始醒悟,于是与相知的鸟儿约定,要到清阴的世界中去寻求庇护。归鸟飞啊飞,它们在执着地寻找可以栖身的地方,它们的本心不是为了出游,所以一遇到可以栖居的树林,就会依依不舍。当世界出现变化之时,它们就上下飞动,相互告诫,回归树林。它们出游的路途很远,奔波于世,却能够保持本性不变,依恋着栖居的旧林子。归鸟啊,顺着林子,徘徊不已,不忍离去,它们不是要远走高飞,登上天路,它们的喜悦依旧在于回归旧林。众鸟飞了很久,身边旧时的伴侣已经不在了,大家还齐鸣不已,音声依旧和谐。晚上夜气清新,鸟儿想起了旧林。它们收敛羽毛,停在寒枝之上,出游在世界之中,从来没有疏远过栖身的树林,夜晚休息时,一定住在树木繁密的枝条上。在晨风之中,鸟儿兴高采烈,好音不断,交相鸣和。世界各种争夺的锐器,对于出游在世,但又从来没有离开过栖身之林的归鸟来说,又有什么用呢?诗中展示了世界对人(犹如天空对鸟儿)的无限诱惑,人出游在世界之中,却丝毫也不贪恋出游;人在世界中存活着,人心却丝毫也没有离开过道心本性的原初居所——旧林。旧林的意象,指代鸟儿痴恋一生的栖所,暗喻士人被抛入世界以后,心中始终难以舍弃的天地根性与自然大道。归鸟意象具有双重否定的文化含义:一是鸟儿始终要飞,这就意味着人要投身于世界,暂时离开天地的虚无根性,这是世界存在对天地虚无的否定。二是鸟儿的心始终要归,这就意味着离开了天地根性的鸟儿,始终能够做到不贪恋于世界,不沉迷于世界,而是日日夜夜将自身栖居于天地根性的一帘幽梦之中(旧林),时刻也不愿意离弃它,一生都对之痴迷不已。归鸟形象是士人寄身于世而又栖身于天地道心的真实写照,也是陶渊明心中的文化之道的神话原型与新奇理解。道心不是偏极于虚无之初,也不否认世界之有,是有无兼顾的文化态度。

---

① 逯钦立校注:《陶渊明集》,中华书局1979年版,第32—33页。

陶渊明的有无兼得思想最集中地表现在《形影神》三首中。形、影、神是士人存在形象的真实再现,形与影属于世界之有,是世界有待的关联所在。神属于天地根性之无,体现的是根性之道和虚无价值。形、影、神三者之间的文化关系,体现的就是天地根性与世界之有的矛盾与和谐关系。其《形赠影》云:"天地长不没,山川无改时。草木得常理,霜露荣悴之。谓人最灵智,独复不如兹!适见在世中,奄去靡归期。奚觉无一人,亲识岂相思!但余平生物,举目情凄洏。我无腾化术,必尔不复疑。愿君取吾言,得酒莫苟辞。"①有待之形属于世界之有,世界纷繁的各种他者及关系,会使形处于有待的迷茫状态。他常常将自身与他者联系起来,并在这种关联之中来认识自己,但是这种有待知识又遮蔽了自身可能的无形超越。世界之形不可能获得如天地道体一样的至大证悟,因为形始终执着于世界的形体。他感叹自己的形体为何不如草木,人为万物之灵,但是一旦死了,就再也没有归期了,形最终都要消失在茫茫宇宙中。他想到自己现在还在世界之中存活,但最终还是会死去,而且永远也不可能回到这个世界了。世界中有亲人,有各类熟悉之物,想到这些,就感到无限眷念,不禁产生凄凉之情。现世之有决定了形在世界的苦难、烦躁与凄凉。其《影答形》云:"存生不可言,卫生每苦拙。诚愿游昆华,邈然兹道绝。与子相遇来,未尝异悲悦。憩荫若暂乖,止日终不别。此同既难常,黯尔俱时灭。身没名亦尽,念之五情热。立善有遗爱,胡可不自竭。酒云能消忧,方此讵不劣!"②影也是世界之有,与形一样,都是处于世界之中的有待存在,如果说形依据的是世界之物,那么,影依据的是自身之形,与形相比,它更没有自由,因为它既不能"存生",也不能"卫生",更不可能"长生",因为形影不离、形影相待,形死则影灭。影是什么?影就是人在世界之中的各种与有形相伴的虚幻之名。形与影,身与名,相互依存,一荣俱荣,一损俱损。影永远都处于世界的有待状态,其所待的他者——形,决定了影的悲惨命运。其《神释》云:"大钧无私力,万物自森著。人为三才中,岂不以我故。与君虽异物,生而相依附。结托善恶同,安得不相语!三皇大圣人,今复在何处?彭祖爱永年,欲留不得住。老少同一死,贤愚无复数。日醉或能忘,将非促龄具?立善常所欣,谁当为汝誉?甚念伤吾生,正宜委运去。纵浪大化中,不喜亦不惧。

---

① 逯钦立校注:《陶渊明集》,中华书局 1979 年版,第 35—36 页。

② 逯钦立校注:《陶渊明集》,中华书局 1979 年版,第 36 页。

应尽便须尽,无复独多虑。"①天地造化是没有私心的,万物都是自然造化的结果。人之所以能位居天、地、人三才之中,是因为人来源于自然根性。神、形、影尽管是人的不同状态,但是自从人一出生,三者就相互依存,形成三位一体的完整统一体。三者的存在、显现、善恶都是相互关联的,是共存同在的。现在,作为天君使者的神要告诉有待的形、影,它们的困惑到底是什么。古代三皇五帝等大圣人,现在还在世界上吗? 彭祖尽管长寿,但他想留在这个世界上,也是不可能的。可见,不管老少贤愚,难免要一死,死亡是所有人的天命尽数与造化轮回。如果每日酒醉,也许能忘记自身的最终命运,但酒浆玉液又会减少人的年寿。如果人在世界中不断做好事,不是为了得到他人的欢欣和赞誉,而是自己在积累德行,那么,又有谁还会来赞誉你呢? 如果过分追求这些身外的荣誉,也会伤害自身的性命,我们只能听任天运。即使面临大化的到来,我们也应该无所畏惧。死就死了,不要想太多。大化之神,对形、影的释疑,无疑代表了陶渊明对待士人命运的豁达态度。形、影之所以有困惑,那是因为它们都有所待,都沉迷于世界之中,忘记了大化之神的存在,而神发源于自然之道,是造化、万理的真理存在,代表了道体根性的真身所在。神的存在是无待的,它在世界之中立善,不是为了他者的赞誉,而是听任天运、天命而为的。神不会因为世界的有形变化而产生忧惧。神顺天命而为,依天命而在,依据自然天道处世行事。陶渊明的神体现了顺应大化的天地道心(无心),它寄寓于形、影的有形之中,又能够摆脱形、影的现世局限,随化任运。

陶渊明的文化回归,不是纯粹在世的儒家思想,也不是纯粹超世的道家思想,而是回归神形和谐,性命兼顾,让人的天地道心与世界之有获得永恒的和谐共存。陶渊明以自己对天地道心的理解,化解了自正始名士以来士人有所偏极的文化冲突,以及性命有无的片面倾向,最终建构了道体神性的自然真理,寻到了解决士人神形矛盾的文化途径,求得了道心和谐的宁静与恬淡。陶渊明不因道心虚无而拒斥世界,不因在世存活而与天地根性断裂,而是让天地道心与世界之有在自然真理之中言和共存,获得通解。苏轼《和饮酒二十首》之三云:"江左风流人,醉中亦求名。渊明独清真,谈笑得此生。身如受风竹,掩冉众叶惊。俯仰各有态,得酒诗自成。"②朱熹《朱子语类》卷三十四云:"或云:'看来,渊明终

---

① 逯钦立校注:《陶渊明集》,中华书局 1979 年版,第 36—37 页。

② (清)冯应榴辑注:《苏轼诗集》(第 8 册),中华书局 1982 年版,第 1884 页。

只是晋宋间人物。'曰:'不然。晋宋间人物,虽曰尚清高,然个个要官职,这边一面清谈,那边一面招权纳货。渊明却真个是能不要,此其所以高于晋宋人也。'"①与江左名士相比较,陶渊明淡化了世界的有形存在,使士人自身的俗气得到抑制,同时凸显了道心根性的文化价值和神圣意义,使士人的文化之道和文化资本得到彰显。陶渊明出自江左名士,却将魏晋风度推向了极致的太和状态,达到了士人心物玄冥、无碍无滞的艺术境界。他对魏晋风度的心性演绎和诗学呈现,体现了魏晋风度最真诚、最绚丽的自然境界,同时,也终结了魏晋名士在世界之中以偏为美的审美幻象。

五 、结 论

结合袁宏、苏轼等人的学术观点,我们将魏晋风度分为正始名士、竹林名士、中朝名士、江左名士、陶氏风流等几个阶段。魏晋名士对原初之道有着不同的文化理解,或偏极于天地道心,或游离于世界之有,反映了魏晋士人文化价值的多元性与多样性。

正始名士与竹林名士批判两汉以来流俗士人沉迷于物质世界的流弊,强调虚无道体,利用文化之道来超越人在世界中的物质沉沦。正始名士何晏、王弼,竹林名士嵇康、阮籍,在文化价值方面都提倡"贵无"。他们都用纯粹至人文化模式的"无心 – 无名"(无无)来救弊流俗存在的"有心 – 有名"(有有)。同时,他们对"无心 – 有名"(无有)的圣人文化模式也持赞同意见,但认为"无无"的至人状态才是士人存在的最高模式。

正始名士、竹林名士的"无无"模式解构了流俗社会的名利价值观,同时,也产生了一种以谈无而沽名钓誉的士人新流弊,即"有心 – 无名"的虚假存在。中朝名士郭象、裴頠等人,一方面反对"贵无"的虚无文风,另一方面强调"崇有"的重要性。中朝名士重视"有体",并非完全陷入了世界之有,而是既强调"有名有形"具有一定的优先性,同时也建构了"自生""自得""自适""自然"的无我存在,所以中朝名士的文化模式,不是正始名士、竹林名士所提倡的至人模式,而是"无心 – 有名"(无有)的圣人价值。

中朝名士强调有的优先性与重要性,这会使不可见的"无心"处于脆弱的文

---

① (宋)黎靖德编、王星贤点校:《朱子语类》(第三册),中华书局1986年版,第874页。

化危机之中,随时可能被世界之有遮蔽,因而引发了一些江左士人重视"有有"的文化短视。如何摆脱士人在世界之中的沉迷?江左名士不仅在士人价值方面追求"无心"的美好存在,而且积极学习和利用佛教智慧,试图重新摆脱"有有"的文化沉沦,实现世界之中的"无心"超越。支道林对《逍遥游》的义理解释,一方面抛弃了向秀、郭象的圣人"无有"模式,另一方面提出了超越"无无"的至人模式,将佛教"空在"的理论注入士人文化的逍遥游,再一次为道心神性的激活带来了源头活水。

陶渊明对江左名士的"有有"流俗有着清醒的认识,对佛教的"空无"思想也抱有警惕,他提倡有无兼顾、性命双修。一方面,他认为人应栖息于无为道心之中,用"无心"道体作为士人存在的核心价值;另一方面,他清醒地意识到人是世界之有的有形存在,有形生命是不可回避的。如何才能避免有形生命沉沦于世界中呢?为了使人安置在天地道心之中,忘情于世界,获得诸神与世界之有的恬淡宁静,陶渊明认为,既要避免无的虚无化,又要化解有的世俗化,在有与无之间,获得和谐共存、形神相亲的玄冥之境,演绎士人存在物我双泯的艺术境界。

第五章　英雄神话：曹操与士人群体的政治文化命运

熹平五年(176)，永昌太守曹鸾上书大讼党人，言甚方切。帝省奏大怒，即诏司隶、益州槛车收鸾，送槐里狱掠杀之。于是又诏州郡更考党人门生故吏父子兄弟，其在位者，免官禁锢，爰及五属。

——《后汉书·党锢列传》

凡党事始自甘陵、汝南，成于李膺、张俭，海内涂炭，二十余年，诸所蔓衍，皆天下善士。

——《后汉书·党锢列传》

东汉桓帝、灵帝时期，宦官专权，以皇帝为代表的政治权力与以官僚士大夫为代表的文化权力发生了剧烈的矛盾冲突。通过两次党锢之禁，政治权力彻底抛弃了士大夫的文化权力，禁止士人入仕。士人在社会空间中彻底失位了，士人的文化权力开始被社会权力边缘化了，这也意味着，社会空间已经完全沦为世俗权力的流俗世界。当社会空间失去了士人文化权力的圣化力量，失去了文化秩序的学理支撑，这个空间也就随之成为礼崩乐坏、私欲膨胀的流俗空间。而那些失去了社会位置的士大夫，成了社会世俗空间中被抛弃、被打压的政治对象。这是一个士人群体被政治权力肆意打压、徇私流放的悲惨年代。《古诗十九首·行行重行行》云："行行重行行，与君生别离。相去万余里，各在天一涯。道路阻且长，会面安可知？胡马依北风，越鸟巢南枝。相去日已远，衣带日已缓。浮云蔽白日,游子不顾反。思君令人老,岁月忽已晚。弃捐勿复道,努力加餐饭。"①
这首诗与其说是一首闺怨诗,不如说是汉末士人被政治权力抛弃之后的真实境遇写照。被政治权力抛弃的士人,就犹如诗中这位被丈夫抛弃了的闺中思妇,她徘徊着,犹豫着,疑惑着,充满了焦虑、痛苦、沉沦和觉醒,这种矛盾心理充分展示了失位之后士大夫的命运。这些士大夫不能在朝廷为官,终身被禁锢,与丈夫远游、失去宠爱的闺妇命运极为相似。"相去万余里,各在天一涯",意味着政治权力与文化权力之间的价值分裂无以言说,"道路阻且长,会面安可知",表明了士大夫尽管被政治权力抛弃,但内心依旧怀有澄清天下之志,充满了治国平天下的壮志豪情,以及想重新回到世界之中的强烈渴望和现实追求。但是这种理想、追求又充满幻灭,充满悲痛。"胡马依北风,越鸟巢南枝。相去日已远,衣带日已缓",体现了他们在幻灭之中清醒,在沉痛之中执着,他们心中依旧持有的那份难以挥洒的守望深情。他们在守望之中饱受灵魂的煎熬,以致身心疲惫,衣带渐宽。"浮云蔽白日,游子不顾反",浮云暗指将政治权力玩弄于股掌之间的宦官,白日、游子暗指被宦官迷惑、昏庸无能的君王,表明士人对宦官的极度厌恶,以及对君王的痛心失望。"思君令人老,岁月忽已晚。弃捐勿复道,努力加餐饭","我"既失位,又时不"我"待,面对士人群体的文化责任以及自身的生命消逝,"我"又能干什么呢? 此时唯一能做的,就是自我宽慰,自我期待,决不自暴自弃,穷则独善其身,耐心地等待新的时机。

结合汉末士大夫失位的社会背景,《行行重行行》为我们展示了一个时代文人的落拓沉沦与困苦挣扎。士大夫群体处于身与心、灵与肉的折磨绞痛之中,甚至经历了执着与放弃、守望与开拓的矛盾徘徊。这些汉末的士大夫,在迷茫之中清醒着,在痛苦之中期待着,在犹豫之中呐喊着。他们渴望末代英雄的横空出世,他们呼唤时代英雄的激情到来,只有英雄才能带着他们破坏这个世俗不堪的旧世界,解构这个腐朽不堪的旧秩序,建造一个依据士人文化之道的新世界、新秩序。也就是在这种被抛弃的灵肉绞痛与等待的焦虑情绪中,英雄与持有文化之道的士人群体,开始以全新的姿态、愤怒的情绪、敏锐的智慧登上汉末社会历史的大舞台,共同开启了一个新时代,即魏晋名士的清新世界。

曹操就是士人群体心中应时而出、力挽狂澜的时代英雄。曹操与被抛弃的士大夫之间的关系如何? 曹操如何解开士大夫心头沉重的思想包袱? 曹操怎样

---

① 逯钦立辑校:《先秦汉魏晋南北朝诗》,中华书局 1983 年版,第 329 页。

开启一个全新的时代？曹操与士人的文化资本之间的矛盾与冲突是什么？曹操与魏晋风度新文化之间的关系如何？

一、英雄神话：汉末名士的托妻寄子与文化期待

官渡之战时，陈琳代表袁绍写了一篇《为袁绍檄豫州》。檄文中，陈琳骂曹操是"赘阉遗丑，本无懿德"，指责曹操出身阉党集团，身份卑微，与士大夫有着不共戴天之仇。同时，又指责曹操祸国殃民、狼子野心、谋逆汉室、残害士人，是"专为枭雄"。枭雄指强横无理、残暴粗野之人，不是真正的英雄。后来袁绍败亡，曹操抓到陈琳，就对他说："你在为袁绍写的那篇讨伐我的檄文中，可以骂我，为什么还要诬蔑我的父亲和祖父呢？"陈琳赶紧谢罪，曹操爱惜他是一个有才之士，所以就不再追究责任，并任命他担任司空军谋祭酒管记室。士人陈琳身处袁绍与曹操的政治敌对关系之中，不能因为他写了一篇讨伐曹操的檄文，就认为在所有士人的眼中，曹操就是一个枭雄，就是一个与士大夫立场绝对对立的政治人物。恰恰相反，陈琳先是骂曹操，最终又归顺于曹操，曹操不但不记恨陈琳，而且尽释前嫌，让陈琳担任自己的心腹大臣，这也表明，曹操没有将士人群体当成自己的政治文化对手，士人群体也没有完全将曹操当成自己的政治文化敌人（浊流）。

从史料来看，曹操的祖父曹腾，桓帝时担任过中常侍大长秋，又被封为费亭侯，但曹腾与十常侍不一样，他并非那种蛊惑君心、玩弄权术的宦官，而是与士大夫有着密切来往。曹操的父亲曹嵩，官至太尉，位居三公。可见，尽管曹氏家族不如杨氏、荀氏那样富有文化底蕴与社会权势，但是也算是地方豪强，地位较为显贵。学术界有些人认为，曹操出身阉党，是文化士人的死对头，这就无视了曹氏至少是出身地方豪强的事实。曹操二十岁举孝廉，仕途比较顺利，并多次表现出与阉党决裂的政治态度，广泛结交汉末名士。

历史上曹操多被塑造为一个花脸奸相，但近现代以来，很多学者开始为曹操翻案，其中，鲁迅在《魏晋风度及文章与药及酒之关系》一文中云："曹操是一个很有本事的人，至少是一个英雄，我虽不是曹操一党，但无论如何，总是非常佩服他。"[1]陈琳在曹檄文中代表袁绍将曹操定为枭雄，后来，有人将曹操视为奸雄，

---

① 鲁迅撰、吴中杰导读：《魏晋风度及其他》，上海古籍出版社2000年版，第185—186页。

鲁迅一反众人的评价，将曹操视为英雄，有一定道理，也逐渐得到学术界的认可。

在中国文化中，何为英雄？汉代的英雄观又如何？汉代史学家班固在评价刘邦时多次用到了"英雄"一词。班固《汉书》卷二十三《刑法志第三》云："汉兴，高祖躬神武之材，行宽仁之厚，总揽英雄，以诛秦、项。任萧、曹之文，用良、平之谋，骋陆、郦之辩，明叔孙通之仪，文武相配，大略举焉。"①班固所谓的英雄，主要是指刘邦手下的文士如萧何、曹参、张良、陈平、陆贾、郦食其、叔孙通等人。班固又说"文武相配"，关于武士，他没有一一列举。班固《汉书》卷一百上《叙传第七十上》评价刘邦云："历古今之得失，验行事之成败，稽帝王之世运，考五者之所谓，取舍不厌斯位，符瑞不同斯度，而苟昧于权利，越次妄据，外不量力，内不知命，则必丧保家之主，失天气之寿，遇折足之凶，伏铁钺之诛。英雄诚知觉寤，畏若祸戒，超然远览，渊然深识，收陵、婴之明分，绝信、布之觊觎，距逐鹿之瞽说，审神器之有授，毋贪不可几，为二母之所笑，则福祚流于子孙，天禄其永终矣。"②班固认为，刘邦就是一个英雄，具体表现为，他能够对天命有所觉悟，有所敬畏，能高瞻远瞩，洞察世事，能趋利避害，谨守天命，福佑子孙。综合班固的论述，英雄首先是一个士人领袖，是时代文人的杰出代表。其次是一个能领会天命、顺应天命的杰出士人。可以说，班固眼中的英雄，就是能在纷繁世事之中，依据仁德为人处世的儒家君子。

曹操获得"英雄"之名，并非从鲁迅才开始，乃始自汉末名士。汉末名士心中的英雄又是什么样子？《世说新语·识鉴第七》第一条云："曹公少时见乔玄③，玄谓曰：'天下方乱，群雄虎争，拨而理之，非君乎？然君实乱世之英雄，治世之奸贼。恨吾老矣，不见君富贵，当以子孙相累。'"④范晔《后汉书》卷六十八《郭符许列传》云："曹操微时，常卑辞厚礼，求为己目。劭鄙其人而不肯对，操乃伺隙胁劭，劭不得已，曰：'君清平之奸贼，乱世之英雄。'操大悦而去。"⑤关于许劭的评语，刘孝标注引孙盛《杂语》曰："太祖尝问许子将：'我何如人？'固问，然后子将答曰：'治世之能臣，乱世之奸雄。'太祖大笑。"⑥孙盛是东晋名士，其将许

① （汉）班固撰、（唐）颜师古注：《汉书》，中华书局 1962 年版，第 1090 页。
② （汉）班固撰、（唐）颜师古注：《汉书》，中华书局 1962 年版，第 4212 页。
③ 乔玄亦称"桥玄"，本书除此引文外均作"桥玄"。——编者注
④ 徐震堮：《世说新语校笺》，中华书局 1999 年版，第 212 页。
⑤ （南朝宋）范晔撰、（唐）李贤等注：《后汉书》，中华书局 1965 年版，第 2234 页。
⑥ 徐震堮：《世说新语校笺》，中华书局 1999 年版，第 213 页。

劭的"乱世之英雄"改为"乱世之奸雄",是不可信的。桥玄和许劭都是汉末的名士,均为士大夫的领袖人物,他们品评曹操为英雄,实际上表明了汉末士人在文化失落、政治失位的悲惨现世情况下,将名士群体的文化希望和政治复位寄托于这位出身名士、精明能干的年轻英雄。《三国志·武帝纪》裴松之注引《魏书》曰:"太尉桥玄,世名知人,睹太祖而异之,曰:'吾见天下名士多矣,未有若君者也! 君善自持。吾老矣! 愿以妻子为托。'由是声名益重。"①尤其值得注意,年老力迈、阅世丰富、刚强不阿的桥玄,"愿以妻子为托",将妻、子托付给这位名士眼中的英雄。可见,在汉末老名士的眼中,英雄就是在乱世之中能够托妻寄子之人。英雄与名士不是对立的,英雄是名士在现实困境中的文化幻象,也是名士的希望所在。

除了像桥玄、许劭这样的大名士以英雄来赞誉曹操,与曹操同时代的名士也大多将曹操视为时代英雄。《后汉书》卷六十七《党锢列传》云:"膺子瓒,位至东平相。初,曹操微时,瓒异其才,将没,谓子宣等曰:'时将乱矣,天下英雄无过曹操。张孟卓与吾善,袁本初汝外亲,虽尔勿依,必归曹氏。'诸子从之,并免于乱世。"②李膺是汉末党锢事件的核心人物,他的儿子李瓒告诫子孙,尽管袁绍是你们的外亲,但也不值得依托,一定要归附曹操。可见,党锢士人后裔对曹操也持有英雄的文化认同。李氏子孙投靠曹操以后,在乱世之中都保全了性命。《三国志·魏书十四》云:"时太祖领兖州,遣使诣杨,欲令假涂西至长安,杨不听。昭说杨曰:'袁、曹虽为一家,势不久群。曹今虽弱,然实天下之英雄也,当故结之。况今有缘,直通其上事,并表荐之;若事有成,永为深分。'"③那时,董昭还没有归附曹操,但在他看来,在讨伐董卓的义军中,曹操与袁绍虽然表面上是"一家人"(这里的"一家人"既可以指代军事上的联盟,也可以指代都是汉末名士身份),但是董昭认为,曹操才是真正的天下英雄,并建议作为群雄之一的张杨主动与之交结。《三国志·武帝纪》裴松之注引皇甫谧《逸士传》曰:"汝南王儁,字子文,少为范滂、许章所识,与南阳岑晊善。公之为布衣,特爱儁;儁亦称公有治世之具。及袁绍与弟术丧母,归葬汝南,儁与公会之,会者三万人。公于外密语儁曰:'天下将乱,为乱魁者必此二人也。欲济天下,为百姓请命,不先诛此二

①　(晋)陈寿撰、(南朝宋)裴松之注:《三国志》,中华书局2005年版,第2页。
②　(南朝宋)范晔撰、(唐)李贤等注:《后汉书》,中华书局1965年版,第2197页。
③　(晋)陈寿撰、(南朝宋)裴松之注:《三国志》,中华书局2005年版,第437页。

子,乱今作矣。'儁曰:'如卿之言,济天下者,舍卿复谁?'相对而笑。儁为人外静而内明,不应州郡三府之命。公车征,不到,避地居武陵,归儁者一百余家。帝之都许,复征为尚书,又不就。刘表见绍强,阴与绍通,儁谓表曰:'曹公,天下之雄也,必能兴霸道,继桓、文之功者也。今乃释近而就远,如有一朝之急,遥望漠北之救,不亦难乎!'表不从。儁年六十四,以寿终于武陵,公闻而哀伤。及平荆州,自临江迎丧,改葬于江陵,表为先贤也。"①汝南士人王儁与曹操为布衣之交。曹操还是布衣的时候,王儁就认为曹操拥有"治世之具",代表了汉末名士对曹操治世才能的文化认可。王儁曾与曹操共同参加了袁绍母亲的丧礼。曹操与王儁讨论,认为袁绍、袁术皆为乱天下之人,应该早早剪除。后来曹操多次征辟王儁为官,他都没有应征,并在给刘表的章表中,称曹操是"天下之雄"。不过,王儁认为,曹操之英雄并非是如刘邦式的儒者英雄,而是如齐桓公、晋文公那样,能够称霸天下的英雄。此时的英雄观念与文化意义也发生了变化。

曹操一生,也都以"英雄"自居,始终将"英雄"作为自身存在价值的唯一追求。《三国志·蜀书二》云:"是时曹公从容谓先主曰:'今天下英雄,唯使君与操耳。本初之徒,不足数也。'"②建安初年,曹操迎接汉献帝至许昌,袁绍当时占据北方四州,势力强盛。曹操与刘备煮酒论英雄,他自认为,天下英雄,只有刘备与自己,袁绍是不足论的。《世说新语·识鉴第七》第二条:"曹公问裴潜曰:'卿昔与刘备共在荆州,卿以备才如何?'潜曰:'使居中国,能乱人,不能为治;若乘边守险,足为一方之主。'"③曹操问裴潜,刘备这个人的才能怎么样? 裴潜认为,刘备不能入主中原,只能做"一方之主",也是为了彰显曹操才是真正的英雄。

建安七年(202),曹操行军至浚仪,派人以太牢之礼祭祀汉末名士桥玄。《三国志·武帝纪》裴松之注引曹操的《褒赏令载公祀文》,其曰:"故太尉桥公,诞敷明德,泛爱博容。国念明训,士思令谟。灵幽体翳,邈哉晞矣! 吾以幼年,逮升堂室,特以顽鄙之姿,为大君子所纳。增荣益观,皆由奖助,犹仲尼称不如颜渊,李生之厚叹贾复。士死知己,怀此无忘。又承从容约誓之言:'殂逝之后,路有经由,不以斗酒只鸡过相沃酹,车过三步,腹痛勿怪!'虽临时戏笑之言,非至亲之笃好,胡肯为此辞乎? 匪谓灵忿,能诒己疾,怀旧惟顾,念之凄怆。奉命东

---

① (晋)陈寿撰、(南朝宋)裴松之注:《三国志》,中华书局 2005 年版,第 31 页。
② (晋)陈寿撰、(南朝宋)裴松之注:《三国志》,中华书局 2005 年版,第 875 页。
③ 徐震堮:《世说新语校笺》,中华书局 1999 年版,第 213 页。

征,屯次乡里,北望贵土,乃心陵墓。裁致薄奠,公其尚飨!"①祭文中,曹操认为,桥玄才是自己永生难忘、终身受益的老师,是自己的知音。桥玄对曹操的英雄之评,成为他的人生信条,"士死知己,怀此无忘",点明了英雄与名士之间是一种传统的师生关系。作为一个名士出身的时代英雄,曹操的存在价值,始终笼罩在名士关于英雄的文化幻象与理想寄托之中。英雄为名士之英雄,名士为英雄之知己,两者之间,互为依存。汉末名士必须依靠英雄的雄才大略与盖世力量,才能获得政治力量的庇护与重用,才能重返原本属于自己的历史舞台。

二、乱世英雄:士人的复位者和重用者

桥玄、许劭等汉末名士之所以重视曹操,将曹操视为名士的英雄,与曹操重视名士,尤其重视士人身上的文化之道与文化资本密不可分。《三国志·武帝纪》云:"初,绍与公共起兵,绍问公曰:'若事不辑,则方面何所可据?'公曰:'足下意以为何如?'绍曰:'吾南据河,北阻燕、代,兼戎狄之众,南向以争天下,庶可以济乎?'公曰:'吾任天下之智力,以道御之,无所不可。'"裴松之注引《傅子》曰:"太祖又云:'汤、武之王,岂同土哉?若以险固为资,则不能应机而变化也。'"②袁绍与曹操都是汉末士人少壮派的代表人物,两个人有许多共同点:第一,两人都是出身士族的杰出代表。袁氏与曹氏比较起来,显得更像正统派名士;曹操的祖父是阉党,尽管曹操自己想和阉党划清界限,但总是难以摆脱出身阉党的事实。第二,两人同在朝廷任官,都是"西园八校尉"之一,袁绍为中军校尉,曹操是典军校尉。第三,两人对大军阀董卓的倒行逆施都极为不满,都与之决裂。但是两人也存在许多不同之处:第一,袁绍兵力强盛,人多地广,是讨伐董卓的义军盟主;曹操兵力较弱,四处游击,势单力薄。第二,袁绍重视强大的军事力量及占据的险要地势。曹操认为,地势的险固是不足为资的,最重要的是能否得到"天下之智力"(天下名士)的支持与帮助。尤其重要的是,曹操认为,末世英雄与当代名士交往,不能以政治权力要挟之,更不能依据军事权力、经济权力逼迫之,而要善于"以道御之"。也就是说,曹操认为,必须要依据士人文化之道的价值原则和文化资本与士人交往相处。曹操深信,只有用这样的文化方式才

---

① (晋)陈寿撰、(南朝宋)裴松之注:《三国志》,中华书局2005年版,第23页。
② (晋)陈寿撰、(南朝宋)裴松之注:《三国志》,中华书局2005年版,第26页。

能获得士人群体的鼎力支持，才能身处乱世而做到"无所不可"，才能真正"应机变化"，才能"南向以争天下"。可见，袁绍重视外物，曹操重视人才；袁绍重视地利，曹操重视人和；袁绍重视武力，曹操重视文韬。袁绍与曹操这两位乱世之中的士人代表，一个俗不可耐，一个富有英雄气概，两人同时登上历史舞台，但结局却是天壤之别。

汉末士人经历了两次党锢之禁，很多士人惨遭杀戮，这些政治事件极大地伤害了士人的入世积极性。尤其身处三国乱世，士人大多"穷则独善其身"，修身养性，静观时变。曹操作为士人出身的英雄人物，他所带领的谯沛集团，乃是一个以地方豪强为主的东夷军事集团，如何才能赢得中原名士的认同和支持，使谯沛集团由一个地方性军事集团，转变为一个文武兼备、争胜天下的政治集团、文化集团？这是曹操极为重视的大事情，是他一登上历史舞台就怀有的雄心壮志，也是汉末名士在英雄幻象中所寄寓的政治期待和文化寄托。官渡之战之后，曾经依附袁绍的中原士人，如荀彧、荀攸、程昱等人，纷纷弃暗投明，加入曹氏集团，为士人信任曹氏集团做出了榜样。由此，曹操接连发布了一系列的人才令，表现出时代英雄对贤士名人的深切呼唤。

首先，曹操提出了著名的"唯才是举"的用人观念，不拘一格，解放思想，求贤若渴。建安十五年（210），曹操《求贤令》云："今天下尚未定，此特求贤之急时也。'孟公绰为赵、魏老则优，不可以为滕、薛大夫。'若必廉士而后可用，则齐桓其何以霸世？今天下得无有被褐怀玉而钓于渭滨者？又得无有盗嫂受金而未遇无知者乎？二三子其佐我明扬仄陋，唯才是举，吾得而用之。"[1]这无疑是新时代的人才宣言书，极大地动摇了汉代孝廉唯德是举的人才观念，表明了曹氏集团对待贤士的新态度和新标准。这份人才宣言书就是为了消除士人受到党锢之禁以后的各种顾虑。第一，告诉天下士人，现在正是士人大展才华的时候，不要再犹豫了。第二，提出了"三个不论"的用人原则，不论清廉，不论德行，不论地位。第三，以才能作为士人的唯一标准。曹操保证，只要对我有用，我就一定用他。所谓"用之"，就是依据士人的才能，让他获得一定的社会地位和施展才华的政治舞台。曹操为士人"复位"，让士人"有用"，这是令士人最为动心的政治诱惑。建安十九年（214），曹操颁布《敕有司取士毋废偏短令》云："夫有行之士，未必能进取；进取之士，未必能有行也。陈平岂笃行、苏秦岂守信邪？而陈平定汉业，苏

① （清）严可均辑：《全三国文》，商务印书馆1999年版，第18页。

秦济弱燕。由此言之,士有偏短,庸可废乎? 有司明思此义,则士无遗滞、官无废业矣。"①在此令中,曹操进一步申明了自己的人才观念。他认为,有德行的人,未必是有才干的人,未必是有所作为的进取之士;而有才干的人,未必有好的德行,未必是德高望重的人。在曹操看来,士人在德行、才能两方面,可以各有所长,各有所短,不必兼得。如果拘囿于一定要用德才兼备的士人,那么,不仅很难找得到这种全面的人才,而且会遗漏一些才能特别突出、德行可能一般的偏才。

建安二十二年(217),曹操颁布《举贤勿拘品行令》,云:"昔伊挚、傅说出于贱人,管仲,桓公贼也,皆用之以兴。萧何、曹参,县吏也,韩信、陈平负污辱之名,有见笑之耻,卒能成就王业,声著千载。吴起贪将,杀妻自信,散金求官,母死不归,然在魏,秦人不敢东向,在楚则三晋不敢南谋。今天下得无有至德之人放在民间,及果勇不顾,临敌力战;若文俗之吏,高才异质,或堪为将守;负污辱之名,见笑之行,或不仁不孝而有治国用兵之术。其各举所知,勿有所遗。"②曹操在文中,列举了历史上各种贤士,第一类是出身卑微的伊挚和傅说;第二类曾是政治权力的对手,如管仲;第三类是原本社会地位不高之人,如萧何与曹参;第四类是在社会上受到欺辱之人,如韩信、陈平;第五类是不仁不孝的人,如吴起。这些贤士,尽管都存在方方面面的不足,但他们都能帮助君主成就大业。可见,曹操所谓的人才,并非拘囿于出身士族的名士,而是指广义的士人,可以不问出身、德行,既包括出身寒门的文士,亦囊括出身士族的名士,只要是具备治国用兵能力的实用性人才,曹操都可以破格录用。曹操还鼓励所有文臣武将都要尽力举荐人才,各举所知,广泛纳贤,令天下才士尽入彀中,一个都不能遗漏。他将广开进贤之路视为各级官员的重要责任与义务,重申了自己对特殊人才的重视。

其次,曹操不仅召唤人才,而且善用人才。他对贤士不拘一格地合理使用,让他们各尽其才,各尽所能,使天下士人真正看到了自己的价值,极大地鼓舞了士人重返权力世界的决心和兴趣。从被严厉打压到终身禁锢,汉末士人经受了政治权力的屈辱和责难,忍受了士人无位、无业、无禄的焦虑和煎熬。现在曹操不仅要完全恢复士人的文化名誉和存在价值,而且大胆地委以重任,让他们成为治国安邦的有用贤才,这无疑更加坚定了士人对曹氏集团的政治青睐与合作信心。王粲曾经对曹操广罗天下豪杰、合理用之的政治行为进行评价,并将其与袁

① (清)严可均辑:《全三国文》,商务印书馆 1999 年版,第 21 页。
② (清)严可均辑:《全三国文》,商务印书馆 1999 年版,第 22 页。

绍、刘表等进行比较,云:"方今袁绍起河北,仗大众,志兼天下,然好贤而不能用,故奇士去之。刘表雍容荆楚,坐观时变,自以为西伯可规。士之避乱荆州者,皆海内之俊杰也,表不知所任,故国危而无辅。明公定冀州之日,下车即缮其甲卒,收其豪杰而用之,以横行天下。及平江、汉,引其贤俊而置之列位,使海内回心,望风而愿治,文武并用,英雄毕力,此三王之举也。"①王粲出身高平王氏,少年就得到蔡邕的赏识,属汉末魏初士人的杰出代表。他亲历了汉末群雄起义的社会乱象,四处流离,最终依附于荆州刘表。他对曹操、袁绍和刘表人才政策的评价,是值得信赖的。袁绍以军事力量和山河优势而自重,他喜欢网罗贤士,但是不能真心实意地使用贤士,空有好贤之名,令贤士纷纷弃之而去。刘表拥居荆楚之地,远离中原战乱,领地暂时风平浪静,没有多大的政治风波,所以天下贤士都逃离中原,到荆楚避乱,但是他是一介平庸之辈,不懂得如何使用这些贤士,以至于兵临城下,却无人辅佐。曹操不仅善于收揽天下贤士,而且能够充分利用他们的才能,并将其放置在合适的位置上,让他们各尽其能,各展其才,文士武将人人满意,他们最大限度地施展自己的才华和长处,因而曹操在乱世之中,才能平定群雄,雄霸中原。荀彧对曹操、袁绍也有类似的评价,其云:"绍悉众聚官渡,欲与公决胜败。公以至弱当至强,若不能制,必为所乘,是天下之大机也。且绍,布衣之雄耳,能聚人而不能用。夫以公之神武明哲而辅以大顺,何向而不济!"②在荀彧看来,出身豪门的袁绍是布衣之雄,他只会招聚人才,却不擅长使用人才;曹操却能得到天下贤士的鼎力辅佐,发挥其最大作用,所以所向披靡。

曹操的用人,一方面表现在鼓励贤士主动谏言,让他们积极发表个人对政策政令的看法,提出对自己的批评,而且自己能够虚心纳谏。《三国志·武帝纪》裴松之注引《魏书》载《十月乙亥令》曰:"夫治世御众,建立辅弼,诚在面从,诗称'听用我谋,庶无大悔',斯实君臣恳恳之求也。吾充重任,每惧失中,频年已来,不闻嘉谋,岂吾开延不勤之咎邪?自今以后,诸掾属治中、别驾,常以月旦各言其失,吾将览焉。"③另一方面表现在大胆任用了一些有治国才能的士人。《三国志·武帝纪》云:"初,公举种孝廉。兖州叛,公曰:'唯魏种且不弃孤也。'及闻种走,公怒曰:'种不南走越、北走胡,不置汝也!'既下射犬,生禽种,公曰:'唯其才

① (晋)陈寿撰、(南朝宋)裴松之注:《三国志》,中华书局 2005 年版,第 598 页。
② (晋)陈寿撰、(南朝宋)裴松之注:《三国志》,中华书局 2005 年版,第 20 页。
③ (晋)陈寿撰、(南朝宋)裴松之注:《三国志》,中华书局 2005 年版,第 28 页。

也！'释其缚而用之。"①魏种是一个没有贞节操行的士人，曾经令曹操很失望。但是曹操擒得魏种后，感念他是难得的人才，亲自为之解缚，并委以重任。还有如"昔季阐在白马，有受金、奴婢之罪。弃而弗问。后以为济北相，以其能故"②。季阐在白马担任官员的时候，犯有受金的贪污罪，纳娶奴婢的侮族罪，但是曹操对他所犯罪行放置一边，不加追问，后来还任命季阐担任济北相。

曹操通过主动调整人才观念，大胆鼓励暂居民间、失所无位的各类人才积极投身于起义事业，消除了士人长期以来的各种顾虑，使得曹氏集团迅速由一个地方豪强军阀集团，转变为谋士济济、人才辈出、文武兼备的强大政治集团，为其争夺中原、成就霸业奠定了坚实的人才基础。毛汉光《三国政权的社会基础》对曹操政治集团的士人结构做了精细的分析，云："曹操当政时期，其人物大都是初期依附曹操者。平民官吏的比例占百分之五十六点五。共计平民官吏七十四人；文士出身者三十五人，占平民官吏的百分之四十七点三；吏出身者十五人，占平民官吏的百分之二十点三；兵出身者二人；侠盗出身者三人，未详者十九人。文士几占平民官吏的半数。"③毛汉光还列举了出身平民官吏的文士如国渊、管宁、邴原、华歆、王修、阮瑀、路粹、刘粹、严幹、杨俊、卫觊、孙资等。其又云："士族官吏占百分之二十九，很多出自汝颍一带，与党锢人物更有关连。④ 小姓官吏占百分之十四点五，其中包括初期随曹操起兵的地方豪族，以及父祖辈有一任官的官家子弟。士族加小姓合计占百分之四十三点五，以人数而论，似乎不及平民官吏多，后者占百分之五十六点五。"⑤

应时用人，曹操果敢地抛弃了汉末各种陈旧的人才观念，积极主动地广揽天下贤士英才，并且不拘一格，大胆使用。这一做法不仅迎合了政治时事的发展需要，而且满足了士人久不在位的入世渴望，受到了社会各个阶层的欢迎和支持。当然，在这些士人中占据关键位置、做出突出贡献的，还是那批出身士族的名士。

① （晋）陈寿撰、（南朝宋）裴松之注：《三国志》，中华书局 2005 年版，第 17 页。
② （清）严可均辑：《全三国文》，商务印书馆 1999 年版，第 14 页。
③ 毛汉光：《中国中古社会史论》，上海书店出版社 2002 年版，第 125 页。
④ 毛汉光在此注云："如颍川荀氏的荀彧、荀攸，颍川陈氏的陈群，颍川杜氏的杜袭，汝南应氏的应场，山阳王氏的王粲，颍川钟氏的钟繇，河内司马氏，鲁国孔氏的孔融，弘农杨氏的杨修，陈郡袁氏的袁涣，太山鲍氏的鲍勋、鲍邵，南阳韩氏的韩暨，京兆韦氏的韦诞，京兆杜氏的杜畿，扶风苏氏的苏则，河东裴氏的裴潜，河东贾氏的贾逵，太原郭氏的郭淮等。"
⑤ 毛汉光：《中国中古社会史论》，上海书店出版社 2002 年版，第 126 页。

这些名士在新型的人才氛围中,在曹操再三鼓励下,主动加入曹氏集团,施展出全身本领。他们羽扇纶巾,运筹帷幄,充分展示了名士所具有的文化才能和政治智慧,彰显了名士救世、济世的真实才能和社会功用,为曹氏集团在汉末的迅速崛起起了决定性作用,这也进一步强化了曹操与名士合作的政治意愿和坚定信念。

三、共治天下:英雄与士人政治合作的新模式

东汉末年的政治模式是腐朽的,皇权与没有文化、没有理想的宦官及附庸于宦官的浊流士人密切合作,政治权力完全世俗化了。清流士大夫的知识权力和文化资本被边缘化了,被政治权力从中央政治集团中彻底肃清,被禁锢终身不得入仕为官。这也意味着,汉末名士被世俗政治权力彻底放逐,国家与天下都与他们没有什么关系了。可是,这批清流名士不因失去天下、失去政权而低迷沉沦,依旧保持了以天下为己任的文化使命和忧患意识。《世说新语·德行第一》第一条:"陈仲举言为士则,行为世范,登车揽辔,有澄清天下之志。"刘孝标注引《汝南先贤传》曰:"陈蕃字仲举,汝南平舆人。有室荒芜不扫除,曰:'大丈夫当为国家扫天下。'值汉桓之末,阉竖用事,外戚豪横,乃拜太傅,与大将军窦武谋诛宦官,反为所害。"[1]《世说新语·赏誉第八》第三条:"谢子微见许子将兄弟,曰:'平舆之渊,有二龙焉。'见许子政弱冠之时,叹曰:'若许子政者,有干国之器。正色忠謇,则陈仲举之匹。伐恶退不肖,范孟博之风。'"刘孝标注引《汝南先贤传》曰:"谢甄字子微,汝南邵陵人。明识人伦,虽郭林宗不及甄之鉴也。见许子将兄弟弱冠时,则曰:'平舆之渊有二龙。'仕为豫章从事。许虔字子政,平舆人。体尚高洁,雅正宽亮。谢子微见虔兄弟,叹曰:'若许子政者,干国之器也。'虔弟劭,声未发时,时人以谓不如虔。虔恒抚髀称劭,自以为不及也。释褐,为郡功曹,黜奸废恶,一郡肃然。年三十五卒。"刘孝标注引《海内先贤传》曰:"许劭字子将,虔弟也。山峙渊停,行应规表。邵陵谢子微高才远识,见劭十岁时,叹曰:'此乃希世之伟人也。'初,劭拔樊子昭于市肆,出虞承贤于客舍,召李叔才于无闻,擢郭子瑜于小吏。广陵徐孟本来临汝南,闻劭高名,召功曹。时袁绍以公族为濮阳长,弃官还。副车从骑将入郡界,乃叹曰:'许子将秉持清格,

---

[1] 徐震堮:《世说新语校笺》,中华书局 1999 年版,第 1 页。

岂可以吾舆服见之邪?'遂单马而归。譬公府掾,敦辟皆不就。避地江南,卒于豫章也。"刘孝标注引张璠《汉记》曰:"范滂字孟博,汝南伊阳人。为功曹,辟公府掾。升车揽辔,有澄清天下之志。百城闻滂高名,皆解印绶去。为党事见诛。"①汉末士人领袖陈蕃、许虔、许劭、范滂等名士,在士人失位、失势、失权的社会逆境之中,并没有完全放弃士人应有的文化价值,虽被天下抛弃却心怀天下,被国家放逐却心系国家。他们并没有将自己当成失去一切的无用废物,且能不依据社会空间的世俗位置来衡量士人自身,而用文化资本和文化之道来维系文化身份的存在意义和社会价值。我们要问,这些将要失位或已经失位的士大夫用什么来"澄清天下"? 用什么来干预国事? 毫无疑问,他们靠的就是士人身上所具有的清纯至道与文化资本,通过这种独特的文化资本,他们立身于世俗的社会,获得了士人群体的文化认可与社会赞誉,成为士人群体的价值取向和文化偶像。

《群辅录》云:"三君:天下忠诚窦游平(武)。天下义府陈仲举(蕃)。天下德宏刘仲承(淑)。八俊:天下楷模李元礼(膺)。天下英秀王叔茂(畅)。天下良辅杜周甫(密)。天下冰凌朱季陵(寓)。天下忠贞魏少英(魏朗)。天下好交荀伯条(翌)。天下稽古刘伯祖(祐)。天下才英赵仲经(典)。八顾:天下和雍郭林宗(泰)。天下慕恃夏子治(馥)。天下英藩尹伯元(勋)。天下清苦羊嗣祖(陟)。天下珚金刘叔林(儒)。天下雅志蔡孟喜(衍)。天下卧虎巴恭祖(肃)。天下通儒宗孝初(慈)。八及:海内贡珍陈子鳞(翔)。海内忠烈张元节(俭)。海内謇谔范孟博(滂)。海内通士檀文友(敷)。海内才珍孔世元(昱)。海内彬彬范仲真(康)。海内珍好岑公孝(晊)。海内所称刘景升(表)。八厨:海内贤智王伯义(商)。海内修整蕃嘉景(响)。海内贞良秦平王(周)。海内珍奇胡母季皮(班)。海内光光刘子相(翊)。海内依怙王文祖(考)。海内严恪张孟卓(邈)。海内清明度博平(尚)。"②汉末士人以"三君""八俊""八顾""八及""八厨"等文化名义,结成了一个崇尚文化价值的清流党派。他们并没有将自己仅仅设定为文化圈内的学术团体,而且将天下、海内视为士人群体存在的社会空间和价值范围。这凸显出汉末士大夫的文化视野与政治视野已经不拘囿于某个区域性的社会空间,而是将社会统一、救济天下作为士人群体的文化价值和社会事业。

---

① 徐震堮:《世说新语校笺》,中华书局 1999 年版,第 227—228 页。
② (晋)陶潜:《群辅录》,丛书集成初编本,中华书局 1991 年版,第 12 页。

作为汉末英雄的曹操,对士大夫文化统一与政治统一的群体意愿是十分清楚的。为了赢得士大夫的政治支持和文化认同,曹操提出了与士族"共定天下"的政治方略。毛汉光《中古统治阶层之社会基础》云:"士大夫家族——士族,是中国中古社会上一股最有力量的社会势力。政治统治者为了要稳定其政权,设若无法摧毁这股势力,以自己所建立的社会势力代之,则必须觅取这股社会势力的合作,获得他们对政权的支持,也就是引用社会领袖参与统治阶层,分享政治地位与政策。拥有社会势力者一旦参与政治统治阶层,既可以保持其现有的社会地位与利益,由于政治地位之获得,还可以增强其原有的社会地位与利益,这两者之间的合作,是民主政治以前较普遍现象,也成为古代政治社会安定的重要基石,在这种大趋向之下所形成的大框框,也可以反映在社会架构上。"①

时代英雄通过分享政治权力的方式,表达了政治权力与文化权力的合作意愿,极大地激发了士大夫参政议政的积极性。建安十二年(207)春二月丁酉日,曹操下令曰:"'吾起义兵诛暴乱,于今十九年,所征必克,岂吾功哉?乃贤士大夫之力也。天下虽未悉定,吾当要与贤士大夫共定之;而专飨其劳,吾何以安焉!其促定功行封。'于是大封功臣二十余人,皆为列侯,其余各以次受封,及复死事之孤,轻重各有差。"②曹操认为,曹氏集团之所以能在南征北战之中,逐步消灭诸方豪雄,依靠的是"贤士大夫之力",肯定了士大夫在平定诸雄、安定中原、统一北方中起到的核心作用。通过十九年的戎马征战,曹操已经坚定了自己的人才策略,并力图更加巩固与士大夫的合作关系。在他看来,此时天下未定,谁来安定天下呢?谁有能力安定天下呢?仅仅靠军事力量、武功征服是远远不够的。他认为,英雄必须与士大夫合作,才能共定天下。《三国志·武帝纪》裴松之注引《魏书》载公令曰:"昔赵奢、窦婴之为将也,受赐千金,一朝散之,故能济成大功,永世流声。吾读其文,未尝不慕其为人也。与诸将士大夫共从戎事,幸赖贤人不爱其谋,群士不遗其力,是夷险平乱,而吾得窃大赏,户邑三万。追思窦婴散金之义,今分所受租与诸将掾属及故戍于陈、蔡者,庶以畴答众劳,不擅大惠也。宜差死事之孤,以租谷及之。若年殷用足,租奉毕入,将大与众人悉共飨之。"③曹操与士大夫共定天下,共从戎事,共享胜利果实,首先是迎合了士大夫以天下

① 毛汉光:《中国中古社会史论》,上海书店出版社 2002 年版,第 9 页。
② (晋)陈寿撰、(南朝宋)裴松之注:《三国志》,中华书局 2005 年版,第 28—29 页。
③ (晋)陈寿撰、(南朝宋)裴松之注:《三国志》,中华书局 2005 年版,第 29 页。

为己任的文化趣味和存在价值，其次是通过"共定""共从""共享"等具有民主合作意味的政治主张，表明了英雄的文化立场和政治态度，士大夫与英雄之间不完全是军事权力、政治权力的上下级关系，而且是具有共同目标的、平等的合作伙伴。

在英雄与士大夫共定天下的政治合作基础上，曹操还提出了"共治天下"的政治新模式。建安十五年春，曹操下令曰："自古受命及中兴之君，曷尝不得贤人君子与之共治天下者乎！及其得贤也，曾不出闾巷，岂幸相遇哉？上之人不求之耳。"①英雄提出要与士大夫共治天下的政治新模式，在汉末具有重要的政治意义：第一，士大夫在汉末是无位的，他们已经失去了天下，现在可以再次得到天下，亲自治理天下，可以实现士大夫"澄清天下"的文化意愿和政治理想，使士大夫的文化理想真正得到实现，这极大地激发了士大夫的社会实践热情和乐于奉献的精神，鼓舞了士大夫的士气。第二，英雄主动提出，要将政治权力与士大夫共享、共治，使士大夫由社会被动、次要的政治地位，上升到了社会政治权力的主体位置，这也意味着士大夫被压抑的文化资本和文化之道可以得到尽情释放，得到社会权力的重新认可。在英雄的帮助下，士大夫不仅仅拥有文化主人这一单一身份，同时拥有政治主人、军事主人、经济主人等多重社会身份，重新回到了社会历史舞台的中心位置。第三，士大夫政治权力和社会地位的复位，进一步巩固了士大夫的群体意识和文化功能，为士大夫彻底摆脱长期的压抑心态，更新士人群体的文化资本，创造性地重塑士人文化的新姿态、新价值，奠定了良好的社会基础。第四，在共治天下的政治模式中，士大夫被英雄推上了社会历史的大舞台，他们将如何改造自身陈腐的文化形象？将如何建构和巩固自身权力的文化制度和政治制度？如何安定天下，实现"澄清天下"的文化意愿？如何摆正士人群体与时代英雄之间的社会空间关系？在新型的政治结构中，士人群体的政治权力与文化权力又该如何调整？可见，面对新型社会空间和政治权力，士大夫的文化资本获得了千载难逢的革新时机，也预示着一个摆脱陈腐气息、充满自由精神的启明时代的到来。

为了真正让士大夫体验到共治天下、共享天下的政治快感与存在价值，曹操大力提倡论功行赏，能者上尊，定功行封。这样，士大夫就可以凭借自身的文韬武略建功立业，从而很快进入曹氏集团的权力核心，实现由在野的失位状态到获

---

① （晋）陈寿撰、（南朝宋）裴松之注：《三国志》，中华书局 2005 年版，第 32 页。

得中央政治权力的要切地位的转变。曹操《论吏士行能令》云:"议者或以军吏虽有功能,德行不足堪任郡国之选,所谓'可与适道,未可与权'者也。管仲曰:'使贤者食于能则上尊,斗士食于功则卒轻死,二者设于国则天下治。'未闻无能之人,不斗之士,并受禄赏,而可以立功兴国者也。故明君不官无功之臣,不赏不战之士;治平尚德行,有事赏功能。"①《三国志·武帝纪》记载,建安十八年(213),曹操被封为魏公,初置尚书、侍中、六卿。裴松之注引《魏氏春秋》曰:"以荀攸为尚书令,凉茂为仆射,毛玠、崔琰、常林、徐奕、何夔为尚书,王粲、杜袭、卫觊、和洽为侍中。"②张作耀在《曹操评传》中云:"被授以重要权力者竟达数十人之多,如荀攸,曾为中军师,魏建国期间(下同)官至尚书令;凉茂,官至左军师、尚书仆射;国渊,官至太仆,位居列卿;徐奕,官至丞相留府长史、尚书、尚书令;何夔,官至丞相东曹掾、尚书仆射;刑颙,官至太子太傅;鲍勋,官至侍御史;司马芝,官至大理正;卫觊,官至尚书、侍中;刘廙,官至丞相掾属、黄门侍郎;陈矫,官至尚书;和洽,官至侍中;崔林,官至御史中丞。其他如刘放、刘馥、司马朗、司马懿、梁习、郑浑、桓阶、陈群、徐宣、韩暨、高柔、王观、辛毗、杨阜、高堂隆、满宠、田豫、牵招、徐邈、胡质、王凌等等,均得显官。曹操死后,这些人中的未故者,继仕曹丕,大都是曹魏政权的中坚力量,官阶日隆,多至中枢者。"③曹操与士大夫共治天下的政治新模式,将英雄与士大夫的政治利益紧密地捆绑在一起。一方面,英雄重用士大夫,对之委以重任,以诚相待,论功行赏,极大地满足了士大夫的权力欲望。另一方面,士大夫将英雄的未竟事业当成自己的事业来努力,增进了士人的主人翁意识,不断地为英雄建言献策,为英雄提供了决胜千里的宏图谋略。英雄的成功,就是名士的成功。毛汉光《三国政权的社会基础》云:"曹操势力初期以谯沛地方豪族为主体,得荀彧以后,经彧之推荐遂有大量士大夫加入。对曹操而言,是政权基础的扩大,对士大夫而言,随着许昌政权的稳定,原本在汉朝未能求得的名位,终于实现,也就是说他们由在野步入从政,由社会领袖的身份兼具政治领袖的身份,是单士的上升,亦是士族的继续发展。嘉平年间司马懿胜曹爽的政潮,代表着传统王朝功臣嗣袭方式的挫折,具有学术文化精神体的士大夫,进

① (清)严可均辑:《全三国文》,商务印书馆1999年版,第13页。
② (晋)陈寿撰、(南朝宋)裴松之注:《三国志》,中华书局2005年版,第42页。
③ 张作耀:《曹操评传》,南京大学出版社2000年版,第348—349页。

一步发展,单士成为官僚,再成为士族。"①

英雄与士大夫之间的合作是互惠互利的。没有英雄的重视和重用,士大夫无以复位,很难全面掌控中央政治权力。没有士大夫的通力合作,英雄也不可能在短时间内统一中原,达到权力的顶峰。从这个角度说,英雄是魏晋名士风度的奠基人,英雄与士大夫共治天下的政治纲领,是魏晋文化革故鼎新的政治保障。士大夫迅速获得政治核心权力,这对于士族文化权力群体的形象革新,以及新时期文化资本的再构,都具有一定的促进作用,也使得魏晋名士有机会、有能力思考和建构士人群体的文化新价值和新责任。

四、从经学到文学:英雄与士人文化资本的时代转型

两汉士人的文化资本以经术为核心。汉代帝王与士大夫重视学习经术,并将六经之学作为士人存在的唯一标准和文化价值。嵇康在《难张辽叔自然好学论》中云:"六经以抑引为主,人性以从容为欢。抑引则违其愿,从欲则得自然。然则自然之得,不由抑引之六经;全性之本,不须犯情之礼律。"②学习六经、训诂章句、注重文字之物、考据典章制度,都是一种外在的知识书写,这种知识书写强调知识的可靠性和重要性,从而会压抑和牵制士人的鲜活生命和精神自由。同时,士大夫长期学习经术,获得的是一套具有严格等级秩序的礼学知识和行为规范,而生命存在却在文字之间被遮蔽起来,士人逐渐在文字形象之中难以体悟圣人寄寓在六经文字之外的深层文化意义。士人正统的文化之道,通过文字之物保存和展开,士人要善于利用文字之物,心领神会,敞开文化神道的遐思领悟,从而在心领神会中,获得神道世界打开以后的澄明之光,这样才能获得士人文化的圣人原型,通达永恒的人性真理。但当六经之学获得了绝对权威时,作为生命本源的文化神道就被封存起来了。当文化之道与士人知识的关系相互疏离的时候,士人就开始遗忘圣人之道,士人所获得的知识,就是虚妄的知识,而不是早期圣人的正统文化资本。由此,士人群体的文化身份和存在价值都受到巨大的文化挑战。

曹操作为汉末的时代英雄,尽管曾经凭借经传之学,获得孝廉之名,但是他

---

① 毛汉光:《中国中古社会史论》,上海书店出版社 2002 年版,第 138 页。

② (清)严可均辑:《全三国文》,商务印书馆 1999 年版,第 523 页。

并未沉迷于经学,而更爱好文学。《三国志·武帝纪》裴松之注引《魏书》曰:"御军三十余年,手不舍书,昼则讲武策,夜则思经传,登高必赋,及造新诗,被之管弦,皆成乐章。"①曹操的学问比较驳杂,他白天讲武策(军事与治国),晚上学习思考经传学问,这种问学的方法与纯粹的经术之士是不一样的,而且他"登高必赋",自造新诗,这与汉代经学之士谨守师法、不敢自造的学习态度也是极不相同的。建安八年(203)秋七月,曹操《修学令》曰:"丧乱已来,十有五年,后生者不见仁义礼让之风,吾甚伤之。其令郡国各修文学,县满五百户置校官,选其乡之俊造而教学之,庶几先王之道不废,而有以益于天下。"②曹操认为,现在的士人不是知识不够,而是没有"仁义礼让之风",缺乏圣人在六经之中所寄托的"先王之道"。所以他下令,要求郡国士人加强"文学"学习。当然,这里的"文学"不是今天狭义的文学,而是包括经学之术在内的广义的文学,尤其是能够传承"先王之道"的仁义活学。曹操强调学习"文学",不是要士人如汉代经学之士那样皓首穷经来训诂经典文本,而是要通过学习"文学",领悟先王在经典之中所寄寓的文化大道,承续圣人的经典大义,以之拯救天下苍生,这样读书才有益于天下。可见,曹操对"文学"的理解,并非我们今天讲究文章形式与思想内容的形式主义文学,而是能恢复士人文化大道和正统文化资本的新型文学观。《三国志·武帝纪》裴松之注引张华《博物志》曰:"汉世,安平崔瑗、瑗子寔、弘农张芝、芝弟昶并善草书,而太祖亚之。桓谭、蔡邕善音乐,冯翊山子道、王九真、郭凯等善围棋,太祖皆与埒能。又好养性法,亦解方药,招引方术之士,庐江左慈、谯郡华佗、甘陵甘始、阳城郤俭无不毕至,又习啖野葛至一尺,亦得少多饮鸩酒。"③曹操的文学观是鲜活的文学存在,凸显的是文学的创造精神和自由思想。曹操本人不但擅长诗歌、文章等语言艺术,而且对于其他文化样式,如书法、音乐、围棋甚至养生等,都有着浓厚的兴趣,也很精通,这表明英雄的文化资本与汉末士人以经学为主的文化资本是有巨大差异的。英雄登上政治权力舞台的同时,也挟带着一种新型的文化资本和文化权力,使得那些在社会中失位、低迷的士大夫,不仅从英雄的身上看到了恢复政治权力的可能性,而且看到了改造士人流俗文化资本的可能性。

---

① (晋)陈寿撰、(南朝宋)裴松之注:《三国志》,中华书局2005年版,第54页。
② (晋)陈寿撰、(南朝宋)裴松之注:《三国志》,中华书局2005年版,第24页。
③ (晋)陈寿撰、(南朝宋)裴松之注:《三国志》,中华书局2005年版,第54页。

曹操重视文学,但他的文学不是守旧、僵化的旧文学,而是代表了汉末士人在社会空间中奋斗阶段和上升阶段的新文学,体现的是汉末士人群体对社会、人生、战争、死亡等问题的体悟和焦虑。正因为如此,英雄开始运用士人自身的文化智慧与文学才能,抛弃陈旧的文化形式,改造士人腐朽不堪的流俗文化资本。从这个角度来看,毫无疑问,曹操成为建安文学、士人文化的领袖人物。鲁迅在《魏晋风度及文章与药及酒之关系》中云:"在曹操本身,也是一个改造文章的祖师,可惜他的文章传的很少。他胆子很大,文章从通脱得力不少,做文章时又没有顾忌,想写的便写出来。"①王瑶在《曹氏父子与建安七子》中云:"当时所有的著名文士,几乎皆收罗在他们幕下,风云所会,公宴唱和,才歌咏出了慷慨苍凉的人生调子,放出了文学史的奇葩。所以讲到建安文学,绝不能忽略了曹氏父子的领导作用"②。鲁迅、王瑶对曹操的文学改造和文章贡献都做了较为贴切的评价。他们都认为,曹操的文学贡献,是属于曹操个人的贡献,曹操将"文学"当成是先王之道、士人正统文化资本的真正所在。

作为时代英雄,曹操是时代文学风气和文章风骨的创立者和践行者。后人将曹操的《薤露行》《蒿里行》评为"汉末实录"("实录"之论,在文字上迎合了现代文学科学中心主义研究范式的审美需求),如"瞻彼洛城郭,微子为哀伤"(《薤露行》),"生民百遗一,念之断人肠"(《蒿里行》),衰败的城池,流离的生民,无不使英雄感到悲痛,产生了哀伤的情绪。正是这种哀伤之情,令诗人产生了"断人肠"的绞痛体验。曹操诗歌的"实录",是作为一个乱世英雄,在社会现实的惨痛经历中,通达了士人存在的那个真正的诗人原型,并运用诗歌的话语形式,将诗人原型的真切感受和时代体验用诗歌语言的形式展现出来。如《步出夏门行·神龟虽寿》云:"神龟虽寿,犹有竟时。腾蛇乘雾,终为土灰。老骥伏枥,志在千里。烈士暮年,壮心不已。盈缩之期,不但在天。养怡之福,可得永年。幸甚至哉,歌以咏志。"③英雄眼中的神龟、腾蛇,表达了士人对自身生老病死的深切领会,神龟终会"竟时",腾蛇终会化为"土灰",其实质是东汉末年士人在动荡岁月中对生命短暂、终有一死的终极体验。这种对死亡的敬畏之情,令英雄、士人产生了一种超越时空的时代共鸣。同时,英雄与东汉沉沦失落的士人又存在

---

① 鲁迅:《魏晋风度及其他》,上海古籍出版社 2000 年版,第 187 页。
② 王瑶:《王瑶全集·第一卷》,河北教育出版社 2000 年版,第 249 页。
③ 逯钦立辑校:《先秦汉魏晋南北朝诗》,中华书局 1983 年版,第 354 页。

不同,因为他在与士大夫共定天下、共治天下的过程中,感到了英雄得位、成功的喜悦,那种建功立业的雄心壮志又在胸中油然而生。但是英雄又是一个真真切切的活人,并不因事业的成功而忘乎所以,而是回到了人的生命,告诫自己,人在盈缩之间,终归离去,心中又不免产生要"养怡"的长存渴望。我们可以感受到,《神龟虽寿》中所展示的是士人忧虑—壮志—哀叹—养生的心路历程,这种诗歌不因外物而遗忘生命,而是有血有肉、触动灵魂。英雄生命的显露成为曹操诗歌的最大特征。其《短歌行》云:"对酒当歌,人生几何。譬如朝露,去日苦多。慨当以慷,忧思难忘。何以解忧,唯有杜康。青青子衿,悠悠我心。但为君故,沉吟至今。呦呦鹿鸣,食野之苹。我有嘉宾,鼓瑟吹笙。明明如月,何时可掇。忧从中来,不可断绝。越陌度阡,枉用相存。契阔谈䜩,心念旧恩。月明星稀,乌鹊南飞。绕树三匝,何枝可依。山不厌高,水不厌深。周公吐哺,天下归心。"①这首诗的生命情感跌宕起伏,极为丰富。首先表达了英雄存在的焦虑之情,其次将这种人生焦虑转向了人才焦虑,再次又由人才的焦虑转向了英雄的孤独,最后由英雄的孤独转到英雄对士人的渴望。整首诗展示了英雄在乱世瞬间极为复杂的人心变化和情感体验,其中个人的焦虑、孤独、痛苦和追求,成为整个时代士人群体共有的情感体验的缩影。

英雄不仅爱好文学创作,还善于依据自身对文学的独特理解,广泛招揽天下的文学之士,将英雄对士人文化资本的理解,运用于时代的人才观念之中。曹植在《与杨德祖书》中云:"昔仲宣独步于汉南,孔璋鹰扬于河朔,伟长擅名于青土,公干振藻于海隅,德琏发迹于大魏,足下高视于上京。当此之时,人人自谓握灵蛇之珠,家家自谓抱荆山之玉。吾王于是设天网以该之,顿八纮以掩之,今尽集兹国矣。"②曹植所理解的"吾王"之"天网"是指什么呢?"吾王"之"八纮"又是指什么呢,仅仅指政治权术吗?毫无疑问,最重要的还是指英雄对士人群体文化资本和文化之道的回归与认同。他抛弃了汉末士人的虚妄学风,重新将士人正统的文化大道设置为士人的社会存在和文化身份。

英雄对纯粹经术的扬弃,对生命文学的热诚与喜爱,揭橥了汉末士人文化资本的新转型。英雄对士人文化资本的生命改造,得到了大多数士大夫的认同,英雄与士大夫不仅在政治场域形成共鸣与合作,而且在文化场域与文学场域里,也

---

① 逯钦立辑校:《先秦汉魏晋南北朝诗》,中华书局 1983 年版,第 349 页。
② (清)严可均辑:《全三国文》,商务印书馆 1999 年版,第 159 页。

达成了精神上的文化共识。这种文化共识不仅有利于巩固英雄与士大夫的政治合作，而且开始由政治的合作走向文化的共鸣。英雄与士大夫在文化趣味和文学热情上的共识与合作，使得邺下政治集团不仅是一个社会政治权力的核心集团，而且是一个社会文化建设的核心集团。曹丕在《典论·论文》中云："今之文人，鲁国孔融文举、广陵陈琳孔璋、山阳王粲仲宣、北海徐幹伟长、陈留阮瑀元瑜、汝南应玚德琏、东平刘桢公干，斯七子者，于学无所遗，于辞无所假，咸自以骋骥骤于千里，仰齐足而并驰，以此相服，亦良难矣。"①曹丕在《又与吴质书》中云："昔年疾疫，亲故多离其灾，徐、陈、应、刘，一时俱逝，痛可言邪！……观古今文人，类不护细行，鲜能以名节自立。而伟长独怀文抱质，恬淡寡欲，有箕山之志，可谓彬彬君子矣。著《中论》二十余篇，成一家之言，辞义典雅，足传于后。德琏常斐然有述作意，其才学足以著书，美志不遂，良可痛惜！……孔璋章表殊健，微为繁富。公干有逸气，但未遒耳，其五言诗之善者，妙绝时人。元瑜书记翩翩，致足乐也。仲宣独自善于辞赋，惜其体弱，不足起其文，至于所善，古人无以远过也。昔伯牙绝弦于钟期，仲尼覆醢于子路，痛知音之难遇，伤门人之莫逮也。诸子但为未及古人，自一时之俊也。"②钟嵘《诗品》云："降及建安，曹公父子，笃好斯文，平原兄弟，郁为文栋，刘桢、王粲，为其羽翼。次有攀龙托凤，自致于属车者，盖将百计。彬彬之盛，大备于时矣。"③曹氏父子、建安七子及其他文学之士，在文化资本和士人生命方面达到了前所未有的共识，这种文学共识促进并改造了曹氏集团的合作形式和文化认同，形成了一个以英雄与士大夫为核心的建安文学集团和文化集团，有力地巩固了士大夫在社会空间的核心地位。

建安文学的文学特质和审美趣味在于建安风骨。那么，何为建安风骨？学术界大多停留在形式与内容的二元关系上讨论建安风骨，使得建安风骨的文学之道和自由精神被遮蔽了。刘勰在《文心雕龙·明诗》中云："暨建安之初，五言腾踊，文帝陈思，纵辔以骋节；王徐应刘，望路而争驱；并怜风月，狎池苑，述恩荣，叙酣宴，慷慨以任气，磊落以使才；造怀指事，不求纤密之巧，驱辞逐貌，唯取昭晰之能：此其所同也。"④刘勰《文心雕龙·时序》云："自献帝播迁，文学蓬转，建安

① （清）严可均辑：《全三国文》，商务印书馆 1999 年版，第 82 页。
② （清）严可均辑：《全三国文》，商务印书馆 1999 年版，第 66 页。
③ （梁）钟嵘著、陈延杰注：《诗品注》，人民文学出版社 1980 年版，第 1 页。
④ （梁）刘勰著、范文澜注：《文心雕龙注》，人民文学出版社 1962 年版，第 66 页。

之末,区宇方辑。魏武以相王之尊,雅爱诗章;文帝以副君之重,妙善辞赋;陈思以公子之豪,下笔琳琅;并体貌英逸,故俊才云蒸。仲宣委质于汉南,孔璋归命于河北,伟长从宦于青土,公干徇质于海隅;德琏综其斐然之思,元瑜展其翩翩之乐,文蔚(路粹)休伯(繁钦)之俦,于叔(邯郸淳)德祖之侣,傲雅觞豆之前,雍容衽席之上,洒笔以成酣歌,和墨以藉谈笑。观其时文,雅好慷慨,良由世积乱离,风衰俗怨,并志深而笔长,故梗概而多气也。"[1]刘勰对建安风骨的理解,概括起来,关键词主要有慷慨、任气、磊落、使才、志深、笔长、梗概、多气。如果我们将其按照士人存在的顺序重新排列,就会发现,刘勰首先肯定了建安风骨与诗人之慷慨、诗人之志密不可分,其次与诗人之气紧密相连。那么,诗人的志、气指什么呢? 是指诗人的大道存在和文化精神,是士人存在的群体认同与整体价值,是建安时期士人大道的集中体现。再次,使才、笔长是建安士人的话语表现,士人运用诗歌的形式来展现生命之志气,甚至大道存在,使诗歌完全成为士人群体文化资本的语言形式,诗歌语言与士人的生命存在连为一体,没有沦落为迷失生命存在的文学知识。可见,建安风骨的实质,不是现实主义,也不是形式主义,而是士人存在的鲜活生命。建安文人将士人的存在精神与鲜活生命写进诗中,让诗歌成为展现群体生命与自由精神的语言和形式。

曹操不仅是社会政治场域的英雄,而且是文学场域、文化场域的英雄,他对士人文化资本的改造,彰显了早期圣人文化的正统性,用文化回归、诗学回归的方式,摆脱了两汉经学的实用性和物质性,从而将士人文化资本引向了士人存在的生命体验。英雄对士人文化资本的改造,得到了士大夫的积极响应和大力支持,很好地巩固了英雄与士大夫的政治合作,并拓展了他们在文化、文学、艺术方面的精诚合作。这样,英雄和士大夫的联合,就成了社会政治运动的中心,也成了社会文化革新的中心。英雄对士人文化资本的改造,开启了士人文化资本的新方向,为魏晋士人将文化价值引向神无、自然的文化意义开启了先声。

五、英雄与士大夫之间的权力冲突

由于英雄对士人的深切召唤和破格使用,士大夫很快进入了以曹氏为首的中央政治集团,并在政治权力与文化权力等诸多场域获得了中心地位。但英雄

---

[1] (梁)刘勰著、范文澜注:《文心雕龙注》,人民文学出版社1962年版,第673—674页。

与士大夫之间的合作,一开始就存在文化差异和矛盾冲突,这些矛盾冲突随着英雄与士大夫之间的密切接触以及各方面的深入合作,逐渐显现出来,以致英雄与部分士大夫出现一些难以调和的割裂与缝隙,也导致部分士大夫为英雄所杀。《三国志·武帝纪》裴松之注引《魏书》曰:"袁绍宿与故太尉杨彪、大长秋梁绍、少府孔融有隙,欲使公以他过诛之。公曰:'当今天下土崩瓦解,雄豪并起,辅相君长,人怀快快,各有自为之心,此上下相疑之秋也,虽以无嫌待之,犹惧未信;如有所除,则谁不自危? 且夫起布衣,在尘垢之间,为庸人之所陵陷,可胜怨乎! 高祖赦雍齿之仇而群情以安,如何忘之?'绍以为公外托公义,内实离异,深怀怨望。臣松之以为杨彪亦曾为魏武所困,几至于死,孔融竟不免于诛灭,岂所谓先行其言而后从之哉! 非知之难,其在行之,信矣。"①从这段话可知,曹操认为,英雄与士大夫的合作是一种现世利益上的合作,这种合作是"各有自为之心"的,这种以世俗之利为基础的合作,决定了英雄与士大夫之间随时可能存在着各种隔阂和摩擦,即使彼此之间表面上以"无嫌待之",但是心中依旧相互猜忌,难以真心相托。作为英雄,曹操一方面不断鼓励和巩固与士大夫之间的合作,以实现政治权力和文化权力的共赢;另一方面他深知,自己以地方豪强的身份成了群龙之首,有很多士大夫心中并不服气,这种社会空间和文化空间的现实冲突,很难一下子就消除。面对英雄与士大夫之间的这种文化冲突,曹操只有暂时将其抛在一边,不去管它。袁绍认为,曹操这样做,只是"外托公义,内实离异,深怀怨望",太虚伪奸诈了。袁绍只看到了英雄与士大夫之间的文化矛盾,却忽略英雄与士大夫之间的合作需求和利益诉求,存有一定的片面性。裴松之认为,曹操先表明了自己与士大夫之间的"离异"之情,后来就依据这种"离异"来惩治士大夫。裴松之忽视了英雄与士大夫之间的合作是主要的,是主流,而矛盾冲突是次要的、部分的。如果将次要矛盾过分放大,就会遮蔽英雄与士大夫之间主要的合作关系。英雄之所以容忍部分的、次要的矛盾,是为了"群情以安",是为了使更多的士大夫参与这场跨时代、跨阶层的政治文化合作。

英雄与士大夫之间的冲突,首先表现在人才观念方面。英雄提出全新的人才观,直接挑战了传统士大夫重视德行的人才观。传统士大夫以德行来衡量个体才能,而英雄是以功能来确认个体才能。《三国志·武帝纪》裴松之注引《魏书》载《庚申令》曰:"议者或以军吏虽有功能,德行不足堪任郡国之选,所谓'可

---

① (晋)陈寿撰、(南朝宋)裴松之注:《三国志》,中华书局2005年版,第16—17页。

与适道，未可与权'。管仲曰：'使贤者食于能则上尊，斗士食于功则卒轻于死，二者设于国则天下治。'未闻无能之人，不斗之士，并受禄赏，而可以立功兴国者也。故明君不官无功之臣，不赏不战之士；治平尚德行，有事赏功能。论者之言，一似管窥虎欤！"①在这则令中，曹操批评了部分议者崇尚德行的人才观。这种士大夫人才观依旧认为，一个人有功能，如果德行不好，也不能做官。英雄"唯才是举"，以功能作为人才的唯一标准。毫无疑问，英雄与那些拘囿于传统人才观的士大夫之间存在一定的分裂。《世说新语·方正第五》第二条："南阳宗世林，魏武同时，而甚薄其为人，不与之交。及魏武作司空，总朝政，从容问宗曰：'可以交未？'答曰：'松柏之志犹存。'世林既以忤旨见疏，位不配德。文帝兄弟每造其门，皆独拜床下，其见礼如此。"刘孝标注引《楚国先贤传》曰："宗承字世林，南阳安众人。父资，有美誉。承少而修德雅正，确然不群，征聘不就，闻德而至者如林。魏武弱冠，屡造其门，值宾客猥积，不能得言；乃伺承起，往要之，捉手请交，承拒而不纳。帝后为司空，辅汉朝，乃谓承曰：'卿昔不顾吾，今可为交未？'承曰：'松柏之志犹存。'帝不说，以其名贤，犹敬礼之。敕文帝修子弟礼，就家拜汉中太守。武帝平冀州，从至邺，陈群等皆为之拜。帝犹以旧情介意，薄其位而优其礼，就家访以朝政，居宾客之右。文帝征为直谏大夫。明帝欲引以为相，以老固辞。"②宗承是汉末名士的典型代表，他所崇尚的人才标准是德行，而且受到很多士大夫的敬仰。曹操年轻的时候，曾经想与他交往，但被他拒绝。后来曹操当了司空，还想与之交往，依旧被他拒绝。昔日的曹操是一介书生，但今日的曹操位居司空，权倾朝野，随着社会地位的上升，曹操对宗承的态度也发生了改变。当宗承第二次拒绝与之交往时，曹操表现出不悦的表情，并且"薄其位而优其礼"，一方面对宗承表面上很客气，以礼相待；另一方面有意让其处于下位，将其闲置在政治中心的外缘。余嘉锡在《世说新语笺疏》中云："宗承少而薄操之为人，老乃食丕之禄，不愿为汉司空之友，顾甘为魏皇帝之臣。魏、晋人所谓方正者，大抵如此。东汉节义之风，其存焉者盖寡矣。"③可见，以宗承为代表的传统士大夫，崇尚德行，并以德行标准在世做人，以致与英雄产生了一些文化冲突。

---

① （晋）陈寿撰、（南朝宋）裴松之注：《三国志》，中华书局2005年版，第24页。
② 徐震堮：《世说新语校笺》，中华书局1999年版，第153—154页。
③ 余嘉锡：《世说新语笺疏》，中华书局1983年版，第280页。

其次,英雄的士人文化资本由经术转向了文学,使得传统士人的文化资本(经术)受到了挑战。《后汉书·祢衡传》云:"建安初,来游许下。始达颍川,乃阴怀一刺,既而无所之适,至于刺字漫灭。是时许都新建,贤士大夫四方来集。或问衡曰:'盍从陈长文、司马伯达乎?'对曰:'吾焉能从屠沽儿耶!'又问:'荀文若、赵稚长云何?'衡曰:'文若可借面吊丧,稚长可使监厨请客。'唯善鲁国孔融及弘农杨修。常称曰:'大儿孔文举,小儿杨德祖。余子碌碌,莫足数也。'融亦深爱其才。"①祢衡是汉末经术文化的著名士人,他来到许昌,胸中怀有一"刺",这里的"刺"是什么呢?《释名·释书契》云:"书书称刺,以笔刺纸简之上也。又曰写,倒写此文也。"②宋叶适《梁父吟》:"集后土之雍容兮,刺百圣之礼文。"③明杨慎《丹铅杂录·刺字训》云:"《淮南子·序》典中郎将弁揖,借八卷刺之。又汉文帝命诸儒刺'六经'作《王制》。刺之为言取也。"④可知,"刺"为汉代学者所抄写的"六经"精华。祢衡怀揣此物,来到许昌,这意味着他还是坚守传统经术的文化资本,以经术作为自身的文化标准和士人准则。士人传统文化(经术)与英雄新文化(文学)存在着极大的文化冲突,这也决定了祢衡此次来许昌不受重视的失落命运。"刺字漫灭"了,意味着祢衡很难在许昌找到自己的文化知音。祢衡的狂狷,代表着经术传统文化的狂狷。祢衡认为,陈群、司马朗等所谓的贤士,就如屠夫一样,粗俗难堪。荀彧总是哭丧着脸,在名利面前,丢魂落魄;赵融也失去了经学之士的温文尔雅,就如厨子一样,俗不可耐。被英雄"功能"化以后的士人,在传统文化士人的眼中完全世俗化了。出身士族的孔融、杨修等士人,在祢衡看来,也是低人一等的;其他的文学之士,就更加碌碌无为、平庸无能,不值得一提。可见,随着英雄人才观与文化观的形成,士人内部开始出现分裂,一部分士人认同英雄的人才观和文化观,了曹氏集团的核心人物;另一部分士人坚守传统德行为主的人才观和文化观,则成了士人中的狂狷者。《后汉书·祢衡传》云:"融既爱衡才,数称述于曹操。操欲见之,而衡素相轻疾,自称狂病,不肯往,而数有恣言。操怀忿,而以其才名,不欲杀。"⑤新旧人才观、文化观的价值冲突,直接表现在祢衡与英雄之间的交往冲突中,这也注定了传统经术价值和传统

111

---

① (南朝宋)范晔撰、(唐)李贤等注:《后汉书》,中华书局1965年版,第2653页。

② (汉)刘熙:《释名》,中华书局1985年版,第97页。

③ 北京大学古文献研究所编:《全宋诗·叶适诗集》,北京大学出版社1998年版,第31217页。

④ (明)杨慎:《丹铅杂录》,中华书局1985年版,第27页。

⑤ (南朝宋)范晔撰、(唐)李贤等注:《后汉书》,中华书局1965年版,第2655页。

文化士人在曹氏集团中被冷落的遭遇。祢衡在许昌的失败，意味着经术传统文化的最终失落。

再次，英雄的政治新模式是与士大夫共定天下、共治天下，天下是英雄与士大夫的共同目标。但在如何获取天下方面，英雄与部分士大夫也存在不同。英雄重视以武力、谋略获取天下，而部分士大夫更倾向于以王道、文德来绥服敌国。在文韬武略方面，英雄与士大夫也存在一定的摩擦。建安十九年秋七月，曹操出兵征讨孙权。《三国志·武帝纪》裴松之注引《九州春秋》曰："参军傅干谏曰：'治天下之大具有二，文与武也；用武则先威，用文则先德，威德足以相济，而后王道备矣。往者天下大乱，上下失序，明公用武攘之，十平其九。今未承王命者，吴与蜀也，吴有长江之险，蜀有崇山之阻，难以威服，易以德怀。愚以为可且按甲寝兵，息军养士，分土定封，论功行赏，若此则内外之心固，有功者劝，而天下知制矣。然后渐兴学校，以导其善性而长其义节。公神武震于四海，若修文以济之，则普天之下，无思不服矣。今举十万之众，顿之长江之滨，若贼负固深藏，则士马不能逞其能，奇变无所用其权，则大威有屈而敌心未能服矣。唯明公思虞舜舞干戚之义，全威养德，以道制胜。'公不从，军遂无功。干字彦材，北地人，终于丞相仓曹属。有子曰玄。"①曹操与傅干的政治目标是一致的，但在征服天下的方式上却存在一定的分歧，曹操坚持用武征服，傅干提倡用文绥服。

如果仅在征服天下的方式上存在分歧，英雄还可以容忍，但是如果士大夫的行为危及获取天下，甚至存在搅乱天下的可能性，那么，英雄就会毫不犹豫地运用手中的政治权力将其彻底铲除。出身弘农杨氏的杨修恃才狂妄，早就与曹操存在一些冲突，但是曹操直到死前一年才杀了他，这是什么原因呢？难道仅仅因为杨修太狂狷放肆了？《文选集注》七十九《答临淄侯笺》注引《典略》云："杨修字德祖，少谦恭有才学，早流奇誉。魏武为丞相，转主簿，军国之事皆预焉。修思谋深长，常预为答教，故猜而恶焉。初临淄侯植有代嫡之议，修厚自委昵，深为植所钦重。太子亦爱其才。武帝虑修多谲，恐终为祸乱，又以袁氏之甥，遂因事诛之。"②曹操担心，杨修这个人"多谲"，"恐终为祸乱"，担心自己死后，杨修会对曹氏的政权稳定构成威胁，所以"因事诛之"。这里的"事"不过是一个借口而已，曹操杀杨修的最终原因，还是因为杨修会祸及天下的稳定。

---

① （晋）陈寿撰、（南朝宋）裴松之注：《三国志》，中华书局 2005 年版，第 43—44 页。
② 余嘉锡：《世说新语笺疏》，中华书局 1983 年版，第 580 页。

在英雄与士大夫的合作过程中，英雄以政治权力为主，以文化资本为辅，而士大夫有时候以文化资本为主，甚至将文化权力放置在政治权力之上，这也势必引发英雄与士大夫之间的冲突。《后汉书·孔融传》云："曹操既积嫌忌，而郗虑复构成其罪，遂令丞相军谋祭酒路粹枉状奏融曰：少府孔融，昔在北海，见王室不静，而招合徒众，欲规不轨，云'我大圣之后，而见灭于宋，有天下者，何必卯金刀。'及与孙权使语，谤讪朝廷。又融为九列，不遵朝仪，秃巾微行，唐突宫掖。又前与白衣祢衡跌荡放言，云'父之于子，当有何亲？论其本意，实为情欲发耳。子之于母，亦复奚为？譬如寄物瓶中，出则离矣。'既而与衡更相赞扬。衡谓融曰：'仲尼不死。'融答曰：'颜回复生。'大逆不道，宜极重诛。"[1]孔融狂放不羁，以自然文化为由，不遵从朝廷礼仪，直接挑战了政治权力的权威，曹氏集团最终以不忠、无礼、不孝的罪名处决了孔融。鲁迅在《魏晋风度及文章与药及酒之关系》中云："倘若曹操在世，我们可以问他，当初求才时就说不忠不孝也不要紧，为何又以不孝之名杀人呢？然而事实上纵使曹操再生，也没人敢问他，我们倘若去问他，恐怕他把我们也杀了！"[2]孔融之死，说明英雄与士大夫之间的合作，依旧是以政治权力的意愿为主，文化权力处于附庸的边缘地位。《三国志·崔琰传》云："初，太祖性忌，有所不堪者，鲁国孔融、南阳许攸、娄圭，皆以恃旧不虔见诛。而琰最为世所痛惜，至今冤之。"[3]正是政治权力的绝对权威，决定了英雄与士大夫之间存在各种冲突，为士人引来杀身之祸。

六、结论

英雄是汉末名士的英雄，代表的是地方豪强与士大夫之间的共同利益，失位的士大夫只有依靠英雄，才能摆脱士人失位、失业、无禄的困境。

英雄改变了传统士人的人才观和文化观。一方面，英雄鼓励士大夫投身政治事业，与英雄共治天下，同时，对士大夫论功行赏，使得士大夫有机会迅速获得中央政治权力，恢复了士人的政治地位，也逐渐实现了士人群体"澄清天下"的文化理想。另一方面，英雄与士大夫之间的合作是一种以天下的现世利益为纽

① （南朝宋）范晔撰、（唐）李贤等注：《后汉书》，中华书局1965年版，第2278页。
② 鲁迅：《魏晋风度及其他》，上海古籍出版社2000年版，第189页。
③ （晋）陈寿撰、（南朝宋）裴松之注：《三国志》，中华书局2005年版，第370页。

带的政治结盟,这种结盟也意味着士人文化资本的世俗化,导致了士人群体的分化。一部分士人坚守汉代传统德行和经术价值,一部分士人为了急切摆脱士人的社会失落,实现群体的文化理想,与英雄达成了一致的名利和文化观念。

英雄无论是在政治权力,还是在文化权力方面,都具有绝对的优势和权威,这势必引发英雄与士大夫在共治天下过程中的不平等关系和价值冲突,也导致了一些士大夫为英雄所杀。

可见,在英雄独领风骚的时代,名士文化还处于萌芽、转变时期,士大夫群体还没有真正形成士人群体的文化优势和价值认同。在英雄与士大夫的合作与冲突中,一场文化革新犹如星星之火,在闪烁着。但"见龙在田",魏晋文化的主人(名士)已经登上了历史的大舞台,他们需要再次召回士人正统的生命之道和文化资本。名士们需要深思,如何既能成为主人,又能将士人正统的文化大道与核心价值得到充分展现。这种文化使命是一条极为漫长的文化寻根之路,不可一蹴而就。

第六章　家国之间：士族和魏晋风度的文化本色及其场域转换

> 夫人为子之道，莫大于宝身全行，以显父母。此三者，人知其善，而或危身破家，陷于灭亡之祸者，何也？由所祖习非其道也。
>
> ——王昶：《家诫》

> 故风流既是至德，至德始成风流。今人爱称魏晋门第中人为当时之新贵族，此语亦非不是，然当知此种标致风流，则即是当时人所自标其高贵风格之异于世俗常流所在者。
>
> ——钱穆：《略论魏晋南北朝学术文化与当时门第之关系》

> 要言之，在六朝时期，贵族成为中心，这是中国中世纪一切事物的根本。……这时期的文化成为中国文化的根本，今天的中国文化也是在这一基础之上建筑起来的。
>
> ——（日）内藤湖南：《中国史通论·中国中古的文化》

汉末党锢之禁，使士人失位，也使士人的文化资本和文化之道在社会上隐退，世界只剩下了赤裸裸的利益关系，一个黑暗、贫乏的时代悄然而至。老子云："天下有道，却走马以粪；天下无道，戎马生于郊。"（《老子·第四十六章》）[1]"天下有道"指的是文化之道成为天下的核心价值，那么，军事战争所重用的战马就

---

[1]　（魏）王弼注、楼宇烈校释：《老子道德经注校释》，中华书局2008年版，第125页。

可以隐退山野，这就是放马南山的和平年代。"天下无道"指士人的文化之道在社会世界之中消失了，世人失去了文化之道的价值约束和文化规定，因为各种利益而产生纷争，以致兵戎相加，这就是硝烟四起、民不聊生的战争年代。老子认为，决定一个时代是和平发展的时代，还是弱肉强食的时代，其中大道文化的价值消长就是风向标。

失去了社会位置的汉末士人群体，面对这个"无道"的天下，如何安身立命呢？如何将士人的文化使命和神性之道保存下来，并传承下去呢？子曰："天下有道则见，无道则隐。"（《论语·泰伯篇第八》）①汉末的士人被迫从世界之中退隐。但士人从世界之中退隐下来，并不意味着从世界之中消失。退隐是一种力量的暂时隐藏，而这种暂时的隐藏是为了未来的发展壮大。那么，失位士人都退隐到哪里去了呢？毫无疑问，士人是由"国"退守到"家"中，士人失去了"国"，但仍拥有一个文化保留和传承的根基之处，那就是"家"，即士族。汉末士人被迫告别黑暗化、贫乏化、沙漠化的城市，回到了乡绅化、士族化、地方化的乡村，从此，乡村就成了士族文化传播发展的基地，成了书生繁衍的故土，也成了汉末士人进可攻、退可守的物质、精神和文化家园。乡村士族因为这群充满文化资本的士人回归而一石激起千层浪，原本孤寂静谧的乡村充满了彬彬的文化礼仪与琅琅的读书声，充满了正气活力与生命情趣，显示出前所未有的勃勃生机。

尽管时代英雄已经将汉末失位名士的后裔从乡村召回中央政治权力中心，但是这些名士依旧习惯拥有两个家，一个是乡村之家，另一个是城市之家。美国学者伍夫拉姆·埃伯哈德（Wolfram Eberhard）在《征服者与统治者：中国中世纪的社会势力》中云："一个缙绅家族通常有一个乡村家和一个城市家。乡村家即家族田产所在地，那里居住一部分族人，管理经营其财产，如向佃农收租等，乡村家是家族经济的支持骨干。当其家族有足够的资金时，则聘请教师教育其子孙，使其子孙能从事官宦生涯。……缙绅家族中受教育的分子常常搬进城市中居住，其生活较为安逸，他们有乡村家为其经济基础，……缙绅在城市的支族的主要活动是政治性的，其家人千方百计谋求进入官僚群，或做中央官或做地方官，或为文官或为武官。……社会安定与权力的诀窍基于双重意义上；如果在中央的城市支族在权力争夺时失利，则该家族乡村部分仍能继续生存与维持，政局的转移很少能够同时影响到城市及乡村两地方的族人。若当城市支族当权时，彼

---

① 杨伯峻译注：《论语译注》，中华书局1980年版，第82页。

可保护并援助居住在乡村的支族。"①出身士族的魏晋名士,在乡村中接受了士族的家庭文化教育,获取了名士正统的文化资本和文化之道,并将乡村作为士人立身社会的文化家园和精神动力。各个地方的名士在乡村用文化之道建构起了士族文化,形成了独具特色的家族文化、家风家法。与此同时,出身士族的名士从小沐浴于家族文化之中,认同并践行所在士族的家族共性和文化价值,这样,魏晋时期的乡村士族成为保全、发展、传承士人正统文化资本和文化之道的胜地。

魏晋时期,随着时代英雄对名士的热切召唤和大力重用,名士们怀着各自家族的家风家法,积极投身世界,逐渐占据了中央政治权力和文化权力的核心位置,形成了一种全新的文化格局和人才观念。这种源自乡村士族的文化格局与价值观念与两汉时期的国家学术大有不同:第一,经学之士是由国家培养的,而名士大都在士族中接受了家学培养、家风熏陶、家法教育,他们是由乡村士族培养出来的。第二,经学之士长期盘桓在中央与城市,从一开始就与各种权力关系纠缠在一起,重视师法,形成了各种复杂的学术裙带关系。魏晋名士生在乡村、长在乡村、学在乡村,他们学成之后,才逐渐从乡村走向国家,来到政治场域。他们带着士族丰厚的文化赠礼来到世界之中,全身上下充溢着一股独特的文化魅力。第三,经学之士,门生故吏,关系复杂,两汉士风大同小异,师法家法极为严格,禁锢人心。魏晋名士士风以家风为基础,家风又以士族为单元,士族具有地方性与区域性,所以是多元而充满朝气的,由这种多元家风而形成的多元士风,自然就显现出一种独有的包容性和自由性。钱穆在《国史大纲》"北方的门第"一节中云:"一个大门第,决非全赖于外在之权势与财力,而能保泰持盈达于数百年之久;更非清虚与奢汰,所能使闺门雍睦,子弟循谨,维持此门户于不衰。当时极重家教门风,孝悌妇德,皆从两汉儒学传来。诗文艺术,皆有卓越之造诣;经史著述,亦灿烂可观;品德高洁,堪称中国史上第一、第二流人物者,亦复多有。而大江以南新境之开辟,文物之蔚起,士族南渡之功,尤不可没。要之,门第之在当时,无论南北,不啻如乱流中岛屿散列,黑夜中灯炬闪耀。北方之同化胡族,南方之宏扩斯文,斯皆当时门第之功。"②钱穆认为,士族在维护、传承华夏文化方

① Wolfram Eberhard: *Conquerors and Rulers——Social Forces in Medieval China*, Second Edition, Leiden, 1965, pp. 44-46.

② 钱穆:《国史大纲》,商务印书馆 1996 年版,第 309—310 页。

面功劳极大,这一重视士族文化的观点极为别致,也极具洞察力。他认为,士族之所以能在魏晋隋唐延绵七百余年,仅仅依靠政治军事权势与经济财力是万万做不到的,士族最具魅力的地方在于士族文化。正是这种保存了士人文化之道和文化资本的士族文化,使得魏晋士人在世界的流俗文化之中鹤立鸡群、卓越不凡。士人以自身的文化行为和特立独行,在黑暗流俗的世界里,点燃了大道文化的希望之灯,在贫乏浮华的精神世界里,获得了自身的天命赐礼与逍遥存在。

一、士族与世擅雕龙

汉末士人被政治权力流放,士人的文化价值由国家层面回归家族层面,士族开始成为保留文化资本、文化权力的持守者和传承者。文化权力的士族化使作为社会初级组织机构的家族,开始在社会文化空间上出现了等级,如士族、大姓、小姓、庶族、寒门等阶层。毫无疑问,在文化传承和教育培养方面,士族做得最好,成为家族之中具有较大社会影响力的文化世家,享有很高的文化声誉与门第雅望,是社会各个阶层争相模仿的典范家族和文化标杆。魏晋时期,全国各地出现了不同层次、声名鹊起的士族。这些士族强化自身的家族文化建设,家族的文化特色与精神底蕴日益彰显。对比其他家族争相模仿,士族化成为这个时代家族发展与门风家法的主要特色。毛汉光《中古大士族之个案研究——琅琊王氏》云:"形成士族有三大主要途径:一是经过政治主要途径,即由于参与新政权的建立或辅助新君的登基,或由于皇帝的宠幸,或由于外戚等因素而居官位,其后并能保持若干代官宦的家族。一是经过文化途径,即由于经传、法律、历法等学问的精通,借此入仕而能若干代官宦的家族。一是经过经济途径,即凭借经济的力量,或大地主、或由巨商大贾入仕,而能若干代官宦的家族。西汉时的琅琊王氏,显然是经过文化途径而演变成为士族者。"①在三种不同的士族化途径中,尽管各个家族的起点不一致,但是其最终的目标却是一致的,即让家族尽快转变成一个崇尚文化之道、充满文化资本的文化家族,能够跻身士族之列。可见,所谓士族化,就是让家族成为一个以文化价值为核心的群体。士族内部族人敬仰士人,士人文化大道成为士族的基本价值;士族成员个个文质彬彬、温文儒雅、讲究礼仪、尊老爱幼,士族成为传承与践行中华早期优秀文化的园地。魏晋以后,

---

① 毛汉光:《中国中古社会史论》,上海书店出版社 2002 年版,第 367—368 页。

家族士族化成为家族自身发展和文化建构的典范模式,长期盛行。追究家族士族化的社会观念和文化风气,其实质是士人的文化之道和文化资本得到了社会各个家族的文化认同。这也表明,尽管士人文化价值在国家层面有些失落了,但却在家族层面赢得了文化盛誉,受到士族的极大欢迎。士族化在家族层面具体表现为家学与家风。钱穆《略论魏晋南北朝学术文化与当时门第之关系》云:"当时门第传统共同理想,所希望于门第中人,上自贤父兄,下至佳子弟,不外两大要目:一则希望其能具孝友之内行,一则希望能有经籍文史学业之修养。此两种希望,并合成为当时共同之家教。其前一项之表现,则成为家风,后一项之表现,则成为家学。"①

士族极为重视家教,表明士人学术大道的文化中心开始转移,即由国学转到家学,由国礼转到家礼。陈寅恪在《隋唐制度渊源略论稿》中云:"盖自汉代学校制度废弛,博士传授之风气止息以后,学术中心移于家族,而家族复限于地域,故魏、晋、南北朝之学术、宗教皆与家族、地域两点不可分离。"②在士族文化之中,家学是立身之本,家礼是立族之源,两者的紧密结合,才真正体现了学术由国家之学术到家族之学术的巨大转型。余英时在《东汉政权之建立与士族大姓之关系》中云:"士族的发展似乎可以从两方面来推测:一方面是强宗大姓的士族化,另一方面是士人在政治上得势后,再转而扩张家族的财势。这两方面在多数情况下当是互为因果的社会循环。所谓'士族化'便是一般原有的强宗大族使子弟读书,因而转变为'士族',这从西汉公私学校之发达的情形,以及当时邹鲁所流行的'遗子黄金满籝,不如一经'(《汉书·韦贤传》)的谚语,可以推想得之。"③士族化的实质是社会力量的场域转移,由政治场域、经济场域转移到文化场域。这也表明,士人认为政治力量与经济力量不是士人在社会上的长久立身之本,只有文化力量和价值观念才是士人真正的价值,只有回归文化资本,立足神圣文化力量的保存与传承,才能维护士族的长盛不衰与香火延绵。各个士族极为重视家族内部文化的传承和创新,因此,他们在士族内部开始大力推行士族化的家教活动。王伊同在《五朝门第》中云:"五朝名家,靡不有家教,所以立身

① 钱穆:《中国学术思想史论丛》(第三册),东大图书公司 1981 年版,第 171 页。
② 陈寅恪:《隋唐制度渊源略论稿 唐代政治史述论稿》,生活·读书·新知三联书店 2001 年版,第 20 页。
③ 余英时:《士与中国文化》,上海人民出版社 2003 年版,第 197 页。

处事,有以见异。"①士族的家学,经过长期积累,形成了家族极为深厚的士人价值和文化底蕴,各个家族在家学方面呈现出特色各异的长处和重点,出身士族的名士在家族教育之中,接受了诸如文学、艺术、易学、礼学、经学、史学、书法、绘画、天文、历算、医学等诸多学术传统教育,掌握了文化礼仪。颜之推在《颜氏家训·序致》中云:"夫圣贤之书,教人诚孝,慎言检迹,立身扬名,亦已备矣。魏、晋已来,所著诸子,理重事复,递相模效,犹屋下架屋,床上施床耳。吾今所以复为此者,非敢轨物范世也,业以整齐门内,提撕子孙。夫同言而信,信其所亲;同命而行,行其所服。禁童子之暴谑,则师友之诫不如傅婢之指挥;止凡人之斗阋,则尧、舜之道不如寡妻之诲谕。吾望此书为汝曹之所信,犹贤于傅婢寡妻耳。"②

第一,颜之推认为,魏晋以来诸多的家学著作,或诸子理论,不过是古代圣贤大道的进一步演化,依旧是早期士人文化资本在魏晋时期的各种符号再生产而已。第二,颜氏尤其强调,自己撰写家训的目的,不是为了拯救整个学术风气,也不是为了让它成为世人的模范或样本,而是为了教育颜氏家族的子孙,向他们传道授业,使族人子孙都能传承颜氏的家族文化和价值取向。第三,颜氏甚至认为,家族的教育对士族子孙的价值观念和安身立命极为重要,也极为有效。古人云:从小看到老。也就是说,小孩子在家庭中接受家教所形成的价值观念和审美趣味,会直接影响这个人未来在社会中的言行。颜之推认为,长大后师友的言传不如小时候"傅婢"的"指挥"重要。甚至"尧舜之道",在人的行为之中所起的作用,也不如"寡妻"少时的教诲和面谕重要。从这段话可以看出,汉代士人重视师法传承,而魏晋士族认为家教重于后天的师法教育,他们更重视士族子孙的幼儿教育与习性养成,甚至将家庭教育看成子孙一生中最为重要的培养阶段。后来在社会中随师所学,很难改变士族在儿童阶段所获得的各种文化观念和价值趣味。

各个士族都很重视家教,士族的族长或学术成就较高、年龄较长的族人,就会结合自己学习和社会实践中的经验,以及本家族的文化特色和文化基因,撰写各种家诫、家训、门律、门范、素范、遗言、遗令等,这些家学文本充分承载了士族累世积累、世代传承的文化核心和价值追求。如王羲之晚年辞官以后,谢万曾经致书给他,邀请他再次出仕,他写了一封《与谢万书》,婉言谢绝了邀请。其云:"古之辞世者,或被发佯狂,或污身秽迹,可谓艰矣!今仆坐而获免,遂其宿心,

---

① 王伊同:《五朝门第》,金陵大学中国文化研究所,1943年,第35页。
② 王利器:《颜氏家训集解》(增补本),中华书局1993年版,第1页。

其为庆幸。岂非天赐！违天不祥。顷东游还，修植桑果，今盛敷荣。率诸子，抱弱孙，游观其间，有一味之甘，割而分之，以娱目前，虽植德无殊邈，犹欲教养子孙以敦厚退让，戒以轻薄。庶令举策数马，仿佛万石之风。君谓此何如？"①王羲之认为，自己宦游一生，能够全身获免，乃是"天赐"。同时，经历了一生宦海，王羲之也深深地体会到，自己之所以能够全身而退，晚年能与家族子孙娱乐游戏，颐养天年，最主要的原因还是自己深受王氏家族文化精神的熏陶。因此，他想利用有生之年好好教育子孙，使他们将王氏"敦厚退让"的家学和家风传承下去，尤其要"戒以轻薄"。《梁书》卷第四十一《王褒传》云："褒著《幼训》，以诫诸子。……儒家则尊卑等差，吉凶降杀。君南面而臣北面，天地之义也；鼎俎奇而笾豆偶，阴阳之义也。道家则堕支体，黜聪明，弃义绝仁，离形去智。释氏之义，见苦断习，证灭循道，明因辨果，偶凡成圣，斯虽为教等差，而义归汲引。吾始乎幼学，及于知命，既崇周、孔之教，兼循老、释之谈，江左以来，斯业不坠，汝能修之，吾之志也。"②王褒所著的诫子之书就叫《幼训》，是用来启蒙王氏子孙的家学教材。在这份教材中，王褒尤其强调了王氏学术的特色，即善于博采儒、道、释三家之长，而且告诫王氏子孙，一定要保持"斯业不坠"，这就是"吾之志"。《三国志·刘通传》裴松之注引："李秉《家诫》曰：昔侍坐于先帝，时有三长吏俱见。临辞出，上曰：为官长当清、当慎、当勤，修此三者，何患不治乎？"③李秉告诫子孙，做官就要"当清、当慎、当勤"，做到这三点，才算一个合格的官吏，这也成为李氏家族子孙为官的文化秘诀和官品所在。《晋书·刘殷传》曰："殷恒戒子孙曰：事君之法，当务几谏。凡人尚不可面斥其过，况万乘乎！夫犯颜之祸，将彰君过，宜上思召公咨商之义，下念鲍勋触鳞之诛也。"④刘殷教育子孙要懂得如何与君王打交道，要善于"几谏"，即见机而谏，如果触犯了龙颜，就可能招致杀身之祸，就如鲍勋屡次谏诤，触怒曹丕，最后惨遭杀害。钱穆在《略论魏晋南北朝学术文化与当时门第之关系》一文中详细罗列了魏晋时期五花八门的家训诫书，其云："郑玄有诫子书，诸葛亮有诫子书，羊祜有诫子书，王祥有训子孙遗令，嵇康有诫子书，夏侯湛有昆弟诰，陶潜有命子十章，有责子诗，有诫子书，有与子俨等疏，雷次

① （清）严可均辑：《全晋文》，商务印书馆1999年版，第208—209页。
② （唐）姚思廉：《梁书》，中华书局1973年版，第583—584页。
③ （晋）陈寿撰、（南朝宋）裴松之注：《三国志》，中华书局2005年版，第536页。
④ （唐）房玄龄等：《晋书》，中华书局1974年版，第2289页。

宗有与子侄书，颜延之有庭诰文，王僧虔、张融、徐勉皆有诫子书，孙谦有诫外孙荀匠，魏收有枕中篇诫子侄，杨椿有诫子孙文，梁元帝《金楼子》有戒子篇，颜之推家训首序致篇，次即教子篇，又后魏张烈有家诫千余言，甄琛有家诲二十篇，刁雍有教戒二十余篇以训导子孙。凡此之类，就其传者，亦可见当时人守身治家之理想及其规矩准绳之所重矣。"①这些诫子书，尽管内容上存有一些差异，但都是各个士族文化的家学所在。这些家训，在维护家族利益，保全子孙性命，提升士族文化精神，以及约束士人在社会上的言行举止等方面，都起到了很重要的作用。这些家训充分表明魏晋士族化是家族学术化、文化化、教育化、自律化、艺术化的家教风气，体现了魏晋名士的文化之道、文化资本与士人身份。

122

在重视家教的士族化过程中，每个士族都逐渐形成了家族文化的新规定和新法则，也就是每个士族独具特色的家风家法。这些家风家法代表的是某个家族士人群体的价值观念和文化趣味，名士们的言行处事都具有本士族的文化光环和家族特色。因此，出身士族的名士，凭借自身的家风士风，可以在士族群体之中获得众多名士的文化认同。陈寅恪在《政治革命及党派分野》中云："所谓士族者，其初并不专用其先代之高官厚禄为其唯一之表征，而实以家学及礼法等标异与其他诸姓。……夫士族之特点既在其门风之优美，不同于凡庶，而优美之门风实基于学业之因袭。故士族家世相传之学业乃与当时之政治社会有极重要之影响"②。学业因袭是基础，门风优美是表现，家学家风才是士族在世的高标显贵之处。《世说新语·方正第五》第二十条云："王太尉不与庾子嵩交，庾卿之不置。王曰：'君不得为尔。'庾曰：'卿自君我，我自卿卿；我自用我法，卿自用卿法。'"③《晋书·庾敳传》亦记载了此事，云："王衍不与敳交，敳卿之不置。衍曰：'君不得为耳。'敳曰：'卿自君我，我自卿卿。我自用我法，卿自用卿法。'"④庾敳所说的"我自用我法"之"我法"是指颍川庾氏的家法，而"卿自用卿法"之"卿法"是指琅琊王氏的家法，可见，出身不同士族的名士，对自家士族的家法极为重视，并以之为自己在社会与人交往的文化依据。王氏的家法是严守礼法，以"君"礼遇庾氏，可是庾氏的家法是不顾礼法，以"卿"贬谪王氏，这体现了王氏与

① 钱穆：《中国学术思想史论丛》（第三册），东大图书公司1981年版，第162页。
② 陈寅恪：《唐代政治史述论稿》，上海古籍出版社1982年版，第71—72页。
③ 徐震堮：《世说新语校笺》，中华书局1999年版，第171页。
④ （唐）房玄龄等：《晋书》，中华书局1974年版，第1396页。

庾氏两家家法的文化差异。《宋书·王弘传》云:"明敏有思致,既以民望所宗,造次必存礼法,凡动止施为,及书翰仪体,后人皆依仿之,谓为王太保家法。"①王弘是刘宋时期琅琊王氏的杰出代表,大凡行事"必存礼法",这就是王太保家法,亦是王氏的优美家法。《南史》卷二一《传论》曰:"盖王氏人伦之盛,实始是矣。及夫休元弟兄,并举栋梁之任,下逮世嗣,无亏文雅之风。其所以簪缨不替,岂徒然也。"②史书认为,琅琊王氏之所以人才辈出,而且世代子孙都能胜任国家大事,乃至"簪缨不替",身居高位,累世不衰,是因为王氏子孙都能做到"无亏文雅之风",能够严格遵守王氏的家法门风。《南史》卷二二《传论》曰:"王昙首之才器,王僧绰之忠直,其世禄不替也,岂徒然哉。仲宝雅道自居,早怀伊、吕之志,竟而逢时遇主,自致宰辅之隆,所谓衣冠礼乐尽在是矣。齐有人焉,于斯为盛。其余文雅儒素,各禀家风,箕裘不坠,亦云美矣。"③出身王氏的王昙首、王僧绰、王慈等人,之所以能够"世禄不替",也是因为他们严守了王氏的家法门风。"衣冠礼乐尽在是","于斯为盛",体现了王氏门风极为优美儒雅,门第之中,才人很多,而且都能"各禀家风",踵武赓续祖业,"箕裘不坠",实为天下第一盛名的文化大家族。可见,士族之门风与名士之士风乃是两位一体的,士风是家风的体现,家风是士风的源泉。王氏名士,风流儒雅,名誉天下,是王氏优美门风、儒雅家风的现世表现。王氏后裔,从小就沐浴家风家法,耳濡目染,习惯成自然,因而王氏成为"家士无双"的天下大族。

各个士族之间,在家风和家法上,各有所重,各秉所长,因此出身士族的名士在社会上行事时,就会表现出一些文化差异和多元价值。这些文化方面的差异,是士族文化之道和文化资本在社会中的言行差异。尽管各士族文化形式上存在很大的不同,但又都处于士族文化的共同体之中。追求新颖与个性差异,表现出士族文化的差异性和包容性。颜之推在《颜氏家训·风操》中云:"吾观《礼经》,圣人之教:箕帚匕箸,咳唾唯诺,执烛沃盥,皆有节文,亦为至矣。但既残缺,非复全书;其有所不载,及世事变改者,学达君子,自为节度,相承行之,故世号士大夫风操。而家门颇有不同,所见互称长短;然其阡陌,亦自可知。"④颜之推认为,士

123

---

① (南朝梁)沈约:《宋书》,中华书局 1974 年版,第 1322 页。
② (唐)李延寿:《南史》,中华书局 1975 年版,第 583 页。
③ (唐)李延寿:《南史》,中华书局 1975 年版,第 612 页。
④ 王利器:《颜氏家训集解》(增补本),中华书局 1993 年版,第 59 页。

族的各种家风家法皆发源于早期文化之道,不过是早期圣人之教的具体化而已,士族名士根据世事变迁,有所变通,"自为节度",形成了魏晋士大夫的各种风操。士族家门的风范各有不同,互有优劣,然而彼此之间亦是相互融通,大同小异,并非截然对立。《世说新语·赏誉第八下》第一百四十二条云:"吴四姓旧目云:'张文、朱武、陆忠、顾厚。'"①吴姓的张氏家风重视文,朱氏家风重视武,陆氏家风重视忠,顾氏家风重视厚,这些士族的家风尽管有所偏重,但并非张氏仅仅好文,朱氏仅仅好武,陆氏仅仅好忠,顾氏仅仅好厚,而是在符合古代圣人之教的同时,各有所长,其精神实质依旧是早期圣人的文化之道和文化资本。

当然,并不是说一个士族的家风一旦形成,就不会变化了。魏晋时期,各个士族家族文化和自身价值相互融通。随着时间的推移,各个士族的家风与士风也会相互影响,相互促进,与时俱进。田余庆在《东晋的门阀制度》中云:"魏晋以来,玄学逐渐取代了儒学的统治地位,过去的世家大族阶层也逐渐演变成士族阶层。""两晋时期,儒学家族如果不入为世所知的玄风,就产生不了为世所知的名士,从而也不能继续维持其尊显的士族地位。东晋执政的门阀士族,其家庭在什么时候,以何人为代表,在多大程度上由儒入玄,史籍都斑斑可考。他们之中,没有一个门户是原封未动的儒学世家。"②魏晋时期,学术风气从儒学转到玄学,各个士族的家风和士风也随之发生变化。田余庆认为,"没有一个门户是原封未动的儒学世家",体现了各个士族的门风及士人的士风在不离开士人文化之道的前提下,在不同时期,有着不同的社会趣味和价值取向。

士族化以后的门第,形成了士族内部的家风家法。出身士族的名士一开始就以自家的家风家法作为自己的文化存在和文化价值,并以此作为自己正统的文化身份,这样就形成了与寒门士人不同的文化趣味和价值取向。赵翼《廿二史劄记》卷一二"江左世族无功臣"条云:"其时有所谓旧门、次门、后门、勋门、役门之类,以士庶之别为贵贱之分,积习相沿,遂成定制。……而所谓高门大族者,不过雍容令仆,裙屐相高,求如王导、谢安,柱石国家者,不一二数也。次则如王弘、王昙首、褚渊、王俭等,与时推迁,为兴朝佐命,以自保其家世,虽朝市革易,而我之门第如故,以是为世家大族,迥异于庶姓而已。"③赵翼揭示了魏晋士族与庶

① 徐震堮:《世说新语校笺》,中华书局1999年版,第582页。
② 田余庆:《东晋的门阀政治》,北京大学出版社2005年版,第291—292页。
③ (清)赵翼著、王树民校证:《廿二史劄记校证》,中华书局1984年版,第253—254页。

姓之间的等级差异,但是他注重从功能方面来讨论士族与寒门,认为"立功立事,为国宣力者,亦皆出于寒人"①,而江左士族能"柱石国家"的功臣很少。赵翼这样讨论士族与寒门,忽略了士族与寒门在文化传承发展方面的历史功过。颜之推在《颜氏家训·勉学》中云:"虽百世小人,知读《论语》、《孝经》者,尚为人师;虽千载冠冕,不晓书记者,莫不耕田养马。以此观之,安可不自勉耶? 若能常保数百卷书,千载终不为小人也。"②颜氏认为,士族与小人之间的差异不在于社会事功,而在于读书悟道,在于是否传承早期圣人的文化之道和文化资本,并依据圣人之道在社会中为人处世。这种文化身份与有道价值,才是士族对社会的最大功能。出身士族的名士,为人处世依据的是士族文化和家风家法;小人为了追求功名,常常唯利是图,不择手段,完全依据现世的利益关系来行事,表面上看是有功的,但如果站在文化之道的立场来衡量,他们的功劳未必是真功,从长远来看,甚至有害于社会。出身士族的名士,能够持守士人的大道文化与文化传统,不因世俗而动心,生命在历史的长河中百炼成钢、永放异彩,其功劳是无功之功,价值是无以衡量的。内藤湖南在《中国中古的文化》中云:"为了尊重家系,就要严守家讳,矜尚门第,慎重婚姻,区分门第,正清议,行主张。正因为有了这些,每个人都有自尊心,正是这种自尊心,成为国民的气节得以维持的原因。这种气节表现为六朝人的强硬。在自尊心上,六朝人似乎有着相当坚决的主张。"③内藤湖南用自尊心来概括士族名士身上的文化特性与自律情结,揭示了士族名士以文化价值来规定自己的在世状态,遏制私欲,避免将欲望身体变成贪得无厌的机器。这种自我控制的文化力量才是华夏民族传统文化的核心价值。阎爱民在《汉晋家族研究》中云:"士族以其家族文化上的优越区别于凡庶之族,文化不但是其起家发达的根本、出仕的需要,也是其保持家族门第和家道久远的保证。"④士族与庶族的差异,重点不在表面的社会事功上,而在士人价值和文化趣味上。《晋书》卷三十三《王祥传》记载了琅邪王氏的王祥著遗令训子孙曰:"夫言行可覆,信之至也;推美引过,德之至也;扬名显亲,孝之至也;兄弟怡怡,

① (清)赵翼著、王树民校证:《廿二史劄记校证》,中华书局1984年版,第254页。
② 王利器:《颜氏家训集解》(增补本),中华书局1993年版,第148页。
③ (日)内藤湖南:《中国史通论(上)》,夏应元、刘文柱、徐世虹等译,社会科学文献出版社2004年版,第303页。
④ 阎爱民:《汉晋家族研究》,上海人民出版社2005年版,第413页。

宗族欣欣,悌之至也;临财莫过乎让。此五者,立身之本。"①在遗训中,王祥提倡的信、德、孝、悌、让这五种为人品格,无不是儒家原旨之中的核心价值,展现了士族名士的文化底蕴和优美性情,这才是士族名士立身社会、风流秀出的根本力量。站在士人文化资本和文化价值的立场来看待士族的社会功用,实为无用之大用。钱穆曾云:"此下门第之兴,实与提倡孝廉有甚深之关系。而门第乃为此下中国社会一新景象,一新特色。政治乱于上,而社会得安于下。若非有门第,东晋亦无以南渡,南朝亦无以支撑。五胡至于北朝,亦无以构成一胡汉合作之局面。要之,在魏晋南北朝时期,中国社会力量之贡献,乃远过于政治力量。换言之,中国历史文化大传统,寄存于下层社会,实更大于上层政府。此唯门第之功。故言中国社会,于四民社会一传统名称下,不妨增设门第社会一名称。"②钱穆对魏晋士族文化情有独钟,他认为,魏晋时期,华夏文化大传统即早期的文化大道,依赖乡村士族文化得以发扬、传承,延绵不绝。因此,在乱世之中,门第文化保存了中国文化的精神价值,其文化贡献之大,远远超过其社会政治功能。在讨论士族与庶族的社会功能时,不能盲从各种流俗的社会政治之论,而要善于发现士族的文化功能及士人文化存在的社会价值。

士族崇尚文化之道,重视子孙的家教和学风,因此,魏晋以来,士族之中人才辈出,世擅雕龙,在文化价值和艺术创作方面,累世不衰,成就极高,创造性地传承了早期圣人的道体精神和文化价值,汇聚成了魏晋文化的泱泱大河。《南史·王筠传》记载王筠与诸儿书论家世集云:"史传称安平崔氏及汝南应氏,并累叶有文才,所以范蔚宗云崔氏雕龙。然不过父子两三世耳,非有七叶之中,名德重光,爵位相继,人人有集,如吾门者也。沈少傅约常语人云:'吾少好百家之言,身为四代之史,自开辟以来,未有爵位蝉联、文才相继如王氏之盛也。'汝等仰观堂构,思各努力。"③出身琅琊王氏、安平崔氏、汝南应氏等士族的名士,世代传承家学家风,强化了本族子孙的文化教育和道德修养,子孙文质彬彬,人才济济,形成了世擅雕龙的文化盛景,蔚然可观。《晋书·文苑传序》云:"逮乎当涂基命,文宗郁起,三祖叶其高韵,七子分其丽则,《翰林》总其菁华,《典论》详其藻绚,彬蔚之美,竞爽当年。独彼陈王,思风遒举,备乎典奥,悬诸日月。及金行纂

① (唐)房玄龄等:《晋书》,中华书局1974年版,第989页。
② 钱穆:《晚学盲言》,广西师范大学出版社2004年版,第178页。
③ (唐)李延寿:《南史》,中华书局1975年版,第611页。

极,文雅斯盛,张载擅铭山之美,陆机挺焚研之奇,潘夏连辉,颉颃名辈,并综采繁缛,杼轴清英,穷广内之青编,绩平台之丽曲,嘉声茂迹,陈诸别传。至于吉甫、太冲,江右之才杰;曹毗、庾阐,中兴之时秀。信乃金相玉润,林荟川冲,埒美前修,垂裕来叶。"①刘师培《中国中古文学史讲义》云:"自江左以来,其文学之士,大抵出于世族,而世族之中,父子兄弟各以能文擅名。"又云:"当时文学之盛,舍琅琊王氏及陈郡谢氏、吴郡张氏外,则有南兰陵萧氏、陈郡袁氏、东海王氏、彭城到氏、吴郡陆氏、彭城刘氏、东莞臧氏、会稽孔氏、庐江何氏、汝南周氏、新野庾氏、东海徐氏、济阳江氏,均见《南史》。"②建安七子、竹林文学、中朝文学、江左文学大部分都是士族名士的文学贡献。出身士族的名士们,绍续门风,传承家学,用诗歌、书法、音乐、绘画等诸多艺术形式,创造性地延续和拓展了圣人的文化之道与艺术情趣,用至美的艺术形式将其表现出来。这不仅拯救了世俗社会的文化流弊,而且开启了魏晋时代的艺术风气。风姿清秀、文学鼎盛、文风优美,成为魏晋名士独有的文化功用和社会价值。

二、士族与文化联姻

家族的士族化过程,其实质是家族的士人化过程,是不断强化士人文化价值在家族中的核心地位的过程。这个过程中,一方面,家族摆脱了世俗的价值观念,形成了优美儒雅的家学家风,士人风气重视以家法家风为基础的文化风气和阶层趣味;另一方面,凭借着家族文化的优势和权威,士族开始从普通的家族中脱颖而出,成了一个具有文化价值和教育功能的文化机构和社会阶层,与没有家学渊源、没有家风方向的一般庶族相比,出现了较大的文化鸿沟和价值差异。崇尚士人文化价值,标榜士族的家学家风,成为中古士族的典型特征。这种士族的文化特征,表现在社会世界之中,最为明显的就是士族婚姻。

以前学术界对士族联姻问题的探讨,大多从阶级观念、政治联姻的角度来分析士族联姻的利害关系和社会弊端。这种视野的学术分析,首先抽去和消解了士族的文化传承和士人价值;其次是将士族的文化精神完全世俗化了,这也就混淆了士族与庶族之间的文化鸿沟和价值趣味。我们认为,随着士族家学家风的

① (唐)房玄龄等:《晋书》,中华书局1974年版,第2369—2370页。
② 刘师培:《中国中古文学史讲义》,上海古籍出版社2006年版,第83页。

成熟,士族的群体文化意识逐渐增强,他们有意识地在家族婚姻方面,采取了一些社会策略和文化限定,来维护士族文化的优美性和超越性,这对于保持士族家学家风的纯洁性和传承性,都是有利的。王伊同《五朝门第》云:"高门慎婚,婚者门第略相等。通家则共相携援,充塞朝堂。方面广而仕途泰,所以维系攀揽,使门第不稍坠者,通家预有力焉。"①王伊同认为"高门慎婚"是对的,揭示了士族对士人文化和价值趣味的谨慎和戒备之心,士人文化之道及士族家法家风,不是世俗世界所能理解和接受的,只有具备了一定文化素养和相同价值的阶层,才会在共同的文化价值和审美趣味中获得共鸣,才能持续地维护士族文化的文化认同和进行文化实践。但是王伊同认为,士族联姻是为了"维系攀揽",难免过于武断,将士族文化世俗化了。

士族联姻首先是以文化身份和士人价值为基础的。士族间的文化联姻,是士族家学家风和士人文化存在的必然结果。朱大渭等人所著的《魏晋南北朝社会生活史》云:"东晋南朝著名的大族主要有琅琊王氏、太原王氏、陈郡谢氏、颍川庾氏、谯国桓氏、陈郡殷氏、陈郡袁氏。这些大族间互相联姻,构成了一个基本的联姻圈子。如琅琊王凝之娶陈郡谢奕女。琅琊王珣娶陈郡谢万女。其弟王珉娶谢安女。谢万娶太原王述女。太原王国宝娶谢安女。颍川庾和娶陈郡谢尚女。陈郡殷颛娶陈郡谢尚女,殷颛之从兄殷仲堪则娶琅琊王临之女。谯国桓冲娶琅琊王怡女,又娶颍川庾蔑女。琅琊王弘娶陈郡袁淑姑母。陈郡袁质娶谢安女,袁质子袁湛又娶谢玄女。由此可见,王、谢、庾、桓、殷、袁等族间有着千丝万缕的姻亲关系。"②士族间的文化联姻,一方面表明士族文化需要互相认可,彼此欣赏;另一方面表明士族之间通过婚姻的方式,相互交流,相互融合,达成了士族整体性、群体性的文化认同。为了让大家对士族联姻的情况有更深入的了解,我们在此列举魏晋时期家学家风最为鼎盛的两个家族的联姻情况。毛汉光在《中古大士族之个案研究——琅琊王氏》一文中对中国中古时期最为尊贵的琅琊王氏二十三代士人的婚嫁情况做了详细的梳理,其云:"从婚嫁关系中发现:第三代王氏与高平薛氏及庐江朱氏为婚,该二族在当时并非大士族。第四代王氏与泰山羊氏,乐安任氏及卫氏为婚,除泰山羊氏为士族外,其他二族并不闻名于当

---

① 王伊同:《五朝门第》,金陵大学中国文化研究所,1943 年,第 18 页。
② 朱大渭、刘驰、梁满仓等:《魏晋南北朝社会生活史》,中国社会科学出版社 1998 年版,第247—248 页。

时。显然地第四代的社会地位比第三代有加焉……第五代有与皇室、裴氏、夏侯氏通婚，这皆是当时名族；又有与郭氏为婚，郭氏乃贾后之亲戚，而曹氏与却氏则未知其社会地位之高低，总而言之，从王氏第五代的婚嫁关系看，视第四代有加焉……第六代时，王氏之婚嫁皆属当时大族，如与皇室通婚者一，与谢氏者二，与裴氏者二，与周氏者二，荀氏、夏侯氏、郄氏各一。第七代与第六代相似。第八代的婚嫁更为盛美，计皇室二，桓氏三，袁氏、殷氏各一。第九代至第十三代有大批的王氏与皇室为婚，计有三十七起，除皇室以外有谢氏、何氏、殷氏、袁氏、蔡氏，社会地位之隆，已至顶峰，这正值南朝时期。第十三代以下，资料更是残缺，但仍可作某些程度的推论。以第十四代至第十九代而言，与王氏通婚者仍以大族为多，如皇室有五起（第十六、十七、十八、十九代每代皆有），褚氏、南阳张氏、京兆杜氏、萧氏、范阳卢氏、弘农杨氏、河东薛氏、清河崔氏、清河张氏、陇西李氏、高阳许氏等，皆当时大族，但值得注意者这些皆北方大士族，属于南朝者仅萧氏而已。第二十二及第二十三代王氏与京兆韦氏、博陵崔氏及顺阳范氏通婚，而已不见与皇室通婚者。"①魏晋南北朝数百年间，琅琊王氏门风鼎盛，累世尊贵，在士族联姻方面，也是与社会大士族之间来往频频，这也表明琅琊王氏的家学家风、士族精神和文化价值，已成为社会士族的文化典范。夏炎在《中古世家大族清河崔氏研究》一书中，对极具族望的清河崔氏联姻情况做了统计，其云："南北朝时期与清河崔氏发生婚姻关系者共得61人，29郡姓。其中宗室6人、清河房氏7人、平原明氏6人、范阳卢氏5人、清河张氏4人、赵郡李氏3人、太原郭氏3人、平原刘氏3人、陇西李氏1人、太原王氏1人、北海王氏1人、平原杜氏1人、河东柳氏1人、河东裴氏1人、清河傅氏1人、渤海封氏1人、彭城刘氏1人、南阳赵氏1人、南阳邓氏1人、武威贾氏1人、巨鹿魏氏1人、河间邢氏1人、安乐蒋氏1人、广宗陈氏1人、辽东公孙氏1人、上谷王氏1人、刘氏2人、李氏2人、金氏1人、冯氏1人。"②除了少数几家无法辨认士庶的家族以外，清河崔氏大都与中古时期的大士族联姻。与琅琊王氏一样，崔氏家族也是中古时代门风鼎盛、世擅雕龙的文化大士族。《世说新语·方正第五》第二十五条云："诸葛恢大女适太尉庾亮儿，次女适徐州刺史羊忱儿。亮子被苏峻害，改适江虨。恢儿婚邓攸女。于时谢尚书求其小女婚。恢乃云：'羊、邓是世婚，江家我顾伊，庾家伊顾我，不能

---

① 毛汉光：《中国中古社会史论》，上海书店出版社2002年版，第403—404页。
② 夏炎：《中古世家大族清河崔氏研究》，天津古籍出版社2004年版，第274页。

复与谢袁儿婚。'及恢亡,遂婚。于是王右军往谢家看新妇,犹有恢之遗法,威仪端详,容服光整。王叹曰:'我在遣女,裁(才)得尔耳。'"①这段文字揭示了南阳诸葛氏的联姻盛况。第一,与诸葛氏联姻的士族有泰山羊氏、颍川庾氏、济阳江氏、平阳邓氏、陈郡谢氏,这些都是当时盛极一时、极具文化底蕴的大士族。第二,诸葛恢对士族联姻的态度与策略是:羊氏、邓氏是世婚,关系较为紧密,必须要与之联姻。他利用联姻的方式,主动与江氏建立关系,同时也接受了庾氏的联姻请求。对于新出门户谢氏,诸葛恢断然拒绝了。第三,诸葛氏的女儿为何受到其他士族的喜欢呢? 等到诸葛恢去世以后,谢氏家族也成了最为鼎盛的士家大族,诸葛氏终于同意将其女子嫁到谢家。结婚的时候,琅琊王氏的代表人物王羲之也参加了婚宴,他亲眼看见了新娘的绰约风姿。新娘的一举一动,无不保留着南阳诸葛氏的优美姿态和儒雅礼法,容貌举止极为端庄安详,衣着服饰也极为华美整齐。王羲之不禁叹息道:我嫁女儿的时候,也仅仅能做到这个样子啊! 从王羲之的感叹中,我们可以知道,诸葛氏的门风之优美、教化之高雅,与琅琊王氏不相上下。

另外,名士联姻看重的是男男女女身上,在一举一动、一颦一笑之间所展现的文化风姿和儒雅精神,这才是士族联姻的文化基础和审美趣味。《世说新语·任诞第二十三》第三十七条:"袁彦道有二妹:一适殷渊源,一适谢仁祖。语桓宣武云:'恨不更有一人配卿。'"②出身陈郡袁氏的袁宏有两个妹妹,一个嫁给了陈郡殷氏的殷浩,另一个嫁给了陈郡谢氏的谢尚。他还对桓温说:如果还有一个妹妹,就将她嫁给你。与袁氏联姻的士族也都是当时极为鼎盛的大士族。《世说新语·方正第五》第二十四条:"王丞相初在江左,欲结援吴人,请婚陆太尉。对曰:'培塿无松柏,熏莸不同器,玩虽不才,义不为乱伦之始。'"③王导刚刚乔迁江东的时候,就想与吴郡陆氏联姻,但王氏属于外来的侨姓士族,而陆氏是当地的士族,陆玩回答说:"小土堆上长不出松柏之类的参天大树,香草与臭草是不能放在同一个器物之中的(暗指不能组成家庭),我陆玩尽管没有多大的才能,也一定会守住士人之义,不会在婚姻方面做出违背伦理的事情。"可见,尽管王导出身琅琊王氏,位居丞相,极为尊贵,但是在当地士族眼中,毕竟是脱离了家

---

① 徐震堮:《世说新语校笺》,中华书局 1999 年版,第 173—174 页。
② 徐震堮:《世说新语校笺》,中华书局 1999 年版,第 403 页。
③ 徐震堮:《世说新语校笺》,中华书局 1999 年版,第 173 页。

族乡村根基的士族,因此拒绝与之联姻。"乱伦"一语很有意思,表明侨姓士族与吴郡士族之间本身存在着一定的阶层秩序,不能因为联姻而乱了这种士族之间的文化关系与社会秩序。

士族的文化联姻不仅强化了士人对士族文化的认同,而且极大地张扬了士族家风的优美性和儒雅性,普遍形成了以士族精神、文化气质、优雅风姿为美的阶层审美趣味。《世说新语·雅量第六》第十九条:"郗太傅在京口,遣门生与王丞相书,求女婿。丞相语郗信:'君往东厢,任意选之。'门生归,白郗曰:'王家诸郎,亦皆可嘉,闻来觅婿,咸自矜持。唯有一郎在东床上坦腹卧,如不闻。'郗公云:'正此好。'访之,乃是逸少,因嫁女与焉。"[1]太傅郗鉴派人到琅琊王氏家中选女婿,王导对郗鉴的门生说:你到东厢房去,任意挑选吧。门生回去禀告郗鉴说:王氏家族的男子,人人都很好,但是听说是来挑选女婿的,都矜持起来了。只有一位公子哥,在东床上袒胸露腹、衣着不整地躺着,好像没有听见这个消息似的。郗鉴就说:就选这位公子哥。这位"坦腹东床"的乘龙快婿就是王羲之。郗鉴为何依据"坦腹东床"就选定了王羲之呢?因为王羲之不因为别人挑选女婿而改变自身,毫不矜持伪饰,体现的就是魏晋士人文化所推崇的不依据外部世界而随波逐流的"不动心"之美。王羲之是琅琊王氏家风的代表人物,他身上显现的就是王氏淡定儒雅、潇洒飘逸的优美门风。郗鉴与王羲之尽管没有真正会面,但是在士人文化的人格魅力和美学趣味上,可谓心有灵犀一点通,隔空而相识相知。郗鉴就认定,这个"坦腹东床"的小伙子才符合郗氏对女婿的文化要求,体现了士族文化联姻的美好期待和审美追求。

出身士族的女性,由于长期浸染于士族文化的精神气质之中,也表现出士族家风的飘逸优美,展示了家族的礼法门风。《世说新语·贤媛第十九》第十六条:"王司徒妇,钟氏女,太傅曾孙,亦有俊才女德。钟、郝为娣姒,雅相亲重;钟不以贵陵郝,郝京不以贱下钟。东海家内,则郝夫人之法。京陵家内,范钟夫人之礼。"[2]司徒王浑的妻子是太傅钟繇的曾孙女、黄门侍郎钟琰的女儿,有着超群的文采和女性的美德。王浑之弟王湛的妻子是郝家的女儿,钟夫人与郝夫人是娣姒,两位夫人非常亲密,而且相互敬重。钟夫人不因为自己出身高贵而欺负郝夫人,郝夫人也不因为自己出身卑微而屈从于钟夫人。在王承(王湛之子)家

131

① 　徐震堮:《世说新语校笺》,中华书局 1999 年版,第 201—202 页。
② 　徐震堮:《世说新语校笺》,中华书局 1999 年版,第 372 页。

中,大家都恪守郝夫人的规矩。在王浑家中,大家都遵从钟夫人的礼法。太原王氏两兄弟,分别与钟氏与郝氏联姻,两位夫人分别秉承着钟氏与郝氏的家法门风,讲究礼让,相互敬重,互不欺凌,王浑与王湛两家一方面遵守太原王氏的家学家风,同时,也表现出钟氏与郝氏在礼法规矩方面的文化差异。《世说新语·贤媛第十九》第三十条:"谢遏绝重其姊,张玄常称其妹,欲以敌之。有济尼者,并游张、谢二家。人问其优劣,答曰:'王夫人神情散朗,故有林下风气。顾家妇清心玉映,自是闺房之秀。'"①谢遏非常推崇自己的姐姐谢道韫,张玄也常常赞赏自己的妹妹,想拿自己的妹妹与谢道韫相提并论。有个叫济尼的尼姑,与张氏、谢氏都有来往,别人就问,这两家的姑娘到底哪个更强些? 她说:王夫人(谢道韫)神情闲散爽朗,确实具有"林下风气"。顾家媳妇心地清纯,温润如玉,自然是"闺房之秀"。一个是"林下风气",一个是"闺房之秀",那么,到底哪一个更高呢? "林下风气"是完全脱离了世界之中的俗气,散发出清新飘逸的隐士之气;而"闺房之秀"是世界之中的佼佼者,散发出身在人间的优美俊秀之气。在魏晋时期,"林下之气"是自然之真气,而"闺房之秀"是人间之俊气,文化高低差异是不言而明的。

士族的文化联姻还表现在拒绝与政治权力、军事权力、寒门士人之间的婚姻关系。这彰显了士族文化价值的高标性、独特性,以及士族家法家风的重要性,是名士的文化价值在社会空间方面的直接体现。颜之推《颜氏家训·止足》记载了颜含对子侄的告诫,其中云:"婚姻勿贪势家。"②王利器注引:"陈直曰:'按:颜真卿《颜含大宗碑铭》云:桓温求婚姻,因其盛满不许,因诫子孙曰云云。《晋书·颜含本传》,亦叙及桓温求婚事,与《大宗碑》相同。'器案:《景定建康志》四三引晋李阐《右光禄大夫西平靖侯颜府君碑》:'王处明(王舒)君之外弟,为子允之求君女婚;桓温君夫人从甥也,求君小女婚;君并不许,曰:吾与茂伦于江上相得,言及知旧,扰泪叙情,茂伦曰:唯当结一婚姻耳。吾岂忘此言? 温负气好名,若其大成,倾危之道,若其(阙)败也,罪及姻党。尔家书生为门,世无富贵,终不为汝树祸。自今仕宦不可过二千石,(阙)婚嫁不须贪世位家。'《颜鲁公文集·大宗碑铭》:'桓温求婚,以其盛满不许,因诫子孙曰:自今仕宦不可过二千石,婚

① 徐震堮:《世说新语校笺》,中华书局 1999 年版,第 378 页。
② 王利器:《颜氏家训集解》(增补本),中华书局 1993 年版,第 342 页。

姻勿贪世家。'"①王舒是王导的从弟,是琅琊王氏第五代子孙的代表人物,他和王敦、王含、王廙等在争夺军事权力方面表现得较为积极,曾经担任平西将军、安南将军、监浙江东五郡军事等职务,其子王允之曾任建武将军、卫将军等职务。王舒为儿子王允之向颜含求一女结婚,颜含拒绝了。桓温向颜含求女儿联姻,颜含也拒绝了。为什么呢?颜含认为:"温负气好名,若其大成,倾危之道,若其(阙)败也,罪及姻党。尔家书生为门,世无富贵,终不为汝树祸。"颜氏是书香门第,世代以文化之道立身安家,而桓温、王舒等人都对军事权力、政治权力有很大的野心,他们在世俗社会中已经丧失了士族的文化本性,而且位高权重,一旦招惹祸害,就会罪及姻党,为了不给颜氏家族留下各种祸根,颜氏立下了婚姻不要贪恋权势之家的诫语,体现了士人重视文化的价值观念和婚姻准则。颜之推《颜氏家训·治家》云:"婚姻素对,靖侯成规。近世嫁娶,遂有卖女纳财,买妇输绢,比量父祖,计较锱铢,责多还少,市井无异。或猥婿在门,或傲妇擅室,贪荣求利,反招羞耻,可不慎欤!"②颜之推在此将士族的婚姻观直接表述出来了,"素对"成为士族婚姻一定要遵守的文化联姻的基本原则。所谓"素对",就是婚姻强调男女的清纯素雅与趣味相投,不能因为追求财势、贪图荣利而将猥琐的女婿引进族门,或让傲气的泼妇来当家做主,否则会让士族的文化联姻完全世俗化,士族文化就会分崩离析,再也难以团结一心。

士族重视文化趣味,庶族重视高官厚禄,士族与庶族之间存在一条"士庶不婚"的清规戒律。沈约在《奏弹王源》一文中云:"风闻东海王源,嫁女与富阳满氏,源虽人品庸陋,胄实参华。曾祖雅,位登八命;祖少卿,内侍帷幄;父璿,升采储闱,亦居清显。源频叨诸府戎禁,豫班通彻,而托姻结好,唯利是求,玷辱流辈,莫斯为甚。源人身在远,辄摄媒人刘嗣之到台辩问,嗣之列称吴郡满璋之,相承云是高平旧族。宠奋胤胄,家计温足,见托为息鸾觅婚。王源见告穷尽,即索璋之簿阀。见璋之任王国侍郎,鸾又为王慈吴郡正合主簿。源父子因共详议,判与为婚。璋之下钱五万,以为聘礼。源先丧妇,又以所聘余直纳妾。如其所列,则与风闻符同。窃寻璋之姓族,士庶莫辩,满奋身殒西朝,胤嗣殄没,武秋之后,无闻东晋,其为虚托,不言自显。王、满连姻,实骇物听;潘、杨之睦,有异于此。且买妾纳媵,因聘为资,施衿之费,化充床第,鄙情赘行,造次以之。纠慝绳违,允兹

①　王利器:《颜氏家训集解》(增补本),中华书局 1993 年版,第 344 页。
②　王利器:《颜氏家训集解》(增补本),中华书局 1993 年版,第 53 页。

简裁,源即主。臣谨案:南郡丞王源,忝藉世资,得参缨冕,同人者貌,异人者心,以彼行媒,同之抱布。且非我族类,往哲格言,薰莸不杂。闻之前典,岂有六卿之胄,纳女于管库之人;宋子河鲂,同穴于舆台之鬼。高门降衡,虽自己作;蔑祖辱亲,于事为甚。此风弗翦,其源遂开,点世尘家,将被比屋。宜置以明科,黜之流伍。使已污之族,永愧于昔辰,方媾之党,革心于来日。臣等参议,请以见事免源所居官,禁锢终身,辄下禁止视事如故,源官品应黄纸。臣辄奉白简以闻。臣约诚惶诚恐云云。”①士族王源家世显赫,但是贪图财物,唯利是求,将女儿嫁给了庶族出身的满氏。他还用嫁女的聘礼来纳妾,更是无耻之极。沈约认为,王源这种士庶联姻的行为是“蔑祖辱亲”的大事情,玷污了士族婚姻的高贵品质,建议免去王源的官职,禁锢终身。沈约对王源的弹劾,显示出魏晋以来,士族婚姻是涉及士族门风、士人价值的重要事情,士族婚姻重视门第观念,认为士族的文化尊贵十分重要,具有绝对的文化地位,不可轻易动摇。《北史》卷三十二《崔巨伦传》云:“初,巨伦有姊,明慧有才行。因患眇一目,内外亲族,莫有求者。其家议欲下嫁之。巨伦姑,赵国李叔胤之妻,闻而悲感曰:‘吾兄盛德,不幸早世,岂令此女,屈事卑族!’乃为子翼纳之。时人叹其义识。”②崔氏打算将有残疾的姑娘下嫁给庶族子弟,遭到崔巨伦姑姑的坚决反对。她认为,出身崔家的女儿,怎么能屈事卑微之人?于是主动将这个有残疾的侄女纳为自己的儿媳。崔巨伦姑姑的这种婚姻观念与纳媳行为受到了士族的赞赏,大家都认为,这个女人很懂得士族的门风家法,维护了士族婚姻的神圣性。

三、士族与政治空间

与东汉世家大族不同,魏晋士族的根不在城市,而在乡村。士族属于地方的社会势力,乡村士族是魏晋名士进入社会政治场域的文化基地。魏晋名士在乡村家庭接受了良好的家学家风教育,然后依据士族的文化积累和社会关系,很快进入社会的政治场域。名士们在政治场域的各种资本,诸如文化资本、政治资本及社会资本,大都是通过所在的士族获得的。名士进入了政治场域,并非意味着名士可以完全摆脱士族,士族的门阀地位、家学家风和宗族势力,始终是名士在

---

① (清)严可均辑:《全梁文》,商务印书馆 1999 年版,第 301—302 页。
② (唐)李延寿:《北史》,中华书局 1974 年版,第 1164 页。

政治场域的重要依据,是依附在名士身上不可摆脱的标签。出身士族的名士带着强大的、累世积累起来的文化资本,在政治场域中获得了与世俗社会空间不同的文化逻辑和社会地位。讨论名士的官宦关系和官宦文化,不能简单地套用纯粹流俗的社会政治关系,必须将其放置在士族及其文化功能的背景下,才能解开名士在政治场域的官宦关系和空间位置。

出身士族的名士,长期浸染于士族文化和家法门风之中,掌握了符合政治权力和文化权力的士族习性和文化趣味。他们当中很多人,就是凭借身上所具有的文化之道或文化资本,迅速进入仕途,并长期在中央政治集团为官,握有政治权力。政治权力在士族之间是流动的,名士们轮流执政,形成了魏晋独特的士族政治体系。《世说新语·文学第四》第十八条:"阮宣子有令闻,太尉王夷甫见而问曰:'老、庄与圣教同异?'对曰:'将无同。'太尉善其言,辟之为掾。世谓'三语掾'。卫玠嘲之曰:'一言可辟,何假于三!'宣子曰:'苟是天下人望,亦可无言而辟,复何假一?'遂相与为友。"①出身陈留阮氏的阮修很有名望,有一次太尉王衍遇到他,就问:老庄与圣教有什么异同呢?阮修说:恐怕没有什么差异。王衍认为阮修回答得很好,就任命他担任自己的掾属。世人称阮修为"三语掾"。卫玠嘲讽他说:说一个字就够了,为什么还要说三个字呢?阮修说:如果能得到天下人的崇拜,也可以不用语言就可以得到重用,又何必要用一个字呢?两个人遂成了好朋友。第一,在这个小故事中,王衍为何看重阮修呢?一方面阮修很有名望,另一方面他在回答儒道之间的关系时,一反世俗关于儒道相异的观点,与王衍提倡的玄风是一致的,阮修的文化资本与王衍的文化资本产生了文化共鸣。第二,面对卫玠的讥讽,阮修是怎样说服他的呢?阮修说:如果一个名士,能得到天下的"人望",那就可以不用语言而得到社会的重用,体现了玄学以无为贵的社会价值和文化资本,也与卫玠在文化资本上达成了一致,由此而得到卫玠的欣赏。可见,士族名士之间存在着隐形的文化竞争关系,同时存在着文化价值和阶层趣味的认同关系。名士不仅要善于运用士族的门第名望,而且要善于运用家学家风的文化资本,展示自身的文化智慧,博得其他士人的文化认可,从而很轻松地进入政治场域。刘孝标注引《名士传》曰:"阮修字宣子,陈留尉氏人。好老易、能言理。不喜见俗人,时误相逢,即舍去。傲然无营,家无担石之储,晏如也。琅邪王处仲为鸿胪卿,谓曰:'鸿胪丞差有禄,卿常无食,能作不?'修曰:'为复可

---

①　徐震堮:《世说新语校笺》,中华书局 1999 年版,第 112 页。

耳。'遂为鸿胪丞、太子洗马。"①阮修继承了阮氏介立不群的家风，具备了优美丰厚的文化资本，精通《老》《易》，善于清谈玄理。他不喜欢与俗人交往，与人相约见面，如果对方耽搁了约会时辰，他就会愤然而去。他个性耿介，不喜欢钻营，家中一贫如洗，心中却晏然平静。可见，阮修是魏晋时期典型的名士形象，占据了丰赡的文化资本，是一个不染世俗、安贫乐道、怡然自得的名士。琅琊王氏的王敦担任鸿胪卿，就对阮修说：鸿胪丞这个差事可以领取俸禄，你常常缺衣短食，你来做鸿胪丞，如何？阮修说：还是可以的。于是就担任了鸿胪丞、太子洗马。阮修之所以受到王敦的提拔，也是因为王敦看好阮修的文化资本和名士风流。

《世说新语·文学第四》第五十三条："张凭举孝廉，出都，负其才气，谓必参时彦。欲诣刘尹，乡里及同举者共笑之。张遂诣刘。刘洗濯料事，处之下坐，唯通寒暑，神意不接。张欲自发无端。顷之，长史诸贤来清言。客主有不通处，张乃遥于末坐判之，言约旨远，足畅彼我之怀，一坐皆惊。真长延之上坐，清言弥日，因留宿至晓。张退，刘曰：'卿且去，正当取卿共诣抚军。'张还船，同侣问何处宿？张笑而不答。须臾，真长遣传教觅张孝廉船，同侣惋愕。即同载诣抚军。至门，刘前进谓抚军曰：'下官今日为公得一太常博士妙选。'既前，抚军与之话言，咨嗟称善，曰：'张凭勃窣为理窟。'即用为太常博士。"②吴郡张凭，举为孝廉之后，想到京师去谋求发展。他自认为凭着自己的才气，一定能得到社会名流的青睐重视。他想去拜访丹阳尹刘惔（时定都建康，隶属于丹阳郡，丹阳尹为京畿地方长官），老乡及一同察举的人都讥笑他。张凭去拜访刘惔，此时，刘惔刚洗濯完毕，正在处理一些公务，就将他安排到下座，只是与他寒暄一下，神态心意都没有注意到他。张凭想找个话题聊聊，但是一时又找不到。正巧，长史王濛等名流来清谈。当刘惔与王濛等人存在疑难之处的时候，张凭就远远地在末座上，帮助他们分析评判，言辞精练，而且意旨深远，足以将彼此的心意想法表达清楚。所有的名流对此都感到极为惊讶。刘惔将他请到上座，与之清谈了一整天，还留他住了一个晚上。第二天，张凭告辞，刘惔对他说：你暂且回去，我会邀请你一起去拜见抚军（司马昱时任抚军大将军）。张凭回到船上，同伴都问他，昨晚在哪里过夜呢？张凭笑而不答。不一会儿，刘惔派人来找张凭，同伴们都很惊愕。刘惔当即邀请张凭坐着他的车子，一起去谒见抚军。到了抚军门口，刘惔先进去对

---

① 徐震堮：《世说新语校笺》，中华书局1999年版，第112页。
② 徐震堮：《世说新语校笺》，中华书局1999年版，第128—129页。

抚军说:下官今天为你找到一个太常博士的最佳人选。张凭进见后,抚军与之交谈,连声称赞,并且说:张凭才华横溢,乃是玄学义理的渊薮。于是,就任命他担任太常博士。张凭凭借士族的文化资本,在清谈活动之中为清谈名流疏通疑难,获得了刘惔、王濛等名流的文化认可,受到他们的青睐与重视。刘惔还主动上门邀请张凭,并将其推荐给司马昱。可以看出,出身士族的名士,凭借自己的家学家风,就可以在文化资本和玄学义理方面出类拔萃。正是因为名士身怀时代最具有合法性和正当性的文化资本,所以他们能够获得名流和皇室的青睐,顺利地进入政治场域,实现了文化资本在文化场域与政治场域之间的顺利转换。

士族培养出来的名士,与已经在朝的名士在文化资本上具有相通之处,也就是说,城市里的在朝名士与乡村的少年名士,尽管所处的环境场域不同,但是都传承着相同的文化资本。因此,当乡村的少年名士来到城市,首先在文化场域之中获得在朝名士的认同和肯定,进而得到推荐,从士族场域、文化场域直接进入政治场域。一些社会上极为显贵的士族,门第显赫,门风清贵,声望极高。从这些士族出来的名士,在政治场域中历任高官,经世不衰。据毛汉光统计,两晋南朝时期,各个士族历任五品以上官员的人数如下:琅琊王氏一百三十三人、太原王氏二十六人、陈郡谢氏五十五人、谯郡桓氏二十五人、陈郡殷氏十五人、济阳江氏十八人、陈留阮氏十四人、阳翟褚氏十九人、庐江何氏二十人、会稽孔氏二十五人、汝南周氏二十八人、吴郡顾氏十六人、吴郡张氏三十五人、泰山羊氏十七人、颍川荀氏十七人、京兆韦氏十人、河东裴氏二十七人、彭城刘氏二十八人、河东柳氏十一人、兰陵萧氏十八人、吴兴沈氏四十五人、吴郡陆氏三十三人、陈郡袁氏二十六人。[①] 我们在此以魏晋南朝最为鼎盛的琅琊王氏为例。据毛汉光统计,魏晋南朝时期,琅琊王氏一品官有十人次,二品官有十九人次,三品官多达九十九人次。琅琊王氏一品、二品官名单及职位如下:"王祥(司空、太尉、司徒)、王敦(丞相、大将军)、王导(丞相、司徒、太傅)、王戎(司徒)、王衍(司空、司徒)、王谧(司徒)、王弘(司徒、太保)、王含(开府仪同三司骠骑大将军)、王肃(北魏使持节都督车骑将军刺史开府仪同三司)、王敬弘(特进尚书令)、王僧朗(特进侍中)、王僧虔(特进左光禄大夫)、王份(特进光禄大夫)、王冲(特进光禄大夫)、王通(特进光禄大夫)、王猛(镇南大将军)、王晏(骠骑将军)、王珣(卫将军)、王

① 参见毛汉光:《中国中古社会史论》,上海书店出版社 2002 年版,第 140—186 页。

延之(使持节都督安南将军江州刺史)。"①在政治场域之中,出身士族的名士不完全是依照现世的政治权力关系来认识、衡量与使用权力,而是将自身在士族教育中所获得的、具有社会合法性的士族资本(门第名望)和文化资本(家法家风)带入了政治场域,形成了融合士族文化与家国天下的观念和价值,彰显了士族文化价值和文化之道的优先性,使得魏晋以来社会政治空间也被士族化了,表现出一种不同于世俗空间的特殊官僚关系。

首先,名士与帝王之间出现了新型的政治关系。在世俗的空间中,君权神授具有至高无上的权威,但是在两晋时期,君权神授的神话被打破了,名士不仅实现了身为君师的社会空间位置和文化梦想,而且士族权力与皇权并驾齐驱。王与马、庾与马、桓与马、谢与马,"共天下",形成了君王与士族共治天下的政治理想和新型格局。《世说新语·宠礼第二十二》第一条:"元帝正会,引王丞相登御床。王公固辞,中宗引之弥苦。王公曰:'使太阳与万物同晖,臣下何以瞻仰?'"②司马睿在正月初一举行朝贺之礼的时候,拉着王导共登御座。王导坚决推辞,司马睿更加恳切地拉着他。王导说:如果太阳与万物都发出光芒,那么,臣下又如何瞻仰太阳的光辉呢?司马睿的举动表明,无论在政治权力还是在文化权力方面,皇室并非高高在上。王导一方面尊敬司马氏的皇权地位,表现出士族的礼让之风;另一方面有意将太阳归入万物,"太阳与万物同晖",意味着政治权力的代表与文化权力的代表同时发出耀眼的光芒。《世说新语·言语第二》第二十九条:"元帝始过江,谓顾骠骑曰:'寄人国土,心常怀惭。'荣跪对曰:'臣闻王者以天下为家,是以耿、亳无定处,九鼎迁洛邑,愿陛下勿以迁都为念。'"③司马睿刚刚过江的时候,对骠骑将军顾荣说:寄居在他人的国土上,心中常常感到惭愧。顾荣说:臣听说帝王乃是以天下为家的,因此,商代君王或迁都耿邑,或迁都亳邑,居无定所,后来周武王又将九鼎搬到洛邑。希望陛下不要惦念迁都之事。顾荣出身吴郡顾氏,司马睿认为自己是寄居在别人的土地上,这一方面表明皇权已经失去了"普天之下,莫非王土"的权威自信,另一方面揭示了士族在地方上拥有强大的社会势力,不容小觑。《世说新语·言语第二》第五十九条:"初,荧惑入太微,寻废海西。简文登阼,复入太微,帝恶之。时郗超为中书,在

①　参见毛汉光:《中国中古社会史论》,上海书店出版社 2002 年版,第 384 页。
②　徐震堮:《世说新语校笺》,中华书局 1999 年版,第 388 页。
③　徐震堮:《世说新语校笺》,中华书局 1999 年版,第 49—50 页。

138

直。引超入曰:'天命修短,故非所计,政当无复近日事不?'超曰:'大司马方将外固封疆,内镇社稷,必无若此之虑。臣为陛下以百口保之。'帝因诵庾仲初诗曰:'志士痛朝危,忠臣哀主辱。'声甚凄厉。郗受假还东,帝曰:'致意尊公,家国之事,遂至于此,由是身不能以道匡卫,思患预防,愧叹之深,言何能喻。'因泣下流襟。"①起初,火星进入太微,不久,海西公司马奕被废除了。简文帝司马昱刚刚即位,火星又进入太微,简文帝很紧张。当时,郗超担任中书侍郎,在朝值班。简文帝就将他叫过来,说道:天命的长短,不是人能控制的,现在火星又进入了太微,该不会再重复近期发生的事情(指废帝之事)吧?郗超说:桓温大司马正要对外巩固边疆,对内安定国家,应该不会有这样的打算。臣愿意以郗氏百口人命来为陛下做担保。简文帝听了,用凄厉的声音吟诵庾阐《从征诗》。后来,郗超请假回会稽看望父亲郗愔,简文帝对他说:请向令尊转达我的问候,没想到,家国之事,会发展到这种地步。我身为皇帝,却不能以道扶正皇室,匡卫国家,预防灾难,心中的羞愧难以表达。他一边说着,一边泪流满面。皇帝担心自己会随时被废,说明桓氏、郗氏等大士族已经完全控制了中央政治权力,帝王的哀泣与无奈,折射了政治权力的虚弱与无能。

其次,名士与军阀之间的文化冲突极其明显。士族家庭世代依靠文治学问、家学门风获取文化资本和社会地位,由此而获得政治地位,具有士人和官僚的双重身份。士人的身份,表明了士人文雅高贵、气韵飘逸、优美儒雅的文化气质;官僚的身份,表明了士人重新回到社会场域,并占据了中央核心权力机构,用士人的文化智慧来改造世俗的政治权力。拥有军事权力的军阀,一般出身寒门,在乱世之中建立军功,拥兵自重,功高盖主。军阀一方面权势显赫,军威逼人;另一方面出身卑微,没有什么文化知识,立身于士群之中,只是一介武夫而已,常常处于被士人奚落嘲讽的尴尬地位。那些军阀出身的家族,一旦巩固了自身的政治权力,就会学习和模仿士族的文化品格和精神气质,走上士族化的道路,逐步革除武夫的霸道蛮气,让家族子孙迅速变成文质彬彬、知书达理的士人,形成家族的新门风与新士气。颜之推《颜氏家训·诫兵》云:"国之兴亡,兵之胜败,博学所至,幸讨论之。入帷幄之中,参庙堂之上,不能为主尽规以谋社稷,君子所耻也。然而每见文士,颇读兵书,微有经略。若居承平之世,睥睨宫阃,幸灾乐祸,首为逆乱,诖误善良;如在兵革之时,构扇反复,纵横说诱,不识存亡,强相扶戴:此皆

---

① 　徐震堮:《世说新语校笺》,中华书局 1999 年版,第 66 页。

陷身灭族之本也。诚之哉！诚之哉！习五兵，便乘骑，正可称武夫尔。今世士大夫，但不读书，即称武夫儿，乃饭囊酒瓮也。"①颜之推在此表达了士族对军事权力的警惕，告诫子孙，切不可忘记士族的文化身份而将自己变成谋求世俗权力的武夫。为什么呢？颜之推认为，出身士族的士大夫，要善于利用自身的文化之道和文化资本，运筹帷幄，造福社稷，道济天下，这才是士族所提倡的士人正道。如果士大夫放弃了自身的文化资本，投身于军旅之中，汲汲于军事权力，在承平之世，就会谋逆天下；在战争年代，就会投身战争，倚强凌弱。士人忘却了自身的士人存在和文化资本，就会给自己带来陷身的困境，也会给士族带来灭族的大灾难。可见，在士族的文化之中，投身军事、获取军事权力，会给士人自身带来祸害，甚至会给士族带来祸害，士人一定不能参与。可见，在士族文化之中，军事权力是亡身、灭族的祸根。《世说新语·文学第四》第九十七条："袁宏始作《东征赋》，都不道陶公。胡奴诱之狭室中，临以白刃，曰：'先公勋业如是，君作《东征赋》，云何相忽略？'宏窘蹙无计，便答：'我大道公，何以云无？'因诵曰：'精金百练，在割能断。功则汉人，职思靖乱。长沙之勋，为史所赞。'"②出身陈郡袁氏的袁宏作了一篇《东征赋》，却没有一句提到陶侃。陶侃的儿子陶范很生气，就将他骗到一个密室，拔刀要挟他说：先父的功勋如此之大，你写《东征赋》，怎么可以忽略他老人家呢？袁宏很恐慌，无计可施，就说：我在赋中，大大地称道了陶公一番，怎么说没有写呢？于是就顺口朗诵道："精金百练，在割能断。功则汉人，职思靖乱。长沙之勋，为史所赞。"袁宏出身士族，在写作时，是以士族的文化标准和价值观念来衡量历史人物的。陶侃一生军功显赫，属于通过军功而立身朝堂的军阀一族。在士族的文化价值观念中，陶侃不值得过分褒扬。就是在被逼的情况下，袁宏口诵的"长沙之勋，为史所赞"，也仅仅是"为史所赞"，而不是"为我所赞""为士所赞"。《世说新语·方正第五》第十二条："杜预之荆州，顿七里桥，朝士悉祖。预少贱，好豪侠，不为物所许，杨济既名氏雄俊，不堪，不坐而去。须臾，和长舆来，问：'杨右卫何在？'客曰：'向来不坐而去。'长舆曰：'必大夏门下盘马。'往大夏门，果大阅骑。长舆抱内车，共载归，坐如初。"③京兆杜氏是一个经学世家的士族，杜预自称有"左传癖"，《晋书·杜预传》称"元凯文场，称为

---

① 王利器：《颜氏家训集解》（增补本），中华书局1993年版，第354—355页。
② 徐震堮：《世说新语校笺》，中华书局1999年版，第147页。
③ 徐震堮：《世说新语校笺》，中华书局1999年版，第163页。

武库"。① 有人将这段话翻译为:杜预在文场上,犹如武库之中兵器,源源不断。如果站在士族文化价值的立场上来审视这句话,应该是指:杜预爱好文场,但是他将文场变成了武库。这段话其实是讥讽杜预,他虽出身士族,为文场之士,却长期担任军事职务,与士族的文化价值有冲突。杜预将赴任荆州,满朝文武到七里桥为他饯行。杜预年轻时,家境贫贱,喜欢做一个豪侠之士,名士们都瞧不起他。杨济是出身弘农杨氏的大名士,不能忍受这种场面,他来后还没有坐下就走了。后来,和峤来了,就问:杨济哪里去了?有人说:他刚来,没有坐下就走了。和峤说:那他一定是到大夏门去看骑马了。于是来到大夏门,果然见杨济在那里观看骑马。和峤将杨济抱入车中,回到七里桥,杨济如刚来那样安然入座。《世说新语·方正第五》第十三条:"杜预拜镇南将军,朝士悉至,皆在连榻坐。时亦有裴叔则。羊稚舒后至,曰:'杜元凯乃复连榻坐客?'不坐便去。杜请裴追之,羊去数里住马,既而俱还杜许。"②杜预被任命为镇南将军,朝廷的官员来庆贺,大家都坐在连榻之上。裴氏家族的裴叔则(楷)也在座。羊稚舒(琇)来晚了一点,看到大家连榻而坐,就说:杜预竟然用连榻招待客人。说完,身不落座就走了。杜预请裴楷去将他追了回来。杨济、羊琇都出身大士族,对杜预极为不恭,表现出士族与军阀士人之间的价值冲突。

又如"总戎马之权,挟震主之威"的桓温,也屡屡受到名士的蔑视。《世说新语·方正第五》第四十四条:"桓大司马诣刘尹,卧不起。桓弯弹弹刘枕,丸进碎床褥间。刘作色而起曰:'使君,如馨地宁可斗战求胜?'桓甚有恨容。"③桓温大司马去拜访丹阳尹刘惔,刘惔躺在床上,没有起身作礼。桓温就用弹弓射击刘惔的枕头,弹丸进碎后落在被褥上。刘惔非常生气,跳起来愤怒地说:你怎么可以这样做,难道可以依靠武力来取胜吗?桓温脸上露出不满的样子。刘惔是清谈名士,依靠的是文化资本和清谈义理来征服其他的士人,而桓温在与刘惔交往的时候,依旧保留了军阀霸道、蛮横的样子,令其极为恼火。《世说新语·雅量第六》第三十九条:"王东亭为桓宣武主簿,既承藉,有美誉,公甚敬其人地,为一府之望。初见谢失仪,而神色自若。坐上宾客即相贬笑。公曰:'不然,观其情貌,必自不凡,吾当试之。'后因月朝阁下伏,公于内走马直出突之,左右皆宕仆,而

① (唐)房玄龄等:《晋书》,中华书局1974年版,第1034页。
② 徐震堮:《世说新语校笺》,中华书局1999年版,第164页。
③ 徐震堮:《世说新语校笺》,中华书局1999年版,第184页。

王不动。名价于是大重，咸云是公辅器也。"①王珣是王导的孙子，出任桓温的主簿。他既有良好的家教，又富有美誉，桓温敬重他的人品与门第，认为他是整个府邸中最高的士人。刚见面，王珣在回答桓温问题时有些失礼，可是他神色自若，在座的宾客都贬低并嘲讽他。桓温说：不对啊，看这个人的神情样子，一定不凡，我要试试他。后来，趁初一众官僚朝会之机，桓温从后院骑马直冲出来，所有人都吓得跌倒在地，而王珣却稳如泰山，坐着一动不动。由是王珣名气大振，所有人都说：这个人才是辅弼国家的真正人才。王珣在任何情况下都神色自若，极为镇定，体现了王氏家族美好的门风士风。同时，这个记载也显现出桓温粗俗的军阀本色，以及对士族文化的敬畏和崇拜之情。

再次，新、旧士族之间也存在明显的等级关系。旧士族一般发迹较早，大多可以追溯到东汉末年，其家学渊源极为深厚，家风教养也比较严格，而且世代都为朝廷高官，地位显赫，根基牢靠。新士族一般发迹较晚，大都兴起于两晋时期，在家族发迹之初，还没有地位特别高贵、学风特别突出的士人，后来因为家族中某个名士才能突出、风度别致、地位很高，使家族一跃成为众人关注的士族，典型的如颍川庾氏、陈郡谢氏、陈郡殷氏等。旧士族由于家学渊源悠久，家风优美，在士族中名望较高，影响较大，对于崛起的新士族，旧士族往往表现出鄙夷的态度。田余庆在《东晋门阀政治》中云："东晋所见士族中的旧族门户，即令其先人在东汉世家大族中地位平平，却都被认为比新出门户多一重凭借，多一份优势，因而也被认为高出一等。……魏晋社会中流行的这种门户观念，被那些处在衰落状态的旧族门户着意渲染。在他们看来，旧族门户哪怕权势日替，其社会地位也要比大权在握的新出门户为高。"②

最为典型的新士族就是陈郡谢氏。琅琊王氏发迹于曹魏的王祥，是魏晋时期第一尊贵的旧士族，对于新出的谢氏，王氏表现出一种绝对的优越感。《世说新语·方正第五》第六十二条："太极殿始成，王子敬时为谢公长史，谢送版使王题之。王有不平色，语信云：'可掷著门外。'谢后见王曰：'题之上殿何若？昔魏朝韦诞诸人，亦自为也。'王曰：'魏祚所以不长。'谢以为名言。"③晋武帝的太极殿修好了，当时王献之是丞相谢安的长史。谢安就派人将太极殿的门匾送到王

① 徐震堮：《世说新语校笺》，中华书局 1999 年版，第 210—211 页。
② 田余庆：《东晋门阀政治》，北京大学出版社 2005 年版，第 273 页。
③ 徐震堮：《世说新语校笺》，中华书局 1999 年版，第 190—191 页。

家，请王献之题字。王献之极不高兴，就说：把匾扔出去。后来谢安看到王献之说：这可是正殿的门匾，请你题个字，怎么样？当年曹魏时期，侍中韦诞等人也为正殿题过字的呀。王献之说：这就是曹魏很快就灭亡的原因。谢安认为王献之的话是至理名言。韦诞等人为曹魏正殿题字，据说题完字，头发都白了，为什么呢？因为替政治权力干活，太紧张了。王献之出身王氏，是旧士族，书法为王氏家族文化资本和家学门风的特殊文化标志。从政治地位来看，谢安位居丞相，要丞相长史王献之题字，作为下属的王献之应该很乐意接受才对。可是出身王氏、文化尊贵的王献之，却断然拒绝了这一行政命令，而且他认为，政治权力无故强迫文化权力，就是对士族文化资本和文化权力的侮辱，这样的行为会导致政权灭亡。出身新士族的谢安，深深理解王献之语中的门第意味和文化高地，并认为这是至理名言，对旧士族的文化精神表现出尊崇之情。《世说新语·雅量第六》第三十八条："王僧弥（珉）、谢车骑（玄）共王小奴（荟）许集。僧弥举酒劝谢云：'奉使君一觞。'谢曰：'可尔。'僧弥勃然起，作色曰：'汝故是吴兴溪中钓碣耳，何敢诗张！'谢徐抚掌而笑曰：'卫军，僧弥殊不肃省，乃侵陵上国也。'"[1]王珉与谢玄在王荟家聚会，王珉举起酒杯向谢玄敬酒，说：我敬你一杯。谢玄说：好啊。王珉勃然大怒，忿然说：你原本是吴兴小溪中的一块钓鱼碣石罢了（谢玄小名为碣），怎么敢在这里放肆！谢玄慢慢拍拍手，笑着说：卫军（王荟），你看王珉也太不懂事了吧，竟敢侵犯上国的人啊。王珉是王导的孙子，无论是门第名望，还是家风学养，都远胜兵家出身的谢玄。当王珉向谢玄敬酒的时候，谢玄丝毫也没有推让，表现出无礼之举，王珉就不高兴了，对谢玄大发脾气，并直接用谢玄的小名来贬谪、侮辱谢玄。谢玄只好强作笑脸，说这小孩真不懂事，竟敢欺凌"上国的人"。站在政治权力的角度，谢玄将自己看成"上国的人"，而将王珉看成"下国的人"，总算挽回了面子。王珉依据的是文化价值，谢玄依据的是流俗空间，体现了旧士族与军阀之间的文化冲突。《世说新语·简傲第二十四》第十二条："谢公尝与谢万共出西，过吴郡。阿万欲相与共萃王恬许，太傅云：'恐伊不必酬汝，意不足尔。'万犹苦要，太傅坚不回，万乃独往。坐少时，王便入门内，谢殊有欣色，以为厚待己。良久，乃沐头散发而出，亦不坐，仍据胡床，在中庭晒头，神气傲迈，了无相酬对意。谢于是乃还。未至船，逆呼太傅。安曰：'阿螭不作

①　徐震堮：《世说新语校笺》，中华书局 1999 年版，第 210 页。

尔.'"①谢安曾经和谢万一起坐船到京师去,路过吴郡,谢万想与谢安一起到王恬(时任吴郡太守)那里去做客,太傅谢安说:恐怕王恬不会理睬你,还是不要去吧。谢万执意邀请谢安,谢安坚决不同意,谢万只好一个人去拜访王恬。到了王恬家,王恬与谢万坐了一会儿,就进屋去了,谢万显得很高兴,以为王恬是进屋取点心来招待他。没想到过了很久,王恬竟然洗完头,披着头发出来了,一点也没有要招待他的意思。谢万只好扫兴地回来了,还没有回到船上,谢万就大叫谢安,谢安说:阿螭这个人是不会作假的。王恬是王导的儿子,瞧不起新兴的谢氏子弟,不仅没有礼遇谢万,而且对之不理不睬。谢万对自己充满信心,对王恬抱有期待,结果失望而归。谢安倒是对自己家族的地位极为清楚,早就预料到旧士族作风的王恬是不会礼待新出谢氏的。

除了琅琊王氏子弟看不起谢氏以外,其他旧士族也有相同的门第观念与文化态度。《世说新语·方正第五》第六十条:"谢公闻羊绥佳,致意令来,终不肯诣。后绥为太学博士,因事见谢公,公即取以为主簿。"②谢安听说羊氏家族的羊绥很不错,就致意要他来身边做事任官,但羊绥终究没有来投靠他。后来羊绥担任了太学博士,因事情来拜见谢安,谢安才有机会调他来担任自己的主簿。《世说新语·雅量第六》第三十一条:"支道林还东,时贤并送于征虏亭。蔡子叔前至,坐近林公。谢万石后来,坐小远。蔡暂起,谢移就其处。蔡还,见谢在焉。因合褥举谢掷地,自复坐。谢冠帻倾脱,乃徐起振衣就席,神意甚平,不觉瞋沮。坐定,谓蔡曰:'卿奇人,殆坏我面。'蔡答曰:'我本不为卿面作计。'其后,二人俱不介意。"③支道林要回到东边去,当时的名士到征虏亭为他饯行。蔡系先到,就坐在支道林身边。谢万后来,坐得稍远一点。蔡系临时走开一会儿,谢万趁机移坐到蔡系的位子上。蔡系回来了,看见谢万坐在自己位子上,就将谢万连坐垫一起举起,抛在地上,然后自己坐回原处。谢万头巾都被摔掉了,他慢慢爬起来,拍干净衣服上的尘土,回到自己原来的位子上,神色显得极为平静,看不出任何生气或颓丧的样子。谢万坐好了,就对蔡系说:你这个人真怪,差点儿擦破我的脸。蔡系说:我只是没有打算揍你的脸而已。蔡氏可上溯到东汉末年的蔡邕和曹魏时期的蔡质,蔡系的父亲是蔡谟,是与王导等人齐名的东晋开国元勋。蔡氏是典

144

① 徐震堮:《世说新语校笺》,中华书局 1999 年版,第 415 页。
② 徐震堮:《世说新语校笺》,中华书局 1999 年版,第 190 页。
③ 徐震堮:《世说新语校笺》,中华书局 1999 年版,第 207 页。

型的旧士族，对于新出士族谢氏的无礼行为，直接进行反击，表现出无所顾忌的文化态度。《世说新语·简傲第二十四》第九条："谢万在兄前，欲起索便器，于时阮思旷在坐曰：'新出门户，笃而无礼。'"[1]阮裕出身陈留阮氏，阮氏家族可以追溯到东汉末年的阮瑀，以及魏晋时期的阮籍、阮咸等人，尽管后来阮氏家族不是特别兴盛，但依旧是资深士族，对于谢万的无礼行为，阮裕极为愤怒，认为这些新出门户，没有家学教养，行为太浅薄，"笃而无礼"。由此可以看出，作为新兴士族的陈郡谢氏，尽管在门风和政治上都具有咄咄逼人的气势，但是由于家族根底浅薄，文化传承不深，文化资本不够雄厚，出身旧士族的名士对谢氏在诸多方面加以排挤、挖苦和打压。这使得新兴士族感到难堪和无奈，同时，也迫使谢氏加快了士族化的步伐，期望通过改进家族的文化资本和家学家风，迅速在士族之中获得与旧士族同等的文化地位、门第威望和政治地位。

最后，名士与寒士、小人之间存在不可逾越的社会等级关系。名士出身士族，寒士出身庶族。寒士大多才能非常突出，善于投机钻营、建立功业，但依旧身居下位，处处受到名士的鄙夷和压制。"小人"是名士对出身卑微之士的称呼，属于社会空间的底层，是士族"大人"的附属或奴仆。《世说新语·轻诋第二十六》第二条："庾元规语周伯仁：'诸人皆以君方乐。'周曰：'何乐？谓乐毅邪？'庾曰：'不尔，乐令耳。'周曰：'何乃刻画无盐，以唐突西子也？'"[2]庾亮对周顗说：大家都拿你与乐氏相比。周顗问：是哪个乐氏？是乐毅吗？庾亮说：不是的，是乐令（指乐广）。周顗说：你们这些人怎么可以美化无盐，来亵渎西施呢？周顗出身汝南周氏，是西晋安东将军周浚之子。乐广虽然才学出众，仕途得意，曾任尚书令，但出身卑微。周顗认为，将自己与乐广相比，是美化了寒门出身的乐广，而辱没士族出身的自己。可见，庶族出身的士人，尽管很有才能，也得不到士族名士的尊重和认同。《世说新语·方正第五》第五十一条："刘真长、王仲祖共行，日旰未食。有相识小人贻其餐，肴案甚盛。真长辞焉。仲祖曰：'聊以充虚，何苦辞？'真长曰：'小人都不可与作缘。'"[3]刘惔与王濛一起外出，天色已晚，还没有吃晚饭。有个认识他们的小人送来饭菜给他们吃，而且菜肴还很丰盛，刘惔坚决辞谢。王濛说：暂且用来充饥吧，为什么要推辞呢？刘惔说：名士决不能与

① 徐震堮：《世说新语校笺》，中华书局1999年版，第414页。
② 徐震堮：《世说新语校笺》，中华书局1999年版，第442—443页。
③ 徐震堮：《世说新语校笺》，中华书局1999年版，第186—187页。

小人打交道。就是身处饥饿之中，名士依旧持守名士的尊贵身份，拒绝接受小人的馈赠，以免玷污了名士的高贵出身。可见，名士与小人之间的社会鸿沟有多深。《世说新语·方正第五》第五十九条："王子敬数岁时，尝看诸门生樗蒲。见有胜负，因曰：'南风不竞。'门生辈轻其小儿，乃曰：'此郎亦管中窥豹，时见一斑。'子敬瞋目曰：'远惭荀奉倩，近愧刘真长。'遂拂衣而去。"①王献之小的时候，曾经观看一些门生玩牌，看见要决出输赢的时候，就说：南边的要输了。门生们轻视他还是一个小孩，就说：从这可以看出，这个小孩子乃是管中窥豹，见识短浅。王献之非常生气，瞪着眼睛对他们说：我是近愧荀粲，远愧刘惔啊。说完，拂袖而去。荀粲、刘惔都是谨守士族与庶族界限的名士，王献之说自己"近愧荀粲，远愧刘惔"，表明自己要坚守士族的底线，决不与寒士门生交往。在魏晋的社会空间中，寒士与小人是没有家学渊源、缺乏教养的人，尽管他们当中有些人凭借个人才能，跻身政治集团的核心位置，就如乐广一样，但在士族眼中，依旧属于没有地位、被排挤、被鄙弃的阶层。

经历了从失位到复位的士族，深深地体验了社会世界的险恶。因此，在士族的家族文化建构中，名士们始终告诫子弟，要对政治权力、军事权力等世俗权力保持警惕甚至拒斥的态度，提醒子孙们要重视士族的文化权力，否则，就会给自身和士族带来灭顶祸害。在家庭教育之中，士族强化子弟的文化教育，要求他们节制对政治权力的角逐欲望，以巩固士族的延绵和发展。颜之推《颜氏家训·止足》云："《礼》云：欲不可纵，志不可满。宇宙可臻其极，情性不知其穷，唯在少欲知足，为立涯限尔。先祖靖侯戒子侄曰：汝家书生门户，世无富贵；自今仕宦不可过二千石，婚姻勿贪势家。吾终身服膺，以为名言也。"②颜含认为，士人在社会上复位既是好事，也是坏事，它会使士人丧失文化存在，从而迷失自己。因此，他告诫本族子孙，要时刻记住，颜氏是一个书香门第，文化身份和文化资本才是颜氏子孙安身立命的本色所在，决不能贪念世间的富贵，做官最多不能超过二千石（大约五品）。王利器对"仕宦不可过二千石"做了详细的注解，其云："卢文弨曰：'自汉以来，官制有中二千石、二千石、比二千石，此但不至公耳，然于官品亦优矣。郗曼容为官，不肯过六百石，辄自免去，岂不更冲退哉？'器案：二千石，汉人谓之大官，仕宦之徒，冲退与躁进者，于此有以觇其趣焉。《汉书·疏广传》：

---

① 徐震堮：《世说新语校笺》，中华书局1999年版，第190页。
② 王利器：《颜氏家训集解》（增补本），中华书局1993年版，第342页。

'今仕宦至二千石,宦成名立。'又《宁成传》:'称曰:仕不至二千石,贾不至千万,安可比人乎?'《世说新语·贤媛篇》:'王经少贫苦,仕至二千石,母语之曰:汝本寒家子,仕至二千石,此可以止乎!'江淹《自序传》:'仕所望,不过诸卿二千石。'盖自汉、魏以来,仕途险巇,一般浮沉于宦海者,率以此为持盈之限云。《北齐书·张琼传》:'有二子,长忻……普泰中,为都督……以功尚魏平阳公主,除驸马都尉、大将军、开府仪同三司、建州刺史、南郑县伯。琼常忧其太盛,每语亲识曰:凡人官爵,莫若处中;忻位秩太高,深为忧虑。'琼与之推,俱北齐臣也,琼之忧虑,与之推之服膺,其道一也。"①可见,从两汉的世家大族到魏晋的士族,都保留了这样的政治遗产:做官要有所节制,做到二千石,也就是中品官员,就已经满足了士人的政治欲望,如果再贪求高位,就会给自身及家族带来忧虑与祸害。这不符合儒家中庸的文化精神了。颜之推《颜氏家训·止足》云:"仕宦称泰,不过处在中品,前望五十人,后顾五十人,足以免耻辱,无倾危也。高此者,便当罢谢,偃仰私庭。吾近为黄门郎,已可收退;当时羁旅,惧罹谤讟,思为此计,仅未暇尔。自丧乱已来,见因托风云,徼幸富贵,旦执机权,夜填坑谷,朔欢卓、郑,晦泣颜、原者,非十人五人也。慎之哉!慎之哉!"②一个士族名士如果要"仕宦称泰",就要善于在中品的时候克制自己的欲望。颜之推认为,自己担任了中书省的黄门侍郎,已经到了收退的时候。在动荡年代,很多士人侥幸获得了大富大贵,但是早上还大权在握,晚上就填尸山谷了。月初发了财,快乐如卓王孙、程郑(都是汉代的有钱人),月底就如颜渊、原宪一样,变成了穷光蛋。这样的例子,历史上不止十个五个。颜之推告诫子孙,做官一定要谨慎。他对子孙语重心长的教诲,体现了士族家教的核心价值,告诫士人不要贪求名利,不能忘记了自己的文人本色和士族的家法门风。他告诫子孙,一定要坚守中庸之道,使自己在名利场中操持有节,知足常乐。

四、士族与节俭士风

由于特殊的文化地位和社会地位,士族形成了贯穿地方与中央、乡村与城市的社会势力,享有文化教育、世代高官等社会特权,在经济方面,享有占有依附人

---

① 王利器:《颜氏家训集解》(增补本),中华书局 1993 年版,第 344 页。
② 王利器:《颜氏家训集解》(增补本),中华书局 1993 年版,第 347 页。

口特权、免除商税特权、占田制特权等。士族作为这一时期的文化精英和政治领袖，依靠依附人口提供的经济保障，在乡村拥有庄园式的经济来源，在朝廷又有丰厚的俸禄，在生活上具有一定的优越性。

士族在乡村可以自给自足，摆脱了对国家经济的绝对依附。《晋书·食货志》云："其官品第一至于第九，各以贵贱占田，品第一者占五十顷，第二品四十五顷，第三品四十顷，第四品三十五顷，第五品三十顷，第六品二十五顷，第七品二十顷，第八品十五顷，第九品十顷。而又各以品之高卑荫其亲属，多者及九族，少者三世。宗室、国宾、先贤之后及士人子孙亦如之。而又得荫人以为衣食客及佃客，品第六已上得衣食客三人，第七第八品二人，第九品及举辇、迹禽、前驱、由基、强弩、司马、羽林郎、殿中冗从武贲、殿中武贲、持椎斧武骑武贲、持鈒冗从武贲、命中武贲武骑一人。其应有佃客者，官品第一第二者佃客无过五十户，第三品十户，第四品七户，第五品五户，第六品三户，第七品二户，第八品第九品一户。"①依据国家的经济分配方式，占田制赋予士人拥有土地的特权，保证了士族的经济来源，也保证了他们能获得剩余价值，使得他们有时间、有精力从事文化、政治活动。典客，主要是指从事耕作的劳动力。典计，主要是指管理家务的劳动力。衣食客，主要指供给衣食、办理杂事的劳动力。由于士族在物力和人力上拥有绝对的优势和特权，士族弟子就真正成了四体不勤、五谷不分的特权阶层和知识分子。正是因为士族在经济上拥有特权，所以才致力于传承文化之道，形成了优美儒雅的家法门风。士族中从事各项事务性劳动的人员种类很复杂，《中国经济通史·魏晋南北朝卷》概括了士族中各类劳动力的情况，其云：从他们必须为封建国家和地主阶级无偿服劳役的角度而言，有"役门""露门""次门""三五门""露户役民"等称谓；从他们脱离国家版籍而为私家所占有的角度来说，则有"漏户""匿户""隐匿""逃户""隐户"等名目；从其同所依附的主人的关系的角度而言，则有"客户""客""佃客""部曲""衣食客""浮客""荫户""荫丁""左右""典计""十夫客""干""食干""恤""扶""私属""乐属""程荫""奴客""免奴客"等名称；从其隶属于官府从事专门劳役的角度而言，则有"屯田客""屯田部民""屯户""吏户""兵户""兵家""士家""新民""军户""营户""乐户""牧户""伎作户""杂户""百杂之户""罗縠户""渔猎户""细茧户""绫罗户""百工户""滂户"等等称呼；从其庇荫于寺院僧侣而受寺院奴役的角度来说，则有"僧祇

---

① （唐）房玄龄等：《晋书》，中华书局1974年版，第790页。

户""寺户""白徒""养女"等等名称。①

士族的经济地位和政治地位，使得一部分出身士族，但又没有教养、缺乏家法的士族子弟，生活极为奢侈。最有名的就是石崇。《世说新语·品藻第九》第五十七条："谢公云：'金谷中苏、绍最胜。'绍是石崇姊夫，苏则孙，愉子也。"刘孝标注引石崇《金谷诗叙》曰："余以元康六年，从太仆卿出为使持节，监青、徐诸军事、征虏将军。有别庐在河南县界金谷涧中，或高或下。有清泉茂林、众果竹柏、药草之属，莫不毕备。又有水碓、鱼池、土窟，其为娱目欢心之物备矣。时征西大将军祭酒王诩当还长安，余与众贤共送往涧中，昼夜游宴，屡迁其坐。或登高临下，或列坐水滨。时琴瑟笙筑，合载车中，道路并作。及住，令与鼓吹递奏。遂各赋诗，以叙中怀。或不能者，罚酒三斗。感性命之不永，惧凋落之无期。"②石崇的父亲为西晋开国元勋石苞。石崇倚仗权势，劫持富商，过着纸醉金迷的生活。金谷园中，亭台楼榭高低错落，山水相映，极为华丽。石崇与王恺斗富，将厕所建造得华美绝伦，侍女爱妾应有尽有，纵欲无度，最终石崇也因财富、女人（绿珠）害了性命。石氏家族因建国功勋而走上仕途，但是不善于将政治资本转化为文化资本，其士族化的程度不高，没有形成良好的家教门风，以致石崇一门子弟都沉沦于物质享乐，至死不悟。

出身士族的名士提倡文化之道与士人存在要高于个体的欲望存在，教育子孙要善于用有所规定、有所节制的文化资本和文化之道来修身养性、加强自律。士族尽管在政治权力场域、经济场域之中获得了某种特权，但是他们意识到这种特权如果没有控制好，就会给士人自身及家族带来巨大的灾难。士族普遍形成了在经济方面要有所节制、知足常乐的群体意识和观念。士族提倡节俭的美好家风，鄙弃享乐、奢靡的生活作风。在士族群体文化中，节俭、清廉才是士族长久不衰、簪缨不替的文化秘诀。成公绥《钱神论》云："路中纷纷，行人悠悠。载驰载驱，唯钱是求。朱衣素带，当涂之士。爱我家兄，皆无能已。执我之手，说分终始。不计优劣，不论能否。宾客辐凑，门常如市。谚言：'钱无耳，何可闇使？'岂虚也哉？"③世俗之人，唯钱是求，在金钱面前，成为金钱的俘虏。拥有文化权力的士族名士，看清了世俗人无法抵抗金钱的世俗习气，在家教之中告诫子孙要生

---

①　高敏主编：《中国经济通史·魏晋南北朝经济卷》，经济日报出版社 2007 年版，第 10 页。

②　徐震堮：《世说新语校笺》，中华书局 1999 年版，第 291 页。

③　（清）严可均辑：《全晋文》，商务印书馆 1999 年版，第 619 页。

活节俭,反对奢侈之风。颜之推《颜氏家训·治家》云:"孔子曰:'奢则不孙,俭则固;与其不孙也,宁固。'又云:'如有周公之才之美,使骄且吝,其余不足观也已。'然则可俭而不可吝已。俭者,省约为礼之谓也;吝者,穷急不恤之谓也。今有施则奢,俭则吝;如能施而不奢,俭而不吝,可矣。"①一个人要是奢侈无度,就会在社会场域中表现得桀骜不驯;只有生活节俭,才能永葆自身和家族的长久发展。即使一个人的才华胜过周公,但是如果这个人骄傲而且吝啬,则不能成大器。颜之推提倡,士人要做到"施而不奢,俭而不吝",这才是士族文化的经济态度和生活态度。其《颜氏家训·治家》云:"生民之本,要当稼穑而食,桑麻以衣。蔬果之畜,园场之所产;鸡豚之善,坞圈之所生。爰及栋宇器械,樵苏脂烛,莫非种殖之物也。至能守其业者,闭门而为生之具以足,但家无盐井耳。今北土风俗,率能躬俭节用,以赡衣食;江南奢侈,多不逮焉。"②

　　守住清贫是士族文化的核心价值,节欲守身保障了士人文化存在的诗性本质,也使魏晋成为传承华夏民族精神的重要阶段。桓范《世要论·节欲》云:"夫人生而有情,情发而为欲;物见于外,情动于中。物之感人也无穷,而情之所欲也无极:是物至而人化也。人化也者,灭天理矣。夫欲至无极,以寻难穷之物,虽有圣贤之姿,鲜不衰败,故修身治国之要,莫大于节欲。《传》曰:'欲不可纵。'历观有家有国,其得之也,莫不阶于俭约;其失之也,莫不由于奢侈。俭者节欲,奢者放情。放情者危,节欲者安。尧、舜之居,土阶三等,夏日衣葛,冬日鹿裘。禹卑宫室而菲饮食。此数帝者,非其情之不好,乃节俭之至也。故其所取民赋也薄,而使民力也寡;其育物也广,而兴利也厚。故家给人足,国积饶而群生遂,以('以'衍文)仁义兴而四海安。孔子曰:'以约失之者鲜矣。'且夫闭情无欲者上也。怫心消除者次之。昔帝舜藏黄金于崭岩之山,抵珠玉于深川之底,及仪狄献旨酒而禹甘之,于是疏远仪狄,纯(当作'绝')上旨酒,此能闭情于无欲者也。楚文王悦妇人而废朝政,好獠猎而忘归,于是放逐丹姬,断杀如黄,及共王破陈而得夏姬,艳其国色,王纳之宫,从巫臣之谏,坏后垣而出之,此能怫心消除之也。既不能闭情欲,能抑除之,斯可矣,故舜、禹之德,巍巍称圣,楚文用朝邻国,恭王终谥为恭也。"③世界中的万事万物都会激荡人心,诱惑人心,使人忘记自身的本性

①　王利器:《颜氏家训集解》(增补本),中华书局1993年版,第42页。
②　王利器:《颜氏家训集解》(增补本),中华书局1993年版,第43页。
③　(清)严可均辑:《全三国文》,商务印书馆1999年版,第384—385页。

存在。世俗的士人在世界之中，经常处于"物至而人化"的被动之中。所谓"物至而人化"，指万物侵入人心，天理被遮蔽，人化为物。作为读书人的名士，要善于用文化之道将物物化，从而让物从哪里来就回到哪里去，甚至让物进入内心世界，善于用文化的方式将物隔离起来，让物在人心中，受到人性天理的沐浴，有所束缚，而不是让人在物中失去天理而变得放纵无度。节俭就是要节欲，节欲就是让物被天理、物化，让本性的文化存在与文化大道成为外物的主宰力量。如果人被物同化了，人之欲望就会无穷无尽，人就会放纵物欲，去追求世间的各种稀有之物，以满足私己欲望。如果这样无节制地投身于物质的追求，就是圣贤之人也会衰败。只有节俭的士人，才能控制好自己的欲望，才能求得内心的安稳，安身栖居于纷繁的世界之中。奢侈的人，就会放纵自己的欲望，从而招来祸害。一个人不可能完全没有情欲，但是通过文化的方式与途径，通过坚守本性天理的文化之道，总能抑制和排除各种情欲。一个士人只要能够抑制住自己的情欲，就可以安身立命了。荀勖语诸子曰："人臣不密则失身，树私则背公，是大诫也。汝等亦当宦达人间，识吾此意。"[1]作为人臣，处于宦海之中，如果为人不密，就会"失身"。意思是说，一个人要是稍不留意，就会迷失自身。如果过分追求私利，就会违背公利。"失身"和"背公"，这都是做人为官的大忌。嵇康《家诫》云："自非所监临，相与无他，宜适有壶榼之意，束修之好，此人道所通，不须逆也。过此以往，自非通穆，匹帛之馈，车服之赠，当深绝之。何者？常人皆薄义而重利，今以自竭者，必有为而作。鬻货徼欢，施而求报，其俗人之所甘愿，而君子之所大恶也。"[2]人生在世，与人交往的正常礼节是人道所在。但是如果不是知己之交，别人馈赠贵重物品，就应该坚决拒绝。为什么呢？嵇康认为，世俗的常人都是薄义而重利的，他现在竭尽全家所有送给你，一定是"有为而作"。他馈赠礼物是为了得到你更大的物质回报，这是世俗之人的目的，这恰恰又是君子最讨厌的地方。可见，士族对于世俗的经济原则有着清醒的认识，他们告诫子孙，一定要严守士人的文化之道，不要被世俗的糖衣炮弹迷惑。《世说新语·德行第一》第四十条："殷仲堪既为荆州，值水俭，食常五碗，盘外无余肴。饭粒脱落盘席间，辄拾以啖之。虽欲率物，亦缘其性真素。每语子弟云：'勿以我受任方州，云我豁

---

① （唐）房玄龄等：《晋书》，中华书局1974年版，第1157页。
② （清）严可均辑：《全三国文》，商务印书馆1999年版，第534页。

平昔时意。今吾处之不易。贫者,士之常,焉得登枝而捐其本?尔曹其存之。'"①殷仲堪做了荆州刺史,他上任时,正赶上水涝之灾,颗粒无收。他每餐吃饭,只有五碗菜,饭粒掉在盘子里或座席上,马上就捡起来吃了。他这样做,一方面是想给士族子弟做个节俭的榜样,另一方面是他本性素朴。他常常告诫子弟:不要因为我担任了荆州刺史,就认为我会抛弃平素的生活作风。现在我的习惯依旧没有改变。贫穷乃是读书人的常态,怎么能因为做了大官,就丢掉做人的根本呢?你们要记住我的话。殷仲堪以身作则,坚守读书人的清贫本色,不因为身处官位而忘记了士人的文化责任和修身自律。他如此教育子弟,表明了士族文化始终教育士人要谨守文化之道,不要因为权势的扩大、经济的富有,而忘记了士人的文化本色和道德要求。

士人做官,不是为了发财,而是为了实现士人的文化价值和理想抱负。士人在经济宽裕的情况下,不要积蓄太多的金钱物质,而要以好施散金为乐。《颜氏家训·止足》云:"天地鬼神之道,皆恶满盈。谦虚冲损,可以免害。人生衣趣以覆寒露,食趣以塞饥乏耳。形骸之内,尚不得奢靡,己身之外,而欲穷骄泰邪?周穆王、秦始皇、汉武帝,富有四海,贵为天子,不知纪极,犹自败累,况士庶乎?常以二十口家,奴婢盛多,不可出二十人,良田十顷,堂室才蔽风雨,车马仅代杖策,蓄财数万,以拟吉凶急速,不啻此者,以义散之;不至此者,勿非道求之。"②颜氏认为,士人的物质欲望是有限度的,只要能满足一般的生理需求就可以了,只有"谦虚冲损",才能免害。贵为天子的人,如果不懂得有所节制,尚且会自寻败亡,更何况出身士族或庶族的读书人呢?颜氏对家族的奴婢、良田、堂室、车马等都做了数量规定,超过规定的积蓄,要依照仁义之道,将其散尽;如果达不到这个基本的数量要求,也不要采用非道的方式谋求财物。可见,士族对财物的要求始终遵守仁义之道,只求满足基本生理需求;对于多余财物,要主动散尽;对于不义之财,绝对不要。《世说新语·俭啬第二十九》第九条:"郗公大聚敛,有钱数千万,嘉宾意甚不同。常朝旦问讯,郗家法,子弟不坐。因倚语移时,遂及财货事。郗公曰:'汝正当欲得吾钱耳。'乃开库一日,令任意用。郗公始正谓损数百万许,嘉宾遂一日乞与亲友,周旋略尽。郗公闻之,惊怪不能已已。"③在同一个士

---

① 徐震堮:《世说新语校笺》,中华书局1999年版,第24页。
② 王利器:《颜氏家训集解》(增补本),中华书局1993年版,第345页。
③ 徐震堮:《世说新语校笺》,中华书局1999年版,第467页。

族之中,郗愔是聚敛财物的,而郗超则是慷慨散金的。父子两人对待财物的不同态度,就能体现士族教化的好坏成败。

内藤湖南《中国中古的文化》云:"贵族在现实政治中发挥作用的人是很少的,因此很自然地,操作现实政治的是出身微贱的人。当这些人取得成功后,周围的势力就会向他们靠拢。在六朝时期,这样的人有凌驾于贵族之上的权力。由于他们不是贵族,所以反而有贪权的倾向。另外,贵族没有诸如收受贿赂那样的欲望。可是身份低下的人一旦有了势力,就会贪图贿赂,干出许多坏事。天子不是贵族出身,无法把贵族作为心腹,而从身份较低的人中选出的人却很能干,并且可以信赖,可是,这些人最终还是去干坏事。这是由贵族政治的反面出现的弊端。"[1]这里的贵族就是指出身士族的名士。内藤湖南对士族与庶族为官进行了比较。他认为,士族为官,依据士族的文化价值和士人存在来约束自己手中的权力,因此他们大多不会贪念权势,也不会贪图贿赂。庶族出身的士人一旦获得了政治权力,就具有贪权的倾向,就会利用手中的权力干出许多坏事,贪赃枉法,行贿受贿,拉帮结派,无恶不作。

五、结论

不能简单地将士族当成社会的统治阶级,而陷入绝对的阶级论。士族首先以文化之道和文化资本立身,他们强调文化教养、文化价值、文化习性,致力传承早期圣人之道,这是汉末国学陵迟、家学兴盛的结果。

士族以文化之道和文化资本作为家族文化的核心价值,传承了华夏民族大传统的文化价值。王昶《家诫》云:"夫孝敬仁义,百行之首,行之而立,身之本也。孝敬则宗族安之,仁义则乡党重之,此行成于内,名著于外者矣。人若不笃于至行,而背本逐末,以陷浮华焉,以成朋党焉;浮华则有虚伪之累,朋党则有彼此之患。此二者之戒,昭然著明,而循覆车滋众,逐末弥甚,皆由惑当时之誉,昧目前之利故也。夫富贵声名,人情所乐,而君子或得而不处,何也?恶不由其道耳。患人知进而不知退,知欲而不知足,故有困辱之累,悔吝之咎。语曰:'如不知足,则失所欲。'故知足之足常足矣。览往事之成败,察将来之吉凶,未有干名

---

① (日)内藤湖南:《中国史通论(上)》,夏应元、刘文柱、徐世虹等译,社会科学文献出版社2004年版,第309页。

要利,欲而不厌,而能保世持家,永全福禄者也。欲使汝曹立身行已,遵儒者之教,履道家之言,故以玄默冲虚为名,欲使汝曹顾名思义,不敢违越也。"①孝敬仁义是士族立身社会的文化之根,遵循文化之道,是士族文化的第一要义,是士族"保世持家,永全福禄"的根本途径。王昶提倡"遵儒者之教,履道家之言",将儒、道两家的思想精神和文化之道作为太原王氏的家族精神、士族资本,这也是魏晋以来士族文化的基本理念和核心价值。

在社会动荡的年代,出身士族的名士以文化之道作为士人身份的唯一价值与文化认同,并以之作为士人处世的基本准则。他们标举持守正统的文化资本,体现了名士群体文化的高标性和神圣性,体现了华夏民族文化的核心价值和诗性存在。诸葛亮曾撰有《诫外生》《诫子》两篇,其《诫子》云:"夫君子之行,静以修身,俭以养德,非淡泊无以明志,非宁静无以致远。夫学须静也,才须学也;非学无以广才,非志无以成学。慆慢则不能励精,险躁则不能治性。年与时驰,意与岁去,遂成枯落,多不接世;悲守穷庐,将复何及?"②诸葛氏是魏晋时期的南阳望族。诸葛亮告诫子孙,一个君子要有操守,心性宁静,提高修养,行为节俭,培育品德。其"淡泊明志、宁静致远"的诫语,千百年来砥砺着士人的精神世界与群体文化,具有很高的文化价值,也成为士人修身立志的重要格言。陆景《诫盈》云:"富贵,天下之至荣;位势,人情之所趋。然古之智士,或山藏林窜,忽而不慕;或功成身退,逝若脱屣者,何哉?盖居高畏其危,处满惧其盈,富贵荣势,本非祸始,而多以凶终者,持之失德,守之背道,道德丧而身随之矣。是以留侯、范蠡,弃贵如遗;叔敖、萧何,不宅美地。此皆知盛衰之分,识倚伏之机,故身全名著,与福始卒。自此以来,重臣贵戚,隆盛之族,莫不罹患构祸,鲜以善终。大者破家,小者灭身。唯金张子弟,世履忠笃,故保贵持宠,祚钟昆嗣。其余祸败,可为痛心。"③俗世的人对待富贵、位势,趋之若鹜,然而,古代的圣人智士对之却躲避不及。因为在真正的士人眼中,一个人获得了富贵荣势之后,就会失去原来的德性,自身性命也有危险。只有那些能够把握盛衰规律,善于识别"倚伏之机"的圣贤之士,才能真正保全自身,并名著于世。那些重臣贵戚,大部分都沉迷在富贵荣利之中,忘却士人的文化之道,以至于"大者破家,小者灭身"。士族文化

---

① (清)严可均辑:《全三国文》,商务印书馆 1999 年版,第 372 页。
② (清)严可均辑:《全三国文》,商务印书馆 1999 年版,第 595 页。
③ (清)严可均辑:《全三国文》,商务印书馆 1999 年版,第 705—706 页。

教育子弟,立身在世,必须要谨记士人的文化资本和文化之道,无论在世界之中遭遇如何,都要能以道行身,不可任意妄为。钱穆在《略论魏晋南北朝学术文化与当时门第之关系》中云:"门第即来自士族,血缘本于儒家,苟儒家精神一旦消失,则门第亦将不复存在。"①士族文化是以儒家精神为根底,与道家精神、佛教精神也都是息息相通的。可以说,士族文化是早期文化传统在家族文化中的复活。

士族名士以家族的家法家风作为自己在社会上为人处事的核心准则,无论是在政治场域,还是在经济场域,士人都能坚守士族群体的文化节义和文化之道,不为世俗的政治权力、经济物质所诱惑、所腐蚀,始终能坚守士族文化的独立性和高标性。士族文化强调士人在社会之中的文化精神,要求士人持守中庸之道,节制私己欲望,提升个体品德。在世俗社会之中,士人始终坚持以"神无"之道作为士人存在的人生方向和文化价值。

---

① 钱穆:《中国学术思想史论丛》(第三册),东大图书公司 1981 年版,第 152 页。

第七章　国士门风：九品选士与魏晋学风、士风

　　有教养的人，必须要用礼来制约家族的秩序，这是当时普遍的风尚。因此，其结果在日常政治生活中也有所反映，这就是在政治上出现了称为九品中正法的选举方法。

　　　　　　　　——（日）内藤湖南：《中国史通论·中国中古的文化》

　　然而当时世族门第之势力已成，九品中正制正为他们安立一个制度上之护符。

　　　　　　　　——钱穆：《国史大纲》

　　魏晋时期的选举制度是九品中正制或九品官人法。这种选人制度是在汉代察举选士制度的基础上发展演变而来的，同时，又带有士族文化的时代特点。为什么魏晋的选士制度没有完全沿袭汉代的察举制度呢？第一，汉代察举制度的弊端已经十分明显。察举制过分强调孝廉等外在品行，导致出现了以名取人的不良倾向，士人沽名钓誉之风也极为流行。《后汉书》卷七十六《许荆传》云："（许荆）祖父武，太守第五伦举为孝廉。武以二弟晏、普未显，欲令成名，乃请之曰：'礼有分异之义，家有别居之道。'于是共割财产以为三分，武自取肥田广宅奴婢强者，二弟所得并悉劣少。乡人皆称弟克让而鄙武贪婪，晏等以此并得选举。武乃会宗亲，泣曰：'吾为兄不肖，盗声窃位，二弟年长，未豫荣禄，所以求得分财，自取大讥。今理产所增，三倍于前，悉以推二弟，一无所留。'于是郡中翕

然，远近称之。位至长乐少府。"①许武兄弟采用一些小伎俩，获得了很高的社会声誉，迎合了社会选士制度的尚名精神，因此，兄弟三人都被选中了。第二，汉代察举制度选出来的官吏令人失望。察举制过分重视外在的声名，导致选出来的士人名声很大，但实际德行却很差，这与士人的文化精神、人才观念是相违背的。王符在《潜夫论·实贡》中云："以汉之广博，士民之众多，朝廷之清明，上下之修治，而官无直吏，位无良臣。此非今世之无贤也，乃贤者废锢而不得达于圣主之朝尔。夫志道者少友，逐俗者多俦。是以举世多党而用私，竞比质而行趋华。贡士者，非复依其质干，准其材行也，直虚造空美，扫地洞说。择能者而书之，公卿刺史掾从事，茂才孝廉且二百员。历察其状，德侔颜渊、卜、冉，最其行能，多不及中。"②政府之中没有正直的官员，在位官员中没有真正的良臣，这是什么原因导致的呢？一方面，真正有志于道的贤者被世俗的政治权力摒弃与禁锢，贤士在政治场域中彻底失位了。另一方面，俗士得到重视，社会上的士人都追逐世俗的名利，结党营私，而察举者不惜"虚造空美"，伪造德行，尤其注重择取那种能够书写、善于润色的士人，以致朝廷选拔出来官员，上至公卿、刺史、掾属、从事，下至茂才、孝廉等，大多是一些名不副实的俗人。看看对他们的评语，一个个都德行很高，与颜渊、子夏、冉求不相上下；但如果考察一下他们的现世行为，这些人能达到中人就算不错了。葛洪在《抱朴子·审举》中云："灵献之世，阉宦用事。群奸秉权危害忠良。台阁失选用于上，州郡轻贡举于下。夫选用失于上，则牧守非其人矣，贡举轻于下，则秀、孝不得贤矣。故时人语曰：'举秀才，不知书；察孝廉，父别居。寒素清白浊如泥，高第良将怯如鸡。'"③汉代察举制到了汉灵帝、汉献帝的时候，更是黑白颠倒，出现了秀才不知书、孝廉不孝顺的社会丑陋现象。文官原本是寒素清白的，现在却混浊如泥，内污外垢，俗不可耐；武官原本是高第良将的，现在却胆怯如鸡，外强中干，懦弱无能。社会上这种颠倒黑白的人才现象表明，汉代察举制已经完全失去了合法性与有效性。

汉代察举制已经腐朽不堪了，如何选士？如何借鉴和改造汉代的察举制度？这是摆在魏初政权面前极为重要的人才问题。《三国志》卷二十二《卢毓传》云：

① （南朝宋）范晔撰、（唐）李贤等注：《后汉书》，中华书局1965年版，第2471页。
② （汉）王符著、（清）汪继培笺、彭铎校正：《潜夫论笺校正》，中华书局1985年版，第151—152页。
③ 杨明照：《抱朴子外篇校笺》，中华书局1991年版，第393页。

"前此诸葛诞、邓飏等驰名誉,有四(窗)[聪]八达之诮,帝疾之。时举中书郎,诏曰:'得其人与否,在卢生耳。选举莫取有名,名如画地作饼,不可啖也。'毓对曰:'名不足以致异人,而可以得常士。常士畏教慕善,然后有名,非所当疾也。愚臣既不足以识异人,又主者正以循名案常为职,但当有以验其后。故古者敷奏以言,明试以功。今考绩之法废,而以毁誉相进退,故真伪浑杂,虚实相蒙。'帝纳其言,即诏作考课法。"①魏明帝曹叡对中书郎卢毓建议:朝廷选举再不能依据士人之名,士人之名就好比是画在地上的饼一样,只可看,不可吃。意思是说,依照外在虚名,选举出来的人才是不能用的,这实际上代表了曹魏新政权对以虚名取士的反感,也反映了两汉以来以名取士制度的不足,人才问题已经成为摆在新朝廷面前的重要课题。士族出身的卢毓,一方面认为如果依据士人之名来取士,尽管很难选出异士(才能极为突出的士人),但也可以选出一批常士(才能一般,但中规中矩的士人),所以名并非是选士问题的根本所在。另一方面,他提出除了要"循名案常为职"(即依据士人之名来安排士人的官职),还要加强"验其后"(即加强士人为官之后的实绩考核),看看士人之名与行为之实是不是一致的。实际上,卢毓认为,当前选士最大的问题不在于"以名选人",而在于"考绩之法废",也就是荒废了对官员政绩的考核,这样就势必导致士人过于追崇外在的名誉,而不注重名实相符。魏明帝完全否认以名选人,卢毓却同时看到了这种以名选人制度的长处与不足,提出要重视实绩的考核,来弥补纯粹以名选人的制度流弊。

九品官人法就是为走出以名选士的制度困境,由出身士族的名士提出来的。九品官人法既要考察士人之名是否虚妄,又要强化考核士人为官之后是否名实相符。这种选士制度一方面继承了汉代以名选士的基本思想,另一方面重视士人之名的真实性,重视名士为官之后的实际才能与为政业绩,弥补了汉代察举制度的不足,具有一定的进步意义。九品官人法从曹魏时期开始实施,一直沿用到隋唐科举选士制度的出台。这种选士制度延续了四百余年,对魏晋名士的官风、学风、士风都产生了较大影响。

---

① (晋)陈寿撰、(南朝宋)裴松之注:《三国志》,中华书局1959年版,第651—652页。

一、九品访人，惟问中正

作为名士英雄，曹操的人才观念讲究论功行赏，将官职直接与士人的现世功绩联系起来。这种实用主义的人才观念过分强调人才的实际功效和现实功绩，而忽略了士人的文化资本、文化之道和德行。延康元年（220），曹操去世，曹丕登基，以魏代汉，以陈群为首的名士，趁机建立了九品官人法，以国家选士制度的方式改变了曹操实用主义的人才观念与选士制度。《三国志》卷二十二《陈群传》云："及即王位，封群昌武亭侯，徙为尚书。制九品官人之法，群所建也。①"杜佑《通典·选举二》云："延康元年，吏部尚书陈群，以天朝选用不尽人才，乃立九品官人之法。州、郡皆置中正，以定其选，择州郡之贤有识鉴者为之，区别人物，第其高下。又制郡口十万以上，岁察一人，其有秀异，不拘户口。②"出身士族的陈群，深谙曹操实用主义人才观的弊病，主张设立中正，实施九品官人法。这一制度是站在士人文化之道与文化资本的立场上，重新建构对待人才、选拔人才和使用人才的选士新法。

九品官人法抛弃了政治权力对人才的狭隘理解，实现了文化权力与政治权力的分离。由于国学陵迟，文化权力士族化、乡村化，两汉时期的乡里议论选士制度和推举制度有利于推行士族文化的价值观念。但是，名士们也看到了，在察举制度之中，州刺史或郡太守等地方官员牢牢控制了人才的推举权，这样就会形成与中央政权相对抗的地方权力；地方官员所推荐的人才直接被朝廷任命为官，大大削弱了中央在人才择取方面的主动权。

魏晋九品官人的选士制度，首先是设立中正官员，让中央司徒与地方中正共同来铨定人伦，彰显了文化资本与文化之道的独立场域与人才价值，避免了察举制中地方官员对国家选士的权力影响和控制。《三国志》卷九《夏侯玄传》记载："太傅司马宣王问以时事，玄议以为：'夫官才用人，国之柄也，故铨衡专于台阁，上之分也，孝行存乎闾巷，优劣任乎乡人，下之叙也。夫欲清教审选，在明其分叙，不使相涉而已。何者？上过其分，则恐所由之不本，而干势驰骛之路开；下逾其叙，则恐天爵之外通，而机权之门多矣。夫天爵下通，是庶人议柄也；机权多门，是纷乱之原也。自州郡中正品度官才之来，有年载矣，缅缅纷纷，未闻整齐，

---

① （晋）陈寿撰、（南朝宋）裴松之注：《三国志》，中华书局1959年版，第635页。

② （唐）杜佑：《通典》，中华书局1984年版，第77页。

岂非分叙参错,各失其要之所由哉!若令中正但考行伦辈,伦辈当行均,斯可官矣。何者?夫孝行著于家门,岂不忠恪于在官乎?仁恕称于九族,岂不达于为政乎?义断行于乡党,岂不堪于事任乎?三者之类,取于中正,虽不处其官名,斯任官可知矣。行有大小,比有高下,则所任之流,亦涣然明别矣。奚必使中正干铨衡之机于下,而执机柄者有所委仗于上,上下交侵,以生纷错哉?且台阁临下,考功校否,众职之属,各有官长,旦夕相考,莫究于此;闾阎之议,以意裁处,而使匠宰失位,众人驱骇,欲风俗清静,其可得乎?天台县远,众所绝意。所得至者,更在侧近,孰不修饰以要所求?所求有路,则修己家门者,已不如自达于乡党矣。自达乡党者,已不如自求之于州邦矣。苟开之有路,而患其饰真离本,虽复严责中正,督以刑罚,犹无益也。岂若使各帅其分,官长则各以其属能否献之台阁,台阁则据官长能否之第,参以乡闾德行之次,拟其伦比,勿使偏颇。中正则唯考其行迹,别其高下,审定辈类,勿使升降。台阁总之,如其所简,或有参错,则其责负自在有司。官长所第,中正辈拟,比随次率而用之,如其不称,责负在外。然则内外相参,得失有所,互相形检,孰能相饰?斯则人心定而事理得,庶可以静风俗而审官才矣。'"①傅玄认为,治理好国家,最为重要的是让有才能的人来做官,这是国家权柄的根本所在。如何才能让有才能的人来做官呢?第一,必须使台阁(尚书省)与乡人(中正)各司其职,互不干扰。实际上,这种人事制度就是让士人的文化品级与官员的政治品级分开,使文化场域成为独立于政治场域的特殊场域,在这个文化场域中,士人依据文化资本的多少而获得相应的文化品级和文化秩序。傅玄认为,量才授官由台阁掌管负责,这是上面(中央政权)依据官职的大小分出的官品。孝敬父母的德行,是存在于乡间街巷的实际品行,其优劣好坏要由乡人来评判,这是下面(地方中正)依据德行考量分出的人品。一个国家要想教化清明,选士必须审慎,要明确区分中央政治权力的官品与地方文化部门的人品,使两者之间互不干涉。为什么呢?如果政治部门越过了自己的用人职责,就会导致选拔不是依据人才的文化标准,而是依据政治权力的意愿来进行,这样就打开了依托权势、投机钻营的世俗门路。如果地方文化部门逾越了自己的选人职责,直接干涉官员任命,恐怕也会导致人的"天爵"(士人的文化资本和文化之道)受到外在的"人爵"(世俗的政治权力与官职俸禄)的干扰,这样社会上的机要权势之门就实在太多了(文化部分与政治部分不分)。文化部门依据

① (晋)陈寿撰、(南朝宋)裴松之注:《三国志》,中华书局 1959 年版,第 295—296 页。

天爵来衡量人才,这样乡人就把握了议论人才的根本所在。诸多权贵部门,过多地干预天爵的品级,是导致人才混乱的政治根源。天爵是文化资本的文化空间秩序,应该由出身乡人的中正官负责。人爵是政治权力的社会空间秩序,应该由台阁大臣负责。中正属于文化部门,台阁属于政治部门,两者之间要职责分明,不可混淆,否则,天爵的文化空间秩序与人爵的社会空间秩序就会出现混乱。第二,傅玄认为,自从设立中正以来,实际的人才选拔情况很混乱,没有一个统一的制度规范,最主要的原因是台阁(政治部门)与中正(文化部门)职责不明,相互错位,两者都没有分清楚本部门的用人标准与基本原则。中正依据文化资本的人才标准,只考察士人德行的品级(人品),这样同一人品的士人就会在德行上基本一致。只有这样,政府部门才可以根据人品的级别来委任官职。人品是根,官品是叶,根深叶茂,人品决定官品。天爵人品为何可以保证人爵官品的有效性呢? 傅玄认为,一个士人在家里具有孝敬父母的德行,在官位上就会忠诚于君,恪尽职守;一个人在家族中具有仁爱宽恕的品德,在政治上就会推广这种仁爱宽恕的美德;一个士人在乡里能够依据仁义来为人处世,就完全能够胜任所承担的官职。一个具有孝行、仁爱、守义的士人,先由中正选拔出来,即使他们此时还没有担任什么官职,但是他们已经具备了胜任各级官职的潜在能力。一个人的德行有大有小,人品的品级就有高有低,根据士人的品级高低,就可以确定其所能担任的职务大小了。傅玄对选士的观点,主要表现在以下三个方面:第一,政治场域与文化场域必须分开,以保证文化场域选出来的人才,一定是按照人才的标准选出来的。第二,中正在文化场域中,严格贯彻人才的德行标准,确定士人的人品高低,以保障人品品级与实际德行的一致性,这样选出来的各级士人就具备了担任各级官员的资格。第三,台阁负责用人,注重考核官员的实际才能是否与官位相合,考核官员功绩,决定官员升迁。

中正与台阁的职责分工

部门	场域	依据标准	空间秩序
中正(文化部门)	文化场域	天爵/文化资本	人品(文化空间秩序)
台阁(政治部门)	政治场域	人爵/政治权力	官品(政治空间秩序)

九品官人法尊重文化场域与政治场域的独立权力。由此,在文化场域中形成了由中央司徒府(主要官职为司徒与司徒左长史)与州郡中正组成的文化部门,文化部门主要负责权衡人才的品级。清赵翼《廿二史劄记》"九品中正"条

云："魏文帝初定九品中正之法，郡邑设小中正，州设大中正。由小中正品第人才以上大中正，大中正核实以上司徒，司徒再核，然后付尚书选用。此陈群所建白也。"①在中央由负责"邦教"的司徒主管审定，在地方，主要由州郡中正负责对士人的文化资本和乡间德行进行实地考核。中正由朝廷任命，由出身州郡的乡人担任，对乡间情况比较了解，兼具了中央文化与地方文化的双重身份，避免了察举制中乡党与地方官对乡议的绝对权力。设立中正成为九品选士制度的核心创举。

中正官既是中央朝廷文化权力的代表，又是地方文化权力的代表，那么，选择什么样的士人来担任中正官，才能确保所选人才的质量呢？《晋书》卷四十五《刘毅传》记载："后司徒举毅为青州大中正，尚书以毅悬车致仕，不宜劳以碎务。陈留相乐安孙尹表曰：'……毅虽身偏有风疾，而志气聪明，一州品第，不足劳其思虑。毅疾恶之心小过，主者必疑其论议伤物，故高其优礼，令去事实，此为机阁毅，使绝人伦之路也。臣州茂德惟毅，越毅不用，则清谈倒错矣。'"②孙尹在上表中认为，刘毅虽然到了"悬车之年"，身体状况不太好，但是"志气聪明"，是青州之中的"茂德"之人，如果这种人不能担任青州大中正，就会导致"清谈倒错"。这里的"清谈"是指士人文化资本的品级，"清谈倒错"是指士人的品级出现倒置混乱。光禄勋石鉴等共奏曰："金以光禄大夫毅，纯孝至素，著在乡间。忠允亮直，竭于事上，仕不为荣，惟期尽节。正身率道，崇公忘私，行高义明，出处同揆。故能令义士宗其风景，州间归其清流。虽年耆偏疾，而神明克壮，实臣州人士所思准系者矣。诚以毅之明格，能不言而信，风之所动，清浊必偃，以称一州咸同之望故也。窃以为礼贤尚德，教之大典，王制夺与，动为开塞，而士之所归，人伦为大。臣等虚劣，虽言废于前，今承尹书，敢不列启。按尹所执，非惟惜名议于毅之身，亦通陈朝宜夺与大准。以为尹言当否，应蒙评议。"③石鉴等人的奏书对刘毅的"茂德"进一步做了详细解说：第一，纯孝朴素，闻名乡里；第二，忠诚正直，尽力效劳于朝廷，做官不求荣耀，只求持守节操。第三，修身守道，大公无私，品行高尚，仁义清明；得到青州所有士人的敬仰，是一州士人"所思准系者"（典范人物）。可见，担任州郡中正，除了须是本州郡的乡人以外，还得是士人群体文化

162

① （清）赵翼著、王树民校证：《廿二史劄记校证》，中华书局2013年版，第174页。
② （唐）房玄龄等：《晋书》，中华书局1974年版，第1278页。
③ （唐）房玄龄等：《晋书》，中华书局1974年版，第1279页。

价值的典型代表。在中正的身上，要能体现朝廷选士任官的基本原则，尤其要体现士人群体的文化品格和文化之道。

在九品官人法中，士人的人品与官品是截然分开的，前者由中正、司徒等审定，后者由台阁审定，但两者又是相互关联的。作为文化资本的人品，展示的是士人在人伦品德上的文化品级。作为政治资本的官品，展示的是士人在政治权力方面的官位品级。但吏部在用人时，首先要根据士人的人品高低来确定官品高低，所以在人品与官品之间，人品在先，官品在后，两者之间具有一定的连贯性与一致性。南宋岳珂《愧郯录·官品名意之讹》云："魏延康元年二月，尚书陈群以天朝选用不尽人才，始立九品官人之法，州郡皆置中正，以定其选择，以州郡之贤有识鉴者为之，区别人物，第其高下。则其初立品，似非品秩也，乃人品耳。"[1] 马端临《文献通考》卷六十七《职官考二十一》云："然此所谓九品者，官品也，以别官之崇庳。陈群所谓九品者，人品也，以定人之优劣，二者皆出于曹魏之初，皆名以九品。然人品自为人品，官品自为官品，岳氏合而为一，以为官品者，逆设之以待某品之人，此说恐未然。"[2] 岳珂认为，九品先是人品，而人品就是官品。马端临认为，人品是人品，官品是官品，不能将两者混淆，陈群所设的九品仅仅是指人品。两位学者对九品的理解似乎都存在偏颇之处。

学术界对魏晋时期的九品官人法基本上达成了共识，即认为九品中正制是人品与官品的统一体系。人品有九品，官品也有九品，人品品级与官品品级之间存在一定的对应关系。关于中正所评定士人之人品与吏部任用之起家官之间的对应关系，我们根据陈长琦《魏晋南朝的资品与官品》一文，整理认为：在曹魏时期，九品官人法创置之初，某个既定人品的起家官品与对应人品之间，相差三个品级。具体对应关系如下表所示：

	上品			中品			下品					
起家官品	一	二	三	四	五	六	七	八	九			
				上品			中品			下品		
人品				一	二	三	四	五	六	七	八	九

西晋以后，人品二、三、四品与起家官品由相差三品变为相差四品，人品五品

---

① （宋）岳珂：《愧郯录》，上海书店出版社 1984 年版。
② （元）马端临：《文献通考》，中华书局 1986 年版，第 610 页。

的起家官品在相差三品到四品间浮动,而人品六品的起家官品则仍然相差三品。这种对应关系如下表示:

	上品			中品			下品		
起家官品	一	二	三	四	五	六	七	八	九
					下品		上品		中品
人品					一	二	三	四五 五六	七 八 九

从人品(资品)与起家官品之间的对应关系可以看出,作为文化资本的人品,与士人起家官品之间的联系极为密切。人品的高低,决定了起家官品的高低。九品官人法比较理想的文化逻辑应该是:士人的文化资本和文化之道越多,他的人品品级就越高,这也意味着,他的起家官品也越高。在士人、中正、台阁之间,如何确定士人在社会文化空间、政治空间之中的位置(品级)呢？他们最终根据的人才标准是士人的文化资本和文化之道,即人才的天爵品级决定人的人爵地位。

另外,九品官人法的人品品级不是一经品定就终身不变,而是三年之后再进行考核,重新定品,以保证人品要名实相符,这也打破了汉代察举制中一举而终身孝廉的选士陋习。《晋书》卷一百六《石季龙传》云:"魏始建九品之制,三年一清定之,虽未尽弘美,亦缙绅之清律,人伦之明镜。从尔以来,遵用无改。先帝创临天下,黄纸再定。至于选举,铨为首格。自不清定,三载于兹。主者其更铨论,务扬清激浊,使九流咸允也。吏部选举,可依晋氏九班选制,永为揆法。选毕,经中书、门下宣示三省,然后行之。其著此诏书于令。铨衡不奉行者,御史弹坐以闻。"①三年人品的再考核、再铨定,无疑是对士人德性品行的重要考验。如果人品品级提升,意味着官品也将提升;如果人品品级降级,那么意味着官品也将降级。《世说新语·品藻第九》第二十五条:"世论温太真,是过江第二流之高者。时名辈共说人物,第一将尽之间,温常失色。"②温峤在人品品评中,属于过江二品人物中名列前茅的士人。当时,名士们在一起品评人物,第一等人物快要列举完的时候,温峤显得极为紧张,甚至脸色发白。温峤为何对自己的人品品级如此紧张呢？《世说新语·尤悔第三十三》第九条:"温公初受刘司空使劝进,母崔氏

---

① (唐)房玄龄等:《晋书》,中华书局1974年版,第2764页。
② 徐震堮:《世说新语校笺》,中华书局1999年版,第282页。

固驻之,峤绝裾而去。迄于崇贵,乡品犹不过也。每爵皆发诏。"①当初,温峤受刘琨的委派过江劝说晋元帝即位,他母亲崔氏坚决不让他去,温峤扯断衣襟而去。因此,尽管温峤获得了极为显贵的政治地位,但乡品还是通不过。每次赐爵,晋元帝都要为温峤的品级问题诏令朝臣重新议定。温峤不听母亲的劝告,而且割袍断义,是极为不孝之人。尽管他在仕途上很显贵,但是由于品行不孝的问题,早期被评定为二品人品,在乡品再议过程中总是通不过,甚至存在降级的可能性,不仅影响了其在士人眼中的文化地位,而且也影响了他在官场中的升官授爵。

钱穆在《国史大纲》中将汉代察举与九品中正制进行比较,其云:"一、州、郡察举之权在地方官,而州大中正则为中央官之兼职。故士庶求出身者,于察举制度下必须归于地方,而在中正制度下则须奔集中央。二、州、郡察举只为士人进身之初步,至于以后在官职位之升降与转移,则与察举无关。九品中正于各本州人士,无论已仕、未仕,皆以入品。如是则官位之升降,乃不系于居官服务之成绩,而操于中正之品状。"②钱穆的观点极为精辟,但还须加以完善。关于第一点,中正的身份兼具了州郡乡人与中央官员的双重身份,而且是一州士人群体的文化典范。关于第二点,中正所定的人品,是三年核定一次,人品的变化会直接影响官品的升降,打破了察举制一举定终身的弊端。

二、唯义所在:九品官人的察人标准及人才趣味

九品官人法是魏晋时期的选士用人制度,涉及两个权力场域:文化场域与政治场域。涉及文化场域的部门和官职主要有司徒、司徒左长史、大小中正等,他们主要负责铨衡人品的品级。涉及政治场域的部门和官职主要有台阁诸部门及其官长,如尚书省的尚书令、尚书仆射、吏部尚书、尚书吏部郎,中书省的令监、中书侍郎,门下省的侍中、黄门侍郎,还有如御史中丞、九卿等。从定品级到任职的官方程序大致如下:郡县小中正→州大中正→司徒(司徒左长史)→尚书令→吏部尚书→尚书吏部郎→台阁、地方各个部门。③ 在整个选士任官的过程中,从中

① 徐震堮:《世说新语校笺》,中华书局 1999 年版,第 482 页。
② 钱穆:《国史大纲》,商务印书馆 1994 年版,第 297—298 页。
③ 参见毛汉光:《中国中古社会史论》,上海书店出版社 2002 年版,第 185 页。

正到尚书吏部郎,每一级官员如何才能保证选举出来的人才、任命的官员符合要求呢? 所有官员在选士过程中,如何察人知人是一个极为棘手的问题。《晋书》卷四十三《山涛传》云:其时山涛领选,"故帝手诏戒涛曰:'夫用人唯才,不遗疏远单贱,天下便化矣'"[1]。国家要用人唯才,那么,什么样的人才才是真正的人才呢? 人才具体表现在什么方面呢? 傅玄在《傅子》中云:"知人之难,莫难于别真伪。设所修出于为道者,则言自然而贵玄虚;所修出于为儒者,则言分制而贵公正;所修出于为纵横者,则言权宜而贵变常。九家殊务,各有其长,非所为难也。以默者观其行,以语者观其辞,以出者观其治,以处者观其学:四德或异,所观有微,又非所谓难也。所谓难者,典说诡合,转应无穷,辱而言高,贪而言廉,贼而言仁,怯而言勇,诈而言信,淫而言贞,能设似而乱真,多端以疑暗,此凡人之所常惑,明主之所甚疾也。"[2]傅玄认为,知人之难,在于难以辨认人才的真伪。如果一个人所修的是道家、儒家、纵横家等诸家学说,那么,其言行依据于各家学说来言说、行事,这都很好辨认。对于默者、语者、出者、处者,只要他内心所想与外在行事是一致的,这也都可以辨认。最难辨认的是那种善于用各种经典来言说的人,他们通过欺诈的方式使得内外相合,而实际上,他们的言行都是随着世俗情况而变化的,所以这种人是变化无端的。这种人内心龌龊,却说自己光明正大;这种人内心贪婪,却说自己廉洁自律;这种人内心邪恶,却说自己仁爱正义;这种人内心胆怯,却说自己勇冠三军;这种人内心欺诈,却说自己言而有信;这种人内心淫乱,却说自己持守贞节。这种人表面看来好像是对的,但实际上却是祸乱人性、言行不一、疑神疑鬼,这种行为都是俗人、凡人常有的迷惑行为,明君对之是深恶痛疾的。傅玄认为人才与凡人不同之处在于:真正的人才,是内外一致的,心志与言行是相符合的;凡人依据世俗的各种外在关系,变化多端,以至于各种欺诈权谋之术应有尽有,难以分辨。

既然人才在于内心世界与外在言行的整体一致性,即内心所想与外在言行之间是一致的,那么,察人过分倚重外在的行为、名声就会有问题。傅玄《傅子》云:"以誉取人,则权势移于下,而朋党之交用;以功取士,则有德者未必授,而凡下之材或见任也。"[3]如果根据名誉来选人,因为名誉来自乡里,那么,权势就会

---

[1] (唐)房玄龄等:《晋书》,中华书局 1974 年版,第 1226 页。
[2] (清)严可均辑:《全晋文》,商务印书馆 1999 年版,第 500 页。
[3] (清)严可均辑:《全晋文》,商务印书馆 1999 年版,第 500 页。

下移到乡里，就会形成朋党之交。如果根据功绩来取士，那么，有德的人未必被选用，通常选中的都是那些功绩突出的人，这些人往往是一些普通平常、善于钻营的人。可见，以誉取人、以功取士，都是凭借人的外在名声、政治功绩来选士，不仅选不出优秀的、有德行的人才，反而会将一些普通的、平凡的人，误当成优秀人才。既然仅仅考察人的外在名誉与实际功绩都不足以知晓人才，傅玄认为，察人必须全面，要内外兼顾，以君子标准来衡量人才。君子注重依据自己的内在德性来为人处世，来察识人才，重视人才内秀而外美的统一性。傅玄《傅子》云："君子内洗其心，以虚受人；外设法度，立不易方，贞观之道也。九流有主，贞一之道也。内贞观而外贞一，则执伪者无地而逃矣。夫空言易设，但责其实事之效，则是非之验，立可见也。"①傅玄认为，君子首先注重内部洗心。所谓洗心，就是道家的"涤除玄览""心斋"，或儒家的"思无邪"，即善于将人之心思由世俗状态转变为君子状态，这样才能保持自身心灵的虚静，并用这种虚静的态度来与人交往。其次，君子依据内部的虚静状态，在外部设立各种法度，确立各种不变的行为方式，这就是君子的"贞观之道"。最后，君子在察识九流人物的时候，就会心中有主，而不会被外物迷惑，这就是"贞一之道"。如果鉴识者能够内部奉行"贞观之道"，外部持守"贞一之道"，那么，一眼就能识别那些作伪的人。

李泽厚《美的历程》云："自曹丕确定九品中正制以来，对人的评议正式成为社会、政治、文化谈论的中心。又由于它不再停留在东汉时代的道德、操守、儒学、气节的品评，于是人的才情、气质、格调、风貌、性分、能力便成了重点所在。总之，不是人的外在的行为节操，而是人的内在的精神性（亦即被看作是潜在的无限可能性）成了最高的标准和原则。"②九品选士的知人察人方式，开始由外部的名誉功绩转向了内部的精神世界，尤其是转向了内在的文化虚静与道体根性。

魏晋人的知人察人法，不是外在的笔墨考试，很难用标准答案、分数量化来加以判断。魏晋士人如何衡量极为玄虚的内心世界呢？他们的察人标准、人才趣味又是什么？《三国志》卷二十二《卢毓传》云："毓于人及选举，先举性行，而后言才。黄门李丰尝以问毓，毓曰：'才所以为善也，故大才成大善，小才成小善。今称之有才而不能为善，是才不中器也。'丰等服其言。"③卢毓选人，先看人

① （清）严可均辑：《全晋文》，商务印书馆 1999 年版，第 500 页。
② 李泽厚：《美的历程》，文物出版社 1981 年版，第 92 页。
③ （晋）陈寿撰、（南朝宋）裴松之注：《三国志》，中华书局 1959 年版，第 652 页。

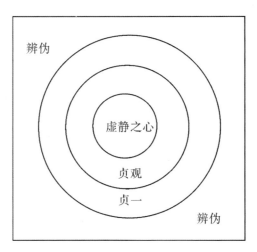

傅玄的君子察人法

的行为性质是不是善的,然后才讨论这个人是否有才,这就是魏晋时期的才性论。傅玄《傅子》云:"凡品才有九,一曰德行,以立道本;二曰理才,以研事机;三曰政才,以经治体;四曰学才,以综典文;五曰武才,以御军旅;六曰农才,以教耕稼;七曰工才,以作器用;八曰商才,以兴国利;九曰辨才,以长讽议:此量才者也。"①傅玄将人才分为九品,其中以德行为第一品,尤其强调人的德行要"以立道本"。《晋书》卷三《武帝本纪》云:"令诸郡中正以六条举淹滞:一曰忠恪匪躬,二曰孝敬尽礼,三曰友于兄弟,四曰洁身劳谦,五曰信义可复,六曰学以为己。"②晋武帝一登上皇位,就迫不及待地向中正们宣布了自己的人才观,其人才观包括六个方面,即忠、孝、悌、让、信和德。琅琊王氏王祥在家训中教育王氏子弟,尤其强调人的德性品行,其云:"夫言行可覆,信之至也;推美引过,德之至也;扬名显亲,孝之至也;兄弟怡怡,宗族欣欣,悌之至也;临财莫过乎让:此五者,立身之本。"③将司马炎的人才观,与琅琊王氏的家法遗训一比较,就会发现,在王氏家训中,除了没有司马炎的忠以外,王祥认为的王氏子孙立身之本的五种品格,都是司马炎心中人才必须具备的重要品格。可见,士族的家法家风与司马氏的国法士风,在人才观念方面竟然达成了一致。尤其司马炎还提倡"学以为己",将士人学风与个人德性修养紧密联系起来,彰显了士人德性修身和文化之道在人

---

① （清）严可均辑:《全晋文》,商务印书馆1999年版,第500页。
② （唐）房玄龄等:《晋书》,中华书局1974年版,第50页。
③ （唐）房玄龄等:《晋书》,中华书局1974年版,第989页。

才观念中的核心地位。

九品官人法的人才观念重视人才的内在品德,尤其重视士族的优美家风。而士族的家法家风更注重保身全家,注重将儒家的礼仪法度与道家的自然本真统一起来。在人物德性方面,"立身行己,遵儒者之教,履道家之言,故以玄默冲虚为名"①,可见,儒家的仁义之道与道家的自然之道成为"立身行己"的有机统一体,在士族的家法家风之中获得了同等重要的文化地位。士族名士内要保有"玄默冲虚"的本真状态,外要持守彬彬有礼的儒者风范,这种由内而外的统一世界,也使得士人对待人物德性的理解不再片面地拘囿于儒家精神,而更倾向于能综合儒、道两家思想的早期文化大传统,即由内而外的精神统一与神人以和。《晋书》卷四十六《李重传》云:"迁尚书吏部郎。务抑华竞,不通私谒,特留心隐逸,由是群才毕举。拔用北海西郭汤、琅邪刘珩、燕国霍原、冯翊吉谋等为秘书郎及诸王文学,故海内莫不归心。时燕国中正刘沈举霍原为寒素,司徒府不从,沈又抗诣中书奏原,而中书复下司徒参论。司徒左长史荀组以为:'寒素者,当谓门寒身素,无世祚之资。原为列侯,显佩金紫,先为人间流通之事,晚乃务学,少长异业,年逾始立,草野之誉未洽,德礼无闻,不应寒素之目。'重奏曰:'案如《癸酉诏书》,廉让宜崇,浮竞宜黜。其有履谦寒素靖恭求己者,应有以先之。如诏书之旨,以二品系资,或失廉退之士,故开寒素以明尚德之举。司徒总御人伦,实掌邦教,当务峻准评,以一风流。然古之厉行高尚之士,或栖身岩穴,或隐迹丘园,或克己复礼,或耄期称道,出处默语,唯义所在。未可以少长异操,疑其所守之美,而远同终始之责,非所谓拟人必于其伦之义也。诚当考之于邦党之伦,审之于任举之主。沈为中正,亲执铨衡。陈原隐居求志,笃古好学,学不为利,行不要名,绝迹穷山,韫韣道艺,外无希世之容,内全遁逸之节,行成名立,搢绅慕之,委质受业者千里而应,有孙、孟之风,严、郑之操。始举原,先谘侍中、领中书监华,前州大中正、后将军婴,河南尹轶。去三年,诸州还朝,幽州刺史许猛特以原名闻,拟之西河,求加征聘。如沈所列,州党之议既举,又刺史班诏表荐,如此而犹谓草野之誉未洽,德礼无闻,舍所征检之实,而无明理正辞,以夺沈所执。且应二品,非所求备。但原定志穷山,修述儒道,义在可嘉。若遂抑替,将负幽邦之望,伤敦德之教。如诏书所求之旨,应为二品。'诏从之。"②李重担任了尚书吏部

① (清)严可均辑:《全三国文》,商务印书馆1999年版,第372页。
② (唐)房玄龄等:《晋书》,中华书局1974年版,第1311—1312页。

郎。尚书吏部郎这个职位官职不高,官属六品,但是权职极为清贵、关键,是九品官人程序中最后的任命阶段。李重担任这个官职以后,坚决抑制奢华争竞,不接待私下拜谒的人,尤其留心任用隐逸的人才,于是众多的贤才都被举用了。隐逸已经不再是被朝廷忽略的德性了,而是九品官人法中极为重要的才质。他提拔了北海西郭汤、琅琊刘珩、燕国霍原、冯翊吉谋等人担任秘书郎及诸王文学。秘书郎与文学博士都是六品官员,按照人品与官品之间的关系,李重所提拔的这些士人,人品都是二品的士人。燕国中正刘沈以"寒素"举荐霍原,司徒府不同意刘沈的举荐,这就引发了关于什么是高品质人才的讨论。司徒左长史荀组认为:所谓寒素,应当指出身卑微、极为贫穷、没有士族渊源的士人。而霍原是列侯(五品以上)出身,拥有金印紫绶,起初做过一些商业方面的事情,后来才致力于学习大道,小时候与长大之后从事的事业有所不同,直到年纪大了,才致力于文化之道。但是乡议与他的文化资本不相称,是因为他的德行礼法还没有在乡间之间传播出去,不能因为这个而将他视为寒素。荀组的观点已经不完全依据乡议和门第来议论霍原的品级,而是根据霍原当前的文化资本和德行品格。作为尚书吏部郎,李重认为:按照《癸酉诏书》,选拔人才要推崇廉洁谦让,罢黜浮华争竞。对自谦称自己是寒门而端正谦恭的士人,就要优先录用。按照诏书,如果霍原以二品作为人品资格,就可能会失去廉洁退让的德行,因此,他以"寒素"来称谓自己足以表明自己具备较为谦让的美德。司徒总管人才选拔,掌握国家教化,应以严格的人才评定标准来统一选士。但是古代德行高尚的士人,有的人栖身岩穴,有的人隐逸丘林,有的人克己复礼,有的人晚年得道,但这些人为人行世都是默而不语的,这些高士都讲究"唯义所在"。"唯义所在"之"义",不仅指儒家的仁义精神,而且包含早期圣人的道义精神。所谓"唯义所在",就是依据古道精神或文化大道而与人交往,让文化之道成为自身行动的文化向导和最终目标。李重又说:不能因为小时候与长大后操守不同,就怀疑他现在所持的美德,而责成他从小到大都要始终如一。这种做法不符合选人用人的实际情况,必须要重视当前人才之德的基本原则。选人应当考察人物在乡党之中的文化地位,从举荐他的人开始调查。刘沈是中正,亲自执掌选举权,他陈奏霍原隐居求志,笃爱古道,爱好学习,而且学习不图谋利,行为不邀名誉,隐居山林,体味道艺,对外没有取悦世俗的献媚姿态,在内保全自身隐逸的品格节操,德行有成,声名有立,一州的士人都很敬慕他,而且愿意向他学习的士人不远千里慕名而来,霍原具有孙卿、孟子之遗风,又有严光、郑玄的节操。可见,霍原不再是两汉国家的经术大师，而是隐居山林、谨守节操的士族文人，他的身上兼具了儒家遗风和道家隐逸的双重品格和士人价值。最后李重说：霍原意志坚定地隐居深山之中，修习和讲述儒家和道家的文化之道，德义可嘉。如果这样的人才抑而不用，就会辜负幽州士人的群望，就会损害国家敦厚仁德的教化。李重在讨论霍原时，以"唯义所在"作为士人价值和人才精神的基本原则，体现了魏晋九品官人法的人才取向和道义精神。

《晋书》卷四十五《刘毅传》云："臣闻：立政者，以官才为本，官才有三难，而兴替之所由也。人物难知，一也；爱憎难防，二也；情伪难明，三也。……夫名状以当才为清，品辈以得实为平，安危之要，不可不明。清平者，政化之美也；枉滥者，乱败之恶也，不可不察。然人才异能，备体者寡。器有大小，达有早晚。前鄙后修，宜受日新之报；抱正违时，宜有质直之称；度远阙小，宜得殊俗之状；任直不饰，宜得清实之誉；行寡才优，宜获器任之用。是以三仁殊途而同归，四子异行而均义。陈平、韩信笑侮于邑里，而收功于帝王；屈原、伍胥不容于人主，而显名于竹帛，是笃论之所明也。"[1]刘毅认为，量才任官是立政之本，但是量才任官有三难：第一是人物难察，第二是爱憎难防，第三是真伪难辨。那么，中正如何才能做到量才任官呢？刘毅认为，中正的人物名状要与人物的真实才能相符合，这就是清正；评价人物要能达到实情，这就是公平。评价人才，要清正公平，这才是政治教化的美好之处。如果歪曲事实，就会导致动乱、灭亡。但是人才各有所长，很少有人是全才。而且才能有大小之分，成才有早晚之别，这些都要区别对待。有人改邪归正，就应当得到改过日新的回报。有人很有才能而不遇于时，就应当得到质地正直的美誉。有人目光长远而忽略小节，就应当得到超凡脱俗的评价。有人任性率真而不事修饰，就应当得到清纯实在的称誉。有人行为简省而才能优异，就应当得到国家的信任和重用。所以三位仁者，应该是殊途而同归，四子异行，但都合于道义。

可见，魏晋九品官人的选士制度在人才标准和人物趣味方面，极为重视士人的德性和品行，儒道兼收，尤其强调士人"唯义所在"，以符合士人文化之道的大义所在。这一制度强调人物内在价值与外在行为之间的一致性，要求士人不仅要有内在"玄默冲虚"的心性志趣，而且要将这种文化道义展示在外在言行之中，使得内在的道义精神与文化价值在社会行为现象层面表现出来。

---

① （唐）房玄龄等：《晋书》，中华书局 1974 年版，第 1273—1274 页。

三、九品选士与名士学风

九品官人法的人才观不是英雄的实用主义人才观，而是转向了内在精神玄虚、外在行为儒雅的人才观，强调士人的文化之道，以及"义之所在"，使道义精神在士人言行之中表现出来。可见，九品官人法的文化精神与群体价值体现了士族文化的家风家法与文化追求，不仅纠偏了唯功能人才观念的不足，也补弊了唯名论人才观念的偏颇，从理论上来看，更为注重士人内外的整体统一，强调士人心性与言行的表里一致，使士人内在的文化道义表现在外在行为之中，并能持守自身的文化意志与道义精神，不被世俗物质诱惑。这种崇尚道义心性的文化理念和价值追求，与儒家、道家的士人精神、文化价值具有相通性。

九品官人法极为重视士人的文化资本和文化之道，只有合乎中正人才趣味的文化知识和道义价值，才能成为魏晋士人在政治场域、社会场域中安身立命的文化资本。因此，士族出身的名士都强调学习的重要性，将读书悟道看成士人的立身之业，这种以读书传道为己任的学风士风，既传承了士族的文化精神和家风家法，也是国家政治权力所认可的合法文化资本。颜之推《颜氏家训·勉学》云："自古明王圣帝，犹须勤学，况凡庶乎！此事遍于经史，吾亦不能郑重，聊举近世切要，以启寤汝耳。士大夫子弟，数岁已上，莫不被教，多者或至《礼》《传》，少者不失《诗》《论》。及至冠婚，体性稍定；因此天机，倍须训诱。有志尚者，遂能磨砺，以就素业；无履立者，自兹堕慢，便为凡人。人生在世，会当有业：农民则计量耕稼，商贾则讨论货贿，工巧则致精器用，伎艺则沉思法术，武夫则惯习弓马，文士则讲议经书。"① 颜之推认为，第一，上至帝王，下至凡庶，都应该勤奋学习。第二，士大夫子弟都要好好研修《礼》《传》《诗》《论》等传世经典，培养自身的人性存在。第三，一个人在世界上，总要有自己的事业，农民以耕种为业，商人以经商为业，工匠以制器为业，艺人以法术为业，武夫以弯弓骑马为业，文士当以研习经书为业。

当然，魏晋时期，清谈玄风极盛，名士们大多喜欢研读《老子》《庄子》《周易》等玄学典籍。《世说新语·文学第四》第十三条："诸葛宏年少不肯学问。始与王夷甫谈，便已超诣。王叹曰：'卿天才卓出，若复小加研寻，一无所愧。'宏后看

---

① 王利器：《颜氏家训集解》（增补本），中华书局 1993 年版，第 143 页。

庄老,更与王语,便足相抗衡。"①诸葛厷年轻的时候,不肯努力学习。但是一开始与王衍清谈,就已经显示出很深的造诣,不同凡响。王衍感叹说:你这个人很聪明,如果稍加研习,就会如虎添翼,丝毫也不会比当代名流差。诸葛厷后来好好地研读了《老子》《庄子》等经典文本,再与王衍清谈,就完全可以和他抗衡了。《世说新语·文学第四》第六十三条:"殷仲堪云:'三日不读《道德经》,便觉舌本间强。'"②士人如果三天不读《道德经》,就会觉得舌头不灵活,清谈不流畅了。可见,读书研习是魏晋名士的基本功课,也是他们开展清谈活动的必要准备。魏晋名士将读书研习看成士人的基本事业,也是士人在社会上安身立命的根本所在。士人在自身的文化资本和文化之道中,获得了士人身份的文化存在感和群体认同感。唯有读书,才是士人在政治场域、文化场域中立于不败之地的文化根本。王僧虔《诫子书》云:"知汝恨吾未许汝学,欲自悔厉,或以阖棺自欺,或更择美业,且得有慨,亦慰穷生。但亟闻斯唱,未睹其实。请从先师听言观行,冀此不复虚身。吾未信汝,非徒然也。往年有意于史,取《三国志》聚置床头,百日许,复徒业就玄,自当小差于史,犹未近仿佛。曼倩有云:'谈何容易。'见诸玄,志为之逸,肠为之抽,专一书,转诵数十家注,自少至老,手不释卷,尚未敢轻言。汝开《老子》卷头五尺许,未知辅嗣何所道,平叔何所说,马、郑何所异,《指例》何所明,而便盛于麈尾,自呼谈士,此最险事。设令袁令命汝言《易》,谢中书挑汝言《庄》,张吴兴叩汝言《老》,端可复言未尝看邪?谈故如射,前人得破,后人应解,不解即输赌矣。且论注百氏,荆州《八帙》,又《才性四本》《声无哀乐》,皆言家口实,如客至之有设也。汝皆未经拂耳瞥目,岂有庖厨不修,而欲延大宾者哉?就如张衡思侔造化,郭象言类悬河,不自劳苦,何由至此?汝曾未窥其题目,未辨其指归。六十四卦,未知何名;《庄子》众篇,何者内外;《八帙》所载,凡有几家;《四本》之称,以何为长。而终日欺人,人亦不受汝欺也。由吾不学,无以为训。然重华无严父,放勋无令子,亦各由己耳。汝辈窃议亦当云:'阿越不学,在天地间可嬉戏,何忽自课谪?幸及盛时逐岁暮,何必有所减?'汝见其一耳,不全尔也。设令吾学如马、郑,亦必甚胜;复倍不如今,亦必大减。致之有由,从身上来也。汝今壮年,自勤数倍许胜,劣及吾耳。世中比例举眼是,汝足知此,不复具言。吾在世,虽乏德素,要复推排人间数十许年,故是一旧物,人或以比数汝等耳。即化

---

① 徐震堮:《世说新语校笺》,中华书局 1999 年版,第 109 页。
② 徐震堮:《世说新语校笺》,中华书局 1999 年版,第 133 页。

之后,若自无调度,谁复知汝事者? 舍中亦有少负令誉弱冠越超清级者,于时王家门中,优者则龙凤,劣者犹虎豹,失荫之后,岂龙虎之议? 况吾不能为汝荫,政应各自努力耳。或有身经三公,蔑尔无闻;布衣寒素,卿相屈体。或父子贵贱殊,兄弟声名异。何也? 体尽读数百卷书耳。"[1]王僧虔这篇《诫子书》谈论的就是出身士族的士人如何看待学习的问题。第一,王僧虔认为,对待学习,要言行一致,说到做到。无论学史学,还是学玄学,都不要雷声大雨点小,只是口头说说而不去好好读书研习,否则只是自欺欺人,骗不到别人。他列举了魏晋玄学家清谈的例子,要谈《老子》,就要掌握数十家的注释,只有熟悉了如王弼、何晏、马融、郑玄等人的注疏,才可以和别人去讨论《老子》;谈《周易》《庄子》等,也都要仔细阅读这些注解书籍。另外,清谈就好比射箭,不仅要破解前人的解释,而且还要阐释自己的新义,如果仅仅是破了旧意,而不能自立新意,也是算输的。清谈各家的论著,就更加繁复了,如荆州的《八帙》,又《才性四本》《声无哀乐》等题目,都需要士人勤奋学习,否则只会是"终日欺人"。第二,强调学习的成就和责任,不在别人,而在自己。王僧虔认为,古代圣人,都是勤奋学习才成就了圣人之才。有人认为:阿越(应该指王僧虔)自己不学习,在人世间嬉戏了一辈子,怎么忽然来教育、责备别人呢? 幸亏我们还很年轻,要追赶他,就一定会超过他的。王僧虔认为,如果自己学习像马融、郑玄那样刻苦,学习成就也一定能超过他们。如果自己的努力程度还不如现在,学习成就必然会不如现在。所以学习成就的大小好坏,不在别人,而在于自己学习的努力程度。第三,学习会直接影响王氏子弟的社会地位。在王氏内部,王氏子弟之所以会有如此大的差异,就在于读书多少,自己身上所积淀的文化资本决定了士人的成就。王僧虔认为,在王氏家族中,有人少年时就有很好的声誉,年纪轻轻就能超越"清级"的人才,如今王氏家门之中,优秀的人才可以成龙成凤,劣等的人才也可以成虎成豹,如果失去了王氏家族的荫庇,还能有成龙成虎的可能性吗? 更何况我现在不能给你们带来什么荫庇,你们更应该靠自己努力啊。王氏家族中,有的人贵为三公,却默默无闻;有的人出身贫寒,但朝廷卿相却愿意委屈自己,与之交结;有的人,父子贵贱相差很大,兄弟声名优劣相去甚远。这是为什么呢? 其根本原因就在于是否认真研读数百卷书罢了。王僧虔语重心长、明白无误地告诉子弟,王氏家族众多子孙在社会上地位迥异的最终原因,就在于自身所拥有的文化资本不同。有的人读书

---

① (清)严可均辑:《全齐文　全陈文》,商务印书馆 1999 年版,第 81—82 页。

多,学习态度端正,勤勉学习,文化资本自然就比别人雄厚精深,在社会政治场域中,也自然受到公卿百官的重视。有人读书少,尽管出身王氏家族,而且身居高位,但是依旧不被别人看好,不受别人尊重。可见,在王僧虔看来,要做一个成龙成凤的王氏子弟,唯一可靠的途径就是文化途径,就是靠自己多读书,多积累文化资本。王僧虔对待学习的真诚与勤勉态度,是王氏一门优美儒雅的家风家法的集中体现。梁简文帝萧纲《诫当阳公大心书》曰:"汝年时尚幼,所阙者学,可久可大,其唯学欤,所以孔丘言,吾尝终日不食,终夜不寝,以思无益,不如学也,若使墙面而立,沐猴而冠,吾所不取,立身之道,与文章异,立身先须谨重,文章且须放荡。"①当阳公大心是萧纲第二子。萧纲认为,士人的立身之道"唯学"不学无术的"墙面而立",自欺欺人的"沐猴而冠",都不是真正的学习态度。不过萧纲认为,立身与文章是不同的,立身要谨慎,而文章要放荡,这是对文章的误解。他将文章理解为与立身无关的东西,甚至提倡要"心性放荡",他不明白,文章之言与立身是密切相关的,立身决定文章,文章也会影响人心的稳定状态。但是萧纲还是肯定,学习是为了立身,不是为了纯粹的文章。

士族文化强调以读书好学的文化方式来立身,因此,如何通过学习立身才是士族文化的关键所在。毫无疑问,士族文化的立身,就是要将自己从世俗状态中摆脱出来,从而将自身安顿在文化道义之上,将自身的人生价值和文化依据完全安置在道体价值之上。士族文化在教育子孙的时候特别强调,士人要将自身存在安置在坚定的文化之道上,不仅要持身以道,而且要行之以道,永不动心。陈郡殷氏的代表人物殷褒在《诫子书》中云:"夫道也者,易寻而难穷,易知而难行也。故京房之徒,考步吉凶之变,而不能自见其祸,更为姚平所戒,此道之难知也。省尔之才,不及于房,而吾之言,过于平矣。昔正考父三命滋恭,晏平仲久而敬之;曾颜之徒,有若无,实若虚也。况尔析薪之智,欲弹射世俗,身为谤先,怨祸并集,使吾怀朝父之忧,为范武子所叹,亦非汝之美也。若朝益暮习,先人后己,恂恂如也。则吾闻音而识其曲,食旨而知其甘,永终吾余年矣,复何恨哉? 古人有言:'思不出其位。'尔其念之,尔其念之!"②殷褒认为,士人之道容易把握,但难在穷尽其奥妙;容易知晓,但难在以之立身持身。他说,汉代的京房,对《周易》很有研究,善于利用自然界的灾异现象来推断世间的人事变化,却最终因与

① (清)严可均辑:《全梁文》,商务印书馆 1999 年版,第 113 页。
② (清)严可均辑:《全三国文》,商务印书馆 1999 年版,第 454 页。

权贵争权夺利丢了性命。京房自认为掌握了"吉凶之变",却不能预料自己的灾难,被后人讥笑,可见,道并不容易把握。当年正考父三次被任命为公卿,但他却越来越惶恐。《左传·昭公七年》云:"及正考父,佐戴、武、宣,三命兹益共。故其鼎铭云:'一命而偻,再命而伛,三命而俯。循墙而走,亦莫余敢侮。饘于是,鬻于是,以糊余口。'其共也如是。"①正考父辅佐宋戴公、宋武公、宋宣公三位君王,三次被任命为上卿,他却一次比一次恭谨。为了教育子孙,他在铸鼎铭文中云:第一次任命为上卿,我弯腰受命;第二次任命为上卿,我鞠躬受命;第三次任命为上卿,我俯身受命。平时我都是沿着墙根走路,怕别人说我傲慢。尽管如此,也没有人胆敢欺辱我。对于上卿这个职位,我只是将其看成是可以获得稠粥、稀粥的位置罢了,只要能够养家糊口就可以了。正考父才是真正知道道的人。子曰:"晏平仲善与人交,久而敬之。"②晏婴历任齐灵公、齐庄公、齐景公三朝,辅政长达四十余年,善于与人交往,长期担任公卿,并能够以恭敬之心来对待这些职位。殷褒除了告诫子孙要像正考父、晏婴那样对社会权势要持有惶恐和敬畏之心外,还要求子孙向曾参和颜回学习,学习他们"有若无、实若虚"的为人为事态度。他尤其警戒子孙,才智一般的人,不能随意讥谈俗世和别人,当自己以责备别人为先的时候,就会使怨恨和灾祸并集于一身,从而使父亲家人都感到惶恐和忧叹。因此,你们要"朝益暮习",抓紧时间,刻苦读书,努力学习,做到先人后己,做到为人处世都要恭敬谨慎。"尔其念之",你们一定要记住啊,可谓语重心长。士人学习知识,不注重外在的机械知识,而注重通过学习知识感悟生命存在的至理大道。

当然,魏晋士人的文化之道,不是纯粹的儒家之道,而是早期由无人有的文化大道,是儒道兼综、有无相通的道义存在。嵇康在《与山巨源绝交书》中云:"吾昔读书,得并介之人,或谓无之,今乃信其真有耳。性有所不堪,真不可强。今空语同知有达人,无所不堪,外不殊俗而内不失正,与一世同其波流而悔吝不生耳。老子、庄周,吾之师也,亲居贱职;柳下惠、东方朔,达人也,安乎卑位。吾岂敢短之哉!又仲尼兼爱,不羞执鞭;子文无欲卿相,而三登令尹;是乃君子思济物之意也。所谓达能兼善而不渝,穷则自得而无闷。以此观之,故尧舜之君世,许由之岩栖,子房之佐汉,接舆之行歌,其揆一也。仰瞻数君,可谓能遂其志者

---

① 杨伯峻:《春秋左传注》,中华书局1990年版,第1295页。
② 杨伯峻译注:《论语译注》,中华书局1980年版,第48页。

也。故君子百行，殊涂而同致。循性而动，各附所安，故有处朝廷而不出，入山林而不反之论。且延陵高子臧之风，长卿慕相如之节，志气所托，不可夺也。"①稽康详细地介绍了自己读书的情况，可知其与汉代儒者是极为不同的。他的学习兼得了儒道两家的道学文化，将隐士的山林文化与士人的朝堂文化糅合在一起。稽康认为，尧舜、许由、张良、接舆等人在社会之中的表现各有不同，但"其揆一也"。也就是说，这些人都是依据文化之道在社会中为人处世的。"君子百行，殊涂而同致"，君子在世的外在行为是千变万化的，但是他们的精神却殊途同归，都是文化道义的有形表现。所以稽康认为，所有这些历史文化人物都值得学习，只有这样，才能使自己博通于无形之道，才能形成自身的神道之志。

内心坚守文化道义的同一性，外在又表现出不同的社会存在状态，这一点尤其表现在士人对待艺术的学习上。颜之推《颜氏家训·杂艺》教育子孙要掌握九种艺术：一书法，二绘画，三弓矢射艺，四卜筮，五算术，六医方，七音乐琴瑟，八博弈与围棋，九投壶与弹棋。魏晋士族可谓文化名人济济，在文学、书法、绘画、雕塑、音乐等方面都取得了后世难以企及的成绩。为了使大家了解士族文化的鼎盛状态，我们在此列举东晋一些名士擅长的才艺情况，以展示名士在艺术方面的巨大成就。

东晋士族的艺术特长总汇②

士族	姓名	文学	书法	绘画	音乐	总数
琅琊王氏	王导	√	√			2
	王廙	√	√	√	√	4
	王羲之	√	√	√	√	4
	王献之	√	√	√	√	4
	王珣	√	√		√	3
	王珉	√	√		√	3
太原王氏	王濛	√	√		√	3

① （清）严可均辑：《全三国文》，商务印书馆 1999 年版，第 498 页。
② 本表依据张可礼《东晋文艺综合研究》（山东大学出版社 2001 年版，第 272—274 页）一书中"东晋文人兼善数艺表"整理。

士族	姓名	文学	书法	绘画	音乐	总数
陈郡谢氏	谢鲲	√			√	2
	谢尚	√	√		√	3
	谢安	√	√	√	√	4
	谢万	√	√			2
	谢道韫	√	√			2
	谢混	√				1
颍川庾氏	庾亮	√	√			2
	庾阐	√				1
	庾翼	√	√			2
谯郡桓氏	桓温	√	√			2
	桓伊	√			√	2
	桓玄	√	√			2
陈郡殷氏	殷仲堪	√	√			2
	殷仲文	√				1
吴郡顾氏	顾恺之	√	√	√		3
浔阳陶氏	陶渊明	√		√	√	3

　　出身士族的士人,大多精通文学、书法、绘画、音乐、琴瑟等艺术样式,具有广泛的艺术爱好和审美体验,体现了魏晋士族对文学艺术的重视。钱穆《略论魏晋南北朝学术文化与当时门第之关系》云:"魏晋南北朝时代一切学术文化,必以当时门第背境作中心而始有其解答。当时一切学术文化,可谓莫不寄存于门第中,由于门第之护持而得传习不中断,亦因门第之培育,而得生长有发展。门第在当时历史进程中,可谓已尽其一分之功绩。"①通过展示士人的才艺成就,可以体会到士族文化的博大精深,以及对子孙艺术品格和文化教养的重视。魏晋士族对艺术的传承,对于保存和传承华夏民族的优美人格和审美趣味具有重大

---

① 钱穆:《中国学术思想史论丛》(第三册),东大图书公司1981年版,第198页。

作用,功绩甚伟。

四、九品选士与国士门风

九品选士制度涉及的朝中官员有司徒、司徒左长史、尚书令、尚书仆射、吏部尚书、吏部尚书郎及其他台阁部门,涉及地方官员有州大中正、郡县小中正。先由地方中正官根据乡党议论,提供士人的人品品级,再由司徒或司徒左长史铨定,交于尚书省授予一定的官品。在整个人才选拔和官员任命过程中,朝廷及地方官员都依据文化道义来铨选人才和任命官员,形成了"以一风流"的人才观念和选人准则,而这种"唯义所在""以一风流"的人才标准和审美趣味,与士族文化的士人价值和文化存在具有一致性。也就是说,九品中正制从一开始,就与士族文化的文化之道、士人价值、审美趣味密不可分,从某种程度来看,它既有利于士族文化在社会之中获得合法性和正当性,同时,也将士族文化的人才观念和家法家风直接带到政治场域,使得魏晋时期的政治风气与士族的文化习气和审美趣味具有一定的相通性。

士族文化培养士人的目标就是让子孙获得传统文化的道义存在,通过将自己的世俗状态转化为道义存在,持守文化大道和群体价值,从而使子孙能保全性命,而且使士族能在复杂的社会政治场域中以虚为实,以退为进。为了实现这个文化目标,士族文化在教育子孙的时候,都有一个共同之处,就是要求子孙不仅要理解、把握文化之道,而且要做到言行一致、学以致用,用文化之道来持守身心。颜之推《颜氏家训·勉学》云:"夫所以读书学问,本欲开心明目,利于行耳。未知养亲者,欲其观古人之先意承颜,怡声下气,不惮劬劳,以致甘腴,惕然惭惧,起而行之也;未知事君者,欲其观古人之守职无侵,见危授命,不忘箴谏,以利社稷,恻然自念,思欲效之也;素骄奢者,欲其观古人之恭俭节用,卑以自牧,礼为教本,敬者身基,瞿然自失,敛容抑志也;素鄙吝者,欲其观古人之贵义轻财,少私寡欲,忌盈恶满,赒穷恤匮,赧然悔耻,积而能散也;素暴悍者,欲其观古人之小心黜己,齿弊舌存,含垢藏疾,尊贤容众,茶然沮丧,若不胜衣也;素怯懦者,欲其观古人之达生委命,强毅正直,立言必信,求福不回,勃然奋厉,不可恐慑也:历兹以往,百行皆然。纵不能淳,去泰去甚。学之所知,施无不达。"[①]士族教育子孙要

①　王利器:《颜氏家训集解》(增补本),中华书局1993年版,第165—166页。

勤奋学习，要问学求道，就是要做到"开心明目，利于行耳"。所谓"开心"，就是开启被尘世封存起来的本初之心。人在世界之中，心为形役，人心的世俗状态往往遮蔽了人心的原初善性，士人读书，首先是为了开心，开心就是为了让人心重新通达人心所具有的善性，获得文化之道的本初状态。人只有开心了，才能明目。换句话说，人心未开，人心处于遮蔽之中，没有真正体验到本初的道体存在，那么尽管睁着眼睛，也是睁眼瞎。只有开心了，人心从人形物有的欲望中摆脱出来，通达了道体存在，那么，人的眼睛才会像灯炬一样照亮万事万物，因此获得明目。当然，"开心名目"的最终目标还是要"利于行"。怎样才是士族文化的"利于行"呢？颜之推认为，使"未知养亲者"懂得如何侍养父母，使"未知事君者"懂得如何侍奉君主，使"素骄奢者"懂得如何节俭，使"素鄙吝者"懂得什么是"贵义轻财"，使"素暴悍者"懂得如何"尊贤容众"，使"素怯懦者"懂得人要正直，要言而有信。这样的话，士人就掌握了孝、忠、德、义、信、让等善性品格，在社会中为人处世时，就会"百行皆然"，干什么事情都能依据这些文化善性来规范和约束自己。士族学习的目的及其学风，决定了士人不是纯粹的知识储存器，而是要通过学习圣人的经典知识，体会和通达文化之道，打开"神无"本性的文化价值和大道存在，最终将这种文化价值展现在自己的言行之中，使自己在社会中的各种实践活动都成为"无我"文化存在的直接现身。这才是士族文化的"学之所知，施无不达"。《颜氏家训·勉学》云："古之学者为己，以补不足也；今之学者为人，但能说之也。古之学者为人，行道以利世也；今之学者为己，修身以求进也。夫学者犹种树也，春玩其华，秋登其实；讲论文章，春华也，修身利行，秋实也。"[1]"学者为己"是华夏优秀文化的文化精神，也是孔子先师的真训所在，也是晋武帝为中正选士所立的最后一个标准，也成为士族文化的核心价值和文化精髓。士人的学问是"春华"，这不是人生的目标，却是通向人生目标的首要条件。"利行"才是学问的最终目标，才是"秋实"的真意所在。在"春华"之学与"秋实"之行的比喻之中，我们能感受到士族文化学习的最终目标，是让士族子孙将文化价值贯穿在社会人生之中，让士族学风和文化家风成为士人在社会中为人处世的唯一原则。

士人从小就在士族文化之中耳濡目染长辈们的言行方式，学习和体悟士族的文化道义，并领会了士族文化的文化价值，养成了士人为文处世的审美习性。

---

[1] 王利器：《颜氏家训集解》（增补本），中华书局 1993 年版，第 171 页。

此后,他们来到社会的各个场域中,就是践行在士族中陶染而成的士族习性和文化价值。曹魏时期卞兰的《座右铭》曰:"重阶连栋,必浊汝真。金宝满室,将乱汝神。厚味来殃,艳色危身。求高反坠,务厚更贫。闲情塞欲,老氏所珍。周庙之铭,仲尼是遵。审慎汝口,戒无失人。从容顺时,和光同尘。无谓冥漠,人不汝闻。无谓幽冥,处独若群。不为福先,不与祸邻。守玄执素,无乱大伦。常若临深,终始惟纯。"①"重阶连栋"指住房,"金宝满室"指财富,"厚味"指食物,"艳色"指女色,"求高"指高官,"务厚"指俸禄,所有这些都是人在世的物质追求。如果士人一味沉浸在这些世俗之物上,那么就会浊乱本真,搅乱心神,招来祸患,危及性命。士人只有珍视圣人之教,谨慎地以之持身守性,才能避免世俗社会的祸害。"守玄执素",是指持守玄胜之道,执行太素之质,这不仅是魏晋时期的名士风流精神,而且是九品选士的核心价值所在。魏晋风流体现的是士族文化价值、九品文化价值的共同目标,对社会的流俗文化抱有一种警惕和戒备之心,对文化大道抱有一种守望和传承之心。嵇康《家诫》云:"人无志,非人也。但君子用心,有所准行,自当量其善者,必拟议而后动。若志之所之,则口与心誓,守死无二,耻躬不逮,期于必济。若心疲体懈,或牵于外物,或累于内欲,不堪近患,不忍小情,则议于去就。议于去就,则二心交争。二心交争,则向所以见役之情胜矣!或有中道而废,或有不成一匮而败之,以之守则不固,以之攻则怯弱;与之誓则多违,与之谋则善泄;临乐则肆情,处逸则极意。故虽繁华熠耀,无结秀之勋;终年之勤,无一旦之功。斯君子所以叹息也。若夫申胥之长吟,夷齐之全洁,展季之执信,苏武之守节,可谓固矣!故以无心守之,安而体之,若自然也。乃是守志之盛者也。"②嵇康告诫子孙要有志,这是做人的基本条件,但他强调,仅仅有志还不够,还要做到心志与言行保持一致。"君子用心",意味着君子不仅仅是有心,而且要用心,只有用心所思,才能"有所准行",才能指导自己外在的言语行为,这才是士族文化对士人身心规定的精华所在。"口与心誓,守死无二",心是内在精神,口指外在言行,外在之口始终与内在心性保持一致。这体现了魏晋士人强调心性修养,尤其重视心口无二,即让人心中所持守的东西与口中所说的东西保持一致,展示同一价值,不出现分裂或背离。所谓"二心交争",是指人心的世俗状态与道体状态之间的价值冲突,如果人的世俗之心战胜了道体之心,那

181

---

① （清）严可均辑:《全三国文》,商务印书馆 1999 年版,第 312 页。
② （清）严可均辑:《全三国文》,商务印书馆 1999 年版,第 532 页。

么,士人就完全世俗化了,所以嵇康再三告诫子孙,一定要在自身的行为之中"固守"文化之道。而且要达到"无心守之",让人之道心在任何时候都成为士人在世的绝对原则。可见,在士族文化中,文化之道不仅成了士人的知识趣味,而且成了士人的生活趣味和生活习性。魏晋时期的姚信《诫子》云:"古人行善者,非名之务,非人之为,心自甘之,以为己度,崄易不亏,始终如一,进合神契,退同人道,故神明祐之,众人尊之,而声名自显,荣禄自至,其势然也。又有内折外同,吐实怀诈,见贤则暂自新,退居则纵所欲,闻誉则惊自饰,见尤则弃善端。凡失名位,恒多怨而害善,怨一人则众人疾之,害一善则众人怨之,虽欲陷人而进己,不可得也,只所以自毁耳。顾真伪不可掩,褒贬不可妄,舍伪从实,遗己察人,可以通矣;舍己就人,去否适泰,可以弘矣。贵贱无常,唯人所速。苟善,则匹夫之子可至王公;苟不善,则王公之子反为凡庶。可不勉哉。"①姚信叮嘱子孙,立身社会,要学习古代行善之人,他们"非名之务",不追名逐利;"非人之为",将自己与世俗之人区别开来;"心自甘之",对于善行,他们心甘情愿地为之,行善不是为了他者,而是自己将自己放置在善性之中,然后依据善性来安顿人心,引导自己的行为。"进合神契,退同人道",在社会中进退,不以个体意愿行事,而以神道、人道作为依据。心存善德,并将这种善性推行在社会行为之中,哪怕是个普通人,也可以获得王公之位。如果人心失去善德,在社会上虽贵为王公之子,也会犹如凡人一样,极为卑微。

出身士族的士人,从小濡染了士族的门风家法,获得了社会认可的合法性文化资本,懂得了如何将士族的文化价值与审美趣味贯彻于言行之中。具备这种生活作风、文化风气的士人,通过九品官人法,就可以得到社会士人群体的肯定和认可,顺利进入政治场域。可见,士族的家风、门风和学风可直接转变为社会士人的士风,士族的门风、学风与社会士人的士风在精神实质和文化价值上具有一致性。《世说新语·赏誉第八》第一百二十七条:"人问王长史江彪兄弟群从,王答曰:'诸江皆复足自生活。'"②济阳江氏是魏晋时期的大士族,江氏兄弟如江彪、江淳、江灌等人,都是具有江氏门风家法的优秀人物,德行俱佳,知名于世。有人问王濛,江氏一门兄弟如何? 王濛说:江氏一门兄弟只要善于运用江氏的门法门风,践行士族的文化之道,就可以在社会场域中自足生存。《世说新语·方

---

① (清)严可均辑:《全三国文》,商务印书馆1999年版,第714—715页。
② 徐震堮:《世说新语校笺》,中华书局1999年版,第265页。

正第五》第六十三条:"王恭欲请江卢奴为长史,晨往诣江,江犹在帐中。王坐,不敢即言,良久乃得及。江不应,直唤人取酒,自饮一盏,又不与王。王且笑且言:'那得独饮?'江云:'卿亦复须邪?'更使酌与王,王饮酒毕,因得自解去。未出户,江叹曰:'人自量,固为难。'"刘孝标注引《晋安帝纪》曰:"敳字仲凯,济阳人。祖正,散骑常侍。父彪,仆射。并以义正器素,知名当世。敳历位内外,简退著称,历黄门侍郎、骠骑咨议。"[1]江敳是江彪的儿子,直接传承了江氏的门风家法。王恭想请江敳担任自己的长史。一大早就来到江氏家中,江敳还没有起床。王恭坐下来,不敢立即开口说出自己的想法,过了很久,才有机会说到这件事。江敳没有直接回答他,只是叫人拿酒来,自己先喝了一碗,也不给王恭喝。王恭笑着说:你怎么能独自饮酒呢? 江敳就问:你也想喝吗? 江敳叫人倒酒给王恭,王恭喝完了酒,借机告辞。王恭还没有出门,江敳叹气说:一个人要有自知之明确实很难。王恭是王濛的孙子,是太原王氏的代表人物,担任了前将军、青兖二州刺史,握有重兵。江敳为何拒绝王恭的请求呢? 王恭出身士族,但是没有完全依照士族文化的道义精神来为人处世,过分沉溺于世俗的军事权力。江敳自斟自酌,表明自己与王恭不是一路人。王恭违逆了士族的文化价值,而江敳却要与酒为友。王恭知难而退,还有一点自知之明。

在以名士文化为主的政治场域之中,名士群体都以士族文化和大道精神来品评士人,将士人的家风与士风联系在一起,体现了士人门风与士风的相通性,国士门风成为魏晋政治场域中独特的文化现象。《世说新语·品藻第九》第十四条:"明帝问周伯仁:'卿自谓何如郗鉴?'周曰:'鉴方臣,如有功夫。'复问郗。郗曰:'周颉比臣,有国士门风。'"[2]晋明帝问周颉:你认为自己与郗鉴相比,如何? 周颉回答说:郗鉴在社会事务方面(功夫)胜过我。后来,晋明帝又问郗鉴同样的问题,郗鉴说:周颉比我更有"国士门风"。什么是"国士门风"? 简而言之,就是指能传承士族门风家法的国士。国士是为官的士人,门风是士人身上承载的士族的家法门风。周颉不仅是一位国士,而且是一个极具周氏门风的士人,在周颉身上,门风就是士风,国士就是家士。周颉成为魏晋时期善于将士族优美的家风家法贯彻在政治场域、社会场域之中的典型代表,也成为魏晋官场国士门风的士人典范。《世说新语·品藻第九》第二十三条:"王丞相辟王蓝田为掾。

---

① 徐震堮:《世说新语校笺》,中华书局 1999 年版,第 191 页。

② 徐震堮:《世说新语校笺》,中华书局 1999 年版,第 279 页。

庾公问丞相:'蓝田何似?'王曰:'真独简贵,不减父祖。然旷澹处故当不如尔。'"①王导任命王述担任丞相掾属。庾亮问王导:王述这个人怎么样?王导说:王述率真而独特,简要而尊贵,这一点丝毫也不比他的父亲王承、祖父王湛差,但是在旷达、淡泊方面,略逊一筹。王导在评价太原王氏的代表人物王述时,一方面肯定王述传承了太原王氏的优美门风家法,另一方面认为王述与王承、王湛比较起来,在旷达与淡泊方面略有不足。王导以家风来评价士风,凸显了士族文化对士人士风的重要性。《世说新语·言语第二》第八十六条:"王子敬语王孝伯曰:'羊叔子自复佳耳,然亦何与人事? 故不如铜雀台上妓。'"②羊祜是平阳羊氏的代表人物,累迁都督荆诸军事。王献之对王恭说:羊祜这个人当然是不错的,但是他为何要参与人事啊? 从这方面来看,羊祜还不如曹氏铜雀台上的歌妓啊。刘孝标注引《晋诸公赞》曰:"羊祜字叔子,太山平阳人也。世长吏二千石,至祜九世,以清德称。为儿时,游汶滨。有行父止而观焉,叹息曰:'处士大好相,善为之,未六十,当有重功于天下。即富贵,无相忘。'遂去,莫知所在。累迁都督荆州诸军事。自在南夏,吴人说服,称曰羊公,莫敢名者。南州人闻公丧,号哭罢市。"③羊祜一方面以"清德"著称于世,同时,又"重功于天下",握有重兵。王献之依据王氏门风的士人价值,认为羊祜这个人注重"清德"是不错的,但又过于沉迷人事功名,连朝廷中卖身献艺的歌妓都不如。这表明,魏晋时期出身士族的士人,重视自己所拥有的文化资本和文化之道,而那些违背、抛弃了士人群体价值的士人,难免受人讥讽。

五、结论

九品官人法抛弃了实用功能主义的人才观念,彰显了士族文化的优美性和儒雅性,将人才观念与士族文化紧密联系在一起,形成了以士族文化、士族精神为核心价值的察人方式和人才标准。钱穆在《略论魏晋南北朝学术文化与当时门第之关系》中云:"以上逐一分说门第中人所以高自标置以示异于寒门庶性之几项重要节目,内之如日常居家之风仪礼法,如对子女德性与学问方面之教养。

① 徐震堮:《世说新语校笺》,中华书局 1999 年版,第 281 页。
② 徐震堮:《世说新语校笺》,中华书局 1999 年版,第 80 页。
③ 徐震堮:《世说新语校笺》,中华书局 1999 年版,第 80 页。

184

外之如著作与文艺上之表现,如交际应酬场中之谈吐与情趣。当时门第中人凭其悠久之传统与丰厚之处境,在此诸方面,确亦有使人骤难企及处,于是门第遂确然自成一流品。门第中人之生活,亦确然自成一风流。此种风流,则确乎非藉于权位与财富所能袭取而得。"①通过九品官人法,士族的名士风流成为社会上最具合法性的士人风流,士族文化由家族场域走向了政治场域和社会场域。

魏晋名士在士族之中,受到长辈日常陶染,极为重视学习,将学问道德、文化道义作为士人走向社会、立身社会的唯一文化资本。同时,当他们进入社会场域以后,又积极践行士族的文化精神和士人价值,将士族的门风家法带入政治场域和社会场域,形成了魏晋士人独特、清幽、儒雅的国士门风。九品官人法不仅打通了士族场域与社会场域,而且在社会上极大地强化了士族文化与名士风流的合法性和正当性。

当然,到了后来,九品官人法变成了唯门第是瞻,简单地将出身门第与士族文化精神等同起来,逐渐丧失了制度之初所具有的人才精神与选人准则。士人出身士族,有些士人通过艰苦卓绝的学习,获得了士族文化的文化精神和大道价值,并以之持身,成为魏晋时期的风流人物。而有些士族子弟,不学无术,践踏门风,甚至与士族门风家法相背。所以,简单地将士族文化精神与门第出身等同起来,势必会遮蔽魏晋时期的国士门风现象。我们也不能因为九品官人法的后期世俗化,完全否认它在制度之初,在维护士族精神、保存传统文化价值和文化之道方面所具有的积极作用。

185

---

① 钱穆:《中国学术思想史论丛》(第三册),东大图书公司 1981 年版,第 194 页。

第八章　观人察质：《人物志》的人才观念与才质力量

> 是书也，博而畅，辨而不肆，非众说之流也。王者得之，为知人之龟鉴；士君子得之，为治性修身之榘栝，其效不为小矣。
>
> ——（宋）阮逸：《人物志序》

> 我自己很喜爱刘劭此书，认为：他提出"平淡"二字，其中即有甚深修养工夫。在我年轻时读《人物志》，至"观人察质，必先察其平淡，而后求其聪明"一语，即深爱之，反复玩诵，每不忍释；至今还时时玩味此语，弥感其意味无穷。
>
> ——钱穆：《略述刘劭〈人物志〉》

《三国志》卷二十一《刘劭传》记载，刘劭在建安中为计吏、太子舍人，迁秘书郎，黄初中为尚书郎、散骑侍郎。明帝太和初，出为陈留太守，征拜骑都尉，迁散骑常侍。正始中执经讲学，赐爵关内侯。卒，追赠光禄勋。刘劭历仕魏武帝曹操、魏文帝曹丕、魏明帝曹睿、齐王曹芳四朝，累有升迁，对魏朝人才观念极为熟悉，也是魏朝人才风气转变和名士风流的核心人物之一。

关于刘劭的名士风流，魏明帝青龙中下诏书博求众贤，散骑侍郎夏侯惠《荐刘劭》云："伏见常侍刘劭，深忠笃思，体周于数，凡所错综，源流弘远，是以群才大小，咸取所同而斟酌焉。故性实之士，服其平和良正；清静之人，慕其玄虚退让；文学之士，嘉其推步详密；法理之士，明其分数精比；意思之士，知其沉深笃固;文章之士,爱其著论属辞;制度之士,贵其化略较要;策谋之士,赞其明思通微。凡此诸论,皆取适己所长,而举其支流者也。臣数听其清谈,览其笃论,渐渍历年,服膺弥久,实为朝廷奇其器量。以为若此人者,宜辅翼机事,纳谋帏幄,当与国道俱隆,非世俗所常有也。"裴松之认为:"凡相称荐,率多溢美之辞,能不违中者或寡矣。惠之称劭云'玄虚退让'及'明思通微',近于过也。"①夏侯惠在推荐表章之中,夸赞刘劭是一个内在平和、清静、玄虚的名士,外在具有多方面的才干,如在文学、法律、文章、制度、策谋、清谈等方面,都具有突出的才能。同时,结合史书的记载,他在礼法、天文、兵法方面也有不凡的见解。晚年的刘劭执经讲学,身为帝王之师,深通士人的文化资本和文化之道,这些风流才性对他讨论人才观念和才性之美都具有重要的影响。

魏明帝景初年间(237—239),刘劭受诏作都官考课七十二条,现存有《上都官考课疏》,其云:"百官考课,王政之大较,然而历代弗务,是以治典阙而未补,能否混而相蒙。陛下以上圣之宏略,愍王纲之弛颓,神虑内鉴,明诏外发。臣奉恩旷然,得以启曚,辄作都官考课七十二条,又作说略一篇。臣学寡识浅,诚不足以宣畅圣旨,著定典制。"②"百官考课"是对朝廷官员的考核标准,可能与九品选士重视官人的业绩考核和人品考核密切相关。对于刘劭的考课法,名士傅嘏曾经提出异议。《三国志》卷二十一《傅嘏传》记载:时散骑常侍刘劭作考课法,事下三府。嘏难劭论曰:"盖闻帝制宏深,圣道奥远,苟非其才,则道不虚行,神而明之,存乎其人。暨乎王略亏颓而旷载罔缀,微言既没,六籍泯玷。何则?道弘致远而众才莫晞也。案劭考课论,虽欲寻前代黜陟之文,然其制度略以阙亡。礼之存者,惟有周典,外建侯伯,藩屏九服,内立列司,筦齐六职,土有恒贡,官有定则,百揆均任,四民殊业,故考绩可理而黜陟易通也。大魏继百王之末,承秦、汉之烈,制度之流,靡所修采。自建安以来,至于青龙,神武拨乱,肇基皇祚,扫除凶逆,芟夷遗寇,旌旗卷舒,日不暇给。及经邦治戎,权法并用,百官群司,军国通任,随时之宜,以应政机。以古施今,事杂义殊,难得而通也。所以然者,制宜经远,或不切近,法应时务,不足垂后。夫建官均职,清理民物,所以立本也;循名考实,纠励成规,所以治末也。本纲末举而造制未呈,国略不崇而考课是先,惧不足以料贤愚之分,精幽明之理也。昔先王之择才,必本行于州闾,讲道于庠序,行具

---

① (晋)陈寿撰、(南朝宋)裴松之注:《三国志》,中华书局2005年版,第619页。
② (晋)陈寿撰、(南朝宋)裴松之注:《三国志》,中华书局2005年版,第619—620页。

而谓之贤,道修则谓之能。乡老献贤能于王,王拜受之,举其贤者,出使长之,科其能者,入使治之,此先王收才之义也。方今九州之民,爰及京城,未有六乡之举,其选才之职,专任吏部。案品状则实才未必当,任薄伐则德行未为叙,如此则殿最之课,未尽人才。述综王度,敷赞国式,体深义广,难得而详也。"①傅嘏从以下几个方面批评了刘劭的考课法:第一,在功能方面,刘劭的考课属于"以古施今",是在形式层面进行复古,"法应时务",仅能满足考核官员政治业绩的现世需要,因此,是"不足垂后"的。第二,在方法方面,刘劭的考课不是立本,而是治末。在傅嘏看来,国家政治要重视立本,而立本在于重新建立官职体系,使各类官职能满足社会事务的实际需要,同时要清理百姓与万物之间的关系。而仅仅依据官职之名来考核官员的实绩,纠察和劝励官员,以形成常规和考课之法,这属于治末。第三,在人才方面,刘劭的考课法由于没有提出国家人才制度的发展战略,而是重视官吏的业绩考核,不能辨明什么是贤才,什么是庸人,以致"贤愚难堪"、鱼目混珠。何为人才,依旧是一个现实问题。第四,傅嘏提出,要借鉴先王考察人才的方法。先王考察人才包括两个方面:一是重视择才。先王如何择才? 先王所选择的人才,一定在乡里有美好的品行,在学校能讲授文化之道,具备了美好的品德。这样的人才可以成为贤才,具备了文化之道,才能称为能才。二是收才。先王如何收才? 乡老将有贤能的人才举荐给君王,君王行礼接受这些贤能之人,让选举出来的贤人担任地方长官,让选举出来的能人在朝廷治理朝政。最后,傅嘏认为,现实的人才考评和考课之法,如果按照中正的品状来确定人品,那么,人品与实际未必相符。如果仅仅依据先世官籍谱录,那么,人才的德行又完全被忽略了。这样机械片面的考课法是不能选出优秀人才的。傅嘏对刘劭考课法的批评极为深入,但是他也深深感到,要想全面论说先王选择人才的法度,详细陈说治理国家的法则,既要做到体制宏伟,又要做到大义深广,这是不容易做到的。

刘劭晚年撰写的《人物志》,已经与早期受诏所作的考课法有所不同。《人物志》不再拘囿于人物的纯粹品状和先世官籍等外在之物来考核人物、品评才性,在一定程度上,刘劭接受了傅嘏的批评,在书中详细论述了曹魏正始时期士族名士的人才观念和才性之美。刘劭《人物志序》云:"夫圣贤之所美,莫美乎聪

---

① （晋）陈寿撰、（南朝宋）裴松之注:《三国志》,中华书局 2005 年版,第 622—623 页。

明;聪明之所贵,莫贵乎知人。知人诚智,则众材得其序,而庶绩之业兴矣。"①圣贤之人最为可贵的地方,就在于他们具有聪明才智,而在圣人的聪明才智中,最重要的能力就是善于知人。可见,刘劭已经由早期受诏作考课法的人才考核转向了人才辨识的知人。他认为,只有发挥圣人知人的聪明才智,能辨识真正的人才,才能使各种人才获得合理的人品品级与文化资本,任用这样有才能的士人来治理国家,国家的各项事业就一定会兴旺发达。如果说刘劭在考课法中,还只是重视人物外在的名誉、官职、业绩等,那么在《人物志》中,他强调知人、择人的重要性,重视人才的真实才能与文化状态。由考课法到《人物志》,刘劭的人才观念发生了由外转内的变化,从中也折射出,在曹魏景初、正始年间,名士的人才观念和官员考绩都出现了一些转变。

《隋书·经籍志》将魏文帝《士操》一卷、刘劭《人物志》三卷与先秦的《邓析》《尹文子》等同列为名家。《汉书·艺文志》云:"名家者流,盖出于礼官。古者名位不同,礼亦异数。"②汤用彤《读〈人物志〉》云:"王者通天地之性,体万物之情,作为名教。建伦常,设百官,是谓名分。察人物彰其用,始于名目。以名教治天下,于是制定礼法以移风俗。礼者国家之名器(刘劭劝魏明帝制礼作乐),法者亦须本于综核名实之精神。凡此皆汉晋间流行之学说,以名实或名形一观念为中心。其说虽涉入儒名法三家,而且不离政治人事,然常称为形名家言。"③名家重视名,依据有形之名来考核现实的礼数。历代学者尽管将《人物志》列为名家,但也不能简单地将《人物志》看成是纯粹的名教著作。汤用彤《读〈人物志〉》云:"《人物志》为正始前学风之代表作品,故可贵也。其后一方因学理之自然演进,一方因时势所促成,遂趋于虚无玄远之途,而鄙薄人事。"④汤用彤认为,刘劭的《人物志》属于"正始前学风之代表作品",这是对的。身处名士文化逐渐获得合法性和正当性的时代,刘劭不仅深谙名士文化的新特征和新风流,而且善于用文化理论和鉴识人物的方式,来论证文化转型时期的人物性情和才能特征。刘知几《史通·自叙第三十六》云:"五常异禀,百行殊轨,能有兼偏,知有长短,苟随才而任使,则片善不遗,必求备而后用,则举世莫可,故刘劭《人物志》生

① (魏)刘劭撰、梁满仓译注:《人物志》,中华书局2009年版,第2页。
② (汉)班固撰、(唐)颜师古注:《汉书》,中华书局1962年版,第1737页。
③ 汤用彤:《魏晋玄学论稿》,上海古籍出版社2001年版,第12页。
④ 汤用彤:《魏晋玄学论稿》,上海古籍出版社2001年版,第14页。

焉。"①刘知几认为,刘劭的《人物志》是应时而作、符合时代精神的人才著作。魏晋名士认为,人所禀受的五常(仁、义、礼、智、信)质性差异很大,其外在行为也就千差万别,其现实才能就可能出现兼才与偏才的不同,其学识智慧也会各有长短。因此,使用人才要善于"随才而任使",这样才能保证人才"片善不遗"。如果一定要"求备而后用",即要求每个人都如圣贤那样德才兼备,那么,就会导致"举世莫可"。也就是说,会导致世上所有的士人,可能因为某方面的不足而得不到认可。刘劭的《人物志》开启了名士对人才观念和人才美学的系统思考。在对人物的文化感知和品评标准中,刘劭代表士族文化,重新阐释了名士的文化期待和文化资本,为魏晋风度的人物品行和文化价值做了人才理论上的铺垫和渲染,集中体现了士族文化的人才理念和美学标准,也贯穿了士族的人才新理解和新风气,预示着魏晋文化的新气象就要扑面而来。

一、观人察质:由内在才质到外在言行

刘劭与傅玄一样,深深懂得知人很难。《人物志·效难第十一》云:"盖知人之效有二难:有难知之难,有知之无由得效之难。"②知人之所以难,第一在于人才很难了解,第二在于尽管知道某个人是人才,但是社会复杂,也很难举荐,使他难以服务于社会政治。在这二难之中,刘劭尤其强调了知人之难是第一位的。《人物志·效难第十一》云:"何谓难知之难?人物精微,能神而明,其道甚难,固难知之难也。是以众人之察,不能尽备;故各自立度,以相观采:或相其形容,或候其动作,或揆其终始,或揆其拟象,或推其细微,或恐其过误,或循其所言,或稽其行事。八者游杂,故其得者少,所失者多。是故必有草创信形之误,又有居止变化之谬;故其接遇观人也,随行信名,失其中情。"③人才为什么难知?刘劭认为,第一,人的才智是无形无状的,极为奇异精妙,只有进入他的精神世界,才能知晓他的才智高低。第二,审察人才的各种方法,都不可能是彻底完备的。大多数人都是自己确立自己的标准,以此作为考察人物的具体方法,这是典型的"以己观人"。刘劭列举了八种察人的实情:有的察人之相貌,有的察人之动作,有

① (唐)刘知几撰、(清)浦起龙释:《史通通释》,上海古籍出版社1978年版,第291页。
② (魏)刘劭撰、梁满仓译注:《人物志》,中华书局2009年版,第142页。
③ (魏)刘劭撰、梁满仓译注:《人物志》,中华书局2009年版,第142页。

的揣度别人的出发点和终结点，有的揣度所拟之形象，有的审察细微之处，有的注重人的过失和错误，有的循究人的言语，有的考察人的行事结果。可见，社会上各种主观的察人方法，只是重视人物外在的一个方面，过于草率，偏极一端，尤其将察人的眼光投注在外在的行为表象上，重视人物在社会之中的言行举止，过分轻信人物的外在行为和虚妄名声，就会忽略人物的内在精神与真实志趣。《人物志·效难第十一》云："夫名非实，用之不效，故曰：名犹口进，而实从事退。中情之人，名不副实，用之有效；故名由众退，而实从事章。此草创之常失也。故必待居止，然后识之。故居视其所安，达视其所举，富视其所与，穷视其所为，贫视其所取。然后乃能知贤否。此又已试，非始相也。所以知质未足以知其略，且天下之人，不可得皆与游处。或志趣变易，随物而化，或未至而悬欲，或已至而易顾，或穷约而力行，或得志而从欲；此又居止之所失也。由是论之，能两得其要，是难知之难。"①刘劭认为，外在名声和实际业绩都是不可靠的。为什么呢？因为人物的外在名声与实际情况经常是不一致的，仅仅依据人物的名声来用人，肯定是没有成效的。所以说：外在名声属于众口描述的结果，而实际上往往名不副实。察人，只有了解人物的内心世界，并依据内在的实际情况来判断人物的才能，效果才会更好。因此，考察人物的"中情"就显得尤其重要了。如何才能掌握人物的"中情"呢？刘劭认为，第一，"实从事章"。不能相信外在的名声，一定要观察人物的日常行为，从具体事件中发现人物的才质。平时在家的时候，观察他安心于什么。为官通达以后，观察他举荐什么人。富裕之后，观察他对别人施予的多少。困乏的时候，观察他的所作所为。贫穷的时候，观察他所索取的物质是否得当。经过长期的行为考核而得出来的结果，就不再是初始的外在印象，而是知道了人物的才质。第二，秉持才质。通过考察，知道了对方的内在才质，但还不足以知道对方在世俗之中是否能持守才质而拒绝外在事物的引诱。在社会之中，人的志趣、质性常常是随世俗而有所变化的。有的人之所以没有达到原来的目标，因为中途的物质诱惑使他改变了预定的目标。有的人即使达到了自己的志向，也很容易改变原来的志向。有的人处于贫穷之中，却能够努力践行自己的志向。有的人得志之后，就会纵欲无度。所以刘劭提出，对人物的考察，不仅要知晓他的内在才质与人物性情，而且要考察他在具体社会之中的言语行为和持身状态。《人物志·七缪第十》总结了人才鉴识中的七种谬误。其云："一曰

---

① （魏）刘劭撰、梁满仓译注：《人物志》，中华书局 2009 年版，第 142—143 页。

察誉有偏颇之缪,二曰接物有爱恶之惑,三曰度心有大小之误,四曰品质有早晚之疑,五曰变类有同体之嫌,六曰论材有申压之诡,七曰观奇有二尤之失。"①正是由于人物难察,所以会出现鉴识人才的失误。

知人很难,而且容易失误,如何才能察辨人物玄微的性情特征呢? 这种对人才鉴识的实际困惑,促使名士们深思人才的心性本质到底是什么。《人物志·九征第一》云:"盖人物之本,出乎情性。情性之理,甚微而玄;非圣人之察,其孰能究之哉? 凡有血气者,莫不含元一以为质,禀阴阳以立性,体五行而著形。苟有形质,犹可即而求之。"②刘劭认为,第一,人物的本质不在于外在的名声、业绩,而在于人物的情性。而人性的义理,又是极为玄奥和微妙的,如何才能察辨出人物的情性呢? 刘劭与卢毓、傅嘏等人一样,认为要深入探究人物的本质,就必须探究人物的人性,这开启了魏晋名士的人性讨论。第二,只要是人,其血气就是以"元一"作为原初之质与力量根源。何为"元一"? "一"在早期文化中,就是混沌不分的神道与太一的初始状态。元一就是士人的原初之道或太一存在,属于早期圣人所具有的原初力量或文化编码。这里的"质"不是西方哲学的"本质",而是孔子"文质彬彬"的"质"。早期文化认为,一切生命发源于神道,从神道演化为太一之元气,再衍生出形质,从神道到形质,是原初神圣力量由神无逐渐化为有形状态的生成过程。如果将神道、神无视为原初的神圣力量,其文化编码为一级编码,心性结构为 0-0,那么,元一或太一为二级神圣力量,其文化编码为二级编码,心性结构为 0-1。以此类推,质为三级神圣力量,其文化编码为三级编码,心性结构 0-2。从原初的 0-0 心性结构,衍生出 0-1、0-2 心性结构。形质的出现,并没有遮蔽原初的神圣力量,而是保全了原初神道(0)的齐全力量。重视人质(0-2),由此而追溯人的元一状态(0-1),就更加接近人物的才性本质力量。第三,在阴阳之气(性情)的运转之中,质就生成了具体个人的本体存在,依据五行的气运结构与生克功能,在人的形体之中随着时间的变化而表现出来。可见,在刘劭看来,人内在所具有的文化之道和人性之质,才是个体才性的中情,通达人物的质性中情,就能通达人物的先天元一状态,这才是人才的关键所在,它决定了一个人内在的神圣力量,以及他在现世社会之中的行为举止,人物的各种有形行为与言语动作,都不过是人性之质的具体表现。刘劭用神

---

① (魏)刘劭撰、梁满仓译注:《人物志》,中华书局 2009 年版,第 123 页。
② (魏)刘劭撰、梁满仓译注:《人物志》,中华书局 2009 年版,第 10 页。

圣之质建构了个体人物的内在结构和力量情况。元一属于太极文化大道,是名士对人物本质的文化规定与神圣力量,属于神话整体的人类原型,是人类整体存在的最高形式(人元、人道)。人物之质又是元一整体精神和文化力量的形化物质状态,属于从整体元一之气中生成出来的质性物质。如果以无为阳,那么,有气形态就为阴;如果以有气形态为阳,那么,有质形态就为阴;如果以有质形态为阳,那么,有体形态就为阴。从无形(原初力量)至气形(二级)、质形(三级)、体形(四级),神圣力量逐渐生成具体之物,其中质形状态很重要,是具体之物的体形根本。刘劭对人物才质的探讨,不是一般意义的名家观念——仅仅循名核实,即仅仅利用外在的名与外在的实来考察人物,来辨析有形之名与有形之实的真伪问题——而是开始循名核质,即利用人物外在的有形、有名、有实,来探究人物的中情之质,由察名转向了察质,由外在的体形存在转向了内在的质形存在,再由内在的质形存在转向了更为深邃的元一存在。

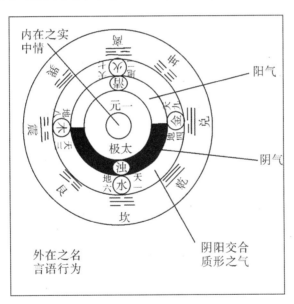

刘劭察人观质法

人物的才性之质很关键,是一座文化的桥梁,它向外生成人物的体形存在,向内连接人道的元一存在。刘劭提倡,知人察质,从依据人物外在之名的人才判断标准,转向了人物内在之形质,由此进一步深究人道的元一,元一是通向神无至道的二级文化编码,是极为玄微精妙的。

同时,刘劭将人之质性存在与五行之气的运行思想结合起来,就显得更为玄奥了。《人物志·九征第一》云："若量其材质,稽诸五物;五物之征,亦各著于厥体矣。其在体也:木骨、金筋、火气、土肌、水血,五物之象也。五物之实,各有所济。是故:骨植而柔者,谓之弘毅;弘毅也者,仁之质也。气清而朗者,谓之文理;文理也者,礼之本也。体端而实者,谓之贞固;贞固也者,信之基也。筋劲而精者,谓之勇敢;勇敢也者,义之决也。色平而畅者,谓之通微;通微也者,智之原也。五质恒性,故谓之五常矣。五常之别,列为五德。是故:温直而扰毅,木之德也。刚塞而弘毅,金之德也。愿恭而理敬,水之德也。宽栗而柔立,土之德也。简畅而明砭,火之德也。虽体变无穷,犹依乎五质。故其刚、柔、明、畅、贞固之征,著乎形容,见乎声色,发乎情味,各如其象。"[1]在这段话中,刘劭将人之才质、常性、体形的五种运转特征,与五行气象及其德行对应起来,展示了人之才质的神圣力量与文化编码。

人之才质与五行的对应关系

人之才质			五行	
五质	五常	五体	五德	五气之物
仁	直而柔/弘毅	骨	温直而扰毅	木
礼	清而朗/文理	气	简畅而明砭	火
信	端而实/贞固	肌	宽栗而柔立	土
义	劲而精/勇敢	筋	刚塞而弘毅	金
智	平而畅/通微	血	愿恭而理敬	水

刘劭按照天人相应的神圣关系,展示了人之才质的力量编码与宇宙之间气运变化的关联情况。五行之气属于天地之气的运化关系,展示的是天地阴阳之气在一年之中的运化之象,即春天风木、夏天热火、长夏湿土、秋天燥金、冬天寒水。这样,天人之间的力量传递关系为:五行之德、之气,决定人之五质、五常、五体,天地五行与人之质体,在气运变化、德性价值和神圣力量方面是相通相应的。人之五质、五常、五德,通过五行之气、五行之德,就可以直接通达元一、神道的文化价值和德性存在。刘劭根据五行运化的神道力量,认为人之形体尽管是变化无穷的,但是各种变化都以五质、五常为依据。也就是说,五质成为个体之人的

---

① （魏）刘劭撰、梁满仓译注:《人物志》,中华书局 2009 年版,第 11—15 页。

力量本源和内在实情。而人之质形的各种常性表征,如仁、义、礼、智、信等德性,如刚强、温柔、明达、晓畅、贞固等性情,都会展现在外在形体之上。因此,人外在形体的言说声音、行为姿态、神色表情、言谈举止都发源于人之才质,都是从人之质形的性情趣味与德性力量中延伸出来的。这样就形成了人内在质形与外在体形之间的完整关系,即有什么样的心质或气质,就会产生什么样的外在言行。

刘劭认为,当一个人的内在心质与外在表现完全一致时,就会形成由内在品质到外在仪容、行为风姿的美学关系。《人物志·九征第一》云:"故心质亮直,其仪劲固;心质休决,其仪进猛;心质平理,其仪安闲。夫仪动成容,各有态度;直容之动,矫矫行行;休容之动,业业跄跄;德容之动,颙颙卬卬。夫容之动作,发乎心气;心气之征,则声变是也。夫气合成声,声应律吕:有和平之声,有清畅之声,有回衍之声。夫声畅于气,则实存貌色;故诚仁,必有温柔之色;诚勇,必有矜奋之色;诚智,必有明达之色。"①一个人心质明亮耿直,他的仪容风度就会坚强有力。心质美好善断,他的仪容风度就会奋进勇猛。心质平和有理,他的仪容风度就会安逸闲适。而一个人因为仪容风度的外部表现,就形成了各种不同的姿态风度。正直的人,举止姿态就会显得勇武刚强。温和的人,姿态风度就会显得畏惧而小心谨慎。品德高尚的人,表现出来的姿态就是严肃而器宇轩昂。

内在心质与外在仪容动作的关系

心质	仪容风度	行为风度
明亮耿直	坚强有力	
美好善断	奋进勇猛	
平和有理	安逸闲适	
	正直	勇武刚强
	温和	小心谨慎
	高尚	器宇轩昂

由此可知,人的内在品质(包括仁、义、礼、智、信等质性)决定了自身外在的仪容风度,而自身外在的仪容风度又决定了身体的行为风度。同样的道理,人的内在心气决定了外在声气,内在心气的变化会影响外在声音的变化。因此,一个

---

① (魏)刘劭撰、梁满仓译注:《人物志》,中华书局 2009 年版,第 16—17 页。

真正内怀仁爱的人，一定会显现出温柔的神色；一个真正内心勇敢的人，一定会显现出勇武奋进的神色；一个真正具有智慧的人，就一定会显现出明澈通达的神色。刘劭认为，人的一切外在行为举止，都发自人的内在质形或内在心气。

鉴识人才，不能完全依据外在的姿态风度和行为举止，因为这些外在的体形表现可以是真实的，也可以是伪饰的。只有一个人的内在心质与外在仪容姿态、言谈行为相一致的时候，人才不是一种世俗的虚伪存在，而是依据自身的内在心质来决定自己的外在行为。也就是说，只有人心具有才质，而且这种才质力量表现在外在的行为举止中，这样的人才才算是真正的人才。可见，刘劭提出的察人以质、由质而行的人才观念，其实质是将人才之美由外部的言谈声音、行为举止、政治业绩，转向了人的内心才质和精神趣味，彰显了内在才质心气的核心地位和文化价值，开启了魏晋士人重视内在心质、独特气韵、真率可人的新观念和新风气。人才之美，不再局限于人的外在语言行动，不再依赖于人的具体事业功绩，而是强调人才内在心质的玄胜之美。

既然人才之美，不在于外部的行为表征，而在于玄奥精妙的心气才质，那么，什么样的人才能真正通达、知晓这种玄微的心质之美呢？什么样的人才有资格和能力来区分人物才质的高低品级呢？刘劭认为，只有圣贤之人才能通达人的心质状态，才能辨识人才。《人物志·九征第一》云："非圣人之察，其孰能究之哉？"①刘劭在《人物志序》中，认为如尧、舜、商汤、周文王、孔子等古代圣人都是善于知人察质的。圣人为何可以知晓人之精微心质呢？因为圣人通达的是文化大道（太极、太一）的神圣力量，他们依据原初神圣力量的文化价值和美学趣味来考察人物的才性质地，来分辨人物的心质状态。《人物志·九征第一》云："聪明者，阴阳之精。阴阳清和，则中睿外明。圣人淳耀，能兼二美。知微知章，自非圣人，莫能两遂。故明白之士，达动之机，而暗于玄机；玄虑之人，识静之原，而困于速捷。犹火日外照，不能内见；金水内映，不能外光。二者之义，盖阴阳之别也。"②聪明的人，是阴气与阳气的精妙结合。人体阴气与阳气清纯和谐，就会内心睿智，外部明澈。圣人之所以淳美光耀，是因为他兼具聪明与清和的内在品格，不仅具备了内在聪慧，而且能够外在明达，所以他们能明察细微，洞悉宏观。如果不是圣人，谁还能同时兼顾这两个方面（聪明与清和）呢？例如明白之人和

---

① （魏）刘劭撰、梁满仓译注：《人物志》，中华书局 2009 年版，第 10 页。
② （魏）刘劭撰、梁满仓译注：《人物志》，中华书局 2009 年版，第 11 页。

玄虚之人,这两种人不是圣人,明白之人偏重于外部的动作(动机、敏捷),玄虚之人偏重于内在的玄虚(玄机、识静)。前者阴气较盛,阳气不足,不能达到清和状态。后者阳气较盛,阴气不协,不能达到聪明状态。这两种人因为个人阴阳不和谐,其所辨识的人才,最多只能是有所偏极的人物,不是才性齐全的真正人才。

二、无名力量:由平淡无为到聪明才质

汉末察举制度重视人的外在名誉,以孝廉、贤良、方正等名誉来举荐人才,这势必会将人才限制在外在的德行气节之中。曹操重视刑名之教,以实际功能来论定人才,这势必会将人才限制在外在的业绩功能之上。无论是人的名誉、气节还是功能、业绩,都是人在现实社会中的外在作为,这种外在作为都存在亦真亦伪的可能性。这种重名与实用的人才观念,忽略了士人内在的心性质形和文化价值,尤其是丢弃了早期传统士人任重道远的文化价值与人才观念。钱穆《略述刘劭〈人物志〉》云:"汉人最讲求道德,及汉代中央政府崩溃后,曹操却提出了新鲜口号,他说:'治天下,平时尚德行,有事尚功能。'他把才干看重在德行之上。若论曹孟德自己,就其道德论,实在太差了;然其人甚能干,正是乱世之奸雄。在此一风气下,更激起有思想者之郑重注意,于是方有刘劭《人物志》之出现。"①钱穆认为,《人物志》的出现与汉末士人的德行论、曹操的功能论是有关联的,是对世俗人才观的反思。刘劭的《人物志》不仅扬弃了曹操的功能论,也抛弃了汉末士人重视外在名誉的德行论,旨在纠偏这两种只重外部表征、不重人心质性的流俗人才观念。

与此同时,刘劭以人物才质为基点,进一步由才质状态推向了更为原始的元一,用元一的太极编码或一级编码,来限定人物才质的文化表征,由此《人物志》提出了以元一之道为核心价值和审美趣味的才质论,再将人之才质作为外在行为的核心力量。而在人之质性中,刘劭认为,中和才是最为贵重的心性才质。《人物志·九征第一》云:"凡人之质量,中和最贵矣。中和之质,必平淡无味;故能调成五材,变化应节。是故,观人察质,必先察其平淡,而后求其聪明。"②所谓中和,是指人五种才质的和谐运化。人有五种才质状态(仁、义、礼、智、信),如

---

① 钱穆:《中国学术思想史论丛》(第三册),东大图书公司1981年版,第54页。
② (魏)刘劭撰、梁满仓译注:《人物志》,中华书局2009年版,第11页。

何才能使五种才质和谐统一呢？五种才质具备了五行关系，五行相生又相克，五质稍有不和谐，某一种质性力量太过或不及，都会对其他质性造成伤害，只有五质内部平衡，没有太过，也没有不及，才能维持五质内部的和谐运化与力量转移。要保持五质力量的和谐，刘劭认为，人心就一定要做到"平淡无味"。所谓"平淡无味"，就是人心排除个体的私欲，不把个体的任何私欲强行掺杂在五种才质之中，使人心五质、五气出现不平衡。只有人心完全依照"神无"之道的文化规定和美学趣味，人心平淡无味，自身的质形存在才能完全依据"神无"自然的神圣力量而自然运化。可见，这里的"中和之质"，不是纯粹的儒家中和思想，而是在儒家中和思想之上，由质形力量状态向内进一步推进，让心质力量更为接近玄奥精微的虚无神道，探究发自生命源头的神圣力量。可见，此时心质的神圣力量，不仅仅发源于人心之质，而且发源于太初的神无力量。这种神圣力量的产生与传递层次，是从齐全的神无力量开始，分层传递给气形状态、质形状态，此时的质形状态，就是神圣力量齐全的质形状态，丝毫也没有因为有质有形，而损耗神无、神道的原初力量。正式接受了神无力量的齐全传递，人心就成了"平淡无味"的心质价值。而"平淡无味"的神道价值，又能维护五质的平衡关系，维持心性中和的审美关系。一个人只有通达了平淡的中和之质，才能够和谐地调理平衡"五材"（即仁、义、礼、智、信）的运化关系，才能够自然地顺应五行运化规律，大化与质化同步而均衡，自然运化。在此基础上，人心保持了均衡的内在五质，并以之作为外部行为的力量之本，依据和谐心质，在社会中灵活地为人处世。因此，刘劭提出的"观人察质"，在考察心质的具体程序方面，先考察人物的平淡之质，再考察人物的聪明之质。刘劭将平淡作为人物才质的第一要素，体现了魏晋名士的人才观念和人物美学开始以平淡作为人才的首要标准。平淡之质顺应天地五行的自然运化状态，而人物的聪明之质偏向于个体质形的人心智慧。《人物志·九征第一》云："物生有形，形有神精；能知精神，则穷理尽性。性之所尽，九质之征也。"[1]刘劭重视元一的文化价值，强调人性的神无价值，在平淡人性中发现、辨识人的质形存在，由内在质形探究人心自然神无的大道存在，建构名士文化由无至有的性命关系与美学趣味。

刘劭认为，考察人物外在的形体容姿、行为举止，最重要的是能知晓人物的内在精神，这样才能真正把握人物的内在性情与玄理存在。《人物志·九征第

---

① （魏）刘劭撰、梁满仓译注：《人物志》，中华书局 2009 年版，第 18—20 页。

一》云："平陂之质在于神，明暗之实在于精，勇怯之势在于筋，强弱之植在于骨，躁静之决在于气，惨怿之情在于色，衰正之形在于仪，态度之动在于容，缓急之状在于言。其为人也：质素平淡，中叡外朗，筋劲植固，声清色怿，仪正容直，则九征皆至，则纯粹之德也。九征有违，则偏杂之材也。"①刘劭在五种心质的基础上，提出了著名的九质与九征。（见"才性九征的结构模式表"）第一，九质可以分为三个层面：第一个层面是道体层面，包括贯通了神无价值的神与精；第二个层面是自身的仪容风度层面，包括筋、骨、气、色、仪；第三个层面是形体的姿态风度层面，包括容与言。第二，心质平淡，还是有为，由自身之神决定。可见，人之神存在差异，平淡为元神的特征，有为为识神的特征。心质聪明还是愚昧，由自身之精决定。可见，人之精也存在差异，聪明为元精的特征，愚昧为阴精的特征。元神与元精是质形力量最为核心的价值来源，人只有通达了文化之道（元一）的原初力量，才能获得平淡之元神，以及聪明之元精，通达平淡质性，获得中和质形和自身的中庸之质。第一个层面的元神、元精，决定外在仪容风度（第二层面）与行为举止（最外层）。《人物志·九征第一》云："夫色见于貌，所谓征神。征神见貌，则情发于目。故仁目之精，悫然以端；勇胆之精，晔然以强；然皆偏至之材，以胜体为质者也。故胜质不精，则其事不遂。是故，直而不柔则木，劲而不精则力，固而不端则愚，气而不清则越，畅而不平则荡。是故，中庸之质，异于此类：五常既备，包以淡味，五质内充，五精外章。是以，目彩五晖之光也。"②神色显现在人的容貌之中，就说明神出现了。神在外貌之中，主要表现在人的眼睛中。所以仅仅有仁爱的目光，是忠悫而且端正无邪的。仅仅有勇武胆力的眼睛，是光泽强劲的。这种人眼神有所偏好，说明这种人都是"偏材"，眼睛形体承担和反映了其有所偏极的内质状况。但是完美的内质是很难精美传神的，因为用外在形体来表现精妙内质是很难的。有的人刚直而不温柔，就会显得木讷。有的人强劲但不精微，就会显得倔强。有的人固执而不端正，就会显得愚昧。有的人心气不清纯，就会显得驳杂。有的人畅达而不平和，就会显得流荡。可见，五质不均，都容易有所偏颇。"中庸之质"与这种"偏至之材"不同，其不仅具备了平淡神性，以及仁、义、礼、智、信五种常质的平衡状态。这样，内有平淡的五质，外有彰显五质的五精，所以在眼睛之中就会散发出五彩斑斓的光辉。可见，人心获得平淡之元

---

① （魏）刘劭撰、梁满仓译注：《人物志》，中华书局 2009 年版，第 20 页。
② （魏）刘劭撰、梁满仓译注：《人物志》，中华书局 2009 年版，第 17—18 页。

神最为关键。元神决定了五质的中和运化,而五质的中和平衡又决定五精的完美光彩,而五精的完美光彩又决定了眼睛的炯炯目光。人心平淡,元神在场,成了圣人中庸之质的核心价值和决定力量。第三,从人的精神心质层面,到外在的仪容风度、行为姿态,形成了由内向外的神圣力量关系。但每一个层面都可能出现有无阴阳的价值倾向,如神,可能是平淡的元神,也可能是有为的识神,这样就会出现"质至"(元神力量在质形之中)与"质违"(元神力量在质形中缺失)的可能性,元神力量在九质中的显现与缺失,形成了人物才质的巨大差异。元神在场,心质平淡,内在聪慧,外部明朗,经络强劲,骨质坚固,声音清纯,神色喜悦,仪表正直,容貌端庄,由内在心质到外部仪容,神奇明亮的元神力量表现为这九种内外表征。如果一个人具备了这九征,就是一个具备了纯粹之德的人才。

才性九征的结构模式表

元一		五质					仪容	
元神/平淡	元精/聪明	筋	骨	色	气	仪	容	言
识神/有为	阴精/愚昧							

刘劭在人才的九征质形结构中,强调了平淡的心性结构基础,同时强调了心质的精纯组成元素,凸显了文化之道由内而外的完整统一性。《人物志·九征第一》云:"三度不同,其德异称。故偏至之材,以材自名;兼材之人,以德为目;兼德之人,更为美号。是故:兼德而至,谓之中庸;中庸也者,圣人之目也。具体而微,谓之德行;德行也者,大雅之称也。一至,谓之偏材;偏材,小雅之质也。一征,谓之依似;依似,乱德之类也。一至一违,谓之间杂;间杂,无恒之人也。无恒、依似,皆风人末流;末流之质,不可胜论,是以略而不概也。"[①]根据才质的多少,刘劭将人才分为"偏至之材""兼材之人""兼德之人"。兼具了九种质性表征的人,就是中庸之才;具备了中庸之质的人才,就是圣人。可见,魏晋名士的中庸,已经不是儒家的中庸之道,而是兼具了平淡元神和聪明元精的心性质形,而且以平淡为文化力量的神圣质性,中庸之才成为内外精神五质一致、表里如一的最高人才。"兼材之人",具备了这九征中数种品质,但是内在质形力量还不明显,质性较为微弱,称之为德行,这是对大雅之人的称呼。"偏材"是具备了其中的一种品质的人,相当于小雅之人。只具备九征之中的一种表征,这种人叫作

---

① (魏)刘劭撰、梁满仓译注:《人物志》,中华书局 2009 年版,第 21 页。

"依似"。依似之人属于乱德的人。有时具备某种表征,有时又违背某种表征,这种人叫作"间杂"。间杂的人,就是没有恒常德行、随世而变的小人。依似之人与间杂之人,德行偏极,而且没有恒心,常常违背质性表征,属于"风人末流"。

刘劭改造了儒家的中和之美、中庸之德,认为中和、中庸的文化本质和存在规定首先在于具备平淡的元神,其次在于具备聪明的元精。用平淡的文化价值和审美趣味来规定聪明的元精,体现了神无价值和平淡精神的文化优先性和规定性。同时,强调了人在道体层面、仪容风度、行为姿态的整体统一。心性的神圣力量由内而外,都贯穿着平淡的精神力量,以及中和的五质运化。他一方面把儒家的"中庸之质"作为观人察质的重要标准,另一方面将中庸的本质力量规定为"平淡无味",体现了魏晋初期玄学家"尚无"的自然价值倾向。

在《人物志》中,中庸之德贵在平淡,这样,道家思想与儒家思想就不再不可调,而是在神无之道、元一力量中获得了统一。平淡的原初力量通过五常质形表现出来,平淡与聪明,元神与精质,合二为一,这样就保证了五质的均衡和谐,不会出现五质太过与不及的失衡状态。《人物志·体别第二》云:"夫中庸之德,其质无名。故咸而不碱,淡而不酺,质而不缦,文而不缋;能威能怀,能辨能讷;变化无方,以达为节。"①中庸之德的实质就是无名,在《老子》中,道原本是无名的,可见,刘劭的"中庸"与老子的"神道"都是无名的。中庸之德,既然是无名的,与神道就是同体的,所以具备"神无之道"的平淡价值。它的具体表现:说它是咸的,却不是太咸;说它是淡的,却不是完全没有味道;说它是质朴的,却不是丝毫也没有文饰;说它有文采,却不是人为的绚烂多彩。它的美,就犹如神道一样,始终都能处于不偏不倚、极为均衡的中和状态。这种齐全的德性,既能威慑人,又能安抚人;既善于辨识,又能够不言。中庸之德就犹如神道一样,善于随机而变,变化无穷,通达了无名存在的自然法度。《人物志·流业第三》云:"主德者,聪明平淡,总达众材,而不以事自任者也。是故主道立,则十二材各得其任也。……是谓主道得而臣道序,官不易方,而太平用成。若道不平淡,与一材同好,则一材处权,而众材失任矣。"②刘劭认为,臣子的才能有十二种,如清节、法家、术家、国体、器能、臧否、智意、伎俩、儒学、文章、辩给、雄杰。而君主的才能在于平淡与聪明,也就是善于用平淡来调和五质,使五质获得中和之质。君王具有中庸之德,

---

① (魏)刘劭撰、梁满仓译注:《人物志》,中华书局2009年版,第25页。
② (魏)刘劭撰、梁满仓译注:《人物志》,中华书局2009年版,第46页。

即成为圣人，这样君王才能在总体上通达天下各种人才的质形表征，让各种人才各得其所，为其所用。君王不用亲自来担任和处理具体的日常事务，重在辨识和使用各种人才来负责具体事务。在刘劭的人才理论中，君主获得了无名之道，善于调和个体的心质力量，使五质均衡，这样才能考察出臣子的才能差异，并量才任官。君主是中庸之德的圣人，臣子是兼材之德的贤人，那么，当官的士人就不会改变为官之道，始终以平淡作为治理国家的基本价值，这样太平盛世就会到来。相反，如果君主之道与为臣之道都不平淡，那么，君臣就成了偏材，就会与某一种偏材有着相同的趣味爱好，这样很容易使具备某一类才能的人获得宠爱，获得显要的权势，而其他具有众多才质的人才得不到任用。《人物志·材能第五》云："凡偏材之人，皆一味之美；故长于办一官，而短于为一国。何者？夫一官之任，以一味协五味；一国之政，以无味和五味。"[1]刘劭认为，"偏材之人"只具备某个方面的特长，所以只能在具体职位上才能发挥其长处，如果将其放在治理国家的重任上，就会显出才能的不足。为什么这样说呢？因为"偏材"在具体位置上，能够以自身的长处，来协调其他五味。而治理国家的重任，不是以一味来协调五味，而是要以无味来调和五味。无味就是平淡，只有兼具了平淡的中庸之德，才算是无味的大美存在。

钱穆《略述刘劭〈人物志〉》云："刘劭写《人物志》，并非站在私人立场着想，而是站在政府立场着想。他的意态是积极的，非消极的。因此他衡评人物，一讲德性，一重才能，务求二者兼顾。换言之，衡评人物，不能不顾到其对当时人群所能贡献之功利一方面。若要顾到人群功利，即需要讲才智，若无才智，如何能在此社会上为人群建立起功利？故刘劭《人物志》极重人之才智。"[2]从政治角度来看，刘劭在建构人才之美的时候，既不是站在私人立场，也不是站在政府立场，而是站在神道价值的自然立场。只有君主具备了平淡的中庸之德，臣子具备了各种才能，才能在平淡无味之中，各美其美，美美与共。平淡之美是刘劭人物美学的核心价值，体现的是神无、元神的道体价值。元神的神圣力量贯穿于聪明之精，精神浑然一体，相得益彰。中庸之德既是平淡无味之美，又是全德、全能、全智之美，兼具了神道的文化价值与神圣力量，是自身元神与自身元精的完美统一，是以无入有的神圣状态。在文化价值方面，刘劭的中庸之德始终贯穿着平淡

---

① （魏）刘劭撰、梁满仓译注：《人物志》，中华书局 2009 年版，第 73 页。

② 钱穆：《中国学术思想史论丛》（第三册），东大图书公司 1981 年版，第 54—55 页。

无味的优先价值和心性基础,暗含了在有无之中,元神、元精具有绝对优先的价值地位。刘劭对人才平淡价值的肯定和提倡,已经昭示了魏晋以无入有的才性可能,也暗喻无体价值的优先存在。《人物志》也昭示了魏晋玄学的平淡、无味与中和之美已经在人物美学方面获得的合法性。

三、质通至理:从个体心质到神理才质

刘劭提倡观人察质,认为人的才能在于内在之质。但是人之心质包括了由内而外的九种表征:神、精、筋、骨、气、色、仪、容、言。"兼德之材",就是兼备了这九种质形表征的人,其心性的神圣力量由内而外,贯穿形体之中。"兼材之德",可能也具备了这九种表征,但是在具体力量方面,未能达到极致齐全的完美状态。"偏材之人",只具备了其中的几种表征。还有只具备了一征的"依似"之人,还有时而有一征、时而违一征的"间杂"之人。除了九征完备与偏至之外,九质本身也存在质性的文化差异,如人之"神"质可能是平淡的,也可能是邪恶的;人之"精"质可能是明智的,也可能是愚昧的;人之"筋"可能是勇敢的,也可能是怯懦的;人之"骨"可能是强壮的,也可能是柔弱的;人之"气"可能是急躁的,也可能是宁静的;人之"色"可能是悲惨的,也可能是愉悦的;人之"仪"可能是衰弱的,也可能是端正的;人之"容"可能是表态的,也可能是揣度的;人之"言"可能是迟缓的,也可能是急促的。人之才质多少与质性是变化多端的,知人确实很难。其中,圣人之质是平淡的中和之质、中庸之德,这是可以确定的。

刘劭认为,圣人之质是纯粹之德,表现了文化神道的原初状态,是人才的原型价值和人质本源。圣人纯粹之德表现为:"神"质是平淡的,"精"质是聪明的,"筋"质是强劲的,"骨"质是坚固的,"气"质是清朗的,"色"质是愉悦的,"仪"质是端正的,"容"质是庄重的,"言"质是朗润的。圣人之质,九征齐全,质性是确定的、永恒的,也在身体举止中完美外现,这种完美齐全的中庸人才,就形成了人才之至理。而常人之质或是间杂的,或是依似的,这就形成了人才之常情。人才至理与人才常情的关系是极为复杂的。

刘劭认为,了解圣人至理极为重要,如果没有了这种至理的人才观念,也就缺乏识才准则与人才原型。《人物志·材理第四》云:"夫建事立义,莫不须理而定;及其论难,鲜能定之。夫何故哉?盖理多品而人才异也。夫理多品则难通,

人才异则情诡;情诡难通,则理失而事违也。"①材理很重要,刘劭认为,做事说话都离不开一定的至理,因此在做事、说话之前,首先要确定好至理,这样就能依据至理来行事言说。如果事前没有确定好至理,等到做事的时候,对至理展开辩论,就很难再确定至理了。由于至理很多,很难讲通,人才禀赋不一,人情就会变化多端。如果人情诡异变化,都不讲理,就会失去至理,也会导致事与愿违。

可见,要讨论人才,首先必须确定好材理,这是极为关键的。刘劭将材理分为四大类。《人物志·材理第四》云:"若夫天地气化,盈虚损益,道之理也。法制正事,事之理也。礼教宜适,义之理也。人情枢机,情之理也。"②在这四理之中,"道之理"属于心质之理,是从天地之间获得的自然之理。而其他三"理",都属于体形之理。"道之理"贯通的是神无平淡之理,重在天地自然的气化运转。天地元气,都为造化所运,依据自然神理,随时或有所减损,或有所增益,都体现了平淡的自然精神。所谓"事之理",是依据法制来治理政事。所谓"义之理",是依据礼法来使自身的行为得体。所谓"情之理",是约束人情的规范准则。在这四种"理"中,"道之理"是文化之道的力量本源,神理设教,处于材理的核心地位。"事之理""义之理""情之理"都是人在社会之中的处世原则,是"道之理"的具体表现。

刘劭认为,"人质"要合于"神理",要能体现材理的神圣力量。《人物志·材理第四》云:"四理不同,其于才也,须明而章,明待质而行。是故,质于理合,合而有明,明足见理,理足成家。是故,质性平淡,思心玄微,能通自然,道理之家也;质性警彻,权略机捷,能理烦速,事理之家也;质性和平,能论礼教,辩其得失,义礼之家也;质性机解,推情原意,能适其变,情理之家也。"③所谓"神理",是指圣人的心质状态,那么,材理与心质之间的关系,其实是圣人心质与常人心质之间的关系。圣人之质,是通达了神道平淡的中庸之德,而常人之质经常表现为"兼材""依似""间杂"。如何才能将常人之质转变为圣人之质的齐全兼备状态呢?无论是本源性的"道之理",还是派生的"事之理""义之理""情之理",我们首先必须都了解,从而使自己获得圣理的澄明状态,这样就领会了圣人之质,就可以依据圣人之质、圣人之理来修身处世。刘劭认为,当人心之质与圣材之理相

---

① (魏)刘劭撰、梁满仓译注:《人物志》,中华书局 2009 年版,第 51 页。
② (魏)刘劭撰、梁满仓译注:《人物志》,中华书局 2009 年版,第 52 页。
③ (魏)刘劭撰、梁满仓译注:《人物志》,中华书局 2009 年版,第 53 页。

一致的时候，人之心质就通达了圣人的澄明状态。当人心之质通达了澄明的存在状态，就足以知晓圣人的材理存在，这样就可以自成一家了。一个人要是能够通达"道之理"，获得圣人的澄明状态，那么，这个人的才质就是"道理之家"。一个人通达了"事之理"，其才质就是"事理之家"。一个人通达了"义之理"，其才质就是"义理之家"。一个人通达了"情之理"，其才质就是"情理之家"。可见，"质合于理"，其实质为个人心质发生转变，获得了圣人至理，然后依据圣人之理、圣人之德来进行自我圣化，将自身的世俗人心转变为圣人之理，以澄明才质作为自己的人心存在。

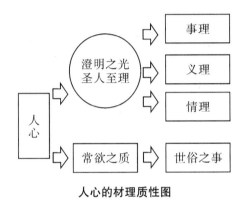

人心的材理质性图

圣人材理就是人之心质的澄明状态和神道价值，圣人至理是人之心质的本源力量。常人通达了圣人至理，就获得了人心的澄明状态。常人通常受到世俗的遮蔽，不能通达心性的澄明状态，因此材理通常处于被遮蔽的状态。刘劭《人物志・材理第四》云："情有九偏，流有七似，说有三失，难有六构"[1]。人情存在九种偏离材理的情况，人之心质与材理似是而非的现象有七种，论说人才而造成的失误有三种，在非难之中所构成的情绪有六种。在解说"情有九偏"时，刘劭分析了刚略之人、抗厉之人、坚劲之人、辩给之人、浮沉之人、浅解之人、宽恕之人、温柔之人、好奇之人，认为这些人都是"以性犯明"（《人物志・材理第四》）。也就说，这些人都以为自己的常人心质是好的，从而干扰了人心至理的澄明显现。"此所谓性有九偏，各从其心之所可以为理。"（《人物志・材理第四》）[2]这些人都依据自己现有的心质现状，误以私心为理，把私己之欲当成了材理，自然

---

① （魏）刘劭撰、梁满仓译注：《人物志》，中华书局 2009 年版，第 51 页。
② （魏）刘劭撰、梁满仓译注：《人物志》，中华书局 2009 年版，第 55 页。

也就会遮蔽材理。

在《人物志》中，刘劭更强调人物的材理之美。材理成为人才鉴识的核心价值，也彰显了人物的理性观念和原型之美。《人物志·材理第四》云："夫辩，有理胜，有辞胜。理胜者，正白黑以广论，释微妙而通之。辞胜者，破正理以求异，求异则正失矣。"[1]在开展辩论的时候，有人以道理取胜，有人以言辞取胜。以道理取胜的人，能够辨析黑白是非，增强了道理的说服力，解释了微妙的道理，从而使别人能够通达澄明之理。以言辞取胜的人，打破常规正理，追求与常理不同的异说，但是由于过于追求异说，也就会失去正理。可见，刘劭认为，在清谈辩论的时候，以道理取胜的人，更有利于通晓精微的材理，比以言辞取胜的人，更加高明，是更具有理性之美的人才。而善辩的人，往往追求异说，反而会遮蔽人性材理。

因此要鉴识人才，必须首先通达"天下至理"。而要通达"天下至理"，又必须具备八种能力。《人物志·材理第四》云："由此论之，谈而定理者，眇矣。必也聪能听序，思能造端，明能见机，辞能辩意，捷能摄失，守能待攻，攻能夺守，夺能易予。兼此八者，然后乃能通于天下之理，通于天下之理，则能通人矣。不能兼有八美，适有一能，则所达者偏，而所有异目矣。"[2]想通过泛泛而论，就确定天下至理，这是不可能的。必须做到善于聆听，能辨别对方所说的次序；善于思考，且思考富有创造性；善于明察，能分辨对方的玄机所在；善于言辞，在言辞中表达自己的意思；反应敏捷，能够迅速发现对方的失误之所在；善于防守，能够防御对方的攻击；善于进攻，能够摧毁对方的言论防线；善于驳倒对方，能够让对方心服口服。只有具备了这八种能力，才能通晓天下至理。只有通晓了天下至理的人，才能够透彻地鉴识人才。如果不能兼有这八种能力，而只有其中的一种能力，那么，他对人才的鉴识就有所偏颇，而且所评之状也是与人不同的。可见，在刘劭看来，只有通达了天下至理的人，才有能力和资格对人才进行鉴识，否则，他就依旧处于世俗的人心状态，就会凭借偏颇的认识来鉴识人才，他鉴识的评语是不可靠的。

在人才的鉴识过程中，刘劭极为重视人才至理，用至理来权衡人物质性，无论是鉴识者，还是鉴识标准、鉴识方法，无不充满了理性智慧和人物至美。只有

---

① （魏）刘劭撰、梁满仓译注：《人物志》，中华书局2009年版，第59页。

② （魏）刘劭撰、梁满仓译注：《人物志》，中华书局2009年版，第63页。

通达了天下的至理,鉴识者才能获得澄明的人性状态,才能依据圣人之理,抛弃私己之欲,甄别人才,讨论材理至性。

四、人才新潮:由英雄神话到圣人秀出

在曹操的时代,英雄是真正的人才,成为士人之首。曹操的英雄观表现为:第一,天下英雄很少,极为罕见,只有曹操和刘备算得上是真正的时代英雄。第二,英雄呼唤名士,愿意与名士共定天下、共治天下,夺取天下才是时代英雄的奋斗目标。第三,英雄以事功论士人才能,谁能在乱世之中建功立业,谁就是人才。第四,英雄是名士可以托身的文化对象,只有依赖英雄的力量,名士的文化资本和文化之道才能回到历史的大舞台,否则,就将永远被世人遗弃。

到了刘劭的时代,出身士族的名士已经占据了中央集团,获得了政治权力的核心地位。名士心中最高的士人代表不再是驰骋疆场的时代英雄,而是平淡无味的圣人。在《人物志》中,不仅圣人才质成为人才的文化理想与神话原型,同时,名士的英雄观也发生了巨大变化。

在刘劭眼中,英雄不过是"偏至之材",位于"兼德之材"之下。《人物志·英雄第八》云:"夫草之精秀者为英,兽之特群者为雄;故人之文武茂异,取名于此。是故,聪明秀出,谓之英;胆力过人,谓之雄。"①所谓"英",指人的聪明程度超过常人;所谓"雄",指人的胆力程度超过常人。英雄就是兼具了"英"(聪明)与"雄"(胆力)两方面才能的人。《人物志·英雄第八》云:"必聪能谋始,明能见机,胆能决之,然后可以为英,张良是也。气力过人,勇能行之,智足断事,乃可以为雄,韩信是也。体分不同,以多为目,故英雄异名。然皆偏至之材,人臣之任也。故英可以为相,雄可以为将。"②刘劭认为,张良是人中之"英"的代表,聪明过人,善于筹谋。韩信是人中之"雄"的代表,力气过人,勇于征战。但在刘劭眼中,这种谋士与武士都属于"偏至之材"。在《人物志·流业第三》中,刘劭将张良列为术家的代表,将韩信列为骁雄的代表。也就是说,"英"与"雄"分别只是十二材之中的一材,具备了"英"或"雄"的人才,也不过是"偏至之材",与心性中和、德才兼备相差甚远。《人物志·英雄第八》云:"若一人之身兼有英、雄,则能

① (魏)刘劭撰、梁满仓译注:《人物志》,中华书局2009年版,第93页。
② (魏)刘劭撰、梁满仓译注:《人物志》,中华书局2009年版,第94页。

长世,高祖、项羽是也。然英之分,以多于雄,而英不可以少也。英分少,则智者去之,故项羽气力盖世,明能合变,而不能听采奇异,有一范增不用,是以陈平之徒,皆亡归高祖。英分多,故群雄服之,英才归之,两得其用,故能吞秦破楚,宅有天下。然则英雄多少,能自胜之数也。徒英而不雄,则雄材不服也;徒雄而不英,则智者不归往也。故雄能得雄,不能得英;英能得英,不能得雄。故一人之身,兼有英雄,乃能役英与雄。能役英与雄,故能成大业也。"①刘劭认为,刘邦、项羽是一身兼有"英"与"雄"的兼得人才。项羽"英"少而"雄"多,所以范增、陈平等人在项羽手下多不能被重用。刘邦"英"多而"雄"少,所以天下英才都归于刘邦。只有"英"而没有"雄"的人,雄才就不会归附于他;只有"雄"而没有"英"的人,智者就不会归附于他;只有一身兼得"英""雄"的人,才能驾驭"英"与"雄"的"偏至之材",才能成就大业。可见,单独具有"英"与"雄"的人才,是"偏至之材";兼具"英"与"雄"的人才,是"兼材之材",都不如"兼德之材"的圣人。

在刘劭的人物才质之中,圣人是"兼德之材",英雄是"兼材之材",前者具有"中庸之德""中和之质""纯粹之德",后者只是德行,虽然兼具了"英"与"雄"两方面的才质,但在才质质地与心性品格方面存在很大的文化差异。在才质方面,圣人与英雄的相同之处为聪明,但就具体才能来讲,圣人兼具了十二种才能,而英雄只具备了十二种才能之中的几种才能而已。就聪明来看,圣人与英雄都是具备了五质之人,他们在阴气与阳气协调均衡两方面,都达到了清和的状态。《人物志·九征第一》云:"聪明者阴阳之精。阴阳清和则中睿外明。"②也就是说,圣人与英雄都具有了精妙的阴气和阳气,而阴阳合气在身体之中能清朗和谐,相互转化,运转通畅,因此使人的内心极为睿智,具备了五质,外部充满智慧,具备了仪容风度和姿态风度。

圣人与英雄的聪明表面看来相似,却存在很大的不同。圣人的聪明是平淡无为的聪明,其聪明是无为而为的;而英雄的聪明却是人为的聪明,其聪明是识神强为的聪明。《人物志·八观第九》云:"何谓观其聪明,以知所达?夫仁者德之基也,义者德之节也,礼者德之文也,信者德之固也,智者德之帅也。夫智出于明,明之于人,犹昼之待白日,夜之待烛火;其明益盛者,所见及远,及远之明难。是故守业勤学,未必及材;材艺精巧,未必及理;理义辨给,未必及智;智能经事,

---

① (魏)刘劭撰、梁满仓译注:《人物志》,中华书局2009年版,第94—96页。

② (魏)刘劭撰、梁满仓译注:《人物志》,中华书局2009年版,第11页。

未必及道;道思玄远,然后乃周。是谓学不及材,材不及理,理不及智,智不及道。道也者,回复变通。是故别而论之:各自独行,则仁为胜;合而俱用,则明为将。故以明将仁,则无不怀;以明将义,则无不胜;以明将理,则无不通。然则,苟无聪明,无以能遂。故好声而实不克则恢,好辩而礼不至则烦,好法而思不深则刻,好术而计不足则伪。是故钧材而好学,明者为师;比力而争,智者为雄;等德而齐,达者称圣,圣之为称,明智之极明也。是故观其聪明,而所达之材可知也。"[①]聪明包括仁、义、礼、智、信等五种心质,但人之心质能否获得澄明,就显得尤为重要。只有心质获得了澄明的状态,才能通达极为玄远的神道至理,这样澄明的思虑就会极为周全。人心只有兼备了均衡的五质,才能获得心性的澄明状态。如果只是获得了五质之中的一种心质,或一种心质太过,其他心质不及,五质不全,不能均衡,就会出现五质相克,相互伤害,这样五质不协的状态是没有获得澄明状态的表现。刘劭将人之澄明分为三个层次。第一个层次属于才质相同而且好学的人,他们如果能获得澄明状态,就可以为师了。第二个层次属于力量相同而相互斗争的人,他们是智慧突出的人,如果能获得澄明状态,就是英雄了。第三个层次属于德行相同而且兼具了九质、九征的人,他们通达了澄明状态,就是圣人了。圣人是在"明"与"智"两个方面达到极致状态的人。可见,就聪明的才质而言,师者只具有"明",而英雄只具有"智",只有圣人是兼具了"明"与"智",圣人的聪明是五质齐全、和谐的聪明,大大超过了师者、英雄的聪明。

在刘劭的人才理论中,聪明属于元精的表现,是二级编码,并非最核心的心质力量。刘劭更注重人心能否通达平淡的神圣状态,平淡属于元神的表现,是一级编码。在知人察质中,刘劭再三强调,要先察看人是否平淡,然后再观人是否聪明,将平淡置于第一位,将聪明置于第二位,平淡比聪明处于更为优先的质性位置。圣人因为具备了平淡无味的元神德性,才能达到"中庸之质""中和之质""纯粹之德"。而英雄仅仅停留在精质状态,还未能上升到神质层面,其聪明还具有较强的功利成分。

总之,在刘劭的《人物志》中,圣人才是名士文化的人才理想,英雄的地位大大降低。第一,从才性来看,圣人兼具了平淡与聪明,而英雄只有聪明。第二,从聪明层次来看,圣人兼具了"明"与"智",而英雄只具备了"智",未能真正通达神明。第三,从才质区分来看,圣人属于"兼德之材",是第一流人物;而英雄属于

---

① (魏)刘劭撰、梁满仓译注:《人物志》,中华书局 2009 年版,第 119 页。

"兼材之人",是第二流人物。第四,从十二种才能来看,圣人具备了十二种才能,而英雄只具备了数种才能。第五,从适合任职的情况来看,圣人是为君之材,而英雄是为臣之材。英雄不再是时代的弄潮儿,已经失去了政治权力和文化权力的领袖地位。圣人开始成为名士文化的时代偶像,成为名士的文化资本和文化之道的最高代表。在士人群体文化空间中,圣人获得了至高的社会地位,凌驾于英雄之上。

《人物志》的英雄观已经完全抛弃了曹操的英雄观,曹操的英雄观偏于事功,刘劭的英雄观偏于聪明之德行。刘劭对英雄观的文化改造,意味着名士文化对英雄文化的改造和创新,让英雄回到德行的价值体系中,获得他应有的空间位置。这充分表明,名士的文化权力和文化之道已经获得了社会权力的合法地位,而英雄的人才观念也开始被士族化和玄学化,圣人以文化权力和政治权力的群体身份,重新登上了魏晋历史的大舞台,昭示了魏晋名士将依据圣人的文化价值来重构社会空间秩序。英雄人物唯有向圣人看齐,不断学习,加强修身,强化德性,圣化自我,才能真正赶上新时代的文化潮流。

五 、 结 论

刘劭的《人物志》是魏晋交替时期辨析人才的理论著作,代表的是名士文化对人物才性的新理解,体现了魏晋名士的文化趣味和人才观念。

在人才观念和人才美学方面,刘劭重视人物的心性才质,尤其强调要观人察质,关注人物内在的心质精神。他认为,从内在的心质到外在仪容风度和姿态风度,都要体现元一的神圣力量。

刘劭在辨析人才时,提出要先察清谈之元神,再察聪明之元精,凸显了原初精神价值的重要性和优先性。他用平淡无味的元神特性改造了人物的中庸之德及中和之美,具有平淡才性的圣人才具有纯粹德行。

刘劭提倡的人才至理是圣人之才质。人之心质通常处于世俗状态,只有辨析了圣人至理,才能逐渐摆脱世俗存在的干扰,通达圣人至理的澄明存在。在人才的鉴识过程中,鉴识者要善于依据圣人至理,来分辨人才。

刘劭因势利导,改造了曹魏时期的英雄观。圣人成为文化之道的最高代表,成为名士才性的最佳状态,具有平淡的中庸之德,属于第一流的"兼德之材"。英雄是人为的聪明,不过是第二流人物,属于"兼材之人"。

《人物志》尽管是一部讨论人才的理论著述，但刘劭重视人物平淡质性的力量，重视元一力量在五质中的贯通均衡作用。这种平淡质性的人才新观念和新价值，体现了名士群体的文化价值和人才趣味，展示了士族文化的自然运化和圣人精神。

第九章　芝兰玉树：人物品藻的文化认同与真我风流

　　谢太傅问诸子侄："子弟亦何预人事，而正欲使其佳？"诸人莫有言者，车骑答曰："譬如芝兰玉树，欲使其生于阶庭耳。"

——《世说新语·言语第二》

　　这晋人的美，是这全时代的最高峰。《世说新语》一书记述得挺生动，能以简劲的笔墨画出它的精神面貌、若干人物的性格、时代的色彩和空气。文笔的简约玄澹尤能传神。

——宗白华：《论〈世说新语〉和晋人的美》

　　《世说新语》的时代是一个人物品藻的时代，是以人为美学中心的时代，也是重新认识人、重新发现人的时代。李泽厚将这个时代的文化特征概括为"人的主题""人的觉醒"，宗白华将这个时代的最高峰归结为"晋人的美"，余英时将这个时代称为"士之群体自觉"和"士之个体自觉"的时代。那么，我们就要问：什么是人？什么是美？什么是觉醒和自觉？为何在魏晋人的身上，人、美与自觉会同时出现？如果说魏晋时代的人是真正的人，那么这就意味着，有些时代的人是非人，是假人；如果说魏晋时代的人是美的，那么这就意味着，有些时代的人是丑的，是恶的；如果说魏晋时代的人是自觉的，那么这就意味着，有些时代的人是麻木不仁的，是贫乏无知的。

　　魏晋人的真、美、自觉来自哪里？毫无疑问，不是来自荣华富贵，也不是来自膏腴门第，而是来自魏晋名士的文化之道与文化资本，来自人自身精神的中和之美、恬淡之美和纯粹之德，体现的是自身存在之道的文化规定和玄胜之美。魏晋人的主题是什么呢？毫无疑问，就是能够让神道文化的玄远精神显现出来，而且能够依据玄远价值的文化规定在社会中为人处世。魏晋人的美来自何处？是从无遮蔽的澄明之中流溢而出，由此而发散出耀眼的光辉，是通往本真和永恒的回归之美，也是人身上道体存在的根性之美。魏晋人的自觉为什么既有群体文化性，又有个体属性呢？因为这种文化自觉贯穿的是文化之道的原初本身。生命之初本来就是宇宙万物群体价值的整体性表现，这种整体生命原型具有万物命运共在的太极意味，或可将其视为自然命运的整体灵魂、集体原型。同时，这种生命的本真状态通过名士个体表现出来。每个个体社会中的存在，正是集体生命形式在现实语境中的存在。因此，它又成为个体生命的自觉。

魏晋人物品藻就是以魏晋人为对象的文化品评活动，与魏晋人的美、魏晋人的理性及才性等诸多方面关系极为密切，是魏晋人美的独特表现与集中体现。宗白华云："晋人的美学是'人物的品藻'"①。李泽厚《美的历程》云："自曹丕确定九品中正制度以来，对人的评议正式成为社会、政治、文化谈论的中心。"②在人物品藻中，魏晋名士群体对人才的理解、对待人物之美的态度展现无遗，在人物品藻的语言博物馆中，我们可以领略魏晋人的自由、智慧、明澈、儒雅、情趣、热情与风姿，也能赏誉魏晋时代名士的道体精神、文化玄心、儒雅风姿。魏晋人的人物品藻，绚丽多彩，生动形象，成为魏晋文化气韵传神、简约玄澹特征的写照。

一、琳琅珠玉：士族门风的认同美

魏晋时期的士族，极为重视家教。出身士族的名士从小就接受士族的文化教育与家风的陶染，认同家族的家风家法，形成了独特的文化资本。他们由乡村来到城市，带着士族美好的文化素养和仪容风度，进入社会场域。苏绍兴在《两晋南朝的士族》中云："文学世族所以能够领导东晋南北朝数百年间之文化学术，除政治、经济及社会因素外，亦因各族子弟自策自励，笃志好学，上行下效，前

① 宗白华：《美学散步》，上海人民出版社 1981 年版，第 210 页。
② 李泽厚：《美的历程》，文物出版社 1981 年版，第 92 页。

仆后继之精勤苦读行为有关。"①士族门风不是轻易就能够形成的,而且并非所有出身士族的子弟都能够传承。只有那些出身士族,天赋极高,又勤奋学习,而且能依据士族资本和士族门风来为人处世的士人,才算是士族文化的真正代表,才能成为士族文化精神的真正传承者与发扬者。在士族文化中,士人代代相传、安身立命的不仅有外在显要的政治地位,也有堆积如山的经济财富,更为重要的是士族安身立命的文化之道和文化资本。唐翼明在《中华的另一种可能:魏晋风流》中云:"这种家风或门风是世代相传的,是士族引以为傲的,也是他们区别于其他阶级的标志之一。如果家教不严,门风败坏,这个家族就会失去社会地位和他人的尊重。只有维持优良的门风不坠,才能代代都出优秀的人才,使芝兰玉树长生于阶庭,从而保证整个家族长盛不衰,维护他们已有的政治地位和经济利益。"②出身士族的子弟中,既有将良好门风发扬光大的优秀子孙,也有败坏门风的不肖子孙。那些出身士族的败家子,倚仗权势,为富不仁,给自身带来灭身之祸,给家族招来灭门之灾。只有那些秉承家族精神和文化价值的士人精英,才能发扬士族的优秀文化传统,使士族簪缨不替,门风家法长盛不衰。这些人维护了士族的文化声誉和社会地位,绵延了士族的文化生命和为人风度,使士族香火鼎盛,而且薪火相传。

根据苏绍兴的"《世说新语》所载两晋士族人数表",《世说新语》中记载了两晋时期的四十三个士族,载有西晋名士五十人、东晋名士一百九十六人,其中各个士族出现的名士人数分别为:琅琊王氏四十人,太原王氏二十人,颍川庾氏十六人,陈郡谢氏十五人,谯郡桓氏十四人,平阳羊氏十一人,陈留阮氏、高平郗氏、长平殷氏各八人,太原孙氏七人,陈郡袁氏、沛国相刘氏、吴郡顾氏各六人,会稽孔氏、汝南周氏、陈留范氏、河东裴氏各五人,河内山氏、陈留江氏、吴郡陆氏、吴郡张氏、会稽虞氏各四人,范阳遒祖氏、济阳蔡氏、河东卫氏、南阳刘氏、琅琊诸葛氏各三人,庐江何氏、京兆杜氏、颍川荀氏、高阳许氏、浔阳陶氏、谯国嵇氏、阳翟褚氏、彭城刘氏、颍川钟氏、颍川韩氏各二人,平西和氏、山阴贺氏、谯国夏侯氏、祁县温氏、南阳乐氏、谯国戴氏一人。③从两晋士族在《世说新语》中的人物数量分布就可以看出:第一,并非出身士族的子弟,就一定具有典型的、美好的风姿风

---

①　苏绍兴:《两晋南朝的士族》,联经出版事业公司1987年版,第213页。

②　唐翼明:《中华的另一种可能:魏晋风流》,民主与建设出版社2014年版,第213页。

③　苏绍兴:《两晋南朝的士族》,联经出版事业公司1987年版,第85页。

度,有的士族的优秀子弟多一些,如琅琊王氏、太原王氏等,有的士族的优秀子弟少一些,如平西和氏、山阴贺氏、祁县温氏、南阳乐氏、谯国戴氏等。琅琊王氏在两晋南朝时期,历任五品以上官员的士人就多达一百三十三人,但是《世说新语》中记载的琅琊王氏子弟只有四十人。可见,大多数琅琊王氏子弟虽然位居高官,但也未必有良好的王氏风度。第二,哪个士族涌现出的名士越多,就意味着这个士族的门风家法在社会上越受到其他士族的认可和赞美。有的士族家风家法严格,子弟家教优良,能够传承家风家法,这样的士族就会绵延很久,长期获得士族阶层的群体认可,如琅琊王氏、太原王氏、陈郡谢氏等。

《世说新语》中所载的四十余个士族,由于它们都极为重视门风家法的教养,的确培养了很多独具风姿、出类拔萃的人才。其中琅琊王氏与太原王氏,可谓代代昌盛,优秀人才辈出,这些优秀人才成为王氏优美门风的典型代表。《世说新语·容止第十四》第十五条:"有人诣王太尉,遇安丰、大将军、丞相在坐。往别屋,见季胤、平子。还,语人曰:'今日之行,触目见琳琅珠玉。'"①琅琊王氏是魏晋时期最为鼎盛的大士族,有人去拜访王衍,正好遇到王戎、王敦、王导、王诩、王澄等众位族兄都在。此人回来对别人说:王氏一家,人人风姿不凡,所遇到的各位公子,个个犹如珠玉一般,温润美好,真是琳琅满目,目不暇接。琅琊王氏以经术、文学作为士族立身的独特资本,所以王氏子弟人人都精于学术,长于文学艺术,才艺博通,秉承了王祥所立的儒雅门风,所以王氏子弟人人都怀有"荆山之玉",气质非凡,风度迷人。而且王氏的这种门风受到了社会士人的极大认可,王氏子弟琳琅珠玉,充分显示了王氏门风的鼎盛状况,受到士人群体的欣羡、赞誉。《世说新语·赏誉第八》第九十六条:"阮光禄云:'王家有三年少:右军、安期、长豫。'"②《世说新语·赏誉第八》第一百五十四条:"司马太傅为二王目曰:'孝伯亭亭直上,阿大罗罗清疏。'"③阮裕为阮氏家族的杰出人物,他将琅琊王氏的王羲之、王悦,以及太原王氏的王承相提并论,表明琅琊王氏与太原王氏在门风家法方面具有同样高的社会地位。司马道子用"刚强正直"评价太原王氏的王恭,用"清朗放达"评价王忱,这些风姿品藻,都说明了太原王氏家风的外在表现与美好形象。《世说新语·贤媛第十九》第二十六条:"王凝之谢夫人既

① 徐震堮:《世说新语校笺》,中华书局 1999 年版,第 337 页。
② 徐震堮:《世说新语校笺》,中华书局 1999 年版,第 259 页。
③ 徐震堮:《世说新语校笺》,中华书局 1999 年版,第 271 页。

往王氏,大薄凝之。既还谢家,意大不说,太傅慰释之曰:'王郎,逸少之子,人身亦不恶,汝何以恨乃尔?'答曰:'一门叔父,则有阿大、中郎。群从兄弟,则有封、胡、遏、末。不意天壤之中,乃有王郎!'"①谢道韫嫁给了王羲之的儿子王凝之,回到谢家以后,对王家极为不满。谢安就安慰谢道韫说:王郎是王羲之的儿子,人品、才学、出身都不错,你还有什么不满呢? 可见谢安对王氏家族的门风是极为认可的,对这桩士族联姻是满意的。谢道韫回答说:我们谢家有谢尚(阿大)、谢万(中郎)这样的风流人物,谢氏家族中还有如谢韶、谢朗、谢玄、谢渊这样的儒雅人物,没想到天地之间竟然还有王郎这种不佳之人! 在这些话语中,谢道韫对谢氏门风优美、谢家子弟出众,表现出无以掩饰的自豪感,而对逐渐衰败的王羲之家族,感到有些失望。《世说新语·赏誉第八》第八十五条:"会稽孔沈、魏颚、虞球、虞存、谢奉,并是四族之俊,于时之杰。孙兴公目之曰:'沈为孔家金,颚为魏家玉,虞为长,琳宗,谢为弘道伏。'"②会稽孔沈、魏颚、虞球、虞存、谢奉五位名士,是孔氏、魏氏、虞氏、谢氏四个家族的优秀才俊,都是当时社会上的杰出名士。孙绰这样评价这五个人:孔沈是孔家的金子,魏颚是魏家的宝玉,虞氏以虞球、虞存的才能最为突出,谢氏中要属谢奉的美德最出众。每个家族都有自己家族门风的代表人物。门风鼎盛,最突出的标志就是培养出很多社会认可的风流名士,风流名士越多,说明门风越优美,家教越得法。

在人物品藻中,名士经常将不同家族的名士才俊放在一块比较,彰显各个士族门风的优美性、差异性,这也体现了士族之间的文化竞争和门风角逐。《世说新语·品藻第九》第六条:"正始中,人士比论,以五荀方五陈:荀淑方陈寔,荀靖方陈谌,荀爽方陈纪,荀彧方陈群,荀颚方陈泰。又以八裴方八王:裴徽方王祥,裴楷方王夷甫,裴康方王绥,裴绰方王澄,裴瓒方王敦,裴遐方王导,裴頠方王戎,裴邈方王玄。"③这里的"方",是指不相上下、高低相当。"五荀方五陈",意味着在士人眼中,颍川荀氏与下邳陈氏人才数量、才性质量、优美风姿、文化地位都是相当的。"八裴方八王",意味着河东裴氏与琅琊王氏在家族门风、子弟培养、人才秉性、人文风流等方面是旗鼓相当的。可见,士族门风及人才培养,直接影响士族的社会地位和文化身份,士族之间在文化风气、家族教育、子弟才能等

---

① 徐震堮:《世说新语校笺》,中华书局1999年版,第377页。
② 徐震堮:《世说新语校笺》,中华书局1999年版,第257页。
③ 徐震堮:《世说新语校笺》,中华书局1999年版,第275—276页。

方面呈现一种社会竞争的关系。《世说新语·贤媛第十九》第二十五条:"王右军郗夫人谓二弟司空、中郎曰:'王家见二谢,倾筐倒庋;见汝辈来,平平尔。汝可无烦复往。'"[1]王羲之的郗夫人对自己的弟弟郗愔、郗昙说:王家看到谢安、谢万来了,恨不得把所有的东西都拿出来款待他们。看到你们来了,一点也不热情。今后你们就不要来了。王氏子弟重视谢氏轻视郗氏,显示出谢氏与郗氏在社会文化空间中的地位差异。《世说新语·品藻第九》第七十八条:"谢公语孝伯:'君祖比刘尹,故为得逮。'孝伯云:'刘尹非不能逮,直不逮。'"[2]谢安问王恭:你的祖父王濛与刘惔是齐名的风流名士,所以他一定能做到刘惔那个样子。王恭说:刘惔那样的人,并不是做不到,只是我的祖父不愿意那样做罢了。言谈之中,王恭对太原王氏王濛的家风家法极为赞同,认为王濛保持了自身才能的文化个性,收敛而不张扬,这才是真正的太原王氏风范,他对祖父的内敛作风与美好家法表达了赞赏之情。《世说新语·品藻第九》第十三条:"会稽虞騑,元皇时与桓宣武同侠,其人有才理胜望。王丞相尝谓騑曰:孔愉有公才而无公望,丁潭有公望而无公才。兼之者其在卿乎?騑未达而丧。"[3]王导是东晋初期的名士代表,他对出身会稽虞氏的虞騑进行品评,突出了虞氏不仅在才能方面极为出众,而且在门望方面也是出类拔萃的,是当时兼备高门出身与突出才华的典型人物。王导还将虞騑与孔愉、丁潭进行比较,凸显了虞氏的门风比孔氏、丁氏更为全面,更为美好。

在人物品藻中,讨论士族文化,重视士族之间的门第婚姻关系,凸显了士族文化之间的交流互动与传播交融。《世说新语·赏誉第八》第二十二条:"洛中雅雅有三嘏:刘粹字纯嘏,宏字终嘏,漠字冲嘏。是亲兄弟,王安丰甥,并是王安丰女婿。宏,真长祖也。洛中铮铮冯惠卿,名荪,是播子。荪与邢乔俱司徒李胤外孙,及胤子顺并知名。时称:冯才清,李才明,纯粹邢。"[4]洛阳众多风流雅致的名士之中,有沛国刘氏的"三嘏"。刘粹、刘宏、刘漠三兄弟的字中都有一个"嘏"字,三人是亲兄弟,都是王戎的外甥,又都是王戎的女婿,其中刘宏就是风流名士刘惔的祖父。刘氏不仅满门子孙都具有雅致风情,而且数代士人都联姻王氏,还

①　徐震堮:《世说新语校笺》,中华书局 1999 年版,第 377 页。

②　徐震堮:《世说新语校笺》,中华书局 1999 年版,第 296 页。

③　徐震堮:《世说新语校笺》,中华书局 1999 年版,第 279 页。

④　徐震堮:《世说新语校笺》,中华书局 1999 年版,第 237—238 页。

培养出了名重一时的优秀名士刘惔。洛阳声名显赫的名士中有冯惠卿,名叫冯荪,是冯播的儿子。冯荪与邢乔都是司徒李胤的外孙,两人与李胤的儿子李顺在当时都很有名气。时人评价他们:冯氏才学清纯,李氏才识通明,刑氏德行纯粹。

　　时人在评价刘氏、冯氏的时候,都极为重视两家分别与王氏、李氏之间的士族联姻。通过士族的文化联姻,士族文化可以相互交流,优秀士族的文化门风传播融合到其他士族之中,就会产生名重当时的大名士。可见,士族之所以能够培养优秀的子孙和风流大名士,应当是士族文化交融同化的结果。《世说新语·赏誉第八》第一百三十九条:"谢胡儿作著作郎,尝作《王堪传》。不谙堪是何似人,咨谢公。谢公答曰:'世胄亦被遇。堪,烈之子,阮千里姨兄弟,潘安仁中外,安仁诗所谓"子亲伊姑,我父唯舅"。是许允婿。'"①谢安极为熟谙王堪的社会出身和士族关系。王堪曾经受到君主的重用,是王烈的儿子,阮瞻的姨表兄弟,潘岳的姑表兄弟,就如潘岳在诗中所吟诵的那样,"你的母亲是我的姑姑,我的父亲是你的舅舅",他还是许允的女婿。谢安在介绍王堪时,重点说明了王氏与潘氏、阮氏、许氏之间的姻亲关系及文化渊源,彰显了王堪身上集萃了诸多士族的文化特质。

　　在人物品藻中,士族的发展历史和人物关系成为清谈品评的重要内容,也成为风流名士的文化资本和风流才质的重要标志之一。《世说新语·赏誉第八》第一百五十二条:"张天锡世雄凉州,以力弱诣京师。虽远方殊类,亦边人之杰也。闻皇京多才,钦羡弥至。犹在渚住,司马著作往诣之,言容鄙陋,无可观听。天锡心甚悔来,以遐外可以自固。王弥有俊才美誉,当时闻而造焉。既至,天锡见其风神清令,言话如流,陈说古今,无不贯悉。又谙人物氏族中来,皆有证据。天锡讶服。"②张天锡为前凉王公贵族,是最后一位君王。他晚年听说京师多才子,故常常到京师来。起初张氏与一般人物(如司马著作等)打交道,觉得这些人也没有什么特殊才能,就感到有些后悔。后来遇上了王珉,此人"风神清令",外貌风姿与众不同,清秀美好,具有良好的语言表述能力,有着丰富的历史知识和文化积累,古往今来,无不通晓。此外,王珉还熟谙"人物氏族中来",尤其熟悉历史人物或朝廷人物的社会出身和文化渊源。在张天锡这位来自北方的豪门眼中,王珉才是他心中魏晋名士的代表人物。王珉的知识结构、智慧才能、风姿

---

①　徐震堮:《世说新语校笺》,中华书局 1999 年版,第 267 页。
②　徐震堮:《世说新语校笺》,中华书局 1999 年版,第 270 页。

韵味、言谈举止，都足以让他五体投地，让他大开眼界。出自琅琊王氏的王珉，具备魏晋人对风流名士的文化想象，成为士人的典型。《世说新语·赏誉第八》第一百一十九条："孙兴公、许玄度共在白楼亭，共商略先往名达。林公既非所关，听讫，云：'二贤故自有才情。'"[1]孙绰、许询和支道林在一起清谈的时候，当孙绰和许询讨论品评以前的先贤名士时，支道林就会一无所知，被撂在一边。听完他们关于士族文化的讨论，作为旁观者的支道林也不得不佩服孙绰、许询这些名士的才华。可见，士人的士族出身及家学渊源、婚姻关系，已经成为名士清谈的核心内容与重要话题，也成为衡量名士社会身份与文化资本的重要标志。

二、人才龟鉴：纯粹之德的识器美

魏晋人重视人才，而且他们的人才观念和审美趣味，已经不再是两汉经学家注重外在名誉的人才观，也不是汉末英雄实用功能的人才观，而是内在精神与外在容姿相一致的人才观。魏晋人依据人物的外在言行来探究人物内在的精神世界，从而确定人物的精神品格和才性趣味。这不是一种机械的外在考评和依名核实，而是根据人物外在的言语行为，探测人才内在的心质状态和才性特征，并结合人物玄微的才性质量，来判断人物的才能品级与适合职位。魏晋人才鉴识的过程是兼具择人和任人的双向过程。

魏晋人的人物品藻，不仅是对品评对象心质情况的考核，而且是对鉴识者质性才能的具体考量。鉴识者只有通达了纯粹之德的圣人状态，才能在心质层面通达真正的人才至理。刘劭《人物志·九征第一》云："其为人也，质素平淡，中叡外朗，筋劲植固，声清色怿，仪正容直，则九征皆至，则纯粹之德也。"[2]刘劭认为，这种具备了纯粹之德的士人，必须是兼备了"九质""九征"的圣人。圣人内心质性平淡，内在精奇睿智，外在血气清朗，筋脉强劲，体魄强健，声音清润，面色和悦，仪表端庄，容姿外露。圣人从内在玄微的质性，到外在优美的容姿，无不贯彻了道体精神的纯粹德性。刘劭《人物志·材理第四》云："由此论之，谈而定理者，眇矣。必也：聪能听序，思能造端，明能见机，辞能辩意，捷能摄失，守能待攻，攻能夺守，夺能易予。兼此八者，然后乃能通于天下之理，通于天下之理，则能通

① 徐震堮：《世说新语校笺》，中华书局 1999 年版，第 264 页。
② （魏）刘劭撰、梁满仓译注：《人物志》，中华书局 2009 年版，第 20 页。

人矣。不能兼有八美，适有一能，则所达者偏，而所有异目矣。"①刘劭认为，只有获得聆听、思考、明察、言辞、反应、防守、进攻、驳斥等八个方面的独特能力，才能真正做到"谈而定理"。所谓"谈而定理"，就是在品评之中，能够依据确定的人才至理(圣人心质)，来展开具体人物对象的质性鉴赏和人才辨识。当获得"定理"之后，才能真正"通于天下之理"。也只有能够"通于天下之理"的人，才能够真正"通人"。所谓"通人"，即能真正通晓人才内在精神品质的人，而这种"通人"才是真正的人才鉴识者。而那些"偏材之人"，由于其心质不够均衡才有所偏极。心质不够均衡，所以他能看到的只是鉴识对象的一个或几个方面。因为鉴识者的心质不全，从而导致一定的片面性甚至误鉴，这种人物鉴识是不可信的。

220

　　魏晋人才的玄微心质与审美趣味，决定了人才鉴识不是一般人所能达到的，只有通达了圣人才质与纯粹德性的鉴识者，才能真正通晓人才的质性至理，所以那些能够长期承担人才鉴识，并且能够辨识人才的鉴识者，都是一些神明清朗、不负众望的鉴识者，这些人自然成为士人心中的人才龟鉴。《世说新语·政事第三》第七条："山司徒前后选，殆周遍百官，举无失才。凡所题目，皆如其言；唯用陆亮，是诏所用，与公意异，争之不从。亮亦寻为贿败。"②山涛先后担任尚书吏部郎、吏部尚书和司徒等选拔人才、任免官员的重要职务。他对朝廷内外的官员几乎都考察过了，凡是他举荐的人才，没有一个有过失误。凡是他品评过的人物，都如他所品评的那样，人物品藻与实际能力是相符合的。只有任用陆亮出了一点差错，陆亮的任职是由皇帝决定的，与山涛的意见不一样，山涛为此事还与皇帝争论过，但是皇帝没有听从他的意见。没过多久，陆亮就因为贪污受贿而被撤职了。《世说新语·识鉴第七》第十六条："武昌孟嘉作庾太尉州从事，已知名。褚太傅有知人鉴，罢豫章，还过武昌，问庾曰：'闻孟从事佳，今在此不？'庾云：'试自求之。'褚眄睐良久，指嘉曰：'此君小异，得无是乎？'庾大笑曰：'然。'于时既叹褚之默识，又欣嘉之见赏。"③武昌郡孟嘉担任太尉庾亮的从事，他的名声已经很大了。褚裒善于鉴识人才，在他被免去豫章太守回家路过武昌时，就去拜访庾亮。褚裒对庾亮说：听说孟嘉很有才学，今天在这里吗？庾亮说：在啊，你试着自己找找看。褚裒观察了很久，指着孟嘉说：这一位举止风度稍有不同，恐

---

①　(魏)刘劭撰、梁满仓译注：《人物志》，中华书局 2009 年版，第 63 页。
②　徐震堮：《世说新语校笺》，中华书局 1999 年版，第 94 页。
③　徐震堮：《世说新语校笺》，中华书局 1999 年版，第 220 页。

怕就是孟嘉吧？庾亮大笑道：你说对了。庾亮既赞赏褚裒能够不与之交谈就能识别人物的突出才能，也为孟嘉被褚裒赏识而感到高兴。褚裒、庾亮都是善于鉴识人物的风流名士，而孟嘉也确实如他们所鉴识的那样，是一个有真才实干、有名士风度的士人。山涛、褚裒、庾亮，还有其他如王导、谢安、王羲之等名士，他们都出身士族，从小就接受士族文化的熏陶教养，熟谙并认同士族文化的人才精神和玄微才性。他们在品藻人物的时候，能够做到慧眼识珠，毫厘无差，几乎没有什么判断失误，凡是经过他们品评之后而被任用的士人，大多都能成为社会的栋梁和国士。

魏晋人对人物的鉴识能力首先表现在对少年的鉴识之中。魏晋人的人才观重视人物的内在性情。士人年少时，陶染于士族文化之中，从小性情就有些飘逸不群，其才智也有些精明通达，而这种与众不同的性情与才智，就会在言行举止中表现出来。因此，善于鉴识的名士，经常在这些少年的身上，捕捉并发现某个士族文化的某种表征，并给予恰如其分的品藻与赞誉。《世说新语·识鉴第七》第五条："王夷甫父乂为平北将军，有公事，使行人论，不得。时夷甫在京师，命驾见仆射羊祜、尚书山涛。夷甫时总角，姿才秀异，叙致既快，事加有理，涛甚奇之。既退，看之不辍，乃叹曰：'生儿不当如王夷甫邪？'羊祜曰：'乱天下者，必此子也。'"[1]王乂担任平北将军，曾经有公事，派人去京城办理，但没有办成。王衍当时在京都，他就坐车去拜见尚书左仆射羊祜与尚书山涛。王衍当时还是个少年，但风姿才华与众不同，陈述意见极为敏锐，语速很快，而且理据充分。山涛对之极为欣赏，上下打量，目不转睛，不停叹息道：生儿子就应该生王衍这样的儿子。王衍的舅舅羊祜却说：搅乱天下的，就是这个人。山涛从魏晋人物的才性角度出发，认为王衍人才秀出，将成为名士中的佼佼者。而羊祜从天下的功能立场出发，来推测王衍定会搅乱天下。两位名士的人物品藻立场不同，山涛重视人物内在质性，羊祜重视人物外在功能。从魏晋对人才至理的角度看，山涛在鉴识能力方面远远超过了羊祜。《世说新语·识鉴第七》第八条："卫玠年五岁，神衿可爱。祖太保曰：'此儿有异，顾吾老，不见其大耳。'"[2]卫玠五岁的时候，襟怀充满神韵，极为可爱。他祖父卫瓘就说：这个小孩与众不同，可惜我老了，看不到他将来的成就了。卫瓘通过孙子的日常表现，就看到在卫氏家族中，这个小孩的成就

① 徐震堮：《世说新语校笺》，中华书局 1999 年版，第 215 页。
② 徐震堮：《世说新语校笺》，中华书局 1999 年版，第 217 页。

肯定会很高,后来,卫玠真的成了魏晋清谈的领袖人物,成为魏晋名士的时代偶像。《世说新语·识鉴第七》第十七条:"戴安道年十余岁,在瓦官寺画。王长史见之曰:'此童非徒能画。亦终当致名。恨吾老,不见其盛时耳。'"①戴逵十几岁的时候,在京都瓦官寺画画。司徒左长史王濛看见了,就说:这个小孩不仅仅能画画,将来在士人之中一定会很有名望。遗憾的是,我年纪大了,见不到他显达的样子。《世说新语·识鉴第七》第二十五条:"郗超与傅瑗周旋。瑗见其二子,并总发。超观之良久,谓瑗曰:'小者才名皆胜,然保卿家,终当在兄。'即傅亮兄弟也。"②郗超与傅瑗有交往。有一次,傅瑗让两个儿子来拜见郗超,当时傅氏兄弟还是小孩。郗超观察他们良久,对傅瑗说:小的(傅亮)将来在才学名望方面都可能会超过他的哥哥(傅迪),可是,能保全傅家的,还是哥哥。宋文帝元嘉三年(426),傅亮被杀。可见,郗超的人物鉴识是极为精准的。《世说新语·识鉴第七》第二十七条:"车胤父作南平郡功曹,太守王胡之避司马无忌之难,置郡于澧阴。是时胤十余岁,胡之每出,尝于篱中见而异焉。谓胤父曰:'此儿当致高名。'后游集,恒命之。胤长,又为桓宣武所知,清通于多士之世,官至选曹尚书。"③车胤十多岁的时候,王胡之隔着篱笆看到他,为其风姿所吸引,对他感到很好奇。王胡之对车胤的父亲说:这个小孩将来一定会得到很高的名望。此后他遇到游玩集会,都会叫车胤一块来参加。车胤长大之后,受到桓温的赏识。在那个士人济济的时代,车胤以清廉通达而知名于世,官至吏部尚书。山涛、王濛、郗超、王胡之等都是出身士族的大名士,他们不仅承续了士族的优良门风,而且善于通达人才玄微的心质才性,善于观察少年的聪明才智和言谈举止,发现人物在人才心质方面的各种文化端倪,并给予恰当的鉴识和预测,而且这些预测大多都得到后来的事实验证,体现了鉴识者超群不凡的鉴识才能,也为他们赢得了极高的社会声誉。

魏晋人在人物品藻中,为了展示人物对象的突出才能,鉴识者经常用某人适合担任某方面的官职来品鉴人物。他们利用官品高低的品评形式来展示被品评者人品的高低。《世说新语·雅量第六》第二十二条:"顾和始为扬州从事,月旦当朝,未入顷,停车州门外。周侯诣丞相,历和车边。和觅虱,夷然不动。周既

①　徐震堮:《世说新语校笺》,中华书局 1999 年版,第 221 页。
②　徐震堮:《世说新语校笺》,中华书局 1999 年版,第 224 页。
③　徐震堮:《世说新语校笺》,中华书局 1999 年版,第 225 页。

过,反还,指顾心曰:'此中何所有?'顾搏虱如故,徐应曰:'此中最是难测地.'周侯既入,语丞相曰:'卿州吏中有一令仆才.'"①顾和开始担任王导的从事,到了初一,该拜见长官了。他还没有进丞相府,暂时在州府门口停下车。这时候武城侯周颛正好也来拜访王导,从顾和的车子边经过,顾和正在抓虱子,极为安闲自在,没有理睬周颛。周颛走过去,觉得这个小伙子有些奇怪,就走了回来,指着顾和的胸口问:这里面到底装的是什么?顾和依旧抓着虱子,慢条斯理地回答道:这里是最难捉摸的地方。周颛来到州府内,就对王导说:你手下有一个可以做尚书令或尚书仆射的人才。顾和心神专一,不为外物所动,即使长官来了,他依旧抓着虱子,神凝不分,在回答周颛的问题时,极为玄虚,正符合魏晋人崇尚玄微至理的文化趣味与人才观念。周颛用尚书令或尚书仆射这样的三品官来显示顾和出类拔萃的才性质能。后来,顾和真的当上了尚书令。《世说新语·赏誉第八》第六十七条:"何次道尝送东人,瞻望见贾宁在后轮中,曰:'此人不死,终为诸侯上客.'"②何充曾经送京城来客,看到坐在车后的贾宁,就说:这个人如果不死,终究是要做诸侯座上的贵客。这里的"后轮",暗指贾宁此时地位低下,而未来将为上客,表明他终将为人上人。《世说新语·识鉴第七》第十一条:"诸葛道明初过江左,自名道明,名亚王、庾之下。先为临沂令,丞相谓曰:'明府当为黑头公.'"③诸葛恢刚过江的时候,自己起名叫"道明",其名望仅次于王导和庾亮。诸葛恢先前曾经担任临沂县令,王导曾对他说:你将会是一个黑头三公。黑头,一方面意味着诸葛恢年轻有为,才能突出;另一方面表示他即使担任了朝廷高官,也能不为俗事所累,依旧保持黑头,身心不为俗世拖累。三公是一品官。后来,诸葛恢累迁会稽太守、中书令、尚书令、侍中等朝廷要职。诸葛恢自诩为"明道",也直接揭示了魏晋人以文化道体作为自己的合法存在和文化身份,周颛、王导、何充等名士都认为,那些具备了文化道体的名士,终将成为政治场域的佼佼者。他们通过预见人物的未来官品,来凸显人物人品的不同凡响,这也表明,名士在文化场域的人才标准与政治场域的任官标准具有一致性。

魏晋人在品藻人物时,还善于通过预测具体事物或历史事件的发展状况来品藻人物的才干能力。品藻者之所以能预测事件的未来发展,主要在于他们能

———————————

① 徐震堮:《世说新语校笺》,中华书局1999年版,第203—204页。
② 徐震堮:《世说新语校笺》,中华书局1999年版,第253页。
③ 徐震堮:《世说新语校笺》,中华书局1999年版,第218页。

够真实地探究主事者的办事才能与处事风格,主要通过知晓人物的内心世界和精神状态,从而推断人物与时事的发展方向与可能结果。这显示出魏晋人非凡的品藻才能,能够做到察人观事,料事如神。《世说新语·识鉴第七》第十八条:"王仲祖、谢仁祖、刘真长俱至丹阳墓所省殷扬州,殊有确然之志。既反,王、谢相谓曰:'渊源不起,当如苍生何?'深为忧叹。刘曰:'卿诸人真忧渊源不起邪?'"①殷浩年轻时名声很大,长期在祖先坟地结庐隐居。王濛、谢尚、刘惔等人来到坟地,请他出来当官。所有人都认为,殷浩是否出来做官直接关系到东晋国家的兴亡。可是,殷浩在谈话之中却对出山为官没有兴趣,对隐居山野具有坚定不移的志向,决不出山。回来之后,王濛和谢尚议论:如果殷浩不出山为官,那怎么安定苍生百姓呢?表现出极为忧虑的样子。刘惔就说:你们这些人难道真的担心殷浩不会出山吗?关于殷浩是否出山为官,王濛、谢尚被殷浩的表面现象迷惑,而刘惔却能看到殷浩内心的真实意愿,认为殷浩只是暂时推让辞官,最终会出仕为官的。刘惔的话显示出他具有超俗的鉴识和预测能力。刘惔出色的鉴识能力,尤其表现在他对桓温其人其事的判断上。《世说新语·识鉴第七》第十九条:"小庾临终,自表以子园客为代。朝廷虑其不从命,未知所遣,乃共议用桓温。刘尹曰:'使伊去,必能克定西楚,然恐不可复制。'"②荆州刺史庾翼临终前,上表朝廷,推荐自己的儿子庾爱之代理荆州刺史。朝廷担心庾爱之不会服从中央的命令,就商量任命桓温担任荆州刺史。刘惔说:要是派桓温担任荆州刺史,一定能克服并安定西部地区,可是,这个人一旦获得了权力,恐怕以后就再也控制不了他了。《世说新语·识鉴第七》第二十条:"桓公将伐蜀。在事诸贤咸以李势在蜀既久,承藉累叶,且形据上流,三峡未易可克。唯刘尹云:'伊必能克蜀。观其蒲博,不必得则不为。'"③桓温担任了荆州刺史之后,将要讨伐蜀地,当时所有的人都认为,李势在蜀地政权牢固,继承了李氏几代人的基业,而且蜀地地理形势险要,又居长江的上游,尤其有三峡天险,是不容易攻克的。刘惔却说:他一定能攻克蜀地。从他赌博式的行为就可以看出,如果没有必胜的把握,他是不会去干的。刘惔根据桓温日常行事的行为特征,推测出桓温的心理动向和处事原则,并推断桓温在政治场域之中如何决策重大军事问题,显示出了刘惔与众

224

---

①　徐震堮:《世说新语校笺》,中华书局 1999 年版,第 221 页。
②　徐震堮:《世说新语校笺》,中华书局 1999 年版,第 221 页。
③　徐震堮:《世说新语校笺》,中华书局 1999 年版,第 222 页。

不同的判断能力。

在人物品藻之中,鉴识能力与其他方面的才能也是相通的,即如果一个人的内在鉴识能力较强,那么,这个人其他外在方面的能力也会很强。魏晋人认为,人的鉴识能力源自内心的玄微才性,因此,某个人在鉴识人物方面具有独到之处,在其他方面也会具备一定的判断力和洞察力,甚至是一个治国人才。魏晋人崇尚善于依据文化之道为人处世的士人,认为这种人在具体的社会实践中,善于高瞻远瞩,做出超越常人的决断,具有识器的心性才能和国器的特殊才能。《世说新语·言语第二》第十五条:"嵇中散语赵景真:'卿瞳子白黑分明,有白起之风,恨量小狭。'赵云:'尺表能审玑衡之度,寸管能测往复之气。何必在大,但问识如何耳。'"[1]嵇康曾对赵景真说:你的眼睛黑白分明,具有白起的风度,可惜就是小了一点。赵景真说:尺表很小,却能审定浑天仪的度数。竹管不大,却能测出乐音的高低。眼睛不在大小,而在于眼睛的识察力。嵇康以眼睛的大小来讽刺赵景真,而赵景真立即反唇相讥,认为真正的人才不在眼睛的外形大小,而在于人物是否具备识别精微的识察能力。可见,魏晋人尤为重视人物特殊的识察、见识能力。《世说新语·赏誉第八》第五十八条:"王大将军与丞相书,称杨朗曰:'世彦识器理致,才隐明断,既为国器,且是杨侯淮之子。位望殊为陵迟,卿亦足与之处。'"[2]王敦写信给王导,评价杨朗说:这个人很有鉴识能力,而且理论精致,才学精微,善于明断,乃是一个治理国家的才器之人,而且是杨淮的儿子。尽管现在地位和名望都不算高,但也是一个值得交往的人物。王敦认为,杨朗首先是一个识器,即具有鉴识才能的人才;其次又是一个国器,即一个善于治理国家的人才。可见,魏晋人认为一个人内有鉴识、识别人才的能力,这个人外在就有安邦治国的才能。《世说新语·赏誉第八》第一百一十五条:"王长史与大司马书,道渊源识致安处,足副时谈。"[3]王濛写信给桓温,评论殷浩:这个人具有不凡的鉴识才能,富有情致,而且安于现状,足以符合时人对他的品评。殷浩不仅鉴识能力突出,而且其外在言行也与众人的品评相符合。《世说新语·识鉴第七》第九条:"刘越石云:'华彦夏识能不足,强果有余。'"刘琨认为:华轶这个人鉴识较差,才能不足,比较倔强,果敢有余。刘孝标注引虞预《晋书》曰:"华轶字

---

① 徐震堮:《世说新语校笺》,中华书局 1999 年版,第 41—42 页。

② 徐震堮:《世说新语校笺》,中华书局 1999 年版,第 249—250 页。

③ 徐震堮:《世说新语校笺》,中华书局 1999 年版,第 263 页。

彦夏,平原人,魏太尉歆曾孙也。累迁江州刺史。倾心下士,甚得士欢心。以不从元皇命见诛。"《汉晋春秋》曰:"刘琨知轶必败,谓其自取之也。"①华轶这个人内在的鉴识能力较差,以致识暗不明,甚至胶着于人间的俗事,最终招来了杀身之祸。

魏晋人认为,人的鉴识能力与自身的纯粹之德是紧密关联的。只有获取了纯粹之德的名士,才能不拘囿于个体的内在欲望和外在名誉,并且按照文化之道来鉴识人物、认清世事的变化,这种有识度、有识器的名士,才符合魏晋人才的美学趣味和德性才能,才能灵活、果敢地运用名士群体的文化价值和审美趣味,在现实中游刃有余,做到进退取舍富有章法,而且能准确预测人物、事件的发展情况。鉴识能力与预测判断,成为士人在社会场域中极为重要的才能表现,体现了魏晋人对士人的文化资本、文化身份、鉴识能力的高度认同。

三、宁作我:懔懔生气的真性美

魏晋人重视纯粹之德,认为文化之道是人生命存在的最高境界和根性价值,纯粹之德展示的是圣人原型的原初状态。魏晋人的纯粹之德,就其实质而言,就是一种真性之美。宗白华在《美学散步》中云:"魏晋人生活上人格上的自然主义和个性主义,解脱了汉代儒教统治下的礼法束缚,在政治上先已表现于曹操那种超道德观念的用人标准。一般知识分子多半超脱礼法观点直接欣赏人格个性之美,尊重个性价值。"②魏晋人的自然主义和个性主义,不是西方人的自然主义和个性主义,而是魏晋人在通达了圣人原型以后,依据文化之道的价值原则在社会场域之中为人处世。尽管他们的行为充满个性主义的文化表象,但这种人性主义不是世俗社会之中的个性主义,而是士人被圣化之后,随着具体的社会语境,而展现出来的有所规定的、极为通明的文化个性,不是那种随着欲望随意行事的个人主义。余英时在《汉晋之际士之新自觉与新思潮》中云:"论汉晋之际士大夫与其思想之变迁者,固不可不注意士之群体自觉,而其尤重要者则为个体之自觉,以其与新思潮之兴起最直接相关故也。然群体自觉之背景不明,则个体

① 徐震堮:《世说新语校笺》,中华书局 1999 年版,第 217 页。
② 宗白华:《美学散步》,上海人民出版社 1981 年版,第 209 页。

自觉之源流不畅,兹考释群体自觉既竟,乃及于个体自觉焉。"①余英时强调魏晋士人既是群体自觉,又是个体自觉,这看起来似乎矛盾。但如果深究下去就会发现,在这种综合了群体自觉与个体自觉的文化表象背后,潜藏的是文化道体的自觉。唯有从文化道体的自觉来透视魏晋士人身上的群体自觉和个体自觉,才能明白这两者之间其实是一致的,并不是矛盾的,在群体与个体之间,都贯穿了文化道体的根性价值和文化规定。《世说新语·品藻第九》第三十五条:"桓公少与殷侯齐名,常有竞心。桓问殷:'卿何如我?'殷云:'我与我周旋久,宁作我。'"②桓温与殷浩在少年时是齐名的,所以两个人总是相互竞争。有一次,桓温问殷浩:你和我,谁更强? 殷浩说:我与我长期周旋,宁愿作我。关于后一句话,《晋书》卷七十七《殷浩传》中载为:"浩曰:我与君周旋久,宁作我也。"③《晋书》中的改动,严重遮蔽了殷浩对"我"的真实姿态和文化建构。殷浩在答复之中有三个"我",第一个"我"指自己的世俗状态(假我),第二个"我"指自己的圣者状态(真我),第三个"我",毫无疑问,应该是指自己的圣者状态(真我)。《晋书》卷七十七《殷浩传》记载:"或问浩曰:'将莅官而梦棺,将得财而梦粪,何也?'浩曰:'官本臭腐,故将得官而梦尸,钱本粪土,故将得钱而梦秽。'时人以为名言。"④在殷浩看来,"官本臭腐""钱本粪土",这表现出他持有与社会世俗之人截然相反的价值观念,表明他接受了殷氏家族美好的门风家法,将本真文化作为自己存在的唯一原则。那么,"我与我周旋久,宁作我",意思是说:那个真我与假我已经斗争了很久,我宁愿选择做一个真我。殷浩面对桓温的恶意挑衅,并没有迁怒,也没有改变自己的文化依据,而以自己在内部发现和肯定的那个真我来作答,言下之意,我是以真我作为我自己,而你是以假我作为你自己,我们之间的高低是不言而喻的。殷浩肯定真我的价值,并以之而自豪,充分展示了魏晋士人对真性情、真自我之美的文化追求。"宁作我"的率真性情,既是文化道体的群体精神,又是个体存在的文化精神。从个体存在来看,"宁作我"体现了名士群体对自身道体根性的充分自信与光辉人格。

在人物品藻中,魏晋人在追问"我是谁"的问题时,普遍贯穿了"宁作我"的

① 余英时:《士与中国文化》,上海人民出版社 2003 年版,第 269 页。
② 徐震堮:《世说新语校笺》,中华书局 1999 年版,第 284 页。
③ (唐)房玄龄等:《晋书》,中华书局 1974 年版,第 2047 页。
④ (唐)房玄龄等:《晋书》,中华书局 1974 年版,第 2043 页。

文化价值和本真性情,认为我的存在乃是无我之真我的存在,而不是有我之假我的存在。无我之真我张扬的是士人的文化之道与原初生命,是以无我存在作为文化规定下的真我存在。魏晋人以真我的方式在社会场域为人处世,具有举世皆浊我独清的文化自豪和率性自信。《世说新语·品藻第九》第三十七条:"桓大司马下都,问真长曰:'闻会稽王语奇进,尔邪?'刘曰:'极进,然故是第二流中人耳。'桓曰:'第一流复是谁?'刘曰:'正是我辈耳。'"①桓温来到京都,问刘惔:听说会稽王司马昱的清谈大有长进,这是不是真的呢? 刘惔回答说:是有很大的长进,但他终究是第二流人物罢了。桓温问:第一流人物又是谁呢? 刘惔说:正是我们这些人啊。刘惔的"正是我辈耳"与殷浩的"宁作我"具有异曲同工之妙,都展示了魏晋人极为强大的文化自信心和登峰造极的真性之美。

在人物品藻中,魏晋人提倡以真我现身,就等于否定了以非我、假我现身。当一个士人以真我出现在社会场域的时候,我就充满了生机气韵,这是魏晋人的真人形象。当一个士人以非我、假我出现在社会场域之中,我就如非人,毫无生机气韵可言。《世说新语·品藻第九》第六十八条:"庾道季云:'廉颇、蔺相如虽千载上死人,懔懔恒如有生气。曹蜍、李志虽见在,厌厌如九泉下人。人皆如此,便可结绳而治,但恐狐狸猯狢啖尽。'"②庾和说:廉颇和蔺相如虽然死了千年,但他们依旧正气凛然,使人感受到虎虎生气。曹蜍、李志这种人虽然现在还活着,但精神萎靡,就如躺在坟墓里的僵尸。庾和对古今人物的生动比喻,就如臧克家说的"有的人活着,他已经死了;有的人死了,他还活着"。社会上非人的原型,可以追溯到孔子的"乡愿之人"。如果社会上人人都是行尸走肉般的非人,那么,就可以用最简单的方式来治理了,但这种非人僵尸,恐怕都要被野兽吃光。刘孝标注云:"言人皆如曹、李质理淳悫,则天下无奸民,可结绳致治。然才智无闻,功迹俱灭,身尽于狐狸,无擅世之名也。"③意思是说,如果社会上人人都如曹蜍、李志那样淳朴忠厚(这种淳朴忠厚,不是发自本身的生命根源,而是典型的假我和奴性),天下人人都很听话,毫无怨言,那就很好治理。这种非人,没有才智可言,也没有什么功绩可言,最终默默无闻地终其一生,苟延残喘而已。庾和对这种乡愿之人是深恶痛绝的,持批判态度。《世说新语·赏誉第八》第二十七

---

① 徐震堮:《世说新语校笺》,中华书局1999年版,第285页。
② 徐震堮:《世说新语校笺》,中华书局1999年版,第293—294页。
③ 徐震堮:《世说新语校笺》,中华书局1999年版,第294页。

条:"王平子目太尉:'阿兄形似道,而神锋太俊。'太尉答曰:'诚不如卿落落穆穆。'"①王澄评价王衍:哥哥你的外在行为处处符合道体的要求,但是神气似乎有点太直露了。王衍说:我的确不如你那样豁达温和,心无旁骛。王衍和王澄都是琅琊王氏的杰出代表,但是王衍只是外在行为上符合文化之道,而道体之神依旧显得锋芒毕露,无我之中假我依旧没有完全隐退。而王澄却能够做到表里如一,情无所系,是真我的直接体现。

在人物品藻中,魏晋人的真我具有整体性、同一性,但是当个体以真我方式在现实中出现时,就会出现一定的文化差异性和行为个体性,真我的差异性、个体性与真我的整体性、同一性,并不是对立的。当人通达了圣者原型状态的时候,就通达了无我的本真状态,但是依据无我或真我在社会现实中出现时人就会依据变化无端的社会境遇选择适度合宜的仪容风度和言谈举止来维持自身的真我状态,这样就形成了魏晋士人生气非凡、气韵活泼的个性状态。唐翼明在《中华的另一种可能:魏晋风流》中云:"在魏晋时代,在士族阶级当中,普遍觉醒了一种个体意识。随着这种个体意识的觉醒,一个人开始认识自己的个性,即在精神上不同于别人的那点特别的东西。人们在珍视个体生命的同时,也开始珍视自己不同于别人的个性,于是开始萌发一种新的精神,就是欣赏自我、看重个性、并且坚持自我、坚持个性。"②魏晋人的个体意识、个性特征,不是常人所谓的流俗的无文化规定的个体存在,而是本真我在、有所规定的文化真性。《世说新语·品藻第九》第二条:"庞士元至吴,吴人并友之。见陆绩、顾劭、全琮,而为之目曰:'陆子所谓驽马有逸足之用,顾子所谓驽牛可以负重致远。'或问:'如所目,陆为胜邪?'曰:'驽马虽精速,能致一人耳。驽牛一日行百里,所致岂一人哉?'吴人无以难。全子好声名,似汝南樊子昭。"③庞统在评价陆绩、顾劭、全琮时说:陆绩是一匹驽马,可以用来代步。顾劭是一匹驽牛,可以用来载物,而且能走很远。有人就问:难道你认为陆子胜过顾子吗?庞统回答:驽马跑得很快,可惜只能载一个人。驽牛尽管一天只能走一百里,速度不快,可是运载的难道仅仅是一个人吗?吴人没有人能反驳他。他又说:全子有很好的名声,就像汝南的樊子昭。庞统用驽马、驽牛、樊子昭的比拟方式来品评陆绩、顾劭和全琮三人,他们

①　徐震堮:《世说新语校笺》,中华书局 1999 年版,第 239 页。
②　唐翼明:《中华的另一种可能:魏晋风流》,民主与建设出版社 2014 年版,第 50—51 页。
③　徐震堮:《世说新语校笺》,中华书局 1999 年版,第 273 页。

尽管都出自士族,但他们的士族文化却存在很大的文化差异,他们本人的风度高低就不言而喻了。《世说新语·赏誉第八》第八十八条:"王右军道谢万石'在林泽中为自遒上'。叹林公'器朗神俊'。道祖士少'风领毛骨,恐没世不复见如此人'。道刘真长'标云柯而不扶疏'。"①王羲之品评谢万说:居住在林泽之中,自然会超凡脱俗。赞叹支道林说:才器清朗,精神俊秀。评论祖约说:风度远远胜过容貌,恐怕世上再也难见到这样的人了。评论刘惔说:这是高标入云的枝条,再也没有其他枝条能够与之扶疏并列了。在王羲之的品评中,谢万、支道林、祖约、刘惔等风流名士,风度超凡,各有千秋,难以分出高低,但他们的容姿风度都展现了名士群体的文化价值与高标个性。

魏晋人所提倡的真我存在,是自身领悟文化之道后的澄明状态,这种真我澄明状态是不因外部条件、社会境遇的改变而改变的自然本性。李泽厚《美的历程》云:"表面看来似乎是如此颓废、悲观、消极的感叹中,深藏着的恰恰是它的反面,是对人生、生命、命运、生活的强烈的欲求和留恋。而它们正是在对原来占据统治地位的奴隶制意识形态——从经术到宿命,从鬼神迷信到道德节操的怀疑和否定基础上产生出来的。正是对外在权威的怀疑和否定,才有内在人格的觉醒和追求。也就是说,以前所宣传和相信的那套伦理道德、鬼神迷信、谶纬宿命、烦琐经术等等规范、标准、价值,都是虚假的或值得怀疑,它们并不可信或并无价值。只有人必然要死才是真的……"②所谓本性真我,不是外在的伦理道德,也不是鬼神迷信,而是通达了那个必然要死的真正本身。所谓通达必然要死的真正本身,就是通达生命存在的无遮蔽状态,即无名无形无欲的太初本性,也就是在有形的身体之中领会了太初无心的本真神性,这种无心神性就成为自身心性虚无的无尽深渊。当士人通达了这个心性无尽的深渊,并根据本身之道的文化价值来为人处世、与人交往,就实现了文化解蔽和本性现身,就会自然显露出真我的本色风采和绝世风姿。《世说新语·雅量第六》第二十条:"过江初,拜官舆饰供馔。羊曼拜丹阳尹,客来蚤者,并得佳设。日晏渐罄,不复及精。随客早晚,不问贵贱。羊固拜临海,竟日皆美供。虽晚至,亦获盛馔。时论以固之丰华,不如曼之真率。"③南渡以后,新官上任都要办酒宴招待前来祝贺的客人。羊

---

① 徐震堮:《世说新语校笺》,中华书局 1999 年版,第 257 页。
② 李泽厚:《美的历程》,文物出版社 1981 年版,第 89 页。
③ 徐震堮:《世说新语校笺》,中华书局 1999 年版,第 202—203 页。

曼出任丹阳尹的时候请客，客人来得早，就能吃到丰盛的酒食；来晚了，准备的东西都吃得差不多，就没有精美的食物可吃了。羊曼招待客人，客人先来先吃，不问客人地位高低。羊固出任临海太守时请客，从早到晚随时都提供精美的食物。来得很晚的客人，也能吃上丰盛的酒食。当时的舆论认为，羊固的酒食虽然丰盛精美，但不如羊曼的本性率真。羊氏兄弟招待客人的方式极为不同。羊固是以客人为中心，从早忙到晚，极为周全。羊曼却是以真我为中心，早到的就吃好的，晚来的就吃剩下的。可是，大家却认为，羊曼的内在率真超过了羊固的外在礼节。可见，魏晋人更为崇尚天真无华的真我风流，反对和鄙弃人为造作的矫情伪态。《世说新语·品藻第九》第四十条：“简文云：‘谢安南清令不如其弟，学义不及孔岩，居然自胜。’”刘孝标注云：“言奉任天真也。”①简文帝说：谢奉在清雅辞令方面不如他的弟弟谢聘，在学识义理上不如孔岩，但是他也有超越他人的优越长处。刘孝标在注中认为，谢奉的长处在于天真率性，这方面远远超过了其他士人。

魏晋人的真我风流，是在士人群体中获得认同、极为普遍的名士风流。魏晋名士群体以真我状态现身于世界中，名士们人人都展示出一种与世俗之人不同的潇洒飘逸，自由淡泊，而世俗中那些禁锢人心、拘束人行的道德观念、伦理礼节，都在名士世界之中逐渐消失隐退。《世说新语·简傲第二十四》第六条：“王平子出为荆州，王太尉及时贤送者倾路。时庭中有大树，上有鹊巢。平子脱衣巾，径上树取鹊子。凉衣拘阂树枝，便复脱去。得鹊子还，下弄，神色自若，傍若无人。”②王澄担任荆州刺史，出任那天，太尉王衍与当时名流都来为之送行。当时庭院中一棵大树上有一个鸟窝，王澄脱去外衣和头巾，直接爬上大树去掏鸟窝，汗衫挂在了树枝上，便索性将其脱掉。抓到小鸟下树之后，他继续玩弄小鸟，神态自若，旁若无人。在王澄那里，官场的送行游戏、各种送行礼节以及客套话语都毫无价值。玩出真我，不拘格套，才是王澄的真我本色。可见，在王澄身上，名士真我存在成为人在社会中现身的唯一价值。《世说新语·赏誉第八》第一百二十二条：“谢中郎云：‘王修载乐托之性，出自门风。’”③谢万曾经说：王者之那种豪放不羁、不拘小节的率真性格，来自王氏门风。可见，王氏子孙的真我风

---

① 徐震堮：《世说新语校笺》，中华书局 1999 年版，第 286 页。
② 徐震堮：《世说新语校笺》，中华书局 1999 年版，第 413 页。
③ 徐震堮：《世说新语校笺》，中华书局 1999 年版，第 264 页。

流出自琅琊王氏优美儒雅的门风，这种真我风流在王氏其他子弟身上也表现得很明显。《世说新语·简傲第二十四》第十三条："王子猷作桓车骑参军。桓谓王曰：'卿在府久，比当相料理。'初不答，直高视，以手版拄颊云：'西山朝来，致有爽气。'"①王徽之担任车骑将军桓冲的参军。桓冲对他说：你来府中已经很久了，有些政务也该处理一下。王徽之没有回答，只是静静地看着远方，用手背支撑着腮帮子，慢条斯理地说：清晨的西山，吹来阵阵清爽的风，很是宜人。所谓"爽气"，即每月初三之日，一元复归的天一真气。王徽之重视养真气，重视个体真气与自然山水的生气浑然一体，将真气修养放在了世俗事务之上。王徽之继承了王氏重视养气的门风习性，对于外在的政务世事毫无兴趣。《世说新语·赏誉第八》第一百五十一条："子敬与子猷书，道：'兄伯萧索寡会，遇酒则酣畅忘反，乃自可矜。'"②王献之写信给王徽之说：兄长为人淡泊，不随流俗，有酒便会痛饮，流连忘返，这的确是值得骄傲的。王献之对哥哥王徽之的真我风流极为崇拜，并以之为傲。琅琊王氏的门风家法就是要将真我本色展示出来，而对于社会各种流俗事务不太关心，也不会因为这些流俗事务而遮蔽自身的真我存在。

除了琅琊王氏以真我风流作为士族门风以外，其他士族也纷纷以真我风流作为士族门风和名士本色，如太原王氏的典型代表王述。王述本性率真，享誉当时。《世说新语·赏誉第八》第六十二条："王蓝田为人晚成，时人乃谓之痴。王丞相以其东海子，辟为掾。常集聚，王公每发言，众人竞赞之。述于末坐曰：'主非尧舜，何得事事皆是？'丞相甚相叹赏。"③王述大器晚成，时人都认为这个人的确有些痴呆。王述担任王导的丞相掾属，在聚会议事的时候，王导每次讲完话，所有人都争着赞美，而坐在末座的王述却说：主公又不是尧舜，怎么能事事都对！王导听了，对之极为赞赏。王述不像其他人那样畏惧主公权势，人云亦云，溜须拍马，他直陈观点，毫不掩饰，体现了真我风流与率真性情。可见，王述的痴呆，不是世人的愚昧，而是不像众人那样善于随波逐流，善于在世界中随世浮沉，以假我之身在社会上招摇撞骗，自欺欺人。谢公称蓝田"掇皮皆真"（《世说新语·赏誉第八》第七十八条）。④ 谢安评价王述说：王述这个人，揭掉表皮，留下的是

① 徐震堮：《世说新语校笺》，中华书局 1999 年版，第 415 页。
② 徐震堮：《世说新语校笺》，中华书局 1999 年版，第 270 页。
③ 徐震堮：《世说新语校笺》，中华书局 1999 年版，第 251 页。
④ 徐震堮：《世说新语校笺》，中华书局 1999 年版，第 256 页。

一片天真烂漫。谢公语王孝伯："君家蓝田,举体无常人事。"(《世说新语·赏誉第八》第一百四十三条)①谢安对王恭说:你们家王述这个人,全身上下没有一点流俗气息。《世说新语·赏誉第八》第九十一条:"简文道王怀祖:'才既不长,于荣利又不淡。直以真率少许,便足对人多多许。'"②简文帝评价王述说:他的才能不是特别突出,对于世上的名利也并不十分淡泊,但是他只需用真率性情中的一点点,就足以抵上别人很多的东西。王导、谢安、简文帝等人都极为推崇王述的直率性情与真我风流。可见,"宁作我"的率真本色,才是魏晋风流的突出特征与文化的真正所在,也成为士族门风中众所推崇的优美性情。

四、把臂入林:风神潇洒的清淡美

魏晋人将真我的价值作为自身存在的最高价值,魏晋风流的美体现为本我风流。处于真我状态的时候,人就不纯粹属于世界外在之物了,而是立身于天地之间,获得天地高远的道心,在有形身体的心性深渊之中探求自我本真的鸿蒙滓溟和神道价值。一切世俗的假我存在,就远离了自身,处于被抛弃、被遮蔽的疏远状态。冯友兰《论风流》云:"超越是超过自我。超过自我,则可以无我。真风流的人必须无我。无我则个人的祸福成败,以及死生,都不足以介其意。"③冯友兰的无我,就是魏晋名士的真我。只有通达了无我的本真状态,才能通达真我的自由境界。无我超越的是自我,所谓自我,就是现实之我,依据的是世俗的逻辑价值。只有摆脱世俗自我,才能通达本真无我;通达了本真无我,才能获得玄微澄明的真我。一个人通达了无我、真我的本真状态,个人在世的各种利害关系,如福祸成败、生死存亡等,都在真我的世界被隔离、被遗弃、被遮蔽。真我存在是一种天地无心的玄深存在,同时充溢着无心的玄明色彩。刘劭《人物志·流业第三》云:"若道不平淡,与一材同用好,则一材处权,而众材失任矣。"④如果君主之道不能平正清淡,那么,就会与"偏材之人"一样,具有相同的偏好。如果这种人拥有了权力,那么,众材就不能得到量才适用了。为什么呢? 因为君主是一个

①　徐震堮:《世说新语校笺》,中华书局 1999 年版,第 268 页。
②　徐震堮:《世说新语校笺》,中华书局 1999 年版,第 258 页。
③　冯友兰:《三松堂全集》(第 5 卷),河南人民出版社 2000 年版,第 311 页。
④　(魏)刘劭撰、梁满仓译注:《人物志》,中华书局 2009 年版,第 47 页。

"偏材之人",他就会依据偏材的标准来看待人才和使用人才,就会导致误识人才和误用人才。

要通达自身的清淡神性,就必须通达自身的真我状态。可见,自身的真我状态就是一种清淡的元性状态。如果自身未能通达真我状态,心神就会处于自我的世俗识神状态,心中依旧处于不净的污秽状态,甚至处于有邪状态。《世说新语·言语第二》第九十八条:"司马太傅斋中夜坐,于时天月明净,都无纤翳。太傅叹以为佳。谢景重在坐,答曰:'意谓乃不如微云点缀。'太傅因戏谢曰:'卿居心不净,乃复强欲滓秽太清邪?'"①太傅司马道子夜晚在书斋中闲坐,此时天空一轮皓月当空,一丝云彩也没有,月亮通体透明,没有一毫瑕疵。司马道子认为,这种月体满盈的景象实在是太美了,对之赞叹不已。当时谢重也在场。他说:我个人认为,要是有点微云作为点缀,那就更美了。司马道子听了,就与谢重开玩笑说:你这个人内心不洁净,还想污染上天的清静吗?首先,是皓月当空美,还是微云点缀美,这并不在于自然之月,而在于人心对美的理解。司马道子认为,皓月当空,没有一丝的外物遮蔽,实在是太美了。因为他认为,皓月当空,洁白无瑕的奇幻景象揭示的就是人心通彻澄明、完全敞开的真我世界,人心与皓月都达到了极致的清静状态。这种人与物融合为一的本真境界,就是他所赞美的太清极美,是乾元之气的外在表征。而谢重认为,要是能够微云点缀一下,就会显得更美。谢重所关注的美,是外物装饰、阴云依附的美,可见,他还没有完全摆脱外在之物对心性的遮蔽,心性依旧处于被遮蔽的状态之中。所以司马道子讥讽谢重:因为你自己内心世界污浊不干净,所以太清的本真至美出现了自己却不能欣赏。可见,太清至美,在于人心具有通明澄澈的无我状态。

《世说新语·赏誉第八》第十二条:"山公举阮咸为吏部郎,目曰:'清真寡欲,万物不能移也。'"刘孝标注引《名士传》曰:"'咸字仲容,陈留人,籍兄子也。任达不拘,当世皆怪其所为。及与之处,少嗜欲,哀乐至到,过绝于人,然后皆忘其向议。为散骑侍郎。山涛举为吏部,武帝不用。太原郭奕见之心醉,不觉叹服。解音,好酒以卒。山涛《启事》曰:吏部郎史曜出,处缺当选。涛荐咸曰:真素寡欲,深识清浊,万物不能移也。若在官人之职,必妙绝于时。诏用陆亮。'《晋阳秋》曰:'咸行已多违礼度,涛举以为吏部郎,世祖不许。'《竹林七贤论》曰:'山涛之举阮咸,固知上不能用,盖惜旷世之俊,莫识其意故耳。夫以咸之所犯,

---

① 徐震堮:《世说新语校笺》,中华书局 1999 年版,第 84 页。

方外之意;称其清真寡欲,则迹外之意自见耳。'"①山涛举荐阮咸担任吏部郎的时候,品评阮咸说:阮咸是一个清真寡欲的人,世间万物不能让他的本真之心有所改变。刘孝标注引《名士传》《晋阳秋》《竹林七贤论》的史料也都证明,阮咸是一个通达了清静真我境界的名士,寡欲就是自我在世的各种欲望很少。只有通达了纯粹之德的人,才能够深识清浊,才能辨明某个人是清淡的人还是污浊势利的人。但是司马炎认为阮咸多违礼度,选用了陆亮担任吏部郎。陆亮是一个内心污浊的小人,他担任吏部郎没多久,就因为贪污受贿而被免职了。可见,作为一个处于现实世界之中的士人,最为重要的是能够保持内心清静平淡,清心寡欲,这样才算达到了真我灿烂的极美状态。

由于魏晋人对待本我真性的清淡之美和清真风神的文化建构,凸显了士人内心世界保持平静淡定的重要才性,因此,名士在品藻人物时,尤其注重人物风神潇洒、萧条方外的超凡神情,以及不以世俗为务的玄虚之美。《世说新语·赏誉第八》第九十七条:"谢公道豫章:'若遇七贤,必自把臂入林。'"②谢安品评自己的叔叔谢鲲时说:如果他遇到竹林七贤,竹林七贤一定会拉住他的手臂,让他参与竹林中的各项风流活动。竹林七贤是魏晋风流的典型代表,是魏晋名士崇拜和模仿的文化偶像。七贤在竹林中的各种文化活动,都是一些清真寡欲、风流至真的超凡事情,诸如清谈、饮酒、弹琴、锻铁等等,与人世间各种伦理道德、礼仪法律等外在事物没有多大关联,体现的就是真我显现、天真无邪的清静境界。谢安认为,七贤要是遇到谢鲲,一定会把他作为自己的文化知己,把臂入林,共享真我无为的清净志趣。这一记载彰显了谢鲲清净雅致的风神性情。《世说新语·赏誉第八》第八十九条:"简文目庾赤玉:'省率治除。'谢仁祖云:'庾赤玉胸中无宿物。'"③司马昱评价庾统:这个人是一个明察、直率、自治、无欲之人。谢尚说:庾统是一个心中不存任何旧物的人。庾统能排除世俗之欲,所以能够明察、直率、自治,因此是一个不为旧物所累之人。庾统这个人重视内心风神,能够不拘于外物,通达真我的存在状态,并用真我来左右外在的言行举止,获得了士人的文化认同与品藻赏誉。《世说新语·容止第十四》第三十二条:"或以方谢仁祖,不乃重者。桓大司马曰:诸君莫轻道,仁祖企脚北窗下弹琵琶,故自有天际真人

① 徐震堮:《世说新语校笺》,中华书局1999年版,第231—232页。
② 徐震堮:《世说新语校笺》,中华书局1999年版,第259页。
③ 徐震堮:《世说新语校笺》,中华书局1999年版,第258页。

想。"刘孝标注引《晋阳秋》曰："'尚善音乐。'《裴子》云：'丞相尝曰：坚石掣脚枕琵琶，有天际想。'坚石，尚小名。"[①]有人自比为谢尚，似乎还有点看不起谢尚。桓温说：你们不要随意评价谢尚，他跷起二郎腿在北窗下弹琵琶的时候似乎有一种飘飘欲仙之感。谢尚爱好音乐，善于弹奏琵琶。他弹奏琵琶的时候，身姿轻松自由，能随着音乐而获得人性沉醉。所谓"天际真人想"，是指人在音乐的声音中，心灵飞翔，犹如仙人一样，自由地在天际之间翱翔。这种真我飞翔的仙人境界，不是常人能够体悟到的，所以桓温对谢尚是极为敬重的。

魏晋人认为，美在清淡。清开始成为士人品格的最高形态，将士人的清淡风神放置在儒雅风神、文章技能等之上。《晋书》卷七十七《诸葛恢传》云："于时颍川荀闿字道明、陈留蔡谟字道明，与恢俱有名誉，号曰中兴三明，人为之语曰：京都三明各有名，蔡氏儒雅荀葛清。"[②]荀闿、蔡谟、诸葛恢三个人的字都是"道明"，而且这几位名士的确都是以文化之道来支配自己的言行，但是当时人认为："蔡氏儒雅荀葛清。"即蔡谟具有儒雅的风神，荀闿与诸葛恢具有清淡的品格，可见，时人认为，三人之中，荀、葛二人的清淡本性要高于蔡氏的儒雅品格。《世说新语·赏誉第八》第五条："钟士季目王安丰：'阿戎了了解人意。'谓裴公之谈，经日不竭。吏部郎阙，文帝问其人于钟会，会曰：'裴楷清通，王戎简要，皆其选也。'于是用裴。"[③]裴楷与王戎都是魏晋名士的风流人物。钟会评价王戎说：王戎善于明察别人的心意。评价裴楷说：裴公善于清谈，可以谈一整天。正好吏部郎这个位置空缺，司马昭问钟会，两个人谁更适合担任这个职务呢？钟会说：裴楷清淡通达，王戎处世简约，善抓要领，都是合适的人选。司马昭就委任裴楷担任吏部郎。因为裴楷风神清淡，王戎更加注重事务功能，相对来说，裴楷更符合魏晋人心中名士才性的清淡之美。

在人物品藻之中，魏晋人喜欢用风神潇洒、清通简约来品评人物、凸显人物在文化空间中的高低秩序。《世说新语·赏誉第八》第三十六条："谢幼舆曰：'友人王眉子清通简畅，嵇延祖弘雅劲长，董仲道卓荦有致度。'"[④]谢鲲评：我的朋友王玄清淡通达，简约舒畅。嵇绍宽宏雅量，德行美好。董养卓荦不凡，深有

① 徐震堮：《世说新语校笺》，中华书局1999年版，第341页。
② （唐）房玄龄等：《晋书》，中华书局1974年版，第2042页。
③ 徐震堮：《世说新语校笺》，中华书局1999年版，第229页。
④ 徐震堮：《世说新语校笺》，中华书局1999年版，第242页。

风度。尽管三个人的风度都很好，但是王玄出身琅琊王氏，自然对名士文化价值掌握得最好，所以具备了风神清淡的优美品格。在名士文化的价值体系中，王玄是要高于嵇绍、董养的。《世说新语·品藻第九》第二十二条："明帝问周伯仁：'卿自谓可如庾元规？'对曰：'萧条方外，亮不如臣；从容廊庙，臣不如亮。'"①晋明帝问周颛：你自认为与庾亮相比，哪一个更强一些？周颛说：在逍遥世外方面，庾亮不如我。在朝廷政务方面，我不如庾亮。其实，周颛认为，自己比庾亮更具有清淡风神的人性之美，善于萧条方外，是要高于庾亮的。《世说新语·品藻第九》第五十四条："支道林问孙兴公：'君何如许掾？'孙曰：'高情远致，弟子蚤已服膺；一吟一咏，许将北面。'"②支道林问孙绰：你和许询相比，哪一个更强呢？孙绰说：在情趣高远方面，我对许询心悦诚服。在吟诗作赋上，许询要以我为师。尽管孙绰认为，自己与许询各有千秋，不相上下，但是许询更具有清淡风神之美，孙绰擅长言辞，明显是处于下风的。《世说新语·品藻第九》第五十九条："孙承公云：'谢公清于无奕，润于林道。'"③孙统说：谢安比谢奕更具有清淡风神，比支道林更为温润宽厚。

魏晋人在人物品藻之中，还将具有清淡风神的士人称为清士。清士成为魏晋名士的文化偶像。《世说新语·赏誉第八》第六十五条："庾公为护军，属桓廷尉觅一佳吏，乃经年。桓后遇见徐宁而知之，遂致于庾公曰：'人所应有，其不必有；人所应无，己不必无。真海岱清士。'"④庾亮担任护军将军的时候，委托廷尉桓彝为他找一个"佳吏"。所谓佳吏，不是指办事能力很强的秘书，而是指性情率真、风神潇洒的佳人秘书。桓彝找了一年，都没有找到合适的人选。后来，桓彝遇到了徐宁，就将他推荐给庾亮，并介绍说：常人具备的东西，他不一定具备；常人一定不具备的，他一定有。那么，常人一定不具备的东西是什么呢？徐宁一定有的东西是什么呢？为什么桓彝认为徐宁才是庾亮心中的佳吏呢？最后一句话总结得很好，他说：徐宁乃是海岱之地真正的清淡率真之士。可见，在桓彝、庾亮心中，所谓佳吏，必须具备常人一定没有的东西，那就是风神清淡，不要过于在乎外在的功名事务。王导之后，王羲之是琅琊王氏的代表人物，也是具备王氏极

① 徐震堮：《世说新语校笺》，中华书局 1999 年版，第 281 页。
② 徐震堮：《世说新语校笺》，中华书局 1999 年版，第 290 页。
③ 徐震堮：《世说新语校笺》，中华书局 1999 年版，第 291—292 页。
④ 徐震堮：《世说新语校笺》，中华书局 1999 年版，第 252 页。

为优美门风的子孙。风神清淡、身姿潇洒，是王羲之最为突出的士人风流之处。《世说新语·赏誉第八》第八十条："殷中军道王右军云：'逸少清贵人。吾于之甚至，一时无所后。'"①殷浩评价王羲之说：王逸少是一个清淡高贵的士人，我很喜欢他，再也没有人可以与他相媲美了。殷浩认为，王羲之是一个清贵之人，是最能代表魏晋人心中极致之美的风流人物，所以殷浩最喜欢他。《世说新语·赏誉第八》第一百条："殷中军道右军：'清鉴贵要。'"刘孝标注引《晋安帝纪》曰："羲之风骨清举也。"②殷浩评价王羲之：这个人极为清淡，所以善于知人；这个人极为尊贵，所以能够掌握要领。在殷浩眼中，王羲之是一个兼具清淡之美和尊贵之才的圣人。

魏晋人在人物品藻之中，将清淡之美作为士人审美的核心趣味和标准，并认为士人的真我状态就是风神清淡、淡泊名利。这建构了魏晋士人的潇洒风神和卓荦不凡的美学趣味，展示了士人本真的文化价值和风姿存在。这种美好的清淡风神与清真存在，才真正体现了魏晋风度的风流情趣和自然优美。

五 、结 论

魏晋人的人物品藻是以人为品鉴对象的文化活动。在人物品藻中，魏晋人充分展示了他们对真性存在、人才趣味、群体自觉的文化理解与价值评判，集中体现了魏晋人的美。

在人物品藻中，魏晋人极为重视名士身上所展示的士族家风家法，肯定名士的优美风姿是传承了士族优美、儒雅的家风家法。他们在品藻人物时，喜欢凸显士族之间的文化差异与社会竞争，彰显士族间的联姻关系与文化交流，尤其重视名士清谈时对士族文化与人物关系的熟稔程度。

人物品藻重视内心质性，对鉴识者提出了很高的要求，只有通达了圣人之德的名士，才能成为名士心中的人才。鉴识者的慧眼鉴识主要表现在以下几个方面：第一，能够发现少年身上所展现出来的独特性情与聪明才智，准确预测少年的未来。第二，善于运用官品的品级来展示人物的才能品级，而且他们预测人物的官品都极为精准。第三，善于从人物的才性、才能中，预测人事的发展方向。

---

① 徐震堮：《世说新语校笺》，中华书局 1999 年版，第 256 页。
② 徐震堮：《世说新语校笺》，中华书局 1999 年版，第 260 页。

第四,重视品评对象的才识,善于以内在的识器才性来肯定人物外在的国器才能。

魏晋人的个性,不是西方人的个性主义,而是依据文化之道的群体精神而展现出来的文化个性。"宁作我"是魏晋人对真我、无我价值的文化肯定,充分展示了魏晋人的率真性情与对真我的追求。魏晋人崇尚真我,以真我为人,以假我为非人。魏晋人的真我既是整体性、同一性的群体存在,又是富有文化差异与个体差别的个体行为。士人的真我存在不因社会外在事物而有所改变,人物风流展示的是无心本我的文化超越与本性价值。魏晋人的真我风流才是真风流,真风流是士族文化的文化精髓与核心价值。

魏晋名士的真我风流,是风神清淡、潇洒简约的风流,清淡之美成为名士美学中最高的美。在人物品藻中,魏晋人善于彰显人物萧条方外、风神潇洒的清淡风流。在魏晋人的心中,那些拥有清淡风神品格的名士,要高于儒雅风神和拥有事功才能、文章技能的名士。因此,被誉为清士的名士,才是魏晋士族文化的最高代表。

魏晋人物品藻的美,不仅强调了魏晋人的美在于真我之美、清淡之美,而且展示了魏晋人对名士文化的集体认同与文化自信。做一个真人,首先是做一个清淡的人,清淡风神才是魏晋人对士人的群体认同与价值肯定。这种充满诗性与优美清淡的人才观念与才性之美,对于我们今天理解人的存在,反思极为功利的人才观与审美观,具有一定的现实意义。

第十章　共谈析理：魏晋清谈的正始之音和言意关系

　　昔欲居南村，非为卜其宅。闻多素心人，乐与数晨夕。怀此颇有年，今日从兹役。弊庐何必广，取足蔽床席。邻曲时时来，抗言谈在昔。奇文共欣赏，疑义相与析。

——（东晋）陶渊明：《移居二首》（其一）

　　当时人论辩名理，不仅是"理致甚微"，兼"辞条丰蔚，甚足以动心骇听"。可惜当时没有一位文学天才把重要的清谈辩难详细记录下来，否则中国哲学史里将会有可以比美《柏拉图对话集》的作品。

——宗白华：《清谈与析理》

　　魏晋清谈是从东汉末年士大夫的清议发展而来的。陈蕃、李膺、范滂、郭泰等士大夫，以"澄清天下"作为士人文化的现世志向。他们品评时事，讨论政治，臧否人物，指点江山，激扬文字，将士人的话语表述与现世的政治时事紧密联系在一起，用知识话语的形式直接展现了士人群体的知识观念和文化价值，表达了士人的政治意愿与权力诉求。《后汉书》卷六十七《党锢列传》云："逮桓灵之间，主荒政缪，国命委于阉寺，士子羞与为伍，故匹夫抗愤，处士横议，遂乃激扬名声，互相题拂，品核公卿，裁量执政，婞直之风，于斯行矣。"①汉末清流与阉党浊流形

---

① （南朝宋）范晔撰、（唐）李贤等注：《后汉书》，中华书局 1965 年版，第 2185 页。

成了两股对立的政治势力，士大夫不愿意与阉党同流合污，所以结党与之对抗，也逐渐形成了汉末名士的群体文化价值。汉末士人的清议，注重现世的文化横议，将士人文化与现世权力、政治场域、人物臧否等直接联系起来，对社会流俗权力进行文化批判。但如果从士人文化之道的文化资本来看，汉末士人也存在一定的缺陷，即过于强调世界之有，而陷入现世权力的藩篱，未能在文化大道方面做出贡献。汉末士人重视外在名誉，一方面给汉末士人文化带来了极大的虚伪性，另一方面为魏晋名士由有入无的玄道转向做了铺垫。

曹魏以后，名士文化开始出现新的转向。这种新转向，首先表现在名士开始重视探讨士人文化的才性论，出现了才性合、才性同、才性离、才性异等诸多新型理论。正始年间，何晏、王弼、荀粲等人探幽揽胜，剖玄析微，将汉末士人拘囿于世界之有的文化陋习彻底转变为重新探究自身虚无大道的无底深渊，极大地张扬了士人的文化道性和玄微才性。为了更系统地探究自身虚无的神性状态，名士们开始研究和讨论以"三玄"为主的早期经典，如《周易》《老子》《庄子》《论语》等，通过回归早期元典的文化方式，重新理解和阐释圣人的原初之道，将士人文化从现实世界中召唤回来，力求摆脱两汉士人重视书写文化阐释的文化小传统。他们暂时搁置外部世界的政治经济、经学训诂、人事诸相，转向自身内部的精神世界、文化虚无，进而发现人的存在价值，重新发现生命力量、体悟存在的新天地。竹林名士、中朝名士、江左名士都沉迷于虚无深渊的清谈理性之中，认知和确定文化至理的玄妙精微与士人身份。但是人非圣贤，有谁能对圣人至理一探到底呢？魏晋名士在对圣人至理的困顿与迷茫中，执着探求，毫不懈怠，因此，圣人大道、圣贤至理成为魏晋名士的文化追求与纯粹至理。《世说新语·文学第四》第二十二条："殷中军为庾公长史，下都，王丞相为之集。桓公、王长史、王蓝田、谢镇西并在。丞相自起解帐带麈尾，语殷曰：'身今日当与君共谈析理。'既共清言，遂达三更。丞相与殷共相往反，其余诸贤略无所关。既彼我相尽，丞相乃叹曰：'向来语乃竟未知理源所归，至于辞喻不相负。正始之音，正当尔耳。'明旦，桓宣武语人曰：'昨夜听殷、王清言，甚佳，仁祖亦不寂寞，我亦时复造心。顾看两王掾，辄翣如生母狗馨。'"①这是一次层次极高、收获颇丰的清谈盛会。此次清谈盛会汇集了当时最优秀的清谈大家，如王导、殷浩、桓温、王濛、王述、谢尚等人。王导亲自主持并参与此次清谈大会，点名要与殷浩辩论，尽管

① 徐震堮：《世说新语校笺》，中华书局 1999 年版，第 115 页。

241

我们不知道他们辨析的具体内容是什么,但共谈析理成为此次清谈盛会的根本宗旨。两个人相互辩论,一直辩到三更天。王导与殷浩清谈辩论时,其他名士都为他们的精彩辩论所陶醉,都不知道该如何插嘴。此次清谈还总结了魏晋清谈的最高境界。清谈之后,王导感叹说:自己一向谈玄说理,竟然还不知道玄理的本源在什么地方。现在才明白,玄理就在于言辞与旨趣不要相互违背。正始之音,就是正始时期的名士清谈,成为魏晋清谈的最高典范与至高境界。可见,名士清谈就在于探究玄理本源,而这个玄理本源是神奇虚无的无底深渊,是生命力量本源的大道存在,所以清谈的最高境界在于善于运用语言之有来探究至玄之无,恰当运用言意之间的关系,使得言语的隐喻方式恰到好处,能够真正探究虚无大道的无名无形,真正实现言有尽而意无穷的清谈佳境,能将玄理本源的神圣本质揭示出来。在这场辩论中,当主客双方进行激烈辩论的时候,其他名士都在干什么呢?桓温对此做了精彩描述,他说:昨夜王导、殷浩两人的清谈,实在是美妙至极。谢尚也不感到寂寞,我也时时有所心得,只有王述与王濛这两个秘书,像身上插着羽毛的母狗一样(这里将二王比喻为侍奉主人的无知奴婢),一方面随着王导与殷浩的清谈心游万仞,自由飞翔,如痴如醉;另一方面由于所谈玄理实在太深奥了,又似懂非懂,难免有些装模作样,不懂装懂。可见,清谈家们对清谈的玄虚至理与言谈形式极为重视,对清谈表现出极高追求,同时也表现出极大的学术热情。

一、清谈与名士文化的身份认同

曹丕在《典论·论文》中将文化活动作为士人存在的核心价值,并说道:"盖文章者,经国之大业,不朽之盛事。"曹丕所谓的"文章",不是狭隘地指今天的文学书写与文学创作,而是指能够展示士人文化身份与价值的所有文化活动,如周文王重卦而演《易》、周公制礼作乐等等。对于魏晋清谈家来说,清谈者,乃经国之大业,不朽之盛事。也就是说,在魏晋名士看来,清谈的文化活动才是他们最大、最美、最好的"文章",与名士的文化价值与士人身份紧密联系在一起,也成为名士展示群体文化与身份认同的重要学术活动。

在人物品藻之中,士人清谈成为品评人物的核心内容。魏晋名士积极参与清谈活动,可以积累文化资本,确立自己的名士身份,提高自己的社会地位,获得名士群体的文化认可,所以很多名士依靠清谈活动获得了美好声誉。《世说新语·赏誉第八》第十八条："裴仆射,时人谓为言谈之林薮。"刘孝标注引《惠帝起居注》曰:"**頠**理甚渊博,赡于论难。"[1]在清谈方面,裴**頠**擅长说理,而且论难极为丰赡,获得了士人群体的极大认可,大家都认为,裴**頠**是清谈义理的"林薮"。《世说新语·赏誉第八》第七条："谚曰:后来领袖有裴秀。"[2]当时人称赞裴秀:后来居上的清谈领袖非裴秀不可。在谚语中,名士们对裴秀的清谈资本给予了极高的评价。《世说新语·赏誉第八》第二十六条："郭子玄有俊才,能言老、庄。庾敳尝称之,每曰:'郭子玄何必减庾子嵩?'"[3]《世说新语·赏誉第八》第三十二条："王太尉云:'郭子玄语议如悬河泻水,注而不竭。'"[4]郭象的《庄子注》代表了中朝名士清谈玄理的最高水平,他提出,有不是从无中生发而来,自身之有是具有绝对优先性的清谈命题,解决了士人文化对世界存有的排斥,为魏晋名士既参与世界活动又坚守自身之无的文化价值提供了理论上的依据。庾敳认为,郭象丝毫不比自己差,肯定郭象的清谈水平与自己相当,甚至超过了自己。王衍也评价说,郭象在清谈时,精妙的语词犹如瀑布一样,一泻千里,滔滔不绝。这些关于人物清谈的品藻话语,生动形象地展示了郭象非凡的清谈才能和丰赡的玄理创新。《世说新语·赏誉第八》第四十一条："庾太尉目庾中郎:'家从谈谈之许。'"刘孝标注引《名士传》曰:"敳不为辨析之谈,而举其旨要。太尉王夷甫雅重之也。"[5]出身颍川庾氏的庾敳,擅长清谈,深得王衍的推崇。庾亮评价庾敳说:我家从叔的清谈,得到了众多清谈家的赞许。《世说新语·赏誉第八》第五十三条："胡毋彦国吐佳言如屑,后进领袖。"刘孝标注云:"言谈之流,靡靡如解木出屑也。"[6]胡毋辅之与王澄、王敦、庾敳并称"四友",又与谢鲲、毕卓、王尼、阮放、羊曼、桓彝、阮孚并称"八达",是中朝名士中不拘小节、极为放达的名士代表。据《晋书》卷四十九《胡毋辅之传》,王澄曾经写信给别人说,胡毋辅之在清谈的时候,优美的言辞犹如锯木头时的木屑一样,连绵不断,洋洋洒洒,他确实是后来居上的清谈领袖。《世说新语·赏誉第八》第七十六条："谢太傅未冠,始出西,诣王长史,清言良久,去后,苟子问曰:'向客何如尊?'长史曰:'向客亹亹,为

① 徐震堮:《世说新语校笺》,中华书局1999年版,第235页。
② 徐震堮:《世说新语校笺》,中华书局1999年版,第230页。
③ 徐震堮:《世说新语校笺》,中华书局1999年版,第239页。
④ 徐震堮:《世说新语校笺》,中华书局1999年版,第241页。
⑤ 徐震堮:《世说新语校笺》,中华书局1999年版,第244页。
⑥ 徐震堮:《世说新语校笺》,中华书局1999年版,第248页。

来逼人。'"①谢安还没有成年的时候,初到京师,去拜访司徒左长史王濛,与王濛清谈了很久。谢安离开之后,王濛的儿子王修就问父亲:刚才那位客人,在清谈方面,与父亲大人比较起来,怎么样? 王濛回答说:刚才那位客人谈论不倦,滔滔不绝,实在有点咄咄逼人的气势。王濛对谢安的清谈技艺表达了敬畏之心和赞美之情。《世说新语·赏誉第八》第八十三条:"王长史谓林公:'真长可谓金玉满堂。'林公曰:'金玉满堂,复何为简选?'王曰:'非为简选,直致言处自寡耳。'"②王濛对支道林说:刘惔的清谈可以说是金玉满堂,极为丰富。支道林问:既然是金玉满堂,那为什么还要挑选言辞呢? 王濛回答道:刘惔不是故意挑选言辞,而是为了直达言旨,措辞言简意赅,并不繁复。可见,在王濛看来,刘惔的清谈不仅"金玉满堂",语词丰富,极为美好,铿锵有力,而且简约不繁,极为简洁。刘惔的清谈做到了用最简略的语词表述最深奥的妙理,成为东晋清谈的正始之音。《世说新语·赏誉第八》第九十八条:"王长史叹林公:'寻微之功,不减辅嗣。'"刘孝标注引《支遁别传》曰:"遁神心警悟,清识玄远。尝至京师,王仲祖称其造微之功,不异王弼。"③王濛赞赏支道林说:他探索玄远义理的功绩很大,不亚于正始年间的王弼。在清谈品藻中,王濛认为,支道林在清谈义理方面取得了巨大成绩,做出了极大的理论贡献,因此对支道林的文化资本和清谈功力充满了赞誉之情。魏晋名士,如裴頠、裴秀、郭象、王濛、刘惔、殷浩、支道林等人,都是清谈高手,也都成为魏晋清谈文化的精神领袖和士人精英。在人物品藻中,这些名士都获得了较高的文化期许和品藻赞美,赢得了名士群体的文化认同和审美共鸣,其清谈风采和文化价值成为士人文化形象的重要组成部分。

有些清谈家擅长清谈,高标于世,令世人倾慕和敬畏,自然就成为魏晋人的时代偶像。《世说新语·赏誉第八》第四十五条:"王平子迈世有俊才,少所推服。每闻卫玠言,辄叹息绝倒。"④王澄有着超世不凡的卓越才华,很少有令他佩服的人。但是每次听了卫玠的清谈,王澄总是赞叹不已,为之倾倒。被名士倾倒的文化现象,体现了魏晋清谈独有的文化魅力,也展示了士人对清谈文化的向往之情。让士人倾倒的不是金钱、权势与美色等世俗之物,而是清谈文化的独特玄

---

① 徐震堮:《世说新语校笺》,中华书局 1999 年版,第 255 页。
② 徐震堮:《世说新语校笺》,中华书局 1999 年版,第 256 页。
③ 徐震堮:《世说新语校笺》,中华书局 1999 年版,第 259 页。
④ 徐震堮:《世说新语校笺》,中华书局 1999 年版,第 245 页。

理与气韵魅力，以及士人身上所具有的文化资本。这体现了中国传统士人"以文会友，以友辅仁"的良好文风与士人品格。《世说新语·赏誉第八》第五十一条："王敦为大将军，镇豫章。卫玠避乱，从洛投敦。相见欣然，谈话弥日。于时谢鲲为长史，敦谓鲲曰：'不意永嘉之中，复闻正始之音。阿平若在，当复绝倒。'"①王敦担任大将军，镇守豫章。卫玠为了避乱，从洛阳来到豫章，投奔王敦。两人一见面，情投意合，十分高兴，整天就在一块清谈玄理。当时谢鲲担任王敦的长史，王敦就对谢鲲说：想不到在永嘉年间，还能听到正始时期的清谈之音。如果王澄在这里，一定会佩服得五体投地，为之倾倒。卫玠的高超清谈，可谓永嘉年间的正始之音，体现了西晋后期清谈的较高水平，令王澄、王敦、谢鲲等名士为之倾倒，成为名士群体崇拜的清谈偶像。

　　清谈活动与名士价值联系极为紧密，是士人文化资本的直接表现，所以在士人的日常交往中，常常以善清谈而自豪，这也体现了名士的文化自信。《世说新语·言语第二》第六十六条："王长史与刘真长别后相见，王谓刘曰：'卿更长进。'答曰：'此若天之自高耳。'"刘孝标注引《语林》曰："仲祖语真长曰：'卿近大进。'刘曰：'卿仰看邪？'王问何意，刘曰：'不尔，何由测天之高也？'"②王濛与刘惔是好朋友，两人分别很久之后再次重逢，就开始清谈，王濛对刘惔说：你的清谈水平大有长进。刘惔回答说：我的清谈，就好像是天，本来就很高啊。王濛赞许刘惔在清谈方面能够不断精进，大有提高。而刘惔却以天自比，在文化清谈方面表现出极大的自信，甚至自负。《世说新语·豪爽第十三》第十一条："陈林道在西岸，都下诸人共要至牛渚会。陈理既佳，人欲共言折，陈以如意挂颊，望鸡笼山叹曰：'孙伯符志业不遂。'于是竟坐不得谈。"③陈逵驻守江北的时候，京都诸友人邀请他到牛渚山参加清谈聚会。陈逵的玄理非常精妙，大家想齐心合力来折服他，驳倒他，陈逵却用如意支撑着腮帮子，远望着鸡笼山，感叹道：你们这些人，恐怕要像孙策一样，未能如愿完成自己的远大事业。意思是说，你们这些人加在一起，也不是我的对手。最终结果是，陈逵在这些人面前口若悬河，谈理说玄，所有人坐在那里，竟然连插嘴的机会都没有。

---

①　徐震堮：《世说新语校笺》，中华书局 1999 年版，第 247 页。
②　徐震堮：《世说新语校笺》，中华书局 1999 年版，第 70 页。
③　徐震堮：《世说新语校笺》，中华书局 1999 年版，第 330 页。

二、清谈与魏晋人的理性沉醉

作为魏晋名士主要的文化活动,清谈已经成为魏晋名士文化身份的重要标志。一个魏晋名士,首先必须是一个清谈家。清谈家的文化身份,成为魏晋社会判断某人是不是名士的首要条件。可以说,魏晋名士的社会存在,就是魏晋清谈的文化存在,不存在不参与清谈的名士,也不存在没有名士的清谈活动。只有在清谈的文化活动中,魏晋名士才能体会到自身文化的真实存在,才能获得魏晋名士身份带来的知识快感和理性满足。唐翼明《中华的另一种可能:魏晋风流》云:"讲魏晋风流不能不讲清谈,没有魏晋清谈也就没有魏晋风流,魏晋风流表现在许多方面,但清谈肯定是风流的最重要组成部分之一。"①魏晋风流的本质特征就在于士人的文化之道和文化资本,而士人的文化资本最为突出的活动就是清谈。清谈是名士们探究玄微大道和圣人之理的辨义析理和言说表述活动,成为魏晋人日常生活中最重要的文化主题活动。

魏晋名士沉浸在清谈活动的理性欢乐中,往往夜以继日地展开清谈,乐此不疲,在清谈中忘记了自然时间的正常秩序,时间在清谈的文化活动中也失去了原有的自然秩序,留下的是清谈无穷尽的理性沉思,以及清谈话语无穷尽的再生产,而名士的日常生活时间也完全被打乱了。《世说新语·赏誉第八》第三十八条:"庾太尉在洛下,问讯中郎。中郎留之云:'诸人当来。'寻温元甫、刘王乔、裴叔则俱至,酬酢终日。庾公犹忆刘、裴之才俊,元甫之清中。"②这次清谈聚会应该发生在中朝末年。庾亮在洛阳的时候,有一次去探望其叔叔庾敳。庾敳挽留他说:你稍等,诸位清谈家马上就要来了。没过多久,温几、刘畴、裴楷等清谈家都来了,大家聚集在一块,清谈了一整天。清谈活动几乎占据了名士的所有时间,他们甚至没有时间去理会其他世俗的事情。后来,庾亮还能够回忆起当年刘畴、裴楷清谈时才华横溢的样子,以及温几恬淡清和的样子。清谈不仅令士人当时沉醉其中,而且这种沉醉的理性快感还会令士人终生难忘。《世说新语·赏誉第八》第五十七条:"王丞相招祖约夜语,至晓不眠。明旦有客,公头鬓未理,亦小倦。客曰:'公昨如是,似失眠。'公曰:'昨与士少语,遂使人忘疲。'"③王导

① 唐翼明:《中华的另一种可能:魏晋风流》,民主与建设出版社 2014 年版,第 97 页。
② 徐震堮:《世说新语校笺》,中华书局 1999 年版,第 243 页。
③ 徐震堮:《世说新语校笺》,中华书局 1999 年版,第 249 页。

邀请祖约晚上来清谈，一直谈到天亮，也没有睡觉。第二天一大早，有客人来了。王导出来接待客人的时候，还没有梳头，身体也略微有些困倦。客人就问：你昨晚是不是失眠了？王导说：昨晚与祖约清谈，就忘记了疲劳。清谈中，清谈家全身心投入清谈活动，不仅忘记了时间，也忘记了自身的疲劳。可见，清谈活动对名士的生活规律与时间观念影响极大。《世说新语·赏誉第八》第一百四十四条："许掾尝诣简文，尔夜风恬月朗，乃共作曲室中语。襟情之咏，偏是许之所长。辞寄清婉，有逾平日。简文虽契素，此遇尤相咨嗟，不觉造膝，共义手语，达于将旦。既而曰：'玄度才情，故未易多有许。'"[1]许询曾经去拜见简文帝，那天晚上，风清月朗，两人就一起到密室之中开始清谈。许询最擅长的事情就是发表个人的内心情怀，他的言辞和寄寓都极为清新婉约，大大超过了平时的水平。简文帝平时就与他情趣相投，通过这次清谈，对他更加敬佩了。两人越谈越起劲，身体也越靠越近，不知不觉，两人双膝相对，执手而语，一直谈到天亮。事后，简文帝说：许询的才情确实了得，值得赞许。名士们痴迷于义理辨析，在探究玄微之理的过程中，通达了美好才情和文化至理，并体验了至理豁然开朗的无遮蔽状态，进入了玄心的无限澄明，由此忘记了世界流俗的存在，也忘记了时间的自然秩序。他们在理性清谈中，获得了文化满足和精神愉悦。

魏晋名士的文化清谈是一种探玄寻微的活动。魏晋名士沉醉在理性意识的符号表述和玄理探微中，将建构玄妙的理论当成群体文化和个体存在的文化乐趣与审美追求，体现了名士对圣人至理盛德的无限追求。《世说新语·企羡第十六》第四条："王司州先为庾公记室参军，后取殷浩为长史。始到，庾公欲遣王使下都，王自启求住，曰：'下官希见盛德，渊源始至，犹贪与少日周旋。'"[2]庾亮先聘请王胡之担任自己的记室参军，后来又聘请殷浩担任自己的长史。殷浩刚来上任，庾亮派王胡之到京都去出差。王胡之就主动对庾亮说：好不容易遇见一个德高望重的人，殷浩刚来，我还想与他好好清谈几天呢。在王胡之看来，到京城出差是俗事，与殷浩清谈是雅事，清谈雅事大大重于现实中的俗事，所以他主动请求留下来，以便与殷浩清谈几日。《世说新语·宠礼第二十二》第四条："许玄度停都一月，刘尹无日不往，乃叹曰：'卿复少时不去，我成轻薄京尹。'"刘孝标注引《语林》曰："玄度出都，真长九日十一诣之，曰：'卿尚不去，使我成薄德二

---

① 徐震堮：《世说新语校笺》，中华书局 1999 年版，第 268 页。

② 徐震堮：《世说新语校笺》，中华书局 1999 年版，第 347 页。

千石。'"①许询在京都停留了一个月,丹阳尹刘惔每天都找他清谈。据说两人在九天内就清谈了十一次。俗话说,机不可失,时不再来。刘惔遇见许询,就是清谈的最佳时机,分秒都不愿错过。刘惔对许询叹息说:你要是还不离开,我就要成轻薄京尹了。殷浩、王胡之、刘惔、许询等清谈大家,对清谈抱有极为浓郁的兴趣和执着的理念,尤其痴迷与优秀的清谈家展开清谈活动,其他一切事情都次于清谈。

魏晋名士过分追求清谈的玄理存在与文化自足,导致身体因为精神活动的过度消耗及对文化理性的极度追求而受到了伤害。身体作为承载意识运转的能量机器,因为理性文化的过度张扬,而打破了体内阴气与阳气之间的平衡关系。可见,玄妙理性与生命力量之间,是一场既微妙协调又充满消长平衡的力量关系。《世说新语·文学第四》第二十条:"卫玠始度江,见王大将军。因夜坐,大将军命谢幼舆。玠见谢,甚说之,都不复顾王,遂达旦微言,王永夕不得豫。玠体素羸,恒为母所禁。尔夕忽极,于此病笃,遂不起。"②卫玠在刚刚渡江的时候,便去拜访王敦。夜晚他们坐在一起清谈,当时,王敦还邀请了谢鲲。卫玠看到谢鲲来了,非常高兴,与之清谈甚欢,就再也不理王敦了。卫玠与谢鲲两个人一直谈到第二天早上,王敦整夜都插不上嘴。卫玠本来就体质虚弱,常常被母亲管束,不让他多谈。经过这一夜与谢鲲清谈,身体极度疲劳,因此得了重病,最后去世了。《世说新语·文学第四》第三十九条:"林道人诣谢公,东阳(谢朗)时始总角,新病起,体未堪劳。与林公讲论,遂至相苦。母王夫人在壁后听之,再遣信令还,而太傅留之。王夫人因自出,云:'新妇少遭家难,一生所寄,唯在此儿。'因流涕抱儿以归。谢公语同坐曰:'家嫂辞情慷慨,致可传述,恨不使朝士见。'"③支道林去拜访谢安。当时谢朗还是个少年,新病刚好,身体还不能过度劳累。谢朗与支道林清谈,两个人到了争执不下、苦苦相逼的地步。谢朗的母亲王夫人在隔壁听见这样费神劳形的争吵,就一再派人叫谢朗回家,可是谢安却把他留住了。王夫人实在没有办法,就亲自过来说:我早年寡居,这一辈子的寄托都在这个孩子身上了。说完,她流着眼泪,将谢朗抱走了。魏晋名士痴迷清谈,达到了忘我的程度,他们将自己的大部分精力和智慧都付诸清谈的符号竞争和玄理探

---

① 徐震堮:《世说新语校笺》,中华书局 1999 年版,第 389 页。
② 徐震堮:《世说新语校笺》,中华书局 1999 年版,第 113 页。
③ 徐震堮:《世说新语校笺》,中华书局 1999 年版,第 123 页。

微中,沉醉其中而物我两忘。

三、正始之音:清谈口传文化的玄心洞见

两汉经学极为重视儒家六经的书写文本,将传世经籍文献中的文字训诂及文物制度看成极为神圣的东西,认为早期文化之道就在这些有形文字之中。两汉经学家将毕生精力都投入经学的文字阐释,完全将书写文字当成最合法的文化形式,这就犯了孟子说的"尽信书"的错误。魏晋名士对两汉文人的文字训诂持有解构与抛弃的态度。那么,他们如何避免两汉经学家的文字陋习和文字遮蔽呢?早期圣人的文化之道到底在哪里呢?魏晋清谈家一反经学家的经传注释形式,开始由文字书写系统转向了口头表述系统。冯友兰在《论风流》一文中极为精辟地概括了清谈家的玄心洞见,其云:"真风流的人,必须有洞见。所谓洞见,就是不借推理,专凭直觉,而得来的对于真理的知识。"[1]冯友兰认为,魏晋清谈家的洞见,不是拘囿于文字形式的逻辑沉思,而是凭借文字文本等物质形态,跨越文字的表层意义,直接通达古代经籍所蕴含的神圣意义和文化之道。缺乏洞见能力的两汉经学家,只能在文字形式上兜圈子;而魏晋清谈就是要将早期典籍的有形文字,重新还原成无形的声音形式。只有在口传中,通过具有神秘魔力的语词声音,才能真实地体验极为玄深的文化至理与盛德存在。两汉经学家的表述程式为:古籍文字之物——文字解诂之物,是从此物到彼物,属于"物至而人化"的研究模式。魏晋清谈的表述程式不是书写的文化模式,而是口耳相授的口传模式。清谈家似乎想摆脱两汉经学的文字书写模式,重新回到远古的无文字口传时代,利用语词的无形声音,综合其他的表现形式,诸如语调、表情、容姿、动作、麈尾等,来共同传递心中所感所悟的玄微义理。魏晋清谈的内容不是眼睛可见的文字书写活动,而是心口相应的口传辨析,利用稍纵即逝的无形声音传达心中所体验到的无形玄理。史密斯《人的宗教》云:"说话是说话者得生命的一部分,且由于如此而分享了那说话者生命的活力。这给予它一种可以按照说者以及听者来剪裁的弹性。熟悉的话题可以通过新鲜的措词而重新赋予生气。节奏可以引进来,配合以抑扬、顿挫、重音,直到说话几近乎吟诵,讲故事演变成了一种高深的艺术。再加上方言和演讲的方式,令所要描述的人物形象生

---

① 冯友兰:《三松堂全集》(第 5 卷),河南人民出版社 2001 年版,第 312 页。

动,等到把动物的姿态和步法加以模拟,声音也复制了出来时,我们就进入剧院了,静默也可以用来增强紧张或悬疑的效果,甚至于可以用来指示描述者中断故事,以便让人去做私人的祈祷。"①魏晋清谈,与远古的口传表演极为接近,它不是传达一种与生命无关的机械知识,而是一种生命寄存、义理玄胜的体验之旅,鲜活的生命参与成为魏晋清谈与经学传注最大的文化差异。

魏晋清谈家探究的玄胜义理与个体的生命存在是密切相关的,而作为清谈的口传声音,可以帮助名士更为真切地探求道心存在的玄妙之处。通过发自深邃心灵之声音的引导,自身飞入灵魂的天空。随着声音飞翔,人心沉醉其中,流连忘返。在清谈活动的意义表达方面,除了语词声音以外,语调、节奏、语气、眼神、动作等容姿风貌与行为举止,甚至一颦一笑,都参与到清谈活动,都在向接近人心的玄深之处展开探险,共同诉说着人在探险过程之中所体悟到的精微玄妙与深层存在。《世说新语·文学第四》第十九条:"裴散骑娶王太尉女。婚后三日,诸婿大会,当时名士、王裴子弟悉集。郭子玄在坐,挑与裴谈。子玄才甚丰赡,始数交,未快。郭陈张甚盛,裴徐理前语,理致甚微,四坐咨嗟称快。王亦以为奇,谓诸人曰:'君辈勿为尔,将受困寡人女婿。'"②裴遐娶王衍的女儿为妻。婚后第三天,王衍邀请了诸女婿来聚会,当时的名士和王氏、裴氏子弟都聚集在王衍家中。郭象也来了,他与裴遐开始清谈。郭象才识渊博,清谈了几个回合仍觉得不够痛快。于是郭象把玄理铺陈得极为精深,理据充分。裴遐却慢条斯理地梳理郭象的观点,以至义理情趣都很精微,所有的名士都赞叹不已,拍手称好。王衍也感到极为新奇,就对众人说:好了,你们不要再辩论了,否则,都要被我女婿困住了。这场清谈聚会中,郭象是玄学大师,裴遐是清谈大家,可谓俊采星驰,棋逢对手。刘孝标注引邓粲《晋纪》曰:"遐以辩论为业,善叙名理,辞气清畅,泠然若琴瑟。闻其言者,知与不知,无不叹服。"③整个清谈过程,不仅义理极为玄微,而且辞气极富韵味,令人兴奋不已,心理获得极大满足。余嘉锡《世说新语笺疏》云:"晋、宋人清谈,不惟善言名理,其音响轻重疾徐,皆自有一种风韵。《宋书·张敷传》云:善持音仪,尽详缓之致。与人别,执手曰:念相闻。余响久

---

① (美)休斯顿·史密斯:《人的宗教》,刘安云译,海南出版社2001年版,第396页。
② 徐震堮:《世说新语校笺》,中华书局1999年版,第112—113页。
③ 徐震堮:《世说新语校笺》,中华书局1999年版,第113页。

之不绝。裴遐之'泠然若琴瑟',亦若此而已。"①魏晋人的清谈,不仅是关于玄微义理的大讨论、大探险,而且也是清谈者语词表达、生命情趣、文化气韵的直接展现。《世说新语·文学第四》第四十条:"支道林、许掾诸人共在会稽王斋头,简文。支为法师,许为都讲。支通一义,四坐莫不厌心。许送一难,众人莫不抃舞。但共嗟咏二家之美,不辩其理之所在。"②支道林、许询等人在司马昱的书房里清谈。支道林是主讲的法师,许询是辅助的都讲。支道林每阐明一个深奥义理,大家都听得心花怒放。许询每提出一个疑难问题,大家都高兴得手舞足蹈。所有的人都赞叹这两位名士的精彩表演,而不去辨析两家义理存在的文化差异。魏晋人的清谈活动,是一种整体性、参与性的文化活动,不能将其简单看成一项纯粹的理性思辨活动,而要将其理解为一项综合了玄理探微、义理辨析、相互驳难、言语表述、神色参与等诸多方面的表演活动。清谈家不仅在义理辨析和语言表述中,深入探求文化真理的玄微之处,剖析绝妙精深的圣人至理,而且还善于用铿锵有力、逻辑严密的语词声调来表达,展示士人文化的乐音之美、义理之美、智慧之美和风神之美。听众不仅能感受到名士的义理逻辑思辨和抽象符号表达能力,而且能从中领会语词表述的声音魅力,名士情趣的精微玄深,以及仪容风度的儒雅优美,身姿举止的生动气韵。与死板机械、缺乏生机的两汉经学家的书面表述和文字训诂相比,魏晋名士的清谈活动不是一种孤芳自赏式的、躲进小楼自成一统的书斋活动,而是充满了生命激情、文化智慧、义理知识的文化竞技活动。魏晋人的清谈是一场生动活泼的理性探险和智慧竞争,也是一场生动有趣、欲与天公试比高的文化竞技,这与两汉士人长夜孤灯、手执黄卷的死气沉沉,是截然不同的。

魏晋清谈的口传方式为口头攻难。先由某人提出某种义理观点,然后其他清谈家展开反驳,最终说服对方。唐翼明《中华的另一种可能:魏晋风流》云:"清谈通常是由两个人就一个哲学命题进行辩论,……一人为主,一人为客,各执一理。……主方先叙理,客方再反驳,主方再辩,客方再驳。"③《世说新语·文学第四》第十二条:"裴成公作《崇有论》,时人攻难之。莫能折。唯王夷甫来,如小屈。时人即以王理难裴,理还复申。"刘孝标注引《晋诸公赞》曰:"'自魏太常

① 余嘉锡:《世说新语笺疏》,中华书局1983年版,第210页。
② 徐震堮:《世说新语校笺》,中华书局1999年版,第123—124页。
③ 唐翼明:《中华的另一种可能:魏晋风流》,民主与建设出版社,2014年版,第98—99页。

夏侯玄、步兵校尉阮籍等,皆著《道德论》。于时,侍中乐广、吏部刘汉亦体道而言约,尚书令王夷甫讲理而才虚,散骑常侍戴奥以学道为业,后进庾敳之徒,皆希慕简旷。颉疾世俗尚虚无之理,故著《崇有》二论以折之。才博喻广,学者不能究。后乐广与颉清闲,欲说理,而颉辞喻丰博,广自以体虚无,笑而不复言。'《惠帝起居注》曰:'颉著二论以规虚诞之弊。文词精富,为世名论。'"①裴颉对夏侯玄、何晏、王弼等人的虚无论,表示了不满,写有《崇有论》。当时的名士都来责难他,可是,没有谁能够驳倒他。只有王衍和他辩论,他才显出有点理亏。当时的人就用王衍的理论来驳难他,但是此时的他又重振雄风,显得头头是道。同样的观点,为什么王衍能够让裴颉理屈,而其他人不能驳倒他呢? 道理很简单,魏晋清谈不仅仅是理论的逻辑推理,而且是一项综合能力的文化竞技,王衍和裴颉在义理上各有所据,那么,谁能折服对方还在于义理领会以外的东西,如语词、言说、节奏、神韵、气势等表述技艺方面。

对于名士来说,清谈场如战场,兵来将挡,水来土掩。遭遇高手,就要全力以赴,心无旁骛;遇到弱者,就可以轻易对付,不费气力。《世说新语·言语第二》第七十九条:"谢胡儿(朗)语庾道季:'诸人莫(暮)当就卿谈,可坚城垒。'庾曰:'若文度来,我以偏师待之;康伯来,济河焚舟。'"②谢朗对庾和说:大家晚上要来你家清谈,你可要好好准备一下。庾和回答说:如果是王坦之来了,我只要用小部队就可以对付他。如果是韩康伯来了,我就要舍出性命,与他拼一次。在庾和心中,王坦之的清谈水平远在自己之下,所以可以轻而易举地对付他。而韩康伯的清谈水平与自己不相上下,所以必须竭尽所能与之拼命一搏才能应付,才能获胜。《世说新语·文学第四》第二十六条:"刘真长与殷渊源谈,刘理如小屈。殷曰:'恶卿不欲作将善云梯仰攻?'"③刘惔和殷浩清谈,刘惔在义理方面有点抵挡不住了。殷浩就说:你怎么不做一架更好的云梯来仰攻我呢? 殷浩的言外之意是,刘惔的清谈水平离自己还差一大截,要想与自己清谈还需要认真准备一番。这里的"云梯",指代清谈前的文化准备与学识积累,只有登上云梯,才能接近他的清谈水平。这也表明,殷浩在清谈方面很轻视刘惔,有些自负。《世说新语·文学第四》第六十五条:"桓南郡与殷荆州共谈,每相攻难。年余后,但一两番。

---

① 徐震堮:《世说新语校笺》,中华书局 1999 年版,第 108—109 页。
② 徐震堮:《世说新语校笺》,中华书局 1999 年版,第 76 页。
③ 徐震堮:《世说新语校笺》,中华书局 1999 年版,第 117 页。

桓自叹才思转退。殷云：'此乃是君转解。'"刘孝标注引周祇《隆安记》曰："玄善言理，弃郡还国，常与殷荆州仲堪终日谈论不辍。"①南郡公桓玄与荆州刺史殷仲堪经常在一起清谈，每次都相互辩驳。一年以后，他们之间的辩驳就少了，只有一两次。桓玄每每感叹自己才思越来越倒退了，殷仲堪就说：这说明你对玄理的领会更深了。魏晋清谈的相互辩驳，表明双方对玄理有怀疑，如果双方逐渐领会了玄理，清谈辩驳就会逐渐减少。可见，魏晋清谈的表述者与受述者之间，不是纯粹的施话者与受众者的关系，而是一种充满激情、遐思的攻难关系，同时，也是一种对玄理不断领悟和逐渐认同的关系。施理者不仅要提出新颖的义理观点，而且必须说服所有现场的受众者。受众者也不是完全处于听的服从状态，而是一边聆听，一边积极驳难，不断地解构对方的义理观点，并给予反面的理性论证。这样，清谈家的文化遭遇活动，就显得灵活多变，激情四射。在辩论之中，不仅清谈双方对义理有了更深的领会，更加接近圣人之理，而且也促使他们对圣人的玄理更加认同。

魏晋清谈是以文化之道或圣人之理作为表述中心与清谈话题。清谈活动的胜负就要看谁的观点更"中理"。所谓"中理"，就是口头言辞表达必须与奥妙玄理一致，即言说与圣人至理相合。《世说新语·德行第一》第十九条："王戎云：'太保居在正始中，不在能言之流。及与之言，理中清远，将无以德掩其言？'"②正始时期，王祥是属于不擅长清谈的那一类人物。但是等到别人和他清谈的时候，王祥所谈的义理清新深远。他之所以不以清谈著称，王戎认为，恐怕是因为他的德行太高掩盖了他的清谈才能。《世说新语·赏誉第八》第一百三十八条："简文云：'刘尹茗柯有实理。'"③表面看来，刘惔对世事泯沌不开，懵懂糊涂，但其心中却是符合文化至理的。魏晋人在清谈的时候，极为重视义理方面的玄深精微与标新立异。《世说新语·品藻第九》第四十八条："刘尹至王长史许清言。时荀子年十三，倚床边听。既去，问父曰：'刘尹语何如尊？'长史曰：'韶音令辞不如我，往辄破的胜我。'"④一次，刘惔来王濛家清谈。王修问王濛：你和刘惔比较起来，在清谈方面，哪一个更强一些？王濛说：在声音的抑扬顿挫、语词的优

---

①　徐震堮：《世说新语校笺》，中华书局 1999 年版，第 134 页。
②　徐震堮：《世说新语校笺》，中华书局 1999 年版，第 12 页。
③　徐震堮：《世说新语校笺》，中华书局 1999 年版，第 267 页。
④　徐震堮：《世说新语校笺》，中华书局 1999 年版，第 288 页。

扬华美方面，刘惔不如我。但他善于一语就切中玄理的要害，这方面刘惔比我强。刘惔善于一语中的，切中玄理。王濛对刘惔的清谈水平还是很佩服的。《世说新语·赏誉第八》第一百五十五条："王恭有清辞简旨，能叙说，而读书少，颇有重出。有人道孝伯常有新意，不觉为烦。"①王恭在清谈的时候，语词清新，意旨简约，擅长叙事，但是由于读书少，难免时有重复。但时人评价王恭的清谈，认为他能够标新立异，尽管有些重复，但也不令人很烦。《世说新语·赏誉第八》第一百二十九条："谢公云：'司州造胜遍决。'"②谢安认为，王胡之的清谈能够通达优美玄胜的境界，全面解决清谈中所遇到的各种疑难困惑问题。《世说新语·赏誉第八》第一百三十六条："林公云：'见司州警悟交至，使人不得住，亦终日忘疲。'"③支道林认为，王胡之在清谈的时候，既机敏灵活，又极具悟性，他的清谈使人忍俊不禁，丝毫不厌，听一整天也不觉得疲惫。《世说新语·品藻第九》第三十三条："人问殷渊源：'当世王公，以卿比裴叔道，云何？'殷曰：'故当以识通暗处。'"④有人问殷浩：当代的显贵们将你和裴楷相提并论，你觉得如何？殷浩说：这是因为我和裴楷都擅长运用自己的心神识器来通达玄微精妙的义理。殷浩突出了清谈家玄思辨识的重要性，清谈家要善于以个体的心识通达常人无以通达的"暗处"。所谓"暗处"，既可以指义理极为深奥玄妙的地方，也可以指别人无法理解、充满疑惑的不解之处。清谈家尤其反对将清谈活动当成章句解说。所谓章句解说，就是注重文字考据，偏向于典章制度的解说，而不善于展开义理的深入阐发。《世说新语·言语第二》第六十四条："刘尹与桓宣武共听讲《礼记》。桓云：'时有入心处，便觉咫尺玄门。'刘曰：'此未关至极，自是金华殿之语。'"⑤刘惔与桓温一块听别人讲《礼记》。桓温说：有时能有所领会，便觉得离玄门不远了。刘惔却说：这种讲解太低级了，还没有涉及最精妙的玄胜境界，仅仅是金华殿上的老生常谈。所谓"金华殿之语"，指的是经学家为皇帝解说经书的讲解方式，强调的是句读疏通，字义疏证，而不擅长阐释文字以外的文化大道和深奥玄理。

魏晋清谈不仅要求中理，而且极为重视清谈语词的声音效果和文化魅力，即

① 徐震堮：《世说新语校笺》，中华书局1999年版，第271页。
② 徐震堮：《世说新语校笺》，中华书局1999年版，第266页。
③ 徐震堮：《世说新语校笺》，中华书局1999年版，第267页。
④ 徐震堮：《世说新语校笺》，中华书局1999年版，第284页。
⑤ 徐震堮：《世说新语校笺》，中华书局1999年版，第68页。

要求清谈语词一定要切中义理，而且要情理并重，辞采丰赡，动人心魄。《世说新语·文学第四》第二十八条："谢镇西少时，闻殷浩能清言，故往造之。殷未过有所通，为谢标榜诸义，作数百语。既有佳致，兼辞条丰蔚，甚足以动心骇听。谢注神倾意，不觉流汗交面。殷徐语左右：'取手巾与谢郎拭面。'"[①]谢尚年轻的时候，听说殷浩擅长清谈，所以特意去拜访他。殷浩没有做很多的阐发，只是为谢尚介绍了诸多道理，说了几百言。这些言语不但都切中了那些理致，而且辞藻极为丰赡华美，足以动人心弦，使人听不胜听。谢尚完全被殷浩的清谈吸引，倾心向往，不觉得汗流满面。殷浩慢条斯理地吩咐手下人：去拿条手巾给谢郎擦擦汗。《世说新语·文学第四》第五十六条："殷中军、孙安国、王、谢等能言诸贤，悉在会稽王许。殷与孙共论《易象妙于见形》。孙语道合，意气干云。一坐咸不安孙理，而辞不能屈。会稽王慨然叹曰：'使真长来，故应有以制彼。'既迎真长，孙意己不如。真长既至，先令孙自叙本理。孙粗说己语，亦觉殊不及向。刘便作二百许语，辞难简切，孙理遂屈。一坐同时拊掌而笑，称美良久。"[②]殷浩、孙盛、王濛、谢尚等人都是擅长清谈的名士，他们聚集在会稽王司马昱的府邸。殷浩与孙盛一起辩论孙盛的《易象妙于见形》一文，孙盛语词与大道相合，意气高昂，直冲云霄。所有的清谈家都觉得孙盛的义理有些不妥，但又不能驳倒他。司马昱叹息说：要是刘惔来了，就有办法制服他。随即派人去接刘惔，孙盛料到自己辨析不过。刘惔来了，要孙盛先谈谈自己所创立的道理。孙盛大致复述了一下自己的观点，就觉得已经不如刚才所讲的。刘惔便发表了二百余言，复述和驳难都极为简明贴切，孙盛的道理便被驳倒了。所有的人都鼓掌称好，赞叹不已。刘惔善于运用简约、贴切的语词来表达精微的义理。《世说新语·赏誉第八》第一百一十三条："简文云：'渊源语不超诣简至，然经纶思寻处，故有局陈。'"[③]简文帝认为，殷浩清谈时不能做到高深玄妙，也不能做到表述简练，但是他的清谈善于组织语言，认真思考，所以还是很有章法的。《世说新语·赏誉第八》第一百一十六条："谢公云：'刘尹语审细。'"[④]谢安认为，刘惔的清谈善于审察细微之处，做到精密细致。《世说新语·赏誉第八》第一百三十三条："谢公云：'长史语甚

① 徐震堮：《世说新语校笺》，中华书局1999年版，第118页。
② 徐震堮：《世说新语校笺》，中华书局1999年版，第130页。
③ 徐震堮：《世说新语校笺》，中华书局1999年版，第263页。
④ 徐震堮：《世说新语校笺》，中华书局1999年版，第264页。

不多,可谓有令音。'"①谢安认为,王濛清谈时语词虽然不多,但是抑扬顿挫,极为优美。魏晋人的清谈中,清谈义理与言语表述原本就是完整一体、不可分离的,不能因为追求义理而忽略语词,也不能为了语词的华美而影响义理的表达。谢尚《谈赋》云:"斐斐亹亹,若有若无。理玄旨邈,辞简心虚。"②义理是处于有无之间的,是道的有名形式,但道又是无名的,道的有名形式也是有。为了避免道的有名形式对玄理的遮蔽,魏晋名士追求用最简练、最具有表现力的有名形式来表述无尽、无形的玄妙至理。只有"辞简心虚",才能让话语形式真正成为大道的最佳阐述形式。

谈玄说理时,魏晋清谈最忌讳语词空洞杂乱、言不达理。《世说新语·轻诋第二十六》第十七条:"孙长乐兄弟就谢公宿,言至欻杂。刘夫人在壁后听之,具闻其语。谢公明日还,问昨客何似? 刘对曰:'亡兄门未有如此宾客。'谢深有愧色。"③孙绰兄弟到谢安家住宿,他们清谈的时候语词显得空洞杂乱。谢安妻子刘夫人在隔壁听到了他们的清谈,第二天谢安回到屋内,问夫人:昨晚的客人怎么样? 夫人说:亡兄刘惔家里从来没有出现过这样的客人。谢安听后,甚感愧疚。魏晋名士对那种言不达意的游辞也是不屑一顾的。《世说新语·文学第四》第三十三条:"殷中军尝至刘尹所,清言良久,殷理小屈,游辞不已,刘亦不复答。殷去后,乃云:'田舍儿强学人作尔馨语。'"④殷浩曾经到刘惔那里去清谈,说了很久,殷浩有点理亏,就用一些浮游不定的语词来应付,刘惔就不再与他辩论了。殷浩走了以后,刘惔就说:乡巴佬还硬要模仿别人来发表高论。所谓"作尔馨语",指咿呀学语,模仿别人发表玄深的言论。刘惔对殷浩理亏之后的游辞行为极为不满,表现出鄙夷之情。

魏晋时代,口传清谈盛行,书写注疏陵迟,出现了清谈口传与文章书写不可兼得的文化现象。清谈家擅长口头表述,但不善于书写文章;文章家善于书面表达,但常常缺乏口头的义理创新。《世说新语·文学第四》第七十条:"乐令善于清言,而不长于手笔。将让河南尹,请潘岳为表。潘云:'可作耳,要当得君意。'乐为述己所以为让,标位二百许语。潘直取错综,便成名笔。时人咸云:'若乐

---

① 徐震堮:《世说新语校笺》,中华书局1999年版,第266页。
② (清)严可均辑:《全晋文》,商务印书馆1999年版,第880页。
③ 徐震堮:《世说新语校笺》,中华书局1999年版,第449页。
④ 徐震堮:《世说新语校笺》,中华书局1999年版,第120页。

不假潘之文,潘不取乐之旨,则无以成斯矣。'"①尚书令乐广擅长清谈,但不擅长写文章。他想辞掉河南尹的职务,便请潘岳替他写奏章。潘岳说:我可以写,但必须要知道你的意图。乐广就将自己决定让位的原因说了二百余言,潘岳将他所说的话重新编排一番,就写成了一篇名作。当时的人都说:如果乐广不借用潘岳的文辞,潘岳不取乐广的意思,就不可能写成这样优美的文章了。可见,清谈家重视义理的创新阐释,但是不善于运用书面文辞来表达意思;而文章家富有文辞,却不擅长精深玄微的义理建构。《世说新语·文学第四》第七十三条:"太叔广甚辩给,而挚仲治长于翰墨,俱为列卿。每至公坐,广谈,仲治不能对。退,著笔难广,广又不能答。"②太叔广很有口才,挚仲治却擅长写文章,两人都担任了卿大夫的官职。每当官府聚会清谈,太叔广谈完之后,挚仲治却不能当场对答辩驳。挚仲治回来后,就将自己的看法写成文章来反驳太叔广,太叔广却不能用文章来对答辩驳。《世说新语·文学第四》第七十四条:"江左殷太常父子并能言理,亦有辩讷之异。扬州口谈至剧,太常辄云:'汝更思吾论。'"刘孝标注引《中兴书》曰:"殷融字洪远,陈郡人。桓彝有人伦鉴,见融,甚叹美之。著《象不尽意》、《大贤须易论》,理义精微,谈者称焉。兄子浩,亦能清言,每与浩谈,有时而屈,退而著论,融更居长。"③殷融和殷浩叔侄二人都擅长谈玄说理,但是殷浩擅长清谈辩论,殷融不擅长辩论。殷浩口头辩论能力很强,当殷融辩不过他时,就连忙说:你再好好想一想我文章的意思。尽管魏晋文章极为玄胜华美,但是在清谈家看来,一旦将精微义理转换成了有形物质的文字辞藻,就会损害义理的真实表达。所以在清谈流行的时代,口头表述才是义理和辞采兼得的最佳文章。在魏晋人眼中,清谈家要高于文章家。可惜这种清谈文章声音华美,但随风而逝,不能留存下来。魏晋清谈留下来的,只是一种千古风流的华丽清影,犹如清风拂过,令后人遐思不已。

四、无名真意: 言意之辨的价值规定

魏晋清谈的核心主题之一就是"言尽意"问题。言意之辨成为魏晋学术的

① 徐震堮:《世说新语校笺》,中华书局 1999 年版,第 137 页。
② 徐震堮:《世说新语校笺》,中华书局 1999 年版,第 138 页。
③ 徐震堮:《世说新语校笺》,中华书局 1999 年版,第 139 页。

重要思想,也是清谈家建构名士文化的新视野、新方法。汤用彤《言意之辨》云:"依言意之辨,普遍推之,而使之为一切论理之准量,则实为玄学家所发现之新眼光新方法。王弼首唱得意忘言,虽以解《易》,然实则无论天道人事之任何方面,悉以之为权衡,故能建树有系统之玄学。"①魏晋名士重新对先秦的言意之辨展开讨论,实际上是对两汉经学重视文字书写的怀疑和解构。两汉经学过分胶着于六经的文字形式,认为通过文字训诂和名物制度,就可以得到早期文化之道,将文化之道与文字文本等同起来。魏晋清谈一反两汉经学的文字流弊,极为关注言意主次的辩证关系,对社会流俗文化进行了彻底的反思。他们通过言意关系的大讨论,重新建构了玄学的新型理论。20 世纪西方学术界提出了"语言转向"的问题,对人类语言的困境展开了讨论,尤其是针对索绪尔的语言结构论进行了全面的解构,再一次将语言问题摆在了全世界的思想家面前,建构了以语言为核心的现代性和后现代问题。语言现象成为 20 世纪西方学术界的重要发现和学理转向,维特根斯坦提出了语言游戏论,福柯提出了语言权力论,德勒兹提出了语言欲望机器论,他们都对流俗社会的话语系统进行解构与重构,提出了极为尖锐的理论反思与权力批判。但是海德格尔、索绪尔、维特根斯坦、福柯等思想家,仅仅是对社会世俗的话语问题进行形式方面的理论反思,依旧没有为如何走出语言困境的问题带来新的解答。魏晋人对言意关系的讨论,是在有无之辨的基础之上展开的语言哲思,与西方现代性、后现代性的语言转向仅仅关注社会现实的流俗语言与话语权力问题相比,具有不同的学术视角与理论建构,可以为进一步开拓和反思当前全球化语境中的社会语言问题及其未来发展,从玄理层面提供更具历史深度的新视野、新价值。从这个意义上说,魏晋人的言意之辨也是极富现代意义的。

魏晋人的言意关系讨论,大致可以分为"言不尽意"和"言尽意"两个学派。其中言不尽意派主要出现在魏晋时期,其代表人物主要有荀粲、嵇康、张韩等。《三国志》卷十《荀彧传》裴注引何劭《荀粲别传》曰:"粲字奉倩,粲诸兄并以儒术论议,而粲独好言道,常以为子贡称夫子之言性与天道,不可得而闻,然则六籍虽存,固圣人之糠秕。粲兄俣难曰:'《易》亦云圣人立象以尽意,系辞焉以尽言,则微言胡为不可得而闻见哉?'粲答曰:'盖理之微者,非物象之所举也。今称立象以尽意,此非通于意外者也。系辞焉以尽言,此非言乎系表者也;斯则象外之意,

① 汤用彤:《魏晋玄学论稿》,上海古籍出版社 2001 年版,第 24 页。

系表之言,固蕴而不出矣.'及当时能言者不能屈也。"①荀粲认为,孔子既然不言性与天道,那么,儒家六籍尽管保留下来了,但是都与圣人的文化之道无关,所以作为文字文本的儒家六经,就犹如圣人文化之道的糠秕一样,一文不值。儒家六经是两汉经学家奉为圭臬的经典文献,具有绝对的权威性,但是放在"言不尽意"的文化逻辑之中,其至上权威性就土崩瓦解,被一扫而光了。荀粲的"六经糠秕论",为魏晋士人摆脱两汉经学的文字禁锢、开启新的学术思想和文化价值奠定了铺设新道路的可能,也为文化之道的全新解蔽打开了澄明之途。荀粲驳斥其兄荀俣之难时认为,义理与物象之间的关系,是道在(神无)与存在物(存有)之间的微妙关系,前者是关乎人心的神无状态,后者是关乎有名的存有形式,当用有形之象、有名之言来表达无形之神、虚无之意的时候,其实质是一个化无为有的有名过程,"立象以尽意",意就从无之真意到有之名意,有名就取代了无名,有名的形式出现了,有言与有象等可见之物出现了,无形的神无也就随之消失了,无形无名的无意也同时被遮蔽起来了。可见,无形无名的虚无永远不在有形有名的存有之中,而是寄寓在言象之外的"象外之意""系表之言"中。所谓"蕴而不出",就是指神无从虚无到存有的形式生成过程中,虚无被遮蔽了起来,而存有中蕴含虚无,但又遮蔽了虚无。这是一种极为诡异的文化现象。荀粲揭示了有无的文化吊诡现象,也解构了存有的文化形式,批判了存有的可能遮蔽与文化不足,也表达了对存有所蕴藉的"象外""系表"的文化意义与价值追求,对有形语言和外在物象表现出怀疑和抛弃,凸显了文化之道、神无价值的核心地位和神圣价值,是对两汉以来经学重有的彻底抛弃和全面解构,具有开启时代文化新风气的革新意义。嵇康也撰有《言不尽意论》一文,可惜此篇文章已经散佚了,但是这种对传统经学进行全面反思和解构的思想,还表现在他的《声无哀乐论》之中。嵇康认为,相同的情感可以用同一种声音符号或语言符号来表示,同时,同一种声音符号或语言符号,也可以表示或引发不同的情感。心(意)与声(名)之间,并非是一种简单的二元对应的结构关系。这折射出嵇康对言意关系的独特理解。张韩《不用舌论》云:"论者以为心气相驱,因舌而言,卷舌翕气,安得畅理?余以留意于言,不如留意于不言。徒知无舌之通心,未尽有舌之必通心也。仲尼云:天何言哉,四时行焉。夫子之文章,可得而闻也。夫子之言性与天道,不可得而闻,是谓至精,愈不可闻。枢机之发,主乎荣辱,祸言相寻,召福甚

259

---

① (晋)陈寿撰、(宋)裴松之注:《三国志》,中华书局2005年版,第319—320页。

希。丧元灭族,没有余哀,三缄告慎,铭在金人。留侯不得已而掉三寸,亦反初服而效神仙。灵龟启兆于有识,前却可通于千年,鹦武猩猩,鼓弄于笼罗,财无一介之存。普天地之与人物,亦何屑于有言哉。"①张韩认为,与其留心于有言,不如留心于不言,将不言放在有言之上,认为有言、用舌不仅不会带来好处,而且会招来丧元灭族之祸,他提倡慎言、不言的大美,对有言表达了不屑之情。

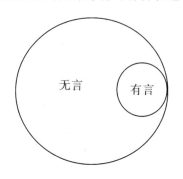

荀粲"无言与有言"图式

魏晋言意之辨的"言尽意"派,可以分为三种论调。第一种论调是何晏的"无名论"。何晏《无名论》云:"为民所誉,则有名者也;无誉,无名者也。若夫圣人,名无名,誉无誉,谓无名为道,无誉为大,则夫无名者,可以言有名矣;无誉者,可以言有誉矣。然与夫可誉可名者,岂同用哉?此比于无所有,故皆有所有矣。而于有所有之中,当与无所有相从,而与夫有所有者不同。同类无远而相应,异类无近而不相违。譬如阴中之阳,阳中之阴,各以物类,自相求从。夏日为阳,而夕夜远与冬日共为阴;冬日为阴,而朝昼远与夏日同为阳;皆异于近而同于远也。详此异同,而后无名之论可知矣。凡所以至于此者何哉?夫道者,惟无所有者也。自天地已来,皆有所有矣。然犹谓之道者,以其能复用无所有也。故虽处有名之域而没其无名之象,由以在阳之远体,而忘其自有阴之远类也。夏侯玄曰:'天地以自然运,圣人以自然用。'自然者,道也。道本无名,故老氏曰:'强为之名。'仲尼称:'尧荡荡无能名焉。'下云'巍巍成功,则强为之名',取世所知而称耳。岂有名而更当云无能名焉者邪,夫惟无名,故可得遍以天下之名名之。然岂其名也哉?唯此足喻而终莫悟,是观泰山崇崛而谓元气不浩芒者也。"②何晏是魏晋时期具有开拓意义的哲学大家,他的"无名论"和"言不尽意论"具有相同的

① (清)严可均辑:《全晋文》,商务印书馆1999年版,第1139页。
② (清)严可均辑:《全三国文》,商务印书馆1999年版,第411页。

文化基调，就是要树立道与无名的文化核心地位。两者之间也存在不同之处："言不尽意论"要彻底抛弃六经，认为六经是无用的、无价值的糠秕，否定有言的文化作用。而何晏的"无名论"则强调道是无名的，但是如果无名仅仅处于无名状态，就无以表达，就永远处于虚无之中，所以无名需要用有名来表达，无名是可名的。实际上，何晏既肯定道是无名的，又肯定道是可名的。

那么，无名之可名与纯粹的有名有什么区别呢？首先，它们都是有名，都是有形的存在之物。其次，它们存在很大的文化价值差异。无名之可名，这时候的有名依旧是以无名为中心价值的，是无所有规定下的有所有。也就是说，这个有名、有所有是贯穿了无名文化价值的有名，即无欲的有名。而纯粹的有名是立足于存有世界而获得的有名，它从一开始就充满了有欲的形式和物质欲望，属于一种没有规定性的有所有，即有欲的有名。

可见，何晏并没有完全抛弃有名。他的有名，是从无名生成的有名，是无所有之有所有，与有名之有所有是截然不同的。他一方面提倡无名的非常名，一方面又抛弃有欲的有名。可以说，何晏是"言尽意"的无名派，或非常名派。何晏既肯定了无名是道的核心价值，又肯定了无名之可名的重要性，对语言本真的形式持保留态度。为了让大家清楚地了解何晏"言尽意"的玄深意蕴，我们绘制了"何晏'无名论'图式"。在图式中，何晏肯定了无名、无名之有名，否定了纯粹的有名，实现了从无名到无名之有名的文化突破，有名就不再是完全被否定的有形存在了。

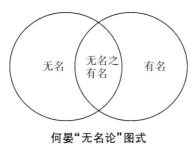

何晏"无名论"图式

"言尽意"的第二种论调是王弼的"得意忘言"论。王弼《周易略例·明象》云："夫象者，出意者也。言者，明象者也。尽意莫若象，尽象莫若言。言生于象，故可寻言以观象；象生于意，故可寻象以观意。意以象尽，象以言著。故言者所以明象，得象而忘言；象者，所以存意，得意而忘象。犹蹄者所以在兔，得兔而忘蹄；筌者所以在鱼，得鱼而忘筌也。然则，言者，象之蹄也；象者，意之筌也。是故存言者，非得象者也；存象者，非得意者也。象生于意而存象焉，则所存者乃非其象也;言生于象而存言焉,则所存者乃非其言也。然则,忘象者,乃得意者也;忘言者,乃得象者也。得意在忘象,得象在忘言。故立象以尽意,而象可忘也;重画以尽情,而画可忘也。……盖存象忘意之由也。忘象以求其意,义斯见矣。"①

王弼的"意"指具有本源性和原初性的本真意义,属于神无的原初编码。象、言属于派生性和生成性的存在之物,象为二级编码,言为三级编码,属于存有的有形层次。第一,从发生学角度来看,一方面,意是原初编码,意(原初编码)生成象(二级编码),象生成言(三级编码)。另一方面,意寄存于象,象寄存于言。这说明意与象以及象与言之间的关系,是一种神圣力量的生发传递关系,也是一种寄存依托关系,从意到象再到言,是一种替代、隐喻的符号转换关系。第二,从意到象,再到言,是一种寄存的符号关系。这也表明作为寄存之物的意不等于寄存对象的象。象不过是意的符号替换。因此作为意的替代符号的象,包括了象的原初符号意义(象内之意),以及象在代替意的过程中所获得的意的寄托意义或象征意义(象外之意)。同样,象也不等于言。言是象的替代之物,言有自身的符号意义(言内之意),还有言代替象的过程中由象所强加的寄托意义或象征意义(言外之意)。可见,言、象之物,不过是意的替代符号,意寄托在言、象之中,但又不等于言、象。如果没有言、象,意就没有可以寄托的地方,可见,言、象也很重要,也具有一定的文化价值。第三,为什么要"得意忘象""得象忘言"呢? 象、言不过是意的寄托之处,如果胶着于言,就无法获得真象,真象等于言内与言外之总和。如果胶着于象,就无法获得真意,真意等于象内与象外之总和。必须先抛弃象内之意,才能获得象外的齐全之意。必须先抛弃言内之象,才能获得言外的齐全之象。从生成论的角度来看,王弼的"得意忘象""得象忘言"与何晏的"无名论"具有相似之处,都强调了大道、真意、虚无、无名的核心价值。不过,何晏更深入地揭示了从虚无到存有的生成过程,是一个符号象征与隐喻转换的文化过程,彰显了两者之间的寄存与遮蔽关系。王弼更彰显了言意之间的寄存关系与文化还原,强调了只有先抛弃言内、象内的有形局限,才能获得更为齐全的真象、真意,才能真正获得齐全无亏损的真意所在。为了让大家清晰了解王弼关于言、象、意关系的意义所在,笔者绘制了王弼言、象、意关系总图式与分图式。

---

① (魏)王弼著、楼宇烈校释:《王弼集校释》,中华书局 1980 年版,第 609 页。

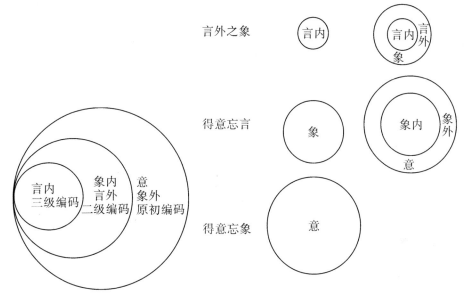

言外之象　　　　　　　　言内　　　　　　言内 言外
　　　　　　　　　　　　　　　　　　　　　　　　象

得意忘言

言内　　象内　　意
三级编码　言外　象外
　　　　二级编码　原初编码

得意忘象

王弼言、象、意关系总图式　　　　　　王弼言、象、意关系分图式

象

象内 象外
意

意

　　"言尽意"的第三种论调是西晋欧阳建的"言意不二"论。欧阳建《言尽意论》云:"有雷同君子问于违众先生曰:世之论者,以为言不尽意,由来尚矣,至乎通才达识,咸以为然。若夫蒋公之论眸子,锺傅之言才性,莫不引此为谈证。而先生以为不然,何哉? 先生曰:夫天不言而四时行焉,圣人不言而鉴识存焉;形不待名而方圆已著,色不俟称而黑白以彰。然则名之于物,无施者也;言之于理,无为者也。而古今务于正名,圣贤不能去言,其故何也? 诚以理得于心,非言不畅;物定于彼,非言不辩。言不畅志,则无以相接;名不辩物,则鉴识不显。鉴识显而名品殊,言称接而情志畅。原其所以,本其所由,非物有自然之名,理有必定之称也。欲辩其实,则殊其名;欲宣其志,则立其称。名逐物而迁,言因理而变,此犹声发响应,形存影附,不得相与为二。苟其不二,则无不尽,吾故以为尽矣。"①首先,欧阳建批评了"言不尽意论",强调了言的重要性和必要性,认为圣人之道如果离开了言,就无法表现出来。其次,欧阳建认为,言、意之间的关系就像形与影一样,是不可人为地剥离开来的。因此,言、意就是一种不二的关系。也就是说,言是意的话语形式,意是言的生成源头和真正意义。这样,用"意之言"来表达

263

① (清)严可均辑:《全晋文》(中),商务印书馆 1999 年版,第 1151—1152 页。

意,意又为什么不能穷尽呢? 如果将言、意分成"为二",言独立于意而存在,言就成了一个随物而变的外在东西,言就彻底成为世俗之物。可见,欧阳建将言分为两类:一类是以意作为文化规定的言,言与意浑然一体,不可分离;另一类是纯粹的无所规定的言,这种言与意不是对等的关系,这种言会遮蔽意。欧阳建的"言尽意",是指用"意之言"来表达意,并非用流俗之言来表达意。

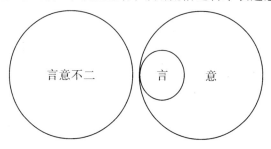

欧阳建"言意不二论"与世俗的言、意二分

"言尽意"的三种论调,尽管各自存在不同的侧重点,但也有相同之处。他们都强调,要以真意作为语言表述的中心价值,与此同时,他们并没忽略言与象的文化存在,认为如果在言与象之中贯彻了真意的核心价值,那么,这种言与象就是可以尽意的,而且通过这种有形的言与象,也可以探究到真意的完整状态与真正存在。

五、麈尾:风流雅器的文化象征

魏晋清谈家深深懂得词不达意的言意困境,为了避免语言表述的有形束缚,他们在清谈活动中基本放弃了文字书写的固定形式,而是采用了辩论的口传形式。清谈的过程中,为了更好地表情达意,形象地呈现出玄理奥义,清谈家还必须借助清谈雅器——麈尾来指意与抒怀。赵翼在《廿二史劄记》卷八"清谈用麈尾"条中指出:"六朝人清谈,必用麈尾。……盖初以谈玄用之,相习成俗,遂为名流雅器,虽不谈亦常执持耳。"①手持麈尾,口若悬河,辨析玄微,成为魏晋名士清谈的典型形象,据白化文《麈尾与魏晋名士清谈》一文,在传世的魏晋名士图像中,大多数清谈名士都手执麈尾。如唐代孙位《高逸图》,其中所画的阮籍便是手执麈尾,石刻《竹林七贤图》中的阮籍形象也是如此。唐代阎立本《历代帝

---

① (清)赵翼著、王树民校证:《廿二史劄记校证》,中华书局2013年版,第170页。

王图》中的孙权也手执麈尾。白化文认为："'麈尾'取义于此，盖有领袖群伦之义。魏晋六朝清谈家习用麈尾。要是善于清言的大名士，才有执麈尾的资格。在这一点上，它有点象某些外国帝王和总统手持的'权杖'，起显示身份的作用。"①麈尾不仅成为清谈家文化身份的外在标志，而且成为清谈家表情达意的特殊工具。尤其在讨论言语无法直达的玄虚问题时，麈尾就可以发挥不言而言的重要功用。

魏晋名士手执麈尾清谈，可能来自早期传统文化中对麈尾的神圣文化诉求，即希望通过麈尾的媒介作用获得精神上的旨意传神，期待通过神灵的依附达到精神玄思的绝对自由状态。王导《麈尾铭》云："道无常贵，所适惟理。谁谓质卑？御于君子。拂秽清暑，虚心以俟。"②王导认为，君子手执麈尾，就可以"拂秽清暑"，扫除人心在世的污秽渣滓，清除外在的暑热，从而使人通达虚静的心灵状态，获取澄明之理。许询《墨麈尾铭》云："卑尊有宗，贵贱无始，器以通显，废兴非己。伟质软蔚，岑条疏理。体随手运，散飙清起。通彼玄咏，申我先子。"③许询《白麈尾铭》云："蔚蔚秀气，伟我奇姿（《御览》作'蔚蔚秀格，伟伟奇姿'）。荏蒻软润，云散雪飞。君子运之，探玄理微。因通无远，废兴可师。"④许询认为，麈尾是"器以通显"，名士手执麈尾，就会秀气丰赡，具有奇伟的容姿风度。而且清气就会强盛，就可以"通彼玄咏"，能够"探玄理微"。可见，名士眼中的麈尾，不是凡间之俗物，而是可以清除人心污秽、通达澄明道心的风流雅器。

麈尾配上玉柄，更是将麈尾与中国早期玉教文化传统直接联系起来。玉石神话是中华早期文化的基因，玉石信仰是早期中国人对本真存在的神话信仰与人类学想象，代表人类灵魂的神性存在。《晋书》卷四十三《王衍传》云："衍既有盛才美貌，明悟若神，常自比子贡。兼声名藉甚，倾动当世。妙善玄言，唯谈《老》《庄》为事。每捉玉柄麈尾，与手同色。"⑤《世说新语·容止第十四》第八条："王夷甫容貌整丽，妙于谈玄，恒捉白玉柄麈尾，与手都无分别。"⑥"白玉柄麈尾"由白玉与麈尾组成。麈尾是麈鹿之尾。从石器时期的岩画鹿象，到甲骨文

---

① 白化文：《麈尾与魏晋名士清谈》，载《文史知识》1982 年第 7 期。
② （清）严可均辑：《全晋文》，商务印书馆 1999 年版，第 176 页。
③ （清）严可均辑：《全晋文》，商务印书馆 1999 年版，第 1460 页。
④ （清）严可均辑：《全晋文》，商务印书馆 1999 年版，第 1460 页。
⑤ （唐）房玄龄等：《晋书》，中华书局 1974 年版，第 1236 页。
⑥ 徐震堮：《世说新语校笺》，中华书局 1999 年版，第 335 页。

中的以鹿祭祀,再到商纣王的鹿苑,无不表明,在早期文化发展中,鹿是神圣的再生神话符号。道教炼丹有鹿车之喻,比喻精气凭借鹿车之力,由尾闾逐渐上升至泥丸,鹿车成为炼丹火候的形象比喻。麈鹿之尾的神圣性和群体性,都赋予了麈尾以文化意义。白玉崇拜体现了早期玉石神话的新发展,奠定了玉石神话信仰在华夏文明中的核心价值。叶舒宪《白玉崇拜及其神话历史初探》云:"白玉崇拜的发生终于奠定华夏文明核心价值的物质原型。随后的玉文化发展以新疆昆仑山和田玉为绝对主脉,'白璧无瑕'遂成为国人心目中完美无缺的价值观表达模式。"[①]"白玉柄麈尾"由两种神圣之物组合而成,不仅有深厚的文化渊源,而且是士人清谈领袖地位的文化象征。名士手持麈尾,不仅仅是一般世俗社会的身份标志,而是具有历史渊源和文化传统的超越性和权威性的文化符号。

麈尾不仅显示了清谈家清贵要切的文化身份,而且在清谈的过程中,当名士们遇到了不可言传只可意会的玄奥命题时,会灵活运用麈尾的特殊行为来传递难以言传的玄妙意蕴。《世说新语·文学第四》第十六条:"客问乐令'旨不至'者,乐亦不复剖析文句,直以麈尾柄确几曰:'至不?'客曰:'至。'乐因又举麈尾曰:'若至者,那得去?'于是客乃悟服。乐辞约而旨达,皆此类。"[②]大清谈家乐广善于在清谈过程中运用麈尾来解答深奥难懂的文化至理。庄子的"旨不至"极为玄微,用语言很难表述其文字以外的文化密码,乐广用麈尾敲打茶几来表述这个义理。乐广先用麈尾敲打茶几,问道:"到了吗?"客人说:"到了。"乐广又高高举起麈尾说:"如果到了,怎么又可以离开呢?"通过言说及运用麈尾,言行相得益彰,非常形象地告诉客人:手指或麈尾的所指,都只能通达物体的外部形态,而未能真正进入物体的内部层面;只有真正通达了事物的道体层面或存在层面,才算达到了事物的玄微之理。乐广手中的麈尾,就扮演了一个解说"旨不至"的生动道具。

在激烈的清谈辩论过程中,清谈家运用麈尾来传情达意,体现了清谈家据理力争、毫不退让的紧张程度。《世说新语·文学第四》第三十一条:"孙安国往殷中军许共论,往反精苦,客主无间。左右进食,冷而复暖者数四。彼我奋掷麈尾,悉脱落,满餐饭中。宾主遂至莫忘食。殷乃语孙曰:'卿莫作强口马,我当穿卿

---

① 叶舒宪:《白玉崇拜及其神话历史初探》,载《安徽大学学报》(哲学社会科学版)2015年第2期。

② 徐震堮:《世说新语校笺》,中华书局1999年版,第110—111页。

鼻。'孙曰:'卿不见决鼻牛,人当穿卿颊。'"①孙盛在殷浩那里清谈,两人来来往往互相辩驳,极为用心,主客二人的理论可以说是无懈可击。仆人端上来的饭菜也顾不上吃,饭菜凉了又热,热了又凉,这样已经好几遍了。双方奋力投掷麈尾,以至于麈尾上的毛纷纷脱落,落到饭菜之中。两人沉浸于清谈,直至傍晚,也没有想起来吃饭。殷浩对孙盛说:你不要做嘴硬的马,小心我穿了你的鼻子。孙盛说:你难道没有看过扯破了鼻子的牛吗?当心我会穿你的腮帮子。孙盛与殷浩之间的清谈不分胜负,口中论辩不断,手中挥麈相争,真是热闹至极。王濛是太原王氏的清谈领袖。他去世时,刘惔将其生前用过的麈尾放入棺椁之中,表达了对名士人去麈亡的哀婉之情。麈尾与名士的文化生命,可谓生死与共。《世说新语·伤逝第十七》第十条:"王长史病笃,寝卧灯下,转麈尾视之,叹曰:'如此人,曾不得四十!'及亡,刘尹临殡,以犀柄麈尾著柩中,因恸绝。"②王濛灯下对麈尾发出生命苦短的感叹,说明名士生命与麈尾雅器是休戚与共的。麈尾这种特殊的风流雅器,是魏晋名士清谈文化的见证者,也是清谈活动的参与者,成为清谈文化特殊的表述方式之一。

六、真假清谈:关于清谈误国论的辨析

清谈是一种文化活动,误国是政治事件。清谈误国,成为魏晋清谈的负面意义。关于清谈是否误国,在东晋时期,清谈家们就开始展开了辩论。

第一,王羲之与谢安之间的讨论。《世说新语·言语第二》第七十条:"王右军与谢太傅共登冶城。谢悠然远想,有高世之志。王谓谢曰:'夏禹勤王,手足胼胝。文王旰食,日不暇给。今四郊多垒,宜人人自效;而虚谈废务,浮文妨要,恐非当今所宜。'谢答曰:'秦任商鞅,二世而亡。岂清言致患邪?'"③王羲之与谢安一起登上冶城。谢安悠然地凝神遐想,有超然脱俗的逸想志趣。王羲之对谢安说:夏禹操劳国事,手脚都起了厚茧。周文王忙到天黑才吃饭,总觉得时间不够用。现在国家战乱四起,人人都应当为国效劳,而虚谈荒废政务,浮词妨害国事,恐怕不是当前该做的事情。谢安回答说:秦国任用商鞅,只传了两代就灭亡

---

① 徐震堮:《世说新语校笺》,中华书局 1999 年版,第 119 页。
② 徐震堮:《世说新语校笺》,中华书局 1999 年版,第 351 页。
③ 徐震堮:《世说新语校笺》,中华书局 1999 年版,第 71 页。

了,这难道也是清谈造成的祸害么？王羲之和谢安都是东晋清谈大家,王羲之反对虚无的清谈,认为虚无的清谈会荒废政务,妨害国家大事。在王羲之看来,名士清谈和政务国事不能顾此失彼,而要彼此兼顾。谢安认为,秦国实施极为功利的法术治国,很快就灭亡了,那时候没有清谈,只讲法术,可见纯粹的法术治国,也是不可长久的。尽管谢安没有正面回答王羲之,但谢安似乎在对王羲之说,不能将政务荒废纯粹归咎于文化清谈,秦国没有清谈,重用法术,反而很快就灭亡了。谢安认为,清谈未必就是虚谈,如果要将清谈所悟的文化之道运用于具体政务,使政务之事不至于昏庸无道,反而能够促进国家事务的治理,有利于治国。

综合王羲之与谢安的观点,首先,治国作为具体性事务,必须要贯彻大道的文化精神与德性价值,否则,仅仅依靠简单的法术,不仅治不好国家,而且会加速国家的灭亡。其次,清谈活动探究的是圣人至理,通过精深玄奥的文化探讨,才能明白圣人大道,在此基础上,辨明妙理,使人心接近文化之道,提高个人的德性存在与品格境界,然后,将文化至理的价值精神贯穿于为人处世与治国之中。这样,就不至于使清谈活动仅仅停留在虚谈、浮文之中。最后,魏晋清谈的核心价值一定要中理,以中理来指导和约束人心人行的社会存在,这样就不是世俗流行的虚言、空谈。

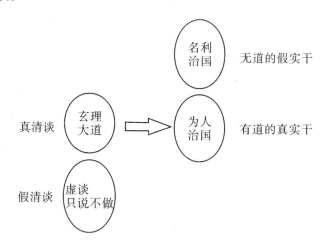

谢安、王羲之真假清谈图式

第二,王濛、刘惔与何充的辩论。《世说新语·政事第三》第十八条:"王、刘与林公共看何骠骑,骠骑看文书,不顾之。王谓何曰:'我今故与林公来相看,望卿摆拨常务,应对玄言,那得方低头看此邪？'何曰:'我不看此,卿等何以得存？'诸人以为佳。"刘孝标注引《晋阳秋》曰:"何充与王濛、刘惔好尚不同,由此见讥于当世。"①王濛、刘惔与支道林等一起去拜访骠骑将军何充,何充正在埋头处理公文,没有时间搭理他们。王濛就对何充说:我们今天特意与林公来看望你,希望你放下手中事务,与我们谈玄说理,怎么能低着头看这些东西呢? 何充说:我不看这些东西,你们这些人怎么能够生存? 王濛等人听了,都认为何充说得对。可见,在何充眼里,政务与清谈是不能相互妨碍的,不能因为清谈而不顾政务。而且众多名士对何充的这种清谈态度也是认可的,以之为佳。刘孝标的注解,明显忽视了众名士对何充的嘉许态度。

第三,桓温与袁虎之间的辩论。《世说新语·轻诋第二十六》第十一条:"桓公入洛,过淮、泗,践北境,与诸僚属登平乘楼,眺瞩中原,慨然曰:'遂使神州陆沈,百年丘墟,王夷甫诸人不得不任其责。'袁虎率而对曰:'运自有废兴,岂必诸人之过?'桓公懔然作色,顾谓四坐曰:'诸君颇闻刘景升不? 有大牛重千斤,啖刍豆十倍于常牛,负重致远,曾不若一羸牸。魏武入荆州,烹以飨士卒,于时莫不称快。'意以况袁。四坐既骇,袁亦失色。"②桓温北伐,进入洛阳,经过淮水、泗水,踏上了北方的土地,和属下登上平乘楼,遥望中原,感叹道,使国土沦陷,百年变成废墟,王衍等人要承担亡国的罪责。袁虎听了,率性回答,国家的命运自有兴废,为什么一定是王衍等人的罪过呢? 桓温听了很生气,就用曹操杀刘表之大牛来恐吓袁虎。袁虎认为,王衍等清谈家的清谈活动重视文化至理,未必是国家衰亡的真正原因,其言下之意,是那些贪权好名的小人导致了国家衰败。

第四,范宁与时人之间的辩论。范宁《王弼何晏论》云:"时以浮虚相扇,儒雅日替,宁以为其源始于王弼、何晏,二人之罪深于桀纣,乃著论曰:或曰:'黄唐缅邈,至道沦翳,濠濮辍咏,风流靡托,争夺兆于仁义,是非成于儒墨。平叔神怀超绝,辅嗣妙思通微,振千载之颓纲,落周孔之尘网,斯盖轩冕之龙门,濠梁之宗匠。尝闻夫子之论,以为罪过桀纣,何哉?'答曰:'子信有圣人之言乎? 夫圣人者,德侔二仪,道冠三才,虽帝皇殊号,质文异制,而统天成务,旷代齐趣。王何蔑弃典文,不遵礼度,游辞浮说,波荡后生,饰华言以翳实,骋繁文以惑世。搢绅之徒,翻然改辙,洙泗之风,缅焉将坠。遂令仁义幽沦,儒雅蒙尘,礼坏乐崩,中原倾覆。古之所谓言伪而辩,行僻而坚者,其斯人之徒欤? 昔夫子斩少正于鲁,太公戮华士于齐,岂非旷世而同诛乎? 桀纣暴虐,正足以灭身覆国,为后世鉴戒耳。

---

① 徐震堮:《世说新语校笺》,中华书局 1999 年版,第 100—101 页。

② 徐震堮:《世说新语校笺》,中华书局 1999 年版,第 446—447 页。

岂能回百姓之视听哉！王何叨海内之浮誉，资膏粱之傲诞，画螭魅以为巧，扇无检以为俗，郑声之乱乐，利口之覆邦，信矣哉！吾固以为一世之祸轻，历代之罪重，自丧之衅少，迷众之愆大也。'"①时人认为，古代圣人之道，随时而衰，以致大道蒙蔽，何晏、王弼等人凭借神奇才能和超绝智慧将圣人之道发扬光大，其功绩是很大的。范宁认为，社会上清谈之人，以虚浮的文辞互相吹嘘，而儒家的人伦秩序被颠覆了，这种礼崩乐坏的社会现象都源自何晏、王弼等人的虚无之论，所以何、王两人的罪过胜过夏桀、商纣。从文化发展的角度来看，何晏、王弼等人光复传统，一反两汉经学的僵化习气与文化弊端，重新恢复圣人的鲜活至理，应该是有功的。可是，后来流俗的清谈者，拘泥于玄理的言说一端，利用虚谈玄理来沽名钓誉，导致出现了文化虚浮的社会风气。范宁将这种流俗的文化流弊归咎于何、王二人，其片面性不言而喻。

南朝以来，清谈误国之论时常被人提起。明末清初以来，似乎更有甚之。如干宝《晋纪总论》云："又加之以朝寡纯德之士，乡乏不二之老，风俗淫僻，耻尚失所，学者以庄老为宗而黜六经，谈者以虚薄为辩而贱名检，行身者以放浊为通而狭节信，进仕者以苟得为贵而鄙居正，当官者以望空为高而笑勤恪。"②唐人所撰《晋书》卷四十三《王衍传》也着力渲染了清谈家的忏悔，其云："呜呼！吾曹虽不如古人，向若不祖尚浮虚，戮力以匡天下，犹可不至今日。"③宋王之望《上吕丞相书》云："后世士不务实，竞为浮诞，以收无用之空名。平居优游，言论风旨足以倾耀天下，及丁变故，则茫然不知所为，魏晋之际，此风尤甚。士大夫有盛名而处显位者，皆号为风流之士，以清谈而取世资。已而远敌骇乎疆场，奸雄发于朝廷，盗贼起于山林，则向所谓风流之士者，皆颠沛失据，身死族灭，而国随之。如司马懿、刘渊、石勒之徒，一世巨猾，其强悍坚忍之性，固已备尝险阻，周知情伪，而何平叔、王夷甫之流欲谈笑而当其冲，是犹深闺曲房窈窕女子，抗强暴之侵陵，岂不殆哉！本朝承平既久，士风凋弊，骎骎有魏晋之风，是以国家不日引，不月长，陵夷而为靖康之祸，此有志之士所以叹息痛恨于前日也。"④顾炎武《日知录》卷十三《正始》云："演说老庄，王何为开晋之始。以致国亡于上，教沦于下，羌戎互

① （清）严可均辑：《全晋文》，商务印书馆 1999 年版，第 1343—1344 页。
② （清）严可均辑：《全晋文》，商务印书馆 1999 年版，第 1368 页。
③ （唐）房玄龄等：《晋书》，中华书局 1974 年版，第 1238 页。
④ 曾枣庄、刘琳主编：《全宋文》（第 197 册），上海辞书出版社、安徽教育出版社 2006 年版，第 252 页。

僭，君臣屡易，非林下诸贤之咎，而谁咎哉！有亡国，有亡天下，亡国与亡天下奚辨？曰：易姓改号谓之亡国。仁义充塞，而至于率兽食人，人将相食，谓之亡天下。魏晋人之清谈，何以亡天下？是孟子所谓杨墨之言，至于使天下无父无君，而入于禽兽者也。"①陈寅恪《清谈误国》云："如果是林泉隐逸清谈玄理，则纵使无益于国计民生，也不致误国。清谈误国，正因在朝廷执政即负有最大责任的达官，崇尚虚无，口谈玄远，不屑综理世务之故。"②干宝、王之望、顾炎武、陈寅恪等都认为，清谈是误国的。其实他们所批判的"清谈"，不是颜之推等名士所推崇的追求圣人大道的真清谈，而是世俗社会仅仅为了获取世资的假清谈，这种虚谈是一种娱乐取誉的流俗清谈。

271

　　魏晋人的清谈之理是圣人之理，是关乎士人文化资本与本真存在的至理。第一，清谈家不是圣人，他们爱好和追求圣人的文化至理，但是并不意味着他们就具备了、掌握了圣人之道，也不意味着他们就能够如圣人一样，正确处理好有名与无名的存在关系。第二，清谈活动可以帮助清谈家明晰、通晓、接近圣人之理，使魏晋人在性情方面更能通达神圣的人性真美，能够自由率性地将神性存在的清淡美、风神美展示出来。第三，清谈家也是现实世界的一种存在，如何将文化至理的文化价值贯穿于社会世界的为人处世中，如何将文化之道的智慧价值运用于安邦治国的社会实践，以实现圣人文化的群体价值，清谈家似乎还没有真正做到，也没有如圣人王道政治那样，真正安定天下，造福百姓。依据早期圣人的文化之道和文化建构，圣人不仅是文化场域的领袖，而且是世俗政治场域、军事场域的领袖，圣人不过是将神道文化的智慧价值，自然地、合理地贯通于现世的各个场域而已。清谈家如何将自身在清谈活动之中所体会到、领悟到的文化之道贯穿于社会政治实践，这要看个人的具体智慧和坚定信念。同样是清谈家，有的名士如王导、谢安，就善于将清谈所获得的至理大道，运用在安邦治国之中，有的名士如王衍，可能就不善于将清谈与国家事务联系起来，以至招来后人的指责。通过清谈获得的至理，就看名士怎么运用。名士们在社会上的具体实践与治国效果，能说明他们所领会的文化玄理有高低层次的不同，也能显示出他们的清谈是真清谈还是假清谈。

　　可见，通过清谈可以领会到大道至理，同时还要善于将其灵活地运用于社会

① （清）顾炎武：《日知录校注》，安徽大学出版社 2007 年版，第 721—722 页。
② 万绳楠整理：《陈寅恪魏晋南北朝史讲演录》，黄山书社 1987 年版，第 58 页。

实践中。颜之推对魏晋清谈家的现世实践情况做了一定的总结。我们可以从颜氏的评价中体会到，尽管魏晋清谈家都学习、领会了文化之道，但是这种文化之道在每个人身上的表现不同，各有偏重。而且由于清谈家很难达到圣人状态，所以他们又难免会有一些文化缺点。

颜之推《颜氏家训·勉学》云："夫老、庄之书，盖全真养性，不肯以物累己也。故藏名柱史，终蹈流沙；匿迹漆园，卒辞楚相，此任纵之徒耳。何晏、王弼，祖述玄宗，递相夸尚，景附草靡，皆以农、黄之化，在乎己身，周、孔之业，弃之度外。而平叔以党曹爽见诛，触死权之网也；辅嗣以多笑人被疾，陷好胜之阱也；山巨源以蓄积取讥，背多藏厚亡之文也；夏侯玄以才望被戮，无支离拥肿之鉴也；荀奉倩丧妻，神伤而卒，非鼓缶之情也；王夷甫悼子，悲不自胜，异东门之达也；嵇叔夜排俗取祸，岂和光同尘之流也；郭子玄以倾动专势，宁后身外己之风也；阮嗣宗沈酒荒迷，乖畏途相诫之譬也；谢幼舆赃贿黜削，违弃其余鱼之旨也：彼诸人者，并其领袖，玄宗所归。其余桎梏尘滓之中，颠仆名利之下者，岂可备言乎！直取其清谈雅论，剖玄析微，宾主往复，娱心悦耳，非济世成俗之要也。洎乎梁世，兹风复阐，庄、老、周易，总谓三玄。武皇、简文，躬自讲论。周弘正奉赞大猷，化行都邑，学徒千余，实为盛美。元帝在江、荆间，复所爱习，召置学生，亲为教授，废寝忘食，以夜继朝，至乃倦剧愁愦，辄以讲自释。吾时颇预末筵，亲承音旨，性既顽鲁，亦所不好云。"[1]在这段文字中，第一，颜之推肯定了老庄之道的重要文化意义。他认为，老庄的学说讲的是如何持守本真、修养本性，不肯以外物来烦劳自己，具有很大的文化意义。第二，魏晋清谈家学习老庄思想，只学到了圣人之道的一个方面，局限很大。何晏、王弼师法前贤，陈说崇尚玄理，相互矜持夸耀，犹如影子附身、草木顺风一般，但他们认为自己是神农、黄帝的化身，重视自己虚无的文化存在，而将周公、孔子还很重视的外在功业的方面弃于一旁了。老庄关注的是自身存无的本身存在，而周孔关注的是自身存有的常身存在，只有将人的本身（无名）与常身（有名）结合起来，才是早期圣人统一的完整存在。魏晋名士在存有与存无之间的文化徘徊，决定了他们仅仅通达了大道的一部分价值。第三，颜之推剖析了清谈家在通理与行为方面的分离情状，这种分离情状也决定了清谈家的言高手低。这也表明，清谈家在领会义理的时候，可能只是停留在义理的辨析之中，而未能真正领会文化之道的精神实质，或只是部分地接近文化之道，还没

① 王利器：《颜氏家训集解》（增补本），中华书局 1993 年版，第 186—187 页。

有真正打开神无的大道价值。何晏因为党附于曹爽而被杀，这是触犯了贪念权势的禁忌。王弼凭借自己的长处而讥笑别人，招致怨恨，这是掉入了争强好胜的陷阱。山涛因为贪吝积蓄而遭到世人议论，这是违背了外在蓄财越多而内在本性丧失就越大的古训。夏侯玄因为自己的才能声望而遭到杀害，这是因为没有从庄子所说的支离疏与雍肿散木那里汲取经验。荀粲丧妻之后，伤心不已，这就不是庄子鼓盆而歌的情怀了。王衍因哀悼丧子，悲不自胜，这也不是东门吴对待丧子之痛的放达了。嵇康排斥流俗而招致杀身之祸，这与老子的和光同尘也是不一致的。郭象因声名显赫而投身权势，这也不是老子后身外己的处世作风。阮籍纵酒迷乱，这违背了庄子"畏途相诚"的义理宗旨。谢鲲因家僮贪污而丢官，这违背了庄子"弃其余鱼"的文化精神。这些清谈家都是清谈场域的领袖人物，都是崇尚文化之道的著名贤士，但他们的在世状态都存在很多不足之处。至于其他混迹于尘世污秽之中，追名逐利的清谈之人，就更不值一提了，他们不过是选择一些清谈雅论的主题，口头剖析其中的玄微之处，宾主相互辩驳，从中获取一些乐趣罢了。这种以清谈为娱乐的行为，就不是为提升境界、救济社会、形成良好风气的好事了。可见，真正的清谈家与一般流俗的清谈之人是不同的。前者不仅积极探究自身存在的文化真理，而且善于将大道真理贯彻于人的社会实践之中，但魏晋人还没有真正达到圣人状态，难免会在现世之中留下各种遗憾。而流俗的清谈之人，仅仅是耍弄嘴皮子，他们剖析玄理，附庸风雅，以此获得外在的权势名誉，仅此而已，既不会给社会带来任何价值，也不会通过清谈提高自身的境界。颜之推对前者持有惋惜之情，对后者则持批判的态度。第四，颜之推还回顾了亲身参与清谈活动的文化体验。他回忆了自己在萧梁任职时，与梁元帝萧绎等人清谈的佳话，并认为，当时能够亲身聆听元帝的清谈与教诲，收益颇丰，可惜个人资质鲁钝，也不擅长清谈，对清谈活动充满了崇敬之情。

273

唐翼明《中华的另一种可能：魏晋风流》云："王导、谢安都是有名的清谈家，他们何尝误了国，怎么到王衍手中就误了国？可见问题不在清谈，问题在王衍。王衍没有经邦治国的本事，又一天到晚高谈阔论，不干正事，那不误国才怪。"[①]清谈家如王导、谢安等，结合国家的实际情况，运用清谈至理来治理国家，使得东晋出现了中兴的良好局面。冯友兰《论风流》云："真正风流的人有深情，但因其亦有玄心，能超越自我，所以他虽有情而无我，所以其情都是对于宇宙人生的情

---

① 唐翼明：《中华的另一种可能：魏晋风流》，民主与建设出版社2014年版，第110页。

感,不是为他自己叹老嗟卑。……真正风流的人,有情而无我,他的情与万物的情有一种共鸣。"①魏晋人的清谈有真清谈和假清谈之分。真清谈的名士指那些能在清谈之中体悟文化之道的清谈家,这些清谈家通过清谈活动,洞察了玄心,通达了无我之境,获得了文化真身的美好存在,这种人是真正风流的人。后人批判的不是这种真正风流的人,而是那些假清谈的空虚浮华之人。这种假清谈的人是通过清谈来获取外在名誉,获取个人的权势与利益,是一种流俗的虚假清谈,这种假清谈才会真正误国。笔者所讨论的魏晋清谈,是指悟道求真的真清谈,不是为谈而谈的假清谈。真清谈接近的、体悟的是圣人大道,是有利于国家的。假清谈是流俗的文化习气,是误国误己的、害人害己的。

七 、结 论

魏晋清谈是魏晋人开启的学术新模式。这种学术模式与两汉的经学模式截然不同,体现了魏晋人从外在的现实世界回归人自身内在精神的至理世界,体现了魏晋人对义理玄胜的学术热情与哲学沉思。

在人物品藻中,清谈成为士人获得士人群体文化认同的重要文化活动。很多名士都擅长清谈义理,从而成为名士的文化领袖与崇拜偶像,受到众多清谈家的赞誉。可见,清谈成为名士拥有文化身份与文化自信的重要标志。

魏晋人痴迷清谈,夜以继日,从中获得了至理存在的巨大乐趣与文化愉悦。名士们甚至将清谈的文化价值放置在事功价值之上,甚至为了明辨神圣的至理,不惜耗散自身的精神体力,表现出极度的沉醉。

魏晋人的清谈不像两汉经学。经学知识注重文字书写,显得极为沉寂。魏晋清谈是一种综合表意的口传文化系统,清谈家的言语辞藻重在表述至理意义,而且他们的语词声音、语调、节奏、语气、眼神、身姿、动作等诸多言谈行为,都参与了清谈的意义建构与辩驳活动,是一场生动有趣的口传心授活动,显得气韵生动,生机无限。清谈的具体方式为口头驳难,不仅强调清谈语词要中理,同时推崇语词要生动活泼、打动人心。他们尤其反对空洞的浮文、游辞。

魏晋清谈的核心主题之一就是言意关系问题。魏晋人的言意之论,可以分为"言不尽意"派与"言尽意"派。提倡"言不尽意"的学者有荀粲、嵇康、张韩等。

---

① 冯友兰:《三松堂全集》(第 5 卷),河南人民出版社 2000 年版,第 314—315 页。

他们认为：言是有形的符号，意是无形的心声，任何有形的语言都会遮蔽真意的无形存在。他们对有言进行彻底解构的文化反思，激活并建构了真意的鲜活存在与价值中心。提倡"言尽意"的学者有何晏、王弼、欧阳建等。他们认为：一方面，意生成象、言、名；另一方面，意寄存于象、言、名。如果从象、言、名的角度来看，就存在真象与假象、真言与假言、无名与有名的文化分歧。何晏提倡无名之有名，反对有欲之有名。王弼提倡真意、真象、真言，反对假言、假象、假意。欧阳建提倡言意不二，反对言意分裂。这两派都以真意为文化价值中心，剥离并反思了言的多种可能性。

麈尾是魏晋名士的风流雅器。手执麈尾，成为名士的文化群体形象。麈尾不仅是清谈家文化身份的外在标志，而且成为清谈家表情达意的特殊符号。在清谈活动中，清谈家的麈尾成了名士们辨析玄理、传情达意的重要工具。

魏晋人的清谈有两种情况。一种是感悟圣人至理的真清谈。真清谈接近的、体悟的是圣人之道，有利于自身领会文化至理，并利用文化至理来为人处世、治理国家，将文化至理与社会实践结合起来，并不完全沉浸于文化玄理，而荒废社会事功。另一种是沽名钓誉的假清谈。假清谈是流俗的文化行为，追求的不是文化至理，而是利用清谈的文化形式来谋求私己利益，谋求虚名浮誉。这种假清谈是误国误己，害人不浅。

我们提倡的是魏晋名士追求至理的真清谈，提倡的是魏晋人真性流露的真风流，反对的是流俗有欲的假清谈，批判的是机械模仿的假风流。

第十一章　至理冥壑：魏晋清谈与佛教中国化进程之关系

千里莺啼绿映红，水村山郭酒旗风。南朝四百八十寺，多少楼台烟雨中。

——（唐）杜牧：《江南春》

直到西晋、东晋之交，中国本土的知识与思想还占据着知识阶层的主要视野，在思想世界垄断着话语权力的知识阶层，对这种来自异域的宗教毕竟还缺乏特别的兴致，也还缺乏深入的理解。

——葛兆光：《佛教东传及其思想史意义》

玉石之路到丝绸之路，再到佛教东传，这是东西方文化交流极为古老的传播之路。佛教何时传入中国境内，没有具体文献记载。据英国学者彼得·弗兰科潘的《丝绸之路——一部全新的世界史》所载的"公元前600年之前佛教传播路线图"①来看，佛教很早就由中亚细亚传到了西域地区。汉武帝时期，张骞出使西域，再次开通中原与西域、西亚之间的贸易通道，早期玉帛之路转变成为举世闻名的丝绸之路。伴随着东西方商业贸易的往来，印度的佛教文化从西域继续向东传播。至于何时正式传入中土，学术界说法很多。

---

① （英）彼得·弗兰科潘：《丝绸之路——一部全新的世界史》，邵旭东、孙芳译，浙江大学出版社2016年版，第33页。

至少在东汉明帝时期,佛教已经正式进入中土。尽管那时佛教已经得到一些帝王、士大夫的喜爱与支持,但是还未能与本土知识加以融合,一直处于一种疏离于东方主流文化的边缘状态。汤用彤在《汉魏两晋南北朝佛教史》中云:"佛教在汉世,本视为道术之一种。其流行之教理行为,与当时中国黄老方技相通。其教因西域使臣商贾及热诚传教之人,渐布中夏,流行于民间。上流社会,偶因好黄老之术,兼及浮屠,如楚王英、明帝及桓帝皆是也。至若文人学士,仅襄楷、张衡略为述及,而二人亦擅长阴阳术数之言也。此外则无重视佛教者。……及至魏晋,玄学清谈渐盛,中华学术之面目为之一变,而佛教则更依附玄理,大为士大夫所激赏。"①到了魏晋南朝时期,佛教经历了两百余年的沉寂与清冷,突然声名鹊起,得到了蓬勃发展,并且与儒道两家形成中华学术、文化思想的三足鼎立之势,成为中古华夏文化的核心价值和主流文化。据唐道世《法苑珠林》卷一百二十记载:西晋有佛寺180所,僧尼3700人。而进入东晋以后,这一数据就变为佛寺1768所,僧尼24000人。入南朝后,宋有佛寺1913所,僧尼36000人;齐有佛寺2015所,僧尼32500人;梁有佛寺2846所,僧尼82700人;陈有佛寺1232所,僧尼32000人。显然,佛教自东晋开始走向兴盛,至梁达到顶峰,陈代数据虽有所回落,但整体而言依然较为兴盛。②

佛教在魏晋南朝时期兴盛的原因是很复杂的,其中最为重要的原因之一,就是魏晋清谈。汤用彤在《综论魏晋佛法兴盛之原因》中云:"贵介子弟,依附风雅,常为能谈玄理之名俊,其赏誉僧人,亦固其所。此则佛法之兴得助于魏晋之清谈,原因二也。"③任继愈《中国佛教史》云:"佛教般若学说依附于魏晋玄学,故能在上层士大夫知识阶层受到重视,而得以流行。两晋之际,一些著名佛教学者和僧人随着晋王室南渡,开拓了东晋佛教的新局面。"④

结合佛教的发展困境与清谈的理论困境可以看出,佛教在魏晋时期能够迅速发展,其主要原因在于:第一,佛教在长期的文化传播过程中,为了能够在中土繁衍生存,僧人们主动积极地将佛教的教理与玄学家的玄学思想结合起来,促进了佛教的本土化和玄学化进程,使佛教得到魏晋名士的文化认同。第二,魏晋清

① 汤用彤:《汉魏两晋南北朝佛教史》(增订本),北京大学出版社2011年版,第67页。
② 高文强:《东晋南朝文人接受佛教研究》,中国社会科学出版社2012年版,第4页。
③ 汤用彤:《汉魏两晋南北朝佛教史》(增订本),北京大学出版社2011年版,第108页。
④ 任继愈:《中国佛教史》(第二卷),中国社会科学出版社1985年版,第22页。

谈重视理论创新,当名士出现了理论枯竭的文化困境时,佛教义理来自异域他乡,理论新颖而无滞碍,犹如一股清泉,给魏晋清谈注入了理论活力,带来了新型的理论话语,成为魏晋清谈的重要理论资源与源头活水。尽管在才性论、有无论、养生论、言意论等诸多玄学领域,魏晋清谈取得了很大的成绩,但是名士们长期的理论言说和清谈辩驳,很容易使大道玄理(无名)陷入"言筌"(有名)的疆界壁垒,魏晋清谈面临着理论匮乏、话语陈旧等问题。而佛教的精深教理和涅槃空性,不仅具备了魏晋玄学的玄胜精妙,而且能够帮助魏晋玄学家、清谈家在落入言筌、陷入僵化的文化困境时,重新获取理论与话语上的源头活水,开启思想上的全新理论思路与鲜活生命,将魏晋清谈从世俗化、格式化的假清谈之中拯救出来,为魏晋名士的文化之道和文化资本注入了无尽活力,提升了魏晋清谈的境界,进一步维护了清谈家标新立异的文化价值和群体认同。佛教与玄学清谈两方面的共同需求,产生了异域文化与本土知识的学术共鸣、学术互补,西学东传的佛教文化才开始为中土名士所接受所重视。中土名士投入极大的学术热情去翻译佛经,研究佛理,并开始将佛教义理的讨论纳入清谈文化的主题,开启了魏晋清谈的新话题和新局面,使得魏晋学术和本土文化出现了巨大的学术转型。从此,佛教就不再以外来异教的文化身份出现在华夏文化大家庭中,而是以本土佛教的文化身份在华夏大地上生根发芽,传播发展。

一、披衿致契:名僧与名士共入一流

僧人本应该居住在远离人间的寺庙之中,过着极为清贫、孤寂、远离红尘的日子。可是魏晋时期的僧人改变了传统僧人萧条方外的隐居状态,开始游离于山林与朱门之间,不断地将佛教文化输入给魏晋名士,使得佛教文化开始得到魏晋士人的理论认同和文化认可。《世说新语·言语第二》第四十八条:"竺法深在简文坐,刘君问:'道人何以游朱门?'答曰:'君自见其朱门,贫道如游蓬户。'或云卞令。"刘孝标注引《高逸沙门传》曰:"法师居会稽,皇帝重其风德,遣使迎焉,法师暂出应命。司徒会稽王天性虚澹,与法师结殷勤之欢。师虽升履丹墀,出入朱邸,泯然旷达,不异蓬宇也。"[1]高僧竺法深与简文帝坐在一起,这表明名僧与皇室贵族、名士贵族之间的交流已经不是一般的交往,而是一种和谐相处、

---

① 徐震堮:《世说新语校笺》,中华书局 1999 年版,第 60 页。

融为一体的文化现象。刘惔质问竺法深:僧人为什么与朱门中的名士交游？可见,在常人眼中,僧人深居山林,名士出入朱门,原本是两个不同世界的人物,没有什么交集,是难以走到一块的。竺法深的回答极为巧妙,他说:在你的眼中,我现在身处朱门,而在我看来,游于朱门与游于蓬户却没有什么两样。从竺法深与刘惔的反唇相讥可以看出,刘惔重视名士与名僧之间的文化差异,认为名士喜欢朱门,名僧喜欢山林,这两种文化之间的矛盾冲突是不可调和的。竺法深却摆脱世俗局限,站在佛教空性的文化角度,认为自己尽管现在身处朱门之中,但对于心中以空无文化立身的僧人来说,名士以之为傲的朱门,与山林蓬户没有什么差异。可见,名僧是从空无的文化价值出发,将名士眼中的朱门贬为蓬户,说明名士身处朱门中却心如蓬户一般贫贱可悲。名僧如今游于蓬户,就是为了让心如蓬户一样贫贱的名士能够真正将名士文化重新放置在文化富有之中。竺法深可谓一语中的,既揭示了清谈家以外在富贵(朱门)作为富有(真无)的理论困惑,也为清谈家指明了一条颠倒贫富的文化新路。名士与名僧在真清谈、真富有、真文化方面都极为重视人性的本真状态,具有相同的文化追求。也正是这种文化相通性、超越性与认同性,使得名士与名僧可以共处一室,相互切磋,获得发自内心深处的满足与共鸣,而不是犹如现实社会的朱门与蓬户那样,存在永远难以逾越的鸿沟。

魏晋以来,名僧与名士频频交游,相互沟通,促进了佛教与魏晋玄学的相互发现和相互认可。汤用彤《汉魏两晋南北朝佛教史》云:"夫《般若》理趣,同符《老》、《庄》。而名僧风格,酷肖清流,宜佛教玄风,大振于华夏也。西晋支孝龙与阮庾等世称为八达。而东晋孙绰以七道人与七贤人相比拟,作《道贤论》。名人释子共入一流。"①任继愈《中国佛教史》云:"两晋之际,中原不少佛教名僧避难江左,在南方积极开展传教活动。他们与东晋信奉佛教的王公士大夫交往密切,成为他们的座上客,或同游山玩水,或共属文赋诗,或谈玄说法,或设斋礼佛。主要的名僧有:竺法汰,帛尸梨蜜多罗,康僧渊,康法畅,竺道潜,支遁,竺法义,于法兰,于法开,于道邃,以及慧远等。"②

名僧与名士之间的交游不是世俗的名利之交,也不存在如朱门与蓬户之间的巨大经济差异,而是一种以文化之道、佛教之理为基础的文化交游,他们为了

---

① 汤用彤:《汉魏两晋南北朝佛教史》(增订本),北京大学出版社 2011 年版,第 88 页。
② 任继愈主编:《中国佛教史》(第二卷),中国社会科学出版社 1985 年版,第 530 页。

一个更为高远的文化期许与理想目标而结为盟友。《世说新语·言语第二》第四十五条："佛图澄与诸石游，林公曰：'澄以石虎为海鸥鸟。'"①佛图澄是两晋时期著名的高僧，弟子有名僧道安、竺法汰等。佛图澄在永嘉年间来到洛阳，本想在京师建立寺院，正值刘曜攻陷洛阳，因而潜居在草野山林之间。后来石勒称帝，建立赵国。石勒、石虎等人都以佛图澄为师。支道林评价说：佛图澄是以石虎为海鸥之鸟。这里暗用了《列子·黄帝篇》的一则典故，说的是一个小伙子喜欢海鸥，天天到海上与海鸥玩耍。有一天，他的父亲要他捉一只海鸥回来玩。第二天，他来到海边，海鸥却在天上盘旋着，久久不肯下来。在这段话中，支道林将佛图澄比喻成那个没有任何心机的小伙子，将石虎比喻成海鸥。佛图澄与石虎等之间的交游，就好比是那个丝毫也没有心机的小伙子与海鸥之间的交游，这种交游乃是物我双泯的文化交游关系。如果那个原本没有心机的小伙子，接受了他父亲的请求，那么，海鸥就再也不会下来与之玩耍了。也就是说，如果佛图澄等僧人怀有各种世俗的心机，没有完全泯除人间的各种欲望，那么，诸石也就不会以之为师了。支道林对佛图澄的点评，形象概括了名僧与名士之间的交游关系，不是充满心机的世俗攀游，而是不带任何名利目的的文化交游。支道林与竺法深在解释僧人与名士之间的关系时，都是着眼于名僧是为了宣扬佛教义理，不带有其他任何个人的现世名利欲求。他们都强调，如果名僧存有任何朱门、权势、心机等世俗欲望，都会致使名士对名僧群体敬而远之，就犹如海鸥一样。这凸显了名僧与名士交游的共同之处在于文化交游，是以文化之道、佛教真如的本真价值，作为名僧与名士交游的价值基点。

名士与名僧共入一流，意味着他们在文化精神和士人价值方面获得了共鸣和认可，这种文化共鸣才是名士与名僧交游的文化基础，离开了这个文化基础，名士与名僧不可能在这个世俗社会中获得默契。《世说新语·简傲第二十四》第七条："高坐道人于丞相坐，恒偃卧其侧。见卞令，肃然改容云：'彼是礼法人。'"②这位高坐道人就是过江名僧帛尸梨蜜多罗。帛尸梨蜜多罗与王导是同一流人物，所以他与王导交游，不拘礼节，仰卧其侧，极为随意。而见到尚书令卞壶来了，神态立即变得恭敬端庄，并说道：他是一个讲究礼法的人。《高僧传》卷一《帛尸梨蜜传》云："晋永嘉中，始到中国，值乱，仍过江，止建初寺。丞相王导

280

---

① 徐震堮:《世说新语校笺》,中华书局 1999 年版,第 58 页。
② 徐震堮:《世说新语校笺》,中华书局 1999 年版,第 413 页。

一见而奇之,以为吾之徒也,由是名显。太尉庾元规、光禄周伯仁、太常谢幼与、廷尉桓茂伦,皆一代名士,见之,终日累叹,披衿致契。导尝诣密,密解带偃伏,悟言神解。时尚书令卞望之亦与密致善,须臾望之至,密乃敛衿饰容,端坐对之。有问其故,密曰:王公风道期人,卞令轨度格物,故其然耳。诸公于是叹其精神洒厉,皆得其所。"①王导初次见到高僧帛尸梨蜜多罗时,就对这个僧人感到很好奇,感叹道:这个人是"吾之徒"。这意味着帛尸梨蜜多罗的风神风姿与魏晋名士极为相似,获得了王导的赞许。除了王导以外,庾亮、周颐、谢鲲、桓彝等都是一代名士,他们与帛尸梨蜜多罗都交往密切。所谓"披衿致契",是指名士与名僧解开衣襟,坦诚相见,无所顾忌,无所分歧,心怀舒畅,情投意合,在心领神会的玄理中,达到了高度的契合。"披衿致契"展示了名士与名僧之间的文化融通与融洽契合,这种交游不是普通人的世俗交游关系,而是一种心灵上的文化交通,情趣上的情投意合。当时所有的名士都评价帛尸梨蜜多罗是一个精神洒厉的和尚,凸显了他与魏晋名士的文化精神、审美趣味是完全一致的。《世说新语·赏誉第八》第四十八条:"时人欲题目高坐而未能。桓廷尉以问周侯,周侯曰:'可谓卓朗。'桓公曰:'精神渊著。'"②当时的名士想给高坐和尚一个恰当的评语,但都没有想到最恰当的词语。桓彝以此问周颐,周颐就说:这个僧人可谓卓荦不凡、爽朗俊秀。桓温曾经评价他说:这个人精神渊深、光彩动人。可见,帛尸梨蜜多罗不仅符合名士的才性之美,而且成为名士崇拜的新偶像。《高僧传》卷一《帛尸梨蜜传》云:"王公尝谓密曰:'外国有君,一人而已。'密笑曰:'若使我如诸君,今日岂得在此。'当时为佳言。"③王导曾对高坐僧人说:在外来的僧人中,你是独一无二的。高坐笑着说:如果我和其他的僧人一样,我今天怎么能在这里呢? 高坐僧人心里明白,是因为自己坚守了佛教的真如空性,所以才在为人、为学、为教等诸多方面与众不同,才获得了诸多名士的文化认可与赞许。否则,自己也不可能与众多名士交游,也不可能得到他们的尊敬和礼遇。

甚至在名士眼中,僧人成为高人一等的特殊存在。《世说新语·容止第十四》第三十一条:"王长史尝病,亲疏不通。林公来,守门人遽启之曰:'一异人在门,不敢不启。'王笑曰:'此必林公。'"刘孝标注引《语林》曰:"诸人尝要阮光禄

---

① (南朝梁)释慧皎撰、汤用彤校注:《高僧传》,中华书局 1992 年版,第 30 页。
② 徐震堮:《世说新语校笺》,中华书局 1999 年版,第 247 页。
③ (南朝梁)释慧皎撰、汤用彤校注:《高僧传》,中华书局 1992 年版,第 30 页。

共诣林公。阮曰：'欲闻其言，恶见其面。'此则林公之形，信当丑异。"①王濛是一代名士。他生病了，就告诉门人，无论是亲疏好友来探病，都不要禀报。支道林来了，守门人立刻来禀报说：有一个与众不同的人，在门口，说要来看望你。王濛笑着回答：这个人一定是支道林。刘孝标在注中将"异人"解释为支道林的相貌极为丑异，这是不妥当的。支道林的"异"，不仅仅表现在相貌上与众不同，这种相貌的丑异不足以使门人打破王濛定下来的禀报规矩。支道林的"异"更多的是风神潇洒、风姿优美方面的特异，这种名僧风度足以令人陶醉不已，为之倾倒。王濛未见其人，就猜到了这个人肯定是支道林，因为他知道，在这个世界上，只有名僧支道林才具有这样令人倾倒的独特魅力。而且王濛也没有因为门人打破了他制定的规矩而生气，反倒是笑着说，也可以看出，支道林的到来，不仅不会令其感到心烦，而且还令其感到舒心，使其病情减轻。生了重病的王濛拒绝见其他人，而对于支道林的来访却极为高兴。可见，名士对当时的名士风范已经有所厌倦，而对名僧的渊深风度却充满渴望，名僧似乎成了拯救名士文化的一剂良药，佛教文化也成为名士文化的源头活水，佛教已经深入到名士的心灵深处，获得名士群体的文化认同。

名士与名僧之间的频繁来往，达到了"披衿致契"的亲密程度。一方面，名僧有机会展示佛教义理、空如境界的美好，名僧的精神风采与神姿风度，令名士神往，他们似乎发现了一个比名士文化更为神奇的文化新大陆，那里蕴藏着无比神奇的精神宝藏，等待着他们去发掘、传承。另一方面，名士在名僧的空性真如鉴镜中，才能发现名士传统的文化理想原来不在现世的名士文化之中，这促使他们开始接受和接近佛教的义理智慧与存在价值，全面改造名士文化，放弃并摆脱名士文化的流俗陋习，借用佛教思想的资源优势，更有效地回归原初的文化之道与优美传统。此时的佛教，就不再是原来极为陌生的异域文化，而是针砭魏晋清谈文化的猛药良剂。也正是这猛药良剂，使名士们"蓦然回首，那人却在灯火阑珊处"，魏晋学术与魏晋清谈就是在这种蓦然回首的文化证悟中，获得了一次全新的飞跃与转型。

---

① 徐震堮：《世说新语校笺》，中华书局 1999 年版，第 341 页。

二、理应在阿堵上：魏晋名士的佛教崇拜风气

名僧身上具有一种后来居上、领袖群伦的士人风姿和文化底蕴，他们不仅成为名士家中的座上之客，而且成为名士文化的精神偶像。在名士群体文化中得不到的东西，却能够在名僧那里得到，名僧开始被名士们奉为神僧。《世说新语·文学第四》第三十六条刘孝标注引："《道贤论》以七沙门比竹林七贤。遁比向秀，雅尚庄、老。二子异时，风尚玄同也。"[①]孙绰在《道贤论》中，将两晋时期的七位名僧比作魏晋名士的代表人物竹林七贤。将竺法护比作山涛，认为他们都是"风德高远"的人。将帛远比作嵇康，认为他们都是"俊迈之气"的人。将竺法乘比作王戎，认为他们都是"机悟之鉴"的人。将竺道潜比作刘伶，认为他们在"旷大之体"方面是相同的。将支遁比作向秀，认为他们都是"雅尚庄、老"，尽管"二子异时"，但是"风尚玄同"。将于法兰比作阮籍，认为他们都是"至人之流"的人物。将于道邃比作阮咸。[②] 竹林七贤是魏晋文化的典范人物，孙绰将七位名僧比作竹林七贤，体现了名僧在名士眼中的崇高地位和典范作用，名僧不再是普通的和尚，而是堪称超群绝伦的士人领袖了。任继愈在《中国佛教史》中云："上述高僧（包括帛尸梨蜜多罗、康僧渊、康法畅、竺道潜、竺法义、于法兰、于法开、于道邃等人）大部分来自北方，除宣传大乘佛教《般若经》（有的还善《正法华经》）外，也兼通老庄玄学。他们与崇尚清谈的东晋上层社会有着密切的交往。他们讲经说法，经常借用老庄玄学的思想诠解般若教理，以迎合王公士大夫。在当时士大夫眼中，他们是如同'竹林七贤'那样的清谈名士。"[③]《世说新语·赏誉第八》第九十八条："王长史叹林公：'寻微之功，不减辅嗣。'"刘孝标注引《支遁别传》曰："遁神心警悟，清识玄远。尝至京师，王仲祖称其造微之功，不异王弼。"[④]王濛称赞支道林在玄学方面的功绩说：他探赜深奥微妙的玄理，不亚于王弼。《世说新语·赏誉第八》第一百一十条："王、刘听林公讲，王语刘曰：'向高坐者，故是凶物。'复更听，王又曰：'自是钵钎后王、何人也。'"刘孝标注引《高逸沙门传》曰："王濛恒寻遁，遇祇洹寺中讲，正在高坐上，每举麈尾，常领数百言，

① 徐震堮：《世说新语校笺》，中华书局 1999 年版，第 121 页。

② （清）严可均辑：《全晋文》，商务印书馆 1999 年版，第 645 页。

③ 任继愈：《中国佛教史》（第二卷），中国社会科学出版社 1985 年版，第 537 页。

④ 徐震堮：《世说新语校笺》，中华书局 1999 年版，第 259 页。

而精理俱畅。预坐百余人，皆结舌注耳。濛云：'听讲众僧，向高坐者，是钵𰷳后王、何人也。'"①王濛、刘惔等人听支道林的宣讲，王濛对刘惔说：那个演讲者，原来是个违背佛法义理的人。又听了一会儿，王濛又说：这个人原来是佛门中的王弼、何晏。王濛对支道林的多次评价，都将他比作魏晋玄学的领袖人物王弼、何晏，表现出对支道林玄理功夫的推崇与赞叹，一种崇拜之情油然而生。魏晋名士由早期的王、何崇拜，竹林七贤崇拜，逐渐转型为新型的名僧崇拜，体现了名僧在文化之道和文化资本方面具有领袖群伦的文化作用。

从东晋开始，皇帝崇信佛教的有晋元帝司马睿、晋明帝司马绍、晋成帝司马衍、晋哀帝司马丕、简文帝司马昱、孝武帝司马曜等。在东晋历朝的大臣中，信奉佛教的名士很多。如琅琊王氏的王导、王羲之、王洽、王珉、王谧等。《世说新语·赏誉第八》第一百一十四条："初，法汰北来未知名，王领军供养之。每与周旋，行来往名胜许，辄与俱。不得汰，便停车不行。因此名遂重。"②竺法汰从北方来到南方，名声还不是很大，由中领军王洽供养。王洽常常和他清谈，也和他到各处名胜古迹出游。出游时，如果竺法汰没有来，王洽就停车等他。因此，竺法汰的声望就大起来了。《世说新语·文学第四》第六十四条："提婆初至，为东亭第讲《阿毗昙》。始发讲，坐裁半，僧弥便云：'都已晓。'即于坐分数四有意道人，更就余屋自讲，提婆讲竟，东亭问法冈道人曰：'弟子都未解，阿弥那得已解？所得云何？'曰：'大略全是，故当小未精核耳。'"③名僧提婆刚到京都不久，王珣就请他到家讲《阿毗昙经》。刚开第一讲的时候，王珉坐到中途就说：我都懂了。于是就从在座的僧人中分出几个有想法的到其他房间，自己独自讲解。提婆讲完了，王珣就问法冈和尚说：弟子们都没有理解经义，王珉怎么就能理解了呢？他理解得如何？法冈和尚说：他的领会大体上是对的，只是不够精核罢了。王珉为什么听了一会儿，就可以另立课堂了呢？因为僧人所讲的佛教教义，与名士们从小耳濡目染的玄学义理在道体层面是一脉相通的，只是在一些言语表述、细枝末节方面有所差异而已。真正领会了文化之道的名士，就能直接通达佛教的真谛。

何氏家族的何充、何准都是崇信佛教的。《晋书》卷七十七《何充传》云："而

---

① 徐震堮：《世说新语校笺》，中华书局1999年版，第262页。
② 徐震堮：《世说新语校笺》，中华书局1999年版，第263页。
③ 徐震堮：《世说新语校笺》，中华书局1999年版，第133—134页。

性好释典,崇修佛寺,供给沙门以百数,糜费巨亿而不吝也。亲友至于贫乏,无所施遗,以此获讥于世。"①《世说新语·排调第二十五》第五十一条:"二郗奉道,二何奉佛,皆以财贿。谢中郎云:'二郗谄于道,二何佞于佛。'"②郗愔、郗昙兄弟信奉天师道,何氏兄弟信奉佛教,都花了很多财物。谢万说:二郗奉承道教,二何献媚佛教。《世说新语·排调第二十五》第二十二条:"何次道往瓦官寺礼拜甚勤。阮思旷语之曰:'卿志大宇宙,勇迈终古。'何曰:'卿今日何故忽见推?'阮曰:'我图数千户郡,尚不能得;卿乃图作佛,不亦大乎?'"③何充经常去瓦官寺拜佛,非常虔诚。阮裕对他说:你的志向比宇宙还大,你的勇气超过了古人。何充就问:你今天怎么忽然推崇我了?阮裕说:我图求一个小小的郡守之职都得不到,你却希望成佛,这个志向不是很大吗?阮裕尽管讽刺何充佞佛,但他自己曾经也信佛,甚至相信佛教能够挽救儿子的命。《世说新语·尤悔第三十三》第十一条:"阮思旷奉大法,敬信甚至。大儿年未弱冠,忽被笃疾。儿既是偏所爱重,为之祈请三宝,昼夜不懈。谓至诚有感者,必当蒙佑。而儿遂不济。于是结恨释氏,宿命都除。"刘孝标注云:"以阮公智识,必无此弊。脱此非谬,何其惑欤?夫文王期尽,圣子不能驻其年。释种诛夷,神力无以延其命。故业有定限,报不可移。若请祷而望其灵,匪验而忽其道,固陋之徒耳,岂可以言神明之智者哉!"④阮裕信奉佛教,虔诚到了极点。大儿子阮牖尚未成年,忽然患了重病。阮裕特别看重和偏爱他,于是就为他祈请三宝,即佛教的佛、法、僧三宝,昼夜没有停过。他自认为,信仰虔诚就一定能有所感应,儿子一定能得到保佑。可是,儿子还是死了,阮裕于是对佛教怀恨在心,将佛教的宿命论完全抛弃了。刘孝标似乎为阮裕开脱,认为阮裕不是这种固陋之徒。这也是有一定道理的,因为阮裕作为名士,应该对名士的文化之道与佛教的空性真如之道有深入的了解,仅仅将他信佛的行为看成世俗地追求因果应验,似乎将名士世俗化了。

名士之中,孙绰、郗超也都是奉佛的典型代表。孙绰信奉佛教,与名僧支道林、竺道潜等有着密切的来往,其佛学著作有《道贤论》《喻道论》《名德沙门赞》《名德沙门论目》《八贤论》等。郗超也崇信佛教,与道安、竺法汰、支盾等都有往

① (唐)房玄龄等撰:《晋书》,中华书局 1974 年版,第 2030 页。
② 徐震堮:《世说新语校笺》,中华书局 1999 年版,第 436 页。
③ 徐震堮:《世说新语校笺》,中华书局 1999 年版,第 428 页。
④ 徐震堮:《世说新语校笺》,中华书局 1999 年版,第 483 页。

来。《世说新语·雅量第六》第三十二条:"郗嘉宾钦崇释道安德问,饷米千斛,修书累纸,意寄殷勤。道安答直云:'损米。愈觉有待之为烦。'"①郗超很钦佩、推崇道安的道德学问,送给他一千担米,并写了一封很长的信,情意极为恳切。道安的回信却很简单,说:承蒙赐米,但是更加觉得这个有待的身体确实是个烦恼。这段小故事,一方面反映了郗超对佛教的虔诚之心,以及想与道安来往的殷切心愿;另一方面显示出了名士与名僧之间的境界差距。作为名士的郗超,在有待之中获得满足,而名僧道安在有待之中感到烦恼。从中也能看出,为什么名士会对名僧的佛教之道如此痴迷,因为名僧之道更能超脱有待世界,进入无待的逍遥世界。

殷浩是魏晋清谈的名家,他不仅崇信佛教,而且对学习研究佛经也极为热心,用功较勤。在长期阅读佛经的过程中,他深深地感受到,"理亦应阿堵上"。为什么名士所追求的文化之理在佛经上呢?《世说新语·文学第四》第二十三条:"殷中军见佛经云:'理亦应阿堵上。'"②佛经给名士带来的不仅是一种新的知识义理,也是玄理再发现、再提升的新资源。当清谈玄理陷入言筌困境的时候,佛教强调一切皆空的教理,毫无疑问,能帮助名士摆脱清谈的语词拘围,再一次回归真正的神无空性,真正重返文化之道,具有重要的文化激活意义。《世说新语·文学第四》第五十条:"殷中军被废东阳,始看佛经。初视《维摩诘》,疑'般若波罗密'太多,后见《小品》,恨此语少。"③《世说新语·文学第四》第五十九条:"殷中军被废,徙东阳,大读佛经,皆精解。唯至事数处不解。遇见一道人,问所签,便释然。"④殷浩被废以后,研读了《维摩诘》《小品般若经》等,而且对佛教的事数,如五阴、十二入、四谛、十二因缘、五根、五力、七觉之类的东西,只要有不太理解处就向僧人请教。他曾经还想迎请支道林以当面请教佛理,可惜王羲之阻止了支道林,以致成为殷浩的终生遗憾。

名士之中,还有如庾亮、谢鲲、谢安、桓彝、周颙、周嵩、许询、王濛、王恭、戴逵、顾恺之等人,都是一时名流,他们无不倾心向佛。佛教三宝,成为名士文化资本的文化新大陆,等待着名士去发现、去领会其中的文化至理。佛教开始融入魏

---

① 徐震堮:《世说新语校笺》,中华书局 1999 年版,第 208 页。

② 徐震堮:《世说新语校笺》,中华书局 1999 年版,第 116 页。

③ 徐震堮:《世说新语校笺》,中华书局 1999 年版,第 127 页。

④ 徐震堮:《世说新语校笺》,中华书局 1999 年版,第 131 页。

晋学术的大家园,成为这个家园中不可或缺的文化砥柱与精神食粮。

三、玄理周旋:佛学成为魏晋清谈的主流文化

名僧与名士之间的清谈活动从西晋就开始了,不过,那时的名僧还没有成为清谈文化的活动家和主力军。汤用彤《汉魏两晋南北朝佛教史》云:"当时竺法护、帛法祖、竺叔兰、支孝龙,后世名士均激赏其玄理风格。而兰与乐令酬对,龙共庾阮交游。清谈佛子渐相接近,是不待至东晋而始然也。两晋之际,释家具清谈者之风趣尤为显著。"①到了东晋,由于佛教力量的加入,魏晋清谈发生了巨大的变化,名僧开始成为清谈活动中不可或缺的主体。《世说新语·方正第五》第四十五条:"后来年少多有道深公者。深公谓曰:'黄吻年少,勿为评论宿士。昔尝与元明二帝、王庾二公周旋。'"②后来年少无知的名士多有谈论竺法深的,深公就告诉他们:你们这些小孩,不要随意评论我们这种清谈界的资深人士。遥想当年,我曾经和元帝、明帝两位皇帝,还有王导、庾亮等大臣在清谈场域中周旋过。这里的"周旋",不是普通的来往交游,而是在清谈场域中展开清谈辩论,往来驳难,游心太玄。正是由于受到皇帝、王公、名臣的重视,名僧不仅参与清谈活动,而且逐渐成为这个文化场域中的佼佼者。汤用彤《汉魏两晋南北朝佛教史》云:"实尤因当时名士好玄学,重清谈,认佛法玄妙之极,而名僧风度又常领袖群伦也。"③《世说新语·品藻第九》第六十七条:"郗嘉宾问谢太傅曰:'林公谈何如嵇公?'谢云:'嵇公勤著脚,裁可得去耳。'又问:'殷何如支?'谢曰:'正尔有超拔,支乃过殷。然䜵䜵论辩,恐口欲制支。'"④郗超曾经问谢安:支道林与嵇康相比如何?谢安回答说:嵇康要马不停蹄地追赶,才能赶上支道林。郗超又问:殷浩和支道林相比如何?谢安回答说:在清谈理论创新方面,支道林是要超过殷浩的。可是在娓娓不倦的辩论方面,恐怕殷浩会超过支道林。嵇康是竹林七贤的领袖人物,其在清谈能力和义理创新方面都是名士的文化偶像,成就极高,可是,谢安认为,与支道林相比,嵇康还需要继续努力才能赶上。可见,名士眼中的嵇

---

① 汤用彤:《汉魏两晋南北朝佛教史》(增订本),北京大学出版社 2011 版年,第 97 页。
② 徐震堮:《世说新语校笺》,中华书局 1999 年版,第 184 页。
③ 汤用彤:《汉魏两晋南北朝佛教史》(增订本),北京大学出版社 2011 年版,第 106 页。
④ 徐震堮:《世说新语校笺》,中华书局 1999 年版,第 293 页。

康,不如超凡神奇的名僧。殷浩是东晋名士的清谈高手,谢安认为,殷浩在理论创新、清谈义理方面,远远不如支道林,如果说殷浩存在超过支道林的可能性,就只能在辞藻、声音等方面。谢安身为东晋中后期清谈场域的文化领袖,他对支道林的评价,可以代表名士群体对名僧的总体评价。孙绰《喻道论》云:"支道林者,识清体顺,而不对于物;玄道冲济,与神情同任:此远流之所以归宗,悠悠者所以未悟也。近洛中有竺法行,谈者以方乐令,江南有于道邃,识者以对胜流:皆当时共所见闻,非同志之私誉也。"①孙绰认为,支道林乃"识清体顺",真正是"玄道冲济",所以魏晋风流人物无不以之作为自身的文化榜样。还有洛阳的竺法行在清谈方面成就很高,所有的清谈者都将其比作著名的清谈家乐广。江南的于道邃,与清谈胜流处于伯仲之间,难分高低。孙绰尤其强调:这些对名僧清谈水平的看法是名士们的"共所见闻",并非是某个人的"私誉"。郗超《与亲友书论支道林》云:"林法师神理所通,玄拔独悟,数百年来,绍明大法,令真理不绝者,一人而已。"②在郗超看来,支道林在创造和维护玄学至理方面,贡献卓著,是数百年来魏晋学术场域中唯一一人。这个评价很高,甚至将支道林放到了何、王、竹林七贤的上面,名士清谈的偶像崇拜已经完全由名士典范转向了名僧典范。

东晋以后,诸多名僧,如竺法汰、帛尸梨蜜多罗、康僧渊、康法畅、竺道潜、竺法义、于法兰、于法开、于道邃、道安、支道林、慧远等,大都是通过谈玄说法参与清谈活动,获得至高的声誉,并得到名士群体的文化认可。《世说新语·文学第四》第四十七条:"康僧渊初过江,未有知者,恒周旋市肆,乞索以自营。忽往殷渊源许,值盛有宾客。殷使坐,粗与寒温,遂及义理。语言辞旨,曾无愧色。领略粗举,一往参诣。由是知之。"③康僧渊刚刚过江的时候,还没有人了解他。他只好经常到市场上去周旋,依靠乞讨来维持生计。为了改变这种乞讨的命运,一天他直接来到殷浩家中,正碰上很多名士在座。殷浩让他坐下来,与他稍稍寒暄了几句,就开始论及玄学义理。名士与名僧相遇,寒暄介绍之类的闲话,极为简单,清谈才是他们心向往之的主要话题。康僧渊的清谈,无论是语词还是意旨,竟然丝毫也没有落在下风。不管是需要深刻领会的义理,还是临时提出来的新鲜观

---

① (清)严可均辑:《全晋文》,商务印书馆 1999 年版,第 645 页。
② (清)严可均辑:《全晋文》,商务印书馆 1999 年版,第 1165 页。
③ 徐震堮:《世说新语校笺》,中华书局 1999 年版,第 126 页。

点,康僧渊都能够做到参悟要旨。通过这次清谈,所有的名士都知道他了。《世说新语·栖逸第十八》第十一条:"康僧渊在豫章,去郭数十里,立精舍。旁连岭,带长川,芳林列于轩庭,清流激于堂宇。乃闲居研讲,希心理味,庾公诸人多往看之。观其运用吐纳,风流转佳。加已处之怡然,亦有以自得,声名乃兴。后不堪,遂出。"①康僧渊在豫章的时候,在城郭外几十里的地方修建精舍。精舍依山傍水,庭院草木繁茂,清流急湍,美不胜收。康僧渊就在这样雅清的环境中研究佛经,倾心佛理。庾亮等名士经常去拜访他,与之清谈。康僧渊清谈吐纳有理有法,名僧风度更为突出。加上他怡然自得地生活在这样闲适的环境之中,并且能自得其乐,于是声名鹊起。后来他忍受不了名声太大的生活,于是就离开了那里。康僧渊之所以受到殷浩、庾亮等杰出名士的钦佩和敬重,是其在清谈场域中展示自己的义理修养和文化之道,获得了众多名士的文化崇拜。名僧风流,开始成为名士风流的新典范。随着世俗名气越来越大,康僧渊受不了了,于是就离开了豫章,这更加彰显名僧超脱凡俗、狷介卓立的风流气象。《高僧传》卷四《晋豫章山康僧渊》云:"畅亦有才思,善为往复,著《人物始义论》等。畅常执麈尾行,每值名宾,辄清谈尽日。庾元规谓畅曰:'此麈尾何以常在?'畅曰:'廉者不取,贪者不与,故得常在也。'"②康法畅手执麈尾,与名士终日清谈,俨然成了麈尾常伴、清谈不倦的名僧形象。面对庾亮的质疑,康法畅的回答不卑不亢,极具风流,也展示了名僧别是一家的风流气度。

名僧频频参与魏晋清谈活动,成为魏晋清谈的文化主体;名士不再是清谈的唯一主体,名士与名僧共同参与和发展魏晋清谈。在魏晋清谈的文化场域,名僧与名士的关系不再是主客关系,而同为身份相当、不分高低的文化主人,他们共同促进清谈活动的开展,甚至可以说,凡是有名士与名僧的文化场所,就成为清谈娓娓展开、滔滔不绝的地方。清谈原本是名士独占的文化活动,现在名僧也参与其中。《世说新语·文学第四》第四十一条:"谢车骑在安西艰中,林道人往就语,将夕乃退。有人道上见者,问云:'公何处来?'答云:'今日与谢孝剧谈一出来。'"③谢玄在服父丧期间,支道林来到他的家里,与之清谈,直到黄昏才告辞回家。有人遇到他,就问:林公从哪里来呢? 支道林说:我今天和谢玄大孝子好好

① 徐震堮:《世说新语校笺》,中华书局1999年版,第360页。
② (南朝梁)释慧皎撰、汤用彤校注:《高僧传》,中华书局1992年版,第151页。
③ 徐震堮:《世说新语校笺》,中华书局1999年版,第124页。

清谈了一番。《世说新语·文学第四》第五十五条："支道林、许、谢盛德，共集王家。谢顾谓诸人：'今日可谓彦会，时既不可留，此集固亦难常。当共言咏，以写其怀。'许便问主人：'有《庄子》不？'正得《渔父》一篇。谢看题，便各使四坐通。支道林先通，作七百许语，叙致精丽，才藻奇拔，众咸称善。于是四坐各言怀毕。谢问曰：'卿等尽不？'皆曰：'今日之言，少不自竭。'谢后粗难，因自叙其意，作万余语，才峰秀逸。既自难干，加意气拟托，萧然自得，四坐莫不厌心。支谓谢曰：'君一往奔诣，故复自佳耳。'"①这是一次名士与名僧的清谈大会。支道林、许询、谢安等诸多名流，都聚集在王濛家中。谢安提议：今天可以说是贤士雅会。时不我待，这样的聚会实在难得，我们要好好谈论吟咏以抒发我们的美好襟怀。许询问主人有没有《庄子》一书，主人找来了《庄子·渔父》这篇。谢安看了看题目，便让大家来讲解。支道林先讲解，说了七百来句，解说义理精妙优美，才情辞藻新奇超拔。众人听了都赞好。于是其他的人也谈了自己的理解。谢安问大家：你们都说完了吗？大家都说：今日清谈，没有一个不是竭尽其能。然后，谢安大致提出了一些驳难，由此开始畅谈自己的观点，洋洋洒洒万余言，义理才能犹如峻峰高崎，极为突出，秀美飘逸，所有的人都感到难以企及。更加上他清谈时意气风发，言随意出，潇洒自如，令满座的名士都感到心满意足。支道林听了，对谢安说：你的言说一泻千里，都能切中要旨，所以自然是极为优美。这次清谈，主要以支道林与谢安为主，两个人的清谈都切中主题，才藻超凡，才情超拔，赢得了众名士的赞美。《世说新语·排调第二十五》第五十二条："王文度在西州，与林法师讲，韩、孙诸人并在坐。林公理每欲小屈，孙兴公曰：'法师今日如着弊絮在荆棘中，触地挂阂。'"②王坦之在西州的时候，与支道林清谈，韩康伯、孙绰等名士都在场。支道林出现理亏的时候，孙绰就会说：法师今天好像穿着一件破烂的棉袄穿梭在荆棘丛中，处处受到阻碍。名僧遇到优秀名士，清谈时也会有处于下风之时，显得极为尴尬。

名僧擅长佛教义理，名士乐于学习和参悟佛理，佛理也就自然成为魏晋清谈的新主题，极大地宣扬和普及了佛教思想，也促进了佛教义理在中国的本土化进程。《世说新语·文学第四》第四十八条："殷、谢诸人共集。谢因问殷：'眼往属万形，万形来入眼不？'"刘孝标注引《成实论》曰："'眼识不待到而知，虚尘假空与

① 徐震堮：《世说新语校笺》，中华书局 1999 年版，第 129—130 页。

② 徐震堮：《世说新语校笺》，中华书局 1999 年版，第 437 页。

明,故得见色。若眼到色到,色间则无空明,如眼触目,则不能见彼。当知眼识不到而知。'依如此说,则眼不往,形不入,遥属而见也。"①殷浩、谢安等人聚集在一起,谢安问殷浩:人们用眼睛看万物,万物是否会进入人眼呢？这个眼睛观看万物的话题,毫无疑问属于佛理中的眼识问题。佛教义理中有六识,即眼识、耳识、鼻识、舌识、身识、意识。识就是感官对万物的认识,识蕴是色、受、想、行、识五蕴之一。人眼所见,除了面前之物外,还有自身的各种我执意识。那么,在人与物之间,就隔着眼识,人眼看到的只是自己的眼识,其实并没有看到真正的物体。只有破除了自己的眼识及五蕴障碍,破除我执,以空性与所见之物相遇,那么,所见之物,既在眼前,又不在眼前,这就是"色即是空,空即是色"。《世说新语·文学第四》第三十五条:"支道林造《即色论》,论成,示王中郎,中郎都无言。支曰:'默而识之乎？'王曰:'既无文殊,谁能见赏？'"②支道林写了《即色论》一文,写好之后就拿给王坦之看。王坦之看了,竟然一句话也没有说。这次佛教义理的讨论,是一次别开生面的清谈活动,没有话语机锋,只有沉默之中的佛义智慧。过了一会儿,支道林忍不住问:你是在默默记我的文章吗？王坦之说:既然没有文殊菩萨在这里,又有谁能懂得我呢？刘孝标注引《维摩诘经》曰:"文殊师利问维摩诘云:'何者是菩萨入不二法门？'时维摩诘默然无言。文殊师利叹曰:'是真入不二法门也。'"③文殊菩萨问维摩诘:什么是"菩萨入不二法门"？维摩诘默然不说一句话。文殊感叹说:这才是真正"入不二法门"。王坦之实际上是用沉默不言的方式回答了支道林所谓的"即色"义理。而支道林一时没有领会到,因此招来王坦之的讥笑。

清谈之中,名僧的文化地位非同小可,俨然成了魏晋清谈中领袖群伦的人物。他们对名士清谈水平的赞美,会直接影响名士在社会空间中的文化地位。如支道林赞美谢安说:你的言说都能切中要旨,当然极为优美。如果名僧对名士的清谈给予瑕疵(不行)之目,也会令名士感到极为羞愧。《世说新语·文学第四》第四十二条:"支道林初从东出,住东安寺中。王长史宿构精理,并撰其才藻,往与支语,不大当对。王叙致作数百语,自谓是名理奇藻。支徐徐谓曰:'身

①　徐震堮:《世说新语校笺》,中华书局1999年版,第126页。
②　徐震堮:《世说新语校笺》,中华书局1999年版,第121页。
③　徐震堮:《世说新语校笺》,中华书局1999年版,第121页。

与君别多年,君义言了不长进。'王大惭而退。"①为了与支道林好好清谈一番,展示一下自己的清谈水平,王濛事先花了一个晚上构思了极为精微的义理,还撰写了富有才藻的草稿来与支道林清谈。但不是棋逢对手、旗鼓相当,他不能应对支道林的玄理攻难。王濛作了长篇大论,自以为义理辞藻都很不错。可是,支道林听了,缓慢地对他说:我和你分别多年,没想到你在义理和言辞两方面都没有什么长进。王濛听了,觉得极为惭愧,悻然而去。王濛原本想在支道林面前好好表现一下,没想到事与愿违,令支道林极为失望。

四、新理异义:佛教对魏晋玄学的再升华

对于魏晋名士的清谈玄理,名僧是怎样评价的呢?《世说新语·文学第四》第二十五条:"褚季野语孙安国云:'北人学问渊综广博。'孙答曰:'南人学问清通简要。'支道林闻之曰:'圣贤固所忘言。自中人以还,北人看书如显处视月,南人学问如牖中窥日。'"②褚裒、孙盛都是名士,支道林是名僧。褚裒认为:北方人学问渊深广博,擅长融会贯通。孙盛认为:南方人学问清新通达,简明扼要。在名士看来,南北学问,各有所长。支道林听了他们的议论,作了如下评价:圣贤之人,不在学问渊博与简要,而在善于"忘言"。对于中等才质的人来说,北方人读书,好比是在宽敞处看月亮,视野开阔,而不能得其要核。南方人问学,好比是从窗户窥日,能知其明,而视野狭隘,所获有限。支道林对魏晋名士(包括南北)学问的评价:第一,境界都不高,都不能得到圣贤之人的精要,圣贤之人不以言而蔽道,善于得意忘言。第二,魏晋名士都处于中等水平,魏晋清谈拘囿于言筌、学问,重视言说辩论,就容易忽略真正的文化大道。第三,无论南方人还是北方人,所得的清谈文化都是有名之物,无论是北方人的"显处视月",还是南方人的"牖中窥日",都只能或多或少获得一些外在的表面现象,都会导致对文化大道的忽视与遮蔽。第四,在支道林看来,南方人似乎要比北方人更高明一些,因为尽管他们视野有些狭隘,但毕竟还能窥探到一点大道的存在。刘孝标注云:"支所言但譬成孙、褚之理也。在则学广则难周,难周则识暗,故如显处视月;学寡则易

---

① 徐震堮:《世说新语校笺》,中华书局 1999 年版,第 124 页。
② 徐震堮:《世说新语校笺》,中华书局 1999 年版,第 117 页。

核,易核则智明,故如牖中窥日也。"①刘孝标认为,北方人"学广则难周,难周则识暗","识暗"则意味着更深地遮蔽了文化之道。而南方人"学寡则易核,易核则智明","智明"至少能通达敞开的澄明状态。南北学问高低是显而易见的。第五,支道林对魏晋清谈的名士学问抱有一种瞧不起、等而下之的批评态度。他认为,魏晋名士的学问都是关于"存言""得言"的学问,都不能真正做到"忘言"。这也揭示了佛教真如空性对魏晋名士的清谈弊端有着极为清醒的认识,决定了佛教在魏晋学术场域的出场,具有强大的文化补弊意义。

《世说新语·文学第四》第三十二条:"《庄子·逍遥》篇,旧是难处,诸名贤所可钻味,而不能拔理于郭、向之外。支道林在白马寺中,将冯太常共语,因及《逍遥》。支卓然标新理于二家之表,立异义于众贤之外,皆是诸名贤寻味之所不得。后遂用支理。"②所有的清谈家都尽心尽力钻研《庄子·逍遥游》,但是没有谁能够跳出郭象、向秀的《庄子注》。也就是说,魏晋清谈只是在言辞上有所变异,理论大义方面是拘囿于崇有论的。支道林接受的是佛教的义理,能够在郭、向之外,卓越地揭示新颖的义理,而且能超越众多清谈名流,提出与众不同的见解,而这些义理见解是其他清谈名士想都想不到的。那么,我们就要问,是什么东西让支道林能够不拘囿于郭、向二人的见解呢? 是什么东西令支道林能够语出惊人呢? 是什么东西使支道林能够看到别人看不到的义理呢? 毫无疑问,佛教的空性真如才是支道林的义理源泉,帮助支道林跳出文字藩篱,跨越语言障碍,直达《庄子·逍遥游》的文化精义。支道林利用佛教的空性智慧,参悟了玄学家清谈的语言障碍与文化弊端,直达了鲜活恒新、永不拘执的原初之道,重新赋予《庄子·逍遥游》以全新义理,彰显了佛教智慧的原初性和创新性,使所有名士都欣然接受了他的义理阐释。可见,佛教义理不仅为魏晋清谈注入新的理论,而且让清谈群体重新发现自身的文化弊端,从而再一次回归原初鲜活的文化之道和历史使命,佛教给魏晋学术带来的是全新的学术生命和学术活力。

首先,佛教进入中土,文化使命是传递文化大道,而且自觉地将儒家之道、道家之道与佛教之道等同起来,儒、道、释三家具有殊途同归的文化价值。名教僵死,玄学固化,清谈言筌,都使得本土文化陷入了一种迷失沉沦的世俗状态,如何将孔孟之学、老庄之谈重新激活,使其回归文化大道的正途呢? 落入言筌一端的

293

① 徐震堮:《世说新语校笺》,中华书局1999年版,第117页。
② 徐震堮:《世说新语校笺》,中华书局1999年版,第119—120页。

名士清谈,似乎很难承担这种文化责任,而佛教以永恒的空性真如作为立教之本,毫无疑问,对于重新找回本土儒道学术的文化大道,是一股清流活水,能发挥"疏瀹五藏、澡雪精神"的文化功效。孙绰在《喻道论》中云:"夫佛也者,体道者也;道也者,导物者也;应感顺通,无为而无不为者也。无为,故虚寂自然;无不为,故神化万物。万物之求卑高不同,故训致之术或精或粗。……周孔即佛,佛即周孔,盖外内名之耳。故在皇为皇,在王为王,佛者梵语,晋训觉也。觉之为义,悟物之谓,犹孟轲以圣人为先觉,其旨一也。应世轨物,盖亦随时,周孔救极弊,佛教明其本耳,共为首尾,其致不殊,即如外圣有深浅之迹,尧舜世夷。故二后高让,汤武时难。故两君挥戈,渊默之与赫斯。其赫则胡越,然其所以迹者,何尝有际哉?故逆寻者每见其二,顺通者无往不一。"[1]在孙绰眼中,佛教不是异域的奇门要术,而与中华文化的士人之道密切关联。第一,佛教宣扬的就是华夏文化的神道价值。"夫佛也者,体道者也",这是一种关于佛教本质的文化宣言,这也意味着名士在清谈之中,体悟不到被重重遮蔽的文化道体,而佛教义理始终坚守士人的文化空性,能够破除语言的筌蹄障碍,以真如之道来化解万物,乃是"无为而无不为者",完全展示了华夏文化的自然精神。第二,佛教与道家、儒家一样,都承担了觉人的文化功能,觉就是醒悟,就是启迪人心,让人心从沉迷状态觉醒,获得人的本来面目。从这个意义上说,它们在文化之道的价值基础上,具有"旨一"的文化共性。第三,佛教与儒家思想是一种本末的文化关系。孙绰认为,"周孔救极弊,佛教明其本耳,共为首尾,其致不殊",佛教为首为本,名教为尾为末,将佛教放置在神道之本的神圣地位,彰显了佛教对于文化之道的再发现、再回归,具有极为重要的意义,也直接化解了佛教与儒家在形、迹之间的表面矛盾和文化冲突。后来慧远在《沙门不敬王者论·体极不兼应四》中认为,儒道两家文化与佛教文化是"虽曰道殊,所归一也"[2]。可见,名士与名僧达成了文化共识,认为佛教与本土的儒道文化没有什么文化差异,都属于文化大道的归一存在,彰显了佛教与本土文化价值的同一性。

释慧琳在《均善论》中设有白学先生与黑学道士二人,对佛教与老氏、儒家进行辩驳。他用白学先生指代具备了文化大道的士人,用黑学道士指代拘囿于佛教来生之化的僧人。其云:"有白学先生,以为中国圣人,经纶百世,其德弘

① (清)严可均辑:《全晋文》,商务印书馆1999年版,第642—643页。

② (清)严可均辑:《全晋文》,商务印书馆1999年版,第1770页。

矣,智周万变,天人之理尽矣,道无隐旨,教罔遗筌,聪睿迪哲,何负于殊论哉。有黑学道士陋之,谓不照幽冥之途,弗及来生之化,虽尚虚心,未能虚事,不逮西域之深也。于是白学访其所以不逮云尔。白曰:'释氏所论之空,与老氏所言之空,无同异乎?'黑曰:'异。释氏即物为空,空物为一。老氏有无两行,空有为异。安得同乎。'白曰:'释氏空物,物信空邪?'黑曰:'然。空又空,不翅于空矣。'"①黑学道士认为,佛教之空与老氏之无是不同的。也就是说,佛教与老氏是不一致的。黑学道士拘囿于佛教的来生之术,道家的养生之术,儒家的有迹,都是在存有的层面来立论,从而认为三家是不同的。释慧琳《均善论》云:"白曰:'有迹不能不敝,有术不能无伪,此乃圣人所桎梏也。今所惜在作法于贪,遂以成俗,不正其敝,反以为高耳。至若淫妄之徒,世自近鄙,源流蔑然,固不足论。'黑曰:'释氏之教,专救夷俗,便无取于诸华邪?'白曰:'曷为其然。为则开端,宜怀属绪,爱物去杀,尚施周人,息心遗荣华之愿,大士布兼济之念,仁义玄一者,何以尚之。惜乎幽旨不亮,末流为累耳。'黑曰:'子之论善殆同矣,便事尽于生乎?'白曰:'幽冥之理,固不极于人事矣。周、孔疑而不辨,释迦辨而不实,将宜废其显晦之迹,存其所要之旨,请尝言之。夫道之以仁义者,服理以从化,帅之以劝戒者,循利而迁善。故甘辞兴于有欲,而灭于悟理,淡说行于天解,而息于贪伪。是以示来生者,蔽亏于道、释不得已,杜幽暗者,冥符于姬、孔闭其兑。由斯论之,言之者未必远,知之者未必得,不知者未必失,但知六度与五教并行,信顺与慈悲齐立耳。殊途同归者,不得守其发轮之辙也。'"②白学先生认为,黑学道士所拘囿的外在存有与三家差异,都是圣人所要抛弃的东西,佛教的来生,儒家的有迹,道家的有术,都不是三家的文化主流精神,而是三家文化的末流所在。儒、道、释三家在什么地方是一致的呢? 白学先生认为,三家在"幽冥之理"方面乃是相同的,儒家的仁义,道家的玄一,佛教的涅槃,都是为了让世人弃恶从善,迁善是三家的共同目标与文化价值,不能因为三家"发轮之辙"的方向有所不同,就认为它们是对立的关系,三家在"幽冥之理"方面,实际上是殊途同归的。名士与名僧的三家殊途同归论廓清了诸多问题。第一,明确了儒、道、释三家文化在文化之道层面是一致的,表明佛教已经成为魏晋学术、文化之道的有机成分。第二,当儒家、玄学处于被遮蔽状态的时候,佛教就可以承担起传承文化之

①　(清)严可均辑:《全宋文》,商务印书馆 1999 年版,第 631 页。
②　(清)严可均辑:《全宋文》,商务印书馆 1999 年版,第 632—633 页。

道的大任,对重新唤醒儒、道两家的文化价值,尤其是激活魏晋清谈的文化活动,具有责无旁贷的文化责任。第三,名士和名僧都高举佛教的新鲜义理与文化善性,实际上是再一次高举了文化之道的权威性和真谛性,是为了救弊名士清谈胶着言筌的流俗文化。

其次,王弼、何晏的崇无论、言意论,郭象、裴頠等人的崇有论,在某种意义上,都具有一定的理论缺陷。何晏认为无名是可名的;王弼认为意可以寄象,象可以寄言;郭象认为存有从存无中自生,这些观点都具有一种世界存有的形迹,导致以无为有,从而无不再是真无(无-无),而是陷入一种有-无状态,如何摆脱有-无,重新回归无-有,这是魏晋玄学的理论困境,也是魏晋学术的思维困境。佛教以空为无,提出了以空性改造有-无,从而以空-有作为存有的本源状态。这种探求无-有的文化精神和文化途径,毫无疑问也为魏晋清谈提供了新的可能出路。支道林《大小品对比要钞序》云:"夫《般若波罗蜜》者,众妙之渊府,群智之玄宗,神王之所由,如来之照功。其为经也,至无空豁(空无),廓然无物者也。无物于物,故能齐于物;无智于智,故能运于智。是故夷三脱于重玄,齐万物于空同,明诸佛之始有,尽群灵之本无,登十住之妙阶,趣无生(无生无灭)之径路。何者邪?赖其至无,故能为用。夫无也者,岂能无哉(无,又怎能成为真正的无呢)?无不能自无,理亦不能为理(如果无不能够自己为无,玄理也就不能为玄理了)。理不能为理,则理非理矣(玄理不能为玄理,这样的玄理就不是玄理),无不能自无,则无非无矣(无不能自无,那么,无就不是真无)。是故妙阶则非阶,无生则非生(妙阶就不是阶梯之物,无生就不是生)。妙由乎不妙,无生由乎生(玄妙来自不妙,无生来自生),是以十住之称兴乎未足定号(十住的称谓,来自没有确定名号的十住),般若之智生乎教迹之名(般若智慧,来自佛教有形之名)。是故言之则名生,设教则智存(因此有了言语表达,就产生了十住之名,设立言教,才有般若智慧的存在)。智存于物,实无迹也(般若智慧寄存于言教之物中,而般若智慧本身是没有形迹的);名生于彼,理无言也(十住之名产生于十住之言,而十住本身之理是不能言说的)。何则?至理冥壑,归乎无名。无名无始,道之体也(至理犹如深谷一般,空无一物,归于无名,无名无始,才是神道之本体)。无可不可者,圣之慎也(道是有无浑然的,或认可无,或不认可无,圣人对之极为谨慎)。苟慎理以应动,则不得不寄言(圣人谨慎地把握玄理,以应对世界的变动,就不得不将玄理寄寓于言说之中)。宜明所以寄,宜畅所以言(为了说明、通达玄理,就应该寄寓和言说)。理冥则言废,忘觉则智全(与理冥合,就要废弃语言;忘记知觉,般若智慧才能圆满)。若存无以求寂,希智以忘心,智不足以尽无,寂不足以冥神。(如果通过寄存无的方法来求得寂静,希望通过智慧来忘却心智,那么,智慧不足以穷尽本无的境界,寂静也不足以冥合人的精神)何则? 故有存于所存,有无于所无(为什么呢? 因为存在一个可以寄存的言说,又存在一个所无之无)。存乎存者,非其存也(这样,寄存于言说的东西,就不是真正要存的东西);希乎无者,非其无也(语言中所希求寄存的无,就不是真正的无)。何则? 徒知无之为无,莫知所以无(只知道无就是无,而不知道为什么是无);知存之为存,莫知所以存(懂得寄存就是为了寄存,而不知道为什么要寄存)。希无以忘无,故非无之所无;寄存以忘存,故非存之所存。莫若无其所以无,忘其所以存(因为希求无而忘却真无,这个所希求的无就不是无的本源之无;寄存于言说之中,而忘却了所存之真无,这个所寄存的无就不是寄存所要寄存的东西。不如忘却作为无之本源的真无,忘却在言说中寄存之无)。忘其所以存,则无存于所存;遗其所以无,则忘无于所无(忘却了所寄存之无,那么,就不存在所存的东西;遗弃了无之真无,就忘却了一切无)。忘无故妙存,妙存故尽无,尽无则忘玄,忘玄故无心,然后二迹无寄,无有冥尽(忘记一切无,才能进入玄妙境界;只有进入玄妙境界,才能通达彻底的无;只有通达了彻底的无,才能真正忘却玄理;只有忘却了玄理,才能真正做到泯除思虑。这样,一切有无就都无须寄存了,无有才能彻底泯除)。是以诸佛因般若之无始(般若智慧的空无),明万物之自然;众生之丧道,溺精神乎欲渊。悟群俗以妙道,渐积损以至无;设玄德以广教,守谷神以存虚;齐众处于玄同,还群灵乎本无。"[1]支道林的《大小品对比要钞序》中,解释了言说之无的重要性,因为言说之无会导致本真之无的遮蔽,从中可以体会到魏晋佛教如何救弊清谈的世俗之风。第一,支道林首先提出了"至无空豁",以空性来界定魏晋玄学的无名,至无的本性就是空无,是廓然无物,任何有名的存在都不是至无的本真状态。佛教的本无,就是要通达空性、真无,也就是要达到佛的真如境界,这是"无生无灭"的本来面目。第二,空无乃是自无,无名是没有形迹的,无是不可言说的。无不等于名之有、言之有,无又不得不寄存于言名之有。无是无名的,无名又是无始的,无名无形的存在才

---

① (清)严可均辑:《全晋文》,商务印书馆 1999 年版,第 1718 页。此段文字解释本真之无与言说之无的关系,极为深奥。在此用文字进行解释,需要用心超越文字之物,直达有无相得的浑然状态。

是真道的存在。第三,本无为什么还要寄言呢? 因为不寄言,就没有办法传递、把握玄理。支道林再三强调,佛教寄言,是为了让有言与无理相契合,同时,通过寄言的方式领会真无,又必须要废弃语言,忘却知觉。但是,一旦寄言,就会出现这样的吊诡现象:真正的无(真无)、作为可以寄存的无(假无)、作为寄存无的言说(有名)之间,相互混杂,难以辨认。在言说中所寄的无,并非是一个真无,而是一个有名的假。第四,支道林认为,可以寄存的真无来自真正的无,即空无至理。不仅要忘却有名的言说,而且要忘却作为本源的真无,以及作为寄存的假无,忘却一切有形迹、无形迹的有与无。统统将其泯除,才能达到有无双泯。只有有无俱泯,言意俱遣,减损欲望,觉悟妙道,才能通达至高的空无境界。支道林对无 – 有的有名有形做了彻底的清理,认为无有皆空无,以空无解构了一切有无的有形之迹,似乎将魏晋清谈的玄理又拨回到了无 – 无与无 – 有的浑然至圣状态。

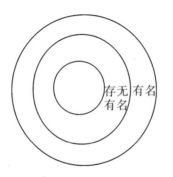

支道林论空无至理示意图

道安《安般注序》云:"安般者,出入也。道之所寄,无往不因;德之所寓,无往不托。是故安般寄息以成守,四禅寓骸以成定也。寄息故有六阶之差,寓骸故有四级之别。阶差者,损之又损之,以至于无为;级别者,忘之又忘之,以至于无欲也。无为故无形而不因,无欲故无事而不适。无形而不因,故能开物;无事而不适,故能成务。成务者,即万有而自彼;开物者,使天下兼忘我也。彼我双废者,守于唯守也。故修行经以斯二法而成寂,得斯寂者,举足而大千震,挥手而日月扪,疾吹而铁围飞,微嘘而须弥舞,斯皆乘四禅之妙止,御六息之大辩者也。夫执寂以御有,崇本以动末,有何难也?"[1]道安认为,佛教的经典是"道之所寄""德

---

① (清)严可均辑:《全晋文》,商务印书馆 1999 年版,第 1731—1732 页。

之所寓"。如何才能通过佛教经典来通达佛教的真谛呢？道安认为，只有"损之又损之，以至于无为"，"忘之又忘之，以至于无欲"。因为没有形迹，就没有因缘，所以就能"开物"。所谓"开物"，就是"使天下兼忘我"。因为"无欲""无事"，也就不存在适合不适合的问题，所以就能"成务"。这里的"成务"是指世界中的万有都自然而成。"开物"才能"忘我"，"成务"才能"废有"，这样才能通达"彼我两废"的涅槃空性。持守住这种空性真如的境界，就是通达了所寄之道。道安提倡执守"清静之本"，来驾驭"万动之有"，这与儒道两家的原初之旨、早期清谈以无执有的玄学理路，也是极为一致的。

僧睿《十二门论序》云："正之以十二，则有无兼畅，事无不尽。事尽于有无，则忘功于造化；理极于虚位，则丧我于二际。然则丧我在乎落筌，筌忘存乎遗寄，筌我兼忘，始可以几乎实矣。几乎实矣，则虚实两冥，得失无际，冥而无际，则能忘造次于两玄，泯颠沛于一致，整归驾于道场，毕趣心于佛地，恢恢焉真可谓运虚刃于无间，奏希声于宇内，济济乎于玄津，出有无于域外者矣。"①佛教就是要破除有形之有与有形之无的文化弊端，"丧我"在于"落筌"，"筌忘"又在于"遗寄"，只有将言筌、所寄都抛弃、都忘记，才能真正获得"筌我双忘"，这样才是通达了真正的实，即道的玄妙存在。佛教要破除流俗的"物执"，尤其要破除清谈家的"我执"，只有物我双泯，"虚实两冥，得失无际，冥而无际"，才能将有无都忘记，才能回归神道齐全的同一状态。

在义理上，佛教破除了魏晋名士的有无之辨、言意之辨，重新回归了物我两不执、有无双泯的空性境界。这其实帮助魏晋名士解除了各种清谈言说的理论困境和言辞纷争，真正通达了真无的空无本性和真如状态，使魏晋学术在言语迷失中又一次回到了神性齐全的原初大道上，回到了"抱一"的混融状态，其功莫大焉。从此以后，佛教成为华夏本土意义的神圣宗教。南朝时期，其文化地位甚至超过了本土起源的儒、道两家。

五 、 结 论

佛教在魏晋时期才获得了士大夫的极大认可，在于佛教义理的玄学化及魏晋清谈的世俗化，魏晋清谈对佛教的本土化进程具有重要的推动作用。

---

① （清）严可均辑：《全晋文》，商务印书馆 1999 年版，第 1760—1761 页。

魏晋时期，名士追求无心的文化价值，名僧宣扬佛教的空性真如，名士与名僧在文化精神与士人大道方面获得了文化共鸣与价值认可，名士与名僧达到了披矜致契、共入一流的文化契合。

名士将名僧比成何、王、竹林七贤，意味着名士的玄学家崇拜转变为新型的名僧崇拜，体现了名僧文化在魏晋名士群体中的领袖地位。上至帝王，下至文臣武将，出身士族的名士，如王导、庾亮、何充、孙绰、郗超、殷浩、谢安、周颙、王濛等文化名流，都倾心向佛。

由于名僧的加入，魏晋清谈发生了巨大的变化。名僧开始占据清谈场域的主导地位，成为魏晋清谈义理的主要创新者，名僧与名士共同主持与发展清谈活动。清谈的地方，就是名僧施展才华、创新义理的地方。与此同时，佛理开始成为魏晋清谈的新主题。名士们积极学习、阐释佛教义理，极大地促进了玄学与佛理之间的融通汇合。

魏晋清谈过分拘执于无有之论、言意之辨，而忽略了本源的文化大道，往往陷入言筌之有的偏激有迹。佛教义理强调空性，提倡摆脱有执、物执，尤其要抛弃无执、我执，主张有无双泯，物我皆忘，言意俱遣，这样才能通达至高至无、见证真如的自由境界。佛教义理，揭示出魏晋清谈的文化弊端，让魏晋清谈再一次回归本源存在的文化大道，为魏晋学术注入了源头活水。

魏晋清谈与佛教兴盛是一种相辅相成的文化关系。魏晋清谈利用佛教义理重新激活了被言语遮蔽的虚无价值与文化大道。佛教作为一种外来文化资源，承载了魏晋玄学的至高玄理，变成了承载中国本土文化价值的宗教形式。佛教东传的过程，是一个本土文化价值东传、佛教话语形式东传的过程。佛教成为名士精神、文化大道的佛教，清谈成为名僧宣讲大道、阐释有无关系的清谈，魏晋清谈与佛教文化在交流中获得了双赢。

第十二章 道的回归：名教的礼法秩序与自然大道之关系

夫史传之兴，所以通古今而笃名教也。丘明之作，广大悉备。史迁剖判六家，建立十书，非徒记事而已；信足扶明义教，网罗治体。然未尽之。班固源流周赡，近乎通人之作，然因籍史迁，无所甄明，荀悦才智经论，足为嘉史，所述当世大得，治功已矣。然名教之本，帝王高义，韫而未叙。今因前代遗事，略举义教所归，庶以弘敷王道。前史之阙古者，方今不同，其流亦异，言行趣舍，各以类书。故观其名迹，想见其人。丘明所以斟酌抑扬，寄其高怀；末吏区区，注疏而已。其所称美，止于事义，疏外之意，殁而不传，其遗风余趣蔑如也。今之史书，或非古之人心，恐千载之外，所诬者多，所以怅怏踌躇，操笔恨然者也。

——（晋）袁宏：《后汉纪序》

魏晋士风的演变，用传统的史学名词说，是环绕着名教与自然的问题而进行的。

——余英时：《名教思想与魏晋士风的演变》

两汉儒学重视礼教，提倡以礼制人，儒家学说开始出现以礼法为核心的经学传统。董仲舒《春秋繁露·奉本第三十四》云："礼者，继天地，体阴阳，而慎主客,序尊卑、贵贱、大小之位,而差外内、远近、新故之级者也。"①其《春秋繁露·天道施》云:"故君子非礼而不言,非礼而不动。好色而无礼则流,饮食而无礼则争,流争则乱。夫礼,体情而防乱者也。民之情,不能制其欲,使之度礼。"②《汉书》卷五十六《董仲舒传》云:"凡以教化不立而万民不正也。夫万民之从利也,如水之走下,不以教化堤防之,不能止也。是故教化立而奸邪皆止者,其堤防完也;教化废而奸邪并出,刑罚不能胜者,其堤防坏也。古之王者明于此,是故南面而治天下,莫不以教化为大务。"③董仲舒提倡以礼教来维护社会秩序,彰显了礼制形式有利于社会稳定的文化功用。经历了几百年的经学建构,教化和礼学成为儒家经学的核心内容。《世说新语·德行第一》第四条:"李元礼风格秀整,高自标持,欲以天下名教是非为己任。后进之士,有升其堂者,皆以为登龙门。"④李膺是汉末的士人领袖。他不仅风度秀美,超俗拔群,而且自持为士的文化标准很高,他将在天下推行名教、辨明是非看成自己义不容辞的文化责任。后辈的读书人,只要能登堂入室,获得他的教诲,都认为自己是登了龙门。从中可以看出,第一,李膺将名教作为士人存在的文化责任,并要在天下大力推行和提倡名教的教化作用。可见,士人与名教之间具有相互依存的紧密关系。第二,在汉末的士人知识界,名教赢得了至高无上的学术地位。不仅作为士人领袖的李膺推崇名教,而且所有后辈读书人都将推行名教当成士人神圣的学术文化活动。凡是得到了李膺教导、教诲的士人,都认为自身获得了士人的文化教旨,并以之为傲。

从董仲舒到李膺,名教经历了两汉数百年的文化建构,汉代形成了以名教为士人价值的士风学风,而且这种学术风气在士人眼中,获得了至高的学术荣誉和文化认同。魏晋学术就是在名教如日中天的时候,提出了质疑与重构。这种质疑与重构是对曾经作为士人群体正统文化资本的名教或礼教的巨大破坏和文化重建,让沉迷于名教形式中的士人,真正领悟到士人群体的文化大道在社会世俗权力关系的影响下逐渐丧失了文化正统与神道认同,而陷入了以名为教、以礼为学的文化藩篱和文化游戏。魏晋人关于自然大道与名教礼法之间关系的文化讨论和社会实践,体现了他们对士人群体文化的正统价值与文化大道的再发现与

---

① 苏与:《春秋繁露义证》,中华书局 1992 年版,第 275—276 页。
② 苏与:《春秋繁露义证》,中华书局 1992 年版,第 469—470 页。
③ (汉)班固:《汉书》,中华书局 1962 年版,第 2503 页。
④ 徐震堮:《世说新语校笺》,中华书局 1999 年版,第 4 页。

再体悟,以及对社会各种礼法秩序的再建构。魏晋士人希望通过自然之道和佛教真如等文化新资源与新价值,重新找回在名教流俗传统之中丢失了的文化大道与真灵存在,士依于道,返璞归真,重新回归士人文化的正统价值与道体存在。

一、本末分途:名教的两种观念

何为名教?这是一个极为复杂的问题。说它复杂,第一,名教是以儒家学说为核心价值的教化体系,以儒家精神与学说为主体价值和基本架构。第二,名教是一个以有名为核心的学术体系,彰显了有名的形式存在。前者决定了名教与儒家思想有着密切的血缘关系,后者决定了名教又不完全与儒家精神一致,有名形式既可能传达仁道的精神气韵,同时可能因为过分强调有名形式,从而遮蔽儒家文化所重视的文化兴起作用和群体认同。汉末的名教是杂合了书写有名形式与儒家文化思想的新型混血文化。晋康帝司马岳《周年不应改服诏》云:"君亲,名教之重也,权制出于近代耳。"①其《答有司请权降丧礼诏》云:"礼之降杀,因时而寝兴,诚无常矣。至于君亲相准,名教之重,莫之改也。权制之作,盖出近代,虽曰适事,实弊薄之始。先王崇之,后世犹怠,而况因循,又从轻降,义弗可矣。"②司马岳认为:第一,君与亲才是名教之重,而儒家思想重视在仁德价值基础上的君亲关系,仅仅突出外在的君亲关系就会遮蔽内在仁德的价值基础。可见,名教与儒家早期思想存在很大的不同,儒家精神重视由内而外的一致性,名教重视外在的礼法关系,这也揭示了名教的主要特征在于更为关注人在社会现实世界之中的礼法秩序,最主要表现在以下两种关系上:一是与君的关系,二是与亲的关系。在儒家学说中,这两种社会关系都是士人通达了仁者原型的神明君子,将仁爱精神表现在现世之中最为临近、最为关切的社会关系。第二,名教之重在于君亲之礼。君亲之礼,成为社会其他各种礼节的核心价值与文化标准。其他礼节可以随时更改,唯独君亲之间的礼节是不可更改的。这种外在的君亲礼法,体现了社会政治权力的意识形态意愿与源自自身内在的仁德价值,由内而外的儒家礼乐行为,是极为不同的。陈寅恪在《陶渊明之思想与清谈之关系》中云:"故名教者,依魏晋人解释,以名为教,即以官长君臣之义为教,亦即入世求

---

① (清)严可均辑:《全晋文》,商务印书馆1999年版,第92页。
② (清)严可均辑:《全晋文》,商务印书馆1999年版,第93页。

仕者所宜奉行者也。其主张与崇尚自然即避世不仕者适相违反,此两者之不同,明白已甚。"①陈寅恪认为,魏晋人的名教观是"以官长君臣之义为教",是入世求仕者必须遵守的礼法秩序。陈寅恪的看法似乎有失偏颇。

第一,仅仅看到名教重视君臣关系,而丢掉了与亲之间的关系。第二,魏晋时期,入世求仕者都是出身士族的名士,他们并不完全遵从名教礼法,大多崇尚自然处世。余英时在《名教思想与魏晋士风的演变》中对陈寅恪的名教观也做了一些批驳,其云:"陈先生的名教观应用到嵇康、阮籍以后的某些具体事例上就不免发生困难了。正因为陈先生赋予'名教'以纯政治性的解释,所以他认为清谈的后期,即东晋以下,有关名教与自然的谈论与士大夫的实际生活无关,只是'口头虚语纸上空文'的'装饰品'而已。事实上魏晋所谓'名教'乃泛指整个人伦秩序而言,其中君臣与父子两伦更被看作全部秩序的基础。不但如此,由于门第势力的不断扩大,父子之伦(即家族秩序)在理论上尤超乎君臣之伦(即政治秩序)之上,成为了基础的基础了。"②余英时将名教概括为两种关系,即政治伦理关系与家族伦理关系,比陈寅恪更加接近魏晋人对名教的界定,但是他也忽视了魏晋人的名教不是一种纯粹形式的外在名教,而是一种超越外在形式的自然名教。

其实,如果仅仅将名教限定于现世有形的社会关系之中,用可见的社会秩序来界定名教,这仅仅是魏晋名教观中的一种情形。在此,我们将这种只重视外在社会关系的名教称之为"有名之名教"。"有名之名教"拘囿于有名形式,即君臣、父子等现世之名。因为"有名之名教"过于关注外在的有名形式,从而往往会忽略生成有名的无名状态,即文化之道的原初价值。可见,这种"有名之名教"人为地剥离了无名文化根基与有名文化形式之间的价值关系,使有名形式成为一个外在孤立的名教体系,构成一种纯粹的维护社会秩序(主要包含政治伦理和家族伦理)的外在道德伦理和礼法知识,成为一种束缚士人行为的外在礼法。陈寅恪、余英时等人所界定的名教,究其实质而言,都是这种重视外在形式的"有名之名教",这是社会流俗的名教关系。

魏晋人的名教,除了要解构上述拘囿于有名言筌的"有名之名教"外,还有

---

① 陈寅恪著、陈美延编:《金明馆丛稿初编》,生活·读书·新知三联书店 2001 年版,第203—204 页。

② 余英时:《士与中国文化》,上海人民出版社 2003 年版,第358—359 页。

另一种名教体系，即重视内在无名心性基础的名教，可以将其称之为"无名之名教"或"自然之名教"。这种无名之名教与有名之名教，其外部形式看起来都是名教，却存在天壤之别。有名之名教关注的是外在有名的文化形式，更倾向于重名不重实的伪名教；无名之名教关注的是内部无名心性的大道价值，更倾向于儒家原旨，强调外在有名必须一以贯之，重视文化之道、名实相符。袁宏《后汉纪》卷三云："夫天生蒸民而树之君，所以司牧群黎而为谋主。故权其所重而明之，则帝王之略也。因其所弘而申之，则风化之本也。夫以天下之大，群生之众，举一贤而加于民上，岂以资其私宠，养其厚大！将开物成务，正其性命，经纶会通，济其所欲。故立君之道，有仁有义。夫崇长推仁，自然之理也。好治恶乱，万物之心也。推仁则道足者宜君，恶乱则兼济者必王。故上古之世，民心纯朴，唯贤是授，揖让而治，此盖本乎天理，君以德建者也。夫爱敬忠信，出乎情性者也。故因其爱敬，则亲疏尊卑之义彰焉；因其忠信，而存本怀旧之节着焉。有尊有亲，则名器崇矣；有本有旧，则风教固矣。是以中古之世，继体相承，服膺名教，而仁心不二。此又因于物性，君以义立者也。然则立君之道，唯德与义，一民之心，莫大于斯。先王所以维持天下，同民之极，陈之千载，不易之道。"①袁宏对君之有名进行了详细分析，认为立君之道依据的是仁义精神，仁义才是君名的实存所在，君名不过是仁义的有名形式。如果一个人具有君名，而没有仁义之实，那么，这个人就不是真正的君，而是一个有名无实之君。换句话说，这个人就不是一个君。可见，袁宏所提倡的名教，与一般流俗意义上的君不同。一般认为，站上了君位的人就是君，不管他内在有没有仁义精神。而袁宏所谓的君，不是简单地、纯粹地依据于外在的有名形式，即是否站在君位上，而是更多地依据有名之实，即是否拥有君王的仁义心性与无名价值。可见，袁宏之此君，非一般意义上的彼君矣。

袁宏《后汉纪》卷二十六云："夫君臣父子，名教之本也。然则名教之作，何为者也？盖准天地之性，求之自然之理，拟议以制其名，因循以弘其教，辩物成器，以通天下之务者也。是以高下莫尚于天地，故贵贱拟斯以辩物；尊卑莫大于父子，故君臣象兹以成器。天地，无穷之道；父子，不易之体。夫以无穷之天地，不易之父子，故尊卑永固而不逾，名教大定而不乱，置之六合，充塞宇宙，自今及古，其名不去者也。未有违夫天地之性，而可以序定人伦；失乎自然之理，而可以

---

① （晋）袁宏：《后汉纪校注》，天津古籍出版社1987年版，第61—62页。

彰明治体者也。末学庸浅，不达名教之本，牵于事用，以惑自然之性，见君臣同于父子，谓兄弟可以相传为体，谓友于齐于昭穆，违天地之本，灭自然之性，岂不哀哉！夫天地灵长，不能无否泰之变；父子自然，不能无夭绝之异。故父子相承，正顺之至也；兄弟相及，变异之极也。变则求之于正，异则本之于顺，故虽经百世而高卑之位常崇，涉变通而昭穆之序不乱。由斯而观，则君臣父子之道焉可忘哉！"①袁宏一方面认为君臣父子关系是"名教之本"，另一方面尤其强调，"天地之性""自然之理"才是君臣父子的原初价值与秩序基础。首先，"天地之道"是"无穷之道"，正是这个具有神显意味的"无穷之道"，决定了父子之间的"不易之体"，"无穷之道"是"不易之体"的文化本源与价值根基，而"不易之体"是"无穷之道"的文化现身。其次，从天地秩序，到父子秩序，再到君臣秩序，天地秩序是社会现世秩序的核心价值，是一种自然关系。如果仅仅只有现世的社会秩序，而遮蔽了作为本源性的"天地之本""自然之性"，就违背了"无穷之道"，仅仅是一种人为的后天秩序。袁宏认为，这种后天人为秩序是"末学庸浅"的表现，是"不达名教之本"而过分执迷于现世社会秩序的无道行为。可见，袁宏的名教观是以无名价值与自然大道作为核心价值的新型名教。

如果站在儒家原旨的基础上，如何来评价名教的两种形式呢？无名之名教与儒家原旨较为接近，体现的是儒家重视内在仁义之道的核心价值观念。子曰："克己复礼为仁。一日克己复礼，天下归仁焉。为仁由己，而由人乎哉？"颜渊曰："请问其目？"孔子说："非礼勿视，非礼勿听，非礼勿言，非礼勿动。"（《论语·颜渊篇第十二》）②子曰："人而不仁，如礼何？人而不仁，如乐何？"（《论语·八佾篇第三》）③子曰："礼云礼云，玉帛云乎哉？乐云乐云，钟鼓云乎哉？"（《论语·阳货篇第十七》）④孔子的儒家原旨是以仁义为核心价值的礼乐文化，礼乐形式也不仅仅以外在有名的礼法形式存在，而是以仁者价值的质性存在。礼乐这些外在的可见形式并不是纯粹的外在形式，而是一种有着深厚意味和文化规定的质性形式。而流俗的有名之名教，强调一种内在没有规定性、外在徒有形式的礼法形式，它误将有名形式作为名教的核心价值之所在，这也就忽略了儒家的

① （晋）袁宏：《后汉纪校注》，天津古籍出版社1987年版，第743—744页。
② 杨伯峻译注：《论语译注》，中华书局1980年版，第123页。
③ 杨伯峻译注：《论语译注》，中华书局1980年版，第24页。
④ 杨伯峻译注：《论语译注》，中华书局1980年版，第185页。

核心仁义精神与心性价值,成为徒有儒家外壳的意识形态秩序。这种仅存外在有名形式的名教不是真儒家,而是伪儒家,这种伪儒家只有君亲外在之名,而没有君亲内在之实。因此,如果过分重视外在的有名关系,就会使社会上出现一些名为孝廉而实是大不孝大不廉的伪君子。裴希声《侍中嵇侯碑》云:"夫君亲之重,非名教之谓也。爱敬出于自然,而忠孝之道毕矣。朴散真离,背生徇利,礼法之兴,于斯为薄。"①如果君臣、父子之间的爱敬关系,不是出于内在心性的自然关系,那么,就会彻底丧失忠孝之道。这种虚伪文化所导致的后果是社会上人人都"朴散真离,背生徇利",伪不堪言。由此具有虚伪形式的名教就出现了,即重视外在礼法之兴,这种外在的礼法就是有名之名教。同时,发自人心深处的文化大道,就逐渐被遮蔽起来了,也被人遗忘了,社会风气就会显得极为浇薄伪善。

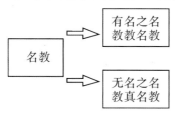

两种名教的分途

二、大道回归: 魏晋名士回归自然的名教新模式

魏晋人对社会上极为流行的有名之名教深恶痛绝,但这并非意味着名教是完全腐朽的,因为在名教的有名形式中,还存有极富文化价值的文化之道与儒家原旨。对流俗名教进行文化改造,既要抛弃流俗名教的文化糟粕和腐朽思想,又要还原名教的儒家原旨及神道精神,这是魏晋人面临的文化难题。李泽厚在《中国美学史》中云:"魏晋一方面轻视一致反对'名教',另一方面却又并不从根本上否定'名教'。关于'名教'与'自然'的关系的讨论,其实质是在批判东汉的已经极其虚伪和不近人情的'名教',进而建立起和新的时代相适应的伦理道德关系。"②李泽厚很清醒地认识到,魏晋人对名教持有双重的态度。一方面他们所反对的名教,是有名之名教,是流俗的礼教。另一方面他们提倡名教,不过他

---

① (清)严可均辑:《全晋文》,商务印书馆1999年版,第331页。

② 李泽厚、刘纲纪:《中国美学史:魏晋南北朝编》(上),安徽文艺出版社1999年版,第134—135页。

们所提倡的名教,不是有名之名教,而是无名之名教,是浇铸了文化之道与自然心性的真名教。面对复杂多元的名教体系和文化冲突,魏晋人选择了以自然价值来维护真名教,来批判虚伪、机械、压抑的流俗名教,从而将名教由流俗的文化状态引回原初自然的道体状态。这样也就引发了魏晋时期关于名教与自然的大讨论。

学术界通常将魏晋人关于名教与自然的讨论分为三个阶段,第一个阶段是王、何的"名教出于自然",第二阶段是嵇康的"越名教而任自然",第三阶段是郭象的"名教即自然"。余英时在《名教思想与魏晋士风的演变》一文中认为,可以将魏晋思想史分为三个小段落:"曹魏的正始时代(240—248),名教与自然的问题在思想史上正式出现,何晏、王弼是最先提出这个问题的人。嵇康(223—262)、阮籍(210—263)等所谓'竹林七贤'代表名教与自然正面冲突的时代,而以嵇康被杀为其终点。西晋统一以后,名教与自然则转入调和的阶段,其理论上的表现则有郭象的《庄子注》和裴頠的《崇有论》(约撰于 297 年)。"①这种分段讨论的方法很容易使人认为,魏晋人的自然与名教是截然对立的,这反而遮蔽了历史事实,即魏晋人是带着对真名教的痴爱来批判名教的假形式。

实际上,魏晋人关于自然与名教关系问题的探索是一场文化回归的大变革。这场变革包括两部分内容:第一,抛弃流俗的有名之名教;第二,回归真正的文化之道,建构自然的无名之名教。魏晋人文化回归的智慧和策略是什么呢? 就是建构了自然的文化大道,然后将自然之道的文化力量与神圣价值贯穿于有名形式之中。何晏《无名论》云:"夫道者,惟无所有者也。自天地已来,皆有所有矣。然犹谓之道者,以其能复用无所有也。故虽处有名之域而没其无名之象,由以在阳之远体,而忘其自有阴之远类也。夏侯玄曰:'天地以自然运,圣人以自然用。'自然者,道也。道本无名,故老氏曰:'强为之名。'仲尼称:'尧荡荡无能名焉。'下云'巍巍成功,则强为之名',取世所知而称耳。岂有名而更当云无能名焉者邪,夫惟无名,故可得遍以天下之名名之。然岂其名也哉? 唯此足喻而终莫悟,是观泰山崇崛而谓元气不浩芒者也。"②魏晋人的道之实质就是无、无名、无所有,道的价值就是自然,魏晋人所说的无、无名、自然等都是自然之道的可名形式。第一,道之可名首先是无名的,然后才是无名之可名。可见,魏晋人的有名,

---

① 余英时:《士与中国文化》,上海人民出版社 2003 年版,第 358 页。

② (清)严可均辑:《全三国文》,商务印书馆 1999 年版,第 411 页。

不是一个独立自主的、纯粹形式的有名形式，不是外在可以任意游戏的语言之有名，而是以无名作为文化规定的、非纯粹形式的有名。可以这样说，魏晋人的文化之道，首先是自然之道或无名之道，其次才是可名、有名的自然形式。第二，魏晋人所推崇的真正的名教，是以文化之道、无名之道作为神圣价值与文化规定的有名之名教，所以何晏的有名形式的文化结构就是：无所有－有所有的有名状态，其文化结构模式也可以概括为：无名－有名，这种文化结构与纯粹的有名形式截然不同。魏晋人所反对的是虚伪名教，认为这种虚伪名教是纯粹的有名游戏，是失去文化之道而沉迷在世的流俗名教。

王弼提倡"名教出于自然"，其文化实质与何晏有异曲同工之妙。很多学者将其解释为儒道之间的关系，认为这是王弼以道家来改造儒家思想，这种观点是站在儒道相异的文化立场来讨论的，存在似是而非的不足。《三国志》卷二十八《钟会传》云："何劭为其传曰：弼幼而察慧，年十余，好老氏，通辩能言。父业，为尚书郎。时裴徽为吏部郎，弼未弱冠，往造焉。徽一见而异之，问弼曰：'夫无者诚万物之所资也，然圣人莫肯致言，而老子申之无已者何？'弼曰：'圣人体无，无又不可以训，故不说也。老子是有者也，故恒言无所不足。'……何晏以为圣人无喜怒哀乐，其论甚精，钟会等述之。弼与不同，以为圣人茂于人者神明也，同于人者五情也，神明茂故能体冲和以通无，五情同故不能无哀乐以应物，然则圣人之情，应物而无累于物者也。今以其无累，便谓不复应物，失之多矣。弼注《易》，颍川人荀融难弼《大衍义》。弼答其意，白书以戏之曰：'夫明足以寻极幽微，而不能去自然之性。颜子之量，孔父之所预在（颜子的才能，孔子能够预先知晓），然遇之不能无乐，丧之不能无哀。又常狭斯人（我常常认为这个人很狭隘），以为未能以情从理者也（认为他还没有真正做到依据道性来现身），而今乃知自然之不可革（现在才明白了，圣人自然之性是不能改变的）。足下之量，虽已定乎胸怀之内，然而隔逾旬朔，何其相思之多乎？故知尼父之于颜子，可以无大过矣。'"①何晏与王弼的相同之处在于，他们都认为，圣人的文化大道以无、无名、自然为核心价值。他们的不同之处在于，何晏认为，圣人是无情的，王弼则认为，圣人是有情的。不过，王弼强调，圣人的有情，是自然之性的价值体现或力量贯通。从两人对待圣人之情的文化差异可以看出，王弼比何晏更重视圣人也是有形的存有状态。何晏认为，圣人的存在，纯粹是自然之无的存在，不存在社会

① （晋）陈寿撰、（宋）裴松之注：《三国志》，中华书局 2005 年版，第 795—796 页。

人的各种人情状态。王弼认为,圣人的存在不仅是一种自然之无的价值存在,而且是社会有形关系的有形存在,因此圣人是有情的,但是圣人之情,不是一般人失去自然之性的虚伪之情,而是贯穿了自然之性的本真之情。如果圣人是无情的,那么,圣人与社会礼法就会直接产生冲突,圣人就会直接解构一切社会礼法,但是周公制礼作乐,一切原初礼法都是圣人所为。因此,肯定圣人是有情的,就直接肯定了圣人与社会礼法之间的文化关系,但是圣人之情是依据自然之性、文化之道而产生的,圣人之情又与流俗之情是不同的。同样,他们对待社会礼法也是不一致的。社会礼法强制要求人们抑制个人情感,服从礼法,从而建构稳定的社会秩序。流俗之人的情感是缺乏限度与文化规定的,他们的情感与社会礼法注定是充满冲突的。圣人的情感是符合文化之道并有所节制的,同时,是根据不同的社会情境和不同的文化对象而有所变化的,而外在的礼法制度是僵死的,教条的,缺乏灵活性的。因此,圣人有节制的情感,尽管符合文化之道,但是社会情境的变化,导致其与外在强制的礼法制度之间出现了一些分歧,可见,圣人情感与外在礼法的强制规定既可能是一致的,也可能存在冲突。王弼尤其肯定了孔圣人是有情的,而且孔圣人之有情,是贯穿了自然之性的文化精神。因此,孔圣人的仁德就成了自然之仁道,即无名之名教,它与流俗之名教存在巨大的文化差异,它是贯穿了无名之道与自然价值的有名形式。王弼《论语释疑·学而》云:"自然亲爱为孝,推爱及物为仁也。"①王弼《论语释疑·八佾》云:"时人弃本崇末,故大其能寻本礼意也。"②王弼认为,流俗之人是"弃本崇末",即认为有名之名教和礼法实际上遮蔽和抛弃了文化之道的文化规定与价值精神,机械强调人为割裂的、僵化虚伪的礼法形式,这不是名教之本(名教之本在于自然无名),而是名教之末(名教之末在于有名形式)。可见,王弼的"名教出于自然",不是强调名教与自然的对立关系,而是在为名教寻本、归本、还魂,即将名教由有名之名教回归至无名之名教。王弼的自然与名教的关系不仅不是对立的,而且是可以力量贯通的,即自然大道的神圣力量可以贯通于名教形式之中,即自然之名教,其文化结构为:自然 - 有名。王弼认为,仁、孝等质性力量,不过是自然之道的力量传递与文化扩充,即将自然之无的文化价值推广到世界之有,将自然力量推广至君王、双亲、他者与万物的有形秩序上。在王弼的"名教出于自然"命题中,名

---

① (魏)王弼注、楼宇烈校释:《王弼集校释》,中华书局 1980 年版,第 621 页。
② (魏)王弼注、楼宇烈校释:《王弼集校释》,中华书局 1980 年版,第 622 页。

教不是一种孤立存在的礼法形式，而是源自自然大道的本来根性，是贯彻了自然力量的名教，这种出于自然又以自然价值为核心的名教，不是无所规定的流俗之名教，而是具有神圣意味的无名之名教。

学术界通常将嵇康的"越名教而任自然"解释为，提倡自然而对抗名教，似乎自然与名教是一种不可调和的矛盾存在。殊不知，"越名教"是要抛弃流俗的有名名教，而"任自然"是要提倡本真的自然名教，其文化态度与王弼的"名教出于自然"的文化精神是一致的，都是要用自然精神与核心价值来救弊名教的世俗虚伪状态。嵇康的"越名教"，并非完全与儒家原旨相对立，不是要完全抛弃儒家的原初之道，也不是要完全废除社会的礼法制度，而是要抛弃流俗的有名之名教，抛弃抑制人性自由和文化之道的外在僵化礼法，重新回归神圣的自然之道，让自然之道的神圣力量贯穿于士人的社会实践与社会关系，让自身在实践中既符合自然大道的根性价值，又显得灵活多样，毫不死板。可见，嵇康的"越名教而任自然"是提倡回归到无名之名教，既重视要在文化价值上回归自然大道，也强调士人行为贯穿自然大道的神圣力量。

学术界通常认为，中朝名士的"名教即自然"使儒教与老庄在玄学中得到调和。中朝名士的名教，不是指流俗的有名之名教，也不是指一般意义的儒家思想，而是指以自然之性为核心价值的名教形式或儒家原旨，即无名之名教。中朝名士认为，在道体层面，名教与自然心性是完全一致的，不存在什么文化分歧与对立。因此，"名教即自然"不是什么文化调和，而是在道体层面上的文化回归。《世说新语·文学第四》第十八条："阮宣子有令闻，太尉王夷甫见而问曰：'老庄与圣教同异？'对曰：'将无同。'太尉善其言，辟之为掾。世谓三语掾。卫玠嘲之曰：'一言可辟，何假于三？'宣子曰：'苟是天下人望，亦可无言而辟，复何假一？'遂相与为友。"[1]王衍问：老庄与圣教是相同的还是相异的呢？阮修回答说：两者应该是相同的。那么，我们就要问，道家与儒家为什么是相同的呢？追本溯源，春秋末年出现的儒道两家思想，是早期神道大传统分裂之后出现的两个文化体系。如果从流俗的文化形式来看，道家到了两汉时期发展成为道教，重视的是方技之术。儒家到了两汉时期发展成为经学，重视的是礼法之术。从社会现实的外在形式上看，儒道两家确实存在很大的文化差异。但这种表面的文化形式与外在技艺，都不是早期的道家原旨和儒家原旨，都不符合原初文化传统的神道传

---

① 徐震堮：《世说新语校笺》，中华书局 1999 年版，第 112 页。

统。如果从自然、无名的文化之道来看,道家重视自然之道,儒家重视符合文化之道的仁义精神,早期文化大传统的神道力量,都贯通在儒道两家的文化精神中,是神道心性将儒家与道家统一起来,儒道两家不过都是神道传统的文化发展。中朝名士提出"名教即自然",不仅是在表面形式上开展的文化调和活动,而且是在道体层面上的文化回归。

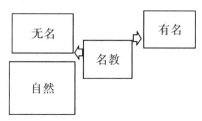

回归自然的名教图式

魏晋名士关于名教与自然之关系的文化新造,基本上都以自然之道为核心价值来改造或反对流俗的有名之名教,使这种流俗名教重新回归无名之名教。可见,魏晋人对待名教的态度具有一定的暧昧性和徘徊性,这也直接反映了魏晋人对待有名的双重态度。站在有名的角度来看,名教兼具无名之有名与有名之有名两种可能性,如果完全抛弃名教,势必会将无名之有名也抛弃了。这就好比倒洗澡水,如果连洗澡盆中的小孩也给倒掉了,就要出大问题了。所以魏晋人始终都强调要崇尚名教之本,即无名之名教,而抛弃那种失去文化之道的有名之名教。回归文化大道,是自然与名教在魏晋时期的共同性与共通性,自然价值不仅升华了名教形式,而且让名教再次获得了神圣的文化力量。当然,在魏晋时期,每个阶段士人都处在文化回归的旅途中,对待世俗名教的文化态度,有些时候显得婉转一些,有些时候显得激烈一些,但始终都没有改变回归自然大道的文化策略和革新智慧。

三、名教乐处与放达之风

在文化大道的回归中,随着汉末魏晋士人对有名之名教的反叛,出现了一股破坏外在礼教的任诞之风。如汉末戴良居丧不守礼法的任诞行为,实际上已经开启了魏晋人破坏礼教的风气。《后汉书》卷八十三《戴良传》云:"及母卒,兄伯鸾居庐啜粥,非礼不行,良独食肉饮酒,哀至乃哭,而二人俱有毁容。或问良曰:'子之居丧,礼乎?'良曰:'然。礼所以制情佚也。情苟不佚,何礼之论!夫食旨不甘,故致毁容之实。若味不存口,食之可也。'论者不能夺之。"①戴氏兄弟的居丧行为是截然相反的,戴鸾非常守礼,而戴良违反礼法,引起世俗之人的不满。戴良认为,礼法是用来抑制放纵的世俗情感,如果人的情感丝毫也不放纵,又要礼法干什么呢? 可见,礼法这种外在的行为规矩属于有名之名教,是用来抑制那些放纵不羁的世俗情感,而对于依据有所规定、有所节制的君子存在,是没有多大价值的。人之现世情感可以分为四种:第一种是依据本来的文化之道,即自然大道或自然之性,而在现世之中现身,这种现身情态受到文化大道的节制与规定,是不受礼法拘束的。第二种是依据本来的自然心性,根据具体的社会情境灵活机动地在世现身,其情感有所规定、有所节制,对僵化的社会礼法有所违逆。第三种是依据外在的有名之礼法来抑制自身的情感,从而使自己依照礼法来行事。第四种是既没有自身内在心性的文化规定,又缺乏外在礼法束缚的世俗情感,这种情感纯粹依据人在世界中的各种现世关系而生成。这四类情感之中,毫无疑问,第一种有所规定、有所节制的圣人君子情感是最高的,它可以不受外在礼法的有形束缚。如果一个人能够依据这种自然文化情感来为人处世,那么,这个人就可以达到"从心所欲而不逾矩"的圣人境界。戴良的放诞行为属于第二种现世情感,他的情感自然而发,有所节制,同时不太遵守社会上约定俗成的礼法。余嘉锡《世说新语笺疏·德行篇》"王戎、和峤同时遭丧"条论戴良居丧食肉之事云:"盖魏、晋人一切风气,无不自后汉开之。《抱朴子·刺骄》以戴叔鸾、阮嗣宗并论,良有以也。"②余英时《汉晋之际士之新自觉与新思潮》云:"戴叔鸾之言行,皆'如心揣度,以决然否',虽惊世骇俗而不顾,又自许为天下独步。凡此均足为士大夫个体自觉深入内心之明证,与虚伪矫饰以求名誉者盖貌合神离也。今观叔鸾之不拘礼法及跌宕放言,在若干方面均开汉晋士大夫任诞之先声,而自来论汉晋之际士风转变少有注意及之者,诚可异也。"③可见,后汉士人戴良所开的违反外在礼法之风气,揭开了魏晋人任诞而为、不以礼法拘执的新风气,是魏晋士风新变化之先声。

竹林七贤中阮籍、刘伶、阮咸等人实际上开了魏晋人的任诞之风。魏晋人的任诞,不是世俗的无所约束的放纵不羁,而是一种发乎自然性情的率真表现,与

---

① (南朝宋)范晔:《后汉书》,中华书局 1965 年版,第 2773 页。
② 余嘉锡:《世说新语笺疏》,中华书局 1983 年版,第 21 页。
③ 余英时:《士与中国文化》,上海人民出版社 2003 年版,第 365 页。

社会固定的世俗礼法有所冲突。从现存的文献记载来看,阮籍、嵇康、向秀、王戎、山涛等人都提倡自然之道,重视人心的自然本性,基本上都能依据自然之性来抑制自身的现身情态,他们的行为和情感是符合或接近文化之道与自然属性的,同时对社会现实中的各种僵化的外在礼法造成了一定的破坏。《世说新语·任诞第二十三》第十条:"阮仲容步兵居道南,诸阮居道北。北阮皆富,南阮贫。七月七日,北阮盛晒衣,皆纱罗锦绮。仲容以竿挂大布犊鼻裈于中庭。人或怪之,答曰:'未能免俗,聊复尔耳。'"刘孝标注引《竹林七贤论》曰:"诸阮前世皆儒学,善居室,唯咸一家尚道弃事,好酒而贫。旧俗:七月七日,法当晒衣,诸阮庭中,烂然锦绮。咸时总角,乃竖长竿,挂犊鼻裈也。"①阮咸、阮籍住在道南,其他阮姓住在道北。道北阮姓子弟都很富有,道南阮家子弟都很贫穷。七月七日那天,道北阮姓家家大晒衣服,晒的都是绫罗绸缎。阮咸就在院子里用竹竿挂起一条粗布短裤。有人对他的行为感到奇怪,阮咸就说:我还是不能免除世俗之情,暂且这么做做吧。从阮咸的言行来看,阮咸家比较贫穷,如果他在七月七日那天晒出一件借来的绫罗绸缎,这就不是阮咸了。家中只有粗布短裤,他将之晒出去,丝毫不以之为耻,其自然之性情,毫不伪饰。七贤之中,任诞放达行为最为极端的是刘伶。《世说新语·任诞第二十三》第六条:"刘伶恒纵酒放达,或脱衣裸形在屋中。人见讥之,伶曰:'我以天地为栋宇,屋室为裈衣,诸君何为入我裈中?'"②刘伶的任诞放达还表现在他任性放纵地饮酒。有一次,他赤膊裸身(未必就是全身裸体)待在家里,有人看见了,就责备他。刘伶回答说:我是把天地当作我的房子,以房屋当作我的衣裤,你们怎么跑到我的裤子里来呢?刘伶的放达,丝毫没有任何有名虚伪的在世思想,纯粹属于一种自然性情的真性流露,他在家中赤膊裸身,没有影响到社会的公众秩序。刘伶在私人的生活空间中不拘泥于现实的各种礼法,在礼法先生眼中是有些放纵不羁而已。

两晋之交的"八达"也是破坏礼教的典型代表。《晋书》卷四十九《光逸传》云:"寻以世难,避乱渡江,复依辅之。初至,属辅之与谢鲲、阮放、毕卓、羊曼、桓彝、阮孚散发裸袒,闭室酣饮已累日。逸将排户入,守者不听,逸便于户外脱衣露头于狗窦中窥之而大叫。辅之惊曰:'他人决不能尔,必我孟祖也。'遽呼入,遂

---

① 徐震堮:《世说新语校笺》,中华书局1999年版,第393页。
② 徐震堮:《世说新语校笺》,中华书局1999年版,第392页。

与饮,不舍昼夜。时人谓之八达。"①胡毋辅之、谢鲲、阮放、毕卓、羊曼、桓彝、阮孚、光逸等八人为友,经常散发裸身,在室中饮酒,极为放纵。他们的放纵行为对社会礼法具有很大的破坏力,引起了一些礼法之士的不满。《晋书》卷七十《卞壶传》云:"阮孚每谓之曰:'卿恒无闲泰,常如含瓦石,不亦劳乎?'壶曰:'诸君以道德恢宏,风流相尚,执鄙吝者,非壶而谁!'时贵游子弟多慕王澄、谢鲲为达,壶厉色于朝曰:'悖礼伤教,罪莫斯甚!中朝倾覆,实由于此。'欲奏推之。王导、庾亮不从,乃止,然而闻者莫不折节。"②阮孚对卞壶说:你常常是没有闲暇安泰的样子,嘴中总是说一些没有价值的话语,你难道不觉得累吗? 卞壶回答说:你们这些人道德恢宏,风流倜傥,相互崇尚。执守庸俗卑吝之事的人,除了我,还有谁呢! 阮孚用死人嘴中的"含瓦石"来形容卞壶总是摆出一副正人君子不苟言笑的样子,显示出对卞壶执守礼法的鄙夷之情。卞壶一方面认为阮孚这些放达之人,是"道德恢弘、风流相尚";另一方面他表示了自己对礼法的坚守。卞壶对王澄、谢鲲等人的放达行为极为不满,曾在朝中严厉指责说:这种放达行为违背社会礼仪,有伤教化,没有比这更大的罪过了。甚至认为,西晋的灭亡,就是由此而起的。他想奏请朝廷,追究这些人的罪过,可是王导、庾亮等人不同意,于是只好作罢。可见,魏晋名士比较激进的放达行为,对社会礼法的确构成了极大的破坏,也引起了很多礼法之士的不满。礼法之士想网罗其罪,然而这些放诞行为尽管有伤风化,却也没有违反什么法律条款,更没有造成什么明显的混乱,王导、庾亮等执政者也就听之任之了。

魏晋人的名教分为无名之名教和有名之名教,同样,魏晋人的放达也具有无名之放达和有名之放达的区别。在魏晋人的价值观念中,无名之名教与无名之放达、有名之放达似乎也存有高低层次之分。《世说新语·德行第一》第二十三条:"王平子、胡毋彦国诸人皆以任放为达,或有裸体者。乐广笑曰:'名教中自有乐地,何为乃尔也?'"刘孝标注引王隐《晋书》曰:"魏末,阮籍嗜酒荒放,露头散发,裸袒箕踞。其后贵游子弟阮瞻、王澄、谢鲲、胡毋辅之之徒皆祖述于籍,谓得大道之本。故去巾帻,脱衣服,露丑恶,同禽兽。甚者名之为通,次者名之为达也。"③阮籍、刘伶等人的自然放达,应该属于"无名之放达";王澄、胡毋辅之、阮

---

① (唐)房玄龄等:《晋书》,中华书局1974年版,第1385页。
② (唐)房玄龄等:《晋书》,中华书局1974年版,第1871页。
③ 徐震堮:《世说新语校笺》,中华书局1999年版,第14页。

瞻、谢鲲等人的放达，是"祖述"行为，他们模仿阮籍，自称是依据了"大道之本"，但是已经是一种模仿之放达，引发了很多不满。乐广云：名教中自有令人快意的境地。乐广这种"名教乐地"究竟是指什么境界呢？毫无疑问，就是孔子颜回之乐，即无名之名教。在乐广看来，无名之名教，不仅通达了文化之道，而且能依据这种文化之道在现世之中与人打交道。阮籍的放达属于一种无名之放达，尽管他也通达了文化之道，他也能依据文化之道在世界行为中有所规定、有所节制，但是他的世界行为与外在礼法存在很多不一致，显得有些放纵怪诞，但这种放纵是在一定的文化范围之内，所以乐广认为，圣人的无名之名教胜于贤人的无名之放达。无论是无名之名教，还是无名之放达，在某种程度上来说，都是对世俗礼教的批判和破坏。但是有名之放达，尽管也破坏了虚伪的礼教，但是又陷入了一种为放达而放达的文化模仿与任诞弊端，也会对社会造成许多不良的影响。葛洪《抱朴子外篇·刺骄》云："世人闻戴叔鸾、阮嗣宗傲俗自放，见谓大度。而不量其材力，非傲生之匹，而慕学之。或乱项科头，或裸袒蹲夷，或濯脚于稠众，或溲便于人前，或停客而独食，或行酒而止所亲，此盖左衽之所为，非诸夏之快事也。夫以戴、阮之才学，犹以耽踔自病，得失财不相补，向使二生敬蹐检括，恂恂以接物，竞竞以御用，其至到何适但尔哉！况不及之远者，而遵修其业，其速祸危身，将不移阴，何徒不以清德见待而已乎？……今世人无戴、阮之自然，而效其倨慢，亦是丑女暗于自量之类也。"①葛洪认为，第一，凭借戴良、阮籍等的才学和对文化之道的通达，他们在放达行事的时候，尽管能识大体，但也难免自陷其病，有得也有失。在"得失不相补"中，葛洪似乎在说，戴良、阮籍的放达行为，所得的东西要比失去的东西多。为什么呢？戴良、阮籍等依据自然之性放达行事，不拘礼法，对僵化的礼法具有一定的叛逆，这是所得的东西。但是他们也陷入了另一种片面，即由不拘礼法到不讲礼仪，这是所失的东西。葛洪认为，假如这两位先生一方面能够依据文化大旨恭谨地行事，行为能够自我检点和有所约束，谨慎地待人接物，有所畏惧地控制好自己的行为，他们的造诣会更加高深。葛洪对戴良、阮籍的要求就不是对贤人的要求了，而是对圣人文化的要求。也就是说，葛洪认为，无名之名教才是魏晋人真正的文化理想；无名之放达是要低于无名之名教的，它具有一定的社会积极意义，但也会带来很多负面的东西。第二，葛洪批评的是那些模仿戴良和阮籍的俗士。这些俗士自不量力，机械地追慕、模仿傲世

①　杨明照：《抱朴子外篇校笺》（下册），中华书局 1997 年版，第 29—33 页。

的贤人,他们没有戴良、阮籍的自然本性,只是人为地学习他们外在的桀骜态度和怠慢行为,这与东施效颦是一样的,是缺乏自知之明的。这些机械模仿的俗士,有的人歪戴着帽子,或结发不戴帽子;有的人袒胸露背,伸腿箕坐;有的人在大庭广众之下洗脚;有的人在众人面前撒尿;有的人将客人置于一边,自己去吃东西;有的人只给自己亲人敬酒,而不理睬别人。这些模仿学来的无礼行为,都是野蛮的夷族人所干的事情,并不是华夏民族礼乐之邦所认同的事情。可见,葛洪对那些机械模仿者的怪诞行为极为愤怒。他认为,这些俗士的放诞行为,不仅缺少文化大道与自然之性的文化约束,而且没有外在的礼法约束,陷入了极端野蛮的流俗状态,属于一种有名之放达。这种流俗的放达任诞行为,不是魏晋贤人的无名之放达,对社会秩序构成了很大的破坏。这些任诞行为,甚至也会给俗士招来杀身之祸。

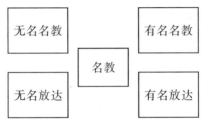

放达与名教之关系图

戴逵曾作《放达为非道论》,其云:"夫亲没而采药不反者,不仁之子也;君危而屡出近关者,苟免之臣也。而古之人未始以彼害名教之体者何?达其旨故也。达其旨,故不惑其迹。若元康之人,可谓好遁迹而不求其本,故有捐本徇末之弊,舍实逐声之行,是犹美西施而学其矉眉,慕有道而折其巾角,所以为慕者,非其所以为美,徒贵貌似而已矣。夫紫之乱朱,以其似朱也。故乡原似中和,所以乱德;放者似达,所以乱道。然竹林之为放,有疾而为颦者也,元康之为放,无德而折巾者也。可无察乎!且儒家尚誉者,本以兴贤也,既失其本,则有色取之行。怀情丧真,以容貌相欺,其弊必至于末伪。道家去名者,欲以笃实也。苟失其本,又有越检之行。情礼俱亏,则仰咏兼忘,其弊必至于本薄。夫伪薄者,非二本之失,而为弊者,必托二本以自通。夫道有常经,而弊无常情,是以六经有失,王政有弊,苟乖其本,固圣贤所无奈何也。嗟夫!行道之人自非性足体备,暗蹈而当者,亦曷能不栖情古烈,拟规前修,苟迷拟之然后动,议之然后言,固当先辩其趣舍之极,求其用心之本,识其枉尺直寻之旨,采其被褐怀玉之由。若斯,途虽殊,而其归可观也;迹虽乱,而其契不乖也。不然,则流遁忘反,为风波之行,自驱以物,自诳以伪,外眩嚣华,内丧道实,以矜尚夺其真主,以尘垢翳其天正,贻笑千载,可不慎欤!"①戴逵认为,一个人因为替父母采药耽搁了时间而没有在父母去世之前回到家中,这种人也是不仁之子。一个臣子因为君主危险而多次到离都城很近的关隘去巡视,这种臣子就属于不守臣节的臣子。但是他说,在古代,这些不仁之人与不守臣节的臣子都不是违反了名教的自然本性的人,因为他们的行为都是能够通达文化之道本旨的,正是因为通达了仁义本旨,所以他们的行为就不会有所迷乱,采药是仁子所为,守边是人臣之责。戴逵在判断一个人的外在行为时,依据的是本来道旨。到了元康时期,一些名士爱好隐遁自己的形迹,但却不能探求隐遁的本来性情,所以就会出现为了追求外在形迹之末而捐弃内在文化大道之本,为了追逐外在名声而舍弃内在的自然本性。因此,他们的放达,不过是追慕别人的外在形迹,并不是真正认为这种自然大道是优美的,仅仅是以外貌形迹为贵罢了。戴逵认为,有名之名教,尽管也失去了大道之本,没有道心存在,但是能在行为上模仿名教的礼法节仪;尽管有"怀情丧真""以容貌相欺"的文化弊端,但是这种存伪的弊端仅仅是导致虚伪的社会风气。道家原本不关心外在的名誉,只是为了探求自身之本性。如果一旦失去了本性,外在又有违反礼法的行为,这样的人就会出现情与礼都缺失的行为,这种人就是无情无礼之人,他们仰慕吟咏风流,假装忘怀一切,这种外在模仿的流俗弊病一定会导致本性极为刻薄。这种本性虚伪且外在刻薄的人,就会指责忠孝之本的不足,具有这种文化弊病的人,就一定会假托这两种根本来自圆其说。戴逵认为,这种有名的放达行为,会导致情、礼都受到损害,他们会用外物来掩饰自己,用虚假来欺骗自己,外部被炫目的华美迷惑,内心丧失了真正的大道。因为矜持外在的事物形迹,而丧失了自己的本来之性;因为后世的尘垢,而遮蔽了自身的大道存在。可见,作为名士文化的代表,戴逵对元康时期的有名放达行为是持谴责批评态度的,这与乐广的批评态度是一致的。

可以看出,魏晋人认为,第一,无名之名教是最高的,属于圣人所为,他们真正能做到心中持守大道本性,而且从来不逾矩。第二,无名之放达属于贤人所为,他们一方面持守自身的自然本性,随性而为,不拘外在礼法,对外在礼法也具有较大的解构力。第三,最差的是有名之放达和有名之名教,这些都是流俗士人的行为。魏晋人甚至将有名之名教(俗人)放置在有名之放达(罪人)的前面。

---

① (清)严可均辑:《全晋文》,商务印书馆1999年版,第1485—1486页。

从士人在世的具体行为来看，魏晋人首先提倡依据文化之道或自然本性在世界中为人处世，在世行为实践是有所规定和有所节制的行为情感。其次是率性而为的放纵行为，不能矫揉造作。再次是依据现世礼法来现身，尽管有点虚伪，但也显得行为举止较为端庄。最次是心中无本却喜欢随意跟风的流俗士人。这种人模仿放达行为是为了伪饰自己，其实质是既没有内在真情，也没有外在礼仪，属于一种假放达。这种机械模仿的流俗士人，不仅自己内心没有文化之道，而且没有外在的现世礼法，其行为虚伪，待人刻薄，还善于利用虚假的放达、不羁的言辞来为自己开脱罪行。

四、情礼关系：一往情深与礼法抑制

魏晋人的情礼关系，是自然与名教的文化关系在为人处世上的直接反映。自然与名教的关系，触及的是文化本末之间的关系。而情礼之间的关系，属于有情与有礼之间（都是有形之末）的关系。离开了无形之本（自然大道）来讨论情、礼之间的关系，就会陷入现世行为关系的纷呈变化，很难理清情礼之间的实质问题。

首先，魏晋人对有名之礼法持抛弃的态度。汉末经学之士遵循有名之名教，使名教陷入了有名、有誉的现世，这种有名之名教（或现世社会礼法）最大的特点就是显得虚妄伪饰，违背了自然无名的文化之本。葛洪《抱朴子外篇·刺骄》云："闻之汉末诸无行，自相品藻次第，群骄慢傲，不入道检者，为都魁雄伯，四通八达，皆背叛礼教而从肆邪僻，讪毁真正，中伤非党，口习丑言，身行弊事，凡所云为，使人不忍论也。夫古人所谓通达者，谓通于道德，达于仁义耳，岂谓通乎亵黩，而达于淫邪哉！"[1]葛洪所批判的就是汉末以名教相标榜的那批士人。这些士人自己品行不端，相互之间品评优劣，结成党群，极为傲慢自大，都是一些不入正道的士人。他们成为城市读书人的领袖，称霸一方，与四面八方的流俗之人相互勾结，背叛礼教，放纵奸邪，诽谤诋毁真正的有道贤人，攻击中伤不与之结党的人，口出秽言，干尽坏事，他们的所作所为，士人都不愿意议论。古人所说的通达，是通达了本性所有的仁义道德，并不是通达这些猥亵轻慢、淫逸邪恶的东西！在葛洪看来，那些重视有名之名教的士人，都是一些流俗邪恶的俗士，他们所持

---

① 杨明照:《抱朴子外篇校笺》（下册），中华书局 1997 年版，第 43 页。

守的名教不是真正的本性名教，而是世俗的末流名教。葛洪心中的礼教是能够通达于道德、仁义的士人所持守的名教，这种士人获取的是仁义之道，而不是外在的追名逐利和结党营私，这种名教就是魏晋人的自然之名教。嵇康《难张辽叔自然好学论》云："及至人不存，大道陵迟，乃始作文墨以传其意；区别群物，使有类族；造立仁义，以婴其心；制为名分，以检其外；勤学讲文，以神其教。故六经纷错，百家繁炽，开荣利之途，故奔骛而不觉。是以贪生之禽，食园池之梁菽；求安之士，乃诡志以从俗。操笔执觚，足容苏息；积学明经，以代稼穑。是以困而后学，学以致荣；计而后习，好而习成。有似自然，故令吾子谓之自然耳。推其原也，六经以抑引为主，人性以从容为欢。抑引则违其愿，从欲则得自然。然则自然之得，不由抑引之六经；全性之本，不须犯情之礼律。故知仁义务于理伪，非养真之要术；廉让生于争夺，非自然之所出也。由是言之：则鸟不毁以求驯，兽不群而求畜。则人之真性无为，正当自然耽此礼学矣。"①嵇康认为，到了"大道陵迟"的时代，才会出现各种纷繁的名分，才会出现以有名为主的名教。六经文本传注就是两汉士人的有名之名教。两汉经学家沉浸于文字之有名形式中，各种家法师传学说纷纭，已经开启了追名逐利的流俗渠道，所有士人在有名的形式中，相互竞争，而丝毫没有觉察。嵇康提倡的是自然仁义，反对的是有名仁义。他对虚伪的礼学持极为鄙夷和厌恶之情，对之进行了尖锐的批判。他倡导自然本性的人学，反对外在礼法对人心、人情的禁锢和束缚。

表面上看，魏晋人破坏社会礼法，但实际上，他们要破坏的不是真正的礼教，而是作为有名状态的虚伪礼教，他们始终都在守望着那个具有真正大道的无名之名教。鲁迅《魏晋风度及文章与药及酒之关系》云："嵇阮的罪名，一向说他们毁坏礼教。但据我个人的意见，这判断是错的。魏晋时代，崇尚礼教的看来似乎很不错，而实在是毁坏礼教，不信礼教的。表面上毁坏礼教者，实则倒是承认礼教，太相信礼教。"②这段话中，鲁迅没有将真、假礼教区分开来，所以这段话读来很拗口，也很难理解。应当这样说，嵇康、阮籍等人要毁坏的是那个有名之礼教，他们要信奉的是那个自然无名之礼教。那个有名之礼教，是禁锢人心、抑制人情的外在礼法。而无名之礼教，不需要外在的各种礼法，而是依据自身所通达的文化大道，在具体社会实践中，贯穿了文化精神与自然本性，提倡一种真情实意、自

① （清）严可均辑：《全三国文》，商务印书馆 1999 年版，第 523 页。
② 鲁迅：《魏晋风度及其他》，上海古籍出版社 2000 年版，第 195 页。

然流出的真礼。

魏晋人的礼法有两种形式:一是有名之礼教(假礼),二是无名之礼教(真礼)。同时,我们还有必要分清楚,魏晋人的情感也有两种:一为圣人之情,二为俗人之情。从何晏、王弼开始,就展开了圣人是否有情的讨论。何晏认为,圣人是无情的。而王弼认为,圣人是有情的。《三国志》卷二十八《钟会传》云:"弼与不同,以为圣人茂于人者神明也,同于人者五情也,神明茂故能体冲和以通无,五情同故不能无哀乐以应物,然则圣人之情,应物而无累于物者也。今以其无累,便谓不复应物,失之多矣。"①不过,王弼所言圣人之情,与俗人之情是不同的。圣人之情的文化表征是"应物而无累于物"。所谓"应物",是指当具体之物出现了,圣人就会随着物的出现而生发各种情感,但是他却能做到"无累于物",就是圣人的情感是由物而生的,但又不会执着于物,而是用自身所通达的文化大道使物物化,让物臣服于人本身所具有的自然之心。可见,圣人之情,不是无所规定的世俗现身,而是依据文化大道在社会之中的现身情态,其情感特征就是"无累于物"。而俗人常常处于心神迷失的轻浮状态,他们遇到外物而人化,情因物生,人因物累,这种"有累于物"的情感属于一种流俗的迷失情态。《世说新语·文学第四》第五十七条云:"僧意在瓦官寺中王苟子来,与共语,便使其唱理。意谓王曰:'圣人有情不?'王曰:'无。'重问曰:'圣人如柱邪?'王曰:'如筹算,虽无情,运之者有情。'僧意云:'谁运圣人邪?'苟子不得答而去。"②僧意与王修清谈圣人之情。僧意问:圣人有感情吗? 王修说:没有。僧意问:那么圣人像柱子一样吗? 王修说:圣人不是柱子,而是如算盘,虽然算盘没有感情,但是使用算盘的人有感情。僧意问:谁来使用圣人呢? 王修没有回答而离开了。关于第一个问题:圣人有没有情感? 王修回答:没有。是说圣人没有常人执着于物的流俗情感。关于第二个问题:圣人没有常人的流俗情感,那是不是一根柱子呢? 如果是一根柱子,那就是一个"死人"。王修认为,圣人不是柱子,而是一个灵活多变的算盘,这个算盘看起来是没有情感的,但使用算盘的人却是有情感的。其实,王修是说,圣人没有普通身体充满的那些流俗欲望的情感,却有着算盘与物相交接时的特殊情感。可见,圣人没有常人的流俗情感,却有着一种非常人的本真情感。关于第三个问题:谁来使用圣人? 王修没有回答。他为何没有回答呢? 因

① (晋)陈寿撰、(宋)裴松之注:《三国志》,中华书局 2005 年版,第 795—796 页。
② 徐震堮:《世说新语校笺》,中华书局 1999 年版,第 131 页。

为他不回答，就是最好的回答。王修的真正答案就是无名或自然。圣人是依据自然无名的大道来运作自身，自身的情感不是圣人自我状态的情感，而是圣人无我状态的情感。神无才是运作这算盘的真正主人。《世说新语·言语第二》第五十一条："张玄之、顾敷，是顾和中外孙，皆少而聪惠。和并知之，而常谓顾胜，亲重偏至，张颇不懨。于时，张年九岁，顾年七岁，和与俱至寺中。见佛般泥洹像，弟子有泣者，有不泣者。和以问二孙。玄谓：'被亲故泣，不被亲故不泣。'敷曰：'不然，当由忘情故不泣，不能忘情故泣。'"①张玄是顾和的外孙，顾敷是顾和的孙子。两个人小时候都很聪明，顾和很喜欢他们，但常说顾敷要略胜一筹，所以更加喜欢他。张玄很是不满。张玄九岁顾敷七岁时，顾和与他们来到寺庙之中。看到寺庙中卧佛像的旁边有的弟子在哭，有的弟子不哭。顾和就问他们：为什么会这样呢？张玄回答说：得到佛祖宠爱了，所以就哭；没有得到佛祖宠爱，所以就不哭。顾敷回答说：不是这样的，因为忘记了情感，所以他们不哭。因为不能忘记情感，所以他们就哭。从两人的回答来看，张玄更执着于人间的世俗情感，认为和尚们的爱憎情感与佛祖的宠信与不宠信有关。而顾敷从心性境界的角度来分析，认为能够做到忘情的和尚就不哭，不能做到忘情的和尚就哭，可见他很小就能跳出世俗人的眼光，对和尚的表情做出"忘情"的分析，明显高于张玄。顾敷的"忘情"，是忘记世间的流俗情感，那些不哭的佛家弟子，他们忘记了世俗的情感，就开始进入佛教空如的更高境界了；而那些哭泣的弟子，依旧执着于人间俗情，还没有达到空如的境界。圣人忘情，说明圣人是有情的，但圣人善于忘情。

《世说新语·伤逝第十七》第四条："王戎丧儿万子，山简往省之，王悲不自胜。简曰：'孩抱中物，何至于此？'王曰：'圣人忘情，最下不及情。情之所钟，正在我辈。'简服其言，更为之恸。"②王戎的儿子王绥早逝，山简去安慰他，王戎极为悲痛。山简说：小孩已经死了，怎么悲痛成这个样子呢？王戎说：圣人忘记人间俗情，最下等的人没有感情。而最有感情的，就是我们这种人。可见，魏晋人的情感有三种情形：一是圣人之情，圣人忘记了人间俗情，与王弼的无累之有情论相似；二是名士之情，这种名士之情是自然之情，依据自然人性来展示自身的本真情感，父子之间，血脉相连，感情真挚，纯属自然，这就是魏晋人的真情。三

---

① 徐震堮：《世说新语校笺》，中华书局 1999 年版，第 61—62 页。
② 徐震堮：《世说新语校笺》，中华书局 1999 年版，第 349 页。

是世俗之情，这种世俗之情是自身迷失的情感，属于在世执物执我的空洞情感，离真正的情感极为遥远。

魏晋人的礼法有两种：一是有名之礼，二是无名之礼。魏晋人的情有三种：一是圣人之情，是忘情无累之情；二是贤人之情，是自然率性之情；三是俗人迷失之情。圣人之情与名士之情在自然之性方面是一致的，所以其实只有两种情感类型。

根据名士之无名与有名，可以分为两种情礼关系，即有道与无道、无名与有名。先看魏晋人行为中的无名之情礼关系。无名是指自然之道或自然本性，其情都是有所规定、有所节制的自然感情，其具体行为之礼，可能会出现分歧。因此有二：一种是依据无名之情而行礼，另一种是依据无名之情而违礼。

第一种依据无名之情而行礼，就是依据自然之情来制定相应的外在礼节，即依情制礼。这种礼出自自然之情，礼从真性之中而出。孔衍《乖离论》曰："圣人制礼以为经，常人之教，宜备有其文，以辨彰其义。即今代父子乖离，不知自处之宜，情至者哀过于有凶，情薄者礼习于无别，此人伦大事，礼所宜明。谓莫测存亡，则名不定，名不定，不可为制。孝子忧危在心，念至则然矣。自然之情，必有降杀，故五服之章，以周月为节。况不闻凶，何得过之？虽终身不知存亡，无缘更重于三年之丧也。故圣人不别为其制也。"①圣人制礼，是依据自然之情来制定相应的礼仪之名，并以之教化社会。

第二种依据无名之情而违礼，这里的礼不是圣人之礼，而是世俗社会中各种外在的有名之礼教、礼学。圣人之礼，发自内心，流俗之礼，来自外法。这种情礼关系，就是阮籍、嵇康等人的任情废礼。他们依据自然之情，根据具体语境自由发挥，行为不中规中矩，但又符合自然本性。他们任诞放达的行为对社会上各种流俗的有名之礼产生了极大的破坏作用。《世说新语·任诞第二十三》第七条："阮籍嫂尝还家，籍见与别。或讥之，籍曰：'礼岂为我辈设也？'"②在阮籍那里，如果严格遵守外在的礼法，就不可能有人间真情。如果遵从自然人情，在特殊情况下，只有违背这些清规戒律了。可见，在阮籍那里，流俗的外在礼法是僵化固定的，而自然的内在真情在社会具体语境中是灵活多变的，僵化的外在礼法体系不能满足灵活的真情需求，真情与外在礼法在某些时候形成一种对立关系，二者

323

① （清）严可均辑：《全晋文》，商务印书馆 1999 年版，第 1328 页。
② 徐震堮：《世说新语校笺》，中华书局 1999 年版，第 393 页。

难以共存。

表面上看来，圣人因无名之情而制礼，与名士因无名之情而违礼，是相互冲突的，但是这两个礼却是不同的。前一个礼，指代的是自然之道规定下的真礼；后一个礼，却是指流俗的有名之礼法。前者是圣礼，后者是俗礼。究其实质，圣人因无名之情而制礼，与名士因无名之情而违礼是相同的，他们都是回归真情真礼，抛弃假情假礼，在精神价值上是一致的。无论是圣人的缘情制礼，还是名士的任情废礼，都是提倡圣情，毁坏俗礼。

同样的道理，这种有名的情礼关系也存在两种情况：一是有名之情而守礼，二是有名之情而违礼。前者就是有名之礼教，属于流俗的名教；后者是名士中流俗的放达行为，属于有名之放达。两种情礼其实是一样的，都是以名利为目标，纠结于万物纷呈的现实关系，从而忘记了自身的文化存在与自然本性，以至于沉迷于世。这都是极为虚伪和浇薄的情礼关系。

五、无心于世：魏晋名士的仕隐观

道家提倡隐者高于仕者，即避世之人胜于入世之人。儒家提倡仕者高于隐者，即入世之人高于避世之人。魏晋名士开启了一种新的仕隐观，只要本性而往，率性而为，那么，无论是在朝为官，还是在野为隐，没有什么高低之分。也就是说，一种全新的自然之隐或自然为官成为魏晋名士提倡的人生价值观和政治入仕观。白居易《中隐》云："大隐住朝市，小隐入丘樊。丘樊太冷落，朝市太嚣喧。不如作中隐，隐在留司官。似出复似处，非忙亦非闲。不劳心与力，又免饥与寒。终岁无公事，随月有俸钱。君若好登临，城南有秋山。君若爱游荡，城东有春园。君若欲一醉，时出赴宾筵。洛中多君子，可以恣欢言。君若欲高卧，但自深掩关。亦无车马客，造次到门前。人生处一世，其道难两全。贱即苦冻馁，贵则多忧患。唯此中隐士，致身吉且安。穷通与丰约，正在四者间。"[1]白居易认为，大隐朝市、小隐山林，都不如中隐为官，其以官为隐的自然仕途观念与魏晋人对待政治、隐居的价值观念极为相似。朱熹《朱子语类》卷三十四云："或云：'看来，渊明终只是晋宋间人物。'曰：'不然。晋宋间人物，虽曰尚清高，然个个要官职，这边一面清谈，那边一面招权纳货。渊明却真个是能不要，此其所以高于晋

<hr>

① （唐）白居易著、顾学颉点校：《白居易集》，中华书局 1999 年版，第 490 页。

宋人也。'"①朱熹认为,晋宋名士个个要官职,似乎将名士的政治观念世俗化了。魏晋人将出仕为官作为自身存在的寄寓之所,名士既可以为隐士,也可以做官,甚至在隐士与为官之间穿梭,但是他们坚信,他们的人心始终没有因为居身场所的改变而有所改变,他们能够不为隐事、官事所累,不因为外在所寄的处所而影响自身的本性。可见,魏晋人入世为官,与世俗人的为官观念具有较大的文化差异,不能简单地将魏晋人的政治观念等同于流俗的政治权力欲望。

魏晋人的隐仕观念与自然的士人群体价值认同是密不可分的。魏晋人的隐仕不是逃避、躲藏,也不是不做事,而是自然为官,自然为事。所谓隐仕,就是抱着自然、无心、无名的态度来对待官职。首先,魏晋人的隐仕观表现在"无心于仕"。在"无心于仕"中,"无心"是核心价值,"仕"只是一种社会寄存方式。"无心于仕",是指人在社会世界之中存在,就要占据一定的空间和位置。如何来对待自身在社会空间所占的位置呢? 魏晋人提倡采用一种无心、无用、自然、无名的态度。《世说新语·排调第二十五》第二十六条:"谢公在东山,朝命屡降而不动。后出为桓宣武司马,将发新亭,朝士咸出瞻送。高灵时为中丞,亦往相祖。先时,多少饮酒,因倚如醉,戏曰:'卿屡违朝旨,高卧东山,诸人每相与言:"安石不肯出,将如苍生何?"今亦苍生将如卿何?'谢笑而不答。"刘孝标注引《妇人集》载桓玄问王凝之妻谢氏曰:"'太傅东山二十余年,遂复不终,其理云何?'谢答曰:'亡叔太傅先正,以无用为心,显隐为优劣,始末正当动静之异耳。'"②谢安在东山长期隐居,朝廷多次下诏,征召他出来做官,他都没有改变做隐士的意志,后来出任了桓温的司马,将要从新亭出发,朝中官员都来送行。中丞高灵喝了一点酒,就借酒醉开玩笑说:你多次违抗朝廷旨意在东山隐居,大家都说:谢安不出来做官,他如何面对天下百姓啊? 现在你出来做官了,天下百姓又如何面对你呢? 面对高灵的讥讽调侃,谢安只是笑而不答。高灵引用大家所说的"谢安不出来做官,他如何面对天下百姓啊?"展现的是一种忧虑之情,高灵的责问:现在你出来做官了,天下百姓又如何面对你呢? 高灵的意思是,以前你坚持不出山为官,现在终于为世俗之事动心了,出来做官了,天下百姓就会怀疑你这个人可能是一个伪君子。面对责难,谢安以笑而不答的方式回应了高灵的调侃,展示了自己对待入仕的态度,即无心、无名的自然态度。无论是隐居还是出仕,谢安都持有

① (宋)黎靖德编、王星贤点校:《朱子语类》(第三册),中华书局1986年版,第874页。
② 徐震堮:《世说新语校笺》,中华书局1999年版,第429页。

无心的态度,始终没有改变。现在自己为官了,无论天下百姓如何议论,但是自己永远不会改变所持守的自然之道和率真本性,对于天下百姓,自己依旧是以无所求的态度坦然对之。谢道韫将谢安这种隐仕观念概括为"以无用为心,显隐为优劣"。所谓"以无用为心",就是心中始终持有无用、无为之心。所谓"显隐为优劣",入世为官就是显,无求于世就是隐,无论是入世为官,还是隐居山林,其优劣不要只看是或显或隐的外在行为,而要看他自始至终是否动心了。如果因为入仕就变得积极事功,这就是动了俗心;如果入世之后,始终持有无求于世的态度,这就是不动心的状态,依旧还是保留了隐士的姿态。

魏晋人不仅以无心入仕为仕,而且就是在做官为事过程之中,也要做到仕者无累于俗务。所谓仕者无累于俗务,就是不要因为世俗的政务而牵制人身,使自己迷失于现世之中。当官为仕,既要善于处理各种政务,还要善于保持无心于世的自然本性状态,不能像世俗的人那样变成追名逐利之徒。《世说新语·简傲第二十四》第十一条:"王子猷作桓车骑骑兵参军。桓问曰:'卿何署?'答曰:'不知何署,时见牵马来,似是马曹。'桓又问:'官有几马?'答曰:'不问马,何由知其数?'又问:'马比死多少?'答曰:'未知生,焉知死?'"[1]王徽之是魏晋人中为官无累于世的名士典型。王徽之担任了车骑将军桓冲的骑兵参军。桓冲问王徽之:你在哪个官署任职?王徽之说:不知道是什么官署,只是经常看到有人牵马过来,应该是马曹。桓冲又问:官府里有多少匹马?王徽之回答说:我从不问马,又怎么知道马匹的数量呢?桓冲问:近来马匹死了多少?王徽之回答说:活着的马匹有多少,我都不知道,又怎么会知道死了的马匹数量呢?历来学者通过这段对话,就认为王徽之完全不管事,是尸位素餐。殊不知,王徽之管理的是马曹的士兵和日常事务,处理的是士兵人员的分工问题和考核职责,而管理马匹的数量与生死问题,都是由士兵具体负责。桓冲所问的问题,都是士兵做的具体事务,而没有涉及士兵的分工职责问题,所以王徽之的回答总是答非所问。反过来,如果王徽之回答很具体,数据充分,反而说明,他不仅参与管理士兵,而且要替士兵管理好具体的马匹,这样就有点被具体的事务牵制了。《世说新语·栖逸第十八》第十七条:"郗尚书与谢居士善,常称:'谢庆绪识见虽不绝人,可以累心处都尽。'"[2]尚书郗恢与居士谢敷关系很好,常常称赞谢敷说:谢庆绪这个人的见识

---

① 徐震堮:《世说新语校笺》,中华书局 1999 年版,第 414—415 页。

② 徐震堮:《世说新语校笺》,中华书局 1999 年版,第 362 页。

虽然不比别人高明很多，但是却可以做到没有一点"累心处"。何为"累心处"？就是指人世间的名利，令人劳心费神的事情。魏晋人始终认为，当官入仕，无论如何都要让人心坚固地栖居在文化之道与自然本性上，要用无心的姿态栖居在这个世界上，不能让自己完全世俗化。

魏晋人不仅无心于仕，而且就是对待隐居，也推崇无心于隐。《世说新语·栖逸第十八》第六条："阮光禄在东山，萧然无事，常内足于怀。有人以问王右军，右军曰：'此君近不惊宠辱，虽古之沉冥，何以过此？'"①阮裕曾经担任过尚书郎、临海太守等显要职位，后来辞职，隐居东山，过着不问世事的隐士生活。所谓"萧然无事"，就是做到了清静无为，而且内心极为自足自乐。按照常理，一个宦游于世的人，又怎么能真正忘记尘世呢？有人因此来问王羲之，王羲之说：这个人如今做到了不因宠辱而动心，就是古代栖居山林的隐士也只能做到这个样子而已！阮裕做了隐士，就做一个全然无心于世事的隐士，成了一个真隐士。《世说新语·栖逸第十八》第十二条："戴安道既厉操东山，而其兄欲建式遏之功。谢太傅曰：'卿兄弟志业，何其太殊？'戴曰：'下官不堪其忧，家弟不改其乐。'"②戴逵隐居东山，他的哥哥戴逯为国建功立业。谢安曾问戴逯：你们兄弟俩的志趣和事业，怎么相差这么大？戴逯回答说：下官受不了隐居那种忧愁，家弟改不了隐居那种乐趣。在世俗人的眼中，戴逵不变隐居之志，终生不为官，而戴逯却和谢安一样，不仅入仕了，而且做了大官，明显具有高低之别。但是在魏晋人看来，哥哥戴逯是因为"不堪其忧"而入仕为官，弟弟戴逵是因为"不改其乐"而终生不仕，两人尽管所做的事情相差很大，一个为官，一个隐居，但都是"无心而为"，都是志趣所在，他们并非纯粹以隐或仕的外在表象来判断人物的高低优劣，而是看其人是否"无心于仕"与"无心于隐"，只要能做到仕隐皆无心，那都是好的。

对于那些贪恋红尘、留念富贵的名士，魏晋人是不屑一顾的。《世说新语·言语第二》第六十九条："刘真长为丹阳尹，许玄度出都就刘宿。床帷新丽，饮食丰甘。许曰：'若保全此处，殊胜东山。'刘曰：'卿若知吉凶由人，吾安得不保此。'王逸少在坐曰：'令巢、许遇稷、契，当无此言。'二人并有愧色。"③刘惔担任丹阳尹，许询来京都，住在刘惔家中。刘惔家里布置华美，床上帷帐都是全新的，

①　徐震堮：《世说新语校笺》，中华书局 1999 年版，第 357 页。
②　徐震堮：《世说新语校笺》，中华书局 1999 年版，第 360 页。
③　徐震堮：《世说新语校笺》，中华书局 1999 年版，第 71 页。

而且极为华丽。饮食也很丰赡，而且味道极美。许询就说：如果能保全这个地方，比隐居在东山可是强多了。刘惔就说：一个人要是能够决定自己的祸福就好了，我怎么会不保全这里呢？许询赞美"这个地方"，认为"这个地方"可是比隐居的东山强多了，明显是将人间世俗的繁华放在了东山隐居之上，世俗之心已经极为浓厚了。刘惔也说，如果个人可以决定自己祸福的话，谁都会保全"这个地方"，也表现出个人的物质私欲，对人间官职、富贵享乐产生了贪念之情。王羲之听了就说：如果巢父、许由遇到了稷和契，这些人在一起，就一定不会说这种话。刘惔和许询听了，都感到很惭愧。王羲之听了这两个人的世俗对话，就利用巢父、许由、稷、契等古代贤人，讥讽刘惔、许询的言行，他们因为人间的富贵权势而动摇了士人的自然本性与文化价值，为人间俗事所拖累。

有些名士因为做官被俗事所累，也常常受到魏晋名士的讥讽。《世说新语·排调第二十五》第五十三条："范荣期见郗超俗情不淡，戏之曰：'夷、齐、巢、许，一诣垂名，何必劳神苦形，支策据梧邪？'郗未答。韩康伯曰：'何不使游刃皆虚？'"①郗超沉迷于世俗之中，范荣期就戏弄他说：伯夷、叔齐、巢父、许由等人，都是一举而垂名于世，你为什么一定要劳神苦形，像师旷、惠子那样劳苦呢？郗超还没有回答，韩康伯就批评他说：你为什么不让自己游刃有余呢？范荣期、韩康伯对郗超的世俗之情极为不满，用古代圣贤的人与事来提醒和教育他，要善于无累于心。《世说新语·黜免第二十八》第三条："殷中军被废，在信安。终日恒书空作字。扬州吏民寻义逐之，窃视，唯作'咄咄怪事'四字而已。"②中军将军殷浩被废之后，住在信安县。一天到晚用手在空中比画。扬州官吏和居民都模仿他书写，暗中察看，原来他只是写"咄咄怪事"这四个字。可见，殷浩对自己免官之事依旧怀恨在心，百思不得其解，也显示了他心中始终未能忘怀人间的俗事俗情。《世说新语·黜免第二十八》第六条："邓竟陵免官后赴山陵，过见大司马桓公。公问之曰：'卿何以更瘦？'邓曰：'有愧于叔达，不能不恨于破甑。'"③刘孝标注引《郭林宗别传》曰："钜鹿孟敏，字叔达，敦朴质直。客居太原，杂处凡俗，未有所名。尝至市买甑，荷儋堕地坏之，径去不顾。适遇林宗，见而异之，因问曰：'坏甑可惜，何以不顾？'客曰：'甑既已破，视之何益？'林宗赏其介决，因以知

① 徐震堮：《世说新语校笺》，中华书局 1999 年版，第 437 页。
② 徐震堮：《世说新语校笺》，中华书局 1999 年版，第 462 页。
③ 徐震堮：《世说新语校笺》，中华书局 1999 年版，第 462—463 页。

其德性,谓必为美士,劝令读书。游学十年,遂知名,三府并辟不就。东夏以为美贤。"①竟陵太守邓遐被免官以后,参加皇帝的葬礼时去拜见大司马桓温。桓温就问他:你近来为什么瘦成这个样子? 邓遐回答说:我有愧于叔达,我不能不为打破了饭甑而感到遗恨。邓遐因为被免官而耿耿于怀,以至于人形消瘦,也是人心为世俗之事所累,被世人讥笑的一例。

魏晋人不仅鄙夷那些有心于仕的名士,而且对那些有心于隐的名士,也持批评态度。所谓有心而隐,就是其隐居不是无心的,而是有利可图,或者利用隐居而沽名钓誉,为出仕积累资本。《世说新语·栖逸第十八》第十三条:"许玄度隐在永兴南幽穴中,每至四方诸侯之遗。或谓许曰:'尝闻箕山人似不尔耳。'许曰:'筐篚苞苴,故当轻于天下之宝耳。'"②许询在会稽郡永兴县南幽穴之中隐居的时候,各处王侯常常以礼物馈赠。有人就对许询说:我听说隐居箕山的人似乎不会这样做的。许询回答说:我招来的礼物不过是几筐食物而已,与许由招来推让天下的馈赠相比,那也太微不足道了吧。可见,许询在隐居的时候,其隐居之心不是很纯粹,属于有心于隐,与许由不同,许由是无心隐居,无心天下,才招来尧帝要将天下禅让给他。《世说新语·排调第二十五》第二十八条:"支道林因人就深公买印山,深公答曰:'未闻巢、由买山而隐。'"③支道林托人向竺法深买下印山,竺法深回答说:没有听说巢父、许由要买座山来隐居。竺法深对支道林买山而隐的行为持怀疑的态度,认为支道林是有心而隐,不是无心而隐。

六、结论

汉末一些名士以有名之名教为己任,形成了极为浇薄虚伪的士人风气。魏晋人对有名之名教的质疑与建构,体现了重返士人群体文化大道的决心。界定名教时,不能拘囿于外在的有名现象,仅仅利用可见的社会关系来界定。魏晋人的名教观念,可以分为无名之名教与有名之名教,前者彰显了无名之道的核心价值,后者是一种有名无实的世俗名教形式。

魏晋人关于自然与名教关系的讨论可以分为三个阶段:第一个阶段是何晏、

---

① 徐震堮:《世说新语校笺》,中华书局 1999 年版,第 463 页。
② 徐震堮:《世说新语校笺》,中华书局 1999 年版,第 361 页。
③ 徐震堮:《世说新语校笺》,中华书局 1999 年版,第 430 页。

王弼的"名教出于自然",第二个阶段是嵇康的"越名教而任自然",第三个阶段是中朝名士的"名教即自然"。尽管不同阶段的侧重点各有不同,但是他们一方面反对流俗的有名之名教,另一方面提倡回归自然之性的无名之名教,都以自然之道来重建本来道心的文化价值与内在本质。

从魏晋人的自然价值观念出发可以得知,在魏晋人的社会空间中,无名之名教的圣人是最高的,其次是无名之放达的贤人,再次是有名之名教的俗人,最后是有名之放达的罪人。从现身状况来看,魏晋人崇尚以无名状态现身于世,其文化解构模式为:无名－有名。

魏晋人的情礼关系极为复杂。首先他们毁坏虚伪的有名之礼教,守望本真的无名之礼教。魏晋人的情感有三种状态:一是忘记人间俗情的圣人之情,二是自然人性的名士之情,三是空洞身体的世俗之情。由此,我们可以归纳出,魏晋人的情礼关系具有四个层次:一是依据无名之情而行礼(圣人),二是依据无名之情而违礼(贤人),三是依据有名之情而守礼(俗人),四是依据有名之情而无礼(罪人)。

魏晋人开启了一种全新的自然仕隐观。无论是隐居山林,还是为官朝廷,都要做到无心而为,就是要用一种无心、自然、无名的态度来看待人在世界之中的空间关系。入仕为官,不仅要无心入仕,而且还要"仕者无累于俗务"。隐士山林,也要做一个栖居山林的真隐士。

对于魏晋人的情礼关系,我们不能拘泥于外在的形态,只有从内在的文化之道与自然本性入手,才能真正领会魏晋人始终提倡持守无心、无名、无用的自然价值,并将其贯穿在世间的行为实践中。

第十三章　轩轩韶举：魏晋名士的神性显现与身体美学

玉壶买春，赏雨茅屋。坐中佳士，左右修竹。白云初晴，幽鸟相逐。眠琴绿阴，上有飞瀑。落花无言，人淡如菊。书之岁华，其曰可读。

——（唐）司空图：《二十四诗品·典雅》

人类构成了诸神所创造的一部分，换言之，人类在自己的身上发现了他在宇宙中认识到的同样的神圣性，这样，他因而把自己的生命看成了宇宙的生命。……他的生命有一种额外的向度。这种生命不仅仅是人类才拥有的，因为它有着一种超人的结构，所以它同时也是宇宙的。

——（罗马尼亚）伊利亚德：《神圣与世俗》

无论怎样，你都拥有一个（或多个）无器官的身体，它并非是预先存在的或作为现成之物而被给予——尽管从某些方面看它确实是预先存在的。无论怎样，你都在形成着一个无器官的身体，要是不形成一个，你就不能有欲望，——它等着你，这是一种不可避免的训练与实验，它在你着手进行的时候就已经完成了，一旦你停下来，它就无法被完成。……（这种无器官的身体具体表征为），忧郁症的身体，妄想狂的身体，精神分裂的身体，嗑药的身体，受虐狂的身体。

——（法）德勒兹、加塔利：《资本主义与精神分裂：千高原》

人人都有一个身体，人的身体是可见之物，是生命赖以存在的有形居舍，寄存了每个人对自身存在的文化理解。人外在的身体与仪容姿态所展示的是人对身体的文化想象与自身认同，人用各种方式来展示自身或圣或俗、或有或无的存在状态。可以说，身体就是一个被表述的形式存在，那么，谁将成为这个身体的表述者？是此我，是彼我，还是上帝？是自身的忘身状态，是自身的常身状态，还是自身的本真状态？可见，由于自身的文化理解不同，自身认同的精神趣味或人心状态就不同，这也就决定了外在身体的表述形式与美学趣味。中西方文化差异很大，对人的文化理解也不同，表现在身体容姿方面也不同，展示出截然不同的美学趣味。西方人的身体表达方式显得豪放热烈、充满激情，其表征为裸体肉身，肌体外露，充满肉欲，充分利用人的身体姿态来展示西方人对有力有形的身体理解与在世情绪。中国人内敛含蓄，形神兼得，注重文化的深邃趣味，其表达方式显得静穆儒雅，婉约秀美，展示的是人内在精神与外在容姿的契合统一，身体表征为温润如玉，文质彬彬，这些身体特征展示了华夏身体独有的美学观念。

到了两汉时期，经学儒者留给世人的印象是衣冠楚楚、仪表端庄、循规蹈矩、外表矜持而内在虚伪。魏晋名士与两汉儒者对身体的形体界定和文化想象是截然不同的，他们重视探究内在的玄微至理，外在容姿上也表现出一种独特的文化结构：或不修边幅，或土木形骸，或容姿秀美，或忘怀形体。两汉儒者的矜持给人一种外在伪饰的虚妄之感，魏晋名士内在的气质神韵与外在的容姿风度都显得飘逸不群，率真洒脱。李泽厚在《美的历程》中云："完全适应着门阀士族们的贵族气派，讲求脱俗的风度神貌成了一代美的理想。不是一般的、世俗的、表面的、外在的，而是要表达出某种内在的、本质的、特殊的、超脱的风貌姿容，才成为人们所欣赏、所评价、所议论、所鼓吹的对象。"[1]脱俗成为魏晋名士对待有形身体的独特追求。所谓俗，就是社会流俗士人内心空虚、装腔作势的虚假作为，将身体变成世界俗礼的奴隶。作为被表述的身体，世俗的身体展示出来的是充满欲望与人性被压抑的状态，自身灵魂处于被压抑的忘身沉迷状态。有形存在的身体随着自身灵魂的沉沦而沉沦，随着自身灵魂的消耗而消耗。身体缺失灵魂精神，令身体感到倦怠疲惫。俗士的身体显得虚弱不堪，神气消散，精神困顿。魏晋名士要用自己充满生命力量的身体来抛弃流俗颓废的身体，他们注重内在精神的涵养，将内在的精神气韵与外在的形体姿态有机统一起来，充分展示身体的鲜活生机，以及不为世界所动的根性存在。身体是有形有限的，而精神能量是无

---

① 李泽厚：《美的历程》，文物出版社 1981 年版，第 92 页。

形无限的,魏晋名士强调以自身无限的洪荒之力来拯救虚弱生病的有形身体,实现以文化人、自强不息的身体目标。首先,以文化人是将自身精神安置在人心之"至文"中(这里的"至文"是指"天文""地文""人文"的肇元形式),让充满原初力量的文化之道在体内激活生发,点燃潜藏在身体之内的人性之光。其次,以文化人是让率真人性在身体中在场,身体表现出浓郁的文化气息以及鲜活的生命追求和美学情趣。魏晋人的以文化人,就是要在身体外在的有形言行中,充分显现自身内在的精神与造化力量。魏晋人的身体不再是完全沉沦、空洞疲惫的有形消耗,而是神性力量充溢其中,使身体充满神韵活力与艺术魅力。

古人云:"女为悦己者容。"女子重视自己的身体容貌,将自己打扮得花枝招展是为了博得异性的认可,将自己的开心情绪与身体美好寄托在异性的观望、欣赏之中。魏晋人重视自己的身体容姿,强调的是将自身内在的暗物质能量显现出来,让有形身体成为精神展示的舞台。他们的身体不是为了娱乐他者,而是为了展示自身的精神力量,是为了让生命力量齐全优美、生龙活虎地表现出来。魏晋人对身体的美学理解,以及他们对身体的欣赏赞美,无不体现了他们对自身内在价值的文化认可与盛情赞美。魏晋人内在的自然真性及外在的身体艺术,都展示了魏晋风流的群体趣味和美学取向。

一、玉树临风:魏晋时代的士林群像

魏晋时代是世间奇异贤人汇聚的人文时代,也是文化玄道在世界绽放的精彩时代。士人群体崇尚的是内在本真的文化存在,自然真性、无心无名成为士人的真身存在。士人不仅把群体文化、自然价值作为在世界之中的唯一价值,而且让内在的无名力量显现在身体之上,使得身体之有不再是纯粹的身体之物,也不再是世界有形的流俗存在,而是充溢着真性神韵的充实存在。魏晋士林,可谓人人握瑾怀瑜,个个玉树临风,这种美好儒雅的士人风采,形成了魏晋士人的群像风貌,是魏晋时期的士林气象。温润玉质,成为身体仪容的美好比喻。神性玉人,成为魏晋士人由内而外、美好雅致的身体追求。

何晏不仅是魏晋文化标新立异的先驱,是贵无神道的文化倡导者与回归者,也是魏晋美好身体与诗性容姿的大胆创新者。何晏容姿与众不同,面色皎然有光彩,被后人称为"傅粉郎君",这种充溢活力的容姿气质与两汉儒者的矜持憔悴相比,显得更富有生命活力,也揭开了魏晋人对自身身体的重新思考与别样关爱。何晏的身体展示了独有的容姿风貌，透露出他在身体外在容姿方面的美学趣味，是魏晋名士第一次将名士文化、无名大道的价值观念应用在有形身体上的重要成果，让名士的身体成为一片可以深度开垦的沃土。他让世人懂得，身体这片沃土只要善于深耕厚种，就可以开花结果，不断进行新陈代谢。这一时期，身体开始显现出气韵生动与勃然生机。《世说新语·容止第十四》第二条："何平叔美姿仪，面至白，魏明帝疑其傅粉。正夏月，与热汤饼。既啖，大汗出，以朱衣自试。色转皎然。"刘孝标注云："《魏略》曰：'晏性自喜，动静粉帛不去手，行步顾影。'按此言，则晏之妖丽，本资外饰。且晏养自宫中，与帝相长，岂复疑其形资待验而明也？"①从《世说新语》的记载来看，何晏外在容姿的美经过魏明帝的当场验证，不是涂粉之美。刘孝标根据《魏略》的记载，认为何晏是"本资外饰"，他对魏明帝的"形资验证"表示怀疑。魏明帝的验证其实告诉我们：第一，何晏的美，是自然无名的力量在有形身体上的展示，体现的是大道回归之后的身体光彩。第二，何晏的美，并不是一种人为的外饰虚美，也不是故作矫饰，而是在自然本性基础上的玉质显现，属于一种无名－玉质的身体状态，与纯粹的有名外饰不同。第三，何晏可能确实重视对身体的修饰，但如果是徒有外饰，不可能发出容色"皎然"的光泽。何晏可能内在能够展现生命力量，发自内心认可与追求身体之美，满足自身对身体的审美需求。刘孝标认为，何晏容饰妖艳，"本资外饰"，似乎忽略了何晏重视无名之道的玄微体验，有些过于武断。哪怕何晏重视"外饰"，但外饰作为一种外在的修饰行为，也存在多种可能性：一是为他者而外饰，属于有名之外饰。二是为身体本身而外饰，也是属于有名之外饰。三是因为自然本性而适当外饰，属于一种无名－有名之形式外饰。如果简单地将何晏的外饰看成一种纯粹地满足他者或身体欲望的外饰，似乎与何晏注重贵无的思想也不太一致。

在汉末，士人就出现了重视容貌的外饰行为。如《后汉书·李杜列传》云："初，顺帝时诸所除官，多不以次，及固在事，奏免百余人。此等既怨，又希望冀旨，遂共作飞章虚诬固罪曰：'……大行在殡，路人掩涕，固独胡粉饰貌，搔头弄姿，盘旋偃仰，从容冶步，曾无惨怛伤悴之心。'"②出殡的时候，按照礼节，路人就应该"掩涕"，也就是假装掉几滴眼泪，以示难受，而李固不仅不做这种虚情假意

① 徐震堮：《世说新语校笺》，中华书局 1999 年版，第 333—334 页。
② （南朝宋）范晔：《后汉书》，中华书局 1965 年版，第 2084 页。

334

的事情，反而注重外在的容貌妆饰，自由行步，闲散不拘，没有伪装出痛苦伤心的表情。那些对之不满的虚伪士人就趁机以不遵守礼仪教条来诽谤污蔑李固，以达到其不可告人的政治目的。李固通过参与死人出殡的现实活动领悟到了现实生命的可贵，认识到身体寄存的真性面目，由此而更加重视身体容姿与外在容饰，借此来展示本真生命的精神气韵。可见，重视容饰是对生命的礼敬。《三国志·王粲传》注引《魏略》云："植初得淳甚喜，延入坐，不先与谈。时天暑热，植因呼常从取水自澡讫，傅粉。遂科头拍袒，胡舞五椎锻，跳丸击剑，诵俳优小说数千言讫，谓淳曰：'邯郸生何如邪？'于是乃更着衣帻，整仪容，与淳评说混元造化之端，品物区别之意，然后论羲皇以来贤圣名臣烈士优劣之差，次颂古今文章赋诔及当官政事宜所先后，又论用武行兵倚伏之势。乃命厨宰，酒炙交至，坐席默然，无与伉者。及暮，淳归，对其所知叹植之材，谓之'天人'。"[1]曹植第一次与邯郸淳见面，显得特别高兴。人逢知己精神爽，可是，曹植并不急于与邯郸淳交谈，而是先洗个澡、敷点粉、不戴帽子，袒露身体，跳起胡舞"五椎锻"，表演跳丸、击剑等，犹如俳优一般吟诗作诵，讲述一段小说故事，在邯郸淳面前，充分展示了自己各种各样的技能技巧。然后，他才更衣整容，与邯郸淳讨论宇宙造化、品物区别、圣贤名臣、古今文章、为官执事、用武行兵等等，可谓才艺非凡。最后，他与邯郸淳饮酒行乐。这段文字对曹植洗澡、傅粉、更衣、整装等一系列外在的容饰活动做了极为详尽的描述，曹植的这些外饰行为成为其天人秉性的外在表现和审美部分，充分展示了他的文人风流与精神气韵。曹植傅粉的外饰行为，丝毫也不会令人产生厌弃的情绪，反而让人感到曹植天真可爱。

从李固、曹植的身体容姿到何晏的身体美学，表明他们并非将身体当成一个流俗的身体，而是将士人群体的文化价值与率真本性熔铸在身体的外在容姿中，用身体的外在行为与容饰符号来展示对身体的美化理解与文饰认可。可见，文士重文，身体就是生命最好的文章。这就好比自然界的植物，到了春天就要开花，开花不是徒有艳丽，而是生命力量的一种自然展示，也是秋天果实的先声。春华秋实，都是自然本性的力量显现，没有春华，何来秋实？可以说，魏晋名士重视利用身体容饰，表达了对两汉虚伪空洞的身体的厌弃与决裂，他们为有形身体注入了鲜活的生命力，他们重视外部容姿风度，全新改造流俗士人僵化的身体。从这个角度来说，何晏对身体外在容饰的重视与实践，是魏晋文化价值和审美趣

---

[1]　（晋）陈寿著、（宋）裴松之注：《三国志》，中华书局1959年版，第603页。

味成熟的标志。他开始运用自然本性的虚无存在与审美趣味来展示外在身体之美,表明魏晋名士开始形成了士人群体的新身体观和新美学观。

何晏对身体容姿的关注与欣赏,颠覆了汉儒崇尚虚妄伪饰的身体哲学。魏晋人从自然本性出发,表达了对外在身体的形式认同与生命美学。身体不是一种纯粹世俗的外部摆设,而是关乎士人的生命价值与文化本色。正因为如此,魏晋士人让生命成为身体的主人,涌现了一大批容姿超凡、神韵特秀的士人代表。如"玉树临风"的夏侯玄,《世说新语·容止第十四》第三条:"魏明帝使后弟毛曾与夏侯玄共坐,时人谓'蒹葭倚玉树'。"刘孝标注引《魏志》曰:"玄为黄门侍郎,与毛曾并坐。玄甚耻之,曾说形于色。明帝恨之,左迁玄为羽林监。"①毛曾是魏明帝皇后的弟弟,依仗皇室姻亲的关系获得皇帝的宠信。有一次,魏明帝让夏侯玄与毛曾并排坐在一起,这也表明两人官职是并列的,当时的人将这两个人分别比成"蒹葭"与"玉树"。大家将毛曾比喻成"蒹葭",形容毛曾内在空空如也,没有多少学问修养,由此,他的外在容貌也应是丑陋不堪。大家将夏侯玄比喻成"玉树",说明夏侯玄不仅内有玉器之温润质地,而且外有玉体华美之光彩,是一位由内而外、光彩迷人的人间君子。魏明帝让二人并排坐在一处,夏侯玄因与此等内心虚伪、品貌丑陋的俗士并排坐,感觉受到了奇耻大辱。而毛曾却因能与此等玉质彬彬、品貌绝伦的名士并列而喜形于色。可见,在士人群体的美丑荣辱观念中,容姿风度已经成为士人内在心性品格与外在文化空间的重要价值。《世说新语·容止第十四》第四条:"时人目夏侯太初'朗朗如日月之入怀',李安国'颓唐如玉山之将崩'。"②当时的士人评价夏侯玄说:"此人好像日月在怀中运转,光彩照人",说明夏侯玄是因为内在有着日月正气的浩然长存,所以能够展现出玉树临风、光鲜秀美的风姿风采。时人评价李丰说:"此人容颜憔悴的时候,也犹如玉山之将崩",表明李丰即使在极度疲劳、气色衰退之时,也犹如玉山将崩一样,姿态挺秀,光彩宜人,身姿容态极为优美雅致。夏侯玄、李丰都是著名的玄学家,不仅自身有着渊深般的玄学状态,而且能恰当地应用内在的玄学力量使身体获得来自玄学深邃的精神力量与生命体验。因此,他们的美获得了整个士人群体的赞许与认同。而毛曾等流俗之人,不仅自身缺乏内在的文化玄悟与精神底蕴,而且完全沉迷于社会名利,导致精神涣散,外在容貌过早衰老,猥琐不

---

① 徐震堮:《世说新语校笺》,中华书局 1999 年版,第 334 页。

② 徐震堮:《世说新语校笺》,中华书局 1999 年版,第 334 页。

堪,被人耻笑。

高逸图 （唐）孙位作 上海博物馆藏

在外在容姿方面,竹林七贤是魏晋名士中卓立不群、清新飘逸的领袖人物。今上海博物馆所藏唐代画家孙位所画的《高逸图》残卷,真切形象地展示了竹林七贤的容止风度。图右第一人是山涛,他体态丰腴,长髯飘逸,神情闲暇,贞静内敛。《世说新语·赏誉第八》第十条:“王戎目山巨源:‘如璞玉浑金,人皆钦其宝,莫知名其器。’”①所谓“璞玉浑金”,就是犹如没有经过雕琢的玉璞,没有经过提炼的金沙,这里形容山涛在社会中能够保持自身的原初状态,犹如“璞玉浑金”一样,元神凝聚,元气浑然,真纯质朴,气量宏达。

图右第二人是王戎,他右手执如意,神情专注,凝神静坐,似乎在沉思什么玄奥的东西,时刻在为清谈准备着。图右第三人是刘伶,他手捧酒杯,放情豪饮,一副嗜酒如命的洒脱样子。图右第四人是阮籍,他手持麈尾,闲适恬淡,面露微笑,神情自得。尽管此图中残缺了嵇康、向秀、阮咸三人,但1960年江苏南京西善桥出土了南朝竹林七贤和荣启期画像砖,从画像砖上可以目睹众人的容姿风度。《世说新语·容止第十四》第五条:“嵇康身长七尺八寸,风姿特秀。见者叹曰;‘萧萧肃肃,爽朗清举。’或云:‘肃肃如松下风,高而徐引。’山公曰:‘嵇叔夜之为人也,岩岩若孤松之独立;其醉也,傀俄若玉山之将崩。’”②嵇康身高七尺八寸,可谓卓然独立,风姿秀美,与众不同。见到他的人都赞叹说:他举止潇洒,态度肃静,气度爽朗,风姿清逸。有人评价说:他就像在松树间穿行的清风,高远宜人,舒缓悠长。山涛评价说:嵇康的为人,就如傲岸挺拔的孤松,卓然独立,他要是喝醉了,如仪容峻拔的玉山,似乎就要崩溃倾倒了。嵇康的美,不仅体现为形体的

---

① 徐震堮:《世说新语校笺》,中华书局1999年版,第231页。
② 徐震堮:《世说新语校笺》,中华书局1999年版,第335页。

高大伟岸,其清爽飘逸的神情,独立不拘的潇洒,清风徐来的恬淡,玉山秀丽的光彩,都将嵇康内外统一的美渲染得极为丰满,也极为鲜活有力。

此外,还有令妇人倾倒的美男子潘安仁。俗话说:"貌似潘安。"潘安成为中国历代美男子的典型。《世说新语·容止第十四》第七条:"潘岳妙有姿容,好神情。少时挟弹出洛阳道,妇人遇者,莫不连手共萦之。左太冲绝丑,亦复效岳游遨。于是群妪齐共乱唾之,委顿而返。"①潘安出自士族,从小受到士族文化的陶染,不仅容貌绝佳,而且神态儒雅,是士族少年中最具容姿风度的风流才子。他走在洛阳大街上,妇女们为之倾倒,不禁手拉手将其围住。而左思出身寒门,相貌品行都很丑陋,他模仿潘岳,也在大街上游逛,妇女们看到他虚假模仿的丑态,极为厌恶,向其吐唾沫,搞得他极为狼狈沮丧。潘岳逛街是随性而为,而左思模仿潘岳,是为了博得妇女们的垂青,两者之间的高低美丑是不言而喻的。同时,妇女们对待二人的迥异态度,也反映了社会对士族真美、真性的崇尚之情,体现了社会大众的审美趣味与士族文化的审美趣味,也从侧面揭示了魏晋社会的大众审美倾向。《世说新语·容止第十四》第九条:"潘安仁、夏侯湛并有美容,喜同行,时人谓之连璧。"②中国文化中有"日月叠璧""五星连珠"的神话想象与大美观念,认为这是祥瑞至美的天文现象。时人将潘岳与夏侯湛两人称为"连璧",说明人们对他们二人身上所具有的文化内涵与容止风貌持认同、赞许的态度,看到此种名士风情、风貌之后,表现出满足与欣喜。

最神奇的是"看杀卫玠"。卫玠是中朝名士的杰出代表,也是何晏、王弼之后著名的清谈大师与玄学大家。卫玠的美与潘岳不同,潘岳仅仅令妇人倾倒,而卫玠却是令士人为之倾倒。《世说新语·容止第十四》第十四条:"骠骑王武子是卫玠之舅,俊爽有风姿,见玠辄叹曰:珠玉在侧,觉我形秽。"③王济是太原王氏的典型才俊,卫玠的舅舅,人长得英俊豪爽,在士人风度容姿中属于一流人物。但他每次见到卫玠,就感叹说:珠玉在旁边,觉得自己的形貌实在是丑陋不堪。可见,卫玠的风度神韵是何等的光彩照人,令当时的一流人物也感到黯然失色,自叹不如。《世说新语·容止第十四》第十九条:"卫玠从豫章至下都,人久闻其

① 徐震堮:《世说新语校笺》,中华书局 1999 年版,第 335 页。
② 徐震堮:《世说新语校笺》,中华书局 1999 年版,第 336 页。
③ 徐震堮:《世说新语校笺》,中华书局 1999 年版,第 337 页。

名,观者如堵墙。玠先有羸疾,体不堪劳,遂成病而死。时人谓看杀卫玠。"①卫玠从豫章来到京都,大家早就听说了卫玠的才貌美名,纷纷慕名而来,观看卫玠的人将街道围得水泄不通,就像一堵城墙。卫玠这个人本来就身体虚弱,受不了这番劳累与折腾,因此得重病去世了。这就是"看杀卫玠"的故事。卫玠原本是一介文质彬彬的书生,他身上显现出来的是玄微至理与士族精神的奇幻风度,代表了士族文化的核心价值与审美奇趣。"看杀卫玠",一方面展示了士族容姿风度的独特魅力与文化价值,另一方面显现了整个社会对名士容姿风度的文化认同与崇拜。

魏晋名士群体可谓俊采星驰,美不胜收,演绎了古代男子的神话历史及其身体魅力。这种身体魅力与文化价值意味着,魏晋士人的身体从两汉虚假的礼学中解放出来,进入了一个以身体容姿来展现文化品格、个性差异和时代精神的新时代。魏晋名士对身体的重视和修饰,形成了玉树临风、清新爽朗的士人群像,而且人人个性十足,各具千秋,各领风骚,显得灵动不拘,千变万化,这与汉代儒者严肃呆板、缺乏个性形成了鲜明的文化对比。当然,魏晋人的美,不是一种肤浅的外在美,何晏、夏侯玄、嵇康、阮籍、卫玠、潘岳等名士,他们身体外在的气韵风姿和非凡风度展示了内在玄思与自然大道的深邃底蕴与风情神貌,不仅赢得了广大名士的认同赞许,也赢得了同时代社会大众的期许、倾慕。可见,魏晋名士身体的文化表述与时代的文化价值、审美情趣是息息相关的。

二、土木形骸:对欲望身体的文化建构

无论古人还是今人,因为拥有身体,就不可避免地陷入有形身体的迷失。法国哲学家德勒兹将世俗化的身体概括为"欲望机器",这个"机器"的特点就是"无器官"。《资本主义与精神分裂:千高原》中云:"无论怎样,你都在形成着一个无器官的身体,要是不形成一个,你就不能有欲望,——它等着你,这是一种不可避免的训练和实验,它在你着手进行的时候就已经完成了,一旦你停下来,它就无法被完成。这并非是万无一失的,因为你有可能搞砸。或者,它会是可怕

---

① 徐震堮:《世说新语校笺》,中华书局 1999 年版,第 337—338 页。

的,将你引向死亡。它是非－欲望(non-désiré),但同样也是欲望。"①"无器官的身体"是一种沉迷社会的身体状态,这种身体状态是极为空虚肤浅的,诸如"忧郁症的身体""妄想狂的身体""精神分裂的身体""嗑药的身体""受虐狂的身体"等等,这种"无器官"状态的身体都是被流俗世界之物牵制的身体,是身体外在化、沉沦化的病态结果,丧失了发自生命的能源供给链,反而为迷失于世界的沉沦身体所牵制、所缝合。"无器官的身体"其实是没有生命活力、空洞虚无的身体。德勒兹云:"空洞的身体而不是充盈的身体。……发现你自己的无器官的身体,懂得怎样形成它,这就是生或死的问题,年轻与衰老的问题,悲伤与快乐的问题。"②身体已经被社会的流俗价值占据,一切本真的生命存在都被彻底遮蔽起来,身体与生俱来的各种器官都失去了机能。随着各种器官功能的弱化,各种器官最终失去了统一功能,作为整体状态的器官就被人为地肢解分化,由此而过早退化。身体器官机能的丧失,意味着死亡的到来。分裂状态的器官沉迷于世界的外在快乐,而误将外在虚假空洞的快乐当成了身体本身的快乐。因为趋于无器官的身体,是器官欲望放纵的身体,无时不在追求满足不和谐器官的最大欲望。德勒兹云:"(无器官的身体)CsO 就是欲望,人们所欲的正是它,也正是通过它,人们才能进行欲望。"③这种"无器官的身体"就是用"非欲望"的名义与方式来制造不和谐器官的新欲望,而且这种新欲望极为隐秘,令人感觉困惑难解,也令人在狭小的快乐中逐渐退化堕落,最终生病死亡。

汉末儒者崇尚外在的礼法名教,将外在文字书写的礼法名教作为身体意义的唯一准则,一切身体容止都以外在的礼法作为行为规矩。这种看起来是"无器官的身体",依据的是外在可见的有形礼法。这种有形礼法是中规中矩的礼法条例,表面上看起来是"非欲望"的,用这种"非欲望"的外在礼法,冠冕堂皇地获取身体在社会中的地位与名利。士人的身体欲望就在这种"非欲望"的名义中,越燃越烈。身体从一开始就扮演着一个极为虚妄的社会角色,一方面身体衣冠整洁,道貌岸然;另一方面身体又在疯狂地唯利是图,追名逐利。士人的身体

---

① (法)德勒兹、加塔利:《资本主义与精神分裂(卷2):千高原》,姜宇辉译,上海书店出版社2010年版,第206页。

② (法)德勒兹、加塔利:《资本主义与精神分裂(卷2):千高原》,姜宇辉译,上海书店出版社2010年版,第209页。

③ (法)德勒兹、加塔利:《资本主义与精神分裂(卷2):千高原》,姜宇辉译,上海书店出版社2010年版,第229页。

变成了流俗社会典型的"无器官的身体"，汉末士人的身体失落了个体的内在精神与生命动力，身体器官的机体功能也逐渐被社会的流俗文化整齐划一了。汉末流俗士人虚妄的外在身体是令人唾弃的，也是不可长久的。

魏晋士人不仅要在思想上回归无心大道的存在状态，而且在身体方面对汉末流俗士人尸化身体的身体观做出彻底的解构和抛弃。魏晋人如何重建身体的本在生命呢？如何从虚妄不堪的身体回归鲜活本真的生命存在呢？如何从空洞虚妄的身体重返充盈厚实的身体呢？土木形骸就是魏晋人对汉末流俗士人身体观的彻底解构。肢体与百骸都是身体的统一器官，生命精神是君，耳目鼻口四肢是臣。但当肢体与器官成为欲望机器的支配者时，肢体与百骸就已经不属于统一生命的有机整体了，生命精神之君失去君位，外在器官就已经不服从内在精神的自然命令了。只有将肢体与百骸完全土木化了，肢体与百骸才有希望摆脱欲望机器的外在控制，解构束缚肢体器官的外在权力，让器官重新复活，重返生机。《世说新语·容止第十四》第五条刘孝标注引《康别传》曰："康长七尺八寸，伟容色，土木形骸，不加饰厉，而龙章凤姿，天质自然。正尔在群形之中，便自知非常之器。"①嵇康对外在的身体做了土木形骸式的文化改造，就是让形体与百骸犹如土木一般。只有放弃了有形身体的欲望，才有可能让身体回归原初生命的自然状态，使身体重新获得本真的生命力。修复身体内部的生命源泉，才能使身体变成原初的身体，成为生命整体力量的显现之地。不加饰厉，就是摆脱外在的有名修饰。嵇康对身体的自然回归，才让身体以原初身体的清新状态出现在世界之中，而不是完全以人为强加的面貌出现在世界之中。正因为如此，嵇康在流俗的世界中所展现出来的容姿风采与众不同，能书写出龙章凤姿、天质自然的神奇文章。龙凤是中国古人对世界精灵的文化想象，其本质就是天质自然。可见，当整个流俗社会都沉迷于流俗伪饰的时候，当流俗士人都以世俗礼仪强行规范身体的时候，群形模样显得千篇一律，面目可憎。嵇康对身体土木形骸的改造，恢复了身体的本来面目，让生命神韵在身体中彰显出来。当身体重返充满生命情趣的原初状态时，身体的外在光彩就异于众人，这种生命身体的神情风貌就会大放光彩，精彩绝伦。故时人看到嵇康独具光彩的充实身体，就知道他是一个具有非常之器的世间异人。

刘伶也是魏晋身体土木形骸的士人代表。《世说新语·容止第十四》第十

341

---

① 徐震堮：《世说新语校笺》，中华书局 1999 年版，第 335 页。

三条:"刘伶身长六尺,貌甚丑悴,而悠悠忽忽,土木形骸。"刘孝标注引梁祚《魏国统》曰:"刘伶,字伯伦,形貌丑陋,身长六尺;然肆意放荡,悠焉独畅。自得一时,常以宇宙为狭。"[1]在身体有形资质方面,刘伶与嵇康不同,嵇康很高大,刘伶却很矮小;嵇康很秀美,刘伶却很丑悴。依照流俗有形的美丑观念,嵇康在身体容姿方面远胜刘伶。但是嵇康与刘伶并不注重外在形体的流俗高矮与美丑差别,他们对身体抱有相同的文化态度。他们忘怀身体,忘记身体的高矮美丑,具有土木形骸的超然姿态。正是因为他们都摆脱了流俗身体观念的束缚,才能在精神气韵方面获得独有的玄胜至理,都能将玄微至力贯注在身体形式之中。嵇康是天质自然,率真可爱。刘伶是忽忽悠悠,闲适优美。他们在对自然生命与率真人性的文化追求中,获得了精神解放,体验到了原初之力,在身体中释放出心灵深处的神奇光彩与文化力量。

魏晋名士土木形骸,不是身体木讷死亡,心如死灰,而是让身体从礼法禁锢的流俗中释放出来,让身体重新聆听自然本性的生命召唤。所以,魏晋名士的土木形骸,既是对汉末流俗身体的文化解构,也是对自然身体的生命建构。魏晋名士对身体本真存在的新理解和新建构,是对流俗身体的文化超越,他们由纯粹外在的形式身体逐渐转移到关注内在精神的真美身体。《世说新语·容止第十四》第六条:"裴令公目王安丰:'眼烂烂如岩下电。'"刘孝标注云:"王戎形状短小,而目甚清炤,视日不眩。"[2]王戎在形体方面与刘伶一样,是形状短小的身体,但是王戎不仅土木形骸,忘记了外在形体的有形存在,而且善于凝神专一,让眼睛成为心灵神韵的文化窗口,让生命力量聚集在双睛之中。裴楷评价王戎说:王戎的目光闪闪明亮,就好像是岩下风驰电掣的闪电。王戎的目光炯炯有神,充满力量,展示了身体之中的本真力量与精神灵光,这种能够发出闪电之光的身体就毫不滞碍,而是充满生机灵韵。魏晋人重视持养内在精神,拥有神奇灵光的眼睛就向世人展示了生命复活后的器官活力。《世说新语·容止第十四》第三十一条:"王长史尝病,亲疏不通。林公来,守门人遽启之曰:'一异人在门,不敢不启。'王笑曰:'此必林公。'"刘孝标注引《语林》曰:"诸人尝要阮光禄共诣林公。阮曰:'欲闻其言,恶见其面。'此则林公之形,信当丑异。"[3]王濛生病了,告诉下

① 徐震堮:《世说新语校笺》,中华书局 1999 年版,第 337 页。
② 徐震堮:《世说新语校笺》,中华书局 1999 年版,第 335 页。
③ 徐震堮:《世说新语校笺》,中华书局 1999 年版,第 341 页。

人：任何人来了，都不要传达。可是，支道林来了，情况却大为不同。第一，支道林来后，下人立刻禀报，为什么呢？下人说：来了一个"异人"，不敢不报。这里所谓"异人"，除了相貌与众不同外，应该还指神情风度也与众人不同。第二，王濛对下人的犯规行为，并非是一顿呵斥，而是"笑"着说，这个"异人"一定是支道林。支道林的身体，不仅成为士人文化力量的寄寓之所，而且在名士圈中成为无形的文化身份证，也成为最为有效的文化通行证。《世说新语·容止第十四》第三十七条："谢公云：'见林公双眼黯黯明黑。'孙兴公见林公，'稜稜露其爽'。"[1] 谢安评价支道林说：我觉得支道林的一双眼睛，黑油油的，望到哪儿，哪里就会被照亮。支道林的眼睛不是空洞无光的，而是可以指明方向、照亮黑暗的澄明存在。孙绰评价支道林：他威严的眼神中，透出一股清爽之气。眼神如灯，爽气如油，是生命的爽气源源不断地为眼睛之灯提供燃之不尽、用之不竭的生命能源，明亮漆黑的眼睛成为支道林身体器官的特异风姿，也成为士人文化资本在身体中的典型表征。

魏晋人对身体的重新理解和建构，与魏晋人对文化之道的神圣回归密不可分。土木形骸的土木，不是死灰沉寂的土木，而是充满生机的土木，土为中宫太极，木为东方爽气，土木昭示着自然春天的一元到来，展示的是自然生命的洪荒之力。土木形骸，不仅解构了士人在流俗世界中对身体的名利幻象，而且建构了士人在文化大道中对自然生命的热切呼唤。

三、轩轩韶举：让澄明之光沐浴身体

身体作为世界的有形存在物，如果失去了内在心性的神道规定与原初精神，就成了墙上之草，随风而倒，难有定力，也无恒心。魏晋人抛弃了、忘记了流俗的有形身体，极力回归身体的神性存在，让身体在原初神性中重返生命力量。当身体中的神性力量被激活了，身体也就重新复活了。魏晋名士放弃外在虚伪流俗的有形身体，追求精神外溢的充实身体。他们追求的是具有鲜活生命的身体美，这种身体美集中体现了魏晋名士身体美的观念。嵇康在《养生论》中云："精神之于形骸，犹国之有君也。神躁于中，而形丧于外；犹君昏于上，国乱于下

---

① 徐震堮：《世说新语校笺》，中华书局1999年版，第342页。

也。……是以君子知形恃神以立,神须形以存。"①嵇康将身体的形神存在比喻为国家与君主之间的有机关系,身体之神是君,身体之形式是国家,精神决定身体形体的生死存亡。如果身体中精神缺失,身体之形也就随之死亡。外部身体必须依靠内在精神才能存活,才不会过早萎靡。内在精神必须依赖外部身体才得以寄存,才不会四处游荡。葛洪在《抱朴子内篇·至理》中云:"夫有因无而生焉,形须神而立焉。有者,无之宫也。形者,神之宅也。故譬之于堤,堤坏则水不留矣。方之于烛,故糜则火不居矣。身劳则神散,气竭则命终。"②如果身体一味地顺应社会外物的诱惑,身体就会欲望狂热,就会六神无主,就会劳累不堪。人的身体是从无心无形之中化生出来的有形之物,无名无形的精神状态才是人的身体本源,身体必须依赖无名神性才能有所树立,才能根性齐全,才能将身体安置在一个可以安全栖居的地方。身体就好比精神本性的宫殿,有形身体不过是精神心性的安宅。有形的身体,必须依赖精神的约束与指挥,才能源源不断地获得生命神力,才能长久安心存在。相反,如果形体坏了,精神也就无处安身,诸神就要逃离了。身体与精神之间,以精神为君为主,以身体为臣为宅。身体回归自然生命,就是召唤无名神性的身体在场。

只有神显的身体,才是具有澄明之光的身体。身体是内在精神力量的外在风景线,展现的是精神生命的飘逸与智慧。李泽厚《美的历程》云:"(《世说新语》)重点展示的是内在的智慧,高超的精神,脱俗的言行,漂亮的风貌,而所谓漂亮,就是以美如自然景物的外观体现出人的内在智慧和品格。"③魏晋人的美,就是从内在精神价值中流溢而出的大美,神性本身可以直接将生命力量贯注在人的身体上,神显在身体中出场。魏晋人物的美,归根结底,是自身神显的大美存在。《世说新语·容止第十四》第十二条:"裴令公有俊容仪,脱冠冕,粗服乱头皆好。时人以为'玉人'。见者曰:'见裴叔则如玉山上行,光映照人。'"④裴楷平时仪表堂堂,容貌不凡。即使脱下冠冕,穿上平常的粗布衣服,头发随意蓬松,也极为优美动人。人人都称他是一个"玉人"。见到他的人都说:看见裴楷,就好像走在玉山上,感到光彩照人。可见,裴楷的美,不是可以机械模仿的外在

---

① (清)严可均辑:《全三国文》,商务印书馆 1999 年版,第 501 页。
② 王明:《抱朴子内篇校释》,中华书局 1985 年版,第 110 页。
③ 李泽厚:《美的历程》,文物出版社 1981 年版,第 92 页。
④ 徐震堮:《世说新语校笺》,中华书局 1999 年版,第 336 页。

之美,而是像玉人一般光彩四溢,这种光彩是由心间流淌出来的自然之光。只有内心获取了澄明之光的人,才能让身体沐浴在神性之光中。《世说新语·容止第十四》第二十九条:"林公道王长史:'敛衿作一来,何其轩轩韶举。'"①支道林评价王濛说:这个人只要随意整理一下,凝聚专一的精神(太一)就出来了,他的仪容姿态是那么轩昂优美,犹如韶乐奏起,令人沉醉不已。王濛善于在很短的时间内,凝聚精神,将太一之神召唤回来,让神性力量成为自己身体的主人。魏晋人身体的仪态容貌,沐浴在自身心神凝聚的光彩之中,显得器宇不凡,举止儒雅可人。魏晋人善于眉目传神,将身体器官与澄明之神相互统一,实现外在容姿与内心精神的完美结合。宗白华《论〈世说新语〉和晋人的美》云:"'世说新语时代'尤沉醉于人物的容貌、器识、肉体与精神的美。"②

魏晋时代,士人身体的在世状态出现了新的价值分化:一种是身体的世界沉沦状态,这种状态属于流俗之人在世的落魄状态;另一种是身体的灵动神显状态,属于魏晋士人真性通透的秀美状态。在魏晋人眼中,流俗身体如鸡,极为猥琐;真性身体如鹤,卓尔不群。《世说新语·容止第十四》第十一条:"有人语王戎曰:'嵇延祖卓卓如野鹤之在鸡群。'答曰:'君未见其父耳。'"③嵇康、嵇绍的身体,充溢神力,都是超群拔众、气度不凡的。

流俗身体是瓦石,真性身体为美玉。《世说新语·容止第十四》第十七条:"王大将军称太尉:'处众人中,似珠玉在瓦石间。'"④王敦称赞王衍:他立身于众人之间,就好比珠玉落在瓦砾之中。瓦砾无光,脆弱易碎。珠玉流光,华章久远。《世说新语·赏誉第八》第十六条:"王戎云:'太尉神姿高彻,如瑶林琼树,自然是风尘外物。'"⑤王戎将王衍比喻为"瑶林琼树",是"风尘外物",而不是风尘之中的凡俗东西。在古代中国,玉是一种具有象征性、神圣性的文化符号与阳性物质,美玉不仅外表华美光彩,而且内有五德(仁、义、智、勇、廉)或九德的温润质性,儒家君子"比德于玉",道家圣人"被褐怀玉",玉人成为对儒家君子和道家圣人的美称。魏晋名士对玉人神性存在、表里如一的赞美向往,表现了名士对文化身体的优美想象与文化崇拜,彰显了玉人美好的内在质地以及光鲜宜人的外在

①　徐震堮:《世说新语校笺》,中华书局1999年版,第341页。
②　宗白华:《美学散步》,上海人民出版社1981年版,第219页。
③　徐震堮:《世说新语校笺》,中华书局1999年版,第336页。
④　徐震堮:《世说新语校笺》,中华书局1999年版,第337页。
⑤　徐震堮:《世说新语校笺》,中华书局1999年版,第233页。

风姿。

流俗身体是人中下品,神性身体为人中上品。《世说新语·容止第十四》第三十条:"时人目王右军:'飘如游云,矫若惊龙。'"①有人认为,"飘如游云,矫若惊龙"形容的是王羲之的书法极为生龙活虎,殊不知,书品即人品,王羲之神性自然的身体存在就如"游云""惊龙"一样,容姿风度清净无瑕,人间绝无仅有,胜似天堂的神仙存在。《世说新语·容止第十四》第二十六条:"王右军见杜弘治,叹曰:'面如凝脂,眼如点漆,此神仙中人。'"②王羲之赞美杜乂,"面如凝脂","眼如点漆",体内充满洪荒之力,精神完好。这种身体状态不是常人所有的,只有身居姑射山的神人才能保持内在的天性齐全,丝毫不为流俗所引诱。"神仙中人",就是人中的极品人物。《世说新语·容止第十四》第三十三条:"王长史为中书郎,往敬和许,尔时积雪,长史从门外下车,步入尚书,着公服。敬和遥望,叹曰:'此不复似世中人。'"③长史王濛担任中书郎的时候,有一次到王洽那里去,正遇上连下大雪。王濛在门外下车,穿着官服走进尚书省。王洽远远地欣赏着从雪中走来的神姿翩翩的王濛,不禁赞美道:这不是一个尘世中的人。想象一下,白雪映衬下的王濛优雅闲适而至,是何等的潇洒飘逸,是何等的赏心悦目。《世说新语·企羡第十六》第六条:"孟昶未达时,家在京口。尝见王恭乘高舆,被鹤氅裘。于是微雪,昶于篱间窥之,叹曰:'此真神仙中人。'"④孟昶还没出来当官的时候,家在京口。有一次他看到王恭乘坐高高的车子,身披宽大的鹤氅裘衣。当时正下着小雪,孟昶就在竹篱后面偷窥王恭的神姿风情,不禁赞叹:这简直是一个神仙中人。神仙中人与世间俗人形成了两种截然不同的身体美。神仙之美,令人遐思神往;流俗之累,令人烦腻唾弃。

流俗身体是人间朽木,缺乏生机。神性身体为自然松柳,岁岁繁茂。《世说新语·容止第十四》第三十九条:"有人叹王恭形茂者,云:'濯濯如春月柳。'"⑤《世说新语·伤逝第十七》第五条:"有人哭和长舆曰:'峨峨若千丈松崩。'"⑥春月碧柳,清新动人;千丈奇松,高洁挺拔。

---

① 徐震堮:《世说新语校笺》,中华书局1999年版,第341页。
② 徐震堮:《世说新语校笺》,中华书局1999年版,第340页。
③ 徐震堮:《世说新语校笺》,中华书局1999年版,第341页。
④ 徐震堮:《世说新语校笺》,中华书局1999年版,第347页。
⑤ 徐震堮:《世说新语校笺》,中华书局1999年版,第342页。
⑥ 徐震堮:《世说新语校笺》,中华书局1999年版,第349页。

精神凝聚,淡泊宁静,让魏晋名士的身体力量专一,超凡脱俗,焕发出全新气象,流溢着超尘绝俗的神奇力量。魏晋人的身体不是沉迷失神的空洞身体,而是光彩照人、神韵俊秀的充盈身体。魏晋人的身体美,不是为容饰而容饰的伪饰美,也不是表层肤浅的外在之美,而是将内在精神、生命价值用身体形式展现出来,全由自然天性流淌而出,没有半点矫情造作,充溢的是天然去雕饰的自然风情和纯真性情。

四、身体品藻:对身体美的群体认可

魏晋人抛弃的是空洞的伪饰身体,喜欢的是充实的真性身体。身体美成为魏晋人共同追求的群体文化与审美趣味。魏晋人的身体,承载的是魏晋人共同的文化价值与精神追求。而汉末经学家的流俗身体,承载的是经学知识的严谨礼法。魏晋士人群体对个体的身体美与真性美,表现出一种大美的群体认同,尤其在人物品藻时,身体美成为魏晋人物品藻的重要主题。身体文化成为魏晋文化独有的符号标志。《世说新语·赏誉第八》第三十七条:"王公目太尉:'岩岩清峙,壁立千仞。'"刘孝标注引顾恺之《夷甫画赞》曰:"夷甫天形环特,识者以为岩岩秀峙,壁立千仞。"①根据顾恺之的《夷甫画赞》,可以知晓王导评价的是王衍的天形之美。所谓天形,就是身体依据天象垂法,生命以原初本性的存在状态显现在身体之中。也就是说,身体的美,展示的是自然天性之美。正因为如此,王衍的身体才能保持陡峭耸立的绝俗状态,犹如千丈石壁一样,屹立于人群之中,挺立高峙,俯视群生。《世说新语·赏誉第八》第五十四条:"王丞相云:'刁玄亮之察察,戴若思之岩岩,卞望之之峰距。'"②刁协通体明亮,戴俨高标特立,卞壶孤峰独秀。王导对这些名士身体状态的评价,都是从名士身体的高标独立、绝尘脱俗入手,揭示出魏晋人身体的特立独秀状态。唐翼明在《中华的另一种可能:魏晋风流》中云:"魏晋人对美的追求几乎表现在所有方面,包括对美的人特别是美男子的欣赏,对风姿、举止、言谈的修饰,对衣着、器具的讲究,处处都流露出来。特别应该指出的是,一个人美感或说审美意识的觉醒,是以个体意识的觉醒为前提的,如果没有个体意识的觉醒,没有对个体生命、自身价值的珍视,美感或

① 徐震堮:《世说新语校笺》,中华书局 1999 年版,第 243 页。
② 徐震堮:《世说新语校笺》,中华书局 1999 年版,第 248 页。

说审美意识的觉醒是不可能的。"①唐翼明认为,魏晋人身体的美以及对身体美的欣赏,是以个体意识的觉醒为前提的。当然,这里的个体意识,不是一般世俗意义上的个体意识,而是指士人通达了内心的本然根性与精神气韵,在玄思觅求中,获得了本然存在的神性规定。第一,这种个体意识首先表现为天性意识,用无心神性的自然价值来充盈身体的现世存在。第二,由于世人的集体世俗化、世人身体的群体空虚化使魏晋名士充实的身体显得更加孤标独步,精神焕发,光彩照人,使魏晋人显得独具鲜明个性。魏晋人的美好身体,展示的都是发自内心的真性情与根性力量。因为真性彰显,魏晋人的身体才真实秀美,才会激发人对生命的礼赞,令人发自内心地感叹佩服。《世说新语·赏誉第八》第八条:"裴令公目夏侯太初:'肃肃如入廊庙中,不修敬而人自敬。'一曰:'如入宗庙,琅琅但见礼乐器。见钟士季,如观武库,但睹矛戟。见傅兰硕,汪廧靡所不有。见山巨源,如登山临下,幽然深远。'"②裴楷评价夏侯玄说:这个人恭敬严肃,就像随时处于朝廷与宗庙那样,外在不需要表现敬意,而身体之中自然流露出诚敬之意。另一种说法是:看见夏侯玄,就好像进了宗庙,看到的是琳琅满目的礼器与乐器。夏侯玄的身体美展示的是一种外在不修敬而人自敬的内在真性之美,就好比宗庙中的礼器与乐器一样。处于宗庙庄严肃穆的神圣场域,这些礼器与乐器就自然获得了无须言说的神圣意味。钟会是一个极为重视功利的俗人,裴楷说:看见钟会,就好像在武器库中看到的是矛戟森森,全是兵器。武库中的兵器,充满杀气,俗不可耐。宗庙中的礼器、乐器,神性庄严,恬淡宁静,怡人性情。世俗兵器般的身体,与魏晋人礼器、乐器般的身体形成了鲜明的对比,一正一邪,一儒雅一流俗,两者之间的身体价值与美学冲突极为明显。裴楷说:看见傅玄,就犹如看到了汪洋大海,浩浩荡荡,无所不有。看见山涛,好像登上了高山之巅,一览众山小,幽不见底。深入魏晋人的身体品藻,我们感受到的是深邃极致的文化心性之美,或犹如大海,或犹如礼器,或犹如高山。尽管千人千面,千变万化,但这种身体品藻所展示的都是看而不见、品之无尽本真性情。

魏晋人的身体品藻,表现了魏晋士人群体对优美身体的文化赞誉,尤其是在身体品藻时,展示了士人群体对本真身体美的自豪感、满足感,体现了士人群体的整体风貌和审美趣味。魏晋人的身体品藻,将这种孤标独步的士人身体存在,

---

① 唐翼明:《中华的另一种可能:魏晋风流》,民主与建设出版社2014年版,第79页。
② 徐震堮:《世说新语校笺》,中华书局1999年版,第230页。

作为士人身份存在的文化想象与理想追求。谁的身体越能揭示这种孤标独步的本性存在,谁的身体就越具有文化魅力。《世说新语·赏誉第八》第一百零五条:"桓大司马病,谢公往省病,从东门入。桓公遥望,叹曰:'吾门中久不见如此人。'"①谢安探望生病的桓温,桓温远远望见风姿不凡、神韵飘逸的谢安,就叹息说:桓氏家族中很久不见这样有魅力的人了。从桓温的感叹可以看出,谢安身上所具有的风姿魅力,曾经是桓温等人标榜自傲的东西,而如今桓氏门中就缺乏具有这种风度的子弟,这也意味着桓氏的文化资本逐渐衰落了。《世说新语·品藻第九》第八十八条:"旧以桓谦比殷仲文。桓玄时,仲文入。桓于庭中望见之,谓同坐曰:'我家中军,那得及此也。'"②过去的士人常常将桓谦与殷仲文并列。桓玄称帝的时候,殷仲文来上朝,桓玄坐在朝堂之上,远远望见他,对同坐的士人说:我们家中军(桓谦)哪里比得上这个人(殷仲文)。殷仲文是殷氏家族的代表,桓谦是桓氏家族的代表,桓玄被殷仲文的风姿折服,叹为观止。《世说新语·品藻第九》第二十一条:"宋祎曾为王大将军妾,后属谢镇西。镇西问祎:'我何如王?'答曰:'王比使君,田舍贵人耳。'镇西妖冶故也。"③宋祎曾经是王敦的侍妾,王敦死后,又归嫁给谢尚。她对王敦与谢尚的评价为:王氏与使君相比,一个是农家儿,一个是大贵人。王敦与谢尚都出自士族,都是著名的清谈家,而谢尚更为注重身体容止,风姿优美,显得妖冶动人。可见,士人风度的文化差异与身体的风姿容貌是紧密关联的。

身体品藻是魏晋人身体的话语化、形式化,但是魏晋人的身体品藻成为魏晋人身体美的真实描摹,使得身体美与身体话语美相得益彰。身体品藻的对象是真美存在,品藻的话语也是美的表现形式,魏晋人的身体存在就是一种真美的形式存在。宗白华《论〈世说新语〉和晋人的美》云:"玄理的辩论和人物的品藻是这社交的主要内容。因此谈吐措词的隽妙,空前绝后。晋人书札和小品文中隽句天成,俯拾即是。"④魏晋人的身体品藻亦可谓句句天成,妙语成章。《世说新语·赏誉第八》第五十六条:"世目周侯:'嶷如断山。'"⑤士人评价周颛:他就像悬崖绝壁。"嶷"形容高山特立,"断山"指悬崖绝壁,这种身体品藻真实地描摹

① 徐震堮:《世说新语校笺》,中华书局 1999 年版,第 261 页。
② 徐震堮:《世说新语校笺》,中华书局 1999 年版,第 299 页。
③ 徐震堮:《世说新语校笺》,中华书局 1999 年版,第 281 页。
④ 宗白华:《美学散步》,上海人民出版社 1981 年版,第 217 页。
⑤ 徐震堮:《世说新语校笺》,中华书局 1999 年版,第 249 页。

了周颙清高正直、超群拔俗的身体美。《世说新语·赏誉第八》第七十二条:"庾公云:'逸少国举。'故庾倪为碑文云:'拔萃国举。'"①庾亮评价王羲之是"国举",即全国上下的人都赞许推崇王羲之,彰显了王羲之风姿的出类拔萃。王羲之的美,展示的是整个士人群体的最高之美与文化共鸣。《世说新语·赏誉第八》第七十七条:"王右军语刘尹:'故当共推安石。'刘尹曰:'若安石东山志立,当与天下共推之。'"②谢安长期在东山隐居,畅游山水,是魏晋士人的杰出代表。正是由于谢安的身体风姿优美儒雅,符合魏晋群体的价值取向与美学理想,王羲之、刘惔等名士,都极力推举他出仕为官。"共推安石""天下共推之",揭示了谢安的真性美与身体美,不仅赢得了士人群体的赞许,而且士人愿意将政治权力寄寓给这种代表了士人文化价值的特殊人才。只有这种人才,才能让内部的文化资本与外部的政治权力合二为一,这种权力理想与老子的圣人道治、孔子的君子仁治,在精神寄托与人才价值上都是一致的。魏晋人的审美文化与政治寄寓,将人装点得五彩缤纷、魅力十足,同时,也将社会各种权力形式审美化了。魏晋人对本性身体灌注了群体真美的文化幻象,也寄寓了社会政治的德治模式。

五、美的力量:身体中存有震撼世俗的神秘力量

空洞的身体必须依靠外在的东西,如政治权力、各种头衔及各种卑劣手段,来吓唬别人,迫使他者不得不臣服于他。充实的身体不需要依靠各种外在的世俗权力与流俗方式,就可以获得纯粹的神性力量与纯粹的真性之美,这种纯粹的力量与纯粹的美是众人无以想象的、难以企及的神秘力量,也是令众人心服口服的。宗白华在《论〈世说新语〉和晋人的美》中云:"这是中国历史上最有生气,活泼爱美,美的成就极高的一个时代。美的力量是不可抵抗的"③。身体美是魏晋人美的集中体现,是文化魅力、神秘力量在个体身体上的外在体现。魏晋人美的成就,不是来自外部的世俗力量,而是发自内心深处的神圣力量。魏晋人美的力量,是常人无以抵抗的,就是名士们也不禁为之倾倒。

魏晋人的身体美是一种无形的神性力量,不仅表现在身体的言谈举止方面

---

① 徐震堮:《世说新语校笺》,中华书局 1999 年版,第 253 页。

② 徐震堮:《世说新语校笺》,中华书局 1999 年版,第 255 页。

③ 宗白华:《美学散步》,上海人民出版社 1981 年版,第 219 页。

与众不同,而且也直接折射出魏晋人内心所通达的人生境界、玄理至微的高低层次。他们内心所通达的文化之道与自然天性,直接赋予身体以特殊能量。这种特殊的风度能量,能够让其他士人为之沉醉,也为之折服。《世说新语·容止第十四》第二十一条:"周侯说王长史父:'形貌既伟,雅怀有概,保而用之,可作诸许物也。'"①周顗认为,王濛的父亲王讷不仅形体外貌修长魁梧,而且儒雅富有风度。王讷身体中所持存的魏晋风流与文化资本,如果能被灵活运用,就可以办到一切事情。世俗人认为,办事情靠的是外在关系或者自身的办事能力。但是王讷只要运用他身体中所具有的士人风度与神性力量,就可以办好一切事情。在周顗眼中,魏晋人发自心性深处的身体美,就是最为丰厚的文化资本,可以随时转换成无价的有用资本。《世说新语·容止第十四》第二十三条:"石头事故,朝廷倾覆。温忠武与庾文康投陶公求救。陶公云:'肃祖顾命不见及,且苏峻作乱,衅由诸庾。诛其兄弟,不足以谢天下。'于时庾在温船后,闻之,忧怖无计。别日,温劝庾见陶,庾犹豫未能往。温曰:'溪狗我所悉,卿但见之,必无忧也。'庾风姿神貌,陶一见便改观,谈宴竟日,爱重顿至。"②晋成帝咸和二年(327),苏峻叛乱,攻陷建康,朝廷倾覆。温峤与庾亮去投靠陶侃。陶侃认为:先王的遗诏中没有涉及我,再说苏峻作乱,全是庾氏挑起的,就是杀了庾氏兄弟也不足以谢罪天下。庾亮听说陶侃要杀自己,既愁苦又害怕,无计可施。有一天,温峤请求庾亮去见见陶侃,庾亮犹豫不决。温峤就对庾亮说:我很了解溪狗。你放心去,一定不会出事的。庾亮不得已,来到陶侃处。庾亮儒雅美好,神情飘逸,仪貌超凡,陶侃一看就心软了,改变了原来要杀庾亮的想法,并与庾亮畅谈宴饮了一整天,对庾亮既爱慕又推崇。温峤为什么断定陶侃见了庾亮就一定不会杀他呢?第一,魏晋士人,无论是出身士族还是出身寒门,对魏晋人的身体风度都极为崇拜。陶侃身为征西将军、荆州刺史,可以说位高权重,尽管他出身寒门,但对魏晋士族文化是极为崇拜的。第二,庾亮出身士族,长期陶染于文化场域,全身上下都透露出一股扑面而来的文化气息与神性力量,这种文人风流就是魏晋人共同追求的真性状态,也是魏晋人对士人身体的欣赏之处。事实证明,温峤的预见是对的,陶侃一下子就被庾亮的身体美与风姿美折服了,不仅改变了对庾亮的态度,而且与之清谈,与之欢宴,有一种相见恨晚的感觉。魏晋人的身体风姿美,不

---

① 徐震堮:《世说新语校笺》,中华书局 1999 年版,第 338 页。
② 徐震堮:《世说新语校笺》,中华书局 1999 年版,第 338—339 页。

是一个人、一个阶层的文化价值,而是整个士人群体、整个社会的文化风尚。陶侃对庾亮的身体风采心悦诚服,表明庾亮符合陶侃对士人的文化想象,陶侃在庾亮的身体中找到了文化的现实原型。庾亮的身姿风度,代表了一个时代士人的整体原型和群体趣味。

魏晋人的身体美展现的是社会文化的价值,这种文化价值足以震慑一切乡愿小人。《世说新语·赏誉第八》第四条:"公孙度目邴原:'所谓云中白鹤,非燕雀之网所能罗也。'"①乡愿小人沉沦于世界之中,被各种名利诱惑,习惯臣服于外在的权力关系,不管是政治权力还是文化权力,他们都唯唯诺诺,趋之若鹜。而云中白鹤,不是在世界中的生存状态,也不受燕雀之网的困扰与危害。魏晋人的身体哲学,就是要做云中白鹤,不参与人间世俗的流俗文化与凡尘事件。他们纤尘不染的身体,散发出来的不是人间的礼法规矩,而是超然的神韵风姿。魏晋人身体展示的是士族绝尘离俗、本性高远的文化追求与价值判断,身体透出的是一种清逸真气,而这种来自原初真气的神圣力量足以让那些缺乏文化修为、沉沦世间的小人望而却步,避而远之。《世说新语·容止第十四》第三十八条:"庾长仁与诸弟入吴,欲住亭中宿。诸弟先上,见群小满屋,都无相避意。长仁曰:'我试观之。'乃策杖将一小儿,始入门,诸客望其神姿,一时退匿。"②庾统是庾亮的侄子,他与众多兄弟过江来到吴地,途中想在驿馆住宿。诸弟先进去了,可是满屋都是小人,而且这些小人丝毫也没有退让的意思。庾统说:我进去看看。于是他拄着拐杖,由一个小孩搀扶着踏进驿馆的大门,众人看到庾统非凡的神姿,一下子都被震慑了,纷纷躲开逃离。小人是不会轻易退让的,只有看到令其震慑的神姿时,他们空虚的内心才会感到极度恐慌,才会自惭形秽、现出原形,才会发自内心的屈从臣服。

魏晋人平时闲适优雅,但在关键时刻却表现得极为沉静镇定,令人知难而退,发挥出巨大的抵抗奋争力量。《世说新语·贤媛第十九》第二十一条:"桓宣武平蜀,以李势妹为妾,甚有宠,常着斋后。主始不知,既闻,与数十婢拔白刃袭之。正值李梳头,发委藉地,肤色玉曜,不为动容。徐曰:'国破家亡,无心至此。今日若能见杀,乃是本怀。'主惭而退。"刘孝标注引《妒记》曰:"温平蜀,以李势女为妾。郡主凶妒,不即知之。后知,乃拔刃往李所,因欲斫之。见李在窗梳头,

---

① 徐震堮:《世说新语校笺》,中华书局 1999 年版,第 228 页。

② 徐震堮:《世说新语校笺》,中华书局 1999 年版,第 342 页。

姿貌端丽,徐徐结发,敛手向主,神色闲正,辞甚凄惋。主于是掷刀前抱之曰:'阿子,我见汝亦怜,何况老奴。'遂善之。"①桓温的妻子是南康长公主。在平定蜀国之后,桓温娶了李势的妹妹做小妾,而且很宠爱她。公主知道后,极为生气,就带了几十个丫鬟婢女,提着大刀,冲入李氏的住宅,要杀掉这个女人。可是到了李氏那里,她正在梳头,头发很长,一直铺到地上,肤色洁白如玉。她不因突然来了这么多带着兵器的女人而惊恐万状、惊慌失措,只是从容地说:我现在国破家亡,也无心贪念这人间的富贵。今天你要是杀了我,这倒也成全了我。李氏身上体现的就是魏晋人所崇尚的不因外乱而心动情动的身体美学。也正是这种心神镇定的文化风度让南康公主顿然醒悟,并深深意识到自己的所作所为是多么的粗俗难耐。由此,她改变了对李氏的态度,由女人之间的嫉妒之恨转变为怜悯相惜的愧疚之情,于是自惭而退。

魏晋人的身体中孕育着一股令人敬畏的强大力量。无论是出身寒门的士人,还是沉沦日常的小人,甚至是为情所困的妇人,当他们面对魏晋人独有的文化神韵,超凡的冷静执着,强大的自尊自信,以及身体的流光溢彩时,就会获得一种心灵顿悟,自动打开自身的敬畏之情,并对之心悦诚服。这也表明,魏晋人由于长期浸染在文化之道的神性世界中,具有了一种可以震慑一切世俗顽冥的文化价值与神圣力量。魏晋人的身体,就是固持神圣力量的美好身体。

六 、结 论

汉末流俗士人的身体是黯淡无光的,他们的身体在程式化的礼法中逐渐被掏空,以致死亡。魏晋人对身体的再发现,是对流俗身体的解构抛弃,是给那些被程式化的身体外壳注入越来越多的生命活力,这种自然本性的生命活力体现的是对神道文化的群体认同。余英时在《士与中国文化》中云:"魏晋以下士大夫手持粉白,口习清言,行步顾影之风气悉启自东汉晚季,而为士大夫个体自觉高度发展之结果也。"②魏晋人的身体容止,不仅是承袭汉末名士的风气,而且是在土木形骸的文化顿悟中扬弃了虚伪空洞的有形身体,让自身澄明之光重返身体居所,使身体不再只是纯粹的有形存在,而是神性常驻的充盈存在。明屠隆

①　徐震堮:《世说新语校笺》,中华书局 1999 年版,第 375 页。
②　余英时:《士与中国文化》,上海人民出版社 2003 年版,第 280 页。

《鸿苞四十八卷》卷五《选举》云："晋重门第，好容止……士大夫手持粉白，口习清言，绰约嫣然，动相夸诩，鄙勤朴而尚摆落，晋竟以此云扰。"①屠隆站在门第观念的立场，从外在身体的文化表象中认为魏晋人的身体美是一种夸耀行为，是鄙弃勤劳与朴素，是崇尚解放与自由，晋朝也由此开始出现了混乱局面。但是屠隆没有看到，魏晋人对身体的文化改造是从内心的自然玄悟开始的。他们通达了内在玄微的澄明之光，让神明之力回到身体，身体才重新焕发出个体的神韵风采，才展现出身体的神姿风韵。

魏晋人的身体美，不是流俗的身体观，而是从文化根性流转而出的身体华彩。玉人是魏晋人对身体的美好幻想。第一，魏晋人的身体美与汉末士人的流俗身体观是对立的。前者重内在精神，将外在容姿当成内在精神的外在显现。后者重外在伪饰，容饰成为追名逐利的外在矜持，身体在虚假礼法、世俗名利中显得死气沉沉。第二，魏晋人的身体美与曹操的英雄美也是不同的。英雄身体展现的是现实功能之美，功能之美表现为：鹰击长空，驰骋疆场，暴风骤雨式的争胜力量，但依旧没有摆脱现实流俗的功名价值。魏晋名士的身体展现的是柔和之美，柔和之美表现为：小桥流水，杨柳依依，温润华美式的雍容之美，它不仅彻底抛弃了外在功名的追求，而且始终将身体放置于神性的常驻价值之中，让自然无心的真性真情完全融入身体，使之在身体中生发光彩。第三，魏晋人的身体美，具有一股超凡脱俗的神圣力量，令各种流俗的身体望而却步，自动退避三舍。

重新理解魏晋人的身体美，才能避免流于形式上的肤浅的身体美，才能避免将魏晋人独立独特的生命身体误看成流俗伪饰的身体，这样才能真正把握魏晋身体美的核心价值与天性之美。魏晋名士的身体展示的是名士对身体的新理解，体现了魏晋文化的新逻辑和新思想，是魏晋名士对人类身体的艺术塑造。从此，人的身体发生了一次巨大的转变：从死气沉沉转变为生机勃勃，从提前衰老转变为活力无限。魏晋人的身体美学是传统身体观的重要文化资源，对理解工业文明时代的身体依旧具有不可忽略的生命价值与美学意义。

---

① （明）屠隆：《鸿苞四十八卷》，天津图书馆藏明万历三十八年茅元仪刻本，四库全书存目丛书编委会编，《四库全书存目丛书·子部》（第88册），齐鲁书社1995年版，第763页。

第十四章　酒中归性：酒文化的人性回归与精神乐园

尧舜千钟，孔子百觚；子路嗑嗑，尚饮十榼。古之圣贤，无不能饮也。

　　　　　　　　　　　　　　　　　　——《孔丛子·儒服》

剑外忽传收蓟北，初闻涕泪满衣裳。却看妻子愁何在，漫卷诗书喜欲狂。白日放歌须纵酒，青春作伴好还乡。即从巴峡穿巫峡，便下襄阳向洛阳。

　　　　　　　　　　　　　——（唐）杜甫：《闻官军收河南河北》

君不见，黄河之水天上来，奔流到海不复回。

君不见，高堂明镜悲白发，朝如青丝暮成雪。

人生得意须尽欢，莫使金樽空对月。

天生我材必有用，千金散尽还复来。

烹羊宰牛且为乐，会须一饮三百杯。

岑夫子，丹丘生，将进酒，杯莫停。

与君歌一曲，请君为我倾耳听。

钟鼓馔玉不足贵，但愿长醉不复醒。

古来圣贤皆寂寞，惟有饮者留其名。

陈王昔时宴平乐，斗酒十千恣欢谑。

主人何为言少钱，径须沽取对君酌。

五花马，千金裘，呼儿将出换美酒，与尔同销万古愁。

——（唐）李白：《将进酒》

在古代希腊神话中，酒神狄俄尼索斯的原始意义就是欲望的宣泄与放纵，酒成为人类原始欲望的催生剂与代名词。与酒神相对的日神，代表的是对原始欲望的理性控制，酒神与日神的二元对立结构形成了西方文化中欲望与理性、疾病与治疗、乱伦与伦理的神话原型。酒成为人类恶行的本源。

在中国的文化传统中，酒却是一种圣物。许慎《说文解字》云："酒，就也，所以就人性之善恶。"①人凭借酒的外在力量，可以体验人性中所具有的原初善恶。"酒"字从酉从水，为酉金之真水，这种真水含有本初的阳刚之气，可以让世人在尘世之中回归本性之初。士人通常用"琼浆玉液"来形容酒，琼、玉在古代文化中都是真性通透之物。酒作为水谷之精液、精华，是人类精气滋生、滋养的珍贵食料，是水中之美玉、美金，醇香可人，被誉为"水王"。天一生水，"金水"的神话意象意味着回归原初，水王成为人间至美、真阳之水，与人身体内的真精、真气、真龙是同源同类，都是神圣生命的力量源泉。八卦中，坎的意象就是水，卦象为☵，坎卦上下为阴爻，中间为阳爻，表明污浊的阴水中却蕴藏有原初生命的真阳至宝，真水是孕育新生命的神圣力量，而水王中所蕴藏的真精就是水谷中最具生命力的真气，这种水谷之精的真气对人体的真气是一种营养补充，只有内外两种阳气和平融合，滋养滋生，才能恢复生命力量的极致状态，也意味着身体真气获得了新的生命活力。可见，酒在中国传统文化中，成为人类生命由衰竭状态回归原初状态的重要媒介与不竭动力，也成为人类生命重新获取神圣力量的重要途径。

古代的"医"字作"醫"，从殹从酉，"酒"字从水从酉，可见，"醫"疗与饮酒是密不可分的，酒成为古人医治身体疾病的重要药物。许慎《说文解字》："醫，治病工也。从殹从酉。殹，恶姿也。醫之性然，得酒而使，从酉，王育说。一曰殹，病声。酒所以治病也。"②玄应《众经音义》卷六云："醫之性得酒而使，故字从酉，殹声。古者巫彭初作醫。殹，亦病人声也。酒所以治病者，药非酒不散也。"③

---

① （汉）许慎撰、（清）段玉裁注：《说文解字注》，上海古籍出版社2006年版，第747页。

② （汉）许慎撰、（清）段玉裁注：《说文解字注》，上海古籍出版社2006年版，第750页。

③ 徐时仪：《玄应〈众经音义〉研究》，中华书局2005年版，第286页。

《史记·扁鹊传》："疾之居腠理也,汤熨之所及也。在血脉,针石之所及也。其在肠胃,酒醪之所及也。"[1]《史记·仓公传》:"济北王病,召臣意,诊其脉曰,风蹶胸满。即为药酒,尽三石,病已。"[2]《礼记·射义》:"酒者,所以养老也,所以养病也。"[3]《汉书·食货志》:"酒者,天之美禄,帝王所以颐养天下,享祀祈福,扶衰养疾。百礼之会,非酒不行。故《诗》曰无酒酤我,而《论语》曰酤酒不食,二者非相反也。夫《诗》据承平之世,酒酤在官,和旨便人,可以相御也。《论语》孔子当周衰乱,酒酤在民,薄恶不诚,是以疑而弗食。今绝天下之酒,则无以行礼相养;放而亡限,则费财伤民。请法古,令官作酒……酒,百药之长,嘉会之好"[4]。古代人酒治病的做法已经被现代人遗忘了。古代人以酒颐养天年,治疗疾病,滋养容颜,酒成为"百药之长"。

古代圣人,如尧、舜、孔子,都善于利用酒来调整自身,建构传统文化的神圣天性。早期祭祀仪式中,"无酒不成礼",酒是原初神灵的重要祭品。日常生活中,"无酒不成欢",无论宴请宾客,还是婚礼嫁娶,饮酒都成为表达欢快情绪的标志。酒承载了早期人类对人类共同命运的文化建构,也承担了沟通人类与神灵的神圣使命。酒神、人神、天神的文化聚合,一定是人间最大的乐趣。

酒还可以帮助诗人摆脱现世的烦恼,通达神奇的精神世界。酒神与诗神在精神力量上是一致的,都是对有形物质世界的超越。所以,早期中国知识分子大都是酒神与诗神的合一,酒神帮助古代知识分子摆脱现实世界的有形束缚,实现精神上的绝对自由和奇思异想,诗帮助他们将精神自由和梦幻世界表述为神奇的语言声音和文化形式。酒神与诗神的合二为一,成为中国文化特有的文化奇观。中国文化中,酒作为一种金水之物,不是一种纯粹之物,而是中国人沟通天人的绝佳载体。

唐杜牧《清明》云:"清明时节雨纷纷,路上行人欲断魂。借问酒家何处有,牧童遥指杏花村。"清明节是一个天地阳神飞升的大好日子,体现的是天人合一的气化规律。可是,清明时节的雨水以及吊念亲人的泪水,都让人有点伤心,悲思难断。所谓"断魂",是指人的灵魂因为自然雨水与泪水而难过,如何才能让

① (汉)司马迁:《史记》,中华书局1963年版,第2793页。

② (汉)司马迁:《史记》,中华书局1963年版,第2804页。

③ 《十三经注疏》整理委员会整理:《礼记正义》,北京大学出版社2000年版,第1655页。

④ (汉)班固:《汉书》,中华书局1962年版,第1182—1183页。

灵魂摆脱这种自然天气与人间悲情呢？诗中，酒扮演了一个很重要的文化角色，也成了治愈自身灵魂的重要神物。因为只有酒，才能使自身灵魂重新回到身体之中。杏花村是一个美好绝佳的诗歌意象，杏花锦簇，春意闹枝，酒旗飘摇。杏花村的酒成为世人摆脱临时"断魂"状态，回归自然本真的神圣力量。酒与桃花源、杏花村一样，成为中国文化乌托邦的理想存在与精神寄托。在诗人眼中，酒在"断魂"与"还魂"之间架起了一座特殊的文化桥梁。

考古文化显示，在中国历史的早期阶段，酒器纷纭，形式万千，充满了人文意蕴与神圣气息。湖南长沙出土的隋唐时期春字诗执壶的腹部刻有一首五言诗，其云："春水春池清，春时春草生。春人饮春酒，春鸟啭春声。"壶是盛酒的器物，而酒壶上的诗表达的就是酒文化、酒精神。在这首五言诗中，酒作为一种神奇之物倒入壶中，就成了春天萌发精神与生命力量的文化象征。一年四季中，春是万物复苏的美好存在，是阳气萌动、孕育生命、勃发生机的自然时节。此诗中，酒成为春生、春时的文化信使，酒的自然神力可以令人重返春天，获得新生，酒成为春天生机到来的催化剂。酒寄存了一种神奇的力量，可以改变冬天带来的衰老困顿，使人生发神奇的力量，萌发勃勃生机，此时人也就成了春天般的美好存在。也正因为如此，世界中的一切随之发生巨变，化成春水、春池、春草、春鸟、春声。这首诗揭示了古人心中的酒具有巨大的文化效果，可以使人还魂回春，春人在春酒中看到的是春山、春水，听到的是春声，一派春风春景，一股春意盎然，一身春气勃发，神仙逍遥，得意自在，流连忘返。

汉末的士人因为在社会中失位而感到万分痛苦，他们与酒为友，将现实人生的痛苦写进了浊酒苦闷之中。"一壶浊酒"成为汉末士人在痛苦命运中挣扎的写照，"浊酒"意象承载了汉末士人既无奈又执着的文化现状与精神诉求。

魏晋人的酒，不再是汉末士人苦闷彷徨的浊酒，而是自然玄胜的清酒，与救治生命的醇酒。士人摆脱了在世界中失位的苦难命运，面对世界盛行的流俗文化，利用酒文化来建构新时代文化的真精神。在魏晋人眼中，酒成为他们摆脱旧文化、建构新文化的重要物质，成为在日常生活层面展示玄微精神与文化天性的物质符号，也成为解构流俗世界、重构文化精神的象征物质。

一、为酒正名：魏晋酒文化的先驱

讨论魏晋人的酒文化，有两个人总是绕不过去的，一个是为酒捐躯的斗士孔融，另一个是因酒失宠的贵公子曹植。两人对酒情有独钟，一反酒的流俗价值。他们认可酒，为酒正名，赋予酒以正能量，酒开始成为魏晋士人反抗世俗权力、救弊流俗文化的重要场域。

建安十二年，曹操北讨乌桓，正遇上饥荒战乱，于是上表奏请禁酒。孔融却多次上书，请求不要禁酒，与曹操唱对台戏。曹操是英雄政治权力的代表，孔融是名士文化的代表，两者对待酒的态度是对立的，一个要禁酒，一个要护酒。酒的文化场域开始成为英雄价值与名士价值相互冲突的紧张场域。孔融在《难曹公表制酒禁书》中云："酒之为德久矣。古先哲王，类帝禋宗，和神定人，以济万国。非酒莫以也。故天垂酒星之曜，地列酒泉之郡，人著旨酒之德。尧非千钟，无以建太平。孔非百觚，无以堪上圣。樊哙解厄鸿门，非豕肩厄酒，无以奋其怒。赵之厮养，东迎其王，非引厄酒，无以激其气。高祖非醉斩白蛇，无以畅其灵。景帝非醉幸唐姬，无以开中兴。袁盎非醇醪之力，无以脱其命。定国不酣饮一斛，无以决其法。故郦生以高阳酒徒，著功于汉；屈原铺糟歠醨，取困于楚。由是观之，酒何负于治者哉！"[①]在孔融看来，酒作为一种神物，其神圣的德性由来已久。天有酒星，地有酒泉，人有旨酒，酒的精神可谓贯通于天、地、人，显现了酒可以上通天地、下冥万物的文化特征。酒曾经对人类做出了很多贡献，如早期人类用酒来沟通人神，尧、舜、孔子等圣哲因酒而成就大业。樊哙在鸿门宴上借酒壮胆，解除了刘邦的困厄危机。赵国伙夫豪饮壮气，才能有勇气来到燕国，说服燕军，迎回赵王。高祖刘邦醉酒斩白蛇。景帝刘启酒后临幸唐姬，生子刘发，其子孙刘秀为光武帝，中兴汉室。袁盎出使吴国，被围困，一校尉以酒灌醉士卒，袁盎才得以脱身。于定国在审判罪犯之前，一定要饮酒。郦食其投奔刘邦时，自称高阳酒徒，最终建功于汉。屈原因饮酒，尽管人困于楚国，却创作了惊艳四座的千古文章。孔融认为，古代圣哲、汉代帝王将相都因酒而成就了事业，酒的功勋盖世。曹操因为酒会妨碍现实之治，所以要禁酒；孔融却认为酒有功于治，不该禁酒。

曹操读了孔融的《难曹公表制酒禁书》，很生气，立即写文章予以批驳，孔融

---

① （清）严可均辑：《全后汉文》，商务印书馆1999年版，第840页。

以《又书》回应，其云："昨承训答，陈二代之祸，及众人之败，以酒亡者，实如来诲。虽然，徐偃王行仁义而亡，今令不绝仁义；燕哙以让失社稷，今令不禁谦退；鲁因儒而损，今令不弃文学；夏商亦以妇人失天下，今令不断婚姻。而将酒独急者，疑但惜谷耳，非以亡王为戒也。"①曹操认为，饮酒会导致亡国，会影响国家治理，因此一定要禁酒。孔融反驳，因为饮酒会亡国，就实行禁酒，那么，历史上有人因仁义而亡国，是不是要禁止仁义呢？有人因为谦让而亡国，是不是要禁止谦让呢？有人因为文学而亡国，是不是要禁止文学呢？有人因为女人而亡国，是不是就禁令嫁娶呢？既然仁义、谦让、文学、女人可以不禁，为什么偏偏要禁酒呢？孔融指出，曹操禁酒不是因为饮酒会亡国，而是因为遇上饥荒粮食不足，需要节省粮食，将曹操禁酒令的真相告白天下。这令曹操极为不满。建安十三年（208），孔融退居闲职，依旧门客不断，饮酒不辍。张璠《汉纪》云："孔北海居家失势，宾客日满其门，爱才乐士，常若不足，每叹曰：'坐上客常满，樽中酒不空。吾无忧矣。'"②孔融认为，只要每天高朋满座，可以饮酒为欢，就没有忧虑了。可是，曹操对孔融的叛逆行为已经怀恨在心，于是指派路粹等收罗孔融的各种罪名，最终以不忠、不孝等罪名将孔融处死。宋代徐钧作《孔融》诗云："客满尊中酒不空，眼高四海眇奸雄。才疏意广终无就，已兆清虚西晋风。"③徐钧认为，孔融相信酒，认为只要有酒就可以无忧无虑，可以放眼四海，藐视奸雄。但是孔融本人才疏学浅，想法很多，最终没有什么大成就，还白白丢了性命。尽管如此，孔融用文辞为酒正名，用身体还酒清白，已经开启了西晋士人尚酒的新风气。

尽管孔融为了护酒，断了头，送了命，但令曹操没有想到的是，孔融的死却招来了一个酒气盛行、酒神普照的魏晋时代。孔融的护酒，唤醒了魏晋人对酒的神往遐思，迎来了魏晋人铺天盖地的酒文化。

曹植是魏晋时期第一个将诗神才华与酒神秉性完美融合的仙才。钟嵘在《诗品》中评价曹植的诗歌是："骨气奇高，词彩华茂，情兼雅怨，体被文质，粲溢今古，卓尔不群。"④曹植饮酒，任性而为，无所节制，多次因为饮酒而误事，引发了曹操的不满，最终也因为饮酒而失去了曹操的信任。曹植曾经作《酒赋》一

① （清）严可均辑：《全后汉文》，商务印书馆1999年版，第840页。
② （晋）陈寿撰、（宋）裴松之注：《三国志》，中华书局2005年版，第372页。
③ 北京大学古文献研究所编：《全宋诗》（第67册），北京大学出版社1998年版，第42844页。
④ （梁）钟嵘著、陈延杰注：《诗品注》，人民文学出版社1980年版，第20页。

文,可以说,这篇文章是魏晋酒文化的引言。《酒赋》云:"尔乃王孙公子,游侠翱翔。将承欢以接意,会凌云之朱堂。献酬交错,宴笑无方。于是饮者并醉,从横喧哗:或扬袂屡舞,或扣剑清歌。或鞶蹴辞觞,或奋爵横飞。或叹骊驹既驾,或称朝露未晞。于斯时也,质者或文,刚者或仁;卑者忘贱,窭者忘贫;和睚眦之宿憾,虽怨仇其必亲。于是矫俗先生闻之而叹曰:'噫,夫言何容易!此乃淫荒之源,非作者之事。若耽于觞酌,流情纵佚,先生所禁,君子所斥。'"①文中有两个对立的人物,一个是"王孙公子",另一个是"矫俗先生"。"矫俗先生"代表的是流俗文化的酒观念,将酒看成"淫荒之源"。"矫俗先生"认为,一个人如果沉迷于酒,就会"流情纵佚",放纵不羁,不符合儒家礼乐文化中正无邪的要求,应该受到正人君子的禁止和排斥。"王孙公子"代表的是名士新文化的酒观念,他将酒看成解除禁忌、张扬个性的最佳载体。酒具有一种独特的解构功能,甚至能将现实中的文化价值颠倒过来,如质与文、刚与仁、贱与尊、贫与富、仇与和、怨与亲。这些表面上不可调和的现实矛盾,在酒的神奇力量下可以互相转化,可以跨越鸿沟,冥合对立,化解差异。这不仅否定了世俗的文化价值,而且肯定了被贬低的自然价值。在五行文化中,阴阳刚柔,既是对立的,也是运化的,如果仅仅强调对立,忽视对立之中的转化,即金木、水火的相生关系,也是片面的。曹植认为,酒具有一种神奇的文化功能,可以化解矛盾。酒文化成为自然大和的文化表现。

现实流俗的社会秩序和文化秩序是僵化固定的,是不可动摇的,它抑制世人的本性存在,人成为流俗文化牢笼中的无奈囚徒。而酒的社会秩序和文化秩序,是灵活机动的,文质一贯、刚柔并济,这与现实的流俗文化存在很大的差异。在《酒赋》中,曹植歌颂酒的自然秩序,对世俗的虚伪矜持表达了不满,成为魏晋名士抛弃旧秩序、旧世界的新动力。他对酒的精神热情呼唤,肯定对立中含有阴阳无穷运化的自然精神,这也成为魏晋名士重构新秩序、新世界的新精神。

二、竹林之酒:竹林七贤对酒的文化发现

魏晋人的酒文化是从竹林七贤开始的。大多数学者认为,竹林七贤嗜酒是因为外在的政治黑暗,将魏晋人对生活的文化变革彻底归结为政治因素,这一观点似乎有失偏颇。孙立群《中国古代的士人生活》云:"这时政治斗争尖锐复杂,

---

① (清)严可均辑:《全三国文》,商务印书馆 1999 年版,第 136 页。

卷入政治漩涡的士人稍有不慎便会丢掉性命,尤其在魏晋嬗代之际,司马氏为夺取政权,对士人实行高压政策,顺者昌,逆者亡,使士人感到万分恐怖,他们进退维谷,如履薄冰,为保全自己,便拼命喝酒,以酒解愁,以酒避祸。"①这种观点对魏晋人嗜酒做政治解读,将魏晋士人特殊的生活文化符号——酒,彻底理解为世俗化的权力之物,认为酒仅仅是俗士以酒解愁的情绪宣泄,忽略了酒作为一个时代文化精神的物质符号,不仅仅是个体存在的欲望行为,而且是名士群体的文化认同与价值寄存。只有跳出纯粹世俗化的压抑之酒(浊酒),才能真正理解竹林七贤对酒的文化发现与价值归趣(清酒)。

首先,竹林七贤对酒的文化发现与孔融、曹植等人不同。孔融、曹植的酒,还仅仅是个人的生活行为,而竹林七贤已经开始代表一个文化群体——魏晋名士对酒文化的认同,酒成为这个士人群体文化价值的外在符号,而其内在精神就寄寓其中。《世说新语·任诞第二十三》第一条:"陈留阮籍、谯国嵇康、河内山涛,三人年皆相比,康年少亚之。预此契者:沛国刘伶、陈留阮咸、河内向秀、琅邪王戎。七人常集于竹林之下,肆意酣畅,故世谓'竹林七贤'。"②如果抽去竹林七贤的文化认同与精神趣味,似乎就剩下肆意的酣畅饮酒了。能不能将酒仅仅作为一个物质标签,简单地贴在竹林七贤的身上呢? 刘孝标注引《晋阳秋》曰:"于时风誉扇于海内,至于今咏之。"③第一,《晋阳秋》用"风誉扇于海内"来展示竹林七贤的饮酒现象,揭橥了竹林七贤的酒不是简单的酒物质,而是富有精神内涵与群体价值的酒文化。第二,对于天下士人来说,这种代表了士人群体文化的酒,正好表达了士人群体共同需求与审美趣味,因此,大家都争相赞誉以示认同。第三,竹林七贤的酒,不仅得到同时代士人的认可,而且被后来士人群体争相模仿,酒就成了竹林七贤文化精神最具魅力的有机组成部分。可见,竹林七贤的酒,不能简单地被看成是流俗的酒欲望,而是贯穿了竹林七贤文化精神的符号,通过这个特殊的符号,我们才能把握竹林七贤之所以是竹林七贤的文化价值。世俗化地看待竹林七贤的酒,本身就是对竹林七贤之酒的文化遮蔽。

其次,孔融、曹植的酒,似乎醉得很深,在社会场域中神志不清,最终导致一个被杀,一个被弃。而竹林七贤的酒,表面上看似乎是大醉,仔细分析似乎又是

①　孙立群:《中国古代的士人生活》,商务印书馆2014年版,第138—139页。
②　徐震堮:《世说新语校笺》,中华书局1999年版,第390页。
③　徐震堮:《世说新语校笺》,中华书局1999年版,第390页。

大醒。更清楚地说,竹林七贤的身体是沉醉的,因为身体醉了,身体的各种欲望也就被暂时搁置起来了。竹林七贤的心却始终是清醒的,这里的清醒指精神不会因为身体的醉酒而彻底麻木不仁、神志不清。因此,竹林七贤的酒,是处于醉醒之间的。宋叶梦得《石林诗话》卷下云:"晋人多言饮酒,有至于沉醉者,此未必意真在于酒。盖时方艰难,人各惧祸,惟托于醉,可以粗远世故。……流传至嵇、阮、刘伶之徒,遂全欲用此为保身之计。此意惟颜延年知之,故《五君咏》云:'刘伶善闭关,怀情灭闻见。韬精日沉饮,谁知非荒宴。'如是,饮者未必剧饮,醉者未必真醉也。后世不知此,凡溺于酒者,往往以嵇、阮为例,濡背腐胁,亦何恨于死邪!"[1]叶梦得认为,第一,竹林七贤的酒是权术之用,他们用醉酒的方式做"保身之计"。第二,竹林七贤饮酒是为了韬光养晦,所以他们不会剧饮,他们的醉也不是真醉,而是佯醉。叶梦得将竹林七贤的酒看成是老于世故的酒,酒成为权力场域的避风港。其实,竹林七贤的酒,不仅是术,也是他们对大道真性的文化体悟,是用充满了玄心精神的身体姿态来展示文化大道及其人性价值。"保身"不过是其中的一个外在之用而已,不能以"保身"而以偏概全,认为竹林七贤的酒就完全在于保身全命。竹林七贤的酒,展示的是玄心精神与自然生命的现实需求,当然,也是士族群体在新时代进行文化革新的需要。竹林七贤的酒,从身体现象来看,不仅是真醉,而且是烂醉如泥,但是他们的精神状态却又始终极为清醒。

竹林七贤中,刘伶是纵酒放任的典型人物,最能揭示他们酒后的清醒状态。刘孝标注引《名士传》曰:"伶字伯伦,沛郡人。肆意放荡,以宇宙为狭。常乘鹿车,携一壶酒,使人荷锸随之,云:'死便掘地以埋。'土木形骸,遨游一世。"《竹林七贤论》曰:"伶处天地间,悠悠荡荡,无所用心。尝与俗士相忤,其人攘袂而起,欲必筑之。伶和其色曰:'鸡肋岂足以当尊拳。'其人不觉废然而返。"[2]刘伶对人的存在的理解并没有拘囿于有形身体,而是借用酒的文化力量达到"土木形骸"的忘形状态,有形的身体似乎随时可以弃之如敝屣,只有让本性精神真正彰显出来才能在世界之中遨游,获得本在自由。而俗士会为了一些小利奋起而斗。刘伶处于天地之间,始终能够持身"悠悠荡荡",达到了事事"无所用心",世间的各种世俗逻辑都被无心截断。刘伶认为,有形的身体犹如鸡肋,尝之无味,弃之不

① (宋)叶梦得:《石林诗话》,中华书局 1991 年版,第 27—28 页。
② 徐震堮:《世说新语校笺》,中华书局 1999 年版,第 136 页。

得,更不值得以之逞能,与人相斗。可见,刘伶的酒,并非流俗文化所讥笑的那样,纯粹是一种身体痴迷于酒的欲望表现,恰恰相反,刘伶在酒中显得无心处世,在混沌中保持清醒。他不但认识到有形身体的渺小,而且认识到本性精神非身体可以禁锢,只有让身体处于醉态之中,本性才能真正摆脱身体的有形束缚从而到更广阔、自由的宇宙中去遨游。《世说新语·任诞第二十三》第六条:"刘伶恒纵酒放达,或脱衣裸形在屋中。人见讥之,伶曰:'我以天地为栋宇,屋室为裈衣,诸君何为入我裈中?'"①普通人将自己看成是狭小的世俗存在,而刘伶在酒中不再拘囿于自身形体的有形存在,而是将自身放置于广大的天地之间,以天地作为身体的房屋,以房屋作为身体的衣裤,这种巨人的形象,不是世人所能想象出来的,更不是心醉如泥的人能够体悟到的,只有在混沌中清醒的刘伶才能体悟。你们这些人为什么钻到我的裤子中来? 这种不合常人逻辑的发问,看来是滑稽可笑的,但却显现出两种不同的身体礼法观念。对于刘伶来说,身体醉酒以后,有形身体已经被暂时忘记,身体欲望隐退,同时,本性精神获得了文化认可,在精神空间中获得自由。而那些世俗之人,表面上讲究礼节,却擅自闯入他的空间,这本身就是对人的不尊重。对于世俗的人来说,刘伶"脱衣裸形",哪怕是在私人空间中,也是违背了世俗的礼法,也是不对的。竹林七贤对人的认识,不是从外在有形的身体入手,而是从齐全的本性精神入手。只要本性精神能够齐全地存在,有形身体就处于忘记之中。酒的文化功能就是能够持守人的齐全精神,不让世俗的礼法枷锁套住人的自然本性。《庄子第十九·达生》云:"夫醉者之坠车,虽疾不死。骨节与人同而犯害与人异,其神全也。乘亦不知也,坠亦不知也,死生惊惧不入乎其胸中,是故逆物而不慑。彼得全于酒而犹若是,而况全于天乎? 圣人藏于天,故莫之能伤也。"②庄子认为,醉酒者从车上摔下来,尽管会摔伤身体,但是不会摔死。醉酒者的身体与普通人的身体是一样的,为什么普通人一摔就死,而醉酒者不会摔死呢? 因为醉酒者喝醉了,能够保全自己的精神。也就是说,普通人从车上摔下来,不仅摔伤了身体,而且将人的灵魂也给吓跑了,是内外皆伤,所以很快就死了。而醉酒者坐车的时候,不知道自己坐在车上,摔下来的时候,也不知道自己从车上摔下来了,因此,他从车上摔下来,仅仅是受了一点皮肉之苦,而不会在心中产生任何惊惧之情,也不会将摔跤当一回事。对他

---

①　徐震堮:《世说新语校笺》,中华书局 1999 年版,第 392 页。

②　(清)郭庆藩撰、王孝鱼整理:《庄子集释》,中华书局 1961 年版,第 636 页。

来说，这只是一点皮毛之伤，他的内心依旧是齐全完整的，毫发未损。在庄子看来，酒有一种特殊的文化保护功能，可以在外在环境突然恶化的时候使人的本性精神不受外在环境的变化影响，就是天塌下来了，对于醉酒者来说，也都是无所畏惧的，他们也不会产生任何惊惧反应，也不会留下任何心理障碍。可见，对待竹林七贤的酒，不能仅仅着眼于外在而将其与普通人的世俗之酒混淆，而应当将其看成是从庄子那里传承而来的文化护佑之酒。酒保全了竹林七贤的原初之心，让原初精神能够安心地栖居在人心之中，不为世俗的变化而有所损害。

再次，竹林七贤的酒，已经成为士人身体的新主人。酒作为一种外在之物，与人之间的距离远近取决于人的选择。人的外在选择，存在两种可能性：一是世俗的选择，酒满足的是"无器官的身体"的欲望需求。二是本性的选择，酒满足的是"自然的身体"，利用酒的物质力量，使身体回归原初的自然精神。竹林七贤的酒，是摆脱世俗的酒，彰显的是神圣之酒的本性力量。酒神成为有形身体的遥控者，社会中"无器官的身体"由此逐渐消失，而那个"自然身体"逐渐得到复活。《世说新语·任诞第二十三》第八条："阮公邻家妇，有美色，当垆酤酒。阮与王安丰常从妇饮酒，阮醉，便眠其妇侧。夫始殊疑之，伺察，终无他意。"①俗人看到美女，就会产生俗念，因之动情，尤其是酒醉之后的俗人，就会动手动脚，难以自控。所以俗话说"酒后乱性"，意思是说，一般人喝醉了酒，就一定控制不了自己充满欲望的身体，身体就不按照约定俗成的礼法行事，显得极为猥琐可恶。阮籍与王戎经常到美女老板的酒铺里喝酒。阮籍喝醉了，就躺在美女老板身边睡大觉，美女老板的老公开始有点紧张，他怀疑阮籍是不是对自己的妻子不怀好意，就藏起来观察阮籍的行动。这才发现，阮籍躺在美女身边竟然呼呼大睡，丝毫没有占妻子便宜的意思。可见，阮籍的酒，不仅让欲望膨胀的身体消失了，而且让身体回归了没有性别差异的自然率性状态，身体在忘记男女礼法的情况下，依旧显得自然可爱，彬彬有礼，没有任何纵情放肆的表现。诸葛亮《戒子》云："夫酒之设，合礼致情，适体归性，礼终而退，此和之至也。主意未殚，宾有余倦，可以致醉，无致迷乱。"②诸葛亮对酒的理解，与竹林七贤极为相似，饮酒不是为了纵欲，而是让自然真礼来控制身体之情，让身体回归自然真性。真性、真礼才是饮酒的士人文化。"可以致醉"，表明士人可以喝醉身体；"无致迷乱"，表明身

---

① 徐震堮：《世说新语校笺》，中华书局1999年版，第393页。

② （清）严可均辑：《全三国文》，商务印书馆1999年版，第595页。

体喝醉了，但不会乱了人心真性。可见，竹林七贤的酒，是让酒神真性力量来控制身体，让自然真性、真礼身体出场，让欲望身体、世俗身体、礼法身体退场。

《世说新语·任诞第二十三》第三条："刘伶病酒，渴甚，从妇求酒。妇捐酒毁器，涕泣谏曰：'君饮太过，非摄生之道，必宜断之！'伶曰：'甚善。我不能自禁，唯当祝鬼神，自誓断之耳。便可具酒肉。'妇曰：'敬闻命。'供酒肉于神前，请伶祝誓。伶跪而祝曰：'天生刘伶，以酒为名。一饮一斛，五斗解酲。妇人之言，慎不可听。'便引酒进肉，隗然已醉矣。"①刘伶的妻子不懂得士人的酒文化。她认为，刘伶得病了都是因为酒，饮酒不是养生的办法，她宁愿相信鬼神，也不信酒。刘伶对待酒的态度与妻子恰恰相反。第一，他坚信，身体的不正常不是因为酒引发的，只有酒才能治好自己。第二，在祷告发誓的时候，他并非要与酒决裂，而是发誓要"以酒为名"。所谓"以酒为名"，意思是说，酒才是真正的有名，酒的自然精神才是人的精神存在，士人的文化之道必须依靠酒来领会保存，如果失去了酒，就失去了大道真正之名，大道的意义也就会随之消失。刘伶的酒成了本真存在的幻化之物，酒中具有一种神圣力量，可以让人以本真状态显现在世界之中。第三，刘伶喝完酒吃完肉，身体就颓然而醉，病似乎就治愈了。

竹林七贤的酒精神，集中体现在刘伶的《酒德颂》中。《世说新语·文学第四》第六十九条："刘伶著《酒德颂》，意气所寄。"②所谓"意气所寄"，指刘伶的《酒德颂》代表了竹林七贤的文化气质与精神价值。《酒德颂》是魏晋人酒文化的宣言，也是魏晋风度的生活宣言。《酒德颂》云："有大人先生者，以天地为一朝，万期为须臾，日月为扃牖，八荒为庭衢。行无辙迹，居无室庐，幕天席地，纵意所如。行则操卮执瓢，动则挈榼提壶，唯酒是务，焉知其余？有贵介公子，缙绅处士，闻吾风声，议其所以。乃奋袂攘襟，怒目切齿，陈说礼法，是非锋起。先生于是方捧罂承槽，衔杯漱醪，奋髯箕踞，枕麹藉糟。无思无虑，其乐陶陶。兀然而醉，慌尔而醒。静听不闻雷霆之声，熟视不见太山之形，不觉寒暑之切肌，利欲之感情。俯观万物之扰扰，如江、汉之载浮萍。二豪侍侧焉，如蜾蠃之与螟蛉。"③《酒德颂》中的"大人先生"，已经不再像曹植《酒赋》中的"王孙公子"，仅仅是解构世俗社会的礼法秩序。"大人先生"已经跨越世俗社会来到了无比广阔的天

---

① 徐震堮：《世说新语校笺》，中华书局 1999 年版，第 391 页。
② 徐震堮：《世说新语校笺》，中华书局 1999 年版，第 136 页。
③ （清）严可均辑：《全晋文》，商务印书馆 1999 年版，第 684 页。

地世界,用天地的自然秩序来改变流俗社会的时空秩序,流俗社会的一切大小秩序、是非异同,都成了魏晋名士用酒改造之后的文化秩序。"大人先生"不是将酒看成外在的物质存在,而是将酒的文化精神与人的真性存在浑融一体,分不清楚哪是酒哪是人,酒的存在就是士人的本性存在,酒文化的真精神是名士之道、自然本性的集中表现。凭借酒的力量,士人才能真正通达无思无虑的极乐状态,才能让眼睛、耳朵不迷失于现实之物上,真正成为个体本真的眼睛、本真的耳朵;才能让充斥欲望的身体器官成为自然的器官,身体回归本真的身体。自然真神守护着有形的身体,酒让本性精神在身体之中现身登场了。名士身体的社会存在,就是"唯酒是务",酒成为名士身体的外在符号标志,名士文化精神就在于酒的精神。

当竹林七贤选择把酒作为文化建构的外在符号时,日常生活中的酒就不再是一种物质存在,而是一种被建构的文化本性标志。可以说,竹林七贤是一个以酒为核心价值的名士集团,哪里有酒,哪里就有竹林七贤的醉酒身影。《世说新语·任诞第二十三》第五条:"步兵校尉缺,厨中有贮酒数百斛,阮籍乃求为步兵校尉。"刘孝标注引《文士传》:"后闻步兵厨中有酒三百石,忻然求为校尉。于是入府舍,与刘伶酣饮。"[1]阮籍主动申请担任步兵校尉,他不是看中步兵校尉这个官职,而是为了步兵官署厨房中所藏的百斛酒。当上步兵校尉后,阮籍与刘伶就在步兵校尉的官署里整日酣饮。酒的力量,远远胜过官的级别。作为一种文化权力的建构,酒在竹林七贤日常生活中的位置比世俗社会的官职显得更为重要。《世说新语·任诞第二十三》第十二条:"诸阮皆能饮酒。仲容至宗人间共集,不复用常杯斟酌,以大瓮盛酒,围坐相向大酌。时有群猪来饮,直接去上,便共饮之。"[2]在阮氏家族中,酒成为阮氏家风家法的核心文化,阮氏兄弟皆以酒为本性真在。阮咸与宗族兄弟豪饮,体现了这个家族的文化就是酒文化,饮酒就是人生的正能量。阮氏饮酒时一群猪闯了过来,也到瓮中喝酒,阮氏兄弟蜂拥而上,与猪共饮。人猪共饮的文化现象,在现代人看来,实在是荒诞不经,但是当人醉酒的时候,人猪的界限混沌难分,酒就成了可以与猪分享、可以与猪共饮的外在物质。在俗人眼中,人是高于猪的,人怎么可以与猪同饮呢?可是酒却化解了人与猪之间的种类鸿沟,让人与猪之间的社会秩序被打破,恢复人与猪之间的自然

---

① 徐震堮:《世说新语校笺》,中华书局 1999 年版,第 392 页。
② 徐震堮:《世说新语校笺》,中华书局 1999 年版,第 394 页。

秩序。

　　因此,竹林七贤的酒场域,就成为一个失去流俗社会秩序的特殊场域。在这个场域中,社会中常见的、固定的、正常的空间秩序,比如君君臣臣、父父子子等,都在酒的文化幻象中被彻底解构了。酒的场域就成了竹林七贤为士人文化建构的一个合法场域,在这个特殊场域中,政治权力无法插手,对之无可奈何,只有听之任之。《晋书·阮籍传》云:"籍本有济世志,属魏晋之际,天下多故,名士少有全者,籍由是不与政事,遂酣饮以为常。文帝初欲为武帝求婚于籍,籍醉六十日,不得言而止。钟会数以时事问之,欲因其可否而致之罪,皆以酣醉获免。"①正始年间,阮籍已经是而立之年了。他嗜酒任诞的性情在正始之前就已经形成。贵无重道的文化精神与饮酒的文化意义,让竹林七贤相聚甚欢,并确立了酒的文化意味与生活趣味。史书中将阮籍的酣饮行为归因于政事,未免过于牵强。应当说,阮籍等领会了酒与贵无文化之间的文化贯通与互补精神,首先肯定与建构了竹林酒文化的真性情,正始年间的"天下多故"更加坚定了他们对酒的文化沉醉与人生信奉。正是因为竹林七贤的酒文化价值已经得到了文化权力群体的认可,阮籍才可以利用酒文化来拒绝甚至对抗政治权力,并且令政治权力也对他无可奈何。阮籍为了拒绝与司马氏通婚而长期醉酒,充分利用酒文化来拒绝皇权,使政治权力在文化权力面前也没有办法,最终政治权力在醉酒的阮籍面前只好作罢。酒的文化解构,在社会世俗权力方面,有时候也能发挥一定的作用。钟会想找阮籍的麻烦,也因为阮籍酣醉而作罢了。可见,竹林七贤的酒已经具备了一种社会文化的合法性,具备了一定的群体文化力量。竹林七贤利用酒的解构功能,拒绝与政治权力合作,或逃避政治权力的迫害,是一种应时而为的文化行为与政治行为,否则,政治权力不会轻易放过阮籍。政治权力之所以放过阮籍并非在于阮籍的酒,而在于他们顾忌酒场域中的群体文化权力,他们向阮籍等人的酒表示无奈的妥协,表明了政治权力对酒文化场域与文化权力的忌讳与拉拢。

　　《世说新语·任诞第二十三》第五十一条:"王孝伯问王大:'阮籍何如司马相如?'王大曰:'阮籍胸中垒块,故须酒浇之。'"刘孝标注云:"言阮皆同相如,而饮酒异耳。"②王忱认为,阮籍与司马相如在才能方面极为相似,但是唯有饮酒是不同的。司马相如饮酒是为了爱情,而阮籍饮酒是因为"胸中垒块"。毫无疑

①　(唐)房玄龄等:《晋书》,中华书局1974年版,第1360页。
②　徐震堮:《世说新语校笺》,中华书局1999年版,第409页。

问,阮籍的垒块就是名士的文化资本被政治权力压抑的垒块,只有用酒来淋浇才能化解。酒作为一种文化手段早已经存在了,阮籍不过是利用这种具有一定群体文化合法性的酒来化解士人在社会场域中长期积累的心中垒块,自我治疗。酒成为化解士人文化权力与政治权力之间现实矛盾的重要力量。

竹林七贤的酒,让名士们发现了生命存在的另一种意义,它也彻底颠覆了汉末经学家对人的教条规定,使名士们顿悟了生命整体和文化自由的新型价值,也预示了一种如酒神般飘忽难定、难以捉摸的社会秩序与文化空间开始登上历史舞台。同时,酒作为一个被建构的文化场域,成为政治权力逐渐失序的特殊场域,也成为魏晋士人群体的文化权力逐渐凝聚的常态场域。

三、酒中胜境: 两晋名士自远之酒

竹林名士创造和发明了魏晋名士的酒文化,也使酒这种神圣之物成为士人身份认同的特殊生活符号。酒的场域体现了名士文化之道的核心价值——追求和持守本性神全成为竹林七贤的酒理念,与此同时,这种酒理念还获得了士人群体的认同。竹林七贤利用酒文化在政治场域中现身,使得酒的文化秩序进一步延伸到政治场域。两晋名士对竹林七贤的酒存在不仅表示赞同,而且将这种酒文化进一步深化,他们竞相效仿竹林七贤,继承了竹林名士的酒自然精神和酒生命文化。同时,他们以自己对酒文化的理解与情趣追求改造了酒的文化意义,赋予了名士的酒存在以新的内涵,达到了一种以酒超越世俗现实的精神境界,酒成为士人寄存本性的美好胜地。

两晋名士与酒的关系得到进一步深化,名士似乎人人活在酒中,人人以酒来展示本然生命的乐趣所在。在酒中,他们忘记了人的社会存在,也忘怀了人的身体存在。在痛饮酒时,名士才能真正体会到生命存在的乐趣。《世说新语·任诞第二十三》第五十三条:"王才伯言:'名士不必须奇才,但使常得无事,痛饮酒,熟读《离骚》,便可称名士。'"[①]王恭认为,做一个名士不需要是奇才,在世界之中没有什么俗事干扰,将名士身份和文化认同概括为"痛饮酒,熟读《离骚》"。"痛饮酒",意味着名士可以借助酒的力量,摆脱人在世界之中的各种俗事,唤醒生命本性的真实存在,超越个体身躯的有形束缚与人为欲望,从而达到精神层面

---

① 徐震堮:《世说新语校笺》,中华书局 1999 年版,第 410 页。

的极度自由。"熟读《离骚》",就是借助《离骚》文学语词的神奇力量驱逐人心精神的流俗枷锁,获得自由飞翔的动力。在《离骚》中,诗人高洁雅致、独立不迁的个性精神,以及对理想政治与美好人生的执着追求,对丰富奇特、缥缈迷离的神话图景的精彩描绘,无疑成了名士通往无心精神的桃花源的无穷动力。名士可以在酒文化和诗语词的催化下,将无心精神、自由存在和文化生命有机地统一起来,达到一种精神自由、虚无缥缈、风神潇洒的生活境界。《世说新语·赏誉第八》第一百五十一条:"子敬与子猷书,道'兄伯萧索寡会,遇酒则酣畅忘反,乃自可矜'。"①王献之写信给王徽之,夸赞王徽之为人淡泊名利,不随流俗。只要遇上喝酒,他就一定会尽兴痛饮,并流连忘返。王献之认为,"痛饮酒"才是士人值得骄傲的事情。可见,名士的酒不是流俗文化的酒,而是在淡泊名利、虚无恬静的基础上,对名士本性精神进一步的完善延伸。"痛饮酒"不仅成为名士的群体生活符号,也成为琅琊王氏优美门风的突出表现。名士流连于酒,沉浸于酒,他们在酒中获得了士人独特的文化趣味,也获得了士人群体的认同共鸣。

对士人而言,酒成为促使他们远离流俗世界的动力。流俗世界中,人们为了各种名利蝇营狗苟。而在士人的酒世界中,人间一切的名利逻辑与流俗秩序都随之退隐,留下的是一片他者隐退、身体也在消逝的真性世界,"无心"的真人本性,就在这个纯粹的玄心世界中上场了。酒与名之间,名士选择了酒,放弃了人间的世俗之名。《世说新语·任诞第二十三》第二十条:"张季鹰纵任不拘,时人号为江东步兵。或谓之曰:'卿乃可纵适一时,独不为身后名邪?'答曰:'使我有身后名,不如即时一杯酒。'"②张翰完全厌弃了人间俗士的名利文化,他执着地在酒中人性自适,断然弃绝流俗世界的有名作为。有人劝告他说:你可以纵酒任性一时,你也不想想,争取为自己死后留下一个好名声。名成为拘执俗士的无形枷锁,只有摆脱了人生在世的名利枷锁,才能寻找到天真烂漫的真纯世界。张翰认为,即使自己死后能够流芳百世,也不如现在的一杯酒。"桃李春风一杯酒,江湖夜雨十年灯。"(黄庭坚《寄黄几复》)一杯酒的痛快,给名士带来的是桃李春风般的惬意与自在,而十年灯的名利苦闷,给人带来的是江湖夜雨般的黑暗与凄苦。张翰将眼前的一杯酒放置在身后名之上。酒开始成为真士与俗士之间的一条文化鸿沟,酒将名士从流俗世界超度至酒中美好世界,从鸿沟的此岸渡越至心

① 徐震堮:《世说新语校笺》,中华书局 1999 年版,第 270 页。
② 徐震堮:《世说新语校笺》,中华书局 1999 年版,第 397 页。

性的彼岸,解除了士人心中一切流俗的明游戏与潜规则。酒中适意,是名士文化对世间名爵的一种辛辣嘲讽与彻底解构。《世说新语·任诞第二十三》第十八条:"阮宣子常步行,以百钱挂杖头。至酒店,便独酣畅。虽当世贵盛,不肯诣也。"①阮修常常独自一人到酒店开怀畅饮,哪怕是当时最显贵的权要人物,他也不肯亲自去登门拜访。阮修与张翰一样,选择了当下的一杯酒,放弃了人间百年的贵盛。在名士眼中,酒的场域远远重于人间的各种名利,极大地超越了人间的世俗观念。

重视酒趣的名士之间的交往,不是世俗之间的礼俗来往,而是在酒趣中获得人心沟通,穿越有无,共享奇趣,共通自由的生命存在。《世说新语·任诞第二十三》第二十九条:"卫君长为温公长史,温公甚善之。每率尔提酒脯就卫,箕踞相对弥日。卫往温许亦尔。"②卫永担任温峤的长史,温峤对这个秘书很满意。温峤经常率性地提着酒肉到卫永那里,然后,两个人不讲任何礼法随意箕踞,相对而坐,任意饮酒,一喝就是一整天。卫永到温峤那里,也是一样的。卫永与温峤之间,不是社会上下级之间的世俗关系,而是在酒文化中获得了士人存在的文化共性。酒肉不是世俗的礼品,也不是纯粹的感官享乐,而是人心交流共鸣的物质载体,只有借助这种神奇的酒物质,名士才能真正做到率尔真性。戴逵在《酒赞并序》中云:"余与王元琳集于露立亭,临觞抚琴,有味乎二物之间,遂共为之赞曰。醇醪之兴,与理不乖。古人既陶,至乐乃开。有客乘之,隗若山颓。目绝群动,耳隔迅雷。万异既冥,惟元有怀。"③戴逵与友人王元琳在露立亭相聚饮酒,"临觞抚琴",超凡脱俗,流连忘返。"临觞",即尽兴饮酒,"抚琴"就是弹奏音乐,吟诵诗歌,与王恭的"痛饮酒,熟读《离骚》"一样,展示的是酒中赏乐、真性自然的人生趣味。戴逵认为,尽兴饮酒,并不是借酒而忤逆至理,恰恰相反,名士的酒是让人心由世俗状态回归至理,冥化社会的各种流俗差异,使人真正回归浑然为一的原初大道。"惟元有怀",揭示了名士在酒的世界中可以体验到原初世界的元一状态(太一混沌状态),这种心性玄同的文化证悟才是名士饮酒的真意所在。

名士的酒,不仅令人远离了世俗文化,而且获得了"自远"的效果,使人在酒

---

① 徐震堮:《世说新语校笺》,中华书局 1999 年版,第 396 页。
② 徐震堮:《世说新语校笺》,中华书局 1999 年版,第 399 页。
③ (清)严可均辑:《全晋文》,商务印书馆 1999 年版,第 1484 页。

中体验到玄冥的化境。《世说新语·任诞第二十三》第三十五条:"王光禄云:酒正使人人自远。"①所谓"自远",就是凭借酒的神奇力量和文化超越,名士逐渐摆脱世俗世界的局限,在自适人性的冥想中通达自身的原初时间与生存空间,获得世界之中的独存欢乐,体验到无拘无束的逍遥自在和生命自由,达到活在人世间身体如土木形骸地活着,精神却在天地之间自由升降往来的效果。《世说新语·任诞第二十三》第四十八条:"王卫军云:酒正自引人著胜地。"②所谓"著胜地",就是酒为人创造发明了一个与人间俗地相对应的玄妙世界,在酒的玄妙世界中,没有人间的理性逻辑与计量算计,也没有人间的流俗空间与社会差异,只有冥冥恍惚的原初混沌。名士已经厌弃了人间的俗地,更愿意将自身安置在酒中胜地,这样才能真正感受到生命的澎湃激情与文化真意。可见,酒不仅解构了人间俗地,而且积极建构了士人存在的心性胜地。利用桃源胜地的无形力量,超越有形身体的肉体束缚,坚定不移地将酒中所创造的玄冥世界作为生命的终极价值与存在根本。

名士的酒,体现的是士人的酒悦情趣。名士在酒中获取了人生的极乐存在,生命的光彩得到尽情绽放。《世说新语·豪爽第十三》第四条:"王处仲每酒后,辄咏:'老骥伏枥,志在千里。烈士暮年,壮心不已。'以如意打唾壶,壶口尽缺。"③王敦饮酒之后,放声吟咏,豪情满怀,志在千里。与此同时,手不自觉地用如意敲打唾壶,以为伴奏。由于进入了忘我的极乐境地用力过猛,竟然将唾壶也敲烂了。名士身体在酒中的沉醉,展现的是人性极度的精神释放。《世说新语·品藻第九》第四十四条:"刘尹、王长史同坐,长史酣醋起舞。刘尹曰:'阿奴今日不复减向子期。'"④王濛酣饮之后,不禁手舞足蹈,忘乎所以。刘惔称王濛的神态、舞姿丝毫也不比向秀差。向秀是魏晋自然玄学的主要开创者,竹林七贤的代表人物。王濛的肢体舞姿极为率真自然,刘惔的语言表述对之充满赞誉之情,都展现了名士自然任真的潇洒境界,以及他们在酒中流连忘返的痴迷神态。《世说新语·任诞第二十三》第二十一条:"毕茂世云:一手持蟹螯,一手持酒杯,拍浮酒池中,便足了一生。"刘孝标注引《晋中兴书》曰:"毕卓字茂世,新蔡人。

①　徐震堮:《世说新语校笺》,中华书局 1999 年版,第 402 页。
②　徐震堮:《世说新语校笺》,中华书局 1999 年版,第 408 页。
③　徐震堮:《世说新语校笺》,中华书局 1999 年版,第 326 页。
④　徐震堮:《世说新语校笺》,中华书局 1999 年版,第 287 页。

少傲达,为胡毋辅之所知。太兴末,为吏部郎,尝饮酒废职。比舍郎酿酒熟,卓因醉,夜至其瓮间取饮之。主者谓是盗,执而缚之,知为吏部也,释之。卓遂引主人燕瓮侧,取醉而去。温峤素知爱卓,请为平南长史,卒。"①毕卓因为饮酒而丢了官,也因为偷盗官府的酒被抓起来。毕卓可谓为酒而生,为酒而在,酒比官更重要,酒比名更高贵。尽管毕卓因为嗜酒在社会中受了一些委屈,但是他依旧不改酒性,丝毫也没有因为酒醉犯事而怪罪于酒,反而认为,一手拿着蟹螯,一手持着酒杯,在酒池中浮游人生,这样才是世上最好的人生。酒里人生,成为名士欣然向往的奇幻化境。《世说新语·任诞第二十三》第二十八条:"周伯仁风德雅重,深达危乱。过江积年,恒大饮酒。尝经三日不醒,时人谓之'三日仆射'。"②周颛是两晋名士中门风儒雅、德高望重的大名士,他对流俗社会的危机与乱象极为了解,也深为厌弃。过江之后,他长期豪饮不辍,常常醉酒,三日不醒。当时的人就把他叫作"三日仆射"。

名士在酒中重新发现了酒中身体的可爱可亲。酒中身体的特征是形神相亲,心旷神怡。《世说新语·任诞第二十三》第五十二条:"王佛大叹言:'三日不饮酒,觉形神不复相亲。'"③在名士眼中,酒具有一种文化的胶合作用。离开了酒,名士的身体就会出现形神分离。而离开了精神本性的身体,就如同死尸一般,毫无活力。只有在酒中,名士才能感受到物质身体的充盈与完整。形神相亲相容,才是生命完好无缺的自然存在。与其说是酒赐予名士以新生命,不如说是名士在酒中再一次发现了自己存在的新境界,这种形神相亲的生命化境赋予了他们以真正的充实感。《世说新语·任诞第二十三》第十九条:"山季伦为荆州,时出酣畅。人为之歌曰:'山公时一醉,径造高阳池。日莫倒载归,茗艼无所知。复能乘骏马,倒著白接篱。举手问葛强,何如并州儿?'高阳池在襄阳。强是其爱将,并州人也。"④山简在西晋末年曾经担任荆州都督。当时战乱纷呈,他却每日都在酒中度过,经常出游畅饮,自号"高阳酒徒"。时人为他编了一首打油诗,诗中说,山简常到高阳池游玩畅饮,一醉方休。太阳下山了,他喝得酩酊大醉,倒在车上,回到家中,一无所知。不久就酒醒了,他跨骑骏马,由于骑得很快头上的

① 徐震堮:《世说新语校笺》,中华书局 1999 年版,第 397 页。
② 徐震堮:《世说新语校笺》,中华书局 1999 年版,第 399 页。
③ 徐震堮:《世说新语校笺》,中华书局 1999 年版,第 410 页。
④ 徐震堮:《世说新语校笺》,中华书局 1999 年版,第 396 页。

白羽随风飘舞,极为神武。山简举着手招呼身后的爱将葛强,大声问道:我们来比一比,看谁骑得快? 这首诗中,时人刻画了山简豪饮、豪壮、豪迈的士人风范,展现了酒中豪杰的儒雅与英俊。酒醉之后的山简并不萎靡颓废,而是精神焕发,神采照人。可见,名士醉酒,只是身体上的醉酒,并非令人伤神的醉酒。酒不仅改造了空虚无聊的身体,而且赋予身体以充沛、充足的能量,令身体更加充实,更富力量。

当然,尽管两晋名士沉醉于酒文化,但他们的心神本性却是至无的、健康的。他们保持了原初本性的自然精神,因而感受到了生命本初的自然情趣。王羲之是琅琊王氏最具风度的名士之一,饮酒也成为王羲之的重要日常生活。其《致酒帖》云:"又□焦小,服致酒至佳,数用有验,直以纯酒渍,致令汁浓便饮,多少任意。"王羲之"服致酒"之后,感觉到"至佳"的美好存在,即达到了神情爽朗的美妙境界。王羲之与谢安等人在山阴兰亭,"修禊事也",少长咸集,曲水流觞,饮酒作诗,"一觞一咏,亦足以畅叙幽情",酒不仅解放了名士的有形身体,而且将沉沦已久的心性本状也呼唤出来。借着诗酒的神奇力量,真性真情汩汩而出,王羲之挥毫作序,韵语斑斓,气势流畅,一泻千里,写下了绝唱千古、姿态万千的《兰亭序》。从《兰亭序》的字迹变化,我们依旧能够寻觅到酒的神奇力量,以及人在酒中的极致神情,正是酒力与人性的灵犀相通、俯仰叠嶂、自然契合,才造就了艳美多姿、神清骨秀的翰墨至宝。王羲之在酒中不仅体验到了自身存在的实在感,而且将这种实存的深切感受化为飘逸多变、宛若游龙的书法线条。酒打开的是生命本性的奇幻世界,揭示出万物同理的至美玄同,将生命的自然神情化作优美绝伦的书法气韵。酒、诗歌、文章、书法在名士王羲之的身上笔下融为一体,醋然遒劲,显得如此完美绝妙,如此典雅秀美,达到了空前绝后的艺术化境。

正是酒将士人引向了美好的生命世界。因为长期在酒中,名士召唤出了原初神性的生命存在,能够用一种平等的态度来对待世界中其他生命的存在,体现出一种民胞物与、以民为本的独特情怀。受到天灾后,百姓处于危难之中,王羲之站在民众的立场,呼吁拯救身处困境之中的百姓。他提出了全郡禁酒的政治主张与政策法令,体现出了名士既饮酒但又能为民众禁酒的情怀。王羲之《百姓帖》云:"百姓之命倒悬,吾夙夜忧此。时既不能开仓廪赈之,因断酒以救民命,此有何不可? 而刑犹至此,使人叹息。吾复何在? 便可放之,其罚谪之制宜严重，可如治，日每知卿同在民之主。"①其又与族人书信云："断酒事终不见许，然守之尚坚，弟亦当思同此怀。此郡断酒一年，所省百余万斛米，乃过于租，此救民命，当可胜言？近复重论，相赏有理，卿可复论。"②王羲之认为，与百姓的性命相比，士人的酒中乐趣不足为道，显得更轻。为了让百姓渡过灾难，他愿意"断酒以救民命"。可见，两晋名士的酒，与任意挥霍百姓膏脂的世俗之酒是不同的。名士的酒中蕴含的是自然生命与自然胜境，他们善于将内心的自然生命价值运用于现实的政治事务中。他们或嗜酒如命，或断酒救命，都体现了自然生命的文化价值与对自然生命的美好追求。

两晋名士利用酒中的自然化境，解构了世俗的人间世界，消解了有形的欲望身体，将身体重新归还给人心的齐全精神与自然本性。名士的身体虽然醉了，然而自身的精神却活起来了。名士回归在本性精神庇护之下的身体，不仅体验到了物我双泯、神灵自由的境界，而且使身体重新获得一种发自心灵深处的神圣力量，令身体焕发出更加炫目的光彩。名士在酒的世界中，在自适心性、活泼通灵与造化同体的逍遥境界里，才能体验到浴火重生的乐趣与欢喜，获得精神自由和人性自然的充实与满足。刘惔《酒箴》云："爰建上业，曰康曰狄。作酒于社，献之明辟，仰郊昊天，俯祭后土，歆祷灵祇，辨定宾主。啐酒成礼，则彝伦攸序，此酒之用也。"③刘惔的礼，不是世俗世界中的假礼，而是通过酒的世界解构与文化再构重新获得的发自生命深处的自然真礼。"酒之用"，就不是机械地依照外在的礼法力量来规范的言行，而是依照本性原初的生命力量来践行处事。"彝伦攸序"，也不是人间的暴力秩序与社会空间，而是人在酒的神奇力量中通达了玄冥的心灵胜境，由此重新获得的新型秩序与自然空间。

四、酒趣自然：陶渊明酒性与真性的契合

酒作为一种圣物，在两晋名士的世界里发挥了极为重要的文化功能。两晋名士用酒来告别、抛弃世俗的虚妄世界，他们流连忘返于酒的神奇世界。离开了酒，两晋名士似乎恢复了现实生活的常身状态。利用酒的力量，他们又回到了

① （清）严可均辑：《全晋文》，商务印书馆1999年版，第253页。
② （清）严可均辑：《全晋文》，商务印书馆1999年版，第230—231页。
③ （清）严可均辑：《全晋文》，商务印书馆1999年版，第1411页。

"自远"的玄冥境界。两晋名士始终徘徊在凡圣交错的世界之间,酒成为从世俗世界进入酒中世界的神秘使者。两晋名士的酒具有以下三个特征:第一,酒帮助他们摆脱现实世界中的物质体验,将世俗人心转变成无心世界的精神体验,他们只有在酒中世界才能感受到本真存在的充实与满足。第二,当人心处于世俗世界的有心状态时,仅仅依靠他们自身的文化力量不足以通达自身的本性状态,酒成为他们无奈的选择。可以说,两晋名士利用酒的力量来重造自身的文化本性。第三,两晋名士利用酒的媒介作用,暂时通达了神奇美好的无心本性,这并非意味着他们就真的永存于无心本性的世界中。因为利用酒的力量,本性也成为一种人为的选择,当他们从无心世界中醒过来的时候,很可能在世俗世界的诱惑下,又或多或少地疏离无心的本性世界。可见,两晋名士因为人在世界的有心状态,而厌弃这种流俗状态;因为崇尚本在的无心状态,而崇尚酒的力量。但是他们自始至终都没有摆脱自身的有心有形有名状态,只有在酒的玄胜世界中,才能体验到人心的本真人性。因此,名士在酒的世界中持存越狂热,停留越持久,他们就越能感受到本真而激情的生命能量。

陶渊明的酒与两晋名士的酒存在很大差异。其实,这种文化差异并不在于酒的物质差异,而在于陶渊明与两晋名士之间的文化差异,因为酒作为一种外在的被选择之物,是被人进行文化建构的物质对象。两晋名士的酒与两晋名士崇尚无的文化精神是一致的,他们崇尚本无的人性,并非意味着他们就能持守人性,酒不过是两晋名士从有心状态进入无心状态的催化剂,但是这种外在的力量始终是有限的,是不可持久的。陶渊明的酒与陶渊明本真的人性存在是一致的,是因为陶渊明先持守了人的真性,然后才选择了酒作为内在真性的外在符号,陶渊明的酒是本真人性的自然流露。陶渊明在《五柳先生传》中云:"闲静少言,不慕荣利。好读书,不求甚解。每有会意,便欣然忘食。性嗜酒,家贫不能常得。亲旧知其如此,或置酒而招之。造饮辄尽,期在必醉。既醉而退,曾不吝情去留。环堵萧然,不蔽风日;短褐穿结,箪瓢屡空;晏如也。常著文章自娱,颇示己志。忘怀得失,以此自终。"①陶渊明认为,自己作为人的存在就是"闲静少言,不慕荣利"的方外存在,这是讨论陶渊明之酒的心性基础。他的读书,不是为了读书而读书,也不会拘囿于书本的有形文本,而是"不求甚解"。所谓"不求甚解",就是在阅读过程中充分利用有形的文字文本,在书本的知识阅读与自身的生命体验

---

① 逯钦立校注:《陶渊明集》,中华书局 1979 年版,第 175 页。

之间相互认可,获得书本之意与本性之意的文化共鸣。所谓"性嗜酒",意味着酒是发自人心本性的喜好,酒不是通向自身真性的外在桥梁,而是人性与酒性在本质价值方面获得了相通互认,这种发自人性深处的嗜好,就不存在任何人为的目的,而是一种本性酒趣的自然显现。酒作为本真人性的外在表象,具体表现为:第一,人性与酒性完全化为一体,不因贫贱而忘酒,也不因富贵而喜酒,人性深处自然表现为酒中之性。第二,亲朋好友因为陶渊明喜欢酒,所以都以酒招待他,陶渊明应邀饮酒,"期在必醉",在还没有喝酒前就希望将自己喝醉,醉酒状态就成为陶渊明日常生活中的常态。第三,陶渊明在醉酒之后,就会自觉告退,决不会拘执于社会的各种礼法关系与人情面目,而是自己率性决定去留。也就是说,陶渊明的醉酒不是纯粹的散神之醉,而是身体稍醉了而人性本神依旧规定着自身的离开与存留问题。第四,陶渊明认为,一切外在的东西,都无法改变自然本性对人心的文化持存,尽管房屋破败,缺衣少食,但人心始终能够以本性之道来持守自身,将自身放置在充实、满足的人性之中,始终处于陶然自得的"颜回之乐"中。第五,陶渊明的文章与酒一样,不为他者而著,只为"自娱",将人性的本真状态用文字语词的形式展示出来。这种展示,不为他者,而是通过本性的文字书写从中获得神怡自得的书写乐趣。"示己志"才是书写文章的根本动力,这种自娱自乐、抒写心性的文章态度与早期文化中"诗言志"的审美传统在文章的审美趣味与价值功能上是一致的。第六,酒、读书、文章等文人雅事,最终归结到一个根本支点上,就是"忘怀得失",这与庄子的"坐忘"精神也是相通的。只有忘记人在世界之中的各种得失,才能真正将人心的本真状态呼唤出来,让自身在本真状态中沐浴澄明之光,获得对生命存在的深邃体悟。这才是陶渊明的终生追求与文化乐趣,也是陶渊明酒的核心价值与高明之处。

任何从酒的物质存在来透视陶渊明酒的做法,都会遮蔽陶渊明本性存在对酒的文化理解与价值规定。陶渊明领会了中国传统文化的道体根性与自然状态,用自然价值与审美趣味来规定人心,召唤人性。换句话说,陶渊明的人性是自然率真的,自然存在决定了他的酒趣与酒性就是自然。因此,陶渊明的酒只是其自然人性在生活场域中的直接流露而已。陶渊明《晋故征西大将军长史孟府君传》云:"好酣饮,逾多不乱。至于任怀得意,融然远寄,傍若无人。温尝问君:'酒有何好,而卿嗜之?'君笑而答曰:'明公但不得酒中趣尔。'又问:'听妓,丝不如竹,竹不如肉?'答曰:'渐近自然。'"①陶渊明将酒性、酒趣与音乐的最高价值都理解为"渐进自然",将自然的无心价值作为自身文化追求的终极价值。作为外在形式的酒与音乐,能帮助人逐渐摆脱有形身体的欲望存在,回归自然人性或无心境界。陶渊明的酒境界,满足的不是一种人为外在的欲望追求,而是人性解蔽之后的支配需求,表现的是心性归一的真如境界。陶渊明对名士酒文化的改造,首先是立足于自然人性,其次是将自然无心的性情精神贯注在酒生活中,让酒成为自然无心在日常生活中的出场。

正是因为陶渊明对酒的本性理解有别于两晋名士,所以,陶渊明的酒文化与酒现象也具有新的文化表征。

第一,陶渊明的酒是一种自然知足、与世决裂的酒。《晋书·陶潜传》云:"在县,公田悉令种秫谷,曰:'令吾常醉于酒足矣。'妻子固请种粳。乃使一顷五十亩种秫,五十亩种粳。"②粳是用来做饭的,满足的是身体的有形需要。秫是用来做酒的,满足的是自然精神的无形需要。粳与秫的种植数量多少,体现了陶渊明更加重视人心的无形存在而忽略身体的有形存在。"令吾常醉于酒足矣"表明,陶渊明所理解的生命知足与常人的知足是不同的,常人的知足是一种暂时停留,而陶渊明的酒是一种常驻行为,只有常醉于酒中,才能让他获得一种更深层的、更持久的存在感与满足感。

陶渊明的酒中知足,表现为酒性、自然山水与人性的完美合一,"东轩"就常常成为人性、酒性与大自然相互沟通、冥合为一的重要媒介。《停云》(其一)云:"静寄东轩,春醪独抚。"③《停云》(其二)云:"有酒有酒,闲饮东窗。"④"东轩""东窗"是一个寄寓了自然生气、爽气弥漫的美好意象。这个意象的一边,是自由欢快、自得自足的万事万物;它的另一边,是啸傲山林、独酌孤影、忘怀人间的诗人。酒将诗人带进愈远愈平静的冥合世界,人因酒而融入了山光物色,越来越趋于自然状态,体验到天地自然的萌动生发与气韵转化。一切都显得无光无声,一切又显得有光有声。"东轩饮酒",是陶渊明酒文化的一个真实特写,极富意蕴。

① 逯钦立校注:《陶渊明集》,中华书局 1979 年版,第 171 页。
② (唐)房玄龄等:《晋书》,中华书局 1974 年版,第 2461 页。
③ 逯钦立校注:《陶渊明集》,中华书局 1979 年版,第 11 页。
④ 逯钦立校注:《陶渊明集》,中华书局 1979 年版,第 11 页。

陶渊明的酒与人心是一致的,因此,人心成为酒行为的一切力量,人心决定饮酒与否,决定是否能从酒中获得心性满足。酒作为物质的存在,显现出物质存在的本来面目。《时运》(其二)云:"称心而言,人亦易足。挥兹一觞,陶然自乐。"①《时运》(其四)云:"清琴横床,浊酒半壶。黄唐莫逮,慨独在余。"②《归去来兮辞》云:"携幼入室,有酒盈樽。引壶觞以自酌,眄庭柯以怡颜。倚南窗以寄傲,审容膝之易安。园日涉以成趣,门虽设而常关;策扶老以流憩,时矫首而遐观。云无心以出岫,鸟倦飞而知还;景翳翳以将入,抚孤松而盘桓。"③这种心性知足不是发自有形身体的满足快感,而是来自心灵深处的文化认同与自然趣味。令陶渊明沉醉其中的酒物形象不再是外在的存在之物,而是可与人心灵获得相知、共鸣之物,人在酒中便怡然自得。就如飞鸟在空中翱翔,云彩无心从山边飘来,孤松无意在夕阳中静立,一切既是静谧安宁的,又是自然流动的。陶渊明之酒的美好图景,就是自然自适的存在状态,也是通达了人性之初的淡泊透脱与宁静致远,表露出来的本真情趣。

陶渊明这种本真的人性存在,是对流俗世界有心状态的坚决抛弃。《饮酒二十首》(其三)云:"道丧向千载,人人惜其情。有酒不肯饮,但顾世间名。所以贵我身,岂不在一生? 一生复能几,倏如流电惊。鼎鼎百年内,持此欲何成。"④陶渊明清醒地认识到,神道传统在中国已经失传千余年了。他所说的道,不是两汉经学的文字之道,而是关乎生命本源的最纯洁、最完美、最华彩、最澄明的原初存在。世人已经丧失了沟通天地心性的神圣能力,已经忘记了生命的本来面目,所以常常沉迷于世俗的人情关系。由于世俗的人情关系极为复杂,世事纷繁,世人就需要时刻保持清醒状态,由此而不敢饮酒,因为饮酒会误事,会影响人在世界之中的各种名誉。可见,在世俗世界中,酒的合法性也随之失落了。在陶渊明的文化逻辑中,神道与酒神是一对孪生兄弟,由于神道在世间失落了,酒神也逐渐失落了。酒被世俗化的时候,酒就失去了作为酒的本来面目。此时,作为生命本源的神圣之道也就不再显神了。陶渊明一反流俗的名利观念,在诗歌中为酒正名,重新归还酒在传统文化中的正当价值。酒神复生,酒性与人性精神是密不

379

---

① 逯钦立校注:《陶渊明集》,中华书局 1979 年版,第 13 页。
② 逯钦立校注:《陶渊明集》,中华书局 1979 年版,第 14 页。
③ 逯钦立校注:《陶渊明集》,中华书局 1979 年版,第 161 页。
④ 逯钦立校注:《陶渊明集》,中华书局 1979 年版,第 88 页。

可分的，酒能够召唤出人的神道存在，人处于神道中才能获得形神相亲的和谐健康，人才能沐浴于本真的神性状态之中，获得生命原初的神奇力量。《饮酒二十首》中，陶渊明赞美了酒的文化精神，对世俗社会表现出批判与抛弃。只有剥离了流俗世界的一切价值与文化逻辑，才能重新找回人心的本性存在。《饮酒二十首》（其十）云："在昔曾远游，直至东海隅。道路迥且长，风波阻中途。此行谁使然？似为饥所驱。倾身营一饱，少许便有余。恐此非名计，息驾归闲居。"①此诗中，陶渊明反思了自己年轻的时候，为了养家糊口曾经宦游人间，但是经历了这么多年的人间游宦，他才明白，人在世界中，有形身体的物质消费仅仅是为了填饱肚子而已，犹如鼹鼠过河不过满腹罢了，其余的东西对于人心存在来说，其实并不重要。既然人间的名利与自身无关，又何必在人间与别人纷纷扰扰争个不休呢？而且人生短暂，如果一生都处于这种紧张的人间纷争中，人心就会彻底遮蔽本真存在，这种本性缺失的人生，不能不说是人生最大的悲哀。陶渊明结合自身的人生经历，证悟了自身的道体存在与无心精神，最终选择了退隐闲居与酒中逍遥。《饮酒二十首》（其十二）云："长公曾一仕，壮节忽失时。杜门不复出，终身与世辞。仲理归大泽，高风始在兹。一往便当已，何为复狐疑？去去当奚道，世俗久相欺。摆落悠悠谈，请从余所之。"②陶渊明列举了汉代两位贤士绝尘离俗的故事。汉代张挚壮怀激烈，不合时宜，最终杜门不出，不再与世人交往。后汉杨伦也是志乖于时，主动辞职，回到大泽，以教书为业。最后，陶渊明表明了自己的人生志向，要向两位贤士学习，与世俗决裂，归乡退隐。"去去当奚道，世俗久相欺。摆落悠悠谈，请从余所之"，陶渊明厌弃了世间的欺世盗名与虚假存在，坚定了自身的道体根性选择。只有坚决放弃世间的流言俗语与虚名假意，才能真正追随自身的本心，随从率真的人性。

第二，陶渊明的酒，将自己栖居在本真生命的极致乐趣之中。陶渊明所理解的真乐，不是从他者那里获得的社会之乐，而是本真独存的本性乐趣。《和郭主簿二首》（其一）云："春秫作美酒，酒熟吾自斟。弱子戏我侧，学语未成音。此事真复乐，聊用忘华簪。遥遥望白云，怀古一何深。"③陶渊明将新米做成美酒，"酒熟吾自斟"，自作美酒，自斟自酌，充满了自得自适之情，不需要他者的赞誉，也

---

① 逯钦立校注：《陶渊明集》，中华书局 1979 年版，第 92—93 页。
② 逯钦立校注：《陶渊明集》，中华书局 1979 年版，第 94 页。
③ 逯钦立校注：《陶渊明集》，中华书局 1979 年版，第 60 页。

不需要"少长咸集"，美酒就是世界中最完美的他者。弱子是自然的本真存在，也不属于世界之中的流俗他者。在没有流俗他者的世界，或者说只有在本真存在的世界，陶渊明才能体悟到人生存在的最大乐趣，这种乐趣不依赖于流俗之乐的任何外在关系，而是依赖于本性存在的自然满足与自然情感的流溢，酒、弱子、白云与我，尽管在形体上是不同的，但是在物性、酒性与人性上却都是原初状态的，都是本性流溢而出的，丝毫不带人间的人为逻辑与价值取向。"怀古一何深"，陶渊明的怀古，不是怀念书写文字出现以后的僵化之古，而是早期鲜活的羲皇神道传统，是人类之初的本真传统。只有通达了人心深邃的远古状态，人才能获得极大的乐趣。《己酉岁九月九日》云："何以称我情，浊酒且自陶。千载非所知，聊以永今朝。"[1]什么东西能够满足自身的需求呢？只有浊酒一杯。这里的浊酒与汉末的浊酒不同，汉末士人浊酒是焦虑痛苦的，而陶渊明的浊酒仅仅是酒物混浊，其酒趣却是浓郁清新的。在浊酒之中，陶渊明自乐自在，"不知有汉，无论魏晋"，历史时间的古今差异就在酒杯之中化解成为心灵波纹的涟漪，在这种欣然的神怡之中，他获得了永恒的精神遐思，这种遐思可谓心游万仞、精骛八极。《饮酒二十首·序》云："余闲居寡欢，兼比夜已长，偶有名酒，无夕不饮。顾影独尽，忽焉复醉。"[2]"闲居寡欢"的"寡欢"，不是流俗人眼中的无趣无味，而是人处于闲居宁静之中没有流俗人满足欲望时的欢乐。只要有酒，就一定能获得最大的本真欢乐。"顾影独尽"，在流俗人看来，是充满孤独的，但是在陶渊明的世界中，却将人、酒、影三者幻化为一个完美的想象整体，醉人、美酒、幻影交织交融，分不清楚各自的有形疆界，这就是天、地、神、人相通相融的神话梦幻境界。

其《止酒》云："居止次城邑，逍遥自闲止。坐止高荫下，步止荜门里。好味止园葵，大欢止稚子。平生不止酒，止酒情无喜。暮止不安寝，晨止不能起。日日欲止之，营卫止不理。徒知止不乐，未知止利己。始觉止为善，今朝真止矣！从此一止去，将止扶桑涘。清颜止宿容，奚止千万祀。"[3]这首诗很有特色，每句都用了一个"止"字。关于诗中"止"的解释，大约有两种，一种是"足""处""居""息""住""留""至"，按照这种意思，"止酒"，就是在酒中知足、酒中栖居、留在酒中、至于酒中等等。另一种是"禁""去""除""已"等，按照这种解释，"止酒"

① 逯钦立校注：《陶渊明集》，中华书局 1979 年版，第 83 页。
② 逯钦立校注：《陶渊明集》，中华书局 1979 年版，第 86 页。
③ 逯钦立校注：《陶渊明集》，中华书局 1979 年版，第 100—101 页。

就是戒除酒、停止喝酒。胡仔《苕溪渔隐丛话》曰："《止酒诗》云：'坐止高荫下，步止荜门里。好味止园葵，大欢止稚子。'余尝反复味之，然后知渊明之用意，非独止酒，而于此四者，皆欲止之。故坐止于树荫之下；则广厦华居，吾何羡焉？步止于荜门之里，则朝市声利，我何趋焉？好味止于啜园葵，则五鼎方丈，我何欲焉？大欢止于戏稚子，则燕歌赵舞，我何乐焉？在彼者难求，而在此者易为也。渊明固穷守道，安于丘园，畴肯以此易彼乎？"①胡仔将"止酒"理解为在酒中才能获得最佳状态，这是陶渊明最大的乐趣所在。袁行霈认为："诗题《止酒》，意谓停止饮酒。渊明或曾一时戒酒，或从未戒酒，无须考究。"②其实，陶渊明的"止"意蕴深厚，兼具了既要栖居酒中，又要停止喝酒这两种看似矛盾的含义。从"居止次城邑"到"大欢止稚子"，正如胡仔的解释一样，陶渊明表示，只有在酒中才能获得最大的生命乐趣。"平生不止酒，止酒情无喜"，酒是陶渊明的性情所钟，表明陶氏一辈子坚持将酒性与神道并置，停止饮酒就是遮蔽神道，就是废止本真存在的最大乐趣。但从"暮止不安寝"到"今朝真止矣"，这部分诗中的"止"不是完全停止饮酒，而是指饮酒行为要有所节度。他在这一段中讲述了自己因为长期饮酒身体出现了一些不适，以至于太阳下山了仍不能安寝，太阳出来了却不能起床。身体有形的存在已经不能自然安息，也不能随时恢复。此时，因为身体的不适，如果再继续饮酒，就会影响自身之气的自然运化。面对自己身体的现状，陶渊明每天都想停止饮酒，"营卫止不理"，只有饮酒有所节制，自身的营气与卫气才能正常运转，才能保护身体。陶渊明反思自己的身体现状，他告诫自己，虽然停止饮酒会失去本真存在的乐趣，但节制饮酒有利于自己的身体。他认为，从今以后要有所节制地饮酒，而且从今天开始就节制饮酒，这样才能让自身之气犹如每日的太阳，按时升降，回归自然气运与自然真道。陶渊明的饮酒，也是有道的，身体好的时候，就尽情享乐；身体不好的时候，就有所节度。这样才能真正获得饮酒的至乐志趣，才能让容颜焕发青春，才能长生不老。可见，陶渊明对酒的理解与对文化之道的理解是完全一致的，酒性与自然之性神理循环、同步同运。他用自然之道来节制自身对酒的放纵与沉迷，只有这样，才能让世俗之酒变为有道之酒，才能保证身体的健康，使自己神情自得，获得生命长存的自然情趣。

陶渊明的自然之酒，随情而变，随时而改。健康时则沉醉，生病时则节制，这

---

① （宋）胡仔：《苕溪渔隐丛话》（后集），人民文学出版社 1962 年版，第 19 页。
② 袁行霈：《陶渊明集笺注》，中华书局 2003 年版，第 287 页。

是陶渊明酒趣自然的酒文化。也正是这种自然有道的酒,才使得陶渊明始终能够从酒中获得神道世界的审美愉悦与真道体验。当自身通达并持守于自然本性的时候,陶渊明体验到了古老文化传统的深邃玄德与洪荒力量。他说,此时的他就如远古的"羲皇上人"。《晋书·陶潜传》云:"其亲朋好事,或载酒肴而往,潜亦无所辞焉。每一醉,则大适融然。又不营生业,家务悉委之儿仆。未尝有喜愠之色,惟遇酒则饮,时或无酒,亦雅咏不辍。尝言夏月虚闲,高卧北窗之下,清风飒至,自谓羲皇上人。性不解音,而畜素琴一张,弦徽不具,每朋酒之会,则抚而和之,曰:'但识琴中趣,何劳弦上声!'"①萧统《陶渊明传》云:"尝九月九日出宅边菊丛中坐,久之,满手把菊,忽值弘送酒至,即便就酌,醉而归。渊明不解音律,而蓄无弦琴一张,每酒适,辄抚弄以寄其意。贵贱造之者,有酒辄设。渊明若先醉,便语客:'我醉欲眠,卿可去。'其真率如此。郡将尝候之,值其酿熟,取头上葛巾漉酒,漉毕,还复著之。"②《九日闲居》云:"酒能祛百虑,菊为制颓龄。如何蓬庐士,空视时运倾!尘爵耻虚罍,寒华徒自荣。敛襟独闲谣,缅焉起深情。栖迟固多娱,淹留岂无成?"③陶渊明放下了一切俗事,纯粹而澄明的他,或饮酒,或赏菊,或咏歌,或醉眠,或弹无弦琴,一切都是真率无暇、自然优美的。酒趣是自然的,琴趣是自然的,菊香亦是自然的,归根结底,还在于他自己是一个通脱、澄明的"羲皇上人"。"羲皇上人",看来极为遥远,远不可及,但是又如临身边,近在咫尺。陶渊明的通透世界中,除去了人间的世俗气息,只有自然的酒神和菊香,还有大音希声的无弦琴,以及一个陶然自乐、情趣自然的"羲皇上人"。

第三,陶渊明的酒,不仅要忘记世界的有形存在,而且要忘记心中一切存在。陶渊明深得庄子哲学的精髓,庄子不仅提倡"心斋",让自身之气从世俗回归自然元气状态,而且提倡"坐忘",不仅要忘记世界之中的万事万物,尤其要忘记自身的有形存在,甚至要忘记自身的本真存在。陶渊明在酒中,忘记了自身的身体存在,甚至忘记了自身的本真存在,真正由有心的世界存在,通达了无心的无形状态。这种至人虚无的酒,与两晋名士的酒大不同。两晋名士的酒,追求的是酒中胜境,最终未能完全摆脱胜境的欣喜与沉醉。陶渊明不仅要通达自身的自然天性,而且要将这种天性的有迹状态化解遗忘,让天性真正通达无心自然无形的

---

① (唐)房玄龄等:《晋书》,中华书局1974年版,第2462—2463页。
② (清)严可均辑:《全梁文》,商务印书馆1999年版,第224页。
③ 逯钦立校注:《陶渊明集》,中华书局1979年版,第39页。

齐全虚无状态。《连雨独饮》云："运生会归尽,终古谓之然。世间有松乔,于今定何间? 故老赠余酒,乃言饮得仙。试酌百情远,重觞忽忘天。天岂去此哉! 任真无所先。云鹤有奇翼,八表须臾还。自我抱兹独,僶俛四十年。形骸久已化,心在复何言。"①人因大化所生,人也终归于大化。人间的神仙,如赤松子、王子乔,现在究竟在何处呢? 故老以酒相赠,并告诉我,饮酒就可以得仙。刚喝了一些,就感觉远离了世间的俗情,再喝一些酒,就感觉自己连"天"也忘记了。这里的"天",指代人所具有的天性,天性并非离开了身体,而是自身任真率性,已经完全忘记了自身的本真存在。陶渊明的真,就是自然天性的原初状态。真与天有所不同,天是有形的自然存在,而真指代无形的无心存在。此时,人心无形无

384 名无心,逍遥犹如仙人一般,乘云驾鹤,遨游八荒,须臾千里,来去自由。他说,自己持守这种逍遥的本真状态,四十年不变。正是因为自身能够始终持守齐全的本真状态,才能做到不为外物所迷,才能忘记天下及自身的形体,真正达到土木形骸的精神存在,让身体回归与人性精神整体化一的原初状态,肢体百骸都回到原初本身的状态,本心显现,初心未改。陶渊明将自身安置于无心无形的道境之中,终生不改,酒不过是本真状态的生活符号而已。《饮酒二十首》(其五)云:"结庐在人境,而无车马喧。问君何能尔? 心远地自偏。采菊东篱下,悠然见南山。山气日夕佳,飞鸟相与还。此中有真意,欲辨已忘言。"②陶渊明恒守太一状态,让自然本真的人性在日常生活中流露出来。人生活在世界之中,世界上的一切事物,犹如人间车马一样,忙碌往来,世间俗士巴结权贵,种种流俗风气充斥于这个世界,陶渊明却置之不理,毫不受其影响。人形存于世间,而人心却丝毫不受外界的影响,始终持存于齐全的原初本身,故其云"心远地自偏"。陶渊明的"心远"与两晋名士的"自远"有所不同。陶渊明的"心远"是本性所处的原初存在状态,两晋名士的"自远"是自身在饮酒中获得了升华,从常身之中暂时摆脱出来,临近了本真状态。这两种"远"的出发点与终点是不同的,"心远"是本来就远,"自远"是由近而远。"此中"是指在酒的世界中,"真意"是指人心通达了本性原初的齐全状态,即无心无形的神仙状态。这种透脱的状态已经无法用语言来描述,"欲辨已忘言",想要进行表述,却已经无法找到完美的语言。这种真道的神奇体验,是混沌恍惚的,是无形无名的,如果用有形的言说来表述,反而会

---

① 逯钦立校注:《陶渊明集》,中华书局 1979 年版,第 55 页。
② 逯钦立校注:《陶渊明集》,中华书局 1979 年版,第 89 页。

遮蔽这种神奇的体验与沉醉其中的幸福感受。只有"忘言",才能完美地将自身持存在这种无心的精神世界之中。

第四,陶渊明的酒,已经摆脱了流俗生死的有形界限,从而追求自然无界的本真无限。本真人性才是自身的本己存在,本己存在超越了有形时空的人为疆界,一切随化而来,随化而运,超越了有形的生死区别,达到与神道循环往复、无生无死的自然化境,本性与大道是同趣同价的。《杂诗十二首》(其四)云:"丈夫志四海,我愿不知老。亲戚共一处,子孙还相保。觞弦肆朝日,樽中酒不燥。缓带尽欢娱,起晚眠常早。孰若当世士,冰炭满怀抱。百年归丘垄,用此空名道?"[1]"丈夫"是指流俗文化的俗士,即当世之士,他们将自身寄存于外在四海八荒的功名之上,由于心中义、利观念犹如冰、炭一样难以兼容,时常处于激烈的交战中,使人心不得一刻的安宁。他们想在今生积攒功名,死后留名于世。这种俗士,生不得道,死获空名,与陶渊明的生死观念是截然相反的。陶渊明的愿望是"不知老",就是忘记生死,冥合生死之间的有形界限。在酒中,生与我何干,死又与我何干?生既来之则随之,死既来之则顺之。让有形生死在自然运化之中进行,也在无知无念之中远去。既然没有生的名利,也没有了死的扬名观念,人生就不需要为外在的名利而奔忙劳碌,也不需要为死后扬名而绞尽脑汁。正是自身能够持守本真的存在状态,所以才可以与亲戚、儿女共此一生,享尽人间的天伦之乐,在酒中持存无心的精神世界,日常生活依循天然的造化规律,既宁静高雅,又闲适自得。《饮酒二十首》(其十一)云:"颜生称为仁,荣公言有道。屡空不获年,长饥至于老。虽留身后名,一生亦枯槁。死去何所知,称心固为好。客养千金躯,临化消其宝。裸葬何必恶,人当解意表。"[2]颜回持守自己的仁者常身,屡屡贫乏而乐在其中。荣启期自言自己的有道追求,从壮年活到九十,都是以绳索为衣带。陶渊明认为,颜回、荣启期都希望为自己留下身后之名,一生持守己志,不顾各种劳苦与艰辛。但是他们又怎么知道死后的名声呢?人生在世,切不可为名所累,应该在世称心才好。陶渊明的"称心",不是颜回的仁者功名,也不是荣启期的有言之道,而是自然本真的人性存在。人世间的人,想尽办法保养自己的千金之躯,但是到死的时候,自以为贵的身体最终还是保不住。陶渊明认为,人死之后,有形身体就已经不是自己的了,自己又何必为裸葬、厚葬这些世

① 逯钦立校注:《陶渊明集》,中华书局1979年版,第116页。
② 逯钦立校注:《陶渊明集》,中华书局1979年版,第93页。

间礼仪而伤神呢？那个真正的"我"，不是有形身体，而是那个善于遗忘作为表层存在的有形身体。陶渊明在诗的前几句解构了世间的功名，在诗的后几句解构了身体的有形存在。当解构了所有外在有形的存在时，人才能看到自己的本真存在。有形身体的生死，并非是本真人性的生死，世间功名、有形身体，都不过是本真人性在世界之中的有形形态而已。世俗人眼中的生死，都拘囿于身体的有形存在，只有解构了这种有形存在的生死观念，才能领悟到本真状态的无心状态，其随化而来，随化而运，随化而去。酒不仅解除了外在功名的有形束缚，而且抛弃了身体的有形生死，只有在酒中所召唤的原初人性才是无知无形的本己存在。本己存在才可以超越自身形体的生死界限，成为冥冥之中的无差别存在。

第五，陶渊明的酒，建构了一种自然化的社会空间。世俗化的社会空间，具有各种社会等级标签，如名士、寒门、小人、军阀等等，就是名士也存在着人品、官品的社会差异。差异性是流俗空间的文化特征。两晋名士的酒，没有跳出社会的流俗空间，他们只是在名士圈中自娱自乐。他们的酒中依旧是世界之中的人性，酒没有将他们带向一种无序的真正胜境。两晋名士的有名矜持，决定了他们的酒是有差别的。

陶渊明的酒，首先表现为，他在清醒时，与两晋名士的文化代表是决裂的；但在有酒时，又能与他们在酒中共享酒趣。《晋书·陶潜传》云："刺史王弘以元熙中临州，甚钦迟之，后自造焉。潜称疾不见，既而语人云：'我性不狎世，因疾守闲，幸非洁志慕声，岂敢以王公纡轸为荣邪！夫谬以不贤，此刘公干所以招谤君子，其罪不细也。'"①陶渊明在清醒时，坚决拒绝与王弘交往，表明了他与两晋名士决裂的文化态度。尽管两晋名士文化想摆脱世界的流俗文化，但是这依旧是处于世界之中的有心文化，与陶氏所追求的本真存在在价值方面存在巨大的差异。

那么，为何陶渊明在有酒的时候不愤然而去，而是与王弘等人相饮甚欢呢？《晋书·陶潜传》云："弘每令人候之，密知当往庐山，乃遣其故人庞通之等赍酒，先于半道要之。潜既遇酒，便引酌野亭，欣然忘进。弘乃出与相见，遂欢宴穷日。潜无履，弘顾左右为之造履。左右请履度，潜便于坐申脚令度焉。弘要之还州，问其所乘，答云：'素有脚疾，向乘蓝舆，亦足自反。'乃令一门生二儿共舆之至州，而言笑赏适，不觉其有羡于华轩也。弘后欲见，辄于林泽间候之。至于酒米

① （唐）房玄龄等：《晋书》，中华书局 1974 年版，第 2462 页。

乏绝,亦时相赡。"①《答庞参军》云:"有客赏我趣,每每顾林园。谈谐无俗调,所说圣人篇。或有数斗酒,闲饮自欢然。我实幽居士,无复东西缘。"②萧统《陶渊明传》云:"先是颜延之为刘柳后军功曹,在浔阳与渊明情款,后为治安郡,经过浔阳,日造渊明饮焉。每往必酣饮致醉。弘欲邀延之坐,弥日不得。延之临去,留二万钱与渊明,渊明悉遣送酒家,稍就取酒。"③有酒的时候,酒能令名士自远,远离世俗的文化价值,重新返回自身存在的本真状态。庞通之、王弘、颜延之等名士,尽管身在世界之中,但是他们在酒的外在力量作用下,还是能够体验到无心的本真状态。当名士处于酒中胜境的时候,陶渊明还是愿意与之交往的,因为此时的他们,已经不是世俗可憎的存在,而是在酒中获得了本性存在,此时交流的话语与所饮的酒丝毫没有人间的俗意、俗调,也没有各种礼法的观念,此时的饮酒纯粹是发自酒性的本性真意。

陶渊明的酒,其次表现为消除社会空间的差异性,让这种人为的差异性化为子虚乌有,让人从社会差异性中走出来,显露出人从天性之中获得的自然平等的存在价值。两晋名士的酒,永远跳不出名士与寒门、小人之间的文化鸿沟。《世说新语·任诞第二十三》第四条:"刘公荣与人饮酒,杂秽非类。人或讥之,答曰:'胜公荣者不可不与饮,不如公荣者亦不可不与饮,是公荣辈者又不可不与饮。故终日共饮而醉。'"④名士刘昶与人饮酒,杂乱不纯,不分门第,甚至与寒士、小人喝酒,破坏了魏晋名士不与寒士交往的文化界限,因此受到名士们的讥笑与指责。面对别人的指责,刘氏辩解说:酒量超过我的人,我不能不和他喝;酒量不如我的人,我也不能不和他喝;酒量与我相当的人,我也不能不和他喝。所以我整天与众人共饮而醉。刘昶是从酒量方面解构了魏晋名士以酒划分名士身份的界限,但依旧未能真正化解名士与寒门、小人之间的世俗界限。陶渊明在酒趣与酒境中,彻底泯灭了人与人之间的社会等级,将流俗的社会秩序和文化秩序都融入平等无差异的文化幻象。名士的酒,是"言之有序""觞之有次"。而陶渊明酒趣自然的酒,是用自然本真的眼光与价值颠覆了人间世俗的各种秩序。抛弃人间的各种人为差异之后,就只剩下一些干干净净自然之人,在这些自然之人

---

①　(唐)房玄龄等:《晋书》,中华书局 1974 年版,第 2462 页。
②　逯钦立校注:《陶渊明集》,中华书局 1979 年版,第 51—52 页。
③　(清)严可均辑:《全梁文》,商务印书馆 1999 年版,第 224 页。
④　徐震堮:《世说新语校笺》,中华书局 1999 年版,第 391 页。

那里,没有什么门阀、寒士、小人、上品、下品的社会差异,也不存在先敬谁、后敬谁的酒中礼仪与社会秩序。《饮酒二十首》(其十四)云:"故人赏我趣,挈壶相与至。班荆坐松下,数斟已复醉。父老杂乱言,觞酌失行次。不觉知有我,安知物为贵。悠悠迷所留,酒中有深味。"①故人与我的饮酒,不是为了流俗的交往,而是为了真正的酒趣,自然酒趣成为陶渊明与众人饮酒的共同乐趣所在。大家随地而坐,不拘礼节,随意而饮。"父老杂乱言,觞酌失行次",酒中的话语,是杂乱之言,是性情之言,不是拘谨之言,更不是礼法之言。饮酒的秩序,也没有流俗的先后次序、尊卑礼数。"不觉知有我,安知物为贵。"在陶渊明的酒中,没有我的存在,也就没有他的存在,我与他的界限被打破了,我与他都在酒中获得了自然平等的本真存在,没有贵贱,没有区分,没有尊卑,只有浓烈的酒,只有炽烈的生命之酒。"悠悠迷所留,酒中有深味。"陶氏所留恋的酒中深味,就是自然的生命趣味,就是和谐的平等存在,是自身通达了本真的自然状态,获得了更为深邃的人性存在。这种深味是无法言传的,只有在酒中才能体验到。

酒趣自然是陶渊明酒的文化发明,也是陶渊明与魏晋名士在酒方面的巨大差异。《饮酒二十首》(其九)云:"清晨闻叩门,倒裳往自开。问子为谁欤?田父有好怀。壶浆远见候,疑我与时乖。褴褛茅檐下,未足为高栖。一世皆尚同,愿君汩其泥。深感父老言,禀气寡所谐。纡辔诚可学,违己讵非迷!且共欢此饮,吾驾不可回。"②田父持酒而来,与陶渊明畅饮,并劝慰陶渊明,不要乖离世俗,而要善于与世推移。这表明,田父一方面深得陶渊明的自然酒趣,另一方面深谙社会名士的功名潜规则。但是陶渊明认为,如果调转马头回驾从政,就会违背自己的本性,这不也是迷路吗? 陶渊明发誓,"吾驾不可回",决不与世俗同流,态度坚定,永不更改。酒在陶渊明那里,不仅是"自远",而且是"永固",永远将自身固持在本真的人性状态。萧统《陶渊明集序》云:"有疑陶渊明诗,篇篇有酒。吾观其意不在酒,亦寄酒为迹焉。"③萧统可谓陶渊明百年之后的文化知音,他深深体悟到,陶渊明的诗歌与酒都是他真意的外在流露与有形痕迹,这种文化痕迹只是一种外在的文化之象,只有把握了陶渊明心中的原初真意,才能解开陶渊明酒的深味寄托与精彩所在。袁行霈《陶渊明与魏晋风流》云:"无论就人而言,还是

① 逯钦立校注:《陶渊明集》,中华书局 1979 年版,第 95 页。
② 逯钦立校注:《陶渊明集》,中华书局 1979 年版,第 91—92 页。
③ 逯钦立校注:《陶渊明集》,中华书局 1979 年版,第 10 页。

就诗而言,陶渊明都不愧是真风流、大风流,说他达到了风流的极致也不会过分的。"①罗宗强《陶渊明:玄学人生观的一个句号》云:"陶渊明常常达到物我一体,与道冥一的人生境界。"②陶渊明的酒,就如他对本真状态的执着一样,不仅将魏晋名士的酒文化推向了极致,而且在无形无心的极致之中凝固了一个时代的精彩绝艳,令后世玩味无尽,难以超越。

五、结论

魏晋名士的酒,不是一种有形物质的酒,也不是一种纯粹欲望的酒,而是一种具备了名士文化精神的酒符号。不能简单地用世俗贪图享乐的、腐败堕落的身体欲望来解释魏晋名士的酒,否则,我们就与魏晋人的酒文化失之交臂了。

曹魏初期,孔融可谓为酒捐躯的斗士,孔融的护酒活动中展示的是英雄与名士之间的文化冲突。曹植将诗神与酒神完美地结合在一起,彰显了酒具有解构世俗秩序的神秘力量。酒作为魏晋人在生活方面的革新符号,开始走向了文化革新的历史舞台。

竹林七贤的酒,代表了魏晋名士以群体文化的方式开始认同酒,将无心精神的文化价值寄寓在酒文化之中。竹林七贤的酒,首先解构了充满欲望的身体,其次建构了自然本真的身体,让身体重新回归心性精神。竹林七贤的酒场域,也成为一个文化秩序、政治秩序失序、无序的特殊场域。

两晋名士的酒,成为他们生命存在的合法标志物。他们在酒中世界才能体验到自远世俗世界的愉悦情趣,才能进入奇妙玄胜的酒趣境界。在酒中,两晋名士重新体验到了形神相亲、身体完整的美好存在。

陶渊明的酒是本真人性的外在流露与现身状态。他将自然无心的本真性情寄寓在酒趣之中,让酒成为无心本性的生活标志。陶渊明的酒,是自然知足的酒,是充满本真情趣的酒。陶渊明在酒中,不仅忘记了有形的世界存在,甚至忘怀了自身的本真存在,有形身体的生死界限,也在酒中冥化为一。各种差异分化的空间,也在酒中获得冥合。陶渊明的酒,不仅建构了名士极致的本性境界,而且凝固了魏晋时代的风流精彩。

不论竹林七贤、魏晋名士还是陶渊明,他们都将自身存在的文化理解与精神

---

① 袁行霈:《陶渊明研究》,北京大学出版社1997年版,第52页。
② 罗宗强:《玄学与魏晋士人心态》,浙江人民出版社1991年版,第342页。

价值寄寓在酒性存在中，酒承载了魏晋人对本性真身的文化建构，也寄寓了魏晋人对澄明神性的本心追求。魏晋人的酒，因为人的本性存在而充满了虚无缥缈与神秘力量。魏晋人因为酒的冥合力量而充溢着率真与可爱。

第十五章 生命遐思：服药与魏晋人的养生观念及服药炼形

> 五福：一曰寿，二曰富，三曰康宁，四曰攸好德，五曰考终命。六极：一曰凶短折，二曰疾，三曰忧，四曰贫，五曰恶，六曰弱。
>
> ——《尚书·洪范》
>
> 驱车上东门，遥望郭北墓。白杨何萧萧，松柏夹广路。下有陈死人，杳杳即长暮。潜寐黄泉下，千载永不寤。浩浩阴阳移，年命如朝露。人生忽如寄，寿无金石固。万岁更相送，贤圣莫能度。服食求神仙，多为药所误。不如饮美酒，被服纨与素。
>
> ——《古诗十九首·驱车上东门》
>
> 对酒当歌，人生几何。譬如朝露，去日苦多。
>
> ——（魏）曹操：《短歌行》
>
> 人知药理病，不知学理身。□□□□□□□□平焉，故曰物生而蒙，事屯而养，造昧（此语有脱字），利有攸适，犹金之销炉，水之从器也。是以圣人实之于文，铸之于学。夫文学也者，人伦之首，大教之本也。
>
> ——（东晋）葛洪：《佚文》

在魏晋文化中，魏晋人的药是被遮蔽最深、误解最多的文化场域之一。近代以来，随着东学西渐，认知中心主义思想在中国现代文化中极为盛行，占据了中国文化价值的核心地位。魏晋人的药文化，不仅被肢解、被遮蔽，而且被毒药化、鸦片化，使得学术界形成了一种谈药色变的文化风气。鲁迅在《魏晋风度及文章与药及酒之关系》中云："那时五石散的流毒就同清末的鸦片的流毒差不多，看吃药与否以分阔气与否的。"①鲁迅将五石散比成西方人的鸦片，魏晋人的药就已经远离了药文化的社会语境与真实意义，而被看成流毒无穷、人见人怕的毒药。余嘉锡在《寒食散考》中云："魏晋之间，有所谓寒食散者，服之往往致死，即或不死，亦必成为痼疾，终身不愈，痛苦万状，殆非人所能堪。俞正燮癸巳存稿卷七，尝持以比鸦片。愚以为其杀人之烈，较鸦片尤为过之。幸其所用药物至为贵重，非富贵人不能办。虽贱苦之人亦或有服者，要不能如鸦片之普遍也。"②余嘉锡进一步揭示了药的杀人性。在现代文化中，魏晋人药的负面性得到极大张扬，已经成为毒害人命的杀手。处于现代文明之中的学者，不仅将魏晋人的药描述为药的流毒、杀人的药，而且认为与药相关联的文人风流——魏晋风度——也带有了药的毒性。如王瑶在《文人与药》中云："过去一向为封建士大夫所景羡的那种所谓飘然的高逸风格，简傲的名士派头，所谓'魏晋风度'，不营物务，栖心玄远，都可以在这里找到了他们一部分的根源。"③因为药是有毒的，魏晋人的魏晋风度变成了"简傲的名士派头""不营物务"而受人贬损的东西，因为服药是魏晋风度的主要根源。

药作为魏晋人生活中的一种特殊物质存在，如果仅仅从药物毒性入手来研究其文化，就很容易使我们陷入极端物质主义的狭隘之境。药与人命是紧密关联的，人命关天，只要人命还存在，就逃不出生老病死，就离不开用药来治疗、拯救身体之命。立足性命，我们或许能发掘魏晋人的药所承载的生命之痛与生命遐思。

东汉末年，士人身处烽烟四起、动荡不安的年代，他们目睹了生命犹如稻草一般被洪流吞噬，这种如履薄冰、坎坷紧张的生命体验，让他们感到生命的倏忽短暂和对死亡的恐慌。东汉末年的士人用诗歌话语的方式来深思有形生命的痛苦存在，来思考如何摆脱被现实命运戏弄的文化期待，表达对现实生命的珍视与感叹，萌发了创造文化生命的冲动与想象。《古诗十九首·今日良宴会》云："人

---

① 鲁迅：《魏晋风度及其他》，上海古籍出版社2000年版，第190页。
② 余嘉锡：《余嘉锡文史论集》，岳麓书社1997年版，第166页。
③ 王瑶：《王瑶全集·第一卷》，河北教育出版社2000年版，第183页。

生寄一世,奄忽若飚尘。"①《古诗十九首·回车驾言迈》云:"所遇无故物,焉得不速老。盛衰各有时,立身苦不早。人生非金石,岂能长寿考。奄忽随物化,荣名以为宝。"②《古诗十九首·东城高且长》云:"四时更变化,岁暮一何速。"③人生短暂,生命脆弱,士人如何面对有形身体的懦弱与渺小呢?这种对生死存亡终极问题的思考,弥漫了整个时代,也使魏晋士人产生了一种强烈的生命诉求。李泽厚在《美的历程》中云:"这种对生死存亡的重视、哀伤,对人生短促的感慨、喟叹,从建安直到晋宋,从中下层直到皇家贵族,在相当一段时间中和空间内弥漫开来,成为整个时代的典型音调。"④有形生命如何才能自保? 身体生命如何才能避免死亡? 这种对生命的整体困惑与时代哀婉,迫使士人们开始探究与思考有形生命的存在规律,使他们对生命时间展开了神话想象。他们超越直线的外在时间,寻求自然生命永恒不老的循环时间。超脱世俗的名利存在,是一个时代对生命的强烈欲望,也是士人文化建构的历史使命。药在这种生命期盼与文化遐思中,显得格外重要,也格外具有时代特征,它自觉地承担起了满足时代生命期许的文化使命。无药就丢命,命需药来保,这是世人皆知的浅显道理。

魏晋士人深深认识到,身体至贵,生命至宝,需养生悟道、延年益寿,这也成为魏晋人的文化根源。自然大道成为魏晋玄学的重要文化价值,自然身体、自然生命也成为魏晋人的新身体观。但是人处于红尘世界中,往往执迷于现世名利与外在之物,以物为贵,以身为贱,流俗的身体观充斥于世,世人往往以贱为贵,以轻为重,这就是中国文化中的大惑存在。《吕氏春秋·重己》云:"倕至巧也,人不爱倕之指,而爱己之指,有之利故也。人不爱昆山之玉、江汉之珠,而爱己之一苍璧小玑,有之利故也。今吾生之为我有,而利我亦大矣。论其贵贱,爵为天子,不足以比焉;论其轻重,富有天下,不可以易之;论其安危,一曙失之,终身不复得。此三者,有道者之所慎也。有慎之而反害之者,不达乎性命之情也。不达乎性命之情,慎之何益? 是师者之爱子也,不免乎枕之以糠;是聋者之养婴儿也,方雷而窥之于堂。有殊弗知慎者? 夫弗知慎者,是死生存亡可不可未始有别也。未始有别者,其所谓是未尝是,其所谓非未尝非。是其所谓非,非其所谓是,此之

① 逯钦立辑校:《先秦汉魏南北朝诗》,中华书局 1983 年版,第 330 页。
② 逯钦立辑校:《先秦汉魏南北朝诗》,中华书局 1983 年版,第 331—332 页。
③ 逯钦立辑校:《先秦汉魏南北朝诗》,中华书局 1983 年版,第 332 页。
④ 李泽厚:《美的历程》,文物出版社 1981 年版,第 88 页。

谓大惑。若此人者，天之所祸也。以此治身，必死必殃；以此治国，必残必亡。夫死殃残亡，非自至也，惑召之也。寿长至常亦然。"①倕是心灵手巧的工匠，但是大家不爱倕灵巧的手指，而爱自己的手指，因为倕灵巧的手指对自己无用，而自己的手指对自己极为有利。人们不爱昆仑山的美玉，也不喜爱长江汉水所出产的夜明珠，而喜爱自己的苍璧与玑珠，因为昆仑美玉与夜明美珠非自己所有，而苍璧玑珠属于自己，能为己所用。现在我的生命归我所有，对于我而言，是最有用的东西。就贵贱而言，尊贵的天子也不如我的生命尊贵。就轻重来说，富有的天下也不如我的生命重要。就安危来看，一旦失去生命，就永远也不可能重新复活。生命才是人生中至贵至重之物，人人要珍惜对待，不可一刻掉以轻心。有道的人对待生命，极为慎重。但是世上有人慎重对待生命反而害了生命，为什么呢？因为这种人不懂得生命的情理。如果不懂得生命的情理，对待生命即便极为慎重，那又有什么益处呢？这就好比盲人爱孩子那样，用柔软的米糠给孩子做枕头，原本是希望孩子睡得香，可是米糠反而会迷糊孩子的眼睛。这就好比聋人带婴儿，婴儿因为外边的雷声而哭叫，但是聋人听不到，反而抱着婴儿在厅堂里来回晃悠，致使婴儿更加惊恐。这种不懂得生命情理而又对生命极为谨慎的人，与不懂得谨慎对待生命的人是没有差别的。那些不懂得谨慎对待生命的人，他们从来没有区别生死、存亡、可做的事与不可做的事。因为他们从来没有区别这些东西，他们认为是正确的，从来未尝是正确的（以错为对）；他们认为是错误的，从来未尝是错误的（以对为错）。这种不懂得生命情理的人，往往会以错为对、以对为错，这种人就是世上的大惑之人。对于这种大惑之人，老天会降给他灾祸。如果用大惑的态度来修身，身体必然遭受死亡或灾难。如果用大惑的态度来治国，必定会国破家亡。死亡、灾难、国破、身亡，不会自己到来，都是自己的大惑而导致的。一个人的寿命长短也是如此。要想让生命长久，就必须懂得天地之道，必须按照生命之初的机理情理来顺运造化。否则，重视生命但又不按生命的自然情理来养生，反而会使生命过早凋零。魏晋人依照自然的生命原理，利用药物来弥补生命的残损与生气的不足，充分展示了他们对生命情理的文化理解，体现了他们对生命存在的理性探寻与神圣意识。

当我们将药文化与身体生命联系在一起的时候，魏晋人的服药行为就不是一种荒诞不经的吸毒行为，也不是毫无意义的文化游戏，而是承载了汉末魏晋以

---

① 许维遹：《吕氏春秋集释》，中华书局 2009 年版，第 19—21 页。

来士人对生命存在和生命时间的迷茫、困惑与文化再造。这种对身体延年益寿甚至长生久视的生命追求和想象期许,极大地丰富了魏晋名士药文化的意义与时代价值。从这个意义来看,我们不能简单地将魏晋人的药视为无用的、虚幻的、荒诞的"毒品",魏晋人的药是安顿一个时代士人群体生命的文化起点,是魏晋人对待生命存在的核心编码,也是我们揭开魏晋人对待生命的文化反思和性情苦旅的重要场域。只有在药的文化期许与生命体验中,我们才能真实地认识魏晋人的生命时间与身体期待,才能感悟到魏晋人对有形生命的重视程度。

一、形神兼养:魏晋人的养生观

阴阳不测之谓神。中国早期的文化传统就是生命本源的道体传统,是贵性重命的文化传统。生生不息才是神道文化的核心价值。生就是让生命在世界之中能够存在,不仅能够存在,而且能够尽享天年,能够长久地活着,发挥出生命本源的极致。中国人的生,不是世俗的苟且偷生和为生而生,而是依道而生。顺道而生,才是真生。苟且偷生,是背道而生,不是真生,是损害生命。中国人的生,是崇尚自然大义的生,希望人能够本真地生存着,尽享天年。

《庄子第三·养生主》云:"吾生也有涯,而知也无涯。以有涯随无涯,殆已!已而为知者,殆而已矣!为善无近名,为恶无近刑,缘督以为经,可以保身,可以全生,可以养亲,可以尽年。"[1]庄子所说的人,是指能够持守本真状态的真人。庄子认为,人生是有限的,而外在的知识却是无限的,如果用有限的人生去追求无限的知识,人在追求知识的过程中对本真的我就会逐渐倦怠,以至于被遗忘。如果本真的我已经处于被遗忘的状态,还要继续追求外在的知识,那么,本性就不仅倦怠不堪,而且完全被遗忘了。庄子认为,一个人不仅要做善事,而且要持守无名之心来做善事。一个人不经意间也会做恶事,但是他所做的恶事却永远不会违犯刑律。"缘督以为经"的"督",是指身体纯阳之气的督脉,随着人体进入后天身体,督脉就被关闭遗忘了。"缘督以为经"就是指依据自身原初的经脉状态来持守运化身体,并按照本真状态在世界之中存活,这样就可以保全身体,可以保全生命,可以持养身体,可以尽享天年。可见,庄子的养生,重视的是人的本真自然状态,认为持守这种本真状态并依据这种本真状态在世界之中存活,就

---

[1] (清)郭庆藩撰、王孝鱼整理:《庄子集释》,中华书局1961年版,第115页。

是最好的持身方法，也是最好的养身之术。庄子养生，强调人的天性存在，以天性的自然法则来持守身体的有形存在，其至人、神人、圣人、真人都是能够持存齐全天性的人。

《吕氏春秋·贵生》云："圣人深虑天下，莫贵于生。夫耳目鼻口，生之役也。耳虽欲声，目虽欲色，鼻虽欲芬香，口虽欲滋味，害于生则止。在四官者不欲，利于生者则弗为。由此观之，耳目鼻口不得擅行，必有所制。譬之若官职，不得擅为，必有所制。此贵生之术也。……子华子曰：'全生为上，亏生次之，死次之，迫生为下。'故所谓尊生者，全生之谓；所谓全生者，六欲皆得其宜也。所谓亏生者，六欲分得其宜也。亏生则于其尊之者薄矣。其亏弥甚者也，其尊弥薄。所谓死者，无有所以知，复其未生也。所谓迫生者，六欲莫得其宜也，皆获其所甚恶者。服是也，辱是也。辱莫大于不义，故不义，迫生也。而迫生非独不义也，故曰迫生不若死。奚以知其然也？耳闻所恶，不若无闻；目见所恶，不若无见。故雷则掩耳，电则掩目，此其比也。凡六欲者，皆知其所甚恶，而必不得免，不若无有所以知。无有所以知者，死之谓也，故迫生不若死。嗜肉者，非腐鼠之谓也；嗜酒者，非败酒之谓也；尊者，非迫生之谓也。"[1]圣人"贵生"，凡是有害于生的器官欲望、身体欲求，都要禁止。圣人由此极为重视"贵生之术"。所谓"贵生之术"，就是依照自然之生的原则来控制各种欲望，使耳目口鼻的欲望处于自然之生的基本状态，否则，就一定要有所"止"。所谓"止"，就是指超过了自然的基本欲望就一定要制止。子华子在圣人"贵生"的基础上，提出了"全生为上，亏生次之，死次之，迫生为下"的生存上下高低观念。所谓"尊生""全生"，就是尊重自然生命，身体器官的自然六欲获得了自然限度的满足。所谓"亏生"，就是自然生命有所亏欠，身体器官的部分欲望能遵守自然情理，而部分欲望未能遵守自然情理。亏生重视的是身体部分器官的欲望，忽视身体整体器官的自然生命。因为部分器官的亏生破坏了身体器官的均衡状态，所以亏生越厉害，全生就越残损。所谓"死者"，就是失去生命，回到无知觉的原初状态。所谓"迫者"，就是苟且偷生者，身体六欲没有一项是符合自然生命的，满足的都是自然生命所厌弃的世俗欲望。屈服于器官欲望就会招致耻辱，这是自然生命所厌弃的。人最大的耻辱就是不守自然大义，那种不守自然大义而生的人，就是苟且偷生。苟且偷生的人，是不守大义，因此迫生不如死掉。为什么呢？耳朵喜欢听自然生命所厌弃的

---

① 许维遹：《吕氏春秋集释》，中华书局 2009 年版，第 38—42 页。

声音,还不如不听;眼睛喜欢看自然生命所厌弃的东西,还不如不看。有雷声响起(声音太大),就应该赶紧掩住耳朵。有闪电来临(亮度太大),就应该赶紧闭上眼睛。苟且偷生的人,不如死者,就好比打雷应该掩耳、闪电应该闭目一样,苟且偷生的人明知打雷不利于耳朵,闪电不利于眼睛,他偏要去听,偏要去看。流俗身体持有六欲(苟且偷生的人),知道自然生命所厌弃的东西却不能避免,还不如让身体六欲都无所欲求(死者)。身体无所欲求,就是死者的样子,所以说迫生不如死者。嗜好吃肉,不是说腐烂的老鼠肉也吃;嗜好饮酒,不是说变了质的酒也喝;尊重生命,保全性命,不是如迫生那样苟且偷生,纵欲无度。要反对迫生,提倡依据自然生命的欲求而全生,以自然生命的欲求作为身体器官欲求的唯一价值。

两汉时期,士人对自身的文化理解有所变化,在养神、养性基础上,开始重视养形,提倡形神兼养。司马迁在《史记·太史公自序》中云:"凡人所生者神也,所托者形也。神大用则竭,形大劳则敝,形神离则死。死者不可复生,离者不可复反,故圣人重之。由是观之,神者生之本也,形者生之具也。"①司马迁认为,人本是形神合一的整体存在,精神聚集于形体之中则生,精神是身体的核心力量,形体是人的寄存器具。如果精神衰竭,形体劳累,都会影响人的生命存在。形神分离,就会导致死亡。可见在两汉时期,士人已经开始在养神的基础上重视养形。形不可不养,没有形体的居舍,精神如何寄存?王充在《论衡·自纪篇》中云:"养气自守,适时则酒,闭明塞聪,爱精自保,适辅服药引导,庶冀性命可延,斯须不老。"②王充不仅注重养神,而且重视养气,开始"服药引导"。服药是为了保养身体,弥补身体的部分残损,"引导"是强身健体,帮助体内血气通畅。只有将养神与炼形结合起来,性命兼顾,才有希望延年益寿。汉代士人的养生思想已经出现了一种新的趋势,即形神兼养。

魏晋人与两汉士人比较起来,更加重视养生。魏晋人与汉末文人对生命的体悟不一样,汉末文人还处于对当下生命的惋惜与感叹,魏晋人除了对当下生命具有紧迫感以外,更加重视对有形生命的超越,向往神仙人物的飞升,对生命未来展开无限遐思,希望获得延年益寿之术。阮籍在《咏怀诗》中云:"朝为媚少

① (汉)司马迁:《史记》,中华书局1963年版,第3292页。
② 黄晖:《论衡校释》,中华书局1990年版,第1209页。

年,夕暮成丑老。自非王子晋,谁能常美好。"①"焉见王子乔,乘云翔邓林。独有延年术,可以慰我心。"②"人言愿延年,延年欲焉之。黄鹄呼子安,千秋未可期。"③在诗中,阮籍再三吟咏了神仙王子晋(王子乔、王子安)吹箫引鹄的神话故事,将神仙的飞升存在作为个体生命的理想所在,表达了魏晋人由现实生命的苦闷与焦虑,开始转向对生命超越的文化探索,尤其开始将生命死亡的悲痛、喟叹之情,转化为对生命未来可能的遐思与畅想。《世说新语·文学第四》第二十一条:"旧云:王丞相过江左,止道声无哀乐、养生、言尽意,三理而已。然宛转关生,无所不入。"④经历战乱以后,王导等名士将养生看成名士清谈的核心主题,从中可以管窥名士对生命有形存在的建构热情与关注程度。《世说新语·伤逝第十七》第十条:"王长史病笃,寝卧灯下,转麈尾视之,叹曰:'如此人,曾不得四十!'及亡,刘尹临殡,以犀柄麈尾著柩中,因恸绝。"⑤王濛是太原王氏的杰出代表,由于身体病情严重,感受到了生命的危亡,不禁感叹道:"我这样的人,为什么还活不过四十?"中国古人认为,人的天寿为一百二十,地寿为八十,人寿为六十。可是,在魏晋时期,由于国家分裂,战乱纷呈,人的基本需求与稳定生活都无以保障,王濛及魏晋时代的其他名士,很多人往往活不到四十岁,大多不及人寿,这种人生短暂的生命现象确实令很多名士更为重视个体的有形生命。生死问题,成为一个时代士人极为痛心、极为关心的问题。王羲之在《兰亭诗序》中云:"夫人之相与,俯仰一世,或取诸怀抱,悟言一室之内;或因寄所托,放浪形骸之外。虽趣舍万殊,静躁不同,当其欣于所遇,暂得于己,快然自足,曾不知老之将至。及其所之既倦,情随事迁,感慨系之矣。向之所欣,俯仰之间,已为陈迹,犹不能不以之兴怀。况修短随化,终期于尽。古人云:死生亦大矣。岂不痛哉!每览昔人兴感之由,若合一契,未尝不临文嗟悼,不能喻之于怀。固知一死生为虚诞,齐彭殇为妄作,后之视今。亦犹今之视昔。悲夫!"⑥三月三日,众多士人相聚,欢庆春天阳气的复苏,感受自然生命的舒畅,原本是驱灾禳病、希求平安的文化活动,可是王羲之在序文中却将自己对生命短暂的急迫之情与人生感悟全盘

---

①　逯钦立辑校:《先秦汉魏南北朝诗》,中华书局 1983 年版,第 497 页。
②　逯钦立辑校:《先秦汉魏南北朝诗》,中华书局 1983 年版,第 498 页。
③　逯钦立辑校:《先秦汉魏南北朝诗》,中华书局 1983 年版,第 506 页。
④　徐震堮:《世说新语校笺》,中华书局 1999 年版,第 114 页。
⑤　徐震堮:《世说新语校笺》,中华书局 1999 年版,第 351 页。
⑥　(清)严可均辑:《全晋文》,商务印书馆 1999 年版,第 258 页。

托出，"老之将至"，"死生亦大矣"，真切地表达了对生命流逝的感叹与焦虑之情，一种喜极悲来的情愫在行文之中扑面而来，发自生命底处的深沉焦虑显得极为真切。这不是一种无病呻吟，更不是矫情为文，而是生命易逝的现实让所有名士都感觉到了生死问题是有形存在的核心问题，其他的事功名利、喜怒哀乐在生命之重面前都显得极为轻淡，甚至不值得一提。在中国历史上，生命的存在问题第一次绞痛了整个士林的心灵，第一次困惑了所有的士人。他们意识到了，生命内部的存在价值超越了一切外在的物质价值，士人的情绪随着生命存在的发现而出现了极大的波动。他们为有形生命苦闷着，焦虑着，彷徨着，忧愁着，这些哀婉悲伤的情绪都不是来自外部世界，而是发自深邃的生命之痛。李泽厚在《美的历程》中云："他们唱出的都是这同一哀伤，同一感叹，同一种思绪，同一种音调。可见这个问题在当时社会心理与意识形态上具有重要的位置，是他们的世界观、人生观的一个核心部分。"①魏晋人通过感受时代生命、整体生命的大化命运，对人生、生命产生了一种特殊的超越欲望与文化追求，这种强烈的欲求化成了魏晋时代的养生文化。养生成为魏晋名士生活中的头等大事，也是士人群体文化中最为迫切、亟须解决的核心问题。

第一，魏晋人养生的前提条件和基本保障就是要远离世俗文化。这里的世俗文化包括一切世俗的价值观念与实际生存方式。嵇康在《养生论》中云："而世人不察，惟五谷是见，声色是耽，目惑玄黄，耳务淫哇。滋味煎其府藏，醴醪鬻其肠胃，香芳腐其骨髓，喜怒悖其正气，思虑销其精神，哀乐殃其平粹。夫以蕞尔之躯，攻之者非一涂，易竭之身，而外内受敌，身非木石，其能久乎？其自用甚者，饮食不节以生百病，好色不倦以致乏绝。风寒所灾，百毒所伤，中道夭于众难。世皆知笑悼，谓之不善持生也。"②世人的存在，是一种追求现实物质享乐的有形存在，他们过分胶着于现世之物，如五谷、五音、五色、五味等等，而这些现世的色、香、味、形都会令人精神惑乱，从而搅乱人的真性。极为弱小的身躯若过分沉迷于追求外在的物质，就会忘记了自身的本真存在，不断耗费人的精神，劳累人的身体，导致神散体劳，邪气入侵，身体受损，百病丛生，危及生命。嵇康又云："善养生者则不然矣。清虚静泰，少私寡欲。知名位之伤德，故忽而不营，非欲

---

① 李泽厚：《美的历程》，文物出版社 1981 年版，第 89 页。
② （清）严可均辑：《全三国文》，商务印书馆 1999 年版，第 502 页。

而强禁也。识厚味之害性，故弃而弗顾，非贪而后抑也。"①嵇康认为，真正善于养生的人，首先就要有能力与智慧抛弃一切世人所追求的东西，如名位、厚味、美色、声音等等，只有远离了这些世俗物质与流俗价值，人才能真正回归人性，才能保持自身的清静虚怀、安泰知足、少私寡欲。否则，养生就成了一纸空言。

葛洪《养生论》云："且夫善养生者，先除六害，然后可以延驻于百年。何者是邪？一曰薄名利，二曰禁声色，三曰廉货财，四曰损滋味，五曰除佞妄，六曰去沮嫉。六者不除，修养之道徒设尔。盖缘未见其益，虽心希妙道，口念真经，咀嚼英华，呼吸景象，不能补其短促。诚缘舍其本而忘其末，深可诫哉！所以保和全真者，乃少思少念，少笑少言，少喜少怒，少乐少愁，少好少恶，少事少机。夫多思则神散，多念则心劳，多笑则藏腑上翻，多言则气海虚脱，多喜则膀胱纳客风，多怒则腠理奔血，多乐则心神邪荡，多愁则头鬓憔枯，多好则志气倾溢，多恶则精爽奔腾，多事则筋脉干急，多机则智虑沉迷。斯乃伐人之生，甚于斤斧；损人之命，猛于豺狼。"②葛洪认为，要养生，首先必须除去六害。这六害分别是：名利、声色、货财、滋味、佞妄与沮嫉。人有这六害，不仅不会养生，而且会影响生存，乃至于对生命有害。只有去除了六害，才能做到"少思少念，少笑少言，少喜少怒，少乐少愁，少好少恶，少事少机"，才能真正做到"保和全真"，否则，就会导致"神散""心劳"，人间的各种思欲情绪犹如斤斧一般，残害人的性命，人间的各种喜怒事机犹如豺狼一般，吞噬人的生命。

颜之推在《颜氏家训·养生》中尤其告诫颜氏子孙，养生不能为生而生。其云："夫生不可不惜，不可苟惜。涉险畏之途，干祸难之事，贪欲以伤生，谗慝而致死，此君子之所惜哉；行诚孝而见贼，履仁义而得罪，丧身以全家，泯躯而济国，君子不咎也。自乱离已来，吾见名臣贤士，临难求生，终为不救，徒取窘辱，令人愤懑。"③世俗的人为了苟全而生甚至抛弃神道价值，放弃仁义精神。而魏晋人的养生，对这种世俗的苟生是不屑一顾的。魏晋人的养生，是遵从神道大义而生，自然生命价值才是人生的基本价值所在，离开人的自然本性而一味追逐流俗世界为生而生的流俗身体，这也是令魏晋人厌弃的。

第二，魏晋人的养生文化还建构了人的神仙存在。世俗的人认为，人生在世

① （清）严可均辑：《全三国文》，商务印书馆1999年版，第502页。
② （清）严可均辑：《全晋文》，商务印书馆1999年版，第1235页。
③ 王利器：《颜氏家训集解》（增补本），中华书局1993年版，第362—363页。

是有终期的,尽管这种终期对于不同的人可能会出现不同的结果,但最终还是会死的。世人的生死观念以有形身体的生死为生死,这种人生时间是一种线性的生命,是不可循环的。魏晋人跳出了人的有形线性时间,建构了人的人性循环时间。在玄道世界中,人通过体悟本真存在及原初时间,可以获得有形存在的文化超越,实现生命的自然极致状态,甚至可以化为永恒的神仙存在。神仙不食人间烟火,可以跳出有形世界进入极度自由的超现实存在。他们超越了有形的线性时间,进入阴阳随化、永恒循环的自然时间。嵇康在《养生论》中云:"世或有谓神仙可以学得,不死可以力致者;或云上寿百二十,古今所同,过此以往,莫非妖妄者。此皆两失其情。请试粗论之。夫神仙虽不目见,然记籍所载,前史所传,较而论之,其有必矣。似特受异气,禀之自然,非积学所能致也。至于导养得理,以尽性命,上获千余岁,下可数百年,可有之耳。而世皆不精,故莫能得之。何以言之?夫服药求汗,或有弗获,而愧情一集,涣然流离。终朝未餐,则嚣然思食,而曾子衔哀,七日不饥。夜分而坐,则低迷思寝,内怀殷忧,则达旦不瞑。劲刷理鬓,醇醴发颜,仅乃得之。壮士之怒,赫然殊观,植发冲冠。"[①]首先,嵇康批判了流俗文化的生命观念,提出虽然眼睛不能看见神仙,但是神仙在史籍中多有记载,是可信的。嵇康肯定了神仙的存在,这对于魏晋人的养生观很重要。因为流俗的文化认为,命是天定的,养与不养都一样。而嵇康肯定了神仙的存在,就告诉大家,人不仅要重视养生,而且通过养生可以延长寿命,甚至还可以达到长生不老的神仙状态。其次,嵇康认为,人是禀受天地之间独特的自然元气而生的,养生不是依靠积学所获得的知识存在,因为积学的知识还是一种外在的知识形态,必须要善于将这种学来的知识转化为人心的本性领会,从而依据本真至理来导养生命。"以尽性命",只有以性养命,以命养性,性命兼顾,才能活到百岁千岁,甚至达到永生超越的神仙状态。嵇康又云:"纵闻养生之事,则断以所见,谓之不然。其次狐疑,虽少庶几,莫知所由。其次自力服药,半年一年,劳而未验,志以厌衰,中路复废。或益之以畎浍,而泄之以尾闾。欲坐望显报者,或抑情忍欲,割弃荣愿,而嗜好常在耳目之前,所希在数十年之后,又恐两失,内怀犹豫,心战于内,物诱于外,交赊相倾,如此复败者。夫至物微妙,可以理知,难以目识,譬犹豫章生七年,然后可觉耳。今以躁竞之心,涉希静之涂,意速而事迟,望近而应远,故莫能相终。夫悠悠者既以未效不求,而求者以不专丧业,偏恃者以不兼无

① (清)严可均辑:《全三国文》,商务印书馆1999年版,第501页。

401

功,追术者以小道自溺。凡若此类,故欲之者万无一能成也。"①嵇康分析了各种流俗的养生态度:一是认为自己没有亲自看到神仙,所以绝对不信。二是对养生持半信半疑的态度,但又说不出任何理由。三是急功近利,开始很相信,服药一段时间发现效果不太明显,就中途而废。四是养得少,耗得多,各种世俗的名利、富贵、嗜好不断地耗费自身的生命,以至于养生失败。嵇康总结了诸多养生失败的原因,归结起来:一是没有效果,放弃养生。二是养生不专业,导致养生失败。三是养生有所偏恃,以至于养而无功。四是沉溺于养生小术中,而忘记了养生大道的精神。嵇康的养生理念是:人通过养生可以获得神仙般的存在,养生必须要守道,既要内心意志坚定,又要依大道养生,达到性命兼养,否则,养生"万无一能成"。

402

　　俗话说:眼见为实,耳听为虚。但虚无缥缈的神仙存在是外在不可见的,只能在心中体验,这是魏晋人对本真生命的一种文化建构,这种文化建构与大道生命传统是紧密联系在一起的,只有通达了原初的大道生命,才能真正感受到天地阴阳之气的运转循环,才能体悟到神仙随化而运的可能存在。如果拘囿于世俗的眼睛感官,我们就会忽略人心对阴阳神道的文化领会,也就永远不可能打开通往道心世界的深邃通途。葛洪在《抱朴子内篇·论仙》中云:"若夫仙人,以药物养身,以术数延命,使内疾不生,外患不入,虽久视不死,而旧身不改,苟有其道,无以为难也。而浅识之徒,拘俗守常,咸曰世间不见仙人,便云天下必无此事。夫目之所曾见,当何足言哉?天地之间,无外之大,其中殊奇,岂遽有限,诘老戴天,而无知其上,终身履地,而莫识其下。形骸己所自有也,而莫知其心志之所以然焉。寿命在我者也,而莫知其修短之能至焉。况乎神仙之远理,道德之幽玄,仗其短浅之耳目,以断微妙之有无,岂不悲哉?"②葛洪批判,世俗之人由于过分拘执于流俗的物质世界,认为神仙是眼睛看不到的东西,所以是不可信的。葛洪认为,眼睛所见的东西是外在的东西,而且其局限很明显,如果依据并相信人的肉眼,就无法理解宇宙之大,世界之深,更不可能领悟自身的神仙存在。所谓仙人的存在,一方面利用药物来弥补自身气运的不足,另一方面运用术数来顺应自然气运的变化,这样就可以使内部不生疾病,外部不受淫邪的侵害。其实,葛洪所谓的神仙是依据天地阴阳气韵来调养生命,让个体生命与宇宙生命在阴阳气

---

① （清）严可均辑:《全三国文》,商务印书馆1999年版,第502页。
② 王明:《抱朴子内篇校释》,中华书局1985年版,第14—15页。

运方面获得一致,让自身生气回归天地四时之气,让其同运同化,犹如轴轮同转,毫无违逆,这样的自然生命犹如神仙一般,才能与天地齐寿。

颜之推在《颜氏家训·养生》中云:"神仙之事,未可全诬;但性命在天,或难钟值。人生居世,触途牵絷:幼少之日,既有供养之勤;成立之年,便增妻孥之累。衣食资须,公私驱役;而望遁迹山林,超然尘滓,千万不遇一尔。加以金玉之费,炉器所须,益非贫士所办。学如牛毛,成如麟角。华山之下,白骨如莽,何有可遂之理?考之内教,纵使得仙,终当有死,不能出世,不愿汝曹专精于此。"①颜之推首先肯定了自然生命的神仙存在状态,认为这是不可否定的。但是他也认识到,人是社会生命的存在,社会的各种世俗之事牵制了人的身体,以至于一般人很难达到神仙的生命境界。另外,养生求仙需要耗费大量的金钱,一般的贫士很难做到,所以学习成仙的人很多,但是真正成仙的人很少。颜之推告诫子孙,一方面要注重养生,另一方面未必要将全部的精力都放在求仙问道上。

肯定人的自然生命与神仙存在,是魏晋人对个体生命的文化超越,体现了魏晋人对流俗的有形生命与线性时间的反思,他们依据本性生命的无形存在建构了生命存在的神仙可能,极大地丰富了人的文化生命与循环时间。

第三,魏晋人的养生以养性养神为核心。自然生命思想的确立,决定了养生必须从养神、养性开始。这与庄子的养性说、孟子的养气说是一致的。嵇康在《养生论》中云:"由此言之,精神之于形骸,犹国之有君也。神躁于中,而形丧于外,犹君昏于上,国乱于下也。夫为稼于汤之世,偏有一溉之功者,虽终归燋烂,必一溉者后枯。然则一溉之益,固不可诬也。而世常谓一怒不足以侵性,一哀不足以伤身,轻而肆之,是犹不识一溉之益,而望嘉谷于旱苗者也。是以君子知形恃神以立,神须形以存。悟生理之易失,知一过之害生。故修性以保神,安心以全身。爱憎不栖于情,忧喜不留于意,泊然无感,而体气和平。"②生命在于形神之间,神是身体之君,形是身体之国,君决定国的治乱,神决定形的存亡。嵇康将人的精神看成生命存在的核心力量,是主要的;将形看成人神的居舍载体,是次要的。这就好比在极为干旱的时候,需要给庄稼浇灌一瓢水,尽管这一瓢之水不足以让庄稼逃过干旱的灾难,但是这"一溉之功"可以延缓庄稼的死亡。嵇康告诫世人,不要因为一瓢水不足以让庄稼长存而废弃一瓢之水,而忽略"一溉之

403

---

① 王利器:《颜氏家训集解》(增补本),中华书局1993年版,第356页。
② (清)严可均辑:《全三国文》,商务印书馆1999年版,第501页。

功"。他认为，长期坚持"一溉之功"，不轻易让外在喜怒哀乐情绪侵害生命，就可以积少成多，积小功而成大业。因此，养生首先在于养神，养神具有重要的作用，哪怕是暂时的养神，也具有"一溉之功"，或"一溉之益"。养神、养性更重于养形，只有内在"修性以保神"，才能"体气和平"，这才是养生的重心所在。嵇康又云："外物以累心不存，神气以醇白独著，旷然无忧患，寂然无思虑，又守之以一，养之以和，和理日济，同乎大顺。"①神气才是最为重要的，只有内心不为外物所累，神气才能完整齐全，无所亏欠，这样才能做到旷然自得，寂然清静，持守太一，阴阳之气协调，通达生命的本真状态。只要长期持守人心的本真状态，就会获得生命存在的神仙原型与文化价值。也就是说，养生首先是让人心通达神仙的存在状态。葛洪在《养生论》中亦云："一人之身，一国之象也。胸腹之设，犹宫室也；支体之位，犹郊境也；骨节之分，犹百官也；腠理之间，犹四衢也。神犹君也；血犹臣也；气犹民也。故至人能治其身，亦如明主能治其国。夫爱其民，所以安其国；爱其气，所以全其身。民弊国亡，气衰身谢。是以至人上士，乃施药于未病之前，不追修于既败之后。故知生难保而易散，气难清而易浊。若能审机权，可以制嗜欲，保全性命。"②葛洪对养生的理解与嵇康极为相似。他也很强调养神、养性的重要性。他认为，至人、上士通达了生命存在的本真状态，并能够依据这种本真状态来节制在世界之中的各种行为举止，控制身体在世界中的各种欲望，所以才能不染人间百病，才能保全性命。颜之推在《颜氏家训·养生》中云："夫养生者先须虑祸，全身保性，有此生然后养之，勿徒养其无生也。单豹养于内而丧外，张毅养于外而丧内，前贤所戒也。嵇康著《养生》之论，而以傲物受刑；石崇冀服饵之征，而以贪溺取祸，往世之所迷也。"③颜之推认为，养生首先在于"全身保性"，这与嵇康、葛洪的养神、养性理论是一致的。颜之推尤其反对不养性的养生。他认为，只有先养好了性，才能保全有形身体。如果仅仅为长寿而养生，忽略了人的精神存在，就会导致"无生"，招来各种祸害。只有内外兼养，才能获得养生的真正效果。

第四，魏晋人在养神的基础上提出了兼顾养神与养形的新理念。养神固然很重要，但是自身之神还需要寄存在形体之中，如果形体不存在了，神也就无以

---

① （清）严可均辑：《全三国文》，商务印书馆 1999 年版，第 503 页。
② （清）严可均辑：《全晋文》，商务印书馆 1999 年版，第 1235 页。
③ 王利器：《颜氏家训集解》（增补本），中华书局 1993 年版，第 361 页。

寄存了，也不可能存在，所以炼形也很重要。嵇康在《养生论》中云："又呼吸吐纳，服食养身，使形神相亲，表里俱济也。"[1]"形神相亲"成为魏晋人养生的核心理念。神不能离开形的支撑，形不能脱离神的支持，形神是一种相互依存的关系。"表里俱济"，形体是表，精神是里，精神与形体是互相支持、互相辅助的关系。嵇康一方面重视养神的核心地位，另一方面兼顾形神，让神有所寄，让形有所定，彰显了形神之间的依存关系。嵇康在养神保性的基础上，提出要注重养形，其云："然后蒸以灵芝，润以醴泉，晞以朝阳，绥以五弦，无为自得，体妙心玄，忘欢而后乐足，遗生而后身存。若此以往，恕可与羡门比寿，王乔争年，何为其无有哉！"[2]只有形神兼养，才能真正让生命回归无为自得的逍遥心境。同时，要充分利用各种外在之物，如灵芝、醴泉、朝阳、音乐等，调理精神，保养身体，这样才能达到长生久存的效果，甚至可以仙化。为了炼形，诸如服食灵芝等仙药、上药，就成为魏晋人养生必备的重要辅助手段。

葛洪在《养生论》中云："无久坐，无久行，无久视，无久听。不饥勿强食，不渴勿强饮。不饥强食则脾劳，不渴强饮则胃胀。体欲常劳，食欲常少，劳勿过极，少勿至饥。冬朝勿空心，夏夜勿饱食。早起不在鸡鸣前，晚起不在日出后。心内澄则真神守其位，气内定则邪物去其身。行欺诈则神悲，行争竞则神沮。轻侮于人当减算，杀害于物必伤年。行一善则魂神乐，构一恶则魄神欢。（原注：魄神乐死，魂神好生。）常以宽泰自居，恬淡自守，则身形安静，灾害不干。生录必书其名，死籍必削其咎。养生之理，尽于此矣。至于练还丹以补脑，化金液以留神，斯乃上真之妙道，盖非食谷啖血者越分而修之。万人之中，得者殊少，深可诫焉。"[3]葛洪在《养生论》中，强调不要让形体太劳累，要注重内心持守真神，养生之理就在于形神兼养。与此同时，他强调，要"炼还丹""化金液"，服食一些丹药来炼形，以便能够摆脱身体的虚弱状态，真正实现仙化。

颜之推在《颜氏家训·养生》中云："若其爱养神明，调护气息，慎节起卧，均适寒暄，禁忌食饮，将饵药物，遂其所禀，不为夭折者，吾无间然。诸药饵法，不废世务也。庾肩吾常服槐实，年七十余，目看细字，须发犹黑。邺中朝士，有单服杏仁、枸杞、黄精、术、车前，得益者甚多，不能一一说尔。吾尝患齿，摇动欲落，饮食

---

① （清）严可均辑：《全三国文》，商务印书馆1999年版，第501页。
② （清）严可均辑：《全三国文》，商务印书馆1999年版，第503页。
③ （清）严可均辑：《全晋文》，商务印书馆1999年版，第1235页。

热冷,皆苦疼痛。见《抱朴子》牢齿之法,早朝叩齿三百下为良;行之数日,即便平愈,今恒持之。此辈小术,无损于事,亦可修也。凡欲饵药,陶隐居《太清方》中总录甚备,但须精审,不可轻脱。近有王爱州在邺学服松脂,不得节度,肠塞而死,为药所误者甚多。"①颜之推认为,如果你们爱惜、保养精神,调理、卫护气息,小心节制睡眠,适应寒热变化,注意饮食禁忌,服用药物进行养生,就能够获得自身所禀赋的自然寿命,不至于夭折。颜之推一方面反对为了养生而养生;另一方面鼓励子孙要兼养形神,以通达人所具有的自然天年。他尤其强调,养生炼形要掌握服药之法,炼好了形体,年龄很老了,依旧可以处理世间的各种具体事务。他说,庾肩吾常常服用槐实,年纪七十多岁,还能够看清细小的文字,头发胡须都还是黑油油的。邺中朝臣,很多人单服杏仁、枸杞、黄精、术、车前等药物,养生效果也都很好。他还说,自己曾经患有牙病,牙齿摇摇欲坠,无论冷热饮食都会牙痛。后来看了《抱朴子》中记载的牢固牙齿的养生方法:早上起来,叩齿三百下就可以获得良效。他做了几天,牙病就好了,所以一直坚持早上叩齿。他还推荐子孙学习陶弘景的《太清方》,此书中收录的药方极为完备,要善于选取那些有用的方子,来适当服药,不可草率从事。有个叫王爱州的士人,在邺城学服松脂,由于不得节度,导致大肠梗塞而死亡。颜之推一方面提倡子孙要掌握有效的服药之法;另一方面提醒子孙,服药要小心为之,注意节度,不要为药所误。

梁陶弘景在《养性延命序》中云:"夫禀气含灵,唯人为贵。人所贵者,盖贵为生。生者神之本,形者神之具。神大用则竭,形大劳则毙。若能游心虚静,息虑无为,服元气于子后,时导引于闲室,摄养无亏,兼饵良药,则百年耆寿,是常分也。如恣意以耽声色,役智而图富贵,得丧恒切于怀,躁挠未能自遣,不拘礼度,饮食无节,如斯之流,宁免夭伤之患也?"②陶弘景这段话基本上概括了魏晋人的养生思想,以生为贵,养生要形神兼养。一方面让自身之神通达无心自由的神性状态,保持天性齐全;另一方面让自身之形不要受到损害,要善于炼形。如果要炼形,就要善于导引自身之气,同时,"兼饵良药",要适当服食一些药物。

第五,魏晋人重视形神兼养,炼形就成为养生中重要的辅助手段。服药炼形,就自然成为魏晋人生活中最为重要的事情之一。服药的文化传统,并非是魏晋人的发明。在中国早期文化传统中,古代圣人就善于利用服食药物来养性延

---

① 王利器:《颜氏家训集解》(增补本),中华书局1993年版,第356页。
② (梁)陶弘景集、王家葵校注:《养性延命录校注》,中华书局2014年版,第1页。

命。《神农经》曰:"食谷者智慧聪明,食石者肥泽不老(陶弘景注云:谓炼五石也),食芝者延年不死,食元气者地不能埋,天不能杀。是故食药者,与天地相毕,日月并列。"①《神农经》将食谷者与食石者、食芝者、食元气者区别开来,所食用的食物不同,获得的延年效果也不同。食谷者仅仅能帮助人提高智慧与聪明,而食石者、食芝者、食元气者都是食药者,可以帮助人延年益寿,使人不老、不死,甚至取得与日月齐寿的特殊效果。《山海经·西山经》云:"又西北四百二十里,曰峚山,其上多丹木,员叶而赤茎,黄华而赤实,其味如饴,食之不饥。丹水出焉,西流注于稷泽,其中多白玉,是有玉膏,其原沸沸汤汤,黄帝是食是飨。是生玄玉。玉膏所出,以灌丹木。丹木五岁,五色乃清,五味乃馨。黄帝乃取峚山之玉荣,而投之钟山之阳。瑾瑜之玉为良,坚粟精密,浊泽而有光,五色发作,以和柔刚。天地鬼神,是食是飨。君子服之,以御不祥。"郭璞注引《河图玉版》:"少室山,其上有白玉膏,一服即仙矣。"②这段文字记载了早期圣人黄帝食用玉石的神话历史。首先,峚山多产白玉,白玉能够化成玉膏,生成玄玉,而且峚山上的玉荣,被投到其他的山上,还可以生出瑾、瑜之类的新美质玉。其次,华夏民族的祖先黄帝饮食玉膏,同时,天地鬼神以玉膏为饮食物质。这也表明,在早期文化中,食用白玉、玉膏,不仅可以抵御不祥,甚至可以借此得道成仙。食用玉石、玉膏,保证了神性生命的不死永生。黄帝食玉,鬼神食玉,君子食玉,成为魏晋人服药的文化源头,也是魏晋人展开神仙想象的文化传统与力量依据。

《尚书·洪范》云:"惟辟作福,惟辟作威,惟辟玉食。臣无有作福作威玉食。"③周代的时候,只有君王才有资格玉食,臣子是不能玉食的,可见食用玉石会为早期君王带来一种特殊的神圣力量。屈原在《离骚》中云:"折琼枝以为羞兮,精琼爢以为粮。"张揖云:"琼树生昆仑西,流沙滨,大三百围,高万仞,其华食之长生。"王逸注云:"《诗》云:乃裹糇粮。言我将行,乃折取琼枝,以为脯腊,精凿玉屑,以为储粮,饮食香洁,冀以延年也。"④屈原以琼枝为馐,以玉屑为粮,也是早期玉食神话的延续与发展。诗人通过食用玉石来表达自己不与世俗同流合污的文化精神与独立品格,展示了与神仙为友的人生志趣。食玉神话赋予诗人

① (梁)陶弘景集、王家葵校注:《养性延命录校注》,中华书局2014年版,第7—8页。
② 袁珂校注:《山海经校注》,上海古籍出版社1980年版,第41页。
③ (汉)孔安国传、(唐)孔颖达疏:《尚书正义》,北京大学出版社2000年版,第370页。
④ (宋)洪兴祖撰、白化文等点校:《楚辞补注》,中华书局1983年版,第42页。

以神奇的长生力量,可以让凡俗之人得道成仙。司马相如在《大人赋》中云:"呼吸沆瀣兮餐朝霞,咀噍芝英兮叽琼华。"①此赋中大人的形象就是神仙存在,他不食人间的凡俗谷物,而是呼吸天地之间的自然元气,餐饮朝霞,服用芝兰之英,饮食琼玉之华。

服药文化并非是魏晋人发明的,而是传承了中国传统的文化,将饮食药物与生命存在联系起来,具有深厚悠远的文化底蕴与长生追求。如果简单地将魏晋人的药看成犹如鸦片之类的毒药,不仅遮蔽了服药的文化传统与意义编码,而且将治病之药毒物化了,这是对中国传统文化精神与意义的误读。

二、五石散:养生与治病的上药

魏晋人所服食的主要药物为五石散,又称为寒食散。从名称来看,五石散就是利用五种玉石来帮助祛除身体五脏的寒邪之气;寒食散就是通过食用五石散祛除体内寒气。唐代孙思邈在《千金翼方》卷二十二之《飞炼研煮五石及和草药服疗第二》中记载了各种"五石丸"的配方,如"五石肾气丸""五石乌头丸""三石肾气丸""五石更生散""五石护命散"等药方,都是由五石(紫石英、白石英、赤石脂、钟乳、石硫黄,这些石头都是早期玉石神话的承载者)及其他草药配方炼制而成。其中寒食散,就是五石更生散,所谓更生,就是让身体在失去力量时,再次获得生存力量。其药方如下:"紫石英、白石英、赤石脂、钟乳、石硫黄、海蛤、防风、栝楼、白术、人参、桔梗、细辛、干姜、桂心、附子。上一十五味捣筛为散,酒服方寸匕,日二,中间节量,以意裁之,万无不起。热烦闷,可冷水洗面及手足身体,亦可浑身洗,若热欲去石硫黄赤石脂,即名三石更生,一方言是寒食散,方出何侯,一两分作三薄,日移一丈再服,二丈又服。"②

在魏晋人的文化中,五石不是毒药,而是炼形、养生、延命的上药。晋代张华《博物志·药论》引《神农经》曰:"上药养命,谓五石之炼形,六芝之延年也。中药养性,合欢蠲忿,萱草忘忧。下药治病,谓大黄除实,当归止痛。夫命之所以延,性之所以利,痛之所以止,当其药应其痛也。违其药,失其应,即怨天尤人,设

---

① 费振刚、胡双宝、宗明华:《全汉赋》,北京大学出版社1997年版,第92页。

② (唐)孙思邈著,李景荣、苏礼、任娟莉等校释:《千金翼方校释》,人民卫生出版社1998年版,第339—340页。

鬼神矣。"①《神农经》将五石、六芝列为上药,五石可以炼形,六芝可以延年,都是用来养命的。而中药,如合欢、萱草等,是用来养性的。如大黄、当归等下药,是用来治病的。葛洪在《抱朴子内篇·仙药》中云:"仙药之上者丹砂,次则黄金,次则白银,次则诸芝,次则五玉,次则云母,次则明珠,次则雄黄,次则太乙禹余粮,次则石中黄子,次则石桂,次则石英,次则石脑,次则石硫黄,次则石粕,次则曾青,次则松柏脂、茯苓、地黄、麦门冬、木巨胜、重楼、黄连、石韦、楮实、象柴,一名托卢是也。"②葛洪将五玉、石英、石硫黄等列为上药。《抱朴子内篇·金丹》云:"又有九光丹,与九转异法,大都相似耳。作之法,当以诸药合火之,以转五石。五石者,丹砂、雄黄、白礜、曾青、慈石也。一石辄五转而各成五色,五石而二十五色,色各一两,而异器盛之。欲起死人,未满三日者,取青丹一刀圭和水,以浴死人,又以一刀圭发其口内之,死人立生也。欲致行厨,取黑丹和水,以涂左手,其所求如口所道皆自至,可致天下万物也。欲隐形及先知未然方来之事,及住年不老,服黄丹一刀圭,即便长生不老矣。及坐见千里之外,吉凶皆知,如在目前也。人生宿命,盛衰寿夭,富贵贫贱,皆知之也,其法俱在《大清经》中卷耳。"③葛洪所记载的五石,在具体配方方面可能与魏晋人的五石散有所差异,但是功效却与五石散极为相似,可以起死回生,可以行厨,可以隐身,可以预知未来之事,甚至长生不老。

　　魏晋人服食五石散的功效之一:令人精神矍铄,神明充沛。《世说新语·言语第二》第十四条中,何平叔云:"服五石散,非唯治病,亦觉神明开朗。"刘孝标注引《寒食散论》曰:"寒食散之方虽出汉代,而用之者寡,靡有传焉。魏尚书何晏首获神效,由是大行于世,服者相寻也。"④隋朝巢元方《诸病源候总论卷六·寒食散发侯篇》引皇甫谧云:"寒食药者,世莫知焉,或言华佗,或曰仲景。……及寒食之疗者,御之至难,将之甚苦。近世尚书何晏,耽好声色,始服此药;心加开朗,体力转强。京师翕然,传以相授,历岁之困,皆不终朝而愈。众人喜于近利者,不睹后患。晏死之后,服者弥繁,于时不辍,余亦豫焉。"⑤何晏是魏晋玄学的开启者,也是魏晋服药文化的兴起者。何晏服药是从东汉士人那里学来的,具有

①　(晋)张华撰、范宁校证:《博物志校证》,中华书局1980年版,第48页。

②　王明:《抱朴子内篇校释》,中华书局1985年版,第196页。

③　王明:《抱朴子内篇校释》,中华书局1985年版,第78页。

④　徐震堮:《世说新语校笺》,中华书局1999年版,第391页。

⑤　南京中医学院校释:《诸病源候论校释》,人民卫生出版社1980年版,第171页。

一定的文化渊源。何晏服药的目的不是治病而是养生。在何晏那里，养生与体无的玄理几乎同时出现。这也说明，只要追求文化大道与精神之无，就自然会重视身体的有形存在，就自然会顺应天地四时之气运，讲究养生。史料记载，何晏服药以后"神明开朗"，身体内部的能量结构及外部的容姿气度，都得到了极大改善。从身体的外部表征来看，服药效果表现为容颜焕发，精力充沛。可见，药物给身体内部结构与外部容姿都带来了奇特的效果。药物效果极大地激发了魏晋名士对药的兴趣与追求，他们利用服药对身体生命展开了重新思考。

魏晋人服食五石散的功效之二：令身体轻松自如，健步如飞。服药以后的身体，明显摆脱了疲惫生病的状态，由体弱无力的病态变得充满活力，似乎给沉重的身体注入了一股神奇的力量，这股力量温暖着、支配着垂老衰败的身体，让身体重新感到青春回归，使人体验到了愉悦的神仙状态。《抱朴子内篇·仙药》云："玉亦仙药，但难得耳。《玉经》曰：服金者寿如金，服玉者寿如玉也。又曰：服玄真者，其命不极。玄真者，玉之别名也。令人身飞轻举，不但地仙而已。然其道迟成，服一二百斤乃可知耳。玉可以乌米酒及地榆酒化之为水，亦可以葱浆消之为饴，亦可饵以为丸，亦可烧以为粉，服之一年已上，入水不沾，入火不灼，刃之不伤，百毒不犯也。不可用已成之器，伤人无益，当得璞玉，乃可用也。得于阗国白玉尤善。其次有南阳徐善亭部界中玉及日南卢容水中玉亦佳。赤松子以玄虫血渍玉为水而服之，故能乘烟上下也。玉屑服之与水饵之，俱令人不死。所以为不及金者，令人数数发热，似寒食散状也。若服玉屑者，宜十日辄一服雄黄丹砂各一刀圭，散发洗沐寒水，迎风而行，则不发热也。董君异尝以玉醴与盲人服之，目旬日而愈。有吴延稚者，志欲服玉，得玉经方不具，了不知其节度禁忌，乃招合得珪璋环璧，及校剑所用甚多，欲饵治服之，后余为说此不中用，乃叹息曰：事不可不精，不但无益，乃几作祸也。"[1]葛洪描绘了服玉以后的药效，可以"令人身飞轻举"，其身体轻松的表征与服食寒食散之后极为相似。《全晋文卷二十六·王羲之帖》："服足下五色石膏散，身轻，行动如飞也。足下更与下匕致之不？治多少，寻面言之。委曲之事，实亦□人，寻过江言散。"[2]《全晋文卷二十七·王献之帖》："迟复来告，操之故平平，已再服散，冀得力。献之亦忘愦勿，谨

① 王明：《抱朴子内篇校释》，中华书局1985年版，第204页。
② （清）严可均辑：《全晋文》，商务印书馆1999年版，第257页。

拜疏不具。操之等再拜。"①在日常信件中，王羲之、王操之、王献之父子多次提到服食五石散，尤其记载了服食五石散以后的身体状况。"身轻"，就是身体轻松自如，犹如神仙一般，飘飘有凌云之感。"行动如飞"，指身体灵活善动，四肢不再僵硬，摆脱了僵死衰亡的状态，具有飞升的轻松体验。"冀得力"，就是希望服药之后，能够获得一种神奇的内部力量，让身体重获青春的活力。这也说明，魏晋人对服药充满着期待与希冀。

魏晋人服食五石散的功效之三：希望转变体质羸弱、有气无力的身体现状，增强身体抵抗衰老的能力。唐代孙思邈《备急千金要方》卷第二十四《解五石毒第三》云："人不服石，庶事不佳，恶疮疥癣，温疫疟疾，年年常患，寝食不安，兴居常恶，非止己事不康，生子难育，所以石在身中，万事休泰，要不可服五石也。人年三十以上，可服石药，若素肥充，亦勿妄服。四十以上，必须服之。五十以上，三年可服一剂。六十以上，二年可服一剂。七十以上，一年可服一剂。又曰：人年五十以上，精华消歇，服石犹得其力。六十以上转恶，服石难得力。所以常须服石，令人手足温暖，骨髓充实，能消生冷，举措轻便，复耐寒暑，不著诸病，是以大须服。凡石皆熟炼用之。"②人到了三十岁之后，体内阳气开始逐渐衰退，精气明显不足，身体较为沉重，面容趋于衰老。如果"人不服石"，就会"庶事不佳"，身体就会出现各种不良的病态症状，日常饮食生活也会出现不安。只有"石在身中"，才能"万事休泰"。可见服食五石散可以延缓人的身体衰老，防止各种病症过早到来。尤其是人五十岁以后，精气已经衰竭，出现严重不足的时候，就更"常须服石"。服石就是帮助人体恢复衰竭的精气，只有补足精气，才能延缓身体机能的衰竭，达到延年益寿的目的。服用五石散，可以补足人体五脏的精气，是人体抵抗因为精气衰竭而趋于衰老死亡的文化途径。《全晋文卷二十二·王羲之帖》云："十一月十三日告期等，得所高馀姚并吴兴二十八日二疏，知并平安，慰。吾平平，比服寒食酒，如似为佳，力因王会稽，不一一，阿耶告知。"③《全晋文卷二十五·王羲之帖》云："六日西也云，仁祖服石散一齐，不觉佳，酷羸至可忧，力知问。王羲之书白。"④王羲之不仅自己服食五石散，而且记载了谢尚身

① （清）严可均辑：《全晋文》，商务印书馆1999年版，第267页。
② （唐）孙思邈著，李景荣、苏礼、任娟莉等校释：《备急千金要方校释》，人民卫生出版社1998年版，第518页。
③ （清）严可均辑：《全晋文》，商务印书馆1999年版，第214页。
④ （清）严可均辑：《全晋文》，商务印书馆1999年版，第241页。

体羸弱也服石一剂,但是因其身体羸弱至极,服用少量的五石散,效果也不明显。面对生命力的衰退,魏晋人服用五石散,希望通过五石的补气补精作用,延缓身体器官的功能衰退,提高身体抵抗各种疾病的免疫力。

魏晋人服食五石散的功效之四:可以治疗疾病,尤其是治疗疑难杂症。唐代孙思邈《千金翼方》卷第二十二之《飞炼研煮五石及和草药服疗第二》云:"五石更生散治男子五劳七伤,虚羸著床,医不能治,服此无不愈,惟久病者服之,其年少不识事,不可妄服之,明于治理,能得药适可服之,年三十勿服,或肾冷脱肛阴肿,服之尤妙方。"①孙思邈认为,五石散可以治疗男子"五劳七伤"的严重病症。所谓"五劳七伤",就是人体因为过度放纵欲望,导致五脏精气提早衰竭,七窍受损。这种疾病是一种精气衰竭、五脏受损的虚弱之病,属于一种极度体虚、羸弱的大众病,其他药方很难治好,只有服用五石散可以获得较好的疗效。关于"五劳七伤"之病,孙思邈《千金翼方》卷十五之《补益·叙虚损论第一》云:"凡人不终眉寿,或致夭殁者,皆由不自爱惜,竭情尽意,邀名射利,聚毒攻神,内伤骨髓,外败筋肉,血气将亡,经络便壅,皮里空疏,惟招蠹疾。正气日衰,邪气日盛,不异举沧波以注爝火,颓华岳而断涓流,语其易也,又甚于此。然疾之所起,生自五劳,五劳既用,二脏先损,心肾受邪,腑脏俱病,故彭祖论别床异被之戒,李耳陈黄精钩吻之谈,斯言至矣。……五劳者,一曰志劳,二曰思劳,三曰心劳,四曰忧劳,五曰疲劳。……七伤者,一曰阴寒,二曰阴痿,三曰里急,四曰精连连而不绝,五曰精少囊下湿,六曰精清,七曰小便苦数,临事不卒,名曰七伤。七伤为病,令人邪气多,正气少,忽忽喜忘而悲伤不乐,夺色黧黑,饮食不生肌,肤色无润泽,发白枯槁,牙齿不坚,目黄泪出,远视䀮䀮,见风泪下,咽焦消渴,鼻衄唾血,喉仲介介不利,胸中噎塞,食饮不下,身寒汗出,肌肉酸疼,四肢沉重,不欲动作。膝胫苦寒,不能远行,上重下轻,久立腰背苦痛,难以俯仰,绕脐急痛。饥则心下虚悬,唇干口燥,腹里雷鸣,胸背相引痛,或时呕逆不食,或时变吐,小便赤热,乍数时难,或时伤多,或如针刺,大便坚涩,时泄下血。身体瘙痒,阴下常湿,黄汗自出。阴痿消小,临事不起,精清而少,连连独泄,阴端寒冷,茎中疼痛,小便余沥,卵肿而大,缩入腹中。四肢浮肿,虚热烦疼,乍热乍寒,卧不安席。心如杵舂,惊悸失脉,

---

① (唐)孙思邈著,李景荣、苏礼、任娟莉等校释:《千金翼方校释》,人民卫生出版社 1998 年版,第 339 页。

呼吸乏短。时时恶梦，梦与死人共食入冢。"①大部分男人之所以会患"五劳七伤"之病，是因为他们在社会中追名逐利，欲望太多。这种病是人急功近利、求名求誉导致的通病、大病。魏晋人服药，治的就是士人在现实世界中丢失灵魂的状态，以及由此而导致的身体病痛。人在流俗世界，因为受到"有己"之累，过分放纵有形的欲望，任由人心在世界万物中沉沦，丧失了精气自身循环补充的正能量，体内正气大量耗费，导致邪气侵入身体，生命就在无尽的器官欲望中，逐渐衰老、生病、死亡，有形身体变成了一台破败不堪、颓废罢工的空洞机器。魏晋人服药，是为了召唤和重拾生命灵魂，让灵魂重新回归有形身体，让身体脏腑器官摆脱内外邪气的侵扰，重新恢复身体的正能量。孙思邈《千金翼方》卷第十五之《补益》云："病患已成，即须勤于药饵，所以立补养之方，此方皆是五石三石大寒食丸散等药，自非虚劳成就，偏枯著床，惟向死近，无所控告者，乃可用之，斯诚可以起死人耳。平人无病，不可造次著手，深宜慎忌。"②"五石""三石""大寒食丸散"等药物，可以"起死人"，具有起死回生的疗效。嵇含在《寒食散赋（并序）》中云："余晚有男儿，既生十朔，得吐下积日，羸困危殆，决意与寒食散，未至三旬，几于平复，何（下阙）……矜孺子之坎坷，在孩抱而婴疾。既正方之备陈，亦旁求于众术。穷万道以弗损，渐丁宁而积日。尔乃酌醴操散，商量部分，进不访旧，旁无顾问。伟斯药之入神，建殊功于今世。起孩孺于重困，还精爽于既继。"③嵇含的孩子病情严重，几乎快要死了。面对奄奄一息的孩子，嵇含决定用"寒食散"来试一试。没过三旬，小孩的病竟然真的好了。嵇含对"寒食散"的神奇疗效充满了感激之情，他说，这种药物实在是太了不起了，竟然有如此神奇的功效，让病危无望的小孩重新恢复健康，重新恢复自身的精爽。《全晋文卷二十三·王羲之帖》云："姊累告安和，梅妹大都可行，袁妹极得石散力，然故不善佳，疾久尚忧之。"④《全晋文卷二十四·王羲之帖》云："想大小皆佳，知宾犹伏尔，耿耿。想得夏节佳也。念君劳心，贤妹大都转差，然以故有时呕食不已，是老年衰疾，更亦非可仓卒。大都转差为慰，以大近不复服散，当将陟厘也。此药为益，如

413

① （唐）孙思邈著，李景荣、苏礼、任娟莉等校释：《千金翼方校释》，人民卫生出版社 1998 年版，第 224—225 页。
② （唐）孙思邈著，李景荣、苏礼、任娟莉等校释：《千金翼方校释》，人民卫生出版社 1998 年版，第 225—226 页。
③ （清）严可均辑：《全晋文》，商务印书馆 1999 年版，第 675—676 页。
④ （清）严可均辑：《全晋文》，商务印书馆 1999 年版，第 226 页。

君告。"①《全晋文卷二十七·王献之帖》云："献之昨来复下,如欲作癖,殊乏极。服石的丸,冀得力。"②王羲之、王献之等人服食五石散,治疗各种疾病,也获得了较好的疗效。

古人认为,人从三十岁就开始进入衰老,这意味着人的生命力开始由强盛走向衰弱。如何延缓身体的垂老状态? 如何才能摆脱这种身体衰老的不争现实?服药成为魏晋人改变身体结构与生命力量的希望所在。作为养生炼形延命的上药,可以说,五石散点燃了魏晋人对生命遐思的火花,激发了魏晋名士对生命新能量的极大崇拜,也承载了魏晋文化的生命价值和身体想象。

三、服药与魏晋人的生活风度

在魏晋人的文化建构中,药物不是毒品,而是充满神性的生命存在。只有服药物,人的生命力才能永不衰退,才能永远保持健康。服食药物,直接关乎人的生命存在问题,集中体现了魏晋人对生命的体悟与遐思。药成为点燃魏晋名士生命激情、开启本性存在的新符号,也成为魏晋风度的新体验和新生活。魏晋人服药,是为了养生,为了让生命成为健康、轻松的有力存在。因此,他们的日常生活也必须按照药物之性来展开,药物直接改造了魏晋人的生命与身体,同时直接影响了魏晋人的生活规律。隋朝巢元方在《诸病源候论卷六·寒食散发候篇》中引皇甫谧论云:"然寒食药者,……御之至难,将之甚苦。……服药之后,宜烦劳,不能行者,扶起行之。常当寒衣、寒饮、寒食、寒卧,极寒益善。……又当数冷食,无昼夜。一日可六七食。……药虽良,令人气力兼倍,然甚难将息。大要在能善消息节度,专心候察,不可失意,当绝人事。"③其又云:"要当违人理,反常性。重衣更寒,一反也;饥则生臭,二反也;极则自劳,三反也;温则滞利,四反也;饮食欲寒,五反也;痈疮水洗,六反也。当洗勿失时,一急也;当食勿忍饥,二急也;酒必淳清令温,三急也;衣温便脱,四急也;食必极冷,五急也;卧必衣薄,六急也;食不厌多,七急也。冬寒欲火,一不可也;饮食欲热,二不可也;常疹自疑,三不可也;畏避风凉,四不可也;极不能行,五不可也;饮食畏多,六不可也;居贫厚

① (清)严可均辑:《全晋文》,商务印书馆1999年版,第233页。
② (清)严可均辑:《全晋文》,商务印书馆1999年版,第271页。
③ 南京中医学院校释:《诸病源候论校释》,人民卫生出版社1980年版,第171—179页。

席,七不可也;所欲从意,八不可也。务违常理,一无疑也;委心弃本,二无疑也;寝处必寒,三无疑也。"①针对服用五石散应注意的情况,巢元方总结了一些具体的做法。其基本原则是必须断绝各种人事,必须有违于人之常情与本性,也就是说,再不能按照一般人的生活习惯来生活,一切反常规的特殊生活才能帮助人体吸纳药物的神奇力量,药物才能获得较好的治疗效果。这些反常规的生活特性概括起来,就是他的"六反""七急""八不可""三无疑"。为了让药物获得更好的治疗效果,名士们往往在生活中违人理,反常性,这样就使魏晋人的日常生活作风一反常规,与众不同。他们高标独异,充满个性。魏晋名士的服药生活,改变了他们日常的生活节奏和生活结构,要喝温酒,经常行散,穿宽大衣服,光着脚丫,穿屐而行。这些都成为魏晋人服药后的新生活与新风度。否则,药物不仅不会改善身体的衰弱现状,反而会直接危害人的性命。

魏晋人尚酒,但服药必须喝温酒。唐代孙思邈《千金翼方》卷第二十二之《解石及寒食散并下石第四》云:"凡是五石散,先名寒食散者,言此散宜寒食,冷水洗取寒,惟酒欲清热饮之,不尔即百病生焉。"②孙思邈《备急千金要方》卷第二十四《解五石毒第三》云:"凡石之发,当必恶寒头痛,心闷,发作有时,状如温疟,但有此兆,无过取冷水淋之,得寒乃止。一切冷食,唯酒须温。"③服了药物之后,生活饮食方面必须冷饮,唯独饮酒,必须喝温酒。如果不喝温酒,就会产生百病。服药原本是为了养生,百病生意味着伤害了身体,这不符合魏晋人养生的文化追求。《世说新语·任诞第二十三》第五十条:"桓南郡被召作太子洗马,船泊荻渚。王大服散后已小醉,往看桓。桓为设酒,不能冷饮,频语左右令'温酒来',桓乃流涕呜咽,王便欲去。桓以手巾掩泪,因谓王曰:'犯我家讳,何预卿事?'王叹曰:'灵宝故自达。'"④桓玄应召出任太子洗马,赴任途中,经过荻渚小洲。王忱服食了一些五石散,喝了点小酒,有些醉意,去探望桓玄。桓玄设宴招待王忱,王忱不能喝冷酒,就频频告诉随从,"让他们温酒来"。桓玄听了,就低声哭泣起来。王忱不好意思,打算提早离开。桓玄用手巾擦着眼泪,对王忱说:"你说'温

---

① 南京中医学院校释:《诸病源候论校释》,人民卫生出版社1980年版,第208页。

② (唐)孙思邈著,李景荣、苏礼、任娟莉等校释:《千金翼方校释》,人民卫生出版社1998年版,第344页。

③ (唐)孙思邈著,李景荣、苏礼、任娟莉等校释:《备急千金要方校释》,人民卫生出版社1998年版,第518页。

④ 徐震堮:《世说新语校笺》,中华书局1999年版,第409页。

酒'，犯了我的家讳，但这不关你的事。"王忱听了，赞叹道："灵宝确实能自达。"王忱因为服了药，因此在宴会中不停叮嘱随从要温酒来。"温酒"就成了魏晋名士的生活作风，是五石散药性的需要，也成为魏晋人生活的文化规定和独特话语，这是不能随意打破的，必须遵守。《全晋文卷二十七·王献之帖》云："献之比日如复小胜，因夜行忽复下，如欲作癖。今服药，尽温燥理，冀当可耳。然异极都□得复小失和，卿恶亦不复得。妄近生冷，体气顿至此，令人绝叹。行有佳酒，便服。"①王献之服药后，生活必须符合"温燥"之理，希望能够让身体状况更好一些。如果遇到"佳酒"，当然必须是热酒，"便服"，因为温酒可以帮助药性进入体内，使身体尽早获得药性能量。当然，有的名士在服药后不注意饮温酒，因此丢了性命，如著名清谈家裴秀，"服寒食散，当饮热酒而饮冷酒，泰始七年薨"②。

其次，魏晋人服药之后，为了让药性顺利消化融入身体，必须行散，利用合理的运动来帮助脾胃运化与吸收药物。服药成为魏晋人的日常之事，行散也就成为生活常事。行散不是有世俗目的的日常行为，而是通过无目的的散步让药物消化，使药性融入身体。魏晋人的行散是充满神话色彩与诗情画意的。《世说新语·赏誉第八》第一百五十三条："王恭始与王建武甚有情，后遇袁悦之间，遂致疑隙。然每至兴会，故有相思时。恭尝行散至京口谢堂，于时清露晨流，新桐初引。恭目之曰：'王大故自濯濯。'"③王恭与建武将军王忱关系很好，后来受到袁悦的离间，便产生了嫌隙。可是，王恭每到兴致的时候，还是会想起王忱。有一次，王恭服药后行散，走到了京口的谢堂，当时，清露在晨光中闪动，新桐刚刚吐出嫩芽，王恭触景生情，又想起王忱，就说：王大确实是一个清净爽朗之人。行散之中，王恭看到野外的美好景致，想起了与王忱之间曾经的美好友谊，尤其想起了王忱犹如初春的清露，犹如新桐的嫩芽，那样清净，那么爽朗，此时人间的纷争，也被暂时忘记了和放下了。行散之中，王恭发现了自然世界的清新与美好，重新体验了人情的美好。《世说新语·文学第四》第一百零一条："王孝伯在京，行散至其弟王睹户前，问：'古诗中何句为最？'睹思未答。孝伯咏'所遇无故物，焉得不速老'。'此句为佳。'"④王恭在京口的时候，有一次行散，来到他弟弟王

416

---

①　(清)严可均辑：《全晋文》，商务印书馆1999年版，第271—272页。

②　(唐)房玄龄等：《晋书》，中华书局1974年版，第1040页。

③　徐震堮：《世说新语校笺》，中华书局1999年版，第271页。

④　徐震堮：《世说新语校笺》，中华书局1999年版，第149页。

爽家门口,就问王爽:古诗里哪一句最好?王爽正在考虑的时候,王恭就吟诵起"所遇无故物,焉得不速老",并说,这句才是最好的。行散活动,让王恭深深体验到,一路上所遇的各种事物都在发生变化,已经不是以前的事物了。时光流逝,生死无常,物是人非,各种景象都触动着他对人生易逝的深切体验,让他感悟到人实在是太容易衰老了。魏晋人在行散的过程中,获得了深沉的思考,生命由此而变得更有深度了。魏晋名士对现实生命存在的焦虑和痛苦,对生命时间的体悟,类似于东汉末年的士人。但他们利用服药与行散的生命体验,希望超越有形生命的时间界限,获得对自然生命的独特体验,这表明魏晋人对线性生命时间的文化反思与超越实践,表达了他们对自然生命存在的重视和渴望。

行散可以为人提供独处的时间与空间,魏晋人往往在行散过程中,超越各种世俗的利害关系思考人间的各种事情,显示了一种超脱世俗的人生风度。《世说新语·言语第二》第一百条:"谢景重女适王孝伯儿,二门公甚相爱美。谢为太傅长史,被弹,王即取作长史,带晋陵郡。太傅已构嫌孝伯,不欲使其得谢,还取作咨议。外示縈维,而实以乖间之。及孝伯败后,太傅绕东府城行散。僚属悉在南门,要望侯拜。时谓谢曰:'王宁异谋,云是卿为其计。'谢曾无惧色,敛笏对曰:'乐彦辅有言:岂以五男易一女。'太傅善其对,因举酒劝之曰:'故自佳,故自佳。'"[1]谢重的女儿嫁给了王恭的儿子,两位亲家关系很好。谢重担任太傅司马道子的长史,被人弹劾以后,王恭就想请谢重担任自己的长史,并兼管晋陵郡。司马道子与王恭早有矛盾,不想让王恭得到谢重,就安排谢重任自己的咨议。这在表面上是挽留谢重,实际上是为了离间他们之间的亲家关系。等到王恭起兵失败后,司马道子有一次服药后,绕着东府城墙行散,一班臣僚都在南门迎候参拜。司马道子看到谢重就说:王恭谋反,听说是你给他出的主意。谢重听后,毫不心慌,以笏为礼说:乐广曾经说过,"我怎么会用五个儿子去换一个女儿呢?"司马道子认为他回答得很好。司马道子行散之后,与臣僚讨论政事,并且喝酒,改变了一般的行政方式。《世说新语·德行第一》第四十一条:"初,桓南郡、杨广共说殷荆州,宜夺殷颛南蛮以自树。颛亦即晓其旨。尝因行散,率尔去下舍,便不复还。内外无预知者。意色萧然,远同斗生之无愠。时论以此多之。"[2]当初,桓玄与杨广一起去劝说荆州刺史殷仲堪,认为应该夺取殷颛主管的南蛮地区,以

①　徐震堮:《世说新语校笺》,中华书局 1999 年版,第 85 页。
②　徐震堮:《世说新语校笺》,中华书局 1999 年版,第 25 页。

扩大自己的势力范围。殷顗也很快明白了他们的政治意图。有一次趁着行散，殷顗就随便地离开了家，便不再回来。这件事情预先没有人知道。殷顗神态悠闲，离开自己的家庭，放弃手中的权力，就如楚国子文一样，放弃令尹之位，丝毫没有怨恨之情。大家都称赞殷顗的萧散行为。殷顗已经看出了殷仲堪、桓玄、杨广等人的政治图谋，自己如果不从，很可能会招来杀身之祸。殷顗没有因为失去权力而焦虑，而是借用行散的机会悄然离去，主动放弃世俗的权力斗争，让自己的性命得以保存。这也体现了魏晋人以生命为重的人生价值观念。

服药后，身体容易发热，因此，魏晋人的服饰比较宽松。魏晋人穿着宽松的服饰，容姿焕发，确实具有神仙般的风采。《世说新语·企羡第十六》第六条："孟昶未达时，家在京口。尝见王恭乘高舆，被鹤氅裘。于是微雪，昶于篱间窥之，叹曰：此真神仙中人。"[1]王恭坐着高车，身着宽大的鸟羽轻裘，独立于白雪之中，这种景象不是人间所有，所以孟昶在竹篱之后偷看这番景象，并赞叹说：这个人真是神仙中人。魏晋人的药，赋予了他们一种超越世间的高标独特个性，这种独特个性与服药后的宽大服饰也是密不可分的。

同样的道理，魏晋人所穿的屐履也与服药有关。因此，就有了阮孚好屐之事。《世说新语·雅量第六》第十五条："祖士少好财，阮遥集好屐，并恒自经营。同是一累，而未判其得失。人有诣祖，见料视财物。客至屏当未尽，余两小簏，著背后，倾身障之，意未能平。或有诣阮，见自吹火蜡屐，因叹曰：'未知一生当著几量屐？'神色闲畅。于是胜负始分。"[2]祖约好财，阮孚好屐，财物与屐都是身外之物，这两种嗜好都是恋物之病。有人到祖约家，看见他正在收拾财物，客人来了，还没有收拾完，剩下两小箱子，他就放在背后，用身子挡着，时常显露出心神不宁的样子。又有人到阮孚家，看到他在为木屐打蜡，他一边打蜡，一边感叹：不知道人生这一辈子还能穿破几双木屐啊！他说话时神态依然安详自在。祖约因为外在的钱财弄得心神不宁，而阮孚好屐，却通过木屐时时体悟到人生的无常，但又能不为人生面临死亡而感到神伤。毫无疑问，同样是嗜好，阮孚却远远高于祖约。

木屐作为名士的日常生活用品，在关键的时刻能成为名士风度的重要标志。《世说新语·雅量第六》第三十六条："王子猷、子敬曾俱坐一室，上忽发火。子

---

① 徐震堮：《世说新语校笺》，中华书局 1999 年版，第 347 页。
② 徐震堮：《世说新语校笺》，中华书局 1999 年版，第 199—200 页。

献遽走避，不惶取屐。子敬神色恬然，徐唤左右，扶凭而出，不异平常。世以此定二王神宇。"①同样面对着生命的危险，王徽之急忙逃难，连木屐也来不及穿，显得极为狼狈。王献之却神色安详，慢悠悠地让随从搀扶着走出来，跟平时一样，显得极为镇定。一个不取木屐，一个神情悠闲，兄弟俩的神态气宇高下立判，不言而喻。

魏晋人喜穿木屐，出行在外，就可以听到由远而近的屐声。屐声成为名士日常风度的重要声音标志。《世说新语·容止第十四》第二十四条："庾太尉在武昌，秋夜气佳景清，使史殷浩、王胡之之徒登南楼理咏。音调始遒，闻函道中有屐声甚厉，定是庾公。俄而率左右十许人步来，诸贤欲起避之。公徐云：'诸君少住，老子于此处兴复不浅。'因便据胡床，与诸人咏谑，竟坐甚得任乐。后王逸少下，与丞相言及此事，丞相曰：'元规尔时风范，不得不小颓。'右军答曰：'唯丘壑独存。'"②太尉庾亮在武昌的时候，正值秋高气爽，景色清幽。他的属官殷浩、王胡之等人登上南楼清谈，谈的正兴起时，听到楼道边传来一阵阵很重的木屐声，他们料定是庾亮来了。不一会儿，庾亮带着十多个随从走来，大家就起身回避。庾亮慢慢地对大家说：诸君暂且留步，我对清谈也很感兴趣。庾亮于是坐下了，与大家一起清谈玄理，大家都很尽兴。后来王羲之来到京都，与王导讨论此事，王导说：庾亮那个时候，不得不稍稍收敛一点。王羲之回答：他还是保留了玄对山水的情怀。庾亮的出场，人身未到，屐声先行。重重的屐声，一方面显示了庾亮身份与众不同，另一方面表明此时的庾亮心情极为沉重。但是屐声所到之处，名士的清谈义理与玄胜之风也就开始了。

药物承载了魏晋人的生命期待，也改变了他们的日常生活习惯。温酒、行散、服饰及木屐，都是随着服药行为而生发的名士生活行为，这些行为展示了魏晋人对生命、生活的直接体验，尤其贯穿了他们的生命价值与高标个性，是魏晋风度不可或缺、充满诗意的重要部分。

四、服药失节后的生命代价

魏晋人以五石散养生治病，是为了实现人对有形身体的超越，获得生命的原

---

① 徐震堮：《世说新语校笺》，中华书局 1999 年版，第 209—210 页。

② 徐震堮：《世说新语校笺》，中华书局 1999 年版，第 339 页。

初本性与洪荒之力。而世俗的人不懂得"生生"之道，只会"煞生"，他们用各种方法耗费自身的精气，以致百病缠身，不可救药。《吕氏春秋·本生》云："人之性寿，物者抇（乱）之，故不得寿。物也者，所以养性也，非所以性养也。今世之人，惑者多以性养物，则不知轻重也。不知轻重，则重者为轻，轻者为重矣。若此，则每动无不败。"①人天性是长寿的，但因为万物的搅乱，而不得长寿。万物原本是用来颐养天性的，并不是要人用性命去追逐外物。而世俗之人，大多处于人性困惑之中，他们常常以人性来赡养万物，追逐诸物，而耗费自身精气，真是轻重不分，贵贱颠倒，所以做任何事情都会迷失本性，使自身精神颓败。

420

《抱朴子内篇·极言》云："俗民既不能生生，而务所以煞生。夫有尽之物，不能给无已之耗；江河之流，不能盈无底之器也。凡人利入少而费用多者，犹不供也，况无锱铢之来，而有千百之往乎？人无少长，莫不有疾，但轻重言之耳。而受气各有多少，多者其尽迟，少者其竭速。其知道者补而救之，必先复故，然后方求量表之益。若令服食终日，则肉飞骨腾，导引改朔，则羽翮参差，则世间无不信道之民也。患乎升勺之利未坚，而钟石之费相寻，根柢之据未极，而冰霜之毒交攻。不知过之在己，而反云道之无益，故捐丸散而罢吐纳矣。故曰非长生难也，闻道难也；非闻道难也，行之难也；非行之难也，终之难也。良匠能与人规矩，不能使人必巧也。明师能授人方书，不能使人必为也。夫修道犹如播谷也，成之犹收积也。厥田虽沃，水泽虽美，而为之失天时，耕锄又不至，登稼被垄，不获不刈，顷亩虽多，犹无获也。凡夫不徒不知益之为益也，又不知损之为损也，夫损易知而速焉，益难知而迟焉，人尚不悟其易，安能识其难哉？夫损之者如灯火之消脂，莫之见也，而忽尽矣。益之者如苗禾之播殖，莫之觉也，而忽茂矣。故治身养性，务谨其细，不可以小益为不平而不修，不可以小损为无伤而不防。凡聚小所以就大，积一所以至亿也。若能爱之于微，成之于著，则几乎知道矣。"②葛洪认为，世俗之人因为不懂什么是道生，而常常"煞生"，即伤害生命。名士重视养生，首先必须"闻道"，其次要坚持"行道"，最后是"终道"。也就是说，养生必须自始至终坚持自然大道的文化价值，用有道的文化价值来开启养生之途，来调节养生之度。魏晋人的养生，就是在"修道"，"务谨其细"，损益有节有度，真正做到聚小成大，积少成多，是真正的养生。

① 许维遹：《吕氏春秋集释》，中华书局 2009 年版，第 13—14 页。
② 王明：《抱朴子内篇校释》，中华书局 1985 年版，第 240 页。

世俗之人的养生还有一个特点,就是人已经病入膏肓了,才想起来养生。他们常常埋怨天气的风冷与暑湿,却不知道,同样是风冷暑湿,有的人身体强壮而不为风冷暑湿之气入侵,只有那些身体虚弱、精气不足的人,才不能抵抗风冷暑湿的天气变化,以致身体患病。可见,外部邪气与体内邪气相应,才是疾病产生的根源。有形身体因为人心无道而精气耗散,以致邪气附体,体质下降,身体羸弱,容易生病。《抱朴子内篇·极言》云:"人生之为体,易伤难养。……世人以觉病之日,始作为疾,犹以气绝之日,为身丧之候也。唯怨风冷与暑湿,不知风冷暑湿,不能伤壮实之人也,徒患体虚气少者,不能堪之,故为所中耳。何以较之,设有数人,年纪老壮既同,服食厚薄又等,俱造沙漠之地,并冒严寒之夜,素雪堕于上,玄冰结于下,寒风摧条而宵骇,欷唾凝沍于唇吻,则其中将有独中冷者,而不必尽病也。非冷气之有偏,盖人体有不耐者耳。故俱食一物,或独以结病者,非此物之有偏毒也。钧器齐饮,而或醒或醉者,非酒势之有彼此也。同冒炎暑,而或独以暍死者,非天热之有公私也。齐服一药,而或昏瞑烦闷者,非毒烈之有爱憎也。是以冲风赴林,而枯柯先摧;洪涛凌崖,而拆隙首颓;烈火燎原,而燥卉前焚;龙椀坠地,而脆者独破。由兹以观,则人之无道,体已素病,因风寒暑湿者以发之耳。苟能令正气不衰,形神相卫,莫能伤也。凡为道者,常患于晚,不患于早也。恃年纪之少壮,体力之方刚者,自役过差,百病兼结,命危朝露,不得大药,但服草木,可以差于常人,不能延其大限也。故仙经曰:养生以不伤为本。此要言也。神农曰:百病不愈,安得长生?信哉斯言也。"①葛洪认为,人要养生,首先要保持守道,让体内正气充盈而不衰竭,形神相亲。其次要获得"大药",即上药。只有获得上药,才能延命益寿,如果仅仅服用一些草木之药,只能暂时修复身体,不能让百病痊愈,不能延年益寿。

魏晋人的养生观念与服药炼形,都是在身体健康的基础上,依据有道的文化精神来追求人体的长生久视,其养生态度极为小心谨慎。凡是药物,都有毒性,服食药物也要遵循规律,有所节度,有所禁忌,不能乱来。唐代孙思邈《备急千金要方》卷第二十四之《解五石毒第三》云:"凡服石人甚不得杂食口味,虽百品具陈,终不用重食其肉,诸杂既重,必有相贼,积聚不消,遂动诸石,如法持心,将摄得所。石药为益,善不可加。余年三十八九尝服五六两乳,自是以来深深体悉,至于将息节度,颇识其性,养生之士宜留意详焉。然其乳石必须土地清白光

---

① 王明:《抱朴子内篇校释》,中华书局 1985 年版,第 243—245 页。

润,罗纹鸟翻一切皆成,乃可入服。其非土地者,慎勿服之,多致杀人,甚于鸩毒。紫石白石极须外内映彻,光净皎然,非此亦不可服。寒石五石更生散方,旧说此药方,上古名贤无此,汉末有何侯者行用,自皇甫士安以降有进饵者,无不发背解体而取颠覆。余自有识性以来,亲见朝野仕人遭者不一,所以宁食野葛,不服五石,明其大大猛毒,不可不慎也。有识者遇此方,即须焚之,勿久留也。"[1]不能因为养生而伤害自己,服药的目的是让生命能够延年益寿,增加生命长度,甚至长生不老。石药是一种养生延命的上药,"善不可加",服食这种上药,对身体有很大的好处。孙思邈描述了自己食药的具体体验,他尤其强调,养生之士一定要把握好石药之性,同时,对服药之量要有所节度。如果药性不合,药材选择不当,都会"甚于鸩毒",导致伤命。

世俗之人不懂大道文化,也不愿意虚心学习,但他们又体验到了身体的衰败、虚弱,因此急功近利,机械地模仿别人养生。他们对身体状况与药物药理都懂得不多,只是盲目地服用药物,以致所用的药材不精,用药的时间也不合理,而且不能把握好用药的分量,以至于用药"失节度",引发各种不适的疾病症状,甚至丢了性命。隋朝巢元方《诸病源候论卷六·寒食散发候篇》云:"晏死之后,服者弥繁,于时不辍,余亦豫焉。或暴发不常,夭害年命,是以族弟长互,舌缩入喉;东海王良夫,痈疮陷背;陇西辛长绪,脊肉烂溃;蜀郡赵公烈,中表六丧;悉寒食散之所为也。远者数十岁,近者五六岁;余虽视息,犹溺人之笑耳。而世人之患病者,由不能以斯为戒,失节之人,多来问余,乃喟然叹曰:今之医官,精方不及华佗,审治莫如仲景,而竞服至难之药,以招甚苦之患,其夭死者焉可胜计哉?……其失节度者,头痛欲裂,……或两目欲脱……或腰痛欲弊……或眩冒欲蹶……或腰痛欲折……或脚痛欲折……或腹胀欲决……或心痛如刺……或有气断绝,不知人,时蹶,口不得开,病者不自知。当须傍人救之,要以热酒为性命之本。不得下者,当斫齿以酒灌咽中。咽中塞逆,酒入腹还出者,但与勿止也。出复内之,如此或半日,酒下气苏,酒不下者,便杀人也……或下利如寒中……或百节痠疼……或矜战恶寒……或恶食如臭物……或咽中痛,鼻塞清涕出……或胸胁气逆,干呕,坐饥而不食……或淋不得小便……或大行难,腹中牢固如蛇盘……或寒栗头掉,不自支任,坐食少,药气行于肌肤,五脏失守,百脉摇动……或关节强

---

[1] (唐)孙思邈著,李景荣、苏礼、任娟莉等校释:《备急千金要方校释》,人民卫生出版社1998年版,第518—519页。

直,不可屈伸,坐久停息,不自烦劳……或小便稠数……或遗粪不自觉……或目痛如刺……或耳鸣如风声……或口伤舌强烂燥,不得食……或手足偏痛,诸节解身体发痈疮鞭结……或鞭结核痛甚者,发如痈……或饮酒不解,食不复下,乍寒乍热,不洗便热,洗复寒,甚者数十日,轻者数日,昼夜不得寐,愁忧恚怒,自惊跳悸恐,恍惚忘误者,坐犯温积久,寝处失节,食热作癖内实,使热与药并行,寒热交争……或脱衣便寒,着衣便热……或齿断肿唇烂,齿牙摇痛,颊车噤……或周体患肿,不能自转徙……或患冷食不可下……或阴囊臭烂……或脚趾间生疮……或两腋下烂作疮……或嗜寐不能自觉……或咳逆,咽中伤,清血出……或得伤寒,或得温疟……或药发辄尸卧……或寒热累日…… 或大便稠数,坐久失节度……或人已困而脉不绝……或服药心中乱……或偏臂脚急痛……或肌皮鞭如木石枯,不可得屈伸……或四肢面目皆浮肿……或瞑无所见……或鼻中作毈鸡子臭……或身皮楚痛……或苦头眩目疼不用食……”[①]巢元方对服用五石散药物失度以后所产生的各种病态症状,描绘得极为详细。可见服用五石散,如果遵循药性物理可以治病救人,给人带来神奇力量;如果服用不当,把握不好,时间不合,也会令人百病缠身,生不如死。同样是服药,会出现两种不同的结果。关键不在药物、药性上,而在于人如何使用药物、药量是否合理、能不能对症下药等。

皇甫谧《让征聘表》云:“又服寒食药,违错节度,辛苦荼毒,于今七年。隆冬裸袒食冰,当暑烦闷,加以咳逆,或若温疟,或类伤寒,浮气流肿,四肢酸重。于今困劣,救求呼噏,父兄见出,妻息长诀。仰迫天威,不能淹留,扶舆就道,所苦加笃,不任进路,委身待罪,伏枕叹息。”[②]皇甫谧是大名士,也是魏晋时期著名的医学家,他曾服食五石散,但由于用药“违错节度”,以致伤害了身体,出现了各种病痛,几乎丧命。《世说新语 · 宠礼第二十二》第六条:“卞范之为丹阳尹,羊孚南州暂还,往卞许,云:‘下官疾动,不堪坐。’卞便开帐拂褥,羊径上大床,入被须枕。卞回坐倾睐,移晨达莫。羊去,卞语曰:‘我以第一理期卿,卿莫负我!’”[③]卞范之担任丹阳尹时,羊孚从下邳回到京都,来到卞范之家,对卞范之说:下官药性发作,不能坐着。羊孚服食了五石散,可能药量过大,药性发作很猛,以致身体不能自持,无法坐住。卞范之就拉开帐子,展开被褥,让羊孚休息。羊孚径直上床,

---

① 南京中医学院校释:《诸病源候论校释》,人民卫生出版社 1980 年版,第 172—206 页。
② (清)严可均辑:《全晋文》,商务印书馆 1999 年版,第 750 页。
③ 徐震堮:《世说新语校笺》,中华书局 1999 年版,第 390 页。

盖上被子,靠着枕头,倒头就睡了。卞范之坐在椅子上,从早晨到傍晚,全心关注熟睡的羊孚,担心他出什么事。羊孚醒来以后,要走了,卞范之对他说:"我是以最高的情理对待你,你可不要辜负我啊。"《世说新语·规箴第十》第二十三条:"殷颛病困,看人政见半面。殷荆州兴晋阳之甲,往与颛别,涕零,属以消息所患。颛答曰:'我病自当差,正忧汝患耳。'"①殷颛可能因为服药失度,处于病危之中,看人也只能看到半边脸。殷仲堪正要兴兵造反,前来与殷颛告别,看到殷颛病成那个样子,就不禁哭了,嘱咐他要好好养病。殷颛回答道:"我的病自会好的,我只是担心你的病啊。"《晋书·殷颛传》中记载,殷仲堪听到殷颛病重,去看望时殷颛说:"兄病殊为可忧。"殷颛对殷仲堪说:"我病不过身死,但汝病在灭门,幸熟为虑,勿以我为念也。"②可见,殷颛担心的不是自己个人身体之病,而是殷仲堪兴兵造反的权力欲望之病,这种病会给殷氏带来灭门之灾。

鲁迅曾云:"晋朝人多是脾气很坏,高傲、发狂、性暴如火的,大约便是服药的缘故。比方有苍蝇扰他,竟至拔剑追赶;就是说话,也要胡胡涂涂地才好,有时简直是近于发疯。但在晋朝更有以痴为好的,这大概也是服药的缘故。"③鲁迅认为,魏晋人一切不好的东西,归根结底都是服药的缘故。这种说法似乎有些偏颇。服药本没有错,但是有些人不善服药,不能按时、按量服药,导致各种顽疾重病,不能归咎于药物,而要归咎于服药的人。魏晋人服药原本是为了养性延命,而要真正养生,又必须遵循天道的天性规律,利用服药来炼形延命,提高有形身体的生命能量与自然本性。至于有一些名士,由于没有把握好药材品类与药量,服药不依照自然时间,以至于服药违度,造成身体不适,甚至死亡。不能因为服药无度产生了一些伤害,就将所有的罪责都归为服药。药物既可以养生,也可以害生,关键在于服药之人是否按照药性、药理来服药。

五、结 论

汉末文人哀叹生命无常,显得迷茫颓废;魏晋人也焦虑生命短暂易逝,但对生命充满了想象与期待,这份生命期待尤其表现在魏晋人的药文化中。魏晋人

① 徐震堮:《世说新语校笺》,中华书局 1999 年版,第 313 页。
② (唐)房玄龄等撰:《晋书》,中华书局 1974 年版,第 2179 页。
③ 鲁迅:《魏晋风度及其他》,上海古籍出版社 2000 年版,第 192 页。

的药,不是纯粹治疗身体疾病的药物,而是对身体生命力量衰退、生命时间终结的痛苦思考,以及超越生命时间的文化想象与药物调治。魏晋人的药,治的是两汉经学家对生命的漠视之情,治的是名士群体对生命的哀婉之心。服药成为魏晋人对生命长度的新遐思和新幻想,人的生命长度在药中被改写。服药是魏晋人对生命的审美改造和本性认可。

魏晋人认为,五石散是调治性命、养生延命的上药。"人不服石,庶事不佳",这意味着在魏晋人心中,药石才是人的生命和事业的最大保障。"石在身中,万事休泰",服药成了魏晋人生命存在和人生意义的最大期待与重要追求,是他们对生命新生、再生、永生的文化渴望与生命超越。

服药不仅改变了魏晋人对待生命时间的线性结构,使生命呈现生—死—再生的循环结构。由于药性发散的需要,魏晋人在日常生活中也出现了一些变化——饮食温酒,药后行散,宽松服饰,屐声四起。这些日常生活变化,给魏晋人带来了反于流俗常理的生活风度。

如果依据大道的阴阳运转和文化节制,服药不仅可以延长人的生命长度,甚至可以让人长生久视。如果服药失度,药材不精,不守禁忌,五石散也会奇毒无比,很多士人因为服药失范,又陷入了新的生命痛苦和焦虑。《抱朴子内篇·极言》云:"长生之要,在乎还年之道。上士知之,可以延年除病;其次不以自伐者也。若年尚少壮而知还年,服阴丹以补脑,采玉液于长谷者,不服药物,亦不失三百岁也,但不得仙耳。不得其术者,古人方之于冰杯之盛汤,羽苞之蓄火也。且又才所不逮,而困思之,伤也;力所不胜,而强举之,伤也;悲哀憔悴,伤也;喜乐过差,伤也;汲汲所欲,伤也;久谈言笑,伤也;寝息失时,伤也;挽弓引弩,伤也;沉醉呕吐,伤也;饱食即卧,伤也;跳走喘乏,伤也;欢呼哭泣,伤也;阴阳不交,伤也;积伤至尽则早亡,早亡非道也。是以养生之方,唾不及远,行不疾步,耳不极听,目不久视,坐不至久,卧不及疲,先寒而衣,先热而解,不欲极饥而食,食不过饱,不欲极渴而饮,饮不过多。凡食过则结积聚,饮过则成痰癖。不欲甚劳甚逸,不欲起晚,不欲汗流,不欲多睡,不欲奔车走马,不欲极目远望,不欲多啖生冷,不欲饮酒当风,不欲数数沐浴,不欲广志远愿,不欲规造异巧。冬不欲极温,夏不欲穷凉,不露卧星下,不眠中见肩,大寒大热,大风大雾,皆不欲冒之。五味入口,不欲偏多,故酸多伤脾,苦多伤肺,辛多伤肝,咸多则伤心,甘多则伤肾,此五行自然之理也。凡言伤者,亦不便觉也,谓久则寿损耳。是以善摄生者,卧起有四时之早晚,兴居有至和之常制;调利筋骨,有偃仰之方;杜疾闲邪,有吞吐之术;流行荣卫,有补泻之法;节宣劳逸,有与夺之要。忍怒以全阴气,抑喜以养阳气。然后先将服草木以救亏缺,后服金丹以定无穷,长生之理,尽于此矣。若有欲决意任怀,自谓达识知命,不泥异端,极情肆力,不营久生者,闻此言也,虽风之过耳,电之经目,不足谕也。虽身枯于流连之中,气绝于纨绮之间,而甘心焉,亦安可告之以养生之事哉? 不惟不纳,乃谓妖讹也。而望彼信之,所谓以明鉴给蒙瞽,以丝竹娱聋夫也"①。葛洪认为,第一,养生、长生最关键的地方,在于"还年之道",也就是养生要守道,即要持守自身的本性。这是我们讨论魏晋人药文化的基点,离开了天性、形神相亲、形神兼养等养生观念来讨论药文化,很容易陷入药的物质层面,误解魏晋人的药文化。第二,养生除了要守道,还要重视养生之方、养生之术,服药就是重要的养生之术。服草木、服金丹、服五石都是养生的方术,既然是养生之术,就要服从养生之道。第三,人作为一种有限的生命存在,养生之事不可荒废,尤其不可因为世俗的养生失败而将养生妖讹化,认为养生是无用的,甚至放弃养生。

在工业文明盛行的今天,由于过分强调人在社会中的各种事功名利与物质存在,人们往往忽略自身的生命存在,不惜玩命工作追名求利,以至于精神耗散过多,失去了本性灵根,生命没有厚度,显得疲惫不堪,也极度容易衰老。

魏晋人的药文化,可以激发我们对有形生命的重新认识和文化建构,打破有形生命的线性时间,自觉将个体生命与天地宇宙的元气生命贯通起来,实现天人一气的道体运转,随化而运,让自身生气在天地四时之气中循环往复,恢复活力,重现生机,实现个体生命的有形超越,重新将人在工业文明中失去的自然灵魂召回身体,让空洞虚无的身体器官恢复自然生机,由一种非人的物质身体重新回归充满神圣力量的本来身体。从这个意义来看,魏晋人的药不是毒药文化,而是充满生命激情与神性厚度的养生文化,是性命兼顾、形神兼养,具有重要的现实意义。

---

① 王明:《抱朴子内篇校释》,中华书局 1985 年版,第 245—246 页。

参考文献

[1] 白化文.麈尾与魏晋名士清谈[J].文史知识,1982(7).

[2] 白居易.白居易集[M].顾学颉,点校.北京:中华书局,1999.

[3] 班固.汉书[M].北京:中华书局,1962.

[4] 北京大学古文献研究所.全宋诗[M].北京:北京大学出版社,1998.

[5] 本田成之.中国经学史[M].孙俍工,译.上海:上海书店出版社,2001.

[6] 陈长琦.魏晋南朝的资品与官品[J].历史研究,1990(6).

[7] 陈寿.三国志[M].北京:中华书局,1959.

[8] 陈寅恪.金明馆丛稿初编[M].北京:生活·读书·新知三联书店,2001.

[9] 陈寅恪.隋唐制度渊源略论稿 唐代政治史述论稿[M].北京:生活·读书·新知三联书店,2001.

[10] 陈寅恪.唐代政治史述论稿[M].上海:上海古籍出版社,1982.

[11] 德勒兹,加塔利.资本主义与精神分裂:第2卷 千高原[M].姜宇辉,译.上海:上海书店出版社,2010.

[12] 杜佑.通典[M].北京:中华书局,1984.

[13] 范晔.后汉书[M].李贤,等注.北京:中华书局,1965.

[14] 房玄龄,等.晋书[M].北京:中华书局,1974.

[15] 费振刚,胡双宝,宗明华.全汉赋[M].北京:北京大学出版社,1993.

[16] 冯应榴.苏轼诗集[M].北京:中华书局,1982.

［17］冯友兰. 三松堂全集:第 5 卷［M］. 郑州:河南人民出版社,2001.

［18］弗兰科潘. 丝绸之路:一部全新的世界史［M］. 邵旭东,孙芳,译. 杭州:浙江大学出版社,2016.

［19］高敏. 中国经济通史:魏晋南北朝［M］. 北京:经济日报出版社,2007.

［20］高文强. 东晋南朝文人接受佛教研究［M］. 北京:中国社会科学出版社,2012.

［21］葛兆光. 中国思想史:第一卷［M］. 上海:复旦大学出版社,2001.

［22］顾炎武. 日知录校注［M］. 陈垣,校注. 合肥:安徽大学出版社,2007.

［23］郭庆藩. 庄子集释［M］. 王孝鱼,整理. 北京:中华书局,1961.

［24］何宁. 淮南子集释［M］. 北京:中华书局,1998.

［25］洪兴祖. 楚辞补注［M］. 白化文,许德楠,李如鸾,等点校. 北京:中华书局,1983.

［26］胡仔. 苕溪渔隐丛话［M］. 廖明德,校点. 北京:人民文学出版社,1962.

［27］皇侃. 论语义疏［M］. 北京:中华书局,2013.

［28］黄宝生. 奥义书［M］. 北京:商务印书馆,2010.

［29］黄晖. 论衡校释［M］. 北京:中华书局,1990.

［30］孔安国. 尚书正义［M］. 孔颖达,疏. 北京:北京大学出版社,2000.

［31］黎靖德. 朱子语类［M］. 王星贤,点校. 北京:中华书局,1986.

［32］李延寿. 北史［M］. 北京:中华书局,1974.

［33］李延寿. 南史［M］. 北京:中华书局,1975.

［34］李泽厚. 美的历程［M］. 北京:文物出版社,1981.

［35］李泽厚,刘纲纪. 中国美学史:魏晋南北朝编［M］. 合肥:安徽文艺出版社,1999.

［36］梁满仓. 人物志［M］. 北京:中华书局,2009.

［37］刘师培. 中国中古文学史讲义［M］. 北京:人民文学出版社,1957.

［38］刘勰. 文心雕龙注［M］. 范文澜,注. 北京:人民文学出版社,1962.

［39］刘昫,等. 旧唐书［M］. 北京:中华书局,1975.

［40］刘义庆. 世说新语会评［M］. 刘孝,标注. 刘强,会评辑校. 南京:凤凰出版社,2007.

［41］刘知几. 史通通释［M］. 浦起龙,释. 上海:上海古籍出版社,1978.

［42］鲁迅. 魏晋风度及其他［M］. 上海:上海古籍出版社,2000.

［43］鲁迅.中国小说史略［M］.上海：上海古籍出版社，1998.

［44］逯钦立.陶渊明集［M］.北京：中华书局，1979.

［45］逯钦立.先秦汉魏南北朝诗［M］.北京：中华书局，1983.

［46］罗宗强.玄学与魏晋士人心态［M］.杭州：浙江人民出版社，1991.

［47］马端临.文献通考［M］.北京：中华书局，1986.

［48］毛汉光.中国中古社会史论［M］.上海：上海书店出版社，2002.

［49］南京中医学院.诸病源候论校释［M］.北京：人民卫生出版社，1980.

［50］内藤湖南.中国史通论（上）：内藤湖南博士中国史学著作选译［M］.夏应元，刘文柱，徐世虹，等译.北京：社会科学文献出版社，2004.

［51］宁稼雨.传神阿堵，游心太玄：六朝小说的文体及文化研究［M］.天津：百花文艺出版社，2002.

［52］钱穆.国史大纲［M］.北京：商务印书馆，1996.

［53］钱穆.晚学盲言［M］.桂林：广西师范大学出版社，2004.

［54］钱穆.中国学术思想史论丛：第三卷［M］.台北：东大图书公司，1985.

［55］任继愈.中国佛教史：第二卷［M］.北京：中国社会科学出版社，1985.

［56］沈约.宋书［M］.北京：中华书局，1974.

［57］史密斯.人的宗教［M］.刘安云，译.海口：海南出版社，2001.

［58］释慧皎.高僧传［M］.汤用彤，校注.汤一玄，整理.北京：中华书局，1992.

［59］司马迁.史记［M］.北京：中华书局，1963.

［60］苏绍兴.两晋南朝的士族［M］.台北：联经出版事业公司，1987.

［61］苏舆.春秋繁露义证［M］.钟哲，点校.北京：中华书局，1992.

［62］孙立群.中国古代的士人生活［M］.北京：商务印书馆，2014.

［63］孙思邈.备急千金要方校释［M］.李景荣，苏礼，任娟莉，等校释.北京：人民卫生出版社，1998.

［64］孙思邈.千金翼方校释［M］.李景荣，苏礼，任娟莉，等校释.北京：人民卫生出版社，1998.

［65］汤用彤.汉魏两晋南北朝佛教史［M］.北京：北京大学出版社，2011.

［66］汤用彤.魏晋玄学论稿［M］.上海：上海古籍出版社，2001.

［67］唐翼明.中华的另一种可能：魏晋风流［M］.北京：民主与建设出版社，2014.

［68］陶弘景.养性延命录校注［M］.王家葵,校注.北京:中华书局,2014.

［69］田余庆.东晋门阀政治［M］.北京:北京大学出版社,2005.

［70］万绳楠.陈寅恪魏晋南北朝史讲演录［M］.合肥:黄山书社,2000.

［71］王弼.老子道德经校释［M］.楼宇烈,校释.北京:中华书局,2008.

［72］王符.潜夫论笺校正［M］.汪继培,笺.彭铎,校正.北京:中华书局,1985.

［73］王利器.颜氏家训集解［M］.增补本.北京:中华书局,1993.

［74］王明.抱朴子内篇校释［M］.北京:中华书局,1985.

［75］王明.太平经合校［M］.北京:中华书局,2014.

［76］王瑶.王瑶全集:第一卷［M］.石家庄:河北教育出版社,2000.

［77］王伊同.五朝门第［M］.南京:金陵大学中国文化研究所,1943.

［78］夏炎.中古世家大族清河崔氏研究［M］.天津:天津古籍出版社,2004.

［79］萧子显.南齐书［M］.北京:中华书局,1972.

［80］徐幹.中论解诂［M］.孙启治,解诂.北京:中华书局,2014.

［81］徐震堮.世说新语校笺［M］.北京:中华书局,1999.

［82］严可均.全汉文［M］.北京:商务印书馆,1999.

［83］严可均.全后汉文［M］.北京:商务印书馆,1999.

［84］严可均.全晋文［M］.北京:商务印书馆,1999.

［85］严可均.全梁文［M］.北京:商务印书馆,1999.

［86］严可均.全齐文,全陈文［M］.北京:商务印书馆,1999.

［87］严可均.全三国文［M］.北京:商务印书馆,1999.

［88］严可均.全宋文［M］.北京:商务印书馆,1999.

［89］阎爱民.汉晋家族研究［M］.上海:上海人民出版社,2005.

［90］杨伯峻.春秋左传注［M］.北京:中华书局,1990.

［91］杨伯峻.列子集释［M］.北京:中华书局,1979.

［92］杨伯峻.论语译注［M］.北京:中华书局,1980.

［93］杨伯峻.孟子译注［M］.北京:中华书局,1996.

［94］杨明照.抱朴子外篇校笺［M］.北京:中华书局,1991.

［95］杨慎.丹铅杂录［M］.北京:中华书局,1985.

［96］姚思廉.梁书［M］.北京:中华书局,1973.

［97］叶梦得.石林诗话［M］.北京:中华书局,1991.

［98］叶舒宪.白玉崇拜及其神话历史初探［J］.安徽大学学报（哲学社会科学版），2015（2）.

［99］叶舒宪.中国文化的大传统与小传统［J］.党建，2010（7）.

［100］伊利亚德.神圣与世俗［M］.王建光，译.北京：华夏出版社，2002.

［101］永瑢，纪昀.四库全书总目提要［M］.海口：海南出版社，1999.

［102］余嘉锡.世说新语笺疏［M］.周祖谟，余淑宜，整理.北京：中华书局，1983.

［103］余嘉锡.四库提要辨证［M］.北京：中华书局，1980.

［104］余嘉锡.余嘉锡文史论集［M］.长沙：岳麓书社，1997.

［105］余英时.士与中国文化［M］.上海：上海人民出版社，2003.

［106］袁宏.后汉纪校注［M］.周天游，校注.天津：天津古籍出版社，1987.

［107］袁珂.山海经校注［M］.上海：上海古籍出版社，1980.

［108］袁行霈.陶渊明集笺注［M］.北京：中华书局，2003.

［109］袁行霈.陶渊明研究［M］.北京：北京大学出版社，1997.

［110］岳珂.愧郯录［M］.四部丛刊影印本.上海：上海书店出版社，1984.

［111］曾枣庄，刘琳.全宋文：第197册［M］.上海：上海辞书出版社，2006.

［112］张华.博物志校证［M］.范宁，校证.北京：中华书局，1980.

［113］张可礼.东晋文艺综合研究［M］.济南：山东大学出版社，2001.

［114］张叔宁."纂缉旧文"与"自造"新文：试论《世说新语》的编撰方式［J］.明清小说研究，2003（4）.

［115］张作耀.曹操评传［M］.南京：南京大学出版社，2001.

［116］赵翼.廿二史劄记校证［M］.王树民，校证.北京：中华书局，2013.

［117］钟嵘.诗品注［M］.陈延杰，注.北京：人民文学出版社，1980.

［118］周一良.《世说新语》和作者刘义庆身世的考察［J］.中国哲学史研究，1981（1）.

［119］朱大渭，刘驰，梁满仓，等.魏晋南北朝社会生活史［M］.北京：中国社会科学出版社，1998.

［120］宗白华.美学散步［M］.上海：上海人民出版社，1981.

［121］宗白华.美学与意境［M］.北京：人民出版社，1987.